Leserstimmen

»Die Leser lieben das Buch, anders kann man es gar nicht nennen.« *Claudia Fuchs, Berliner Zeitung*

»Wunderbar für ein bisschen Gelassenheit im Elternalltag.« *BILD*

»[…] mit Abstand der beste Erziehungsratgeber, den ich bisher gelesen habe!« *klitzekleinedinge.com*

»Ich liebe dieses Buch und würde es immer wieder empfehlen. Es wird mit Charme und Witz sowie Fallbeispielen klar erklärt, wie so ein kleiner Mensch tickt und WARUM. Hat man das verstanden und verinnerlicht, ist die ›Trotzphase‹ ein Segen für die eigene Weiterentwicklung! Danke dafür!!!« *Almira*

»Das gewünschteste Wunschkind hat mir geholfen, mich, mein Kind und unser Zusammenleben anders wahrzunehmen und anders zu reflektieren.« *Denise Körner, wasliestdu.de*

»Absolute Pflichtlektüre für Eltern mit Kindern ab ca. 1 Jahr! Es ist so unfassbar gut geschrieben und vor allem so toll beschrieben, was in den kleinen Kinderköpfen so vorgeht und wie man ruhig und effektiv reagiert, um unnötige ›Kämpfe‹ zu umgehen. […] Einfach nur super! Dankeschön für dieses Buch!« *Julia*

»Das beste Buch (und der beste Blog), das es zum Thema Kindererziehung und harmonisches Zusammenleben in der Familie gibt. Wirklich jeder sollte es lesen. Endlich mal ein Buch, in dem Kinder nicht nur die Tyrannen sind, die als einziges Ziel haben, ihre Eltern zu ärgern. Unbedingt kaufen. Das Buch ist jeden Cent wert.« *DDH*

»Mit großem Abstand das liebevollste Erziehungsbuch zum Thema Kleinkinder, das man sich nur vorstellen kann. […] Dieses Buch ist ein wahrer Schatz, randvoll mit Verständnis, Mut, Köpfchen und Liebe, Liebe, Liebe.« *Jennifer Schwark*

»Kann ich als Sozialpädagogin JEDEM, der auch nur irgendwie mit Kindern und v.a. kleineren zu tun hat, ans Herz legen. Wunderbare, hilfreiche Ratschläge ohne erhobenen Zeigefinger – wenn jeder auch nur ansatzweise versucht, mit Kindern so umzugehen und sie so zu sehen, braucht man sich keine Sorgen um die nächste Generation machen und es wird uns gedankt sein.« *mayl90*

»Ich habe das Buch eigentlich für meine Tochter bestellt, mich aber im Vorfeld selbst hingesetzt und gelesen. Leider hatte ich dieses Buch noch nicht bei meinen Kindern, sonst hätte ich vieles anders und besser gemacht. Besonders die Kapitel über die kindliche Hirnentwicklung waren für mich äußerst aufschlussreich. Ich rate allen, die versuchen wollen, ihre Kinder zu verstehen, sich dieses Buch zu kaufen. Mir hat es im Umgang mit meinem Enkel sehr geholfen, und ich denke mal, ihm auch. :-).« *kreta-delfin*

»[…] eine Freude und Erleuchtung zugleich.« *Sarah Depold, mamaskind.de*

Danielle Graf/Katja Seide

Das gewünschteste Wunschkind aller Zeiten treibt mich in den Wahnsinn

Der entspannte Weg durch Trotzphasen

BELTZ

FSC
www.fsc.org
MIX
Papier aus verantwortungsvollen Quellen
FSC® C089473

Dieses Buch ist erhältlich als:
ISBN 978-3-407-86422-2 Print
ISBN 978-3-407-86566-3 E-Book (EPUB)

14. Auflage 2018

Werderstraße 10, 69469 Weinheim

Illustration: www.gutentag-hamburg.de
Einbandgestaltung/Umschlaggestaltung: www.anjagrimmgestaltung.de (Gestaltung), www.stephanengelke.de (Beratung)
Bildnachweis: © Jakob/Stocksy
Lektorat: Petra Dorn, Tina Spiegel
Herstellung: Antje Birkholz
Satz und Layout: Sarah Ferdin/www.anjagrimmgestaltung.de
Gesamtherstellung: Beltz Grafische Betriebe, Bad Langensalza
Printed in Germany

Weitere Informationen zu unseren Autor_innen und Titeln finden Sie unter: www.beltz.de

Für unsere Wunschkinder, die uns jeden Tag an unsere Grenzen bringen und die uns helfen, immer wieder über uns hinauszuwachsen.

Inhalt

Übersetzungshilfen für Eltern kleiner Wutwichtel

Trotzdem: Autonomie fördern

Tipps und Tricks für einen entspannten Alltag

Schnelle Hilfen für akute Trotzanfälle

Einleitung

»Oha, jetzt hat sie ihren Willen aber durchgesetzt!«, sagte ich augenzwinkernd zu meinem Vater. »Da hast du dich ganz schön unterbuttern lassen. Du machst ja jetzt genau das, was sie wollte!« Mein Vater sah mich völlig verständnislos an. Ich glaube, er zweifelte an meinem Verstand.

Wir waren gerade gemeinsam vom Wochenendeinkauf zurückgekommen und total erledigt. Am liebsten hätten wir uns sofort aufs Sofa verkrümelt, doch leider hatten wir die Butter für den Kuchen vergessen. Es stand eine große Geburtstagsfeier bevor und meine Mutter war in der Küche gerade dabei, den Teig zuzubereiten. Sie brauchte die Butter dringend, also musste noch mal einer los. »Könntest du vielleicht selbst gehen?«, fragte mein Vater meine Mutter, »ich bräuchte eine Pause, weil ich total erschöpft bin.« »Ich könnte schon, ja. Aber ich koche nebenbei ja auch noch. Es wäre mir lieber, wenn du gehen würdest. Bitte sei so lieb!« Seufzend zog sich mein Vater erneut die Schuhe an. Leise murmelte er in seinen Bart, dass er dieses Mal aber das Auto nehmen würde, weil er nicht schon wieder den ganzen weiten Weg laufen wolle. »Du wirst doch nicht für ein Stück Butter das Auto nehmen«, rief ihm meine Mutter entsetzt aus der Küche zu, »außerdem haben wir gerade so einen schönen Parkplatz direkt vor der Tür. Morgen müssen wir doch die Sachen für die Feier in den Kofferraum packen. Da sollte es am besten so nah wie möglich stehen.« »Stimmt«, stellte mein Vater fest, »das hatte ich gar nicht mehr im Kopf.« »Aber du könntest zu dem kleinen Laden an der Ecke gehen. Der ist zwar ein bisschen teurer, aber dann musst du nicht so weit laufen. Danach kannst du dich auf dem Sofa ausruhen, versprochen. Dann habe ich wirklich alles, was ich brauche.« Mein Vater überlegte kurz, ob der Vorschlag für ihn akzeptabel war, und entschied dann: »Gut, so mache ich es. Bis gleich!« Ich zog mir auch noch einmal meine Schuhe an, um meinen Vater zu begleiten. Während wir das Haus verließen, sagte ich zu ihm: »Oha, jetzt hat sie ihren Willen aber durchgesetzt! Da hast du dich ganz schön unterbuttern lassen. Du machst ja jetzt genau das, was sie wollte!« Er schaute mich sichtlich verwirrt an. »Wieso? Wir haben einfach geschaut, was für uns beide okay war. Wir haben einen Kompromiss geschlossen. So macht man das doch in einer Beziehung!«

Vermutlich fragen Sie sich jetzt, was diese Anekdote mit der Trotzphase zu tun hat. Vielleicht haben Sie beim Lesen sogar noch einmal kurz auf das Cover geschaut, um zu sehen, ob Sie das richtige Buch in der Hand halten? Doch, doch, das tun Sie! Diese Unterhaltung ist für mich deshalb berichtenswert, weil sie mich sehr stark an einen Dialog erinnerte, den ich erst vor Kurzem mit meinem zweijährigen Sohn geführt hatte, auch wenn er seine Argumente weniger eloquent vorgetragenen hatte.

Wir waren nach einem langen Tag im Kindergarten noch auf dem Spielplatz. Mein Vater war zu Besuch. Er ist ein großartiger, sehr engagierter und liebevoller Opa und sein Enkel himmelt ihn an. Ich wollte die Gelegenheit daher nutzen, um schnell in den fünf Minuten entfernten Laden zu huschen und Joghurt einzukaufen. Doch mein Sohn war damit nicht einverstanden:

Sohn, etwas aufgeregt: »Mit! Mit!«

Mama: »Du willst zum Einkaufen mitkommen?«

Sohn weinerlich: »Jaaaaa!«

Mama: »Och, nö, ich will doch nur schnell einen Joghurt kaufen. Das geht ratzfatz. Du könntest in der Zeit mit Opa im Sand buddeln.«

Sohn, noch aufgeregter: »Neiiiiin. Mit! Mit!«

Mama, seufzend: »O. k., aber dann setze ich dich in den Buggy. Das geht schneller als Laufen.«

Sohn, laut aufweinend: »Neiiiiin. Aaaarm!«

Mama, leicht genervt: »Ach, bitte, das ist so anstrengend für mich. Wie soll ich denn dann den Einkauf tragen?«

Sohn, laut weinend: »Ich! Wäääääh.«

Mama, über das Geschrei hinweg: »Du willst den Einkauf tragen?«

Sohn, etwas leiser: »Jaaaaa!«

Mama, ergeben seufzend: »Also dann los, komm.«

Während ich meinen Sohn auf den Arm nahm, zwinkerte mir mein Vater freundlich zu: »Nun hat er gewonnen! Da hat er aber wirklich seinen Willen durchgesetzt …«

Das Märchen vom tyrannischen Kind und vom durchsetzungsfähigen Erwachsenen

Eigentlich gibt es keinen großen Unterschied zwischen den beiden Gesprächen, außer vielleicht, dass mein kleiner Sohn die verbale Sprache bisher nur bruchstückhaft beherrscht und mir deshalb nicht ganz klarmachen konnte, *warum* es ihm so wichtig war, mit mir mitzukommen. Er war noch nicht in der Lage, seinen Wunsch so gut mit Argumenten zu untermauern wie meine Mutter in dem Gespräch mit meinem Vater. Aber im Grunde war seine Argumentation der der Erwachsenen sehr ähnlich. Sowohl mein Vater als auch ich gingen dann einen Kompromiss ein, um die Bedürfnisse aller zu berücksichtigen.

Der wirklich gravierende Unterschied zwischen den beiden Gesprächen ist unsere Sicht darauf: Bei einem Gespräch unter Erwachsenen empfinden wir es als normal und richtig, wenn die Wünsche beider Parteien berücksichtigt werden. Anders sieht es bei Gesprächen zwischen Eltern und ihren kleinen Kindern aus. Hier ist in unserer Gesellschaft die Ansicht weit verbreitet, dass kleine Kinder, die jammernd oder schreiend ihre Wünsche kundtun, andere wie kleine Könige manipulieren wollen, ihnen diese zu erfüllen. Erwachsene sollten dieses Verhalten der Kleinen daher niemals unterstützen, sondern stattdessen stets konsequent dagegenhalten.

Je vehementer unsere Kinder vermeintlich trotzen und vielleicht sogar anfangen, zu hauen, zu beißen oder zu spucken, weil sie mit Worten nicht weiterkommen, desto unsicherer werden wir. Ist es wirklich gut so, wie wir erziehen? Was, wenn aus unserem Kind doch ein kleiner Tyrann wird, so, wie es uns von allen Seiten prophezeit wird? Müssen wir nicht doch irgendwie Grenzen ziehen? Denn unsere Kinder müssen ja nicht nur innerhalb der Familie bestehen, sondern auch draußen in der Gesellschaft. Sie müssen sich im Kindergarten oder in der Schule in Gruppen einfügen können. Auch später im Job sollten sie nicht ständig anecken. In den Regalen der Buchhandlungen finden sich etliche Ratgeber, die im Hinblick auf solches Trotzverhalten die Rückkehr zur guten alten konsequenten Erziehung propagieren. Annette Kast-Zahn zum Beispiel rät unsicheren Eltern, ihr Kleinkind einfach immer wieder zum »Nachdenken« in sein Zimmer zu schicken, wenn es trotzt[1]. Auch Michael Winterhoff oder Bernhard Bueb[2] betonen in ihren Büchern, wie wichtig es ist, den Kindern schon früh klarzumachen, dass sie sich den Erwachsenen unterzuordnen haben und ihr eigensinniges Verhalten nicht toleriert wird.

Müssen wir also, um unsere Kinder fit für die Zukunft zu machen, Abstand davon nehmen, sie bedürfnisorientiert zu erziehen? Wir behaupten: Nein! Wir wollen in unserem Buch mit den alten Mythen vom verzogenen Tyrannen aufräumen und Eltern und Großeltern darin bestärken, den in der Babyphase mittlerweile gängigen Ansatz der bedürfnisorientierten Erziehung auch nach dem ersten Geburtstag weiterzuführen. Wir möchten ihnen einen entspannten Weg durch die sogenannten Trotzphasen aufzeigen. Denn es ist vollkommen unnötig, mit dem eigenen Kleinkind ständig um jede Kleinigkeit zu streiten. Ja, es ist nicht einmal nötig, mit ihm zu schimpfen! Wir versprechen Ihnen, wenn Sie das Buch gelesen haben, werden Sie das nächste Mal, wenn Ihr Kleinkind laut kreischend vor dem Süßigkeitenregal an der Supermarktkasse zusammenbricht, mit Liebe und Verständnis reagieren können, statt wütend zu werden. Sie werden danebenstehen und denken: »Ich brauche gar nicht zu schimpfen!« Wenn es den halbvollen Teller Essen auf den Boden wirft, sich weigert, morgens die Schuhe anzuziehen, beißt, wenn es eigentlich kuscheln will, immer wieder an die Steckdose greift oder auf dem Spielplatz mit Sand um sich wirft: Sie werden wissen, warum es das tut und wie Sie es schaffen, es dazu zu bringen, es nicht mehr zu tun.

Um unsere Behauptungen wissenschaftlich zu untermauern, haben wir viele Bücher gewälzt und Aufsätze und Statistiken durchforstet. Wir haben die neuesten Informationen aus den Bereichen der Psychologie, der Neurologie und der Bindungsforschung zusammengetragen und lassen in unserem Buch etliche Experten auf diesen Gebieten zu Wort kommen. Sie alle sind sich einig, dass eine wie von Kast-Zahn oder Winterhoff favorisierte Erziehung, die auf Lob für gutes und negative Konsequenzen für schlechtes Verhalten basiert, zwar durchaus funktioniert, aber häufig mit einem Verlust der Beziehungsqualität innerhalb der Familie und möglichen psychologischen Nachwirkungen verbunden ist. Wer dieses Risiko vermeiden will, muss auf der Erziehungsebene umdenken.

Um zu zeigen, wie das geht, werden wir zunächst auf die neurobiologischen Grundlagen bei Kleinkindern eingehen. Wir werden einen kurzen Blick auf die Arbeitsweise des Gehirns werfen und erklären, warum Kinder gar nicht anders können als wegen eines zerbrochenen Kekses völlig auszurasten, bei einem Wutanfall zuzuhauen oder doch den Mülleimer auszuräumen, obwohl die Eltern gerade eben darum baten, dies nicht zu tun. Auch wenn die wissenschaftlichen Basisinformationen zur Entwicklung des kindlichen Gehirns auf den ersten Blick etwas theoretisch klingen, ist es wichtig, die Arbeitsweise des Gehirns zu kennen, um das Verhalten unserer Kinder überhaupt verstehen zu können. Dieses Kapitel wird ein echter Augenöffner sein, versprochen!

Nachdem wir uns gemeinsam durch den Theorieteil durchgearbeitet haben, erklären wir, warum Eltern das Trotzverhalten ihrer Kinder so unfassbar schnell so unfassbar hoch auf die Palme bringt. Anhand von typischen Situationen, in denen Eltern wütend auf ihren Nachwuchs werden, zeigen wir, welche Einflüsse ihre eigene Kindheit auf ihr Verhalten hat und warum es ihnen oft so schwerfällt, sich zu beherrschen. Dieser Teil ist uns besonders wichtig, denn die Wut der Eltern trägt mindestens ebenso zu den klassischen Trotzmomenten bei wie die noch fehlenden neurologischen Voraussetzungen der Kinder. Man könnte sogar behaupten, dass viele Streitsituationen im Alltag nur deshalb entstehen, weil *die Eltern trotzig sind.* Dass bisher kein Ratgeber zum Trotzalter diese Wut der Erwachsenen thematisiert, ist unseres Erachtens Ausdruck für den oben im Beispiel schon erwähnten Blickwinkel der Gesellschaft auf Kinder. Diese müssen sich ändern, sich anpassen und erzogen werden, wohingegen Erwachsene per se im Recht sind und deshalb nicht an sich arbeiten brauchen. Mit unserem Buch wollen wir diesen Blickwinkel erweitern. Wir wollen aufzeigen, dass eine harmonische Beziehung nur dann entsteht, wenn alle Beteiligten unabhängig von ihrem Alter gleich viel geben und nehmen.

Zu guter Letzt überlegen wir, welche Grenzen wirklich sinnvoll sind, wie man ein Kind liebevoll bei einem Wutanfall begleitet und wann es wichtig ist, als Elternteil auf einer Grenze oder Regel zu bestehen, um das Gehirn des Kindes sukzessive zu befähigen, nicht nur eigene Interessen zu verfolgen, sondern auch die Bedürfnisse anderer Menschen wahrzunehmen und darauf einzugehen.

Im Praxisteil beschreiben wir dann die am häufigsten vorkommenden unkooperativen Verhaltensweisen von Kindern und geben Ihnen selbst erprobte Tipps an die Hand, um solche Momente schon im Vorhinein zu umgehen, sie entspannt zu überstehen, dem Kind möglichst gelassen nachzugeben oder es dazu zu bringen, Ihrem Wunsch zu folgen.

Bei alldem greifen wir nicht nur auf unsere eigenen Erfahrungen, Erlebnisse und Überlegungen zurück, sondern auch auf die vielen Beiträge aus unserem Blog »Das gewünschteste Wunschkind aller Zeiten treibt mich in den Wahnsinn«, der diesem Buch den Titel gegeben hat. Seit mehr als 3,5 Jahren sind wir mit vielen Lesern und Leserinnen in Verbindung (200.000 sind es aktuell pro Monat), die unser Leben jeden Tag mit vielen großen und kleinen Sorgen, Anekdoten und Geschichten, berührenden und nachdenklich machenden Beobachtungen und Erlebnissen aus ihren Familien bereichern. Die Namen in unseren Beispielen haben wir geändert und Begebnisse auch mal zusammengefasst, um unsere Thesen zu untermauern. Auf das die Lesbarkeit erschwerende »der Leser/die Leserin« verzichten wir zugunsten des Leseflusses.

Danken möchten wir an dieser Stelle den Ärztinnen und Blog-Leserinnen Nina Angenendt, Jördis Graf und Ricarda Wullenkord, die uns im Hinblick auf die Passagen über das kindliche Gehirn und die psychologischen Hintergründe der Elternwut beraten haben, sowie unserer Freundin Laetizia, die diesem Buch wertvolle Impulse gegeben hat.

Wir, das sind Katja und Danielle, deren Leben täglich bereichert – na ja, manchmal auch ganz schön verkompliziert – wird durch insgesamt fünf Kinder im besten Trotzalter zwischen zwei und sieben Jahren. Wir sind dankbar für den ständigen Kontakt, den wir mit anderen Eltern durch unseren Blog haben, und für unsere gegenseitige Verbindung, die über die Jahre im fast täglichen Kontakt und nun auch durch das gemeinsame Schreiben unseres ersten Buches zu einem stabilen, bereichernden Faktor in unser beider Leben geworden ist.

Und an diesem Punkt sind wir auch wieder zurück bei unserem Eingangsbeispiel: Mein kleiner Sohn hat mir beim Einkauf tatsächlich tatkräftig geholfen. Nachdem ich ihn zum Laden getragen hatte, ihm also *sein* Bedürfnis erfüllt hatte, war er auch bereit, *mein* Bedürfnis anzuerkennen. Er ließ sich von meinem Arm heruntergleiten und lief im Laden ruhig neben mir her. Er half mir, den Joghurt in unseren Wagen zu packen, hob ihn dann mühevoll auf das Kassenband hinauf und sortierte die Becher schließlich in unseren Einkaufsbeutel. Diesen trug er dann, wie angekündigt, ganz allein und sichtlich stolz zum Spielplatz zurück. Und obwohl mein ursprünglicher Plan gewesen war, den Einkauf alleine zu machen, um Zeit zu sparen, war diese halbe Stunde mit ihm vor allem eines: ausgesprochen schön.

Die Wut der Kinder

Wutzwerge: Das Streben nach Autonomie beginnt

Wenn aus Babys Kleinkinder werden, stellen diese irgendwann fest, dass ihre Wünsche und Vorlieben nicht immer mit denen ihrer Mitmenschen übereinstimmen und ihnen deshalb nicht mehr unbedingt erfüllt werden. Sie werden in ihrem noch jungen Leben zunehmend mit den Gefühlen der Wut, der Trauer, der Enttäuschung und auch der Angst konfrontiert. Oft sind ihre Eltern überrascht, dass das vermeintliche Trotzen schon so früh beginnt. Eigentlich haben wir nämlich im Hinterkopf, dass die Autonomiephase mit etwa zwei Jahren beginnt. Viele Eltern bemerken jedoch schon ab dem 11. Lebensmonat, spätestens nach dem ersten Geburtstag, dass ihre Kinder plötzlich wegen Kleinigkeiten aufbrausen und wütend werden. Julia, 29, erzählt:

Ich gerate mit meinem Sohn Paul (1) in letzter Zeit immer wieder in klassische Trotzsituationen. Gestern zum Beispiel durfte er einen kleinen Schokoriegel essen. Er liebt Schokolade. Kaum war er damit fertig, stand er jammernd vor unserem Schrank und wollte noch einen. Als ich ihm ganz freundlich sagte, dass er jetzt keine Schokolade mehr bekommt, verdichtete sich dieses Jammern erst zu einem lauten Nörgeln, dann warf er sich schreiend auf den Boden und weinte. Ich wollte sein Trotzen erst ignorieren, aber dann wurde er immer lauter. Er strampelte

mit den Beinen und warf seine Arme hin und her. Er steigerte sich richtig in seine Wut hinein. Irgendwann wurde mir das unheimlich. Ich hatte das Gefühl, dass das jetzt kein Schauspiel mehr war, sondern er wirklich in seiner Wut gefangen war, und bekam richtig Angst, dass er sich »wegschreit«. Ich versuchte ihn anzusprechen, um ihm ruhig zu erklären, warum ich ihm keine Schokolade mehr geben wollte, aber er schien mich gar nicht zu hören. Um ihn herum war eine richtige Nebelwand. Ich versuchte, ihn auf den Arm zu nehmen. Oft geht das nicht, dann wird er eher noch wütender und haut nach mir. Aber gestern ließ er es zu. Ich nahm ihn auf den Arm und drückte ihn sanft an mich. Ich merkte gleich, dass es besser wurde. Nicht unbedingt leiser – er schrie immer noch wie am Spieß, aber immerhin kuschelte er sich dabei an mich und zuckte nicht mehr so wild mit den Armen und Beinen. Nach einer gefühlten Ewigkeit hörte dann auch das Weinen auf.

Solche Situationen kennt sicherlich jeder Elternteil eines Kindes im Alter zwischen einem und vier Jahren. Oft sind es nur Kleinigkeiten, die die Kinder sofort in riesige Wut versetzen. Vielleicht wollen sie noch nicht vom Spielplatz weggehen, wenn wir Eltern das wollen, oder sie ärgern sich darüber, dass wir ihnen den blauen und nicht den roten Becher zum Frühstück hingestellt haben. Die Wucht und das zeitliche Ausmaß des Wutanfalls, der auf solche Konflikte folgt, lässt uns Erwachsene oft ratlos und frustriert zurück. Warum ist es für unsere Kinder nur so verdammt schwer, sich zusammenzureißen?

Baustelle Gehirn

Um verständlich erklären zu können, warum Kinder wie Paul in unserem Beispiel oft selbst wegen Nichtigkeiten von ihren Gefühlen so übermannt werden, müssen wir zunächst einmal auf den Aufbau des menschlichen Gehirns und die Aufgaben der einzelnen Teile zu sprechen kommen.

Unser Gehirn lässt sich grob in zwei Teile unterteilen, das emotionale Gehirn und das kognitive Gehirn.[3] Neurologen differenzieren natürlich noch sehr viel mehr Teile, aber deren Details sind hier nicht von Belang – für unsere Erklärung reicht eine grobe Unterteilung. Stellen wir uns nun vor, wir sehen aus dem Augenwinkel einen Schatten von hinten auf uns zurennen. Unser emotionales Gehirn, auch limbisches System genannt, bringt uns wegen dieses Schattens dazu, sofort erschreckt zur Seite zu springen. Erst eine Sekunde später hat unser kognitives Gehirn, der Neokortex, seine Analyse der über die Augen aufgenommenen Informationen über diesen Schatten abgeschlossen, und wir stellen erleichtert fest, dass es nur ein harmloser Hund ist, der übermütig eine Taube aufgescheucht hat. An diesem Beispiel kann man die Arbeit unserer »beiden Gehirne« wunderbar erkennen: Das eine lässt uns unwillkürlich und schnell reagieren, wenn wir vermeintlich in Gefahr sind, das andere analysiert rational und ermöglicht uns, bewusste Entscheidungen zu treffen. Diese Aufgabenverteilung ist das grundlegende Problem bei Kindern in der Autonomiephase.

Das emotionale Gehirn

Das limbische System gehört geschichtlich zum älteren Teil unseres Gehirns und setzt sich aus verschiedenen Hirnarealen zusammen. Es ist im Gegensatz zum Neokortex eher rudimentär aufgebaut, das heißt, seine Nervenzellen reagieren direkt auf die Reize aus der

Umwelt. Durch seine einfache Struktur verläuft die Informationsverarbeitung darin in Windeseile – ununterbrochen nehmen wir unbewusst Informationen aus der Umwelt auf, und das limbische System wägt in Bruchteilen von Sekunden ab, ob unser Überleben in irgendeiner Weise gefährdet ist. Dieser Teil unseres Gehirns verbindet uns mit unserem animalischen Ursprung. Wie Tiere reagieren wir mit seiner Hilfe instinktiv. Im Internet kann man beispielsweise viele »lustige« Videos von Menschen finden, die heimlich eine grüne Gurke hinter ihre Katze legen und dann amüsiert beobachten, wie das Tier erschreckt in die Luft springt und wegrennt, weil es die »Gefahr« aus den Augenwinkeln gesehen hat. Ganz klar, das limbische System der Katze hat die Gurke mit einer Schlange verwechselt und das Tier damit in Alarmbereitschaft versetzt. Eine der Hauptaufgaben des limbischen Systems ist die Verarbeitung von Emotionen, weshalb es auch »emotionales Gehirn« genannt wird. Im Laufe des Heranwachsens erlebt ein Mensch verschiedene Situationen und Emotionen, die die dafür zuständigen Bereiche im limbischen System aktivieren. Emotion und Situation werden dort gemeinsam gespeichert. Erlebt ein Kind zum Beispiel immer wieder Angst einflößende Situationen mit Hunden, speichert sich das entsprechend in seinem emotionalen Gehirn ab und es wird vermutlich sein Leben lang bei einer Begegnung mit einem Hund ängstlich reagieren. Wächst es dagegen mit einem zahmen, äußerst liebenswürdigen Hund auf, speichert es diese positiven Gefühle gemeinsam mit dem Bild des Hundes ab. Auch körperliche Reaktionen und Funktionen werden vom limbischen System gesteuert: Erröten, Herzschlag, Atmung, Gleichgewicht, Körpertemperatur und Schlaf. So ist es nicht verwunderlich, dass jemand, dem Hunde suspekt sind, unwillkürlich zu schwitzen anfängt, wenn ein großes Exemplar auf ihn zugelaufen kommt, und dass er vielleicht sogar abends nicht gut einschlafen kann, weil er immer wieder an diese Begegnung denken muss.

Das kognitive Gehirn

Der jüngere Teil des menschlichen Gehirns ist der Neokortex (»neues Gehirn«), der der »grauen Masse« im Kopf ihr charakteristisch gefaltetes Aussehen gibt. Er umschließt das limbische System, also unser emotionales Gehirn, von außen wie eine Schutzhülle. Der Neokortex wird auch das kognitive Gehirn genannt, denn er arbeitet äußerst rational und präzise. Er ist dafür zuständig, dass der Mensch logisch und analytisch denkt und die Vor- und Nachteile einer Situation abwägt. Das kognitive Gehirn hilft Kindern, beim Sprechen das richtige Wort auszuwählen, sich beim Gummibärchenaufteilen für den größeren Anteil zu entscheiden und die Unterhose vor der Jeans anzuziehen und nicht anders herum. Es sorgt auch dafür, in einer bedrohlich erscheinenden Situation nach dem ersten Schreck Ruhe zu bewahren. Anders als die Katze, die vor der Gurke wegläuft, können wir Menschen unsere animalischen Impulse beherrschen, wenn das kognitive Gehirn den Auslöser als ungefährlich eingestuft hat.

Ganz besonders wichtig und hoch entwickelt ist der Bereich des kognitiven Gehirns, der im Stirnbereich oberhalb der Augenhöhlen angesiedelt ist – der präfrontale Kortex. Von diesem wird in unserem Buch immer wieder die Rede sein, weil er die Funktionen des Körpers steuert, die uns Menschen ausmachen: Mit seiner Hilfe können wir aggressive Impulse beherrschen, uns für eine längere Zeit auf eine bestimmte Sache konzentrieren, die Zukunft planen sowie moralische und empathische Entscheidungen treffen.

Interessanterweise kann unser emotionales Gehirn das kognitive quasi abschalten. Die Wissenschaft ist sich einig, dass das aus evolutionärer Sicht sinnvoll war. Ein Mensch, der beim Beerensammeln nicht bemerkte, dass sich von hinten ein gefährliches Tier anschlich, war bald ein toter Mensch. Das emotionale Gehirn ist daher ständig auf der Hut. Es überwacht seine Umwelt und löst sofort Alarm aus, wenn etwas seltsam erscheint. Alle Gedanken des Beerensammlers an die Nahrungssuche wären augenblicklich vom emotionalen Gehirn blockiert worden. Gespräche zwischen den Mitgliedern der Gruppe würden stoppen, ja es ist sogar so, dass in diesem Moment Gedanken oder Worte gar nicht mehr verfolgt werden könnten. Selbst wenn ein Mensch weitersprechen wollte, er könnte sich nicht dazu zwingen. Stattdessen würden sich die Beerenpflücker instinktiv umdrehen und sofort nach ihren Waffen greifen, um den Angriff des Tieres abzuwehren. Auch in der heutigen Zeit ist diese Gabe äußerst wichtig. Wir mögen abgelenkt von unseren Smartphones durch die Gegend laufen, aber sobald uns Gefahr droht, weil vielleicht ein Fahrradfahrer auf dem Gehweg auf uns zukommt oder ein lauter Knall vor uns zu hören ist, schauen wir instinktiv hoch und reagieren, ohne zu überlegen. Auch hier hat das emotionale Gehirn die Tätigkeit des kognitiven Gehirns sofort unterbrochen.

Nähmen – sehr vereinfacht dargestellt – die Gefühle bei einem Erwachsenen überhand, zum Beispiel wegen einer Angststörung, übernähme das emotionale Gehirn sogar über längere Zeit die Führung über das kognitive Gehirn. Das Ergebnis wäre, dass dieser Mensch sich nur schwer auf längerfristige Ziele konzentrieren und zum Beispiel keine Pläne verfolgen könnte, da der präfrontale Kortex in seiner analytischen Funktion eingeschränkt ist. Dieser Mensch würde in Stresssituationen möglicherweise aggressiver und ungehaltener reagieren, als das bei einer gesunden Balance zwischen den Gehirnteilen der Fall wäre. Vielleicht erinnert das ein wenig an Kleinkinder? Impulsives Hauen, emotionale Reaktionen, kurze Konzentrationsspannen und kaum Zukunftsplanungen – haben diese typischen Eigenschaften unserer »Trotzköpfchen« etwa mit ihrem Gehirn zu tun? Ja, das haben sie, sagt die Forschung. Und zwar in einem sehr viel stärkeren Maß, als die Verfechter der Tyrannen- und anderer Theorien es für möglich halten.

Das kindliche Gehirn tickt anders

Bei der Geburt ist das Gehirn eines Kindes natürlich schon vollständig angelegt, aber es ist noch lange nicht ausgreift. Neugeborene wissen dennoch instinktiv, was sie brauchen – Nahrung, Nähe oder Schlaf. Und fordern die Erfüllung ihrer Grundbedürfnisse sehr kompetent und oft lautstark von ihren Bindungspersonen ein. Sie können aber noch nicht darüber nachdenken, was genau sie brauchen und was ihnen jetzt, in diesem Moment helfen würde. Diese Denkleistung muss zunächst von den Erwachsenen (oder auch von den schon älteren Geschwisterkindern) übernommen werden. Immer wenn eine Bindungsperson eine Aktion ausführt, die dem Baby ein wohliges Gefühl verschafft, feuern Neurone in seinem Gehirn und festigen den erlebten Kausalzusammenhang. Reagiert ein Neugeborenes also unwillkürlich auf das unangenehme Gefühl im Magen mit Schmatzen und dem Hin- und Herdrehen des Kopfs und die Mutter erkennt diese Signale als Hunger und stillt es sofort, dann ergibt sich für das Kind im Nachhinein der erste Sinnzusammenhang. Es erfährt, dass das unangenehme Gefühl durch die Milch weggeht – diese Information wird im Gehirn abgespeichert. Das schöne Gefühl, das vom Baby beim Trinken erlebt wird, durch die Nähe zur Bindungsperson, durch den Augenkontakt, das Lächeln, die Wärme der Milch und den süßen Geschmack, wird als Glücklichsein empfunden. Diese mit zunehmendem Gefühl der Sättigung positive emotionale Verknüpfung sorgt für eine zuverlässige Abspeicherung im Gehirn.

Die neuronalen Verbindungen im kognitiven Gehirn wachsen zwar rasant, dennoch dominiert bei Babys und Kleinkindern – anders als bei Erwachsenen oder älteren Kindern – das emotionale Gehirn noch stark. Es lässt sie intuitiv, unbewusst und spontan entscheiden und ist ein Experte für die Entschlüsselung menschlicher Mimik und Gestik. Aber es lässt Kleinkinder eben auch sehr emotional und weniger rational reagieren.

Um unsere Emotionen zügeln zu können, brauchen wir Menschen den präfrontalen Kortex. Er lässt uns vernünftig sein und ist eine wunderbare, äußerst wichtige Kontrollinstanz unseres Gehirns. Nur mit seiner Hilfe können wir beispielsweise den Impuls beherrschen, einfach zuzuhauen, wenn uns etwas ärgert. Nun ist gerade dieser Bereich bei Babys und Kleinkindern zunächst nur sehr rudimentär entwickelt. Seine neuronalen Bahnen sind zum Teil schon angelegt, müssen aber erst durch viele Übungen zum Funktionieren gebracht werden. Und das dauert – Schreck lass nach! – einige Jahre.

Hat ein Kleinkind ein Stresserlebnis, wenn zum Beispiel ein Erwachsener etwas verbietet, übernimmt das emotionale Gehirn die Führung und blockiert das vernünftige, geduldige Gehirn weitestgehend in seiner Funktion. Das Kind wird von seinen Emotionen überwältigt – es wütet. Es wirft sich auf den Boden, schreit, spuckt, haut, tritt und ist völlig außer sich. Paul aus unserem Beispiel war enttäuscht, dass er keinen zweiten Riegel Schokolade bekam. Diese Enttäuschung wollte er ausdrücken. Deshalb fing er an zu jammern. Möglichweise wollte er seine Mutter zunächst wirklich überreden, ihm doch noch ein wenig mehr Schokolade zu geben. Als die Mutter jedoch ihr Nein wiederholte, warf er sich auf den Boden und weinte laut. Dies geschah nicht aus Trotz, sondern weil dieses zweite Nein noch einmal stressauslösend wirkte. In diesem Moment wurde Paul von der Wucht seiner Gefühle übermannt, das emotionale Gehirn übernahm die Führung, und seine Stressregulation war völlig überfordert.

Wer ein Kind in diesem Zustand mit Worten erreichen möchte, hat schlechte Karten, da ja das kognitive Gehirn für die Sprache zuständig ist. In diesem Moment ist es, platt formuliert, gerade »außer Betrieb«. Das Kind kann also die Worte seiner Eltern gar nicht richtig verarbeiten, einfach, weil das emotionale Gehirn diese Funktion gerade blockiert. Kein Wunder, dass die üblichen Beruhigungsversuche von uns Eltern so desaströs fehlschlagen – unsere Kinder verstehen uns einfach nicht! Sie *können* uns nicht verstehen, weil auf das Areal für die Spracherkennung in dem Moment nicht zugegriffen werden kann. Pauls Mutter hatte das in der Situation ganz richtig erkannt, als sie den Eindruck hatte, es sei eine »Nebelwand um ihn herum« gewesen. Da sie nicht zu ihm durchdringen konnte, wählte sie instinktiv eine andere Methode, um ihn zu beruhigen, indem sie ihn in den Arm nahm. Durch den Körperkontakt zu seiner Bindungsperson schüttete sein Gehirn das stresshemmende Hormon Oxytocin aus, sodass Paul sich langsam beruhigen konnte.

Nicht immer ist Umarmen der beste Weg. Oft wollen Kleinkinder in wütenden Momenten keinen Körperkontakt. Doch wie kann man als Elternteil ein Kind dann beruhigen, das gerade nicht berührt werden möchte? Hier kommt die wirklich spektakuläre Fähigkeit des emotionalen Gehirns ins Spiel, die Familien in solchen Wutmomenten im wahrsten Sinne des Wortes viel Leid ersparen kann: Es kann nämlich *nonverbale* Kommunikation ganz wunderbar entschlüsseln. Mimik, Gestik, Tonfall, all das kommt im emotionalen Gehirn auch während eines Wutanfalls an! Heureka![4]

Die Eltern können also versuchen, mithilfe ihrer Stimmlage, ihrer Mimik und ihrer Gestik das aufgebrachte Kleinkind zu erreichen. Sie können die Gefühle des Kindes ohne viele Worte spiegeln – das emotionale Gehirn wird diese Botschaft verstehen, sodass ins kindliche Bewusstsein gelangt, dass der Erwachsene sein Problem erkannt hat und an einer Lösung interessiert ist. Damit kann man dem Kind helfen, sich schneller zu beruhigen. Wir werden darauf im letzten Teil unseres Buches noch ausführlich eingehen.

Wichtig ist uns an dieser Stelle, zu betonen, dass Pauls Mutter ihm half, indem sie sich ihm zuwandte. Nur *mit ihr* gelang es ihm, sich relativ zügig zu beruhigen. Im Alter zwischen einem und vier Jahren ist die Eigenregulation des kindlichen Gehirns in den meisten Stresssituationen noch vollkommen überfordert. Deshalb benötigen Kinder in diesem Alter zuverlässige Unterstützung von außen, um aus einem Wutanfall herauszufinden. Fremdregulation ist eine der wichtigsten Maßnahmen, um den Aufbau der Eigenregulation zu unterstützen.

Lernen, Gefühle auszuhalten

Gerät das Gehirn in eine so emotionale Krise wie bei Paul, setzt normalerweise ein Prozess ein, der Stressregulation genannt wird. Ein Erwachsener würde nun bestimmte Strategien anwenden, um sich selbst effektiv zu beruhigen. Vielleicht würde er sich selbst gut zureden oder tief durchatmen. Kinder können dies jedoch noch nicht. Sie bringen zwar schon einen Grundstock an Fähigkeiten aus dem Mutterleib mit, um Gefühle zu regulieren, zu tolerieren und den dabei entstehenden Stress auszuhalten, der größte Teil der Stressregulationsstrategien wird jedoch erst im Laufe des Lebens entwickelt. Sie werden maßgeblich durch die Hilfe der Eltern oder anderer feinfühlig reagierender Personen erlernt.

Schon kleine Babys sind in der Lage, sich von unangenehmen Reizen wegzudrehen oder am Daumen zu nuckeln, um sich selbst zu beruhigen, wenn sie in leichten Stress geraten. Doch die meisten Situationen überfordern sie, weshalb sie dann anfangen zu weinen. Ihre Eltern müssen sie in solchen Situationen durch Körperkontakt, möglichst sogar Hautkontakt, fremdregulieren. Auch leichtes Wippen und freundliches Zureden können helfen, den Stress abzubauen. Gelingt es den Eltern nicht, ihr Baby zu verstehen und feinfühlig auf seine Bedürfnisse einzugehen, wird es heftiger weinen und zunehmend außer sich geraten. Kommt es dann noch immer nicht zu einer beruhigenden Reaktion vonseiten der Bindungsperson, beispielsweise weil diese beschlossen hat, das Weinen zu ignorieren, damit das Baby lernt, allein einzuschlafen, endet das letztlich in einem fast panischen Zustand, der das Regulationssystems des Säuglings überfordert. Der Stress löst eine Erregung des sympathischen Nervensystems aus, das für Kampf und Flucht verantwortlich ist. Das Baby hat aufgrund seiner körperlichen Unreife jedoch noch keine Möglichkeit, aus der Situation zu flüchten, sodass sein Gehirn in eine akute Krise gerät und eine Notfallreaktion veranlasst. Bindungsforscher Karl-Heinz Brisch beschreibt die Auswirkungen dieser Notfallreaktion. Das Baby wird »ganz plötzlich, von ›jetzt auf gleich‹ stumm werden und gleichsam ›einfrieren‹«. Man bezeichnet diesen Moment auch als »Abschalten«. Nach Brisch wird das Gehirn des Babys die Wahrnehmung von Schmerz, Angst oder Panik ausschalten. Die Kinder wirken dann nach außen gefasst, allenfalls vielleicht ein bisschen starr. Man merkt ihnen nicht an, dass sie Angst oder Schmerzen haben, doch innerlich bleibt der große Stress erhalten. Das kindliche Gehirn hat noch eine weitere Möglichkeit, mit übergroßem Stress umzugehen. Hierbei wird, so Brisch, »die große Erregung des sympathischen Nervensystems in ihr Gegenteil verkehrt«. Die Übererregung des Kampf- und Fluchtsystems wird umgeschaltet auf das parasympathische System, das für Entspannung und Schlaf verantwortlich ist. Das Baby wird also als Notfallreaktion auf den zu großen Stress einfach einschlafen.[5] Die abgespalteten Gefühle (z. B. Angst und Hilflosigkeit) werden zusammen mit der Erinnerung an die erlebte Situation (das Alleinsein im Bett) im limbischen System gespeichert und können möglichweise später eine durch den zeitlichen Abstand nicht mehr erklärbare Abneigung gegen bzw. Überreaktion bei ähnlichen Situationen hervorrufen.

Zwischen dem 1. und dem 4. Geburtstag, also genau während der Autonomiephase, liegt der intensivste und wichtigste Abschnitt des Erlernens von Stressbewältigung. Um Bewältigungsstrategien zu entwickeln, müssen unsere Kinder zunächst einmal Situationen bewusst als stressauslösend erkennen. Für solche Gedankengänge muss das kognitive Gehirn weit genug gereift sein, und das Kind muss verschiedenste, auch Angst oder Wut auslösende, Situationen kennenlernen. Bei leichtem Stress schaffen sie es vielleicht schon, sich selbst durch Kuscheln mit dem Lieblingsteddy oder Weggehen vom Stressor zu entspannen. Auch lautes Schreien, Aufstampfen mit dem Fuß oder Zuhauen kann helfen, Stress abzubauen. Eltern, die in diesem Zeitabschnitt versuchen, ihr Kind von Gefahren, Verlusten oder Hindernissen fernzuhalten, damit es nicht traurig oder wütend werden muss, nehmen ihm möglicherweise schon früh die Chance, später mit starken Emotionen klarzukommen.

Andere Eltern lassen ihre Kinder in Stresssituationen allein wüten, weil sie glauben, dass ihre Kinder lernen müssten, selbst damit fertig zu werden. Das ist jedoch nicht der Fall – gerade in diesem Alter kann das Gehirn den Stress, der es zu sehr überwältigt, nur durch das Einschalten der Notfallreaktion beenden. Deshalb ist eine feinfühlige Unterstützung bei Wut und Stress immer noch so wichtig wie im Babyalter. Erst *nach* der Autonomiephase, also frühestens mit fünf Jahren, entwickeln Kinder andere Stressbewältigungsstrategien und sind dann nicht mehr so stark darauf angewiesen, von außen reguliert zu werden. Bis dahin ist es Aufgabe von uns Eltern, zwischen Überbehüten und Alleinlassen eine Balance zu finden.

Lernen, sich in andere einzufühlen

Nicht nur Verbote lassen unsere Kinder wütend werden. Manchmal sind es auch unterschiedliche Blickwinkel, die zu einem Konflikt zwischen Eltern und Kind führen. Steffen, 37, erzählt eine typische Situation:

Meine Tochter Mathilda (2) wollte mit mir raus in den Schnee. Ich wollte ihr schnell beim Anziehen helfen, damit wir vor allen anderen auf dem Rodelberg ankommen. Ich half ihr also, die Leggins und ihre Socken anzuziehen. Doch sie wurde wütend auf mich. Mathilda wollte die Socken auf eine ganz spezielle Art und Weise unter die Leggins gezogen bekommen, doch ich verstand einfach nicht, wie genau sie es haben wollte. Ich habe mich redlich bemüht. Doch mit jedem Mal, bei dem ich die Socken »falsch« angezogen habe, wurde Mathilda ungeduldiger und wütender. Nach dem fünften Mal warf sie sich vor Wut schreiend und weinend nach hinten. Da sie bei mir auf dem Schoß saß, traf sie dabei mit ihrem Kopf meine Nase. Nun habe ich vor Schmerz ebenfalls aufgeschrien und hatte Tränen in den Augen. Aus meiner Nase tropfte Blut. Doch statt mich zu trösten oder sich zu entschuldigen, kreischte mich Mathilda weiterhin an, ich solle die Socken richtig anziehen und zwar sofort! Ich war so wütend auf sie, dass auch ich anfing zu schreien. Verdammt, ich könne schließlich nicht hellsehen – sollte sie ihre Socken doch alleine anziehen! Habe sie denn nicht bemerkt, dass sie mir weh getan hat?

Da bemühen wir uns liebevoll, die Wünsche des Kindes ernst zu nehmen, und werden dann, wenn wir nicht schnell genug sind oder es nicht richtig machen, auch noch angemeckert. An diesem Punkt kann man schon einmal ins Zweifeln kommen, ob da nicht doch grundsätzlich etwas in der Erziehung falsch läuft. Nein, das tut es nicht, denn ein Verhalten wie das von Mathilda aus unserem Beispiel ist völlig altersadäquat. Sie ist einfach noch nicht in der Lage, die Situation aus den Augen ihres Vaters zu sehen oder sich in seinen Schmerz einfühlen, weil ihr aufgrund ihres Alters noch ein entscheidender Meilenstein der kognitiven Entwicklung fehlt: Sie kann noch keinen Perspektivwechsel einnehmen und verfügt somit noch nicht über ausreichend Empathievermögen.

Empathie bezeichnet die Fähigkeit, sich in die Gedanken und Gefühle einer anderen Person hineinzuversetzen und diese stellvertretend nachempfinden zu können. Menschen, die eine gut entwickelte Empathie besitzen, können auf angemessene Art und Weise auf die Bedürfnisse anderer reagieren. Das heißt, sie erkennen von selbst, dass es einem weinenden Menschen schlecht geht, und antworten darauf, indem sie ihn zum Beispiel streicheln, in den Arm nehmen oder bei Nasenbluten ein Taschentuch anbieten.

Doch um empathisch reagieren zu können, müssen bei einem Menschen bestimmte kognitive und emotionale Fähigkeiten entwickelt sein. Nach Feshbach[6] ist es für die Empathieentwicklung unabdingbar, den emotionalen Zustand eines anderen Menschen bestimmen zu können. Das bedeutet, ein Kind muss in der Lage sein, Körper- und Gesichtsausdruck bei anderen zu erkennen, zu entschlüsseln und einem Gefühl zuzuordnen. Emotionale Zeichen wie Tränen für Traurigkeit oder zusammengezogene Augenbrauen für Wut helfen bei der Entschlüsselung. Kinder werden mit diesem Wissen jedoch nicht geboren – sie erlernen es durch Beobachtung und Erklärungen. Wichtig ist also, dass wir Eltern unsere Kinder immer wieder auf die Mimik und Gestik anderer Menschen aufmerksam machen und diese für sie entschlüsseln. Das kann mithilfe von Bilderbüchern geschehen, aber auch ganz nebenbei im Alltag. Auch wir Eltern sollten unsere eigenen Gefühle mit echter, unverfälschter Mimik und Gestik begleiten, also authentisch sein, sodass die Kinder keine falschen Informationen abspeichern. Ein Vater, der lächelt, obwohl er wütend ist, sendet ein falsches Signal aus.

Eine weitere wichtige Grundvoraussetzung für das Empathievermögen ist nach Feshbach die Fähigkeit, den Blickwinkel eines anderen Menschen einzunehmen (Perspektivwechsel). Das bedeutet, dass ein Kind kognitiv dazu in der Lage sein muss, zu erkennen, dass andere Menschen nicht immer über seinen eigenen Wissensstand verfügen. Ein Theaterstück, in dem sich das Krokodil vor dem Kasper hinter einem Busch versteckt hat, wird erst dann spannend, wenn das Kind versteht, dass der Kasper das Krokodil nicht sehen kann und gleich von ihm überrascht wird. Kann das Kind die Perspektive des Kaspers noch nicht einnehmen, wundert es sich, warum er sich erschreckt – das Krokodil war doch ganz offensichtlich die ganze Zeit hinter dem Busch. Der Perspektivwechsel ist ein kognitiver Meilenstein, dessen Erreichen nicht beeinflusst werden kann und der mit etwa vier Jahren – also gegen Ende der Autonomiephase – erreicht wird.[7]

Die dritte Voraussetzung für empathisches Verhalten ist laut Feshbach die Fähigkeit, emotional auf andere Menschen zu antworten. Sie ist zum Beispiel vorhanden, wenn ein Kind ein anderes weinendes Kind in den Arm nimmt, um es zu trösten. Eine solche freundliche Geste könnte man einem Kind zwar durch entsprechende Aufforderungen auch antrainieren, doch dabei würde es sich nur um kognitiv gesteuertes Verhalten handeln. Um zu *echter* Empathie zu gelangen, muss das Kind die Gefühle des anderen nachempfinden können. Dafür muss es diese jedoch auch schon einmal selbst *erlebt* haben. Wer nicht weiß, wie es sich anfühlt, wenn man Nasenbluten und eine schmerzende Nase hat, und was einem selbst in der Situation am besten hilft, um die Schmerzen und das Blut zu stillen, kann anderen keine empathischen Lösungsmöglichkeiten anbieten.

Unsere Kinder brauchen also einen vollständigen Satz aller verfügbaren menschlichen Emotionen, und die Autonomiephase ist der von der Natur dafür vorgesehene bestmögliche Spielplatz, diese zu erleben. Es ist wichtig, als Eltern zuzulassen, dass Kinder alle Arten von Gefühlen kennenlernen. Um gesund zu wachsen, brauchen sie nicht nur schöne Erlebnisse. Sie müssen auch scheitern dürfen, natürliche Grenzen erfahren, sich wehtun oder eifersüchtig sein. Unsere Aufgabe als Eltern ist nicht, Kinder vor Schmerz zu bewahren, sondern ihnen empathisch tröstend auf ihre Emotionen zu antworten. Nur wem selbst Empathie entgegengebracht wurde, der kann später selbst mitfühlend auf andere zugehen.

Wie alle anderen Entwicklungsschritte wird auch die Ausbildung empathischer Kompetenzen von jedem Kind mit eigenem Tempo durchlaufen. So kommt es zu einer großen Bandbreite empathischer Fähigkeiten bei Kindern des gleichen Alters. Dennoch können bis zu einem gewissen Grad allgemeine Aussagen gemacht werden, wie das folgende Entwicklungsmodell nach Hoffman zeigt:[8]

0 bis 1 Jahre

Anzeichen von Unbehagen bei anderen können beim Baby eigene Reaktionen des Unbehagens hervorrufen. Das liegt an den Spiegelneuronen des Menschen. Das Baby beginnt beispielsweise zu weinen, wenn im selben Raum ein anderes Kind weint. Es kommt dabei zu einer undifferenzierten Fusion der eigenen Gefühle mit denen des anderen. Das mitweinende Baby fühlt sich genauso schlecht wie das weinende, obwohl es ursprünglich keinen Grund zum Weinen hatte. Wird das Baby von jemandem angelächelt, feuern seine Spiegelneuronen erneut, und es wird zurücklächeln. Es fühlt sich glücklich. Schon kurz nach der Geburt strecken Babys die Zunge heraus, wenn ein Elternteil es ihnen vormacht. Die Fähigkeit des Spiegelns ist eine wichtige Voraussetzung, um Empathie zu entwickeln.

1 bis 3 Jahre

Mit etwa einem Jahr nehmen Kinder andere Menschen als eigenständige Personen wahr, die sich von ihnen unterscheiden. Sie fangen allmählich an, empathisch zu reagieren, und laufen zum Beispiel los, um einem weinenden Kind einen tröstenden Gegenstand zu suchen und zu bringen.

Ab etwa zwei Jahren bekommen sie ein Grundgefühl dafür, dass andere Menschen eigene, von ihnen unabhängige Gedanken und Wünsche haben. Sie verwechseln aber noch leicht ihre eigenen inneren Zustände mit denen der anderen, was oft zu Konflikten führt. Es kann sein, dass ein Kind vor Wut aufschreit, wenn sein Geschwisterkind in die Richtung des Puppenwagens läuft, mit dem es eigentlich gerade selbst spielen will. Dass sein Geschwisterchen an dem Wagen vorbei zu den Bausteinen laufen will, kommt ihm noch nicht in den Sinn.

3 bis 5 Jahre

Kinder entwickeln langsam die Fähigkeit, offen gezeigte Grundgefühle anderer wahrzunehmen. Sie wissen bereits, dass Gefühle sich ändern können, und sie nehmen die Ursachen von Gefühlen in einfachen Situationen wahr. Sie können geplante von zufälligen Situationen unterscheiden, zum Beispiel, ob ein anderes Kind sie mit Absicht anrempelt oder aus Versehen. Sie gewichten jedoch die Folgen noch stärker als die Motive, das heißt, sie sind auch sauer auf jemanden, der sie nur aus Versehen angerempelt hat.

Nun beginnt sich die Fähigkeit zur Empathie herauszubilden, nämlich dann, wenn sie die Sichtweise anderer Personen einnehmen können und verstehen, dass diese sich in derselben Situation unterschiedlich verhalten, je nachdem, was für Informationen, Motive oder Ziele sie haben. Obwohl der Meilenstein des Perspektivwechsels mit etwa vier Jahren erreicht wird, dauert es oft bis zum 5. Geburtstag, bis diese Fähigkeit auch wirklich aktiv genutzt wird. Man erkennt die aktive Nutzung daran, dass Kinder mit: »Das kannst du doch gar nicht wissen!« antworten, wenn ihnen zum Beispiel vorgeworfen wird, Schmerzen nur zu simulieren.

5 bis 9 Jahre

Kinder lernen nun immer besser, Situationen von verschiedenen Perspektiven her zu sehen, und können jetzt Gedanken, Absichten und Gefühle anderer mit größerer Genauigkeit einschätzen. Sie verstehen, dass auch sie selbst Objekt der Wahrnehmung durch andere sind, was eine Wechselseitigkeit des Denkens ermöglicht: »Ich dachte, du denkst, ich mag dich nicht …« Schuldzuweisungen erfolgen nun häufiger aufgrund der Absicht einer Tat. Das Kind ist sauer, wenn ein anderes mit Absicht schubst, aber nicht, wenn es aus Versehen geschieht.

9 bis 12 Jahre

Nun verstehen Kinder auch komplexere Gefühle wie Scham oder das Erleben von gleichzeitigen und/oder widersprüchlichen Gefühlen – zum Beispiel Traurigkeit darüber, den Schwimmkurs nicht mit einem Abzeichen abgeschlossen zu haben, aber gleichzeitig auch Erleichterung, dass man sich nun auch erst einmal nicht mehr überwinden muss, ins ungeliebte Wasser zu springen.

Sie können zunehmend gut ihr eigenes Verhalten von außen betrachten und reflektieren, wie es auf andere wirkt. Das ist insofern bemerkenswert, als Eltern ja oft schon ihre Kindergartenkinder eindringlich warnen, niemand werde mehr mit ihnen spielen oder ihr Freund sein wollen, wenn sie sich weiterhin »so gemein« verhielten. Solche erzieherischen Warnungen sind in diesem Alter noch sinnlos, weil die Kinder ihr Verhalten im Hinblick auf die Wirkung auf andere noch gar nicht reflektieren können.

Die Empathie der 9- bis 12-Jährigen erstreckt sich nun auch auf ganze Gruppen, sie fühlen sich ein in die Lebenswirklichkeit der hungernden Menschen in Afrika oder der frierenden Obdachlosen im Winter und haben den großen Wunsch, zu helfen.

Es ist jetzt also nachvollziehbar, dass Mathilda aus dem Beispiel mit ihren zwei Jahren gar nicht empathisch reagieren *konnte*. Es fehlt ihr einfach noch die Fähigkeit, die Situation aus dem Blickwinkel des Vaters zu betrachten. Sie konnte zwar sehen, dass ihr Vater weint und Schmerzen hat, war jedoch noch nicht in der Lage, das Weinen auf ihr eigenes Verhalten zurückzuführen und den Schmerz nachzufühlen, sich also in die Situation des Papas hineinzuversetzen.

An dieser Stelle wird vielleicht klar, warum es nicht zielführend ist, von einem Kind, das jünger als vier Jahre alt ist, zu verlangen, dass es sich entschuldigt. Wenn es die Perspektive des anderen noch nicht einnehmen kann und daher nicht versteht, dass es ihm Schaden zugefügt hat, bleibt eine Entschuldigung immer nur eine hohle Phrase ohne echte Reue. Stattdessen ist es sinnvoller, den Kindern vorzuleben, wann und wie Entschuldigungen angebracht sind. Man kann sich als Elternteil auch, wenn nötig, *für sie* bei anderen entschuldigen. Ganz automatisch werden sie das Verhalten von den Eltern übernehmen, und wenn sie kognitiv dazu in der Lage sind, das Wort »Entschuldigung« mit echtem Inhalt füllen.

Doch kommen wir zurück zu unserem Beispiel. Für Mathilda war es nicht wichtig, sich zu entschuldigen – wesentlich wichtiger war für sie, dass ihr Vater es immer noch nicht geschafft hatte, ihr die Socken »richtig« anzuziehen. Auch dieses Problem hängt eng mit dem noch fehlenden Perspektivwechsel zusammen. Mathilda war aufgrund ihres Alters noch nicht klar, dass ihr Papa nicht ihre Gedanken lesen kann und daher nicht wusste, wie sie die Socken anzuziehen wünschte. Da das Mädchen selbst eine klare Vorstellung davon hatte, wie die Socken sein sollen, nahm sie an, ihr Vater wisse es auch. Ohne den Meilenstein des Perspektivwechsels konnte sie nicht verstehen, dass er andere Wissensvoraussetzungen in Bezug auf ihre Socken hat. Sie dachte schlicht, er ziehe ihr die Socken immer wieder absichtlich falsch an, vielleicht, um sie zu ärgern. Das brachte sie dermaßen in Rage, dass sie einen Wutanfall bekam.

Die Wucht der Emotionen beherrschen

Die Fähigkeit, die Perspektive anderer einzunehmen, ist nicht nur wichtig, um Missverständnisse zu vermeiden. Sie ist auch eine grundlegende Voraussetzung, um Impulskontrolle zu erlangen. Denn erst, wenn wir voraussehen können, wie unser Gegenüber auf unsere Aktion reagieren wird, können wir abwägen, ob es sinnvoller ist, unseren Impuls (z. B. zuzuhauen) aufzuschieben oder auszuführen. Da Kinder unter vier Jahren keinen Perspektivwechsel einnehmen können, fällt ihnen naturgemäß auch die Impulskontrolle schwer. Ines, 30, schildert eine typische Situation in ihrer Familie:

Meine Tochter Mara ist fast drei Jahre alt. Ihr kleiner Bruder Emil robbt seit Kurzem durch die Wohnung und hat entdeckt, dass sie viele tolle Spielsachen besitzt. Seitdem habe ich keine ruhige Minute mehr. Ständig muss ich Emil vor seiner großen Schwester schützen, die schnell wütend wird und ungehemmt

zuhaut, wenn Emil an ihre Sachen geht. So war es auch heute wieder. Ich habe sie dann ziemlich laut angeschrien, weil das jetzt schon so oft vorgekommen ist: »Mara, wie oft soll ich es dir noch sagen? Du sollst mich rufen, wenn Emil an deine Sachen geht. Ich komme dann und helfe dir, sie ihm wegzunehmen. Du sollst ihn nicht hauen! Hauen ist verboten!« Wann lernt sie das denn endlich? Wenn ich mit ihr schimpfe, nickt sie zwar verständig. Doch keine Minute später, sobald ich wieder in der Küche war, heulte Emil erneut auf. Mara hatte ihn in die Hand gebissen, weil er ihr Kuscheltier nicht loslassen wollte. Ich bin wirklich verzweifelt!

Bei Kleinkindern geschehen Denken und Handeln oft fast gleichzeitig. Da wird aus Wut der Freund angespuckt, aus Frust der Bausteinturm umgeworfen oder auch sich an einer viel befahrenen Straße von der Hand der Eltern losgerissen, weil auf der anderen Seite die Oma wartet. Dass das so ist, liegt unter anderem daran, dass der präfrontale Kortex noch nicht vollständig ausgereift ist. Das Zellnetzwerk, das hinter der Stirn über den Augenhöhlen angesiedelt ist, fungiert als unsere innere Kontrollinstanz, die in brenzligen Situationen die Fäden in der Hand hält.

Wird ein Mensch auf irgendeine Weise bedroht, läuft in seinem Gehirn in Sekundenschnelle ein komplexes, automatisiertes Programm ab, das die Situation einschätzt. Als Erstes werden die Angstzentren im Gehirn aktiviert. Wären wir weniger hoch entwickelte Tiere, würden wir nun sofort mit Aggression auf die Bedrohung antworten. Giftschlangen zum Beispiel, denen Schmerzen zugefügt werden, beißen sofort zu. Bei Menschen durchläuft der Impuls, zurückzuschlagen, jedoch noch eine neurobiologische Kontrollschleife – den präfrontalen Kortex. Diese Kontrollschleife lässt uns entscheiden, ob es sinnvoll ist, so aggressiv zu reagieren, oder ob uns dann vielleicht noch größeres Unheil droht. Sie lässt uns entscheiden –, und das ist wirklich eine enorm soziale Leistung – inwieweit unsere aggressive Antwort in einem angemessenen Verhältnis zur Bedrohung durch den anderen steht. Wir wägen also nicht nur ab, ob es *uns* schaden würde, sondern auch, wie stark es *dem anderen* schadet. Je nachdem, wie diese Einschätzung ausfällt, werden unsere Aggressionsimpulse beeinflusst. Wir hauen stark zu, weniger stark, leicht oder gar nicht. Um zu einer korrekten Einschätzung zu gelangen, müssen jedoch im präfrontalen Kortex bereits Informationen darüber abgespeichert sein, wie sich ein anderer Mensch fühlt, wenn wir ihn hauen, und welche möglichen Folgen das Hauen an sich hat.[9]

Das erklärt, warum Mara es mit ihren knapp drei Jahren in der Regel nicht schafft, den Hau-Impuls Emil gegenüber zu unterdrücken. Wenn der Kleine ihre Spielsachen anfasst, ist das für das Mädchen ein Aggressionsauslöser. Mara wird sauer und hat den Impuls, diese Wut auszuagieren. Nun durchläuft dieser Impuls in Maras Gehirn die neurobiologische Kontrollschleife, doch dem Gehirn fehlen aufgrund ihres Alters noch die notwendigen Voraussetzungen, um den Impuls zu stoppen oder weniger stark ausfallen zu lassen. Zum einen kann sie, weil sie noch keinen Perspektivwechsel einnehmen kann, weder antizipieren noch nachfühlen, wie es ihrem Bruder geht, wenn sie ihn haut. Zum anderen hat sie nur wenige gespeicherte Vorerfahrungen in Bezug auf die Folgen des Hauens. Maras präfrontaler Kortex kann daher noch nicht ausreichend gut arbeiten und den Hauimpuls dadurch mäßigend verändern. Sie haut schnell und ungehemmt. Erst ab dem Alter von circa sechs Jahren sind Kinder fast vollständig in der Lage, ihr impulsives Verhalten relativ zuverlässig zu kontrollieren.

Ab dem dritten Lebensjahr jedoch können und sollen Kinder üben, ihre Impulse zu zügeln. Das wird noch nicht oft gelingen, dennoch kann man sie immer wieder dazu anhalten. Dies sollte man jedoch weder in Stresssituationen tun, noch dann, wenn die Grundbedürfnisse des Kindes (Hunger, Müdigkeit, Bindungsdrang, Harndrang etc.) gerade nicht befriedigt sind. Ist ein Kind jedoch satt und zufrieden, darf es durchaus schon mal zum Zügeln seiner Impulse angehalten werden.

Es gibt im täglichen Leben immer wieder Situationen, in denen Kinder den Bedürfnisaufschub üben können. Eine Banane, die in den Einkaufswagen gelegt wurde, muss beispielweise erst bezahlt werden, bevor sie gegessen werden kann. Ein Kind kann kurz abwarten, bis der Vater mit dem Abwasch fertig ist, bevor er ihm etwas vorliest, oder die Mutter könnte sich beim Nachhausekommen erst selbst die Schuhe ausziehen, bevor sie ihrem Kind hilft.

Es ist nicht sinnvoll, ja sogar schädlich, Kindern ab dem zweiten Lebensjahr alle Wünsche sofort zu erfüllen, denn das Gehirn lernt Impulskontrolle nur durch Übung. Für den präfrontalen Kortex gilt der Grundsatz: »Use it or lose it«. Wer in der Kindheit nicht trainiert, weil er nie abwarten und seine Bedürfnisse aufschieben muss, wird sich im Erwachsenenalter sehr wahrscheinlich schlecht beherrschen können.

Dass sowohl Kinder als auch Erwachsene Impulskontrolle brauchen, versteht sich von selbst. Wer sich stoppen kann, bevor er zuschlägt, oder zuerst darüber nachdenkt, ob es günstig ist, an dieser Stelle die Straße zu überqueren, überlebt nicht nur länger, er eckt auch weniger oft in der Gesellschaft an. Doch nicht nur das: In den 1960er-Jahren wurde in den USA ein Experiment zur Selbstkontrolle von Vierjährigen durchgeführt, das zeigte, dass Kinder, die eine gute Impulskontrolle haben, später erfolgreicher im Leben sind als andere. Leiter des Versuchs war der US-Psychologe Walter Mischel. Die Kinder wurden dabei jeweils einzeln in einen Raum geführt und an einen Tisch gesetzt. Vor ihnen lag auf dem Tisch ein Marshmallow. Ihnen wurde gesagt, dass sie den Marshmallow gerne essen dürften. Wenn sie jedoch damit warten würden, bis der

Versuchsleiter zurückkäme, dann bekämen sie einen zweiten. Einige der Kinder warteten ab, andere wählten die Option, die Süßigkeit sofort zu vernaschen. In den 80er-Jahren suchte der Forscher die Kinder erneut auf und stellte fest: Je länger die Kinder in dem damaligen Experiment gewartet hatten, desto kompetenter wurden sie als Heranwachsende in sozialen Bereichen. Sie waren besser in der Lage, mit Frustration und Stress umzugehen und Versuchungen zu widerstehen. Tendenziell zeigten sie sogar höhere schulische Leistungsfähigkeit – völlig unabhängig von ihrer Intelligenz. Die Sofortesser hingegen wurden von ihren Lehrern und Eltern als emotional instabiler, wechselhafter und weniger entschlossen beschrieben als diejenigen, die seinerzeit gewartet hatten. Anscheinend ist die Fähigkeit des Belohnungsaufschubs nicht nur ein Indiz für Willensstärke, sondern auch ein Erfolgsfaktor fürs Leben.

Im Jahr 2012 erweiterte die Kognitionsforscherin Celeste Kidd das ursprüngliche Experiment um eine zusätzliche Komponente, da sie herausfinden wollte, ob die Fähigkeit zur Impulskontrolle angeboren oder erworben ist. Kinder im Alter zwischen drei und fünf Jahren bekamen ein paar Buntstifte, um ein Bild malen zu können. Sie durften diese gleich benutzen, ihnen wurde jedoch gesagt, dass sie eine noch größere Auswahl an Stiften bekämen, wenn sie zwei Minuten warten würden. Als Nächstes wurden ihnen Aufkleber hingelegt. Auch hier konnten sie selbst entscheiden: sofort benutzen oder auf eine größere Auswahl vielleicht schönerer Aufkleber warten.

Die Kinder waren in zwei Gruppen eingeteilt: In der ersten Gruppe kam der Erwachsene zuverlässig nach der angegebenen Zeit zurück und brachte das Versprochene. In der zweiten Gruppe kam er zwar auch zur vereinbarten Zeit zurück, enttäuschte die Kinder jedoch mit der Aussage, die Stifte oder Aufkleber seien alle. Somit mussten sie sich mit den Dingen zufriedengeben, die sie zuvor bekommen hatten. Im letzten Teil des Versuchs wurde dann allen Kindern ein Marshmallow hingelegt. Sie hatten die Wahl, zu warten, bis der Erwachsene mit einem zweiten zurückkäme, oder den ersten sofort zu essen. Das Ergebnis wird nicht überraschen: In der »Unzuverlässig«-Gruppe war die Süßigkeit bereits nach durchschnittlich drei Minuten verzehrt, nur eines der vierzehn Kinder wartete die vollen 15 Minuten. In der »Zuverlässig«-Gruppe dagegen lag die Wartezeit im Schnitt bei 12 Minuten. Insgesamt neun der vierzehn Kinder warteten die gesamte Viertelstunde. Wenn man bedenkt, dass die durchschnittliche Wartezeit im Marshmallow-Test der 60er-Jahre nur 6 Minuten war, sieht man, dass eine zuverlässige Umgebung die Fähigkeit der Kinder zum Bedürfnisaufschub verdoppelte, eine unzuverlässige Umgebung sie jedoch halbierte. Kinder können ihre Impulse also besser unter Kontrolle halten, wenn sie sich darauf verlassen können, dass es sich am Ende lohnt. Das ist auch für Eltern wichtig: Je öfter wir Versprechen geben, die wir nicht halten, desto weniger werden unsere Kinder bestrebt sein, ihre Bedürfnisse aufzuschieben.

Wenden wir uns abschließend noch einmal Mara und ihrer Mutter zu. Es müsste nun klargeworden sein, dass ein Kleinkind, das immer wieder zuhaut oder auch beißt, das nicht tut, weil es böse ist und anderen gern wehtut, sondern weil es seine Impulse noch nicht unter Kontrolle hat. Das ist natürlich sehr anstrengend für seine Umwelt. Vor allem für die Eltern, die immer präsent sein müssen, um Übergriffe proaktiv zu verhindern. Maras Mutter müsste eigentlich, so oft es geht, bei ihren Kindern bleiben, um den kleinen Emil zu schützen, und sie sollte Mara im täglichen Miteinander immer wieder Gelegenheit geben, abzuwarten und sich selbst zu zügeln. Die impulsive Aggressivität Maras ist jedoch kein Zeichen dafür, dass das Kind Spaß an Gewalt hat, zu Hause selbst geschlagen wird oder später einmal eine Schlägerin wird. Spontanes Hauen, Beißen oder Spucken ist ein völlig normaler Teil der Kindheit und sollte nicht pathologisiert werden. Wir finden es daher auch wenig zielführend, Kleinkinder wegen impulsiven Verhaltens auszuschimpfen oder sie gar zu strafen. Die vollständige Reifung des präfrontalen Kortex, der die Impulskontrolle überhaupt erst möglich macht, ist ein neurologischer Entwicklungsschritt, der, wie der Meilenstein des Perspektivwechsels, erst durchlaufen werden muss. Lassen wir den Kindern also die Zeit, zu reifen, bevor wir anfangen, sie zu erziehen.

»Nein« und »nicht« verstehen

Die Impulskontrolle, mit der wir uns gerade beschäftigt haben, ist eng verbunden mit den kommunikativen Fähigkeiten eines Menschen. Je besser ein Kind sprechen kann, desto eher kann es sich selbst davon abhalten, impulsiv zuzuhauen, indem es Selbstgespräche – auch verbale Mediation genannt – nutzt. Die Schwester, deren kleiner Bruder immer wieder an ihr Spielzeug geht, könnte sich also selbst beruhigend zuflüstern: »Ganz ruhig, Mara. Er meint es nicht böse. Er ist noch ein Baby und versteht es noch nicht…« Um eine solche Leistung zu vollbringen, müssen die kommunikativen Fähigkeiten jedoch schon gut entwickelt sein, was zumindest im ersten Drittel der Autonomiephase noch nicht der Fall ist. Zwischen dem ersten und dem dritten Geburtstag schreitet die kindliche Sprachentwicklung zwar unvorstellbar rasant voran, doch kommt es in ihrem Verlauf naturgegeben immer wieder zu Missverständnissen. Das ist nicht verwunderlich, wenn man bedenkt, dass niemand unseren Kindern ihre Muttersprache wirklich aktiv beibringt, sondern ihr Gehirn diese quasi im Vorbeigehen mit aufsaugt. Es entschlüsselt die Bedeutung von Wörtern, indem es sich, wenn wir Eltern mit unseren Kindern sprechen, haargenau merkt, in welchem Kontext und bei welchen Handlungen wir diese nutzen. Eine ebenso geniale wie fehleranfällige Methode. Sabine und Sven, 27 und 37 Jahre, beschreiben, auf welche kommunikativen Probleme sie mit ihrem einjährigen Sohn stoßen:

Ich hätte nicht gedacht, dass es so früh anfängt, aber Hans ist schon mit knapp 14 Monaten trotzig! Wir möchten nicht, dass er an Steckdosen oder an den Fernseher geht. Das ist uns einfach zu gefährlich. Wenn er nun also an die Steckdose fasst, rufen wir laut: »Nein!« Meistens hört er dann auch kurz auf und schaut uns an. Darauf schütteln wir natürlich den Kopf und sagen ihm, dass er die Steckdose nicht anfassen soll. Und was macht er? Guckt uns in die Augen und fasst erst recht noch mal hin! So, als wolle er sagen: »Ich mache, was ich will!« Das macht mich echt sauer. Wir schimpfen dann mit ihm, weil er nicht auf unser Nein gehört hat, und tragen ihn weg. Er weint dann immer bitterlich, als würden wir ihm ein Unrecht antun. Manchmal wird er auch richtig wütend und strampelt in unseren Armen. Ich weiß wirklich nicht, warum er so sauer wird – er braucht doch einfach nur aufhören, wenn wir Nein sagen! Mehr wollen wir doch gar nicht.

Für ein Kind, das gerade sprechen lernt, ist das Wort »Nein« erst einmal eines unter vielen. Es macht keinen Unterschied, ob die Eltern in einer Situation, in der sie das Kind warnen wollen, statt eines Neins ein lautes »Blume!« oder »Sonne!« rufen. In allen Fällen würde das Kind zunächst innehalten und zum Rufenden schauen, wenn die Stimmlage eine Warnung vermuten lässt, denn das kann das Gehirn bereits von Geburt an erfassen.[10] Die semantische Bedeutung eines Neins ist für ein so kleines Kind jedoch noch nicht klar. Es lernt sie erst aus einem kommunikativen Gesamtkontext, so wie alle anderen Wörter auch.

Die Ausgangssituation ist in fast allen Familien die gleiche: Das Kleinkind krabbelt oder läuft durch die Wohnung und entdeckt eine spannende Steckdose, lustige Kabel, die am Fernseher enden oder den heißen Backofen, der so schön beleuchtet ist. Es möchte das Objekt der Begierde anfassen, streckt seine Hand aus und hört ein lautes »Nein!«. Überrascht zieht es die Hand zurück und schaut verwundert zu seinen Eltern. Es fragt sich, warum sie so laut rufen. Wenn die Eltern wollen, dass das Kind das Nein als Verbot erfasst, muss im Anschluss daran eine klärende Handlung erfolgen: Kommt nun gleich der Vater hinzu, nimmt das Kind von der verlockenden Steckdose weg und erklärt kopfnickend: »Ich habe Nein gesagt und du hast gleich aufgehört!«, dann wird im Gehirn des Kindes eine entsprechende Verknüpfung angelegt: Für das Kind erschließt sich eine Verbindung zwischen dem noch unbekannten Wort »Nein«, dem Weggehen von einem bestimmten Gegenstand und der freudigen Rückmeldung des Vaters.

Nach und nach liest es aus solchen sich wiederholenden Situationen heraus, dass das Wort »Nein« wohl bedeutet, dass es mit einer bestimmten Handlung aufhören soll und seine Eltern darüber dann erfreut sind. Somit hat es das Wort erfolgreich decodiert und nun eine klare Verhaltensrichtlinie für die Situationen, in denen das Wort benutzt wird.

Das Wegnehmen des Kindes von dem gefährlichen Gegenstand ist dabei immens wichtig, da das Kind sonst wegen der noch fehlenden Impulskontrolle relativ sicher erneut an die Kabel fassen wird. Es ist einfach zu neugierig und muss dieser Neugier folgen. Ein »Nein« und das freudige Kopfnicken, wenn es innehält, reichen also nicht aus. Das Kind muss von den Eltern aus der verlockenden Situation herausgenommen werden, um nicht in Versuchung zu geraten, wieder hinzufassen.

Anders ist es in Hans' Familie abgelaufen, da Sabine und Sven annahmen, ihr Kleinkind wisse bereits, was »Nein« bedeutet. Hans griff nach den Kabeln der Steckdose, die Eltern riefen »Nein!«. Er nahm seine Hand auch zunächst weg und schaute seine Eltern interessiert an. Da aber nichts weiter passierte, griff er erneut danach. Sven und Sabine wiederholten ihr Nein. Möglicherweise nahm Hans noch einmal seine Hand zurück, er wusste jedoch nicht, was er anders machen sollte. Er bekam keinerlei Handlungssicherheit von seinen Eltern, denn sie sagten ihm nicht, was er *stattdessen* tun solle.

Nun handelten die Eltern: Sie waren erbost über das Nichthören und nahmen ihren Jungen von dort weg. Sie schimpften mit ihm. Damit verschob sich für das Kleinkind der Fokus der Situation: Nicht mehr das Wegnehmen von der Gefahrenquelle wurde von Hans vornehmlich registriert, sondern das Schimpfen, einfach, weil es aufgrund der Lautstärke so unangenehm für ihn war.

Im Gehirn des Kindes bildete sich somit eine Verbindung zwischen dem Wort »Nein« und dem Lautsein seiner Eltern. Die Bedeutung des Wortes blieb für ihn jedoch zunächst einmal unklar. Außerdem empfand er die Reaktion seiner Bindungspersonen als unangenehm, deshalb begann er zu weinen. Wahrscheinlich empfand er das Wegtragen auch als außerordentlich ungerecht und wurde deshalb wütend und strampelte, einfach, weil er nicht erkennen konnte, dass Sven und Sabine ihn vor einer Gefahr schützen wollten.

Ein Baby oder Kleinkind weiß also zunächst noch nicht, was Nein genau bedeutet. Sagen die Eltern immer Nein und warten dann erst mal ab, was das Kind daraufhin tut, lernt es nur: Wenn ich hier hinfasse, sagt Papa ein lautes Wort – interessant. Ich mache das gleich noch mal – ja, wieder das Wort. Das Baby lernt so zwar den Zusammenhang zwischen Ursache und Wirkung kennen, aber es wird ihm nicht klar, dass »Nein« signalisiert, dass es mit etwas aufhören soll. Deshalb wird es immer wieder Situationen suchen, in denen das Nein vorkommt, um dann irgendwann über Versuch und Irrtum seine Bedeutung doch noch zu decodieren. Durch ihr Verhalten erreichen die Eltern unabsichtlich genau das Gegenteil von dem, was sie eigentlich erreichen wollten. Sie müssen insgesamt wesentlich öfter Nein sagen als Eltern, die eine erklärende Handlung im Anschluss vollführen.

Das kann dazu führen, dass sich das Nein als Signalwort abnutzt. Hört das Kleinkind es nämlich immer wieder, tritt ein Gewöhnungseffekt ein – das Gehirn des Kindes beginnt, das Wort als unwichtig einzustufen und zu überhören: Es wird »nein-taub«. Wir haben deshalb zu Hause versucht, die Umgebung unserer Kinder in den ersten Jahren so zu gestalten, dass sie alles gefahrlos untersuchen und anfassen können und wir möglichst selten Nein sagen müssen. Kinder sollten in einer Ja-Umgebung aufwachsen dürfen. Es ist zielführender, gefährliche oder zerbrechliche Dinge einfach für eine kleine Weile hochzustellen, als deswegen im täglichen Kampf mit dem von Natur aus unstillbar neugierigen Kleinkind zu versinken. Wann ein Nein angebracht und wichtig ist, darauf werden wir im vorletzten Kapitel unseres Buches eingehen.

Die meisten Eltern wissen heute, dass Kinder viel selbst ausprobieren müssen, um das Leben zu verstehen, und versuchen daher, ihnen relativ viel Spielraum für Exploration zuzugestehen. Es gibt jedoch Dinge, die unsere Kinder einfach nicht tun sollen. Dinge, die gefährlich sind oder aber einem anderen schaden könnten. Selbst der geduldigste Elternteil wird wütend, wenn sein Kind seine Warnungen wiederholt missachtet. Immerhin haben wir mehr Lebenserfahrung und wissen deshalb schon, dass man sich an einer heißen Herdplatte verbrennen kann oder dass Toiletten verstopfen, wenn man wahllos Gegenstände hineinwirft.

Sabine, 43, hat genau dieses Problem mit ihrer Tochter. Die Einjährige scheint es darauf anzulegen, immer genau das noch einmal auszuprobieren, vor dem sie von ihrer Mutter gerade gewarnt wird:

Es ist zum Mäusemelken mit Ida. Mein kleiner Trotzkopf macht wirklich immer genau das, was sie nicht machen soll. Das ist wirklich unglaublich: Ich sage, sie soll ihre Puppe bitte nicht in die Toilette werfen, was macht sie? Sie wirft sie hinein. Sie soll

den Mülleimer bitte nicht ausräumen. Schon steht sie dort und nimmt den Abfall auseinander. Wenn ich ihr sage, sie soll bitte nicht auf die Herdplatte fassen, kann ich eigentlich sofort das Kühlkissen holen, denn prompt probiert sie aus, ob die wirklich so heiß ist. Dabei ist sie erst ein Jahr alt – wo soll das denn noch hinführen? Sie hört überhaupt nicht auf mich.

Eigentlich wäre es doch von Vorteil, wenn die Evolution es so eingerichtet hätte, dass Kinder uns Erwachsenen blind vertrauen und tatsächlich die Finger von solch gefährlichen Unternehmungen lassen würden, oder? Nun, das hat sie eigentlich. Normalerweise schrecken Kinder tatsächlich von Natur aus vor dem zurück, was ihnen ihre Eltern als »gefährlich« nahebringen. Leider machen wir Erwachsenen es unseren Kindern heutzutage oft unnötig schwer, unsere Warnungen zu beherzigen.

Nehmen wir zum Beispiel die Warnung von Sabine an ihre Tochter Ida: »Geh bitte nicht an den Herd! Der ist heiß!« Wir Erwachsenen erfassen sofort, was gemeint ist, und würden uns vermutlich von der Herdplatte fernhalten, wenn ein Freund uns warnen würde. Bei Kindern ist das jedoch nicht der Fall, da ihr Gehirn noch nicht gelernt hat, das »nicht« des Satzes zu verarbeiten. Es ist Kindern angeboren, aus einem Satz zunächst Substantive und starke Verben herauszufiltern. Das Wort »nicht« wird von den Ohren zwar gehört, aber im Gehirn als unwichtig weggefiltert. Erst im Laufe der Zeit, etwa ab dem zweiten Geburtstag, erlernt das Sprachzentrum des Gehirns langsam, dass »nicht« eine wichtige Zusatzinformation ist, die weiterverarbeitet werden muss.

Wird einem Kind wie Ida nun gesagt, es solle nicht an den Herd gehen, ist ihr kindliches Gehirn außerstande, das Wort »nicht« zu verarbeiten. Es wird einfach weggefiltert. Übrig bleibt: »Geh Herd!«, und das wird das Kind dann auch tun. »Nicht den Mülleimer ausräumen!« verarbeitet das noch nicht ausgereifte Sprachzentrum zur Aufforderung: »Mülleimer ausräumen!«, und »Nicht am Kabel reißen!« zu »Kabel reißen!« Unsere Kinder können nichts für diesen vermeintlichen »Fehler« in der Matrix ihres Gehirns, der eigentlich eine ausgeklügelte Superfunktion ist, um sie vor zu vielen Eindrücken zu schützen. Ihr Gehirn filtert Unwichtiges weg, um sich auf Wichtiges konzentrieren zu können. Unsere Kinder räumen also den Mülleimer aus und reißen an den Kabeln, weil sie denken, dass wir ihnen das so gesagt haben. Wir Eltern sind jedoch erbost, weil wir denken, unser Kind sei absichtlich ungehorsam und tanze uns auf der Nase herum. Oft wiederholen wir unsere Aussage noch einmal nachdrücklich, indem wir sagen: »Du sollst da nicht rangehen!« – unwissend, dass dabei wieder das Wort »nicht« verlorengeht. Damit erhält das Kind noch einmal die Bestätigung. »Du da rangehen.« (Auch das »sollst« wird vom Gehirn weggefiltert.) Verwundert wird es die Wut seiner Eltern zur Kenntnis nehmen. Da es aber noch keinen Perspektivwechsel einnehmen kann, wird es den Ärger überhaupt nicht auf sich und seine Handlungen beziehen und dementsprechend nicht folgern können, dass seine Handlung Ursache der Wut ist. Es wird also unbekümmert mit seinem Tun fortfahren, was uns Erwachsene noch mehr zur Weißglut bringt, da wir Vorsatz unterstellen, wo keiner ist.

Aus diesem Missverständnis kann sich ein unglücklicher Teufelskreis entwickeln. Da Kinder mit einem bis drei Jahren wahre Emotionssammler sind, werden sie das wütende Gesicht des Elternteils mit allergrößtem Interesse wahrnehmen. Wie bereits gesagt, beziehen sie die Wut nicht auf sich selbst, sondern bleiben davon völlig unberührt. Da sie aber von Natur aus mit der Neugier ausgestattet sind, Emotionen, Mimik und Gestik zu entschlüsseln und miteinander zu verbinden, werden sie die Situationen, in denen ihre Eltern bestimmte Emotionen zeigen, immer wieder hervorrufen wollen, einfach, um durch diese Experimente eine

Vorstellung von menschlichen Gefühlen zu bekommen und sie einordnen zu können.

Doch wir können einen Ausweg aus diesem unglücklichen Kreislauf finden. Wie wir erwähnt haben, sind Kinder eigentlich von Natur aus darauf bedacht, Warnungen von ihren Bindungspersonen ernst zu nehmen. Wir Großen haben nur verlernt, diese Warnungen kindgerecht auszusprechen. Das ist eigentlich sehr einfach: Man sollte das Wort »nicht« möglichst häufig weglassen.

Sabines Aussage »Geh nicht an den Herd! Der ist heiß!« würde von Ida besser verstanden werden, wenn sie stattdessen sagen würde: »Halte Abstand vom Herd! Der ist heiß!« Der Satz »Nicht den Mülleimer ausräumen!« wäre verständlicher, wenn Sabine sagen würde: »Lass den Müll im Eimer!«, und statt »Du sollst nicht am Kabel reißen!« könnte sie besser »Stopp! Lass das Kabel los!« sagen. »Lass das Glas bloß nicht fallen!« begreifen Kinder besser, wenn wir stattdessen »Halte das Glas gut fest!« sagen. Das sind klare Aussagen, die ein Kind sofort verstehen, verarbeiten und befolgen kann – und wird.

Auch älteren Kindern, bis ins Schulalter hinein, helfen solche klaren Sätze von uns Eltern. Sie geben Verhaltenssicherheit. Es erfordert jedoch ein wenig Übung, unsere negierenden Sätze in kraftvolle positive Aussagen umzuwandeln. Doch wenn man den Dreh einmal heraushat, geht es einem leicht über die Lippen. Zur Not kann man, wenn einem spontan nichts einfallen will, erst einmal »Stopp – das ist gefährlich!« oder »Stopp – das ist verboten!« sagen. Hält das Kind dann kurz inne, kann man zu ihm gehen und es freundlich von der Gefahrenquelle wegheben und auf ein anderes interessantes Spiel umlenken. Danach kann man sich in Ruhe überlegen, welchen kraftvollen Satz man das nächste Mal in der gleichen Situation sagen könnte.

Beißattacke

Kinder verstehen das, was wir sagen, deutlich früher, als sich ihre Fähigkeit, sich selbst verständlich zu machen, entwickelt. Lange bevor ein Kind es schafft, die für die Lautbildung notwendigen Werkzeuge seines Körpers so zu synchronisieren, dass ihm ein verständliches Wort über die Lippen kommt, hat sich schon eine ganze Sammlung von Vokabeln, Wortbedeutungen und emotionaler Färbung von Stimmlagen im Gehirn abgespeichert. Irgendwann zwischen dem ersten und zweiten Geburtstag, manchmal auch schon früher, sind die motorischen Fähigkeiten unserer Kinder so weit gereift, dass sie erste Worte sprechen oder Gebärden ausführen können. Damit beginnen sie aktiv, ihre Vorstellungen und Wünsche, Abneigung oder Ängste auszudrücken. Nicht immer entspricht dieser Ausdruck gesellschaftlich anerkannten Normen, wie wir am Beispiel von Carola, 23, und ihrem Sohn Jakob sehen:

Jakob ist drei Jahre alt. Laut unserem Arzt ist er ein sogenannter Late Talker. Wir haben jetzt auch festgestellt, dass er nicht gut hören kann, und vermuten, dass er deshalb noch nicht spricht. Demnächst steht eine Ohren-OP an. Was uns Sorgen macht: Jakob beißt ganz schlimm. Er beißt mich, wenn wir kuscheln oder er irgendwie glücklich ist. Er beißt die anderen Kinder im Kindergarten. Warum, weiß ich nicht. Manchmal, weil sie ihm etwas wegnehmen, aber die Erzieherin sagt, oft beißt er die anderen auch einfach so. Er geht dann auf ein Kind zu, das gerade spielt, und beißt es einfach in den Kopf oder die Schulter.

Ich habe jeden Tag Angst, wenn ich ihn abhole, dass es schon wieder einen Vorfall gab und ich mich bei anderen Eltern und den betroffenen Kindern für meinen Sohn entschuldigen muss. Ich rede natürlich mit ihm darüber, aber er macht es trotzdem weiter. Ich bin völlig verzweifelt, ich habe keine Idee mehr, was ich noch machen kann.

Wenn ein Kleinkind in eine Situation gerät, die seine kommunikativen Fähigkeiten überfordert, greift es automatisch auf nonverbale Möglichkeiten zurück, um seine Gefühle oder Wünsche mitzuteilen. Beißen, Hauen, Schubsen, Kneifen oder Spucken sind solche Ausdrucksmöglichkeiten. Hinzu kommt, dass solche überfordernden Situationen für das Kind meist mit sehr intensiven Gefühlen, wie beispielsweise Wut, verbunden sind. Wir sind schon darauf eingegangen, dass in solchen Momenten das emotionale Gehirn das Sprachzentrum im kognitiven Gehirn lahmlegt. Selbst Kinder, die sich normalerweise schon sehr gut ausdrücken können, haben in diesen Momenten Wortfindungsschwierigkeiten. Sie können einfach nicht sagen, was sie brauchen oder wollen.

Kinder haben – anders als wir Erwachsenen – noch keine ausgereifte Impulskontrolle. Sie »antworten« in Situationen, in denen sie sich sprachlich noch nicht ausreichend ausdrücken können, indem sie beißen, kneifen, oder hauen. Wir werden hier exemplarisch auf das Beißen eingehen, das Geschriebene gilt jedoch ebenso für andere scheinbar aggressive Handlungen.

Wenn ein Kleinkind andere Kinder beißt, gibt es immer einen – zumindest für das Kind – nachvollziehbaren Grund. Häufig passiert es in einer Verteidigungssituation, also wenn ein anderes Kind dem beißenden Kind etwas wegnimmt. Manchmal beißt ein Kind, um zu signalisieren, dass jemand ihm zu nah kommt, also seinen persönlichen Sicherheitsbereich verletzt. Gelegentlich werden Eltern und Geschwister aus Liebe und Übermut gebissen, und sehr oft ist das Beißen ein gesellschaftlich nicht akzeptierter Versuch, mit anderen zu kommunizieren.

Beißen als Kommunikationsversuch

Der dreijährige Jakob nutzt das Beißen in fast allen oben genannten Bedeutungskontexten. Vor allem sein Beißen aus heiterem Himmel, also wenn er einfach auf ein anderes Kind zugeht und ihm scheinbar grundlos in den Kopf oder die Schulter beißt, wird von seiner Mutter und vermutlich auch von den anderen Eltern der Kindergartengruppe als »böse« eingestuft. Leider ist das jedoch eine falsche Interpretation der Situation durch die Erwachsenen. Jakob nutzt diese unglückliche Strategie, um mit anderen Kindern ins Gespräch zu kommen! Denn wenn er zu einem anderen Kind geht, das gerade mit der Holzeisenbahn spielt, und es »einfach so« in den Arm beißt, dann möchte er eigentlich nur fragen: »Kann ich mitspielen?« Vielleicht will er auch sagen: »Hey, mit dieser Bahn wollte ich gerade spielen. Gib sie her!«

Da Beißen von anderen Kindern natürlich nicht positiv bewertet wird, ist dieser Kommunikationsversuch von Anfang an zum Scheitern verurteilt. Jakob wird nicht verstanden und wird so vermutlich selten jemanden finden, der mit ihm spielt. Das ist für ihn außerordentlich traurig und frustrierend. Dieses Kommunikationsproblem lässt sich aber lösen. In einer Situation, in der das Kind auf ein anderes Kind mit Spielzeug zugeht, sollten seine Eltern oder die Erzieherin sofort bei ihm sein und zu ihm sagen: »Möchtest du mit Tim und der Eisenbahn spielen? Pass auf, so fragt man das freundlich.« Dann kann der Erwachsene stellvertretend für Jakob das andere Kind ansprechen: »Darf Jakob mit dir spielen? Die Eisenbahn sieht spannend aus.« Damit lernt das Kind zusammen mit der natürlichen Sprachaneignung, angemessen Kontakt aufzunehmen. Gleichzeitig sind die Erwachsenen dadurch so nah am Kind, dass sie eine Verletzung des anderen verhindern können. Bei allem Verständnis für beißende Kinder ist dies natürlich die oberste Priorität: Niemand sollte ertragen müssen, gebissen zu werden, weil ein Kleinkind sich noch nicht besser ausdrücken kann. Doch es ist ebenso wichtig, dem beißenden Kleinkind keinen negativen Stempel aufzudrücken. Allzu leicht finden sich aufgebrachte Eltern in einem Gedankenstrudel wieder, in welchem sie dem beißenden Kleinkind Schuld und Absicht unterstellen. Das stimmt so aber nicht. Diese Kinder benötigen vorübergehend einfach vermehrte Aufmerksamkeit, bis sie ausreichend gut sprechen gelernt haben.

Beißen aus Wut

Beißt ein Kind, weil ihm ein anderes Kind etwas wegnehmen will, dann geschieht das vorrangig aus Wut. Es kann entweder sprachlich noch nicht ausdrücken, dass es das Spielzeug behalten will, oder aber die Wut übermannt es so heftig, dass es impulsiv zubeißt. Für solche Situationen können die Eltern ihm beibringen, laut »Stopp« oder »Nein« zu sagen, am besten mit einer »Stopp-Hand«-Gebärde dazu. Allerdings sollten sie nicht allzu viel Hoffnung dareinsetzen, dass diese Handlungsalternativen vom Kind in einer Stresssituation auch verlässlich angewandt werden. Dazu sind die Impulse meist einfach noch zu stark. Es hilft jedoch, in weniger hitzigen Momenten daran zu erinnern und Alternativen zum Beißen zu üben.

So wie Carola versuchen viele Eltern, ihr Kind vom Beißen abzuhalten, indem sie ihm wieder und wieder sagen, dass das Beißen den anderen wehtut. Sie hoffen dabei verständlicherweise, dass diese Erklärung irgendwann beim Kind ankommt und es aus Einsicht mit dem Beißen aufhört. Tatsächlich kann aber ein so kleines Kind noch nicht wirklich nachvollziehen, wie sich das gebissene Kind fühlt, weil ihm, wie bereits geschildert, noch die Fähigkeit fehlt, sich in andere hineinzuversetzen und ihre Perspektive einzunehmen. Es ist also keine besonders erfolgreiche Strategie, die die Erwachsenen da anwenden. Besser wäre es, dem Kind zu zeigen, wie es seinen Impuls, zu beißen, auf eine Alternative umlenken kann. Methoden, die auf ungefährliche Art und Weise beim Frustabbau helfen und andere nicht verletzen, sind zum Beispiel: einen Boxsack boxen, in ein Wutkissen schreien, so fest aufstampfen, wie man kann, eine Tür zuknallen, dreimal tief Luft holen, bis zehn zählen, ein paar Runden um das Haus rennen oder mit dem Fußball auf ein leeres Tor schießen, sich selbst »Ganz ruhig!« zuflüstern oder auch gezielt aus der stressigen Situation weggehen.

Je jünger das Kind ist, desto seltener werden diese Alternativangebote zunächst angenommen werden. Das liegt daran, dass die basalen Ausdrucksmöglichkeiten im Gehirn bereits von Anfang an angelegt sind – wir haben sie unserer animalischen Natur zu verdanken – während die gesellschaftlich akzeptierten Alternativen (die Beruhigungstechniken) erst mühsam erlernt werden müssen. Dafür müssen erst neue Nervenbahnen im Gehirn angelegt werden. Stellt man sich vor, die Nervenbahnen seien Straßen im Inneren des Kindes, dann wären Erstere breite Schnellstraßen und Letztere kleine Gassen. Damit die Gassen auch zu Autobahnen werden können, müssen sie oft befahren, das heißt möglichst oft eingeübt werden. Erst dann kann ein Kind zuverlässig andere Beruhigungstechniken anwenden und muss nicht mehr zubeißen. Zeitlich gesehen fällt diese Fähigkeit in etwa mit dem Schuleintritt zusammen.

Sich selbst beißen

Es gibt Kinder, die sich in Wutmomenten in den Arm beißen oder auch ihren Kopf auf den Fußboden hauen und sich damit selbst wehtun. Das sieht für Außenstehende schlimm aus, verläuft aber meist harmlos, da der menschliche Körper über einen exzellenten Selbsterhaltungstrieb verfügt. Die Kinder werden also nie zu stark zubeißen oder sich den Kopf zu stark anschlagen, auch wenn hinterher tiefe Zahnabdrücke und schlimme Beulen zu sehen sind.[11] Diese Art der Selbstverletzung ist eine etwas unglückliche Strategie, Wut über ein motorisches Ventil abzuleiten. Man kann als Elternteil versuchen, eine Alternative, wie zum Beispiel ein Wutkissen zum Beißen, anzubieten, muss aber sonst nicht weiter eingreifen.

Beißen aus Liebe

Auch das Beißen in schönen Augenblicken, wie beispielsweise beim Kuscheln, was auch Jakobs Mutter erwähnt, ist eine Art unbeholfener Kommunikationsversuch. Oft ist das Kind dabei so glücklich und sprudelt innerlich so über vor Liebe, dass der Körper eine ableitende Übersprunghandlung braucht, um die Heftigkeit dieser schönen Gefühle aushalten zu können. Das Gehirn sendet dabei einen Impuls an den Kiefer, dieser beißt zu – und leitet die innere Anspannung erfolgreich ab. Deshalb nennt man diese Art von Beißverhalten auch Liebesbisse. Übersetzt bedeutet das nämlich: »Ich liebe dich so doll, dass ich es kaum aushalte!«

Führt man sich das vor Augen, ist es nahezu tragisch, dass die meisten Eltern in dem Moment, in dem das Kind auf seine Art »Ich liebe dich!« sagt, heftig abwehrend reagieren. Die meisten schreien laut auf, rufen erbost »Nein!« und nehmen das Kind vom Schoß herunter. Das ist eine durchaus verständliche Reaktion, denn auch

Liebesbisse tun verdammt weh. Trotzdem ist sie nicht hilfreich. Im schlimmsten Fall verstärkt diese Reaktion das Verhalten sogar, weil sie unglücklicherweise in das in diesem Alter vorherrschende Lerngebiet des »Ursache-Wirkung-Prinzips« fällt. Beißt ein Kleinkind nämlich seine Eltern und rufen diese laut »Nein!« oder »Aua!«, dann merkt es, dass etwas Interessantes, Neues und Lautes passiert, wenn es zubeißt. Es lernt, dass auf sein Beißen (Ursache) ein Schrei der Eltern (Wirkung) ertönt. Und genauso, wie unsere Kinder in dieser Phase zehnmal am Tag den Teller vom Tisch fegen, um zu sehen, ob er wieder nach unten fällt und ob er wieder so schön laut scheppert, beißen sie ihre Eltern nun öfter, um zu sehen, ob diese jedes Mal so kräftig reagieren. Die Kinder bemerken also eigentlich nur, dass sie durch das Beißen eine spannende Situation auslösen können, nicht aber, dass sie dem anderen wehtun.

Um diesen ungünstigen Kreislauf zu vermeiden, sollte Jakobs Mutter möglichst nicht laut aufschreien, wenn sie gebissen wird. Das ist leichter geschrieben als getan – das ist uns bewusst. Es steht auch im Widerspruch dazu, was wir im Verlauf dieses Buches immer wieder betonen werden: wie wichtig es ist, dem Kind gegenüber mit echten Gefühlen sowie authentischer Mimik und Gestik zu reagieren. Das kindliche Gehirn soll ja dadurch in die Lage versetzt werden, abzuspeichern, welche Reaktionen die Handlungen bei anderen Menschen auslösen. In Bezug auf das Beißen gilt jedoch etwas anderes – hier sollten Eltern mit möglichst wenig schmerzvoller Mimik oder Ausrufen antworten. Sie sollen also nicht authentisch reagieren.

Warum empfehlen wir diese Herangehensweise? Die Antwort liegt in dem noch unreifen präfrontalen Kortex der Kinder. In dem Alter, in dem Kinder das Beißen zur Kommunikation nutzen, also etwa zwischen dem ersten und dritten Geburtstag, ist das kindliche Gehirn vor allem mit dem Sammeln und Entschlüsseln von Gesichtsausdrücken oder dem Verstehen des Ursache-Wirkung-Prinzips beschäftigt. Die Nervenbahnen des präfrontalen Kortex sind noch nicht funktionstüchtig genug, um die authentischen Reaktionen der Erwachsenen zu speichern. Es ist also nicht nur verlorene Liebesmüh, laut aufzuschreien und zu schimpfen, es würde sogar eine unerwünschte Steigerung des Beißens bewirken, eben weil das Gehirn die Ursache und Wirkung des gesamten Vorgangs interessant fände.

Jakobs Mutter sollte also so ruhig wie möglich klarstellen: »Das Beißen tut mir weh, Jakob. Lass' das bitte!« Es ist gut, dabei ernst zu gucken, doch vorwurfsvoll sollte sie dem Kind gegenüber nicht auftreten. Der Junge weiß es einfach noch nicht besser und kann seine Impulse noch nicht beherrschen. Stattdessen sollte sie dem Kind Handlungsalternativen anbieten: »Guck mal, du kannst mich ganz fest umarmen. So fest du kannst! Das mag ich gern.« Die Ableitung des freudigen Stresses erfolgt in diesem Fall dann über seine Armmuskeln. Vor allen Dingen sollte Jakobs Mutter versuchen, sich selbst zu schützen. Das kann sie tun, indem sie ihren Sohn beim Kuscheln so hält, dass er sie nicht mehr beißen kann, oder immer eine Beißalternative (beispielsweise den Stoff ihres T-Shirts) anbieten. Insgesamt aber sollte sie dem Beißen so wenig Aufmerksamkeit wie möglich schenken, auch wenn das schwerfällt. Wenn keine Reaktion von den Eltern kommt, hört das unangemessene Verhalten viel schneller auf, weil nämlich auf die Ursache keine Wirkung folgt.

Zusammenfassend können wir festhalten, dass die sprachlichen Fähigkeiten von Kleinkindern wie Jakob meist noch nicht weit genug entwickelt sind, um ohne Missverständnisse mit ihrer Umwelt zu kommunizieren. Genauso, wie sie lernen müssen, ohne Stolpern zu laufen oder ohne Kleckern zu essen, brauchen sie Zeit und Gelegenheit, um Sprache zu decodieren und anzuwenden zu lernen. Am besten geschieht das, wenn ihnen dabei unterlaufene Fehler nicht vorgeworfen werden. Kein Erwachsener würde auf die Idee kommen, einen Einjährigen dafür zu schelten, dass er hingefallen ist. Ebenso entspannt und nachsichtig sollten wir auch auf alle oben beschriebenen Arten noch nicht geglückter Kommunikation reagieren. Es ist wichtig, im Blick zu behalten, dass Kinder in diesem Alter niemals absichtlich etwas falsch machen, um die Eltern zu ärgern. Da sie sich nicht in die Gedankenwelt der Erwachsenen hineinversetzen können, ist das schlicht unmöglich. Sie machen Fehler, weil sie noch lernen. Sie müssen die Welt und die Menschen in ihrer Umgebung erst richtig kennenlernen und ihren Platz darin finden. Das geschieht maßgeblich durch Beobachtung, Imitation, Versuch und Irrtum. Sie sind dafür von der Natur bestens ausgestattet worden, alle Fähigkeiten zu erwerben. Kinder sind wahre Lernwunder, aber sie kommen eben noch nicht mit fertigen Denkmustern und weitreichendem zwischenmenschlichen Verständnis auf die Welt. Sie müssen sich all dies erst erarbeiten. Dazu brauchen sie Zeit – und ein wohlwollendes Umfeld.

In den ersten Lebensjahren besteht dieses Umfeld zum größten Teil aus den Eltern, Geschwistern und ein paar wenigen anderen Bindungspersonen. Nicht immer gelingt es diesen wichtigen Bezugspersonen, ohne Wut und Vorwürfe auf die unabsichtlichen kindlichen Fehler und Missverständnisse zu reagieren. Warum das so ist und wie die Erwachsenen das möglicherweise ändern können, darauf gehen wir in den folgenden Kapiteln ein.

Die Wut der Eltern

Das innere Kind wacht auf

Es gibt verschiedene Situationen, in denen Eltern immer wieder wütend werden, oft sogar, obwohl wir es gar nicht wollen. Obwohl wir unsere Kinder abgöttisch lieben, gibt es Momente, in denen wir nicht liebevoll reagieren können. Die Wut überfällt uns wie eine innere Feuersbrunst, die, wird ihr erst einmal die Tür geöffnet, rücksichtslos über die Situation hinwegwälzt und erst Ruhe gibt, wenn alles ringsherum verbrannt ist. Das muss nicht bedeuten, dass diese Wut uns dazu bringt, unsere Kinder zu schlagen, wohl aber, dass wir laut werden und unbedachte Worte sagen, die wir hinterher bereuen. Wir fühlen uns unserer Wut oft hilflos ausgeliefert. Es scheint, als wäre sie nicht aufzuhalten und als könnten wir die daraus resultierenden Worte und Taten nicht unterdrücken. So handeln wir dann wider unser liebendes Ich, das unser Kind eigentlich bedingungslos mit all seinen Facetten annehmen möchte. Warum ist das so?

Zunächst einmal ist es wichtig, zu verstehen, dass diese unzähmbare Wut, die Eltern immer wieder überfällt, zwar von unseren Kindern ausgelöst wird, sie aber nicht die wirkliche Ursache dafür sind. Der wahre Grund liegt häufig – aber nicht immer – in Verletzungen des Selbstwertgefühls in unserer eigenen Kindheit, die verdrängt oder vergessen wurden. Psychologische Prozesse im Inneren eines Menschen lassen oft nicht zu, dass wir uns dieser Verletzungen bewusst sind, da dies auf Dauer zu schmerzhaft wäre. Normalerweise bedarf es einer Menge psychologischer Hilfe, um solch ein frühes Trauma aufzuarbeiten und zu überwinden. Die allermeisten Menschen haben schlicht vergessen, dass sie in ihrer

Kindheit verletzt wurden, vor allem wenn dies in den ersten zwei Jahren ihres Lebens passierte. Erwachsene erinnern sich meist an eine schöne oder zumindest normale Kindheit und wundern sich über die unbeherrschte Wut ihren eigenen Kindern gegenüber. Der Psychiater, Psychoanalytiker und Autor Hans-Joachim Maaz beschreibt dieses Phänomen in seinem Buch *Die narzisstische Gesellschaft: Ein Psychogramm* folgendermaßen:

»Kinder können äußerlich bestens versorgt sein, sodass alle Welt an eine vorbildliche Familie glaubt und selbst die Kinder, wenn sie erwachsen geworden sind, eine ›glückliche Kindheit‹ erinnern, und doch war die primäre narzisstische Sättigung ungenügend. Die beschönigende Erinnerung dient der Abwehr des unerträglichen und bedrohlichen Mangelschmerzes. Die menschliche Psyche hat mehrere Möglichkeiten, auf den Liebesmangel zu reagieren und ihn gegebenenfalls zu vertuschen; anfangs schreien, weinen, wütend werden, später krankheitswerte Symptome entwickeln, die Aufmerksamkeit erheischen und Versorgung erzwingen, ebenso Verhaltensstörungen, die den Eltern Sorgen bereiten und sie hilflos machen können. [...]. In der Folge des Liebesmangels lernen Kinder allmählich herauszufinden, wofür sie Anerkennung und Zuwendung von den Eltern bekommen können. Damit beginnt ein lebenslang anhaltender Prozess der Entfremdung: Man tut nicht mehr, was wirklich zu einem passt und individuell möglich ist, sondern was erwartet wird, um über die Anpassung Bestätigung zu erfahren. Ein Leben neben der Spur! Lob und Tadel sind die Erziehungsinstrumente, die das falsche Selbst züchten. Allmählich werden die erwünschten und geforderten Verhaltensweisen so selbstverständlich, dass man sie als ureigene empfinden mag und andererseits kaum noch Erfahrungen sammeln kann (und später auch nicht mehr will), die das wahre Selbst entwickeln und zur Geltung bringen können.«[12]

Im Aggressionsgedächtnis des menschlichen Gehirns werden die schmerzlichen Erfahrungen gesammelt und tauchen dann, manchmal Jahre später, in triggernden Situationen wie ein Phönix aus der Asche wieder auf. Dann reagiert der Mensch unangemessen heftig auf einen Auslöser, der aber nicht der tatsächliche Grund für die aufbrausende Wut ist.

Eltern kommen mit ihren Kindern besonders oft in solche triggernden Situationen. Das ist recht einfach zu erklären – diese Situationen erinnern ihr Gehirn an die Zeit, in der sie selbst Kind waren. Das Phänomen der Aggressionsverschiebung ist laut dem Neurobiologen und Arzt für Psychiatrie und Psychotherapie Joachim Bauer in der Neurobiologie bereits seit Längerem bekannt. Sie kann sowohl das Objekt als auch den Zeitpunkt der aggressiven Handlung betreffen. Wer sich als Kind nicht traute, gegen die ungerechte oder erniedrigende Behandlung durch seine Eltern aufzubegehren, kann möglicherweise als Erwachsener ein ganzes explosives Arsenal an unbearbeiteter Wut in sich umhertragen. Prof. Bauer schreibt in seinem Buch *Schmerzgrenze. Vom Ursprung alltäglicher und globaler Gewalt:*

»Aggressive Impulse lassen sich nicht nur von einem Objekt der Aggression auf ein anderes verschieben, sondern, wie schon erwähnt, auch von einem aktuellen Zeitpunkt auf einen späteren. Erfahrungen, die den Aggressionsapparat aktiviert haben, aber nicht sofort durch Aggression beantwortet werden konnten oder durften, hinterlassen eine emotionale Erinnerungsspur, die den Aggressionsimpuls für einen eventuellen späteren Gebrauch wie eine Konserve aufbewahrt. Handelt es sich um ein einmaliges Ärgernis, besteht die Möglichkeit, dass die Angelegenheit mitsamt der angelegten ›Aggressions-Konserve‹ vergessen wird. Kritischer ist die Lage, wenn zahlreiche Ärgernisse abgespeichert wurden und keine dieser Erfahrungen adäquat abgehandelt werden konnten. Ein solcher Vorgang ähnelt dem, was Kunden eines Lebensmittelmarktes tun, die Rabattmärkchen erhalten und in ein Heftchen einkleben, welches, wenn es vollgeklebt ist, gegen einen Geldbetrag eingelöst werden kann. Viele Menschen, die aggressive Gefühle zurückhalten, anstatt sie sofort zu kommunizieren, kleben ›Märkchen‹ in ihr neurobiologisches ›Aggressions-Rabattheftchen‹. Irgendwann platzt bei solchen Menschen – meist bei einem Anlass, der Außenstehenden als wenig adäquat erscheint – die angesammelte Wut mit ungeheurer Wucht heraus.«[13]

Es gibt viele verschiedene Gründe, warum Eltern wütend werden, deshalb ist es nicht möglich, pauschal zu raten, wie man auf seine eigene Wut reagieren könnte. Es gibt jedoch bestimmte Situationen, in die wir Eltern häufig kommen und welche uns dann, abhängig von unserem Charakter und unserer Kindheit, wütend machen können. In diesem Teil unseres Buches erklären wir ausführlich an Beispielen, warum Eltern von Kindern in der Autonomiephase manchmal aufbrausen und mit welchen Möglichkeiten wir versuchen können, diese Wut – vielleicht – zu überwinden.

Es ist uns wichtig zu betonen, dass die Überwindung der elterlichen Wut kein leichtes Unterfangen ist und auch die Lösungen, die wir hier vorschlagen, nicht universell funktionieren. Auch die perfektesten Eltern verlieren dann und wann die Contenance, selbst solche, die selbst eine bedürfnisorientierte Erziehung genießen durften. Es ist jedoch nicht sinnvoll, sich deswegen Vorwürfe zu machen. Wir sind Menschen, keine Maschinen. Wir sollten uns einfach im Klaren darüber sein, dass Kinder es in den seltensten Fällen verdienen, unsere Wut abzubekommen, weil wir die Gründe für ihr Verhalten häufig falsch einschätzen. Wenn wir dieses Wissen im Blick behalten, machen wir einen ersten Schritt in die richtige Richtung. Vielleicht werden wir unsere Wut nicht gänzlich zähmen können, aber wir werden deutlich seltener unkontrolliert explodieren.

Wir unterstellen Absichten, die das Kind nicht hat

Relativ häufig unterstellen Eltern ihren Kindern in Trotzsituationen eine Absicht, die gar keine ist. Sie nehmen an, sie wüssten, was im Kopf ihrer Kinder vorgeht, bewerten deren Taten mit erwachsener Logik und werden dann wegen der vermeintlichen Frechheit der Kinder unglaublich wütend. Jaqueline, 34, passierte genau das. Sie schilderte uns den abendlichen Machtkampf mit ihrer Tochter:

Malou ist vier Jahre alt. Normalerweise geht sie um 19 Uhr problemlos ins Bett und schläft auch schnell allein ein. Um ca. 22 Uhr fängt sie aber regelmäßig an zu stöhnen, aufzuschreien und zu weinen. Dann schleppt sie sich heulend die Treppe herunter und jammert vor der Wohnzimmertür in einer unerträglichen Lautstärke nach uns. Sie sagt dann immer, Schlafen sei langweilig, sie habe einen Albtraum gehabt oder sie könne nicht einschlafen. Ich weiß aber ganz genau, dass meine Tochter die Albträume nur als Vorwand nimmt, um ihren Willen zu bekommen und ins Elternbett zu dürfen. Geben wir nämlich nach, schläft sie in unserem Bett sofort und ohne Gezeter wieder ein. Ich will aber kein Familienbett. Ich kann nicht schlafen, wenn sie da ist. Da bekomme ich kein Auge zu. Und das weiß sie auch! Deshalb denkt sie sich immer abstruse Gründe aus, warum sie nicht in ihrem Bett weiterschlafen kann. Weil diese ewigen Kämpfe mit ihr so zermürbend sind, haben wir ein paarmal nachgegeben und nun haben wir den Salat. Jetzt kommt sie jeden Abend herunter und weint. Ich bin innerlich schon auf 180, weil ich weiß, jetzt kommt sie gleich wieder und heult mir die Ohren voll. Mein Mann ist noch wütender auf sie. Er hat einen schweren Arbeitstag und braucht am Abend seine Ruhe. Es ist nicht schön, das weiß ich, aber mittlerweile können wir gar nicht anders, als sie sofort anzuschnauzen, wenn sie wieder vor der Tür steht. Mein Schreien ist mir unangenehm und ich möchte es auch ändern, aber ich kann nicht. Es wird einem ja immer gesagt, dass die Kinder stärker um ihren Willen kämpfen, wenn man sich einmal breitschlagen lässt, aber so lange und so heftig? Sie muss doch irgendwann mal verstehen, dass sie mit so einem Verhalten nicht weiterkommt? Ich will doch einfach nur, dass sie in ihrem Bett schläft und ich einen ruhigen Abend und eine ungestörte Nacht habe, damit ich am nächsten Tag auch wieder freundlich und lieb zu ihr sein kann. Mittlerweile bin ich aber so geschafft, dass ich meine schlechte Laune auch tagsüber an ihr auslasse. Und dann habe ich wieder ein schlechtes Gewissen.

Vermutlich gibt es keinen Elternteil, der solche Sätze noch nicht gedacht hat. Das liegt daran, dass dieser negative Blickwinkel auf Kinder in unser kollektives Gedächtnis eingebrannt ist. Seit Jahrhunderten wurden Kindern egoistische Motive für ihr Verhalten unterstellt. Immer wieder wurde gepredigt, man dürfe Kindern ihren Eigensinn nicht durchgehen lassen und könne mit der Erziehung zum Gehorsam nicht früh genug beginnen. Schon im 18. Jahrhundert schrieben Erziehungsratgeber:

»Was nun den Eigensinn betrifft, so äußert sich derselbe als ein natürliches Mittel gleich in der ersten Kindheit, sobald die Kinder ihr Verlangen nach etwas durch Gebärden zu verstehen geben können. Sie sehen etwas, das sie gerne haben möchten; sie können es nicht bekommen, sie erbosen sich darüber, sie schreien und schlagen um sich. Oder man gibt ihnen etwas, das ihnen nicht ansteht; sie schmeißen es weg und fangen an zu schreien. Dies sind gefährliche Unarten, welche die ganze Erziehung hindern und nichts Gutes bei den Kindern aufkommen lassen. […] Gibt man ihrem Eigensinn einmal nach, so ist er das zweite Mal schon stärker und schwerer zu vertreiben. Haben die Kinder schon einmal erfahren, dass sie durch Erbosen und Schreien ihren Willen durchsetzen, so werden sie nicht ermangeln, dieselben Mittel wieder anzuwenden. Endlich werden sie zu den Meistern ihrer Eltern und Aufwärterinnen und bekommen ein böses, eigensinniges und unleidliches Gemüt, wodurch sie hernach ihre Eltern, als wohlverdienten Lohn der guten Erziehung, solange sie leben, plagen und quälen. Sind aber die Eltern so glücklich, dass sie ihnen gleich anfangs durch ernstliches Schelten und durch die Rute den Eigensinn vertreiben, so bekommen sie gehorsame, biegsame und gute Kinder, denen sie hernach eine gute Erziehung geben können.«[14]

Grundgedanke der schwarzen Pädagogik war, dass der bei Kindern von Natur aus auftretende »Eigensinn« unbedingt so früh wie möglich mit allen Mitteln zu beschneiden sei, weil aus ihnen sonst böse Menschen würden. Ersetzt werden solle der Eigensinn mit absolutem Gehorsam den Eltern und Vorgesetzten gegenüber:

»Für die Erziehung sind sie notwendig, weil sie dem Gemüt überhaupt Ordnung und Unterwürfigkeit gegen die Gesetze geben. Ein Kind, das gewohnt ist, seinen Eltern zu gehorchen, wird auch, wenn es frei und sein eigener Herr wird, sich den Gesetzen und Regeln der Vernunft gern unterwerfen, weil es einmal schon gewöhnt ist, nicht nach seinem Willen zu handeln. Dieser Gehorsam ist so wichtig, dass eigentlich die ganze Erziehung nichts anderes ist, als die Erlernung des Gehorsams.«[15]

Weil schon unsere Urgroßeltern, Großeltern und Eltern ihre Kinder aus dieser Perspektive betrachteten und ein Großteil der heutigen Generation der Eltern selbst als Kinder so betrachtet wurde, fühlt es sich für uns vertraut und richtig an, unseren Kindern ebenfalls zu unterstellen, sie wollten uns auf der Nase herumtanzen. Wir denken, unser Bauchgefühl leite uns dazu an, gegen das Trotzen unserer Kinder vorzugehen und dieses Bauchgefühl … das kann doch nicht falsch sein? Wird nicht überall dazu geraten, darauf zu hören?

Das Bauchgefühl, auch Intuition genannt, ist eine Erkenntnis, die einem schnell, ohne den Umweg über den langsameren Verstand, eingegeben wird. Das geht aber nur, wenn sich unser Gehirn vorher intensiv mit einer Sache auseinandergesetzt hat. Diese kognitive Auseinandersetzung bemerken wir in der Regel gar nicht – als wir selbst Baby und Kleinkind waren, wurden wir und unsere Geschwister von unseren Eltern versorgt. Das allein schon genügt, um einen Basisschatz an Wissen über den Umgang mit Babys zu erlangen. Dieser ist dann im Laufe unseres Heranwachsens in das Zentrum des Gehirns gerutscht, das für das Unbewusste zuständig ist. Kommen wir nun in eine Situation, die für uns scheinbar neu ist – wenn wir schließlich selbst ein Kind haben –, arbeitet sich manchmal so ein kleines Fünkchen Wissen aus dem Unterbewusstsein hoch und wir haben ein Bauchgefühl.

Intuition ist demnach kein 6. Sinn, sondern ein unbewusstes Zugreifen auf Erfahrungen aus der eigenen Kindheit. Wenn Eltern also nach ihrem Bauchgefühl handeln, erziehen sie im Prinzip unbewusst genauso, wie ihre Großeltern und Eltern erzogen haben. Diese Tatsache ist gut und schön, wenn man selbst eine feinfühlige, empathisch reagierende Mutter hatte, die alle Signale zeitnah und richtig entschlüsseln konnte und Bedürfnisse liebevoll befriedigt hat. Ist man jedoch in Europa aufgewachsen und die Vorfahren entstammen einer Generation, die mit der schwarzen Pädagogik aufwuchs, ist es vielleicht nicht schlecht, sein eigenes Bauchgefühl noch einmal zu überdenken, denn dann ist es gut möglich, dass es einem im wahrsten Sinne des Wortes eingebläut wurde. Dazu nochmal Johann Georg Sulzer:

»Es ist ganz natürlich, dass die Seele ihren Willen haben will, und wenn man nicht in den ersten zwei Jahren die Sache richtig gemacht hat, so kommt man hernach schwerlich zum Ziel. Diese ersten zwei Jahre haben unter anderem auch den Vorteil, dass man da Gewalt und Zwang brauchen kann. Die Kinder vergessen mit den Jahren alles, was ihnen in der ersten Kindheit begegnet ist. Kann man da den Kindern den Willen benehmen, so erinnern sie sich hernach niemals mehr, dass sie einen Willen gehabt haben, und die Schärfe, die man wird brauchen müssen, hat auch eben deswegen keine schlimmen Folgen.«[16]

Möglicherweise ist der Hauptteil der heutigen Generation der Eltern als Kinder nicht mehr geschlagen worden, aber mit an Sicherheit grenzender Wahrscheinlichkeit sind sie von ihren Eltern zumindest grob am Arm gepackt, gezerrt oder unsanft geschoben worden. Manches Kind wurde im Nacken gepackt, am Ohr gezogen oder auf den Hinterkopf geklapst. Einige wurden bei einem Wutanfall zur Abkühlung unter die kalte Dusche gestellt, andere in ihr Zimmer gesperrt, viele mussten sich mit dem Gesicht zur Wand oder in eine Ecke stellen und sich »schämen«. Diese Misshandlungen mögen im Schein dessen, was andere Kinder erdulden mussten, nicht so schwerwiegend wirken, doch sie sind es. Sie haben sich ins kindliche Gehirn eingebrannt und verursachen nun die wütenden Impulse, in solchen Situationen mit den eigenen Kindern ähnlich zu reagieren.

Diese Impulse, die wir Eltern in solchen Momenten haben, führen das trotzige »hat uns doch auch nicht geschadet« unserer Altvorderen ad absurdum. Selbstverständlich haben diese Misshandlungen ihnen geschadet! Sie haben auch uns Kindern geschadet und sie werden ihren Enkeln schaden. Liebe drückt sich nicht über körperliche Gewalt oder Demütigungen aus – niemals. Doch die Stimmen in unseren Köpfen flüstern uns zu, wir dürften nicht zulassen, dass unsere Kinder uns auf der Nase herumtanzen, weil sie sonst im gesellschaftlichen Umfeld wie dem Kindergarten und der Schule auffällig werden. Sie suggerieren, unsere Kinder müssten lernen, sich einzuordnen, um keine »Arschlochkinder« oder »Arschlocherwachsenen« zu werden. Wer, wenn nicht wir Eltern, sollte ihnen das beibringen, notfalls mit Druck und Zwang? Diese Stimmen aus der Vergangenheit lassen den Gedanken gar nicht zu, dass unsere Kinder auch ohne (gewaltvolles) Zutun lernen, sich gesellschaftskonform zu benehmen. Deshalb kommt es dazu, dass Eltern wie Jaqueline sofort denken, das Kind wolle seinen Willen durchsetzen oder Grenzen austesten, und mit massiver Gegenwehr reagieren.

Das Beispiel von Jaqueline und Malou ging im Übrigen sehr interessant aus. Egal, welche Strafen sich die Eltern ausdachten oder mit welchen Belohnungen sie auch lockten, das Mädchen kam trotz alledem abends immer wieder weinend die Treppe herunter. Laut der Mutter war es kein ängstliches Weinen, sondern ein gekünsteltes, und sie war, nach eigenen Worten, wirklich kurz davor, durchzudrehen, weil sie ihrer Tochter anscheinend nicht begreiflich machen konnte, dass das Schlafen im Familienbett keine Option war. Zu diesem Zeitpunkt wandte sie sich mit der Bitte um Hilfe an uns.

Im Gespräch versuchten wir zunächst einmal herauszufinden, was genau die Mutter so ängstigte bei dem Gedanken, das Kind könne »seinen Willen durchdrücken«. Sie konnte ihr diffuses Gefühl dabei nicht in Worte fassen, beharrte aber darauf, dass ein Kind in sein eigenes Bett und ins eigene Zimmer gehöre und sie diese Regel auch nicht ändern werde. Erst als wir ihr versicherten, dass es nicht unsere Absicht sei, sie zu überreden, ihr Schlafarrangement infrage zu stellen, wurde sie offener. Wir zeigten ihr auf, dass sie selbst schon bemerkt, aber nicht beachtet hatte, dass ihr Kind bereits im Bett zu stöhnen anfing und erst nach ein paar Minuten weinte. Das passte mit Jaquelines Vermutung eines absichtlichen Weinens nicht zusammen. Niemand ist im Schlaf »trotzig«. Wir rieten der Mutter, sich in etwa um die Zeit, in der Malou regelmäßig aufwachte, ans Bett zu setzen und zu beobachten, wie das Schauspiel Abend für Abend begann. Wie wir erwartet hatten, stellte Jaqueline dabei fest, dass ihre Tochter tatsächlich schlecht träumte, bevor sie aufwachte. Sie wälzte sich unruhig im Schlaf hin und her, stöhnte, schluchzte und kämpfte offenbar in ihren Träumen. In dieser Phase versuchte die Mutter dann, ihrem noch schlafenden Kind beruhigend die Hand auf die Brust zu legen und ihr zuzuflüstern, dass alles gut sei und sie nur träume – daraufhin hörte das Stöhnen auf und Malou schlief ruhig weiter. Die ganze Nacht, ohne einmal ins Elternbett zu wollen.

Als Jaqueline realisierte, dass sie ihrer Tochter die ganze Zeit einen völlig falschen Grund für ihr Verhalten unterstellt hatte und Malou tatsächlich aus Angst bzw. wegen ihrer Albträume zu ihren Eltern gekommen war, fing sie an zu weinen. Sie war nicht für ihr Kind da gewesen, weil sie auf die Geisterstimmen der vergangenen Generationen gehört hatte. So geht es vielen Eltern. Die Angst, die uns diese Stimmen bezüglich der Zukunft unserer Kinder einreden, lässt uns oftmals an unseren Kindern zweifeln und blockiert unseren liebevollen Blick auf ihr vermeintlich trotziges Verhalten.

Das obige Beispiel ist vielleicht ein extremes, aber es gibt tagtäglich viele kleinere Begebenheiten, in denen wir unseren Kindern eine Absicht unterstellen, die diese gar nicht haben. Auch Alina, 26, beschreibt eine solche Situation:

Neulich wollten wir alle zusammen einkaufen fahren. Mein Sohn Henry (3) wartete schon draußen und spielte im Vorgarten ganz vertieft mit einem Stock. Als wir loswollten, sagte ich: »So, Schatz, wir wollen los. Leg den Stock bitte weg!« Er lachte mich an und rannte weg in den hinteren Teil des Gartens. Ich rief ihm hinterher: »Leg den Stock bitte weg. Du kannst damit weiterspielen, wenn wir wiederkommen!« Doch er rannte einfach weiter. Mein Mann meinte dann: »Ach, ich schnapp ihn mir einfach, er macht sich doch ganz offensichtlich einen Spaß daraus!« Ich bat ihn aber: »Warte doch noch eine Minute ab, mal sehen, was er macht.« Und was tat er? Er brachte den Stock zum Komposthaufen ganz hinten im Garten und warf ihn darauf. Er hatte oft beobachtet, wie ich Gartenschnittabfälle dorthin warf, und er hatte mir dabei schon oft begeistert geholfen. Danach kam er zurück und freute sich: »Ich hab den Stock weggelegt!« Ohne jede weitere Diskussion stieg er glücklich ins Auto ein.

Auch dieses Beispiel zeigt, dass wir uns häufig irren, was die Absichten unserer Kinder betrifft. Henry wollte den Wunsch der Mutter erfüllen, indem er den Stock an der – nach seiner Meinung – dafür vorgesehenen Stelle ablegte. Der Vater unterstellte ihm jedoch unbewusst eine negative Absicht. Was wäre passiert, wenn er seinem Impuls gefolgt wäre? Er hätte seinen Sohn sicherlich auf halbem Wege eingefangen, ihm den Stock entrissen und ärgerlich weggeworfen. Der Junge hätte sehr wahrscheinlich einen Wutanfall bekommen, da für ihn vollkommen unverständlich gewesen wäre, warum der Vater so reagiert, denn er hatte ja seiner Ansicht nach nichts falsch gemacht. Das Wutgeschrei hätte der Vater vermutlich so interpretiert, dass Henry seinen Ärger darüber, seinen Willen nicht durchsetzen zu können, herausschreit. Möglicherweise hätte er dann einen sich heftig wehrenden Jungen in den Autositz geschnallt und die gesamte Situation wäre für alle furchtbar unangenehm geworden. Dabei genügten nur wenige Sekunden des Abwartens, um die wirkliche Absicht des Kinds zu erkennen und einen Konflikt zu vermeiden.

Ein weiteres Beispiel lieferte uns eine langjährige Leserin unseres Blogs. Marianne, 42, schrieb uns:

Ich bin ein bisschen verzweifelt. Es wird langsam Herbst, und mein vierjähriger Sohn Lasse weigert sich seit gestern, seine Mütze mit in die Kita zu nehmen. Es geht mir gar nicht darum, dass er sie auf dem Weg dorthin aufsetzen soll, er soll sie nur mitnehmen für den Fall, dass er sie aufsetzen möchte, wenn er länger draußen ist und friert. Aber er will sie nicht dabeihaben. Er wird sogar sauer, wenn ich sie mir in die Tasche stecke, um sie in der Kita in sein Fach zu legen. Alle meine Alternativvorschläge und Kompromisse werden rigoros abgelehnt. Mich ärgert das außerordentlich! Normalerweise ist mein Kind eigentlich sehr kompromissbereit – aber nun zweifle ich plötzlich schon etwas an meiner Erziehung.

Hier sieht man, wie fest verwurzelt die Ängste in uns sind, die die Stimmen der Vergangenheit immer wieder heraufbeschwören. Denn obwohl sich Lasse normalerweise gut auf Kompromisse und Alternativen einließ, brauchte es nur eine einzige Verweigerungshaltung seinerseits, um seine Mutter zu verunsichern. Sie hatte das Gefühl, wenn sie nachgäbe, würde sie eine Art Machtkampf verlieren. Dieses Gefühl verleitete sie dazu, ärgerlich zu reagieren. Ihr erster Impuls war, Lasse zu zwingen, die Mütze doch mitzunehmen. Als sie bemerkte, dass sie gerade in eine Erziehungsmethode hineinrutschte, die sie eigentlich vermeiden wollte, holte sie noch einmal tief Luft und betrachtete die gesamte Situation von außen. Sie entschied, ihrem Sohn zu vertrauen, obwohl er nicht erklären konnte oder wollte, warum es ihm so wichtig war, die Mütze zu Hause zu lassen. Da Marianne ihn ohnehin nicht zwingen wollte, die Mütze aufzusetzen – sie traute ihm zu, selbst zu entscheiden, was er als kalt empfand –, gab sie nach. Als Marianne in der Kita mit der Erzieherin sprach, löste sich schließlich das Rätsel. Es gab eine Anweisung, dass Kinder, die Mützen dabeihaben, diese ohne Ausnahme im Garten aufsetzen müssen. Kinder, die keine Kopfbedeckung dabeihatten, durften ohne Mütze rausgehen. Selbst entscheiden durften die Kinder nicht. Nun ergab die Weigerung des Sohnes für die Mutter plötzlich einen Sinn – Lasse wollte in der Kita nicht gezwungen sein, die vorhandene Mütze aufzusetzen. Da Marianne ebenfalls nicht wollte, dass ihm die Entscheidungsfreiheit abgenommen wird, war sie froh, trotz ihrer kurzen Zweifel nachgegeben zu haben.

An diesem Beispiel sieht man gut, dass das Verhalten von Kindern nicht immer auf den ersten Blick logisch nachvollziehbar sein muss, dass aber in den allermeisten Fällen ein für das Kind guter Grund dahintersteckt, auch wenn es ihn selbst nicht immer verbalisieren kann. Wenn wir es schaffen, uns immer wieder bewusst zu machen, dass wir beeinflusst sind vom Erbe der schwarzen Pädagogik, das unseren Blick auf unser Kind negativ beeinflusst, dann stellen sich viele Situationen mit unseren Kindern, in denen sie scheinbar gegen uns kämpfen, als unschuldige Missverständnisse heraus. Wir plädieren daher dafür, immer erst einmal kurz abzuwarten und anzunehmen, dass der Beweggrund unserer Kinder ein guter ist. Machen wir uns frei von den kollektiven Erziehungsstimmen in uns, dann verschwindet viel von unserer Wut gegen unsere Kinder ganz von allein, weil wir erkennen, dass sie selten gegen uns arbeiten.

»Mein Kind rastet aus – und ich auch!«

Kinder in der Autonomiephase, vor allem, wenn sie noch sehr jung sind, sind schon von kleinsten Kleinigkeiten völlig aus der Bahn zu werfen. Dann brechen sie schreiend und weinend zusammen, als ob ihnen gerade das größte Unglück aller Zeiten zustößt, obwohl es für uns Erwachsene wie eine Bagatelle aussieht.

Da das manchmal mehrmals am Tag passiert, wird es für uns Eltern schnell sehr anstrengend. Mit jedem weiteren Wutanfall werden wir ebenfalls wütender und können unsere Kinder zunehmend schlechter trösten. Meine Güte, denken wir dann vielleicht, du hast doch gar keinen Grund, zu weinen! Ein typisches Beispiel schildert uns Elisabeth, 29:

Meine Tochter Miriam ist gerade ein Jahr alt geworden. Sie hat eine wirklich anstrengende Angewohnheit. Immer wenn ihr irgendetwas aus Versehen zerbricht – ein Keks oder eine Banane zum Beispiel –, dann rastet sie völlig aus. Wirklich, sie kriegt sich dann gar nicht mehr ein. Manchmal klappt es, sie aus diesem Trotzanfall herauszuholen, wenn ich ihr dann einen neuen, ganzen Keks gebe, aber das kann ja auch nicht die Lösung sein. Was ist denn bloß schlimm daran, dass so ein Keks zerbricht? Es ist doch kein Weltuntergang.

Dass wir Eltern solche Situationen furchtbar anstrengend finden und deswegen wütend werden, liegt daran, dass wir uns nur schlecht in das Gehirn eines Kindes einfühlen können. Wir haben nämlich schon alle kognitiven Meilensteine durchlaufen und wissen einfach nicht mehr, dass ein Blickwinkel auch Einschränkungen haben kann. Einjährige zum Beispiel können noch nicht gut auf spontane Änderungen eines Planes reagieren, wie Dr. Hetty van de Rijt in ihrem Buch *Oje, ich wachse* erklärt:

»Den Programmen [...] haftet zunächst noch eine gewisse Starrheit an; sie folgen einer bestimmten Routine. Kein Wunder, das Kind ist schließlich noch Anfänger in der Welt der ›Programme‹ und daher noch nicht in der Lage, das Programm, das es gerade durchführt, an wechselnde Gegebenheiten anzupassen. Bis es darin so geschickt ist wie wir Erwachsenen, braucht es jahrelange Erfahrung.«[17]

Das Gehirn kann das noch nicht, weil die dafür wichtigen neuronalen Bahnen zu diesem Zeitpunkt meist zwar vorhanden, aber noch nicht funktionstüchtig sind. Der kognitive Meilenstein wurde noch nicht erreicht – und das Gehirn gerät in die Krise, wenn zum Beispiel eine Banane beim Schälen zerbricht. Das Kind bekommt wegen dieser Nichtigkeit einen Schreianfall, da es schlicht nicht erwartet hatte, dass die Banane zerbricht. Es hatte den Plan, eine ganze Banane zu essen. Diese unvorhergesehene Planänderung bringt sein Gehirn in eine unangenehme Inkohärenz.[18] Wir Erwachsenen sehen das Problem gar nicht mehr – wir würden einfach die zerbrochene Banane essen, wohl wissend, dass es nicht den geringsten Unterschied macht, ob die Banane heil oder kaputt ist. Ein Kind kommt zu diesem Punkt der Nonchalance aber erst, wenn das Gehirn entsprechend gereift ist und Planänderungen aushalten kann.

Auch andere Kleinigkeiten bringen unsere Kinder im Alltag oft an ihre Grenzen. Ein Klassiker, den wohl jeder Elternteil kennt, ist der Becher in der falschen Farbe. Hatte das Kind erwartet, den rosa

Becher zu erhalten, und bekommt stattdessen einen grünen, weil der andere schmutzig im Geschirrspüler steht, kann es diese Tatsache so irritieren, dass es zu einem handfesten Wutanfall kommt. Oft ist für unsere Kinder der »Plan« sonnenklar, wir Eltern wissen davon aber leider gar nichts. Ich selbst konnte zum Beispiel mit meiner damals einjährigen Tochter Helene nicht mehr an einer bestimmten Bushaltestelle aussteigen, weil sie dort immer zu schreien anfing. Erst spät fiel mir ein, dass ich ihr an einem Kiosk in der Nähe der Haltestelle irgendwann einmal Gummibärchen gekauft hatte. Helene hatte sich das gemerkt und erwartete, nun jedes Mal an diesem bestimmten Ort wieder Süßes zu bekommen – das war ihr innerer Plan. Da ich das nicht wusste und die Begebenheit mit den Gummibärchen schon vergessen hatte, ging ich an dem Kiosk vorbei, ohne etwas zu kaufen. Enttäuscht fing Helene jedes Mal laut zu schreien an und ließ sich kaum beruhigen. Ich dachte zunächst, die Bushaltestelle würde meine Tochter in irgendeiner Weise ängstigen, und fing an, diese zu meiden – bis ich mich schließlich durch Zufall an die damals gekauften Gummibärchen erinnerte. Ich kaufte ihr zwar trotzdem weiterhin keine Süßigkeiten an dem Kiosk, aber immerhin wusste ich Helenes Schreien von nun an einzuordnen, konnte es besser aushalten und sie in die richtige Richtung trösten.

In solchen Situationen können wir die Wut leichter überwinden, wenn wir uns noch einmal die Einzelheiten der im ersten Teil des Buches beschriebenen Grundlagen der kognitiven Entwicklung von Kindern und ihren altersentsprechenden Einschränkungen ins Gedächtnis zurückrufen. Dann wird uns bewusst, dass unsere Kinder für ihr in unseren Augen oft irrationales Verhalten nichts können. Sie sind einfach noch nicht so weit wie wir. Wir können unsere Wut beiseiteschieben, sie mitfühlend ansehen, schweigend mit dem Kopf nicken und unsere Schulter zum Ausweinen anbieten. Und uns klarmachen, dass sie keinen neuen, ganzen Keks brauchen, sondern einen starken Halt, mit dem sie die Krise im Gehirn sicher durchleben können. Wir begleiten sie dadurch einfühlsam auf dem Weg zu einem neuen kognitiven Meilenstein.

Wie wir im letzten Abschnitt besprochen haben, können kleinere »Schicksalsschläge« unsere Kinder unheimlich aus der Bahn werfen, weil sie von dem inneren Plan abweichen, den die Kinder im Kopf hatten. Ein spontanes Abweichen von einem einmal gefassten Plan ist eine kognitive Leistung, die erst nach und nach und mit viel Mühe erlernt wird. Ab dem dritten Lebensjahr etwa bemerken wir Erwachsene jedoch eine temporäre Steigerung der Wutanfälle. Unsere Kinder scheinen noch wütender, noch lauter zu sein, und sich kaum noch von uns beruhigen lassen zu wollen. Was ist denn das nun schon wieder für eine Phase? Nun, wenn man genau hinschaut, ist erkennbar, dass alle diese Reaktionen eine Gemeinsamkeit haben: Sie werden ausgelöst durch unverrückbare natürliche Grenzen, Missgeschicke und persönliche Bedürfnisse von anderen. Tatsächlich wird in diesem Alter ein wichtiger kognitiver Meilenstein ereicht, der unseren Kindern später ermöglicht, rücksichtsvoll anderen Menschen gegenüber zu agieren. Doch erst einmal ist diese Zeit für uns Eltern furchtbar anstrengend, wie man am Beispiel von Dilek, 25 und Sami, 3, sehen kann.

Mein Sohn Sami wird bald drei Jahre alt und kommt gerade in eine Phase, die wir Eltern kaum aushalten können. Er wird so laut und wütend! Alles macht ihn so unglaublich wütend. Wenn ein Paket mit Spielzeug für ihn beim Nachbarn liegt, dieser aber nicht da ist, und deshalb die Tür nicht aufmacht, schmeißt sich Sami auf den Boden und schreit das ganze Haus zusammen. Wenn wir nach Hause kommen und eine seiner Schwestern macht im Hausflur aus Versehen vor ihm das Licht an, obwohl

er auf den Lichtschalter drücken wollte, dann flippt er völlig aus und lässt sich durch nichts beruhigen. Er ist wütend, wenn ich auf Toilette gehe, obwohl er es mir »verboten« hat, weil ich mit ihm spielen soll. Das muss man sich mal vorstellen, ja? Er ist wütend, wenn ich nicht sofort seinen Lieblingsjoghurt nachkaufen kann, weil eben Sonntag ist und der Laden zu hat. Und das ist kein normales Wütend-Sein, das ist hundertmal so schlimm wie alles, was wir bisher von ihm erlebt haben. Solche Anfälle dauern mindestens eine halbe Stunde und nichts, wirklich nichts hilft. Ich soll ihm nicht nah sein, ich soll aber auch nicht weggehen. Dann wird er noch lauter. Komme ich ihm aber zu nah, rutscht er vor mir weg. Irgendwann ist er so fertig nach der halben oder dreiviertel Stunde, dass er schon Schaum vor dem Mund hat und Schleimblasen vor der Nase. Man könnte fast meinen, er hat die Tollwut. Und was uns auch aufgefallen ist: Er schreckt jetzt auch nachts hoch, ist unglaublich wütend und brüllt und brüllt. Eigentlich sind die Anfälle nachts noch schlimmer, als tagsüber. Ich habe jeden Abend Angst, dass er wieder hochschreckt. Gut, dass unsere Nachbarn auch kleine Kinder haben und wissen, dass wir ihm hier nichts antun. Sami ist die Liebe meines Lebens, das Innere meines Herzens, aber manchmal überlege ich, ob im nicht doch der Hintern versohlt gehört. Ich mache das nicht, nein! Aber solche Gedanken habe ich, wenn er so schreit.

Wenn es uns Erwachsenen passiert, dass ein Nachbar unser Paket in unserer Abwesenheit angenommen hat, er aber nicht da ist, wenn wir es abholen wollen, dann ist das Pech für uns. Es ist eine unverrückbare natürliche Grenze. Wir können so oft klingeln, wie wir wollen, wir werden trotzdem nicht an unser Paket herankommen. Als Erwachsene wissen wir das, deshalb ärgert uns dieser

Umstand höchstens kurz. Wir zucken mit den Schultern und probieren es am Abend nochmal. Auch, wenn unser Lieblingsjoghurt an einem Sonntag aufgegessen ist, wissen wir, dass es sinnlos ist, deshalb wutentbrannt an der Tür des Supermarktes zu rütteln – das Geschäft bleibt trotzdem geschlossen. Wir müssen uns also bis Montag gedulden, bevor wir unseren Joghurt wieder einkaufen können. Wieder haben wir vor einer unverrückbaren Grenze gestanden. Für kleine Kinder wie Sami aus unserem Beispiel, die die Gefühle von Wut, Ärger, Angst etc. gerade erst neu erleben und einordnen lernen, sind solche Situationen viel schwerer zu ertragen als für uns Große. Einerseits sind sie durch den Aufbau ihres Gehirns noch schneller erregbar und andererseits haben sie bisher noch nicht so viele Situationen erlebt, in denen sie vor einer unverrückbaren Grenze standen. Für sie ist es eine neue Erfahrung, im wahrsten Sinne des Wortes »in die Grenzen gewiesen« worden zu sein. Dazu braucht es keine von Erwachsenen willkürlich gesetzte Grenzen, es gibt genügend natürliche davon auf der Welt.

Auch der Fakt, dass andere Menschen sich nicht verschieben lassen, wie wir das z.B. mit Gegenständen tun können, ist etwas, das Kinder im Alter von Sami erst noch lernen müssen. Denn als sie Babys waren, haben wir Eltern unsere eigenen Bedürfnisse zugunsten der Kinder nach hinten verschoben. Vielleicht sind wir mit ihnen in der Trage spazieren gegangen, damit sie Mittagschlaf halten konnten, obwohl wir eigentlich wirklich dringend auf die Toilette mussten. Vielleicht haben wir auf das Duschen am Morgen verzichtet, weil unser Baby nicht allein in der Wippe liegen wollte und weinte. Vielleicht haben wir unseren eigenen Hunger erst einmal ignoriert, weil unser Kind dringend an die Brust wollte. All das war richtig und wichtig. Doch je älter unsere Kleinen wurden, desto besser konnten sie auch einmal abwarten, so dass wir Eltern nach und nach wieder ein wenig mehr auf unser eigenes Wohlbefinden achten konnten. Irgendwann kommt der Punkt, an dem dieses neue Abwägen zwischen den Bedürfnissen von Erwachsenem und Kind zum Streit führt. Mit drei Jahren können die meisten Kinder noch keinen Perspektivenwechsel einnehmen, d. h. auch ihr Mitgefühl ist begrenzt. Sie können noch nicht nachfühlen, wie schlimm es ist, dringend Pipi machen zu müssen und nicht zu können, weil ein kleiner Dreikäsehoch vehement verlangt, man solle sein Händchen beim Einschlafen halten. Sie können auch noch nicht verstehen, dass die Schwester, die beim Hereinkommen ins dunkle Treppenhaus automatisch auf den Lichtschalter drückt, das nicht tat, um ihren Bruder, der eigentlich das Licht anmachen wollte, zu ärgern, sondern weil sie nicht in seinen Kopf gucken kann und dementsprechend nicht wusste, dass er es wollte.

Perspektivenwechsel und Empathie sind kognitive Meilensteine, die in der natürlichen Entwicklung von allein erreicht werden. Was jedoch ist mit dem »Über-andere-bestimmen-wollen«, das unsere Kleinen in diesem Alter so oft an den Tag legen? Geht das wieder von allein weg?

Als Josua drei Jahre alt war, hatten wir so ein Erlebnis mit ihm. Wir schauen im Winter am Wochenende meist einen Kinderfilm. Die letzten drei Mal hatten wir uns von Josua überreden lassen, mit ihm seinen Lieblingsfilm, der mit sprechenden Autos zu tun hat, zu gucken. Doch diesmal wollten wir nicht – wir hatten Lust auf einen anderen Film. Um Josua nicht zu sehr zu enttäuschen – er ist immerhin der Allerkleinste von uns –, erklärten wir ihm, wir würden zuerst seine Lieblingsszene angucken, in der zwei Autos laut Traktoren anhupen. Gesagt, getan. Große Freude bei meinem Sohn. Doch als wir uns danach anschickten, den von meinen Töchtern gewünschten Film einzulegen, begann das große Drama. Josua *wollte* nicht, dass wir *Petterson und Findus* gucken. Er war außer sich und schrie immer wieder, wir sollen den Fernseher ausmachen. Er wollte bestimmen, was wir gucken oder wenigstens bestimmen, dass wir *nicht* gucken. Wir rückten jedoch nicht von unserer Entscheidung ab. Das machte meinen Sohn wirklich, wirklich wütend. Ich musste ihn sicher eine dreiviertel Stunde lang geduldig begleiten, bis er akzeptieren konnte, dass wir etwas tun, was er uns nicht »erlaubt« hatte. Genauso lange mussten Carlotta und Helene abwarten, bis wir mit ihrem Film starten konnten. Das war sehr anstrengend für mich, aber ich wusste, dass es wichtig war, seine Empörung auszuhalten. Natürlich hätten wir um des lieben Frieden willen klein beigeben können oder ihn auch so ablenken können, dass meine Töchter den Film heimlich hätten gucken können, aber dann hätten wir seinem Gehirn eine falsche Botschaft gesendet. Dann hätte er gelernt, dass sich Menschen durch lautes Geschrei »verschieben lassen«, wie Möbel, die im Weg stehen. Das mag vielleicht bei den Eltern, Geschwistern oder Großeltern noch irgendwie klappen, nicht jedoch im »wahren Leben« bei der Nachbarin, dem Kita-Erzieher, der Lehrerin oder der Vorgesetzten. Menschen haben ihren ganz eigenen Willen und reagieren manchmal anders, als wir uns das wünschen. Das ist die Lernaufgabe, die mein Sohn Josua, Sami aus dem Beispiel oben und andere Kinder in diesem Alter, gerade zu bewältigen haben.

Wenn wir uns ihrem Geschrei beugen, weil wir ihren Frust, den momentanen Liebesverlust und ihre Lautstärke nicht aushalten können, dann tun wir ihnen nichts Gutes. Wir schwächen unsere Kinder. Das »Über-andere-bestimmen-wollen« geht leider nicht von allein weg, wie man an einigen Erwachsenen (in der Politik und anderswo) wunderbar sehen kann. Wenn unsere Kinder nicht von uns erfahren, dass man manchmal im Leben zugunsten anderer zurückstecken muss, machen wir es ihnen und ihrer Umwelt unnötig schwer. Aushalten zu können, dass es natürliche Grenzen wie z. B. Schließzeiten von Geschäften gibt, dass Schicksalsschläge wie ein geplatzter Luftballon passieren oder dass Menschen Dinge tun, die man selbst doof findet, ist unabdingbar, um entspannt durchs Leben zu gehen und sich in die Gesellschaft einfügen zu können, ohne sich selbst dabei zu verlieren.

Doch machen wir noch einen Abstecher zu den nächtlichen Wutanfällen, von denen Dilek erzählt. Im Kapitel »Wir unterstellen eine Absicht, die das Kind nicht hat«, erzählen wir, dass kein Kind im Schlaf »trotzig« ist. Das ist unmöglich. Und doch kommt es in dieser Entwicklungsphase vermehrt zu nächtlichen Wutanfällen, in denen die Kinder kaum zu beruhigen sind. Das liegt daran, dass der präfrontale Kortex, der für unsere Impulskontrolle verantwortlich ist, nachts »offline« geht. Er schläft sozusagen ein. Kurz nach dem Aufwachen ist er immer noch nicht ganz da, so dass wir, wenn wir irgendwie aus dem Schlaf gerissen werden, in etwa so grantig sind wie ein Bär, der während seines Winterschlafes gestört wurde. Bei Kindern ist das nicht anders. Da der eingeschlafene präfrontale Kortex die Wutimpulse nicht drosselt, kommt also beim nächtlichen Hochschrecken alles ungefiltert nach draußen. Es wird laut gebrüllt und um sich geschlagen. Es dauert gefühlt Ewigkeiten, bis wir Eltern unser Kind erreichen und beruhigen können. Kein Wunder, dass Dilek schon abends Angst vor der Nacht hat. Das Einzige, das einigermaßen Abhilfe schafft, ist, dem Kind die negativen Emotionen schon vor dem Einschlafen zu entlocken. Das bedeutet nicht, dass Sie Ihr Kind absichtlich ärgern sollen! Aber wenn Sie bisher Wutanfälle am Abend vermieden haben, indem Sie Ihr Kind an besonders explosiven Tagen mit Samthandschuhen angefasst haben, lassen Sie das jetzt. Es ist besser, den Wutanfall noch am Abend zu begleiten – in der Nacht ist nämlich auch ihr präfrontaler Kortex nicht ganz auf der Höhe, was zur Folge hat, dass Ihnen eine liebevolle Begleitung ungleich schwerer fällt.

Im hinteren Teil dieses Buches haben wir ausführlich beschrieben, wie man einen Wutanfall begleitet und dem Kind eine Brücke aus der Wut heraus baut. Doch es ist etwas schwieriger, mit Wutanfällen wie der von Sami, den Dilek im Beispiel oben beschrieben hat, umzugehen. Wenn unsere Kinder kleinere Schicksalsschläge erleben, oder auf natürliche Grenzen stoßen, dann erleben sie eine explosive Mischung aus Wut und Trauer. Die Kinder davon abzulenken ist ungünstig. Einen Kompromiss anzubieten, hilft aufgrund der Natur der Situation nicht. Beispielsweise hat Dilek ihrem Sohn Sami, als eine seiner Schwestern im Treppenhaus den Lichtschalter zuerst drückte, angeboten, mit ihm so lange im Hausflur stehen zu bleiben, bis das Licht von selbst wieder ausgeht, damit er es dann wieder anmachen kann. Doch dieses Angebot half überhaupt nicht. Denn es ging ihm nicht wirklich darum, das Licht anzumachen. Es ging ihm darum, das Licht *als Erster* anzumachen. Und diese Gelegenheit war nun einmal unwiederbringlich verstrichen.

Wenn Ihr Kind also einen dieser Wut- und Traueranfälle hat, die wir hier in diesem Kapitel beschrieben haben, dann bleiben Sie einfach in seiner Nähe. Bieten Sie an, es in den Arm zu nehmen, aber drängen Sie sich nicht auf. Oft wollen die Kinder nicht kuscheln, und verbal gespiegelt werden wollen sie auch nicht. Aber was sie stattdessen wollen, wissen sie auch nicht genau. So kann es sein, dass Ihr Kind Sie wütend wegschickt, aber im gleichen Moment aufheult, weil Sie sich wirklich anschicken zu gehen. Setzen Sie sich also in einigem Abstand auf den Boden und schauen Sie Ihr Kind mitfühlend an, aber bleiben Sie am besten stumm. Es dauert leider oft eine halbe bis dreiviertel Stunde, bis sich unsere Kleinen von ihrem Frust einigermaßen erholt haben. Das sind 45 Minuten, in denen wir eigentlich rein gar nichts machen können, als ihrer Trauer aktiv zuzuhören. Glauben Sie nicht, dass das einfach wäre. Es laugt emotional sehr aus, dem eigenen schreienden Nachwuchs empathisch zuzuhören. Danach werden Sie wahrscheinlich genauso fertig sein wie ihr Kind und froh, mit gemeinsamem Kuscheln Ihre Energien wieder auftanken zu können.

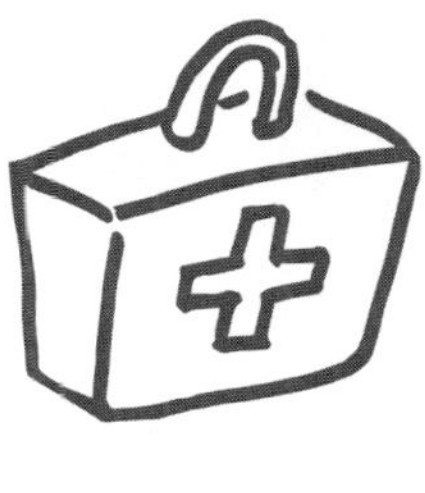

»Ihr Weinen macht mich aggressiv«

Für Eltern ist es wirklich schlimm, wenn es den eigenen Kindern nicht gut geht. Wenn sie traurig oder krank sind, haben wir sofort den unbändigen Wunsch, ihnen zu helfen, damit schnell wieder alles gut wird. Ab und zu jedoch geraten wir in Situationen, in denen wir nicht helfen können oder die wir für sie einfach nicht ändern können. Manchmal müssen unsere geliebten Kleinen da »einfach durch«. Wenn sie dann trotzdem weinen, kann es sein, dass wir wütend auf sie werden. Daniela, 37, erzählt:

Meine Tochter Laura (6) ist vor Kurzem in die Schule gekommen. Seit ein paar Wochen weint sie morgens immer, wenn sie dorthin muss. Dieses Weinen macht mich unglaublich aggressiv, denn ich verstehe nicht, warum sie weint. Eigentlich sagt sie immer, dass sie sich in der Schule total wohlfühlt. Anfangs habe ich sie noch getröstet, aber nun fällt es mir immer schwerer, für sie da zu sein. Ich möchte es gerne, aber dieses Weinen macht mich so furchtbar wütend. Mittlerweile würde ich mich am liebsten umdrehen und weggehen, um ihr Weinen nicht länger hören zu müssen. Das klingt jetzt total fies, ich weiß. Ich schäme mich auch für diese Gedanken. Aber ich habe mir solche Mühe mit dem Aussuchen der Schule gemacht. Es ist eine Montessori-Schule und wir haben sehr gekämpft, einen der raren Plätze zu ergattern. Dort gibt es ein großes Waldstück als Schulhof, wirklich nette, zugewandte Lehrer und absolut keinen Leistungsdruck. Meine Tochter bezeichnet sich selbst schon als »Baby«, weil sie jeden Morgen weint. Sie mag das eigentlich selber nicht. Aber aus dieser Situation ist inzwischen schon ein scheinbar unlösbares »Tochter weint – ich werde wütend«-Ritual geworden. Ich weiß nicht, wie wir da wieder rauskommen sollen.

Die Erklärung für Danielas Wut ist eigentlich ziemlich simpel. Wenn Kinder weinen, sind wir Menschen genetisch so programmiert, dass wir helfen wollen. Das ist evolutionsbiologisch sehr sinnvoll, denn es sichert das Überleben unserer Nachkommen. Schreit also ein Baby, stillen wir es, wiegen es im Arm, bieten Körperkontakt und bringen es so dazu, sich zu beruhigen. Und dieser Reflex legt sich auch nicht, wenn die Kinder größer werden – fällt unser Kind hin, helfen wir Eltern ihm hoch und nehmen es in den Arm, bis es aufhört zu weinen. Hängt es im Baum fest und ruft nach Hilfe, rennen wir hin und retten es aus dem Geäst. Manchmal aber gibt es Situationen, die Erwachsene nicht verhindern oder wiedergutmachen können. Manche Dinge müssen Kinder ertragen, selbst wenn ihre Mutter oder ihr Vater sie davor schützen wollen. Im Fall von Daniela und Laura war die Schule etwas, das der Tochter nicht erspart werden konnte. Die Mutter hatte im Vorfeld ihr Bestes getan, um eine gute Schule mit freundlichen Lehrern zu finden, aber nun konnte sie nichts mehr tun. Das unglückliche Weinen initiierte jedoch in der Mutter den Impuls, irgendwie helfen zu wollen. Dieser Zwiespalt löste in ihr eine starke Stressreaktion aus und brachte ihr Gehirn in Inkohärenz – ein Zustand, den der Neurobiologe Gerald Hüther als sehr unangenehm beschreibt und der dieselben Areale anregt wie körperlicher Schmerz. Der Mensch fühlt sich in einem solchen Moment innerlich sehr aufgeregt und möchte gern aktiv etwas tun, um das unbestimmte Gefühl loszuwerden.[19]

Für einen solchen Fall hat die Natur in unserem Gehirn ein Aktionsprogramm eingerichtet: Flucht oder Kampf. Um das Gefühl loszuwerden, könnte sich Daniela also von ihrer weinenden Tochter abwenden, bis diese mit dem Weinen aufhört. Weil das aber kalt erscheint und von der Tochter auch so aufgefasst werden würde, möchte die Mutter das auf keinen Fall tun, auch wenn es ihr schon in den Sinn gekommen ist. Da sie also nicht aus der Situation flüchten kann, schaltet ihr Gehirn auf Aggression (Kampf) um. Sie wird auf die Tochter wütend. Daniela möchte, dass Laura mit dem Weinen aufhört, damit sie dieses unangenehme Gefühl im Inneren nicht mehr spüren muss.

Die Mutter reagierte auf diese verzwickte Situation übrigens auf eine für Erwachsene ganz typische Art und Weise. Sie versuchte, den Kummer des Kindes kleinzureden. »So schlimm ist es doch nicht.« »Davon geht die Welt nicht unter.« »Das ist doch albern.« »Anderen geht es viel schlechter.« »Es ist doch gar nichts passiert.« Das alles sind Sätze, die Eltern tagtäglich auf der ganzen Welt über die Lippen gehen.[20] Und ihnen allen ist gemeinsam, dass sie nicht im Geringsten hilfreich sind. Kaum ein Kind hört mit dem Weinen auf, weil seine Eltern behaupten: »Das war doch gar nicht schlimm.« Im Gegenteil, die Strategie des Negierens ist sogar eher schädlich, weil sie dem Kind suggeriert, mit seinen Gefühlen stimme etwas nicht. Es fühlt einen unbestimmten Schmerz im Inneren, doch der ihn liebende Erwachsene behauptet steif und fest, da sei nichts. Somit bringen Erwachsene die Kinder dazu, ihren Gefühlen und den dazu gehörigen Impulsen nicht mehr zu vertrauen. Das mag für die Umwelt angenehmer sein, weil das Kind dann vielleicht in ähnlichen Situationen nicht mehr weint, sondern sich »zusammenreißt«, aber es zerstört nachhaltig die authentische Verbindung des Kindes mit seinem fühlenden Selbst. Statt seine Emotionen vollständig kennen und beherrschen zu lernen, lernt das Kind, diese zu unterdrücken und mithilfe seines Kopfes zu kontrollieren. Doch wer seine Gefühle »unter Kontrolle« hat, kann selbige in besonders emotional aufgeheizten Momenten leicht verlieren. Werden dagegen alle Gefühle im Kindesalter zugelassen und durchlebt, können sie auch erfolgreich integriert werden. Der Mensch lacht, weint, wütet dann in entsprechenden Situationen, aber er »explodiert« nicht mehr plötzlich – er *beherrscht* seine Emotionen.

Doch wie kommen wir nun als Elternteil aus dieser Wutsituation heraus? Indem wir uns klarmachen, dass unsere Kinder mit ihrem Weinen oder Jammern eigentlich gar keine Lösung für die Situation erkämpfen wollen. Unsere Kinder weinen schlicht, weil sie traurig sind. Natürlich wäre es für Laura angenehmer, wenn sie sich den Herausforderungen der Schule nicht stellen müsste, aber es ist ihr absolut klar, dass das gar nicht zur Debatte steht. Sie will eigentlich nur ihr Unbehagen über die für sie neue Situation ausdrücken. Sie will traurig sein, sich ausweinen und dann gestärkt daraus hervorgehen. Im Anschluss daran könnte sie sich besser auf die Situation einlassen, weil sie bei ihren Bindungspersonen Kraft tanken konnte. Wir Eltern können also den Drang, unserem Kind helfen zu wollen, getrost abstellen, denn das wird gar nicht erwartet!

Sie kennen das sicherlich auch aus Ihrem eigenen Leben: Wenn bei der Arbeit der Kollege nervt oder der Chef zu viele Forderungen stellt und wir unserem Partner oder unserer Partnerin zu Hause davon erzählen, dann möchten wir einfach nur ein offenes Ohr oder eine Schulter zum Ausweinen. Wir wollen keine Ratschläge hören wie: »Du musst da mal ordentlich auf den Tisch hauen.« Wir wollen auch nicht, dass der/die Liebste aufspringt und kämpferisch ruft: »Den knöpfe ich mir vor!« Wir möchten einfach nur, dass uns zugehört wird und wir Dampf ablassen können. Sobald wir damit fertig sind, ist es auch wieder gut. Wir fühlen uns besser, obwohl es vielleicht keine Lösung für unser Problem gibt. Allein darüber zu sprechen hat geholfen. So geht es unseren Kindern auch. Nehmen wir Erwachsenen ihnen die Lösung für ihre Probleme ab, indem wir ihnen zum Beispiel erlauben, sich krank zu melden und der Schule fernzubleiben, dann nehmen wir ihnen gleichzeitig die Chance, an Hürden im Leben zu wachsen und sich weiterzuentwickeln.

Jede mithilfe ihrer stets ansprechbaren, aber nicht überbehütenden Erwachsenen überwundene Krise lässt die Resilienz unserer

Kinder wachsen, das heißt ihre Fähigkeit, mit Rück- und Schicksalsschlägen gut umzugehen und an ihnen nicht zu zerbrechen.[21] In den allermeisten Fällen wollen Kinder einfach nur getröstet werden. Sie ziehen Ermutigung allein daraus, dass wir ihnen empathisch zuhören. Durch unsere Zuwendung erfahren sie wichtige soziale Resonanz, denn sie erleben sich und ihren Kummer als für uns relevant. Durch dieses Erleben werden in ihrem Inneren glücklich machende Hormone ausgeschüttet – und ihr Stress vergeht. Ist Eltern das bewusst, verschwindet der Wutimpuls in diesen Situationen von ganz allein, weil sie nun nicht mehr unlösbar sind. Trösten ist die Lösung – für uns Eltern und für unsere Kinder.

»Ich habe Angst um mein Kind!«

Dass wir Wutimpulse besonders heftig erleben, wenn wir Angst um unsere Kinder haben, ist eine leidige Erfahrung, die viele Eltern machen. Tobias, 44, berichtet von folgendem Erlebnis mit seinem Sohn:

Ich gebe es ungern zu, aber ich habe Jannik schon einmal geschlagen, auf den Po. Da war er vier Jahre alt. Er war mit seiner Mama unterwegs, ich kam gerade von der Arbeit nach Hause. Wir wohnen an einer relativ stark befahrenen Straße, und eigentlich kennt Jannik die Regel, dass er am Straßenrand anhalten muss. An dem Tag rannte er aber, als er mich aber auf der anderen Seite sah, freudig und ohne zu schauen über die Fahrbahn. Ich wäre vor Angst fast gestorben, denn natürlich kam in dem Moment ein Auto. Ganz knapp schaffte es Jannik vor dem Auto über die Straße. Er wäre um ein Haar überfahren worden. Ich bekomme heute noch Herzklopfen, wenn ich an die Situation denke. Er jedoch warf sich ungerührt vor Freude in meine Arme. Er hatte den Beinahe-Unfall gar nicht richtig registriert. In dem Moment schaltete in meinem Gehirn etwas um und ich reagierte nur noch. Alles, was ich denken konnte, war, dass ich ihm den Hintern so sehr versohlen musste, dass er nie wieder auf die Idee kommen würde, ohne zu gucken, über die Straße zu rennen. Ich war wie ferngesteuert. Immer wieder dachte ich: Das muss unbedingt bei ihm ankommen, es muss ihm richtig wehtun, damit er ab jetzt aufpasst! Hinterher war ich

völlig fertig und er natürlich auch. Wir lagen uns weinend in den Armen. Auch meine Frau weinte. Ich habe ihn danach nie wieder geschlagen und werde es hoffentlich auch zukünftig nicht wieder tun. Damals war ich vor Angst einfach wie von Sinnen.

Tobias beschreibt, wie sich sein Gehirn in dem Moment, in dem er Todesangst um seinen Sohn hatte, quasi ausgeschaltet hat. Er sei »wie von Sinnen« gewesen, als sich »ein Schalter« in seinem Kopf »umlegte«. Wenn wir nun einen Bogen zurück zum Anfang unseres Buches schlagen, können wir noch einmal kurz rekapitulieren, was in Tobias' Gehirn vermutlich vor sich ging: Durch die Gefahr, die er sah, wurden in seinem Gehirn die Angstzentren, das Stresszentrum und das vegetative Erregungszentrum aktiviert. Es baute sich eine starke aggressive Energie in seinem Inneren auf, die zunächst einmal seine neurologische Kontrollschleife durchlief. Gleichzeitig triggerte die Situation vielleicht auch Erinnerungen an eine ähnliche Situation aus seiner Kindheit, die in seinem emotionalen Gehirn abgespeichert waren – Tobias bekam einmal als Kind von seinem Vater eine Ohrfeige, als er beim Klettern vom Baum stürzte und sich den Fuß verstauchte. Durch die Vermischung der gegenwärtigen großen Angst um seinen Sohn und der frühen unbearbeiteten aggressiven Erinnerungsspuren übernahm das emotionale Gehirn die Führung und schaltete das kognitive Gehirn mitsamt dem präfrontalen Kortex weitestgehend aus. Durch die hohe Emotionalität des Moments wurde die Arbeit der Kontrollschleife massiv erschwert, das heißt, der Aggressionsimpuls wurde nicht bzw. nur wenig mäßigend verändert. Tobias verlor die Nerven und schlug seinen Sohn auf den Po. Wir können es zwar nur vermuten, doch der Gedanke liegt nahe, dass es seinem Vater in der Situation, als Tobias als Kind vom Baum fiel, wohl ähnlich erging.

Nicht immer zeigt sich extreme Angst um Kinder durch körperliche Gewalt. Weitaus öfter erleben sich Eltern als verbal aggressiv, wenn sie sehen müssen, wie ihre Kinder in gefährliche Situationen geraten. Jana, 30, berichtet von einer solchen Erfahrung:

Meine Tochter Finja (3) liebt Wasser und wir sind oft im Schwimmbad. Sie kann natürlich noch nicht schwimmen, dazu ist sie zu klein. Einmal rannte sie ohne Schwimmhilfen am großen Becken vorbei, rutschte aus und fiel ins Wasser. Da sie voraus gerannt war, war sie viel zu weit weg für mich. Gott sei Dank war gerade ein Schwimmer an der Stelle, der sich mein Kind sofort schnappte und zu mir hochhob. Meine Kleine war selber total erschrocken und weinte, aber ich konnte sie gar nicht richtig trösten. Ich war so geschockt! Mein Herz klopfte bis zum Hals. »Was machst du denn? Ich habe dir doch schon tausenmal gesagt, du sollst im Schwimmbad nicht rennen. Und zwar genau deswegen!«, schrie ich sie vorwurfsvoll an. Ich war richtig sauer auf sie, was seltsam war, denn eigentlich hätte ich doch eher erleichtert sein sollen, dass ihr nichts passiert ist.

Wir erwähnten bereits, dass sich in der Kindheit im emotionalen Gedächtnis Gefühle, verknüpft mit prägnanten Situationen, abspeichern. Häufig sind mit diesen frühen Erinnerungen auch Sätze verbunden, die wir immer und immer wieder gehört haben: »Ich habe dir doch gesagt, du sollst aufpassen!« »Immer musst du …«, »Kannst du nicht einmal …«, »Das kommt davon!«, »Nicht eine Minute kann man dich aus den Augen lassen!« sind nur einige Beispiele, und jede und jeder von uns könnte sicher noch zahllose weitere beisteuern. Diese Plattitüden sind in unser Gedächtnis eingebrannt und werden immer besonders dann abgespult, wenn das kognitive Gehirn, in dem das Zentrum für Sprache lokalisiert ist, durch das emotionale Gehirn blockiert wird. Weil wir vor lauter Gefühlen keine Sätze bilden können, greifen wir unbewusst auf solche zurück, über die wir nicht mehr nachdenken müssen. Sie sind plötzlich einfach da, auf unseren Lippen, ohne dass wir das wirklich wollen. Haben wir in unserer Kindheit vor allem abwertende, schuldzuweisende Kommentare in stressigen, angstbesetzten Situationen gehört, fallen wir als Erwachsene in Momenten, in denen wir Angst um unsere Kinder haben, vermehrt auf gewaltvolle Kommunikation zurück. Jana war überrascht, dass sie, als ihre Tochter unabsichtlich ins tiefe Wasser fiel, nicht empathisch reagieren konnte, sondern sie mit Vorwürfen überhäufte – nun, ihre eigene Kindheit ist vermutlich der Grund dafür. Hörten wir als Kinder dagegen positive, bestärkende Kommentare in schwierigen Situationen, können wir auch heute auf solche zugreifen.

Bevor wir nun gleich dazu kommen, wie Eltern es schaffen können, nicht wütend und gewaltvoll zu reagieren, wenn sie Angst um ihre Kinder haben, wollen wir zunächst noch auf ein drittes Beispiel zu sprechen kommen. Dieses ist besonders interessant, weil es nicht auf den ersten Blick als angstauslösende Situation zu erkennen ist. Maren, 38, erzählt:

Meine Tochter Anna ist fast fünf Jahre alt. Sie kaut auf ihren Nägeln herum. Wir wohnen in einer Kleinstadt. Und deshalb finde ich das besonders schlimm, dass sie das auch in der Öffentlichkeit macht. Ich könnte dann ausflippen, ehrlich. Mittlerweile reiße ich ihr genervt die Hand aus dem Mund, wenn ich sie dabei erwische. Ich habe dann auch immer den Drang, ihr zu drohen, die Nägel ultrakurz zu schneiden, sodass sie nichts mehr zum Knabbern hat. Oder ich verspreche ihr, dass sie, wenn sie damit aufhört und die Nägel länger sind, einen ganz

tollen Nagellack draufmachen darf. Oft frage ich sie, warum sie es schon wieder macht, obwohl sie doch versprochen habe, aufzuhören. Aber sie kann es mir nicht erklären. Aufhören kann sie auch nicht, egal, was ich mache.

Im Gespräch mit Maren fanden wir heraus, dass sie dachte, Annas Nägelkauen sei ein Hinweis auf psychische Probleme des Kindes. Irgendjemand hatte ihr den Floh ins Ohr gesetzt, dass Kinder, die das tun, oft eine Angststörung oder Depression haben. Je länger Annas Nägelkauen andauerte und je weniger die Versuche der Mutter, es abzustellen, fruchteten, desto mehr wuchs Marens Angst um die mentale Gesundheit ihrer Tochter. Diese Angst setzte den Aggressionsapparat ihres Gehirns in Gang. Weil die Mutter keine Lösung für die vermeintliche Angststörung der Tochter fand und es ihr gleichzeitig Unbehagen bereitete, durch das Nägelkauen immer wieder mit ihrer eigenen inneren Angst um ihr Kind konfrontiert zu werden, reagierte sie zunehmend ungehaltener, wenn sie Anna dabei »erwischte«. Sie wollte diese eigene Angst nicht mehr spüren müssen. Hinzu kam der Gedanke, die Nachbarn würden durch das öffentliche Knabbern ebenfalls darauf aufmerksam werden, dass mit Anna irgendetwas »nicht stimmte«. Um eine Stigmatisierung zu vermeiden, kämpfte die Mutter wütend gegen das Nägelkauen an. Auch Eltern, die übermäßig sauer werden, weil ihr Kind sich weigert, im Winter eine Jacke anzuziehen, im Dunkeln eine Warnweste zu tragen oder beim Laufradfahren einen Helm, haben Angst um ihr Kind. Es macht sie wütend, dass ihre Sorge vom Kind scheinbar nicht ernst genommen wird und es sich aus nichtigen Gründen (die Jacke stört beim Spielen, die Weste sieht nicht schön aus etc.) einer vermeidbaren Gefahr aussetzt.

Allen Beispielen gemeinsam ist, dass die Eltern aus Angst um ihre Kinder wütend wurden, obwohl ihnen eigentlich klar war, dass sich ihre Kinder nicht absichtlich in Gefahr gebracht hatten und es normal ist, dass die kindliche Impulsivität manchmal über den Verstand siegt. Trotzdem war es den Eltern nicht möglich, in der jeweiligen Situation rational zu handeln. Sie schimpften, verletzten mit Worten oder schlugen zu, obwohl sie eigentlich zugewandt reagieren wollten. Den meisten Eltern gelingt es heutzutage, ihr Kind nicht zu klapsen. Das verlangt einigen von ihnen eine außerordentlich hohe Selbstbeherrschung ab, der unsere ganze Anerkennung gelten sollte. Trotzdem passiert es immer wieder, dass manchen in einer solchen Angstsituation die Sicherungen durchbrennen und sie eben doch Hand an ihr Kind legen. Dass das absolut indiskutabel ist, ist den meisten bewusst. Damit es nicht (mehr) passiert, gibt es eine Strategie, die wir hier vorstellen möchten. Sie stammt aus der gewaltfreien Kommunikation, nennt sich »stummes Selbstgespräch«[22] und könnte möglicherweise hilfreich sein.

Was tun? Das stumme Selbstgespräch

Beim stummen Selbstgespräch werden die Programme, die durch eine Krisensituation mit dem Kind automatisch gestartet werden, im Inneren durchlebt, ohne dass die Vorwürfe dabei ausgesprochen werden. Das erfordert einiges an Übung, aber es ist es wert, versprochen. Der entscheidende Punkt ist, die Programme und die ausgelösten Impulse nicht unterdrücken zu wollen. Wir müssen die bösen Gedanken und Worte erst einmal loswerden, bevor wir uns unseren Kindern wieder empathisch zuwenden können. Wir können uns nun aber bewusst dafür entscheiden, unsere bösen Gedanken und Worte nur im eigenen Kopf als stummes Selbstgespräch zu durchleben. Tobias, dessen Sohn über die Straße lief, hätte sein Kind in den Arm nehmen und sich mit geschlossenen Augen vorstellen können, wie er ihn wütend anbrüllt und ihm auf den Po haut. In der Realität würde er jedoch nichts sagen, sondern sein Kind so lange still im Arm halten, bis er seine Impulse im Inneren abreagiert hat. Maren, deren Tochter in der Öffentlichkeit Nägel kaut, könnte ihren Blick abwenden und die Worte, mit denen sie ihr Kind eigentlich gerade überschütten will, nur in ihrem Kopf sprechen. Sie könnte Anna *in Gedanken* den Finger aus dem Mund reißen, vorwurfsvoll auf die Nägel zeigen und all die Ängste, die sie belasten, stumm durchdenken.

Vielleicht kommt Ihnen das jetzt schlimm vor, Ihr Kind in Gedanken zu verhauen? Es ist in der Tat nicht schön, dass es Menschen gibt – und zwar viele – die diese Impulse haben. Sie können aber nichts dafür. Einige Experten verorten die Entstehung dieser Impulse in der Kindheit. Vermutlich reagieren die heutigen Eltern also so, weil ihre eigenen Eltern so reagiert haben. Und diese hatten die Impulse vermutlich wiederum von ihren Eltern. Es ist eine Erbschaft, die man gerne ausschlagen würde, was man aber nicht schafft, weil sie einem in der frühesten Kindheit eingepflanzt wurde. Es hilft also nichts, Eltern dafür zu verurteilen, solche Impulse ihren Kindern gegenüber zu haben. Es ist jedoch die Pflicht eines jeden Elternteils, gegen diese Impulse anzukämpfen und alles Menschenmögliche zu tun, sie nicht an den eigenen Kindern auszuleben. Seine Impulse nur in Gedanken auszuleben ist eine Möglichkeit. Sie rettet unsere Kinder. Sie rettet sie davor, geschlagen oder verbal niedergemacht zu werden. Sie rettet sie davor, selbst als Eltern irgendwann dieselben negativen Impulse zu haben. Wer es schafft, sich durch das stumme Selbstgespräch abzureagieren, geht als Sieger aus dem Kampf mit den Geistern der Vergangenheit hervor und kann sich besser Kindern so liebevoll zuwenden, wie er oder sie das eigentlich wünscht.

Man kann, je nach Alter, die eigenen Kinder übrigens auch bitten, einem dabei zu helfen, die Wuttiraden nicht mehr auszusprechen. Meine Töchter machen das zum Beispiel. Sie haben keine

Scheu, mich aus einem automatischen Programm herauszuholen, und ich bin ihnen sehr dankbar dafür. Ich habe ihnen erklärt, dass es Situationen gibt, in denen mich meine Wut überwältigt, und das dann gar nichts mit ihnen zu tun hat. Sie sind selbst darauf gekommen, mir jedes Mal »Blöde Wut!« entgegenzuschmettern, wenn ich wegen einer Nichtigkeit laut werde. Nichts beendet mein »Programm« schneller als dieser Satz. »Ja, blöde Wut …«, sage ich dann matt und setze mich erst einmal, um tief durchzuatmen. Danach geht es meist wieder.

»Am liebsten würde ich im Erdboden versinken«

Ein wirklicher Klassiker der Autonomiephase sind Situationen, in denen Kinder in der Öffentlichkeit laut loskreischen, sich auf den Boden werfen und ihre Eltern durch Hauen und Strampeln überzeugen wollen, ihnen beispielsweise eine bestimmte Süßigkeit oder ein Spielzeug zu kaufen. Wir fühlen uns durch ein solches Verhalten bloßgestellt, uns wird heiß und wir fangen an zu schwitzen. Wenn dann noch missbilligende Blicke oder gar doofe Kommentare von Fremden dazukommen, entlädt sich unsere Anspannung in einer Überreaktion unseren Kindern gegenüber. Maria, 24, berichtet von einem besonders intensiven Stresserlebnis mit ihrem Sohn:

Ich war mit Marc (3,5) im Schwimmbad. Bevor er ins Wasser durfte, sagte ich zu ihm, dass er noch kurz warten müsse, weil ich die Schwimmhilfen aufblasen wollte. Sofort bockte er. Darüber habe ich noch hinweggesehen, weil ich mir dachte, dass er wohl einfach aufgeregt sei und schnell ins Wasser wolle. Mir waren die Schwimmhilfen aber wichtig, weil tiefes Wasser ja nun mal gefährlich ist. Später wollte er dann gern ein Eis haben. Dazu habe ich Nein gesagt. Sofort fing er an zu schreien und mich zu hauen. Als ob er mich so überzeugen könnte, ihm doch ein Eis zu kaufen! Bei solch einem Verhalten erst recht nicht, und so habe ich Marc erklärt, dass das Schwimmen für ihn nun beendet sei. Er schrie dann natürlich noch mehr und rührte sich nicht vom Fleck. Ich musste ihn richtig am Arm zu den Umkleiden ziehen. Er schrie den ganzen Weg lang und wurde immer lauter. Wir gaben ein tolles Spektakel ab. Die anderen Badegäste haben vielleicht geglotzt! »Hat ihn nicht im Griff!«, »Typisch junge Mutter – ganz klar überfordert!«, »So etwas würde es bei mir nicht geben!«, »Der führt sich ja auf!«, etc. – die Gedanken standen ihnen ins Gesicht geschrieben. Das war mir echt peinlich, ich habe mich richtig für meinen Jungen geschämt. Eigentlich wollte ich in der Umkleidekabine in Ruhe mit Marc reden. Ich wollte ihm erklären, warum so ein Verhalten unmöglich ist und warum es kein Eis gibt. Dazu kam es jedoch gar nicht. Er schrie die ganze Zeit wie von Sinnen, in der Umkleide, im Auto und sogar noch bei uns zu Hause. Und nicht nur das. Er hat andauernd nach mir gehauen und »Aua! Du blöde Mama!« gerufen, obwohl ich ihm überhaupt nicht wehgetan habe. Ich kam mir vor wie eine Versagermutter. Alles nur, weil er kein Eis bekam. Na ja, ich war dann so sauer auf ihn, dass er den Rest des Tages in seinem Zimmer bleiben musste. Ich wollte ihn einfach nicht mehr sehen. Ich saß dann im Wohnzimmer und weinte, weil mich diese Situation so mitgenommen hatte. Wenn er mein Nein doch einfach akzeptiert hätte! Dann hätten wir einen schönen Tag im Schwimmbad haben können, aber durch sein Rumgeschreie hat er alles kaputt gemacht. Ich hatte dann einfach das Gefühl, ich müsse mich durchsetzen. Allerdings kostet mich dieses Durchsetzen enorm viel Kraft und lässt mich oft unglücklich zurück.

Als die Mutter Nein zum Eis sagte, war das Kind enttäuscht und tat das lautstark kund. Das ist so weit altersadäquat – Enttäuschung aktiviert dieselben Hirnregionen wie körperlicher Schmerz. Kein Wunder also, dass Kinder selbst bei Kleinigkeiten so ausrasten.

Marc war enttäuscht und weinte, bekam von seiner Mutter jedoch kein Mitgefühl im Hinblick auf seine Enttäuschung, sondern Schelte. Weil er so laut war und sich nicht zusammenreißen konnte. Weil er seine Mutter hatte schlecht aussehen lassen in den Augen der anderen Badegäste. Ihr Bedürfnis, von anderen Menschen als kompetente Erziehungsberechtigte ihres Kindes gesehen zu werden, wurde nicht erfüllt. Das war Maria sehr peinlich. Sie fühlte sich von den anderen beobachtet und bewertet. Sie wollte nur noch weg, raus aus den Augen der anderen. Maria wollte nicht vor ihnen erziehen, denn sie war sich nicht sicher, ob ihre Ansprache bei Marc fruchten würde. Deshalb wollte sie zunächst einmal in die ruhige Kabine und das Problem dort mit ihrem Sohn klären. Hätte er sich dort beruhigt, wäre sie noch einmal mit ihm hineingegangen, doch stattdessen schrie er sich in Rage.

Weil es Maria wichtig war, was andere über sie denken, ließ sie das Bedürfnis ihres Sohnes Marc nach Verständnis für seine Enttäuschung unerfüllt. Was er gebraucht hätte, wäre ehrliches Mitgefühl dafür gewesen, dass er ihr Nein blöd findet. Er wollte dem Eis nachtrauern, mehr nicht. Stattdessen aber wurde er für sein Gefühl der Enttäuschung bestraft, indem seine Mutter anordnete, sie würden jetzt sofort gehen. Das fand das Kind nun doppelt und dreifach gemein! Also weinte er noch lauter. Zu der Eis-Enttäuschung kam nun noch die Enttäuschung hinzu, dass der schöne Besuch im Schwimmbad beendet war. Dass Maria erst einmal wegwollte, um den Blicken der anderen zu entgehen, konnte er nicht wissen. Marc war jedoch viel zu sauer auf seine Mutter, um sich zu beruhigen, denn ihre Bestrafung war aus seiner Sicht ungerecht. Als sie nicht in Ruhe mit ihm sprechen konnte, wurde Maria noch wütender auf ihren Sohn. War es nicht eigentlich total nett von ihr gewesen, mit ihm ins Schwimmbad zu gehen? Mit diesen negativen Gedanken festigte sich ihr Entschluss, nun wirklich nach Hause zu fahren. Doch damit nicht genug – weil Marc seine Schuld nicht einsah, sondern immer weiterwütete, schickte ihn Maria zu Hause zum »Ausbocken« auch noch ins Zimmer. Und während er hinter der Tür tobte, weinte sie davor, weil sie so kaputt von dem Kampf war.

Die ganze Situation schaukelte sich deshalb so hoch, weil Maria ihr Image als gute Mutter vor den anderen nicht hatte wahren können.[23] Sie hatte das Gefühl, Marc habe sie in den Augen anderer schlecht dastehen lassen. Und das geht vielen Müttern so. Sind da unsere Prioritäten nicht ein bisschen verschoben? Sollte es nicht wichtiger sein, unsere Kinder in ihrer Enttäuschung zu begleiten und ihnen zu signalisieren, dass es okay ist, Gefühle zu haben und diese Gefühle zu verbalisieren? Stattdessen verletzen wir die Beziehung zu unserem Kind, um in den Augen meist völlig fremder Menschen besser dazustehen!

Leider ist dieses Phänomen in der gesamten westlichen Gesellschaft so weit verbreitet, dass es kaum jemandem auffällt. Und es führt immer wieder dahin zurück, was sehr viele Erwachsene in ihren ersten Lebensjahren selbst erlebt haben. Ein Mensch bleibt lebenslang auf äußere Bestätigung und die Zustimmung anderer angewiesen, wenn er als Kind von seinen Eltern nicht in seinem authentischen Selbst, mit all seinen Facetten, bedingungslos geliebt wurde. Minderwertigkeitsgefühle und Selbstunsicherheit sind die Folgen mangelnder Bestätigung dafür, so gut zu sein, wie man wirklich ist. Versuchen Eltern, ihr Kind nach ihren Wünschen zu formen – und sei es auch mit guten Absichten –, erschweren sie die Ausbildung eines gesunden Selbst. Diese Kinder neigen dann auch im Erwachsenenalter dazu, die Erwartungen anderer zu erfüllen, um die ersehnte Bestätigung, »gut« zu sein, zu erhalten. Hans-Joachim Maaz beschreibt das sehr pointiert:

»Die Kränkbarkeit ist die Achillesferse jeder narzisstischen Störung. Die Abhängigkeit von der von außen gegebenen Bestätigung begründet die hohe Empfindlichkeit. Da ein Selbstwert nicht basal erlebt werden kann, bedarf es der Fremdbestätigung. […] Was im

Innersten nicht vorhanden ist, muss von außen zugeführt werden – es bleibt aber alles nur Falschgeld, weil sich der erfahrene Liebesmangel nicht mehr ›auffüllen‹ und somit ungeschehen machen lässt. So zwanghaft abhängig das narzisstische Defizit von entgegengebrachter Anerkennung ist, so wenig lässt es sich wirklich heilen.«[24]

Wir behaupten natürlich nicht, dass alle Eltern an einer krankhaft narzisstischen Störung leiden und nur mit Lob von außen funktionieren. Doch wer so aufgewachsen ist, dass er sich als Kind an die Wünsche seiner Eltern anpassen musste oder von seinen Eltern mit Liebesentzug bestraft wurde, wenn er »unartig« gewesen ist, der hat möglicherweise einen Liebesmangel erlebt, der ihn dazu veranlasst, stärker von der positiven Sicht anderer abzuhängen als Menschen mit einem gesundem Narzissmus, die im wahren, ureigenen Ich aufwachsen konnten. Denen ist schlichtweg egal, was andere sagen, weil sie, ohne sich mit ihnen irgendwie messen müssen, selbst entscheiden, welche ihrer Handlungen »richtig« oder »falsch« sind.

Doch der äußere Druck der Gesellschaft ist gar nicht das vorherrschende Problem, nein, es ist der innere Druck, der uns Eltern so heftig aufbrausen lässt – der innere anerzogene Druck, »gut« zu sein, um geliebt zu werden. Er lässt uns in solchen Situationen so nervös werden. Leider ist es sehr schwierig, sich in stressigen Situationen davon zu lösen, weil uns das Streben nach positiver äußerer Beurteilung so stark einprogrammiert wurde. Es gibt aber eine Technik, die man zumindest hinterher anwenden kann, um sich bewusster zu werden, warum einen solche Situationen so triggern. Je besser wir uns selbst verstehen und je mehr Mitgefühl wir uns selbst entgegenbringen, desto einfacher wird es in akuten Situationen werden, unserem Kind gegenüber besonnener zu reagieren.

Was tun? Reise in die Vergangenheit

Diese Technik beruht darauf, hinterher, wenn wir uns wieder beruhigt haben, noch einmal über die stressige Situation nachzudenken, den Zorn noch einmal zu spüren und dann unsere Gedanken in unsere Vergangenheit reisen zu lassen. Diese Reise sollte kein bewusstes Erinnern an eine bestimmte Situation sein, sondern ein freies Schweifenlassen. Die erste Situation aus der Zeit, als wir selbst Kind waren, die uns dann in den Sinn kommt, ist normalerweise die, mit der zusammen das emotionale Gedächtnis den Zorn, den wir gerade wieder spüren, in der Vergangenheit gespeichert hat. Auf den ersten Blick mag die damalige Situation mit der heutigen nichts zu tun haben, aber sie hilft in der Regel trotzdem, ein wenig von der alten Wut loszulassen.

Maria, die Mutter aus dem Schwimmbad-Beispiel, führte diese Technik durch. Mit der Wut auf ihren Sohn im Bauch schloss sie die Augen und dachte an ihre eigene Kindheit. Die erste Geschichte, die ihr einfiel, war eine Fahrt in der Straßenbahn mit ihrer geliebten Oma, als sie etwa vier Jahre alt war. Sie erinnerte sich daran, dass sie an diesem Tag eine Fliege am Tram-Fenster sitzen sah und diese geschickt mit der Hand einfing. Stolz wollte sie sie ihrer Oma präsentieren, doch diese rief angeekelt: »Igitt! Mädchen machen so etwas doch nicht!«, und säuberte ihr die Hand mit einem Taschentuch. Beschämt errötete das Mädchen von damals und setzte sich still auf seinen Platz, die Hände brav im Schoß gefaltet. Diese Geschichte mag sehr weit entfernt sein von der Situation mit ihrem Sohn im Schwimmbad, aber dennoch – sie ist ein Schlüssel zu Marias Wut. Das Mädchen in der Straßenbahn wollte damals Anerkennung für ihre geschickte motorische Leistung, stattdessen wurde sie beschämt, ausgeschimpft und mit gesellschaftlichen Konventionen überhäuft. Dabei hätte das Kind von damals Empathie, Rückversicherung und Anerkennung gebraucht, die sie aber nicht bekommen hat. Das erwachsene Ich des Mädchens kann ihr diese im Nachhinein geben, in einem imaginären Gespräch.[25] Dabei sind die Worte wichtig, die ihr als Erstes in den Kopf kommen:

Erwachsenes Ich zum kindlichen Ich: Bist du erschrocken über die Reaktion deiner Oma? Hattest du etwas anderes erwartet?

KI: Ja. Ich dachte, sie fände es toll, dass ich die Fliege gefangen habe. Das ist mir zum ersten Mal gelungen. Aber sie sagt, Mädchen sollen das nicht machen.

EI: Hast du Angst, dass sie dich weniger liebt, wenn du Sachen machst, die nicht mädchenhaft sind?

KI: Ja.

EI: Ich kann mir vorstellen, was in deiner Oma vorgegangen ist. Pass auf, ich frage sie für dich: Oma, machst du dir Sorgen um deine Enkelin, weil sie so wild und ungestüm ist und gern kurze Haare trägt?

O: Ja, das macht mir Sorgen. Vielleicht wird sie nie zu einer richtigen Frau? Ich will nicht, dass sie zum »Mannweib« wird.

EI: Hoffst du, dass du das verhindern kannst, wenn du sie nur richtig gut erziehst? Wenn du ihr zeigst, wie sich ein Mädchen benehmen soll?

Die Oma nickt.

EI: Oma, ich kenne das Kind gut und ich sage dir: Sie fühlt sich ganz und gar als Mädchen, auch wenn sie gern auf Bäume klettert, Fußball spielt und Strumpfhosen hasst. Sie kann das alles tun und bleibt trotzdem ein Mädchen. Ich weiß auch, dass deine Reaktion sie verletzt hat. Sie wollte, dass du stolz auf sie bist, weil sie die Fliege gefangen hat.

O: Das fand ich tatsächlich beeindruckend. Aber das konnte ich doch nicht sagen! Was hätten die Leute in der Straßenbahn gesagt, wenn ich das Fliegenfangen beklatscht hätte?

EI: Wärst du bereit, deiner Enkelin *jetzt* Anerkennung für ihre Leistung zu zollen?

Die Oma nickt wieder: Kind, das war wirklich sehr geschickt von dir! Ich kann es dir nicht gut zeigen, aber bewundere dich für deine Kraft, deine Schnelligkeit und dafür, dass dir egal ist, was andere Menschen über dich denken.

EI zur O: Deine Enkelin macht sich Sorgen, dass du sie nicht liebst, wenn sie sich nicht wie ein Mädchen benimmt.

O: Was für ein abstruser Gedanke! Egal, was sie macht, ich liebe sie von Herzen. Ich dachte, das wäre ihr klar?

EI: Kannst du ihr das heute noch einmal ganz direkt sagen?

O zum KI: Es gibt nichts, was mich davon abbringen könnte, dich zu lieben.

Als Maria im Anschluss nun noch einmal an die Situation im Schwimmbad mit ihrem Sohn dachte, empfand sie keine rasende Wut mehr. Stattdessen sah sie ihre eigene Rolle in dem Streit viel klarer und konnte sich besser in ihren Sohn hineinversetzen.

Es ist also sehr wichtig, dass wir Eltern uns in öffentlichen Trotzsituationen bewusst sind, warum wir selbst so reagieren. Dass, wieder einmal, das Verhalten unserer Kinder nur der Auslöser, aber nicht der Grund für unsere Wut ist. Dieses Wissen hilft möglicherweise nicht immer, in der Situation komplett entspannt zu reagieren, aber zumindest fällt es uns leichter, uns hinterher zu entschuldigen. Wenn wir unseren Kindern ehrlich sagen: »Hör mal zu, es tut mir leid, dass ich vorhin so laut geworden bin. Ich wünschte, ich hätte es nicht getan. Das war nicht okay von mir. Ich kann es schlecht aushalten, wenn jemand denkt, ich sei eine schlechte Mama. Aber das hat nichts mit dir zu tun. Du bist noch ein Kind und übst ja noch, deine Gefühle zu zähmen. Ich bin schon erwachsen und schaffe das manchmal trotzdem nicht. Ich glaube, ich muss auch noch üben«, dann ist das ein erster, wichtiger Schritt in die richtige Richtung.

Übersetzungshilfen für Eltern kleiner Wutwichtel

Dauerbrenner freche Antworten

Wenn Kinder »freche« Antworten geben, sind wir Eltern natürlich erst einmal gekränkt und aufgebracht. Denn unsere *Ge-* oder *Ver*bote sind ja in aller Regel gut durchdacht. Leider erkennen Kinder die gute Intention hinter unserem Nein oft nicht und finden es, trotz ellenlanger Erklärungen, meist einfach nur blöd. Dann werfen sie uns Dinge an den Kopf, die uns unglaublich wütend werden lassen, weil sie in ihrer Direktheit schrecklich verletzend sind. Wir fühlen uns dann vielleicht ungeliebt und haben Angst, dass das Frechsein Ausdruck eines tiefer gehenden Beziehungsproblems ist. Anke, 35, schildert uns eine solch verletzende Situation mit ihrer Tochter:

Raja ist jetzt vier Jahre alt. Sie kann ganz schön frech werden, wenn ihr etwas nicht passt. Neulich sollte sie den Fernseher ausmachen, weil das Abendbrot fertig war und wir essen wollten. Da war dann aber was los. Sie war total sauer und ich die »blöde Kack-Mama«. Sie beharrte störrisch auf ihrem Wunsch, weiterzuschauen, und sagte andauernd: »Doch, will ich aber!« Dann ging sie zum Fernseher und machte ihn ganz demonstrativ wieder an. Als ich versuchte, ihr zu erklären, dass zu viel Fernsehen ungesund sei, hörte sie gar nicht zu, sondern unterbrach mich dreist mit »Blablabla«. So ein Verhalten muss ich mir doch nicht gefallen lassen!

Augenscheinlich freche Antworten sind, ähnlich wie Nichthören und Provozieren, eine kindliche Strategie, uns etwas Bestimmtes mitzuteilen. Leider ist diese Strategie unglücklich gewählt, denn sie ist für andere oft verletzend. Die Kränkung entsteht vor allem daraus, dass wir in dem Moment das Gefühl haben, von unseren Kindern als Elternteil nicht genügend wertgeschätzt zu werden. Weil wir es leider oft nicht besser gelernt haben, reagieren wir Eltern auf dieses Gefühl meist ebenso verletzend. Doch was wollen Kinder mit ihrem »Blöde Mama!« denn eigentlich wirklich ausdrücken? Wir stellen hier eine Reihe von gängigen Beleidigungen, die Kinder ihren Eltern an den Kopf werfen, vor und versuchen sie zu übersetzen. Wir werden auch die Reaktionen, die Eltern normalerweise an den Tag legen, analysieren und überlegen, wie diese beim Kind ankommen. Als Hilfestellung zeigen wir Antworten auf, die vielleicht besser geeignet sind, um aus der Negativspirale der gegenseitigen Verletzungen auszubrechen.

Ausdrücklich festhalten möchten wir an dieser Stelle, dass wir mit unseren Beispielen niemanden verurteilen oder verunsichern wollen. Sollten Sie sich in den Aussagen der Eltern wiederfinden, ist das kein Grund, zu verzweifeln. Jeder Elternteil hat ganz sicher schon einmal so etwas Ähnliches gesagt – auch uns rutscht der eine oder andere Satz mal unbedacht heraus. Unsere Absicht ist, dafür zu sensibilisieren, dass bestimmte Sätze vom Empfänger anders gehört werden könnten, als sie vom Sender gemeint sind, und dass sie unabsichtlich sehr verletzen könnten. Wir Eltern sollten deshalb versuchen, achtsam mit Sprache umzugehen – wenn wir es unseren Kindern vorleben, lernen auch sie, gewaltfrei zu kommunizieren.

»Blablablabla«

Bei den Eltern kommt an: »Mir doch egal. Ich hör dir gar nicht zu.«

Das Kind meint eigentlich: »Du schimpfst zu viel, Mama. Du redest die ganze Zeit auf mich ein, obwohl ich doch schon verstanden habe, was du von mir willst. Hör endlich auf, ich fühle mich schon ganz schlecht, auch wenn ich dir das gerade nicht zeige. Um mein Gesicht vor dir nicht zu verlieren und wenigstens ein wenig Selbstbehauptung zu zeigen, sage ich jetzt »Blablabla«, dann geht es dir auch ein bisschen schlecht. So wie mir.«

Die Eltern antworten: »Pass mal auf, du! So fährst du mir gefälligst nicht über den Mund!«

Das Kind hört: »Wenn du so weitermachst, verlierst du meine Liebe. Willst du das?«

Besser wäre es, die Eltern würden antworten: »Ich schimpfe dir wohl zu viel. Okay, das kann sein. Ich habe mich nur gerade so über das Chaos im Bad geärgert. Aber ich werde jetzt mal tief durchatmen und bis zehn zählen, vielleicht geht es mir dann wieder besser. Wollen wir danach erst einmal kurz ein Buch lesen? Und dann können wir das Bad gemeinsam wieder aufräumen, einverstanden?«

Warum? Kinder sind Meister im Rückmelden und Spiegeln des elterlichen Verhaltens. Es ist ratsam, ihnen richtig zuzuhören, wenn sie sich die Ohren zuhalten und mit »Blablabla« antworten, denn in vielen Fällen schimpfen wir Eltern tatsächlich zu schnell, zu lange oder zu laut. Es ist natürlich keine *höfliche* Rückmeldung, aber daran kann man ja im Laufe der Kindheit arbeiten. Man sollte in diesem Fall also besser versuchen, innerlich einen Schritt zurück zu machen und die Situation von außen zu betrachten. War es wirklich so schlimm, dass das Schimpfen gerechtfertigt war? Stellen wir vielleicht fest, dass die Kinder Recht haben und das Schimpfen überzogen oder unfair war, können wir ihnen das auch so sagen und uns gegebenenfalls entschuldigen.

Eine gute und lustige Möglichkeit, als Erwachsener zu zeigen, dass man verstanden hat, dass man überzogen reagiert hat, ist das »Zurückspulen« der Situation. So, wie man einen Film zurückspulen kann, um eine Szene noch einmal zu sehen, kann man im wahren Leben zu seinen Kindern sagen: »Moment, das ist jetzt nicht gut gelaufen. Ich wünschte, ich hätte gerade anders reagiert. Warte mal, ich spule zurück und versuche es noch einmal.« Dann könnte man beispielsweise theatralisch mit den Augen rollen, ein Rückspulgeräusch machen, rückwärts aus der Tür laufen und dann, eine Minute später, noch einmal ganz normal hineinkommen und anders auf die Situation reagieren.

»Blöde Mama«/»Du Kacka-Papa!«

Bei den Eltern kommt an: »Ich hasse dich dafür, dass du mir das verboten hast. Ich liebe dich nur, wenn du es mir erlaubst.«

Das Kind meint eigentlich: »Ich habe dein Nein gehört und ich ärgere mich darüber. Im Moment finde ich dich doof, ich hätte lieber ein Ja von dir gehört. Ich hasse es, so klein zu sein und auf dein Nein hören zu müssen. Du stehst mir und meinem Wunsch im Weg, das finde ich echt blöd. Trotzdem liebe ich dich natürlich.«

Die Eltern antworten: »Blöde Eltern haben blöde Kinder! Blöde Eltern lesen auch keine Gutenachtgeschichten vor.«

Das Kind hört: »Du bist selber ein Kacka-Kind. Ich habe dich gar nicht mehr lieb, wenn du so etwas sagst, und lese dir deshalb keine Gutenachtgeschichte vor.«

Besser wäre es, die Eltern würden antworten: »Du ärgerst dich über mich, weil ich Nein gesagt habe. Ich kann das nachvollziehen. Ich bleibe bei meinem Nein, aber ich verstehe deine Wut.«

Warum? Das Kind hat noch keinen ausreichenden Wortschatz, um seine Enttäuschung anders auszudrücken als durch »blöde

Mama«. Es ist unangemessen und kindisch, als Erwachsener mit ebenso verletzenden Worten zu antworten. Schließlich haben wir im Laufe unseres Lebens schon gelernt, dass es eine Situation niemals entschärft, wenn man Gleiches mit Gleichem vergilt. Indem wir die verletzenden Worte unseres Kindes einfach nur übersetzen, helfen wir ihm, seinen Ärger irgendwann anders auszudrücken. Wir Erwachsenen zeigen so gleichzeitig Verständnis für die Wut des Kindes und lassen es wissen, dass alle Gefühle okay sind. Wir bleiben jedoch bei unserem klaren Nein, da das Kind andernfalls diese Strategie als erfolgreich abspeichern würde.

»Dann bist du nicht mehr meine Freundin«

Bei den Eltern kommt an: »Wenn du es mir nicht erlaubst, sage ich mich von dir los.«

Das Kind meint eigentlich: »Ich bin so schlimm sauer auf dich, dass ich meine ultimative Drohung ausspreche. Natürlich möchte ich eigentlich weiterhin, dass du meine Freundin bist, aber ich weiß mir nicht anders zu helfen, um auszudrücken, wie traurig ich über das bin, was du mir gerade verboten hast. Ich bin enttäuscht, so richtig, richtig doll.«

Die Eltern antworten: »Ich muss auch nicht deine Freundin sein, ich bin deine Mama.«

Das Kind hört: »Haha, du kannst mich gar nicht damit ärgern, wenn du das sagst. Ich höre nicht, dass du dich über meine Grenzsetzung ärgerst, ich höre nur, dass du mich verletzen willst. Deshalb verletze ich jetzt mal zurück: Du möchtest dich in diesem Moment von mir lossagen, weil du dich so über mich ärgerst, aber das geht ja gar nicht, denn ich werde als deine Mama immer da sein und dir Grenzen setzen. Ätsch bätsch! Außerdem: Mutter und Freundin, das ist nicht das Gleiche.«

Besser wäre es, die Eltern würden antworten: »Okay« (mit empathischem Blick zum Kind, der signalisiert, dass man versteht, wie sauer es gerade ist), oder: »Ui, du bist gerade richtig sauer auf mich!«

Warum? Es ist die Entscheidung des Kindes, wer seine Freundin ist und wer nicht. Eine Mutter kann sehr wohl auch eine Freundin sein. Aber das will das Kind in diesem Augenblick nicht. Das sollte man auch akzeptieren! Es ist nicht sehr erwachsen, auf diesen Freundschaftsentzug beleidigt zu reagieren, zumal er ja eigentlich etwas anderes ausdrückt. Besser ist es, dem Kind als gutes Vorbild voranzugehen, damit es mit ähnlichen Drohungen von den Freundinnen in der Kita ebenfalls cool umzugehen lernt. Wenn wir als Eltern die patzige Reaktion des Kindes als das sehen können, was sie ist, nämlich eine sekundenschnelle Gefühlsregung mit einem unbedachten Ausspruch, der in der nächsten Minute schon wieder überholt ist, zeigen wir unserem Kind damit, dass es keine Angst vor solchen Aussagen haben muss. Man kann sie nonchalant akzeptieren und abwarten, bis der Gefühlssturm vorüber ist.

»Mach ich aber nicht – Pech gehabt«

Bei den Eltern kommt an: »Du hast mir gar nichts zu sagen. Wenn ich das nicht machen will, kannst du lange reden, ich höre nicht auf dich. Basta.«

Das Kind meint eigentlich: »Da siehst du mal, wie es mir immer geht, wenn ich etwas Bestimmtes möchte. Nun willst du etwas von mir und bekommst es auch nicht. Jetzt merkst du mal, wie schlimm sich das anfühlt, und ich fühle mich in diesem Moment ein klein wenig machtvoll.«

Die Eltern antworten: »Wenn du das jetzt nicht sofort machst, hast du gleich Pech gehabt …«

Das Kind hört: »Ich habe viel mehr Macht als du und werde diese auch nutzen, wenn du jetzt nicht augenblicklich tust, was ich dir sage. Lass es nicht darauf ankommen, hörst du?«

Besser wäre es, die Eltern würden antworten: »Ja, wenn du das jetzt nicht machst, hätte ich wirklich Pech gehabt. Ich möchte dich nicht zwingen. Mir ist aber wichtig, dass du … [dir die Zähne putzt], weil ich mich sorge, dass … [du sonst Löcher bekommst]. Was können wir denn tun, damit es uns beiden mit der Situation gut geht? Hast du eine Idee?«

Warum? Es ist keine Schande, zuzugeben, dass man keine Optionen mehr hat, weil man keine Druckmittel anwenden möchte. Dann hilft es immer, darzulegen, warum genau man etwas möchte, und das Kind zu bitten, gemeinsam eine Lösung für das Dilemma zu suchen. Oft kommen dabei überraschende, praxisnahe Antworten heraus.

Schauen wir uns nun noch einmal das Beispiel von Anke und Raja an. Als die Vierjährige den Fernseher ausmachen sollte, weil die Mutter mit ihr gemeinsam Abendbrot essen wollte, wurde sie wütend. Kinder lieben fernsehen – sie sind fasziniert von Geschichten und möchten immer neue aufnehmen. Auch wir Erwachsenen können uns, wenn wir beispielsweise eine Serie sehr mögen, nur schwer vom Fernseher trennen. »Ach, komm, noch eine Folge …«, denken wir oft und bleiben dann meist viel länger wach, als wir es eigentlich geplant hatten. Doch wenn wir viel fernsehen, wird der präfrontale Kortex, also der »vernünftige« Teil unseres Gehirns, träge. Er kann bei übermäßig konsumierter schneller Bedürfnisbefriedigung nicht gegen das faule Basissystem des Gehirns ankämpfen. Bildlich gesprochen, schläft er vor dem Fernseher ein.[26] Gleichzeitig schwindet damit unsere Impulskontrolle. Infolgedessen fällt es uns unheimlich schwer, unseren eigenen Schweinehund zu überwinden, von der Couch aufzustehen und uns bettfertig zu machen. Dieses Phänomen erklärt auch, warum die kleine Raja in unserem Beispiel nach ihrer Mutter haute, als diese das TV-Gerät ausschaltete. Da Rajas präfrontaler Kortex in diesem Moment nur träge arbeitete, konnte er den aggressiven Impuls, der durch die Wut, mit etwas Schönem aufhören zu müssen, ausgelöst wurde, nicht mäßigend beeinflussen.

Auch ihre Sprache, also das »Blöde Kack-Mama!«, das »Doch, will ich aber!« und das »Blablabla«, sind Ausdruck ihrer unkontrollierten Aggression. Letzten Endes bedeuten ihre Worte aber nur, dass Raja enttäuscht war, nicht mehr fernsehen zu dürfen, und die Erklärung der Mutter nicht hören wollte, da sie zusätzlich zur Enttäuschung nicht auch noch belehrt werden wollte. Ihr eigenmächtiges Anstellen des Gerätes war ein verzweifelter Versuch, ihre persönliche Integrität zu wahren. Übersetzt bedeutet diese Handlung: »Ich hasse es, dass ich noch nicht selbst entscheiden darf, wie viel ich fernsehe. Ich möchte dir zeigen, dass *ich* denke, dass ich sehr wohl groß genug bin, um das zu entscheiden.« Ironischerweise offenbart ihr eigenmächtiges Einschalten jedoch eigentlich, dass sie eben noch nicht »groß« genug ist, um selbst zu entscheiden, weil sie noch nicht in der Lage ist, selbstständig aufzuhören, wenn es die Situation verlangt. Daher war es gut, dass Anke trotz Gegenwehr darauf bestand, dass abgeschaltet wird. An dieser Stelle muss die »beschützende Macht« der Eltern greifen. Wir sind zwar große Befürworter der kindlichen Eigenregulation, sei es beim Essen, beim Schlafen, beim Toilettengang oder auch bei der Wahl der Kleidung, doch wir sind auch der Überzeugung, dass selbstregulierte Fernsehzeiten das Gehirn aufgrund der hier beschriebenen Eigenschaften überfordern. Mit dem Wissen, warum Raja nach dem Fernsehen nach ihr haut und ihr Gemeinheiten an den Kopf wirft, kann Anke nun in ähnlichen Situationen gelassener reagieren, da ihre eigene Wut wegfällt. Sie kann die Enttäuschung der Tochter nachfühlen und empathisch darauf reagieren, aber gleichzeitig die gesetzte Grenze beibehalten.

Freches Grinsen heißt oft: Entschuldigung!

Normalerweise lächeln wir Menschen unser Gegenüber an, wenn wir glücklich sind und unsere Freude zum Ausdruck bringen wollen. Da alle Menschen, unabhängig von ihrer Kultur und Sprache, in schönen Momenten lächeln, wirkt es grundsätzlich friedensstiftend und entwaffnend, das stellte Verhaltensforscher Irenäus Eibl-Eibesfeldt bereits 1970 fest.[27] Manchmal jedoch verzerrt sich das schöne, aufrichtige Lächeln zu einem unangenehmen Grinsen. Diese Erfahrung machte Jan, 45, mit seinem Sohn:

Ich hatte einen langen Tag und zu Hause noch viel zu tun. Nach der Kita sollte Mika (4) sich kurz selbst beschäftigen, damit ich schnell das Abendbrot zubereiten konnte. Er hüpfte immer wieder auf der Couch herum, obwohl er weiß, dass er das nicht soll. Ich habe ihn ein paarmal freundlich daran erinnert, aber als er immer weiterhüpfte, wurde ich auch lauter. Aber statt nun aufzuhören, grinste er mich nur frech an. Na ja, da habe ich dann richtig doll geschimpft und ihn unsanft am Arm heruntergezogen. Dieses freche Grinsen lasse ich mir nicht bieten!

Lachen ist eine uralte Beschwichtigungsgeste, die das Gegenüber eigentlich nicht wütend machen, sondern die Situation entschärfen soll. Sie ist ein Überbleibsel der Evolution und lässt sich heute noch gut bei Affen beobachten. Wenn menschenähnliche Primaten, wie Lemuren oder Rhesusaffen, ihre Zähne zeigen, dann ist das eine regelrechte Demutsgeste. Zieht sich bei einem Kampf der schwächere Affe zurück, zeigt er in aller Regel ein breites Grinsen und signalisiert damit, dass er sich ergibt. Paviane haben sogar ein richtiges Beschwichtigungsritual – sie verbeugen sich, strecken dem Widersacher ihren Po entgegen, schmatzen laut und grinsen breit. Das signalisiert dem anderen Tier: »Entschuldige bitte!« Kinder – und nicht selten auch Erwachsene – verhalten sich ähnlich. Haben wir ein Kind bei unerwünschtem Verhalten ertappt oder schimpfen wir mit ihm, weil es gerade etwas Provozierendes getan hat, grinst es uns an, weil es sich bewusst ist, dass es etwas Unerlaubtes getan und uns damit wütend gemacht hat. Möglicherweise hat es auch ein bisschen Angst vor unserer Reaktion, da es unsere Liebe nicht verlieren will. Wie bei den Affen zeigt das Kind mit dem Grinsen, dass es sich seiner Unterlegenheit bewusst ist. Leider bedeutet das nicht automatisch, dass es dann auch mit dem Verhalten aufhört. Da ein Kind mit seiner Provokation in aller Regel auf etwas aufmerksam machen möchte, beispielsweise, dass ihm das Gefühl, für uns wertvoll zu sein, verloren gegangen ist oder dass es an diesem Tag zu viel kooperieren musste, wird es von diesem Gefühl so lange angetrieben, mit dem Unsinn weiterzumachen, bis es uns irgendeine Reaktion entlockt hat. Im Prinzip sagt es mit seinem Grinsen also: »Es tut mir leid, dass ich dich gerade verärgere, aber ich weiß mir nicht anders zu helfen. Hörst du mir bitte zu?«

Mika, der im obigen Beispiel immer weiter auf der Couch herumhüpfte, wollte eigentlich sagen: »Papa, ich habe dich den ganzen Tag vermisst. Schon in der Kita musste ich mich andauernd selbst beschäftigen und nun willst du genau dasselbe. Ich brauche ein bisschen Zeit mit dir. Lass doch das blöde Abendbrot erst einmal warten und komm zu mir auf die Couch zum Kuscheln.« Mit seinem Grinsen bestätigte er, dass er die Regel durchaus kannte und sie bewusst brach – warum er sie brach, wusste er jedoch nicht. Er hatte einfach nur ein unbestimmtes Gefühl, dem er instinktiv gefolgt ist. Sein Grinsen hatte aber auch die Bedeutung einer Entschuldigung. Vorsätzliche Provokation ist evolutionsbiologisch eigentlich nämlich nicht im Verhaltensrepertoire von Kindern vorgesehen. Es ergibt keinen Sinn, dass sich Kinder grundlos gegen ihre Eltern auflehnen, also durch unangemessenes Verhalten diejenigen verärgern, die für ihr Überleben sorgen.

Da es wichtig ist, Kindern zurückzumelden, wie ihre Handlungen auf andere wirken, können die erbosten Eltern ruhig zum Ausdruck bringen, dass sie das Grinsen provoziert. Ein von Jan herausgeplatztes »Boah, ich könnte ausflippen vor Wut, wenn du mich so angrinst! Ich denke dann immer, du willst mich noch mehr ärgern. Am liebsten würde ich dich dann anschreien. Ich kann das wirklich schlecht aushalten!« erklärt Mika einiges über Ursache und Wirkung und über die Gefühlswelt der Erwachsenen. Schaffen es die Eltern im Anschluss, nachdem sie die erste Wut durch dieses kontrollierte Ausbrechen losgeworden sind, eine Entspannungstechnik anzuwenden, lernt das Kind noch mehr. Jan könnte dann sagen: »Lass mich erst einmal tief Luft holen und bis zehn zählen, dann kann ich vielleicht ruhiger mit dir sprechen«, und würde Mika so eine gesellschaftlich anerkannte Strategie zur Wutbewältigung vorführen.

Nach ein paar Minuten des Sammelns müsste es dem Erwachsenen dann möglich sein, die Situation ruhig zu besprechen. Jan könnte seinem Sohn erklären: »Ich will nicht, dass du auf der Couch hüpfst, und das weißt du ja auch. Ich habe immer Angst, dass du runterfällst und dir am Tisch wehtust. Ich wollte gern, dass du dich beschäftigst, damit ich das Abendbrot machen kann, aber ich merke, dass du das gerade nicht kannst. Dann komm, lass uns erst mal kuscheln.« Hat der Vater durch die exklusive Zuwendung den Aufmerksamkeitsspeicher des Kindes genügend gefüllt, kann er im Anschluss wahrscheinlich doch noch in Ruhe das Abendbrot zubereiten. Vielleicht ja zusammen mit Mika.

»Ben tut einfach nicht, was ich von ihm verlange«

Kaum etwas macht uns Eltern so wütend wie Situationen, in denen unser Kind nicht »hört«. Wir sind schließlich die Eltern! Wir sollten das Sagen haben und unsere Kinder sollten unserem Weitblick vertrauen, immerhin haben wir schon mehr erlebt als sie. Leider sehen Kinder das ziemlich oft ziemlich anders. Sie machen einfach weiter mit genau der Sache, die wir ihnen gerade verboten haben. Dass das manchmal daran liegt, dass sie unser Verbot noch nicht gut genug entschlüsseln können, haben wir bereits erklärt. Doch was steckt eigentlich dahinter, wenn ein Kind, dessen Gehirn das »nicht« eines Satzes schon registriert, trotzdem nicht »hört«, obwohl wir es darum bitten? Nikola, 28, erlebt solche Momente mit ihrem Sohn häufiger:

Ben ist vier und eigentlich ein liebes Kind. Vor allem bei anderen ist er der bravste Junge der Welt. Ich habe noch nie Klagen über ihn gehört, weder vonseiten der Kita noch von seiner Oma, wo er ein paarmal in der Woche nachmittags ist, wenn ich arbeiten muss. Umso schlimmer finde ich es, dass er bei mir gar nicht hört. Es ist eigentlich immer das Gleiche: Ich hole ihn ab, zum Beispiel aus der Kita, und will mich noch ein paar Minuten mit der Erzieherin unterhalten, aber das geht gar nicht. Ben funkt sofort dazwischen. Er wird laut, er zerrt an mir, er fängt an, Quatsch zu machen. Ich komme gar nicht mehr zu Wort. Ich sage ihm dann, dass er damit aufhören soll, doch er macht immer weiter. Je länger ich mit den anderen Erwachsenen rede,

desto ungestümer wird er. Letztens hat er sich eine Kiste mit vielen kleinen Bällen gesucht und diese von der Garderobe aus auf mich geworfen, als ich mit der Erzieherin sprach. Ich habe ihm dreimal gesagt, er solle das sein lassen, doch er hat nur richtig fies gegrinst und weitergemacht. Das geht doch nicht! Ich kann mit ihm schimpfen, wie ich will, er hört in dem Moment dann nicht auf. Es ist, als ob er mich gar nicht ernst nimmt.

Wenn vierjährige Kinder in bestimmten Situationen absichtlich provozieren und nicht auf ihre Eltern hören, wissen sie normalerweise sehr genau, was sie da tun. Da sie zu diesem Zeitpunkt in der Regel schon die Perspektive ihrer Eltern einnehmen und so auch nachfühlen können, dass ihr Verhalten den anderen ärgert, muss es eine sehr starke Motivation hinter ihrem Verhalten geben. Schauen wir uns die Situation mit Ben etwas genauer an. Auf den ersten Blick scheint es wirklich so, als würde der Vierjährige nicht hören. Er wirkt sogar richtig frech, weil er nicht nur nicht aufhört, wenn seine Mutter ihn darum bittet, sondern sogar aktiv provoziert, indem er sie mit Bällen bewirft und dabei auch noch grinst. Warum tut er das?

Der Junge war, als Nikola ihn abholte, einfach am Ende seiner Kräfte. Er hatte sich den ganzen Tag lang zusammengerissen. Er hatte regelkonform gespielt, er hat sich aus Streits mit anderen Kindern herausgehalten, er hat das gemacht, was die Erzieherin von ihm wollte. Er hat so lange funktioniert, wie er konnte. Das ist für dieses Alter eine beachtliche Leistung, die allerdings gar nicht gewürdigt wurde, weil sie von den Erwachsenen als normal angesehen wurde. Nach diesem langen Tag war bei ihm einfach die Luft raus. Er konnte sich nicht mehr »zusammenreißen« – er brauchte eine Pause. Nun kam also seine Mutter, um ihn abzuholen. Seine »Pause« war zum Greifen nah. Er brauchte sich nur noch schnell anziehen und könnte dann auf dem Spielplatz laut und ungestüm sein. Doch Nikola beeilte sich nicht. Sie wollte noch mit der Erzieherin »Erwachsenendinge« besprechen. Das war zu viel für ihn. Er konnte seine Energie einfach nicht mehr unterdrücken und signalisierte das durch sein Frechsein. Das Grinsen war in dieser Situation eine Art unbewusste Entschuldigung. Es zeigt, dass Ben eigentlich weiß, dass er etwas falsch macht, sich aber trotzdem nicht bremsen kann.

Es ist eine ganz typische unbewusste Strategie von Kindern, sich auszuagieren, wenn sie zu viel kooperieren mussten und ihr Körper und Geist am Ende ihrer Kräfte sind. Auch bei Erwachsenen merkt man das noch ab und zu – zum Beispiel bei einer langweiligen Veranstaltung, wenn es nach einer Weile im Publikum plötzlich lauter wird. Die Menschen rutschen unruhig auf ihren Plätzen herum, sie rascheln mit ihren Papieren, sie fangen an zu essen oder flüstern sich etwas zu. Manche trauen sich, aufzustehen und hinauszugehen. Das Prinzip ist dasselbe, nur gesellschaftlich angepasster als bei Kindern: Der Mensch *kann* nicht mehr. Er braucht eine Pause. Dieses Phänomen hat der Psychologe Roy Baumeister als »Ego Depletion« beschrieben, was etwa »Erschöpfung des Ichs« bedeutet. Die vom präfrontalen Kortex gesteuerte Selbstkontrolle ist zeitweise nicht mehr abrufbar, weil sie vorher überansprucht wurde.[28] Das erklärt übrigens auch, warum wir Eltern abends, wenn wir einen langen Tag auf der Arbeit hatten, schneller genervt sind von unseren Kindern als am Wochenende oder im Urlaub. Unsere Selbstkontrolle ist dann schon, wenn man so will, aufgebraucht und wir explodieren schneller. Das meist alberne und laute Sichausagieren der Kinder, die am Ende ihrer Kräfte sind, ist natürlich eine eher ungünstige Strategie, die die Natur den Kleinen da untergejubelt hat, denn die (unwissenden) Erwachsenen fühlen sich dadurch in ihrer Autorität untergraben. Sie reagieren meist wütend und mit Druck, um das Kind weiterhin zum Bravsein zu zwingen. Es wäre günstiger gewesen, wenn wir Menschen im Laufe der Evolution ein eindeutiges Zeichen entwickelt hätten, das dem Gegenüber zeigt, warum wir gerade so handeln, wie wir handeln. Wäre es nicht toll, wenn sich zum Beispiel unsere Augenfarbe abhängig von unserem Gemütszustand ändern würde? Wenn wir also braune Augen bekämen, wenn wir gerade müde wären, lila Augen, wenn wir innerlich auf 180 sind, oder grüne Augen, wenn uns die Situation stresst … Da die Natur uns das leider nicht so leicht macht, kommt es zwischen Menschen eben oft zu Missverständnissen. Ben sagte mit seinem Verhalten eigentlich nur: »Bitte brich diese Situation ab, ich fühle mich nicht mehr wohl.«

An dieser Stelle gibt es – und das sagen wir selten – tatsächlich eine richtige und eine falsche Verhaltensmöglichkeit der Eltern. Hier ist es wichtig, positiv auf die unglückliche Strategie unserer Kinder zu reagieren. Schauen wir uns an, was passiert, wenn Nikola auf klassische Art mit erzieherischem Druck reagiert hätte. Vielleicht hätte sie mit Ben geschimpft, er solle leise sein, und gedroht, die Bälle kämen sofort weg, wenn er nicht mit dem Werfen aufhöre. Der Junge hätte aber aller Wahrscheinlichkeit nach nicht mit dem Unfug aufgehört, denn sein Bedürfnis (nach Pause und nach Aufmerksamkeit der Mutter) war ja weiterhin unbefriedigt. Ben wäre also wahrscheinlich noch lauter und wilder geworden. Die Mutter hätte darauf hin noch mehr Druck machen müssen, um sich durchzusetzen. Vielleicht hätte sie Fernsehverbot ausgesprochen oder gedroht, es gebe später keine Gutenachtgeschichte mehr. An dieser Stelle schaffen es einige Kinder dann, doch wie von den Erwachsenen gewünscht zu reagieren. Sie sammeln ihre letzten Kraftreserven und »reißen sich zusammen«. Von den Erwachsenen wird dies als Erfolg ihrer konsequenten Erziehung betrachtet, aber das ist es nicht. Es ist eine übermenschliche Verbiegung seitens der Kinder, um sich die Liebe ihrer Eltern zu erhalten.

Andere Kinder schaffen es nicht, sich zusammenzunehmen, und machen trotz der Drohungen (oder auch trotz in Aussicht gestellter Belohnungen) weiter, bis die Situation eskaliert. Wenn der Erwachsene schimpft und das Kind daraufhin einen Wutanfall bekommt, kann das dem kindlichen Gehirn die gewünschte Erholung verschaffen, einfach, weil die Anspannung durch die Explosion gelöst wird. Danach geht es den Kindern besser, sie können wieder freundlich sein und sich angemessen verhalten. Für uns Erwachsene ist so eine Eskalation jedoch sehr kräftezehrend. Und oft fragen sich Eltern: Muss es immer erst zum Knall kommen, bevor mein Kind hört?

Nein, muss es nicht. Nikola hätte nämlich auf die Botschaft hinter dem Verhalten hören können. Sie hätte abwägen können, wessen Bedürfnis schwerer wiegt. Die Bedürfnisse der Erwachsenen nach ungestörter Redezeit? Oder Bens Bedürfnis? Sie hätte das Gespräch mit der Erzieherin abbrechen und sich damit entschuldigen können, dass ihr Sohn wohl ein bisschen ungeteilte Aufmerksamkeit und etwas Zeit draußen an der frischen Luft brauche. Nach einer entsprechend langen »Auszeit« an der frischen Luft wäre Ben auch wieder in der Lage gewesen, zu kooperieren und auf seine Mutter »zu hören«. Dann wäre sein Gehirn – auch ohne Explosion – erholt genug gewesen.

Negatives Verhalten auch noch belohnen?

Eigentlich sagt uns der gesunde Menschenverstand: Wer mit Zuwendung und Liebe auf ein Kind reagiert, das einen gerade absichtlich ärgert, verstärkt dieses ungewollte Verhalten. Außerdem raten die Experten seit Jahrhunderten dazu, negatives Verhalten zu ignorieren oder zu bestrafen und positives Verhalten zu belohnen.

Aber: Wenn man negatives Verhalten von Kindern ignoriert oder bestraft, dann reagiert man immer nur auf das sichtbare Symptom, nie auf die Ursache. Schaut man genauer hin, sieht man, dass Kinder, die mit Belohnungen für gutes und negativen Konsequenzen für schlechtes Verhalten erzogen werden, zwar manchmal in der Situation schneller mit der Provokation aufhören, auf lange Sicht gesehen jedoch viel mehr mit den Eltern »kämpfen« als andere. Strafen und Belohnungen sind also Lösungen, die kurzfristig gut funktionieren, den dahinterliegenden Konflikt jedoch zeitlich nur nach hinten verschieben – auf den nächsten Tag, die nächste Woche, das nächste Jahr. Wird das eigentliche Problem nie gelöst, bleiben die Beteiligten im ewigen Machtkampf oder einer von beiden gibt auf und löst sich irgendwann emotional vom anderen.

Wenn es uns gelingt, das provozierende Verhalten unserer Kinder als Ausdruck dafür zu sehen, dass sie sich gerade unwohl fühlen, können wir es leicht abstellen, indem wir uns ihnen positiv zuwenden. Das muss nicht immer zen-artig gelassen sein, sondern man darf ruhig deutliche Worte finden. Man könnte beispielsweise sagen: »Ich hasse es, wenn du mich mit Bällen bewirfst! Aber ich merke, dass das dein Zeichen dafür ist, dass du dringend losgehen möchtest. Komm, ich helfe dir schnell beim Anziehen und dann gehen wir auf den Spielplatz. Da kannst du toben.« Indem wir die Provokation offen ansprechen und Vermutungen über die Gründe des Kindes anstellen, lassen wir unsere wütenden Gedanken raus und mindern die Gefahr einer Explosion. Es ist nicht sinnvoll, Kindern vorzuspielen, dass uns das Nichthören nicht tangiert. Sie sollen durchaus merken, dass sie mit dieser Strategie Ärger und Wut hervorrufen, denn nur so kann ihr Gehirn das Geschehen entsprechend verarbeiten. Wichtig ist nur, dass wir den Kindern keine Schuld zuweisen. Sie provozieren ja nicht um des Provozieren willen, sondern weil sie keine andere Strategie haben, ihre Botschaft an uns effektiver und gesellschaftskonformer auszudrücken.

Mit der Zeit werden sie andere Strategien erwerben und uns »erwachsener« mitteilen, wenn es ihnen nicht gut geht. Wir können uns also getrost ihren wahren Bedürfnissen zuwenden und diese erfüllen.

»Elsa provoziert mich absichtlich«

Das absichtliche Provozieren ist eine Verhaltensweise, die wir Erwachsenen besonders unangenehm finden. Deswegen reagieren wir darauf besonders aggressiv. Wenn ein Kleinkind haut und kneift, weil es aufgrund seines unreifen Gehirns noch nicht anders agieren kann, dann können wir meist noch Nachsicht walten lassen. Doch was, wenn ein Kind uns bewusst ärgert und dafür auch negative Konsequenzen in Kauf nimmt? Kathrin, 33, Mutter von zwei Kindern, berichtet von ihrer verzwickten Situation:

Ich kann nicht mehr. Wirklich nicht. Meine Tochter Elsa (3,5) macht mir das Leben gerade zur Hölle. Ich bin kurz davor, sie zu schlagen, weil ich einfach nicht mehr weiterweiß. Sie provoziert. Sie provoziert mich andauernd. Jeden Abend, wenn sie schlafen gehen soll, fängt sie an, mich zu kneifen und zu treten. Sie will nicht schlafen, will lieber lautstark durch die Wohnung rennen. Aber ich habe gerade ein Baby geboren. Elsas kleiner Bruder ist erst zwei Wochen alt und abends muss sie einfach leise sein, damit er schlafen kann. Ich bin so froh, wenn er mal schläft. Dann könnte ich mich endlich mit Elsa beschäftigen und ihr vorlesen und mit ihr kuscheln. Das kommt nämlich im Alltag gerade viel zu kurz. Aber sie lässt das gar nicht zu. Stattdessen macht sie Unsinn. Sie wirft Vasen um, sie räumt Schubfächer aus, sie wirft alle Schuhe in der Wohnung herum, sie bemalt die

Wände mit Filzstiften, sie zerschneidet ihre Kleidung mit der Schere. Und wenn ich sie davon abhalten will, wird sie aggressiv und kneift mich. Ich habe schon richtige Blutergüsse davon. Was soll ich nur machen? Sie treibt mich wirklich in den Wahnsinn!

Wenn Kinder gezielt und scheinbar grundlos provozieren, kann man als Erwachsener oft nicht erkennen, was gerade das Problem ist. Ein Kind kann provozieren und »nicht hören«, weil seine Kräfte in einer bestimmten Situation aufgebraucht sind, so wie Ben aus dem Beispiel von vorhin. Oder aber ein Kind provoziert und »gehorcht« nicht, weil ihm das Gefühl abhandengekommen ist, dass seine Eltern es wertschätzen. Elsa aus unserem Beispiel ist so ein Fall, aber um das verständlich zu erklären, müssen wir ein wenig ausholen.

Ein Kessel voller Glück

Menschen sind im Allgemeinen dann glücklich, wenn sie sich als *zugehörig* und *wertvoll* für die Gemeinschaft empfinden, in der sie leben. Das sind die Triebfedern des menschlichen Daseins. Jemand, der das Gefühl hat, keine Familie, keine Freunde zu haben oder dass das, was er tut, für niemanden wichtig ist, verliert die Lust am Leben und hat, so konnten Wissenschaftler in Experimenten nachweisen, echte Schmerzen, weil auch der soziale Bedeutungsverlust die Schmerzzentren im Gehirn aktiviert. Auf der anderen Seite werden vom Gehirn automatisch Glückshormone ausgeschüttet, wenn ein Mensch positive Zuwendung von anderen Menschen erhält. Der Neurobiologe und Arzt für Psychiatrie und Psychotherapie Joachim Bauer schreibt dazu in seinem Buch *Warum ich fühle, was du fühlst:*

»Soziale Isolation ist für die Betroffenen nicht nur eine psychologische Katastrophensituation, sie schlägt auch auf die Biologie des Körpers durch. Soziale Zuwendung hat, wie unter anderem Jaak Panksepp und Thomas Insel zeigen konnten, die Ausschüttung wichtiger Botenstoffe zur Folge, unter ihnen endogene Opioide, Dopamin und Oxytocin. Dies lässt vermuten, dass der Empfang einer Mindestdosis von verstehender Resonanz ein elementares biologisches Bedürfnis ist, ohne das wir letztendlich gar nicht leben können. […] Der Staufer-Kaiser Friedrich II. (1194–1250) ließ Kinder von Ammen großziehen, denen es verboten war, mit ihnen zu sprechen. Er wollte herausfinden, welche Sprache diese Kinder sprechen würden. Sie starben.«[29]

Stellen wir uns vor, im Inneren eines Menschen sei ein kleiner Kessel, der durch Wertschätzung, Aufmerksamkeit und Liebe gefüllt werden will. Wenn wir etwas tun, das uns selbst glücklich macht, ohne dafür den Beifall von anderen zu benötigen, dann füllt dieses Tun allein schon den Tank in unserem Inneren ein wenig auf. Bekommen wir von anderen – sei es Familie, Freunde oder Kollegen – rückgemeldet, dass wir gut sind, so, wie wir sind, dass wir eine Bereicherung für ihr Leben darstellen, oder signalisieren Fremde uns, dass wir sie in einem winzigen Moment im Vorübergehen glücklich gemacht haben, dann füllen diese Rückmeldungen unseren Kessel bis zum Rand mit … nennen wir es der Einfachheit halber … Glück. Mit einem gut gefüllten Tank läuft es sich leicht durch das Leben. Rückschläge oder Konflikte mit Mitmenschen kann man dann locker aushalten, ignorieren oder sogar ins Positive wandeln.

Gibt es nun immer wieder Situationen, in denen uns und unserem Tun keine Wertschätzung entgegengebracht wird, dann sinkt der Pegel in unserem Inneren. Es ist dabei eigentlich egal, wer uns das Glück stiehlt. Es kann der Partner sein, der uns nicht mehr in den Arm nimmt, weil er selbst so kaputt ist. Es kann das eigene Kind sein, das morgens immer weint, weil der Papa schon auf der Arbeit ist, und das nicht von Mama getröstet werden will. Es kann der Chef sein, der nur die Fehler sieht und Erfolge als gegeben hinnimmt. Es kann die hübsche Blondine sein, die es doof findet, den Kinderwagenplatz in der Straßenbahn für uns frei machen zu müssen, und augenrollend von dannen zieht. Stück für Stück sinkt der Pegel, bis wir plötzlich das Gefühl haben, wir seien irgendwie wertlos. Dieses Gefühl macht uns unglücklich. Da wir normalerweise nicht wissen, dass uns Wertschätzung und echte Aufmerksamkeit fehlen, reagieren wir allzu menschlich – wir folgen einem unbewussten Drang, um dieses Gefühl loszuwerden, und geben es an andere ab, indem wir mit ihnen Streit anfangen oder sie für irgendeine Nichtigkeit anmaulen. Wir nörgeln also unseren Partner an, weil er vergessen hat, die Milch zurück in den Kühlschrank zu stellen, und wir zischen der fremden Blondine zynisch hinterher: »Na schönen Dank auch für die Freundlichkeit.« Damit leeren wir wiederum den Tank dieser Menschen. Doch davon wird unser Kessel leider auch nicht wieder gefüllt. Eine bessere Strategie, um unser schlechtes Gefühl loszuwerden, haben wir uns meist noch nicht angeeignet, wie Marshall Rosenberg, Erfinder der gewaltfreien Kommunikation, feststellt:

»Leider haben die meisten von uns nie gelernt, in Begriffen von Bedürfnissen zu denken. Wenn sich unsere Bedürfnisse nicht erfüllen, dann denken wir automatisch darüber nach, was andere Menschen falsch gemacht haben. Deshalb kritisieren wir unsere Kinder vielleicht als faul, wenn sie die Mäntel auf der Couch liegen lassen, nur weil wir gerne möchten, dass die Mäntel im Schrank hängen. Oder vielleicht interpretieren wir unsere Kollegen als unverantwortlich, weil sie ihre Arbeit nicht so erledigen, wie wir das gerne hätten.«[30]

Strategien, um den Kessel zu füllen

Nach Rosenberg entwickeln Menschen unbewusste Strategien, um ihren Glückstank wieder aufzufüllen. Die Ehefrau, die von ihrem Mann nicht mehr in den Arm genommen wird, weil er unachtsam geworden ist, beginnt vielleicht eine Affäre, weil ihr die körperliche Nähe zu einem anderen Menschen fehlt. Ob das eine kluge Strategie ist, wollen wir hier nicht beurteilen. Vielleicht kauft sie sich einen kleinen Hundewelpen, mit dem sie kuscheln kann, oder sie geht abends mit einer Wärmflasche ins Bett. Sie könnte auch mehr mit ihren Kindern kuscheln. Vielleicht schafft sie es aber auch, mit ihrem Mann zu sprechen und ihm zu sagen, dass ihr seine Zärtlichkeit im Alltag fehlt, und er bemüht sich dann wieder mehr um sie. All diese Strategien füllen mal mehr, mal weniger gut, ihren leeren Tank auf.

Auch Kinder, deren Kessel leer ist, entwickeln Strategien, um ihn wieder zu füllen. Die am häufigsten genutzte ist, absichtlich zu provozieren und Quatsch zu machen, um die Aufmerksamkeit der Eltern auf sich zu lenken. Sie kooperieren im Allgemeinen so lange, wie sie können. Wenn sie nicht mehr können, fangen sie zunächst leise an zu rebellieren. Sie reagieren dann nicht mehr sofort auf die Bitten ihrer Eltern oder überhören Anweisungen. Der unbewusste Wunsch hinter diesen zunächst kleineren Provokationen ist, dass die Eltern sich dem Kind zuwenden mögen. Dem Kind ist dabei aber nicht bewusst, warum es das tut. Es handelt aus einem unbestimmten Gefühl heraus. Das heißt, es provoziert zwar absichtlich, aber *nicht*, um die Eltern wirklich zu ärgern, sondern unbewusst, um deren Aufmerksamkeit zu erhalten. Es ist ein unwillkürlicher Hilferuf, der einfach nur sagt: »Sieh mich an. Sprich mit mir. Mir ist das Gefühl, für dich wertvoll zu sein, verloren gegangen und das macht mir Angst.«

Würden wir Eltern auf diese leichten Provokationen mit freundlicher Zugewandtheit reagieren und den Tank damit ein wenig auffüllen, käme es im weiteren Verlauf nicht zu stärkeren Kriegserklärungen seitens des Kindes. Leider reagieren wir auf Provokationen unserer Sprösslinge zumeist mit Ärger.

Wer bis hierher aufmerksam gelesen hat, dem wird das Problem, das entsteht, wenn Eltern unwirsch und mit Motzen auf die kindlichen Provokationen reagieren, nun sofort ins Auge springen: Der Kessel im Inneren der Kinder leert sich dadurch *noch mehr.* Sie haben dann noch mehr das Gefühl, in den Augen ihrer Eltern nicht gut zu sein. Und das ist ein Teufelskreis, denn dieses Gefühl verleitet sie dazu, noch stärker mit der falschen Strategie um die Aufmerksamkeit der geliebten Eltern zu kämpfen, was diese wiederum noch ärgerlicher machen wird. So schaukelt sich das Ganze hoch, bis die Fronten verhärten. Einen guten Ausweg aus dieser Krise von Seiten des Kindes gibt es nicht, weil es noch keine alternativen Strategien gelernt hat. Da Kinder aber auf die Liebe ihrer Eltern angewiesen sind und es in ihrem genetischen Programm so angelegt ist, dass sie sich – wenn nötig – verbiegen, um ihren Bindungspersonen zu gefallen, wird das Kind irgendwann nachgeben. Es wird vielleicht versprechen, »wieder lieb« zu sein, und dabei hakt sich in ihm der Gedanke fest, dass es offenbar nicht von Natur aus lieb oder gut ist, sondern irgendwie böse und schlecht, und dass die Eltern recht haben, wenn sie mit ihm schimpfen. Das Kind läuft mit einem leeren Tank durch die Gegend.

Kommen wir auf unser Beispiel von Elsa zu sprechen. Sie machte sehr eindrücklich klar, dass ihr das Gefühl, von ihrer Mutter wertgeschätzt zu werden, verloren gegangen ist. Das passiert sehr häufig, wenn ein Geschwisterkind geboren wird und die Eltern damit beschäftigt sind, die neue Verantwortung, so gut es geht, zu schultern. Elsas Liebes- und Glückstank scheinen leer zu sein und sie zieht alle Register, um die Aufmerksamkeit der Mutter darauf zu lenken. Sie bemalt Wände, haut und kneift, geht nicht ins Bett und ist so laut, dass sie ihren neugeborenen Bruder aufweckt. Für die Mutter gibt es offenbar keine konkreten Anlässe für diese Provokationen und das stimmt auch. Es gibt keine erkennbaren Auslöser für ihr Verhalten, weil es sich hier um ein »allgemeines« Unglücklichsein handelt, das sich nicht einmal für das Kind selbst greifen lässt. Sie fühlt sich schlecht und weiß nicht warum. Sie ärgert die Eltern und weiß nicht, warum. Sie kann es nicht wissen. Sie folgt der Strategie vieler Kinder, auf ihren Schmerz aufmerksam zu machen, in der Hoffnung, jemand wendet sich ihr zu und füllt ihren Kessel wieder auf.

Die Lösung dieses Problems liegt bei uns Erwachsenen und ist eigentlich ganz einfach. Elsas Eltern – und wir anderen auch –

müssen unseren Impuls, uns von unseren Kindern abzuwenden, wenn diese provozieren, unterdrücken und uns stattdessen unseren Kindern *zuwenden*, ihnen aktiv Wertschätzung und Liebe entgegenbringen. Das muss gar keine ganze Stunde exklusive Aufmerksamkeit sein und auch kein groß geplantes Event wie Kino, Schwimmen oder ein Kirmesbesuch. Viele kleine Momente über den Tag verteilt reichen schon aus. Es reicht, wenn wir uns immer wieder fünf Minuten mit unserem Kind hinsetzen, mit ihm kuscheln, ihm ein Buch vorlesen oder ihm beim Anziehen helfen, obwohl es das schon allein kann. Die Zuwendungen sollten trotz eventueller Provokationen gegeben werden und *zusätzlich bei jeder sich bietenden Gelegenheit*. Das kann eine Zeit lang wirklich aufwendig sein für die Eltern, aber vielleicht hilft der Gedanke, dass diese Anstrengung nur für einen begrenzten Zeitraum nötig ist. Wenn es einen konstanten Strom positiver, liebevoller Aufmerksamkeit gibt, füllt sich der Glückskessel des Kindes peu à peu und die Provokationen hören von allein auf. Ist der Tank gut gefüllt, reicht ein normales Maß an Liebe und Aufmerksamkeit aus, um den Alltag harmonisch zu bestreiten.

Es gibt tagtäglich unendlich viele Situationen, in denen wir davon genervt sind, dass sich unsere Kleinen während der Autonomiephase so oft gegen das sträuben, was wir von ihnen wollen. Sie lehnen augenscheinlich pauschal erst einmal alles ab und jedes kleinste Detail muss scheinbar ausdiskutiert werden oder wird mit Weinen, einem Sitzstreik oder einem Wutanfall quittiert. Dabei wünschen wir Eltern uns meist einfach nur einen friedlichen und reibungslosen Tagesablauf. Was wir tun können, um nicht andauernd gegen eine Mauer von kindlichem Unwillen zu prallen, und welche kleinen Tipps und Tricks es für häufig vorkommende Streiksituationen gibt, beschreiben wir im folgenden Teil.

Baustelle Kooperation

Kinder wollen kooperieren. Dieser Satz, den Familientherapeut Jesper Juul in fast jedem seiner Interviews nonchalant dahinwirft, bringt Eltern nicht selten an den Rand der Verzweiflung. Denn ausgerechnet *unsere* Kinder scheinen eben *nicht* kooperieren zu wollen, ja, sie scheinen sich in den Kopf gesetzt zu haben, genau das Gegenteil von dem zu tun, was wir uns wünschen. Da werden Teller vom Tisch gefegt, im dichten Straßenverkehr weggelaufen oder es wird sich morgens partout nicht allein angezogen.

Dass das so ist, liegt unseres Erachtens an fünf Dingen:

1. an der falschen Vorstellung der Erwachsenen von Kooperation,
2. an der Unwissenheit über neuronale Grundlagen der Kooperation (also darüber, wann welche Art von Kooperation altersangemessen ist),
3. am Übersehen des kindlichem Kooperationswillens,
4. an der Macht der inneren Erwartungshaltung der Erwachsenen und
5. an dem frühen (unabsichtlichen) Abgewöhnen des kooperativen Verhaltens.

Unterschiedliche Vorstellungen

Kooperation bedeutet zweckgerichtete Zusammenarbeit, auf ein *gemeinsames* Ziel hin. Die Wissenschaftler am Max-Planck-Institut für evolutionäre Anthropologie definieren den Begriff wie folgt: »Neben dem gegenseitigen Eingehen aufeinander (1) sind die Beteiligten durch ein gemeinsames Ziel verbunden, und (2) die Akteure stimmen ihre Rollen miteinander ab, wozu auch die Unterstützung des anderen in seiner Rolle gehört.«[31]

Und hier liegt schon die Krux der falschen Vorstellung von uns Erwachsenen: Wir haben meist ein bestimmtes Ziel vor Augen. Wir wollen zum Beispiel unser Kind morgens schnell fertig machen, um pünktlich in der Kita und auf der Arbeit zu erscheinen. Wir wollen also, dass unser Kind sich zügig anzieht, sich widerstandslos die Zähne putzt (oder putzen lässt), ohne Gezeter frühstückt und dann alle harmonisch in den Tag starten können. Schon beim Lesen dieser Zeilen springt einem die Absurdität dieses Wunsches ins Auge – denn selbstverständlich haben unsere Kinder morgens überhaupt nicht dasselbe Ziel wie wir. Ihr Ziel nach dem Aufwachen ist, in Ruhe im Kinderzimmer zu spielen, irgendwann mal einen kleinen Happen zu essen, um sich dann möglicherweise anzuziehen, aber nur, um dann unten im Hof in Ruhe weiterspielen zu können. Sie haben nicht ansatzweise den Wunsch, möglichst schnell in der Kita zu erscheinen. Dass Mama oder Papa pünktlich auf die Arbeit kommen, wird bis zu einem bestimmten Alter niemals Hauptziel eines Kindes werden. Und aus ihrer Sicht sind es die Erwachsenen, die morgens einfach nicht kooperieren!

Es ist wichtig, uns dessen bewusst zu werden, dass wir keine Kooperation im eben definierten Sinne erwarten können, da unsere Ziele und die der Kinder vollkommen unterschiedlich sind. Tatsächlich wollen wir *eigentlich,* dass sie morgens schlicht und einfach *funktionieren.* Im allgemeinen Sprachgebrauch von Eltern meint Kooperation meist: »Das Kind tut, ohne zu murren, das, was ich mir von ihm wünsche, auch wenn es gerade etwas anderes möchte.«

Vivian: Wenn wir den kindlichen Entwicklungsstand überschätzen

Zur falschen Vorstellung über die kindliche Kooperation gehört auch, dass Eltern die Fähigkeiten des Gehirns oftmals überschätzen bzw. einen zu erwachsenen Blick auf Situationen haben. Die Eltern der kleinen Vivian, Mario, 40, und Doreen, 34, berichten:

Unsere 19 Monate alte Tochter lässt bei Spaziergängen meist spätestens nach zehn Minuten ihren Puppenwagen stehen. Das finden wir wirklich anstrengend. Wir fragen sie vorher immer mehrfach, ob sie ihn wirklich mitnehmen will, und weisen immer wieder darauf hin, dass sie ihn dann auch die ganze Zeit allein schieben muss. Woraufhin sie jedes Mal freudig nickt. Aber nach zehn Minuten will sie dann oft vom Papa getragen werden. Das lehnen wir dann aber ab. Schließlich muss sie lernen, dass ihre Entscheidungen auch Folgen haben. Aber wenn wir dann Nein zum Tragen sagen, geht es erst richtig los. Sie weigert sich, auch nur einen einzigen weiteren Schritt zu tun, steht nur da und streckt uns ihre Ärmchen entgegen. Wir stellen uns meist ein paar Schritte entfernt vor ihr hin und sagen noch freundlich, dass sie bitte kommen soll. Manchmal macht sie das sogar, jammert dabei aber herzzerreißend. Und ihren Puppenwagen lässt sie stehen. Also rufen wir, dass sie auch den Wagen mitnehmen soll. Das macht sie aber nicht. Stattdessen klammert sie sich weinend an unser Bein und will hochgenommen werden oder sie wirft sich theatralisch auf den Boden und trotzt eine Runde. Wir bleiben dann natürlich hart, damit sie nicht lernt, dass so ein Verhalten bei uns zieht. Meist sagen wir dann, wenn sie ihren Puppenwagen da stehen lässt, freut sich halt ein anderes Kind

darüber. Das stört sie aber gar nicht. Sie guckt nicht einmal nach dem Wagen, obwohl sie ihn eigentlich total liebt. Stattdessen weint sie, ist total außer sich und klebt an uns, weil sie unbedingt hochgenommen werden will. Das macht uns erst recht wütend. So ein kleiner Sturkopf! Es geht doch nicht, dass sie immer ihren Willen durchsetzt. Aber den Wagen wirklich stehen lassen wollen wir natürlich auch nicht, der war schließlich teuer. Wie können wir sie dazu bringen, zu kooperieren und den Wagen weiterzuschieben?

An diesem Bericht ist zu erkennen, wie Eltern auch in der heutigen Zeit noch vom negativen Blick der schwarzen Pädagogik geprägt sind. Mario und Doreen wollten eigentlich nur das Beste für ihr Kind, als sie sich weigerten, Vivian zu tragen und den Puppenwagen zu schieben. Sie dachten, es sei wichtig, dass die Kleine lernt, dass Entscheidungen immer Konsequenzen haben, die man tragen muss. Sie wollten ihr außerdem begreiflich machen, dass sie mit »bockigem Verhalten« bei den Eltern nicht weiterkommt, dass sie sich also nicht manipulieren lassen. Doch Vivian ist erst 19 Monate alt und damit viel zu klein, das zu lernen. Sie weiß noch nichts vom Wert des Geldes und dass ein Puppenwagen gekauft werden muss. Für sie »erscheinen« Geschenke noch auf ganz magische Weise. Sie weiß auch noch nichts davon, dass ein Wagen, den sie stehen lässt, nicht automatisch am nächsten Morgen wieder in ihrem Zimmer steht. Sie kann auch noch nicht sehr weit in die Zukunft planen, denn dazu müsste der präfrontale Kortex schon besser ausgereift sein. Sich von vornherein dafür zu entscheiden, den Puppenwagen nicht mitzunehmen, weil er ihr wahrscheinlich nach zehn Minuten lästig sein wird – das liegt einfach noch nicht in ihrer kognitiven Kompetenz. Sie *kann* das schlicht nicht! Was sie weiß, ist, dass sie müde ist und nicht mehr schieben und laufen kann. Dass sie ein bisschen Nähe braucht und gern auf den Arm ihrer Eltern möchte. Das kommunizierte sie ja auch auf eindrückliche Art und Weise. Mario und Doreen wiederum meinten ihre Verweigerung gar nicht böse – sie haben das Geschehen einfach nur mit den Augen von Erwachsenen betrachtet, nicht mit den Augen ihres Kindes. Dadurch hatten sie zu hohe Erwartungen bezüglich Vivians vorausschauenden Denkens und ihres Durchhaltevermögens.

Es kommt leider häufig vor, dass Erwachsene, auf Kooperation pochen, die das Kind nicht leisten kann, und dann von der Forderung nicht zurücktreten, aus Angst, das Kind werde sonst lernen, dass es mit Weinen und Trotzen seinen Willen bekomme. Wir haben ja bereits dargelegt, welchen Einschränkungen das kindliche Gehirn noch unterliegt und warum Kinder deshalb manchmal wirklich nicht kooperieren können, selbst wenn sie wollten. Das müssen wir uns immer wieder vor Augen halten, damit wir unsere Kinder nicht überfordern. Keiner von uns würde auf die Idee kommen, von einem knapp Zweijährigen zu verlangen, er solle seinen Namen schreiben, weil ganz klar ist, dass ihn das kognitiv und motorisch überfordern würde. Aber erwachsene, komplexe Gedankengänge, Planung und Voraussicht erwarten wir seltsamerweise von so kleinen Kindern oftmals schon.

Mario und Doreen dürfen sich also auf Spaziergängen entspannen. Sie müssen ihrer Tochter noch keine Lektionen über die Konsequenzen von Handlungen erteilen. Sie dürfen sich darüber freuen, dass es Vivian schafft, ihren Wagen ganze zehn Minuten zu schieben. Das ist eine enorme Leistung an Durchhaltevermögen für so ein kleines Kind! Wenn sie dann müde wird, können sie sie ohne schlechtes Gewissen auf den Arm nehmen. Wenn sie das nämlich tun, bevor Vivian ihr Bedürfnis mit Nachdruck und Tränen darlegen muss, gibt es für Vivian keinen möglicherweise problematischen kausalen Zusammenhang zwischen dem Wutanfall und dem »Nachgeben« der Eltern.

Nähmen ihre Eltern sie hoch, wenn Vivian ihnen noch freundlich sagt, dass sie jetzt müde sei und kuscheln möchte, würden drei Dinge geschehen: Erstens, Vivian würde sich von ihren Eltern verstanden fühlen und bräuchte keine lautere oder unangenehme Strategie, um auf ihr echtes Bedürfnis aufmerksam zu machen. Die Beziehung zwischen Eltern und Kind würde durch das Erkennen und Erfüllen des Bedürfnisses gestärkt. Zweitens würde dem Kind von seinen Eltern Kooperation vorgelebt werden. Der Sozialpsychologe und Konfliktforscher Morton Deutsch stellt fest, dass »die Erfahrung der Kooperation eine Spirale wachsender Kooperation« erzeugt, das heißt, je öfter Marion und Doreen ihrerseits kooperieren, desto mehr wird Vivian in Zukunft kooperieren.[32] Und drittens hätte Vivian auf den Schultern ihres Vaters oder auf dem Arm ihrer Mutter die Gelegenheit, sich auszuruhen, und könnte wahrscheinlich nach einigen Minuten wieder selbst laufen und ihren Wagen weiterschieben. Dann würde sie, mit Pause, den Buggy sehr viel länger schieben, als es bisher der Fall war, als ihre Eltern auf dem Selbstschieben bestanden. Der Wunsch der Eltern, Vivian möge ihr Durchhaltevermögen trainieren, würde sich auch so erfüllen – auf eine kindgerechte Art und Weise.

Lillian: Wenn wir den kindlichen Kooperationswillen übersehen

Unser erwachsenes Gehirn ist leider sehr defizitorientiert. Wir erkennen schnell Dinge, die nicht rund laufen und ärgern uns darüber. Abläufe jedoch, die Tag für Tag reibungslos funktionieren, registriert unser Gehirn nicht mehr. Es erwartet schlicht, dass diese Dinge auch weiterhin reibungslos ablaufen, und spart sich seine Aufmerksamkeitskapazität für augenscheinlich Wichtigeres. Das ist eine etwas ungünstige Sparmaßnahme der Natur, denn so übersehen wir leider oftmals die vielen kleinen Kooperationsbemühungen unserer Kinder und fokussieren uns eher auf die ein, zwei Situationen, in denen es hakt.

Elena, 44, berichtet von einem Tag, an dem ihr Kind scheinbar überhaupt nicht bereit war, zu kooperieren:

Ich habe eine Tochter (Lillian), die 4,5 Jahre alt ist, und einen Sohn (Bo), elf Monate alt. Ich bin selbstständig und arbeite im Homeoffice. Das ist manchmal nicht so leicht mit zwei Kindern. An einem Morgen hatte ich ein sehr schwieriges Telefonat vor mir und wollte mich davor etwa eine Stunde lang darauf vorbereiten. Es war wirklich ein großer Fisch, den ich mir da an Land ziehen wollte und ich war sehr nervös. Bo sollte in der Zeit vom Papa in den Kindergarten gebracht werden, Lillian war jedoch krank und konnte dort nicht hin. Deshalb hatte ich mit ihr am Abend vorher ausgemacht, dass sie sich in dieser Stunde selbst beschäftigt, damit ich arbeiten kann.

Sie wachte an dem Tag viel zu früh auf, etwa 2 Stunden vor dem üblichen Weckerklingeln, und spielte leise in ihrem Zimmer. Da die Nacht mit Bo anstrengend gewesen war, schlief ich in der Zeit noch mal ein. Als wir wieder aufwachten, machte ich den Kleinen fertig und übergab ihn dem Papa.

Nun sollte sich Lillian also selbst beschäftigen, aber es klappte überhaupt nicht. Sie konnte plötzlich nichts mehr allein. Ich schickte sie zunächst zum Zähneputzen. Doch als ich nach 10 Minuten ins Bad kam, hatte sie noch nichts gemacht. Gut, sie hatte die Zahnpastatube aufgeschraubt und ihre Bürste in der Hand. Aber es war noch nicht einmal Pasta auf der Bürste – nach zehn Minuten! Also putzte ich ihr die Zähne. Dann sagte ich ihr, sie solle in ihr Zimmer gehen und sich schon einmal anziehen, während auch ich mich anzog. Wieder kam ich nach einer Weile zu ihr. Sie saß nackt mitten im Raum, und hatte bestimmt 6 Paar Socken auf dem Fußboden verteilt. Es sah aus, als hätte ein Orkan das Zimmer verwüstet. Dabei jammerte sie vor sich hin, die doofen Socken würden nicht passen und ich solle ihr helfen. Sie ist viereinhalb Jahre alt! Sie kann ihre Socken schon lange selbst anziehen.

Ich wurde ihr gegenüber immer ungeduldiger, weil ich meine Vorbereitungszeit bis zu dem Telefonat dahinschwinden sah. Sie wurde immer pampiger, gab mir freche Antworten, jammerte, moserte und hatte einen Wutanfall nach dem anderen. Als würde sie mir den wichtigen Telefontermin absichtlich kaputtmachen wollen! Irgendwann bin ich dann richtig explodiert und bin wahnsinnig laut geworden. Wir hatten eine Abmachung. Sie hatte mir versprochen, sich für eine Stunde selbst zu beschäftigen, stattdessen musste ich mich in dieser Stunde fast ausschließlich um sie kümmern. In ihrem Alter muss das doch mal drin sein, sich an eine Abmachung zu halten und auch mal Rücksicht auf die Bedürfnisse eines anderen zu nehmen?!

Nun, Lillian hatte sehr wohl kooperiert, nur war das ihrer Mama gar nicht aufgefallen: Das Mädchen hatte ja ganze 2 Stunden allein gespielt, und zwar so leise, dass ihre Mutter und ihr Bruder noch schlafen konnten. Das ist eine enorme Leistung! Aus der Sicht des Kindes hatte es die Abmachung, die sie abends mit ihrer Mutter getroffen hatte, damit erfüllt. Diese Tatsache ist Elena jedoch gar nicht bewusst gewesen, zumindest nicht so, dass sie sie positiv bewertet hätte. Aus Sicht der Mutter kooperierte die Tochter eben nicht, sondern boykottierte ihre Verabredung.

Wenn wir Eltern mal genau hinsehen, werden wir bei unseren Kindern ganz oft erkennen, dass sie kooperieren wollen und dies auch tun. Wenn ich meinem damals 15 Monate alten Sohn Josua beispielsweise morgens einen Body anziehen wollte und er mithalf, indem er mir seine Arme entgegenstreckte oder auch erst einmal den Ball aus der Hand legte, mit dem er gerade spielte, dann kooperierte er! Im Alltag gibt es viele Situationen, in denen unsere Kinder, ohne zu murren, kooperieren, doch oftmals übersehen wir das. Ein Kind, das den Mund aufmacht, damit ihm die Zähne geputzt werden können, kooperiert. Ein Kind, das sitzen bleibt, wenn ihm die Haare gekämmt werden, kooperiert. Ein Kind, das sich im Fahrrad oder Buggy anschnallen lässt, kooperiert. Ein Kind, das liegen bleibt, damit ihm die Windel gewechselt werden kann, kooperiert. Jeder von uns könnte wahrscheinlich Hunderte solcher Beispiele anführen: Kinder kooperieren tagtäglich unglaublich oft, doch weil das für uns Große selbstverständliche Dinge sind, dringt diese Art der Mitarbeit nicht in unser Bewusstsein vor. Wir Erwachsenen müssen deshalb unseren Blick schärfen für die Bemühungen unserer Kinder, mit uns zusammenzuarbeiten. Das wird vielleicht eine der schwersten Übungen sein, die wir je versucht haben, aber es ist unglaublich wichtig.

Es erfordert erhöhte Aufmerksamkeit und Achtsamkeit, um die von unserem Gehirn ignorierten »normalen« positiven Verhaltensweisen des Kindes zu sehen. Elena zum Beispiel hatte nicht erkannt, dass Lillian ja ihren Teil der Abmachung aus ihrer Sicht schon erfüllt hatte. Und es gab noch andere Anzeichen für ihre Kooperationsbereitschaft. Lillian hatte im Bad ihre Zahnbürste in der Hand und die Zahnpastatube aufgeschraubt. Das bedeutet, sie hatte zumindest angefangen, das zu tun, was Elena von ihr wollte. Vielleicht hätte sie sogar noch angefangen zu putzen, vielleicht war sie aber auch zu wütend, weil sie es unfair fand, dass ihre Mutter nicht erkannt hatte, dass sie sich zwei Stunden lang selbst beschäftigt hatte. Statt Lillian anzumeckern, weil sie noch nicht mit dem Putzen begonnen hatte, hätte Elena zurückmelden können, dass sie registriert hat, dass ihre Tochter im Begriff war, es zu tun:

»Ah, ich sehe, du hast deine Bürste schon in der Hand. Das ist gut, dass du schon angefangen hast. Die Tube hast du auch schon aufgeschraubt. Dann kann es ja gleich losgehen. Soll ich dir vielleicht helfen?«

Auch beim Anziehen hatte Elena einen defizitorientierten Blick. Immerhin hatte Lillian schon den Schlafanzug ausgezogen, das heißt sie hatte den Willen gezeigt, sich erst aus- und dann anzuziehen. Nun war ihre Laune aufgrund des Missverständnisses mit der Mutter nicht die beste – das zeigte sich daran, dass »die doofen Socken« nicht so passen wollten, wie Lillian es wollte. Aber immerhin hatte sie ganze sechs Paar Socken ausprobiert. Auch daran erkennt man, dass das Mädchen durchaus kooperieren wollte. Hätte die Mutter ihren Blick darauf gerichtet und der Tochter zurückgemeldet, dass sie ihren Kooperationswillen sieht und anerkennt, wäre die Laune des Mädchens vielleicht besser geworden und sie hätte sich möglicherweise nicht so stark gegen Elenas Wünsche gesperrt. Mit etwas Hilfe beim Anziehen wäre das Mädchen vielleicht sogar bereit gewesen, sich noch einmal für eine Weile allein zu beschäftigen, während ihre Mutter das wichtige Telefonat führt.

Die Rückmeldung an unser Kind, dass wir gesehen haben, dass es kooperiert oder kooperieren wollte, ist immens wichtig, weil es zeigt, dass wir ihm gegenüber aufmerksam sind. Es macht das Kind glücklich und füllt seinen Liebeskessel. Außerdem bildet es die Grundlage für eine achtsame Beziehung zwischen zwei Menschen. Solche Rückmeldungen funktionieren sehr einfach: Unterhalten sich zwei Erwachsene und ein Kind platzt mit einer Frage dazwischen, wartet dann aber, nachdem wir es darum gebeten haben, das Ende des Gesprächs ab, könnte unsere erste Reaktion, wenn wir fertig sind und uns dem Kind zuwenden, ein freundliches »Danke fürs Warten« sein. Krakeelt ein Kind übermütig am Esstisch herum und wir mahnen: »Nicht so laut!«, und das Kind krakeelt danach wirklich etwas leiser weiter, dann sollten wir das unbedingt erwähnen: »O. k., das war jetzt wirklich etwas leiser.« Es ist dabei egal, dass das Kind nicht gänzlich verstummt ist, wie wir vermutlich hofften – wichtig ist, zu bemerken, dass das Kind kooperiert hat: Es war nicht mehr so laut wie vorher.

Unser Ziel sollte sein, die vielen Kooperationsbemühungen unserer Kinder zu erkennen. Die Wertschätzung von uns Eltern für ihr Tun macht sie glücklich und zufrieden. Je öfter wir sehen und auch zurückmelden, dass wir erkennen, dass unsere Kinder kooperieren, desto aufgeschlossener werden diese für unsere Wünsche, wenn die Situation verlangt, dass sie funktionieren.

Es ist entscheidend, die Kooperation nicht zu loben, sondern nur positiv wahrzunehmen, und ja, da gibt es einen kleinen, aber feinen Unterschied. Ein freundliches Kopfnicken oder ein Lächeln sind kein Lob, sehr wohl aber eine Rückmeldung, dass das Kind sich gesellschaftsadäquat verhalten hat. Wird ein Kind in einer solchen Situation jedoch überschwänglich gelobt, vermittelt der Erwachsene unbewusst, dass dieses kindliche, kooperativ-gesellschaftsadäquate Verhalten irgendwie unerwartet war. Im Umkehrschluss bedeutet das, dass der Erwachsene eigentlich egoistisches und antisoziales Verhalten erwartet hatte. Womit wir bei unserem vierten Punkt angelangt sind, warum unsere Kinder scheinbar nicht kooperieren.

Ruben: Die Macht unserer inneren Erwartungshaltung

Die Macht der inneren Erwartungshaltung ist Ihnen vielleicht schon unter dem Stichwort »selbsterfüllende Prophezeiung« begegnet. Grob erklärt ist es so, dass die innere Erwartungshaltung der Eltern gegenüber dem Kind unterschwellig, aber so mächtig wirkt, dass sich ihr Kind in die von den Eltern erwartete Richtung entwickelt. Maßgebliche Verursacher dieses Phänomens sind die Spiegelneuronen, die in jedem menschlichen Gehirn vorhanden sind.

»Da sie die Programme für vollständige Handlungssequenzen enthalten, [...] ermöglichen Spiegelneuronen in jeder gegebenen Situation des Alltags eine intuitive Einschätzung [...], wie sich eine Situation weiterentwickeln wird. Spiegelneuronen vermitteln spontane und intuitive Informationen darüber, welche typischen weiteren Sequenzen zu den jeweiligen Signalen gehören, die wir gerade empfangen.«[33]

Empfängt das Kind also immer wieder Signale von den Eltern, die ihm unterbewusst spiegeln, dass sie nichts Gutes von ihm erwarten, aktivieren diese Signale in seinem Gehirn unbewusste Handlungssequenzen. Sehr vereinfacht gesagt: Seine Spiegelneuronen empfangen die Botschaft, dass die Eltern von ihm Unfug erwarten, und bereiten die Handlungsneuronen deshalb darauf vor, diesen Unfug in der Realität auszuführen.

Vor einiger Zeit war ich Beobachterin einer Szene auf dem Spielplatz, in der eine Mutter sehr eindrücklich demonstrierte, wie selbsterfüllende Prophezeiungen funktionieren.

Sie kam mit ihrem etwa zweieinhalbjährigen Sohn und einer Freundin, ebenfalls mit kleinem Kind. Das Erste, was sie tat, war, sich am Spielplatzrand vor ihren Sohn zu hocken und zu sagen: »Ruben, wenn du nicht lieb spielst, gehen wir gleich wieder nach Hause!« Ihr Sohn nickte brav und trottete davon. Seine Mutter setzte sich auf die Bank und begann, sich mit ihrer Freundin zu unterhalten.

Ruben stellte sich an der übervollen Rutsche an und wartete geduldig ab, bis er endlich fast ganz oben angelangt war. Vor ihm saß nur noch ein etwa dreijähriges Mädchen, das sich in dem Moment jedoch nicht traute, hinunterzurutschen. Ruben wartete noch etwa eine Minute, dann begann er sanft (!), das Mädchen am

Rücken nach vorn zu drücken. Es war klar, dass er sagen wollte: »Nun rutsch endlich, ich will auch mal.« Er schubste sie dabei nicht die Rutsche hinunter, sondern hatte ihr mit der Geste nur bedeutet, dass hinter ihr noch andere Kinder warten, die auch rutschen wollen. Das Mädchen fing laut an zu weinen und rutschte schließlich hinunter. Weil sie dabei so laut war, schaute Rubens Mutter zur Rutsche, sah das weinende Mädchen unten und ihren Sohn oben. Ihre Schlussfolgerung war, dass Ruben schuld am Weinen des Mädchens war. Sie hatte es zwar nicht beobachtet und im Prinzip hatte sie ja auch recht mit ihrer Annahme, aber eben nicht so, wie sie es sich dachte.

Laut rief sie: »Ruben! Komm mal ganz schnell hierher!« Ihr Sohn kam freudestrahlend auf sie zugerannt und wurde sofort drohend gefragt: »Hast du das Mädchen geschubst?« Er guckte verwirrt und war anscheinend sprachlich noch nicht so fit, dass ihm eine Antwort einfiel. Die Mutter fuhr fort: »Freundchen, ich habe dir gesagt, wir gehen sofort nach Hause, wenn du andere Kinder ärgerst. Du sollst lieb sein!« Ruben nickte und dackelte wieder ab.

Ich beobachtete ihn weiter. Er rannte über den Spielplatz und sah einen tollen, pinkfarbenen Roller. Dieser gehörte einem 5-jährigen Mädchen. Es erkannte das Interesse in Rubens Augen, sprach ihn an und hielt ihm dabei den Roller hin: »Willst du mal rollern?« Ruben schaute das Mädchen fragend an, dann griff er langsam nach dem Lenker. Blitzschnell zog das Mädchen ihn wieder weg und lachte. Ruben blickte es wieder fragend an, ich denke, er verstand das Spiel nicht. Das Mädchen hielt ihm den Roller wieder hin und fragte: »Willst du rollern?« Diesmal antwortete Ruben sogar, er sagte »Ja« und griff nach dem Roller. Natürlich zog das Mädchen den Roller wieder weg. Doch diesmal nicht schnell genug, Ruben machte ein paar weitere Schritte auf den Roller zu und schon hatte er den Lenker in der Hand. Damit hatte das große Mädchen nicht gerechnet, sie schrie erbost auf: »Das ist MEIN ROLLER!« In diesem Augenblick blickte Rubens Mutter von ihrem Gespräch auf und sah ihren Sohn, der einem Mädchen vermeintlich den Roller weggenommen hatte. Erbost sprang sie auf, zog ihn am Arm zum Ausgang des Spielplatzes und schimpfte dabei: »Nun hab ich aber genug! Immer ärgerst du andere auf dem Spielplatz! Jetzt gehen wir nach Hause!«

Dies ist ein wirklich eindrucksvolles Beispiel für sich selbst erfüllende Prophezeiungen. Rubens Mutter hatte sich unbewusst so verhalten, dass ihre Erwartungshaltung, das Verhalten ihres Sohnes betreffend, voll erfüllt wurde. Sie schaute nämlich unglücklicherweise immer so spät zu Ruben, dass sie nur noch das Ende der Konfliktsituation sehen konnte, nicht aber, wie es dazu gekommen war: Die Mädchen weinten, während Ruben danebenstand. Das, was sie sah, bestätigte sie in ihrer Vermutung, Ruben würde alle »immer nur ärgern«.

Man kann mit relativer Sicherheit sagen, dass der kleine Junge in beiden Fällen nicht verstanden hat, warum er von seiner Mutter ausgeschimpft wurde. Es wird sich jedoch in seinem Gehirn festsetzen, dass er irgendwie ein »böser« Junge ist, denn so bekommt er es permanent von seiner wichtigsten Bindungsperson zurückgemeldet. Dabei hatte sich Ruben aus meiner Sicht sozial, kooperativ und altersadäquat verhalten. Er hatte beispielsweise sehr geduldig an der Rutsche abgewartet, bis er dran war, und sich angestellt, ohne zu drängeln. Das hätte man ihm positiv zurückmelden können. Er war mit dem nicht rutschenden Mädchen sehr sanft umgegangen, auch das wäre eine positive Rückmeldung wert gewesen. Er stürmte sofort zu seiner Mutter, als diese ihn rief. Es gab wirklich viele kleine Dinge, bei denen Ruben kooperiert hatte, doch seine Mutter übersah diese, weil sie einen zu negativ eingestellten Blick auf ihren Sohn hatte.

Es ist zu befürchten, dass Rubens Selbstbild durch die Macht der inneren Erwartungshaltung der anderen in diese negative

Richtung geprägt wird, wenn sich der Blick seiner Mutter auf ihn künftig nicht ändert.

Wir wollen an dieser Stelle nicht missverstanden werden: Unser Beispiel zeigt nur einen sehr kleinen Ausschnitt aus dem Leben Rubens und seiner Mutter und es kann durchaus sein, dass dies eine ungewöhnlich schiefgelaufene Situation war und die Mutter normalerweise anders auf ihren Sohn achtet. Wir haben dieses Beispiel nur ausgewählt, weil es die Macht der inneren Erwartungshaltung so trefflich demonstriert. Irgendwann sind Kinder wie Ruben nämlich nicht mehr so unschuldig, wie in dieser Geschichte, sondern sie ärgern andere wirklich gezielt, einfach, weil sie mittlerweile wirklich denken, dass sie »böse« sind. Es wurde ihnen zu oft von den sie umgebenden Erwachsenen zurückgemeldet. Sie haben sich und ihr Verhalten daraufhin an den negativen Blick der Erwachsenen angepasst – sie haben, auch in dieser Hinsicht, kooperiert.

Wenn die Gesellschaft Kinder vorschnell verurteilt

Auch gesellschaftlich etablierte Bilder von Kindern wirken machtvoll. Kinder, die von der Gesellschaft als störend, laut und ungezogen gesehen werden, denen man durch Erziehung die richtige Richtung weisen muss, weil sie sonst zu Tyrannen mutieren, werden in der Tat schwieriger als solche, die in einer Umgebung aufwachsen, in der Kinderlärm als normal angesehen wird und in der die Haltung vorherrschend ist, dass Kinder per se gut sind, und die Reaktion, die sie zeigen, die beste ist, die sie in diesem Augenblick zeigen können.

Die Erwartungshaltung der Erwachsenen in unseren zivilisierten Gesellschaften, dass Kinder jeden Moment »etwas anstellen« könnten oder auch dass ihnen etwas zustoßen könnte, wirkt stärker auf den Nachwuchs als alles, was die Großen ihnen sagen. Ein Kind lässt sich nicht einreden, dass wir Eltern ihm vertrauen, wenn eigentlich das Gegenteil der Fall ist.

Im Gegensatz dazu werden Kinder, von denen ganz selbstverständlich angenommen wird, dass sie sich sozial verhalten, sich tatsächlich auch in diese Richtung entwickeln. Auch hier wirkt die Macht der inneren Erwartungshaltung – allerdings eben in eine andere Richtung. Die Autorin Jean Liedloff lebte einige Jahre in völliger Abgeschiedenheit beim Stamm der Yequana, die einen solch positiven Blick auf Kinder haben. Sie kommt zu dem Schluss:

»Ein gesundes […] Kind verfügt über eine funktionierende Reihe von angeborenen Tendenzen, das Passende zu tun, wie z. B. nachahmen, erforschen, prüfen, sich und andere nicht verletzen, hereinkommen, wenn es regnet, angenehme Laute von sich geben und ein freundliches Gesicht machen, wenn sich andere Menschen richtig verhalten, auf Zeichen von jüngeren Kindern zu reagieren usw. Ein Kind hingegen, […] von dem man gemeinschaftsfeindliches Verhalten erwartet, kann gegen sein angeborenes Gefühl für Richtigkeit in dem gleichen Maße verstoßen, indem man gegen seine Bedürfnisse und seine Empfindlichkeit für die Erwartungen anderer verstoßen hat. Die gängigen Mittel von Lob und Tadel sind absolut zerstörerisch gegenüber den Motiven von Kindern, besonders der kleinsten. Wenn das Kind etwas Nützliches tut, wie sich selbst anziehen oder den Hund füttern, ein Sträußchen Feldblumen hereinbringen oder aus einem Tonklumpen einen Aschenbecher machen, so kann nichts entmutigender sein als ein Ausdruck der Überraschung darüber, dass es sich sozial verhalten hat: ›Oh, was für ein liebes Mädchen!‹, ›Seht mal, was Stefanie ganz alleine gemacht hat!‹ und ähnliche Ausrufe deuten an, dass soziales Verhalten bei dem Kind unerwartet, uncharakteristisch und ungewöhnlich ist. Sein Verstand mag sich darüber freuen, doch sein Gefühl wird voll Unbehagen darüber sein, dass es gegenüber dem von ihm Erwarteten, dem, was es zu einem wahren Bestandteil seiner Kultur, seines Stammes, seiner Familie macht, versagt hat.«[34]

Wird ein Kind öfter für eigentlich normales soziales Verhalten gelobt, dann verstärkt sich sein Unbehagen und es wird seine natürlichen Tendenzen zur Kooperation und zum Sozialtrieb verringern, da es unbewusst registriert, dass die Erwachsenen eigentlich eine andere Erwartungshaltung haben. Für die Yequana ist klar, dass ein jedes Mitglied des Stammes – egal welchen Alters – ganz selbstverständlich alles dafür tun wird, dass es der Gemeinschaft gut geht. Jedoch wird niemand dazu gezwungen, etwas zu tun, das nicht seinen Neigungen entspricht, auch Kinder nicht.

»Einem Kind werden keine Befehle erteilt, die seinen eigenen Neigungen, wie es spielen, wie viel es essen, wann es schlafen möchte etc., zuwiderlaufen. Wo jedoch seine Hilfe benötigt wird, erwartet man von ihm, dass es auf der Stelle Folge leistet. Befehle wie ›Bring mir Wasser!‹, ›Hack etwas Holz!‹, ›Reich mir das mal!‹ oder ›Gib dem Baby eine Banane!‹ werden aufgrund eben dieser Annahme eines angeborenen Gemeinschaftsgeistes erteilt, in der Gewissheit, dass ein Kind nützlich sein und an der Arbeit der Seinen teilnehmen möchte. Niemand überwacht, ob das Kind gehorcht – es besteht kein Zweifel an seinem Willen zur Zusammenarbeit. Als das ›soziale Tier‹, das es ist, tut es das von ihm Erwartete ohne Zögern und so gut es kann.«[35]

Das unbewusste Aberziehen von Kooperation

Und hier sind wir bei unserer fünften Überlegung angelangt – wir denken, dass westliche Eltern aus Unwissenheit und Bequemlichkeit ihren Kindern die Kooperation sehr früh regelrecht abgewöhnen. Wie Jean Liedloffs Beispiel der Yequana zeigt, scheint der Mensch tatsächlich von Geburt an kooperieren und sich in die

Gemeinschaft einordnen zu wollen. Was geht denn da nur bei den Kindern in unserer Gesellschaft schief?

Kooperation versus Konkurrenz

Es gibt eine Untersuchung des Center for Infant Cognition der Universität British Columbia (Vancouver), in der Babys im Alter von sechs Monaten eine Art Puppentheater-Szene vorgespielt wurde, in der ein roter Kreis versucht, einen Berg hinaufzurollen, es aber allein nicht schafft. Er rollt immer wieder herunter. Dann kommt ein gelbes Dreieck hinzu, das von unten schiebt, sodass der Kreis es mit seiner Hilfe auf den Berg hinaufschafft. Sichtlich erfreut hüpft der rote Kreis auf und ab, als er am Ziel angelangt ist. In einer anderen Sequenz erscheint statt des Dreiecks ein blaues Quadrat, das schon auf dem Berg steht und den Kreis von oben so drückt, dass dieser wieder herunterrollt.

Im Anschluss an diese Szenen wurden den Babys sowohl das Quadrat als auch das Dreieck hingelegt. 99 Prozent der Babys griffen zum helfenden Dreieck, was die Forscher zu der Vermutung führte, dass dem Menschen der Wunsch zur Kooperation angeboren ist.

Das Experiment ging noch weiter – nach weiteren sechs Monaten, also im Alter von einem Jahr, wurden die gleichen Kinder noch einmal eingeladen und wieder wurden ihnen die Sequenzen mit dem Kreis, dem Quadrat und dem Dreieck vorgespielt. Diesmal griffen nur noch rund 80 Prozent der Kinder zum hilfsbereiten Dreieck, etwa 20 Prozent nahmen sich das Quadrat, das den Kreis vom Berg gestoßen hatte.

Was war in der Zwischenzeit passiert? Diese Kinder hatten in den letzten Monaten in der Gesellschaft oder ihrer Familie beobachtet, dass Wettbewerb zu mehr Erfolg führt als Kooperation. Das wettbewerbsorientierte Quadrat war als »Sieger« aus der Sequenz hervorgegangen und die Einjährigen wollten lieber mit diesem Siegertypen spielen.

»Am Anfang haben sie sich alle mit diesem Unterstützer identifiziert. [Konkurrenz] kann also gar nicht genetisch sein, sondern muss eine Erfahrung sein, die diese Kinder in ihren jeweiligen Familien gemacht haben. Es gab da irgendjemanden, der sich sehr erfolgreich auf Kosten der anderen durchgesetzt hat – und die Kinder wären bescheuert, wenn sie sich nicht mit dem identifizieren würden, der erfolgreich durchs Leben kommt! Wenn also Kinder andere wegschieben, wenn Kinder versuchen, sich auf Kosten anderer durchzusetzen, dann liegt das nicht am Gehirn dieser Kinder, auch nicht an ihren Erbanlagen, sondern es liegt an uns, dass wir es ihnen so vorleben. Und wenn sich das ändern soll, dann müssen wir nicht versuchen, die Kinder zu ändern, sondern die Art und Weise, wie wir zusammenleben und miteinander umgehen.«[36]

Unsere Welt ist in einem hohen Maße auf Wettbewerb ausgelegt. Kinder werden ebenso wie Erwachsene dazu angehalten, schneller, höher, weiter zu streben. In der Schule wird benotet, im Sport gibt es Medaillen, im Beruf bekommt man Prämien für gute Arbeit. Schon Babys werden verglichen und in Normkurven eingeordnet, auch wenn ihnen das noch nicht bewusst ist. Sind sie zu klein oder zu groß, zu dick oder zu dünn, motorisch langsam oder sprachlich verzögert, bekommen sie einen Eintrag in ihr U-Heft und werden ab diesem Zeitpunkt genauer beobachtet.

So werden Kinder quasi von Geburt an auf das Bestehen in der Marktwirtschaft getrimmt. Nicht ihr eigenes Tempo und ihre Vorlieben bestimmen ihren spielerischen Arbeitsplan, sondern die Förderung von Kompetenzen, die ihnen später nützlich sein könnten. Sie nehmen überall wahr, dass Kooperation zwar offiziell erwünscht ist, inoffiziell aber immer der schnellste Sprinter, der harmonischste Sänger oder der klügste Aufgabenrechner die größte Beachtung erhält. Kein Wunder, dass sie schon im Kindergartenalter anfangen, sich eher miteinander zu messen, als sich Aufgaben zu suchen, die nur gemeinsam gelöst werden können. So entsteht schnell der Eindruck, das Konkurrenzstreben sei unseren Kindern in die Wiege gelegt, doch das ist falsch. Unsere Gesellschaft fördert schlicht dieses antisoziale Verhalten. Neurobiologe Gerald Hüther stellt fest, es sei »die größte Irrlehre, die je auf dieser Erde verbreitet wurde«, dass »Konkurrenz notwendig ist für die Weiterentwicklung«. Im Gegenteil, so findet er, braucht Weiterentwicklung immer Begegnung und Austausch. Das sei nicht nur bei den Menschen zu beobachten, sondern schon beim Ursprung des Lebens, nämlich, wenn Bakterien Erbinformationen austauschen. Ein Mensch kann sich nur dann wirklich weiterentwickeln, wenn ihm ein anderer etwas zeigt, das er lernen kann. Eine neue Methode zur Mammutjagd, den Anbau von Weizen, Lesen und Schreiben oder die Bedienung eines Hochleistungscomputers. Durch Konkurrenz würde der Mensch sich zwar spezialisieren und immer höher und weiter streben, aber das habe nichts mit echter Weiterentwicklung zu tun.[37]

Wenn wir noch einmal mit Jean Liedloff den Blick auf sogenannte Naturvölker werfen, sehen wir, dass die Kinder dort in ihrem tagtäglichen Erleben vorwiegend mit Kooperation konfrontiert werden. Das spiegelt sich dann auch in ihrem Verhalten wider:

»Ich war Zeugin der ersten Augenblicke im Arbeitsleben eines kleinen Mädchens. Die Kleine war ungefähr zwei Jahre alt. Ich hatte sie bei den Frauen und Mädchen gesehen; während diese Maniok in einen Trog rieben, spielte sie. Jetzt nahm sie ein Stück Maniok vom Haufen und rieb es an dem Reibholz eines Mädchens in ihrer Nähe. Das Stück war zu groß; sie ließ es bei dem Versuch, es über das raue Brett zu führen, mehrmals fallen. Von ihrer Nachbarin erhielt sie ein liebevolles Lächeln und ein kleineres Stück Maniok und ihre Mutter, auf das Auftauchen des unvermeidlichen Impulses schon vorbereitet, reichte ihr ein winziges Reibholz für sich allein.

Das kleine Mädchen hatte die Frauen beim Reiben gesehen, solange es zurückdenken konnte, und so rieb es sofort das Klümpchen an seinem Reibebrett auf und ab wie die anderen. In weniger als einer Minute verlor es das Interesse und rannte weg; ohne dass das Maniokstück merklich kleiner geworden wäre, wobei es sein kleines Reibholz im Trog ließ. Niemand gab ihm zu verstehen, dass seine Geste komisch oder eine ›Überraschung‹ sei; in der Tat erwarteten die Frauen sie früher oder später; sind sie doch alle vertraut mit der Tatsache, dass Kinder an der jeweiligen Kultur teilnehmen, wenngleich dabei Methode und Tempo von Kräften in ihnen selbst bestimmt werden. Es steht außer Frage, dass das Endergebnis im Einklang mit der Gesellschaft stehen und auf Zusammenarbeit und völliger Freiwilligkeit beruhen wird.«[38]

Leider steht die Überzeugung, dass Kinder über einen angeborenen Sozialtrieb verfügen, im direkten Gegensatz zur allgemeinen Überzeugung der zivilisierten westlichen Welt, dass soziales Verhalten anerzogen werden muss. Schon allein die simple Frage, ob ein Kind allein durch das Vorbild der Eltern lernt, »Bitte« und »Danke« zu sagen, oder ob es darauf immer wieder hingewiesen werden muss, beispielsweise durch ein »Wie sagt man?« oder »Wie heißt das Zauberwort?«, führt unter Eltern zu einem erbitterten Glaubenskampf.

Die Annahme vieler Erwachsener ist, dass Kinder egozentrisch denken und daher durch liebevolle Triebbändigung für die Gesellschaft akzeptabel gemacht werden müssen. Und hier kommt dann auch wieder Punkt 4 unserer Ausführungen ins Spiel – die Macht der Erwartungshaltung der Erwachsenen. Da in unserer Gesellschaft immer noch ein defizitorientiertes Bild von Kindern vorherrscht und das gesamte Umfeld auf Konkurrenzdenken aufgebaut ist, entwickeln unsere Kinder ganz automatisch antisoziale Tendenzen. Selbst wenn Eltern versuchen, dem gegenzusteuern, bleibt immer noch der starke Einfluss der übrigen Umgebung, dem wir uns nur schwerlich entziehen können. Da es unmöglich ist, dass wir alle zu den Yequana ziehen, müssen Eltern und Kinder mit der Gesellschaft leben, in die wir hineingeboren werden. Wir können aber mit unseren begrenzten Mitteln versuchen, diese Gesellschaft vielleicht ein kleines Stück zu verändern. Vielleicht schaffen wir es, dass wir mit jeder Generation von Kindern, die ein wenig freier und selbstbestimmter aufwächst als die vorherige, wieder zurückzufinden zu unseren gemeinschaftlichen, kooperativen Ursprüngen.

»Dafür bist du noch zu klein«

Nicht nur der sie umgebende Wettbewerb gewöhnt Kindern die Kooperation ab, es sind auch die Eltern selbst, allerdings tun diese das meist unbewusst. Es ist Kindern ein angeborener Wunsch, ja, sogar eine Überlebensstrategie, die Menschen in ihrer Umgebung zu imitieren. »Schuld« daran sind die Spiegelneuronen in unserem Gehirn, die uns dazu veranlassen, ganz genau zu beobachten, wie unsere unmittelbaren Bezugspersonen handeln. Da diese bisher überlebt haben, scheint es evolutionsbiologisch sinnvoll, ebenso zu handeln. Doch leider trauen wir Erwachsenen unseren Kindern bestimmte Dinge oft einfach noch nicht zu. Manchmal dauert es uns auch einfach zu lange, wenn ein Kind etwas ausprobiert, und wir nehmen ihm diese Aufgabe dann aus Zeitmangel wieder ab. Will ein Einjähriger, der gerade zu laufen gelernt hat, ein Glas vom Wohnzimmer in die Küche bringen, nehmen seine Eltern es ihm meist aus der Hand, aus Angst, es könnte herunterfallen und er sich schneiden. Möchte ein Zweijähriger uns beim Wischen des Bades helfen, ist das der Mutter oder dem Vater meist nicht recht, denn seine Hilfe macht den Großen aller Wahrscheinlichkeit noch mehr Arbeit und wer will das schon. Will sich ein Dreijähriger morgens allein die Jacke anziehen und den Reißverschluss zumachen, die

Zeit drängt aber, dann machen seine Eltern das meist schnell an seiner Stelle, einfach, weil sie nicht zu spät kommen wollen. Wenn man sich genau umsieht, erkennt man viele kleine Situationen, die sich im Einzelfall vielleicht noch nicht negativ auswirken. Nimmt man dem Einjährigen aber wieder und wieder das Glas ab, weil doch »etwas passieren« könnte, stutzt man durch Überfürsorge und Bequemlichkeit das natürliche Kooperationsbestreben des Kindes. Da ist es dann wenig verwunderlich, wenn das gleiche Kind mit fünf Jahren nicht beim Abräumen des Abendbrottisches helfen will.

Die wichtigste Maßnahme, um die Kooperation seiner Kinder zu fördern, ist also, sie ihnen gar nicht erst abzugewöhnen. Alles, was ein Kind allein machen möchte, sollte es tun dürfen. Vertrauen wir unseren Kindern und nehmen wir uns im Alltag ein wenig mehr Zeit, dann legen wir auf einfachste Art und Weise den besten Grundstein für Kooperation. Und werden staunen, was ein Kleinkind alles schon kann.

Trotzdem: Autonomie fördern

Den Kooperationswillen bestärken – wie geht das?

Die Wertschätzung ihrer Bemühungen motiviert Kinder und macht sie glücklich, deshalb ist es sehr wichtig, jede noch so kleine Kooperation von Kindern zu sehen und kurz zu bestätigen, wie wir an anderer Stelle schon beschrieben haben. Doch ist es gar nicht so leicht, Kinder quasi beim »Gutsein« zu »erwischen«, weil unser Gehirn nicht darauf trainiert ist, scheinbar Normales als positiv zu registrieren. Die Erzieherin Gerlinde, 56, schildert uns, bei welchem ihrer Kindergartenkinder ihr das besonders schwerfällt:

Ich habe einen kleinen Jungen in meiner Kindergartengruppe. Nennen wir ihn Matti. Er ist drei Jahre alt und ein sehr wütender kleiner Kerl. Bestimmt würde ihm das »Beim-Gut-Sein-Erwischen« guttun, aber ehrlich gesagt wüsste ich gar nicht, wann ich ihm mal was Positives zurückmelden kann. Er ist eigentlich immer nur am Ausflippen. Gestern war ein ganz typischer Tag mit Matti. Er war irgendwie schon schlecht drauf, als er von seinem Vater abgegeben wurde. Wir sind ein sportbetonter Kindergarten, das heißt, wir sind oft in der Sporthalle und spielen Spiele. Gestern wollten wir gleich morgens zum Sport, Matti sollte sich also seine Sportsachen anziehen, was er auch tat. In der Sporthalle versammelten sich dann alle Kinder, stellten sich in einer Reihe auf und wurden langsam leiser, weil ich das Spiel

erklären wollte. Ich wollte mit ihnen ein Abwurfspiel mit zwei Mannschaften und einem Ball spielen. Matti wollte gern wählen, aber ich habe zwei andere Kinder drangenommen. Da war er schon sehr bockig, stampfte mit dem Fuß auf und jammerte. Dann fingen wir an zu spielen, und zunächst war eigentlich alles gut und er hatte Spaß. Dummerweise bekam er dann den Ball mitten ins Gesicht gepfeffert. Das hat bestimmt wehgetan, obwohl es extra ein Softball war. Da ist er völlig ausgeflippt. Er sauste zur Bank, die die Mitte zwischen den Spielfeldern markierte und kippte sie mit all seiner wütenden Kraft um. Das war echt gefährlich! Dann rannte er ganz nah laut schreiend an allen Kindern vorbei, an einem nach dem anderen. Ich hatte echt Angst, dass er sie jetzt hauen würde. Danach lief er an den Rand der Halle und trat mit dem Fuß gegen die Wand und heulte und schrie wie am Spieß. Ich wollte ihn eigentlich trösten, aber er ließ mich gar nicht an sich heran. Wo genau hätte ich ihm denn an diesem speziellen Morgen eine positive Rückmeldung geben können? Ich war eigentlich immer nur damit beschäftigt, ihn zu besänftigen oder die anderen Kinder vor ihm zu schützen.

Auf den ersten Blick könnte man meinen, dass es an diesem Morgen tatsächlich keine Möglichkeit gegeben hat, Matti für sein Verhalten positive Rückmeldung zu geben. Schaut man jedoch genauer hin, hat er aber doch kooperiert. Ziemlich oft sogar.

1. Er zog sich die Sportsachen an, als er darum gebeten wurde. (Kooperation)
2. Er stellte sich mit allen anderen Kindern in eine Reihe. (Kooperation)
3. Er wurde wie die anderen Kinder leiser, damit seine Erzieherin das Spiel erklären kann. (Kooperation)

4. Er hat es, wenn auch jammernd, ausgehalten, dass er nicht wählen durfte. (Frustrationstoleranz)
5. Er hat mit allen Kindern gemeinsam ein Spiel gespielt. (Kooperation)
6. Als er den Ball ins Gesicht bekam, ließ er seine Wut und seinen Schmerz nicht an dem verantwortlichen Kind aus, sondern an einem Objekt (der Bank). (Impulskontrolle)
7. Immer noch wütend, ist er zwar auf Kinder zugelaufen, hat sie aber nicht berührt oder ihnen wehgetan. (Impulskontrolle)
8. Er hat sich selbst aus der Situation genommen und ist an den Rand der Halle gelaufen, um dort seine Wut an der Wand auszulassen. (Strategie der Selbstberuhigung)

Insgesamt lässt sich also feststellen, dass Matti ein ziemlich kompetenter kleiner Junge ist, denn er hat trotz seiner berechtigten Wut niemanden angegriffen und sich gesellschaftsadäquate Ventile gesucht, um seine negativen Gefühle loszuwerden. Tatsächlich hat er für einen Dreijährigen sogar überdurchschnittlich sozial reagiert. Altersangemessen wäre nämlich gewesen, wenn er auf den Verursacher seines Schmerzes – das Kind, das ihm den Ball aus Versehen ins Gesicht warf – losgegangen wäre. Das wäre zwar ein gesellschaftlich nicht akzeptiertes Verhalten gewesen, aber normal für sein Alter und daher nicht besorgniserregend. Insofern hätte die Erzieherin durchaus etliche Möglichkeiten gehabt, Matti eine positive Rückmeldung zu seinen Kooperationsbemühungen zu geben. Wie die allermeisten von uns sollte sie ihr Gehirn besser trainieren, »gutes« Verhalten zu registrieren.

Marlene: Kooperation vorleben

Eltern vergessen es gern, aber Kooperation bedeutet nicht nur, dass die Kinder daran mitarbeiten, im Alltag die Ziele gemeinsam und ohne Streit zu erreichen, sondern auch, dass es vonseiten der Großen Zugeständnisse gibt. Wenn ich es morgens eilig habe und meine drei Kinder sich in Windeseile anziehen, damit wir pünktlich loskommen, dann haben sie ganz wunderbar kooperiert. Wir vier haben dann gemeinsam so zusammengearbeitet, dass mein Bedürfnis nach Pünktlichkeit erfüllt wird. Im Gegenzug muss ich aber auch auf die Bedürfnisse meiner Kinder achten. An diesem Punkt ernten wir bei Seminaren immer eifriges Kopfnicken – offenbar meinen viele Eltern, dass sie dies schon zur Genüge tun. Oft werden sie dann aber still und blass, wenn wir erklären, in welchem Ausmaß das kooperative Entgegenkommen der Eltern geschehen sollte. Denn den meisten wird an diesem Punkt klar, dass sie eben doch nicht so viel kooperieren, wie sie immer dachten. Katharina, 33, Mutter von drei Kindern, erzählt, wie sehr es ihr geholfen hat, sich auf den Kooperationswillen ihrer kleinen Tochter aktiv einzulassen:

Meine Tochter Marlene ist ein Jahr und vier Monate alt. Sie ist meine Kleinste. Ich glaube, ihr größtes Bedürfnis momentan – neben essen, schlafen und kuscheln – ist, dass wir ihr Nein akzeptieren. Es ist wirklich so, dass sie zu allem erst einmal Nein sagt. Ich weiß, dass das mit der Autonomiephase zusammenhängt und sie gerade entdeckt, dass sie einen anderen Willen

haben kann als ich. Wenn wir also morgens aufstehen, dann haben wir etwa eineinhalb Stunden Zeit, bis wir losmüssen zum Kindergarten. Als Erstes möchte ich ihr immer den Schlafanzug aus- und eine neue Windel anziehen, doch dazu sagt sie meist direkt Nein. Ich akzeptiere das und mache dann erst einmal etwas anderes. Ich bereite das Frühstück vor, helfe ihren beiden großen Schwestern oder packe meine Handtasche. Marlene ist unterdessen in der Wohnung unterwegs und spielt. Ab und zu gehe ich zu ihr und frage erneut nach. Meist nickt sie nach dem zweiten oder dritten Mal (etwa nach 20 Minuten) und ich kann ihr die neue Windel anziehen. Manchmal schickt sie mich aber auch dann noch einmal weg. Im Laufe des Morgens höre ich bestimmt fünfmal »Nein« von ihr. Was sie offenbar eigentlich sagen will, ist »Jetzt noch nicht«, das kann sie aber sprachlich noch nicht ausdrücken. Jedenfalls hört sie dann jedes Mal von mir »Ist gut, dann später«. Das Ganze macht mich nicht mehr nervös, weil ich weiß, dass es immer Momente gibt, in denen sie mir aktiv erlaubt, sie anzuziehen oder ihre Zähne zu putzen. Ich schaffe das also alles innerhalb dieser eineinhalb Stunden, aber eben auch, so glaube ich, weil ich so oft auf die Bedürfnisse aller drei Kinder höre. Ich habe wirklich das Gefühl, dass Marlene, je öfter ich ihr Nein akzeptiere, desto besser auf meine Wünsche eingeht. Ich möchte, dass sie lernt, dass ihr Nein etwas zählt, dass sie damit ihre persönliche Grenze wahren kann. Wenn ich schon als Mutter andauernd darüber hinweggehen würde, wie sollte sie dann verinnerlichen, dass später andere – ihr erster Freund vielleicht – unbedingt darauf zu hören haben?

Katharina stellt ihr eigenes Bedürfnis, nämlich Marlene zügig anzuziehen, immer wieder hintan, bis sie merkt, dass der Moment gekommen ist, an dem ihr Kind bereit ist, Ja statt Nein zu sagen.

Dann nutzt sie die Chance und zieht ihre Tochter an. Die Mutter weiß bereits aus der Erfahrung mit ihren älteren Kindern, dass ein Nein eines Kleinkindes selten kategorisch ist. Oft bedeutet es einfach nur »Jetzt nicht!«, »Hier nicht!«, »So nicht!« oder auch »Du nicht!«. Da wir Eltern selten wissen, welches dieser Neins unser Kind in diesem Augenblick meint, lohnt es sich, vorsichtig abzuklopfen, was helfen könnte.

Möchte das Kind vielleicht gerade nicht angezogen werden, weil es ins Spiel vertieft ist? Können wir Großen dann noch fünf Minuten warten? Oder können wir es mit dem Kompromiss, sein Spielzeug mitzunehmen, zur Kooperation bringen? Möchte es sich vielleicht hier nicht anziehen lassen, weil ihm zu warm ist? Kommt es, wenn wir anbieten, die Jacke im kühlen Treppenhaus anzuziehen? Oder möchte es gerade nicht von uns angezogen werden, aber seine Schwester dürfte es? Auf diese Weise ist es in vielen Fällen leicht, zu einer gütlichen Einigung zu gelangen.

Doch stellen wir uns vor, Katharina hätte zwar morgens eineinhalb Stunden Zeit, hätte ihre Tochter aber entweder gar nicht gefragt oder ihr Nein ignoriert und sie trotzdem ausgezogen und ihr die Windel gewechselt. Vermutlich hätte Marlene geweint und sich gewehrt, ihr diese Grenzüberschreitung allerdings hinterher sofort verziehen.

Mit diesem Handeln hätte Katharina aber die Chance verpasst, auf das Bedürfnis des Kindes Rücksicht zu nehmen. Indem sie das Nein des kleinen Mädchens berücksichtigte, hatte sie fünfmal die Möglichkeit, den Wunsch ihrer Tochter zu akzeptieren. Beim sechsten Mal sagte das Kind dann Ja. Hätte Katharina Marlene gleich frühmorgens gegen ihren Protest angezogen, wäre zwar das Bedürfnis der Mutter befriedigt worden, nicht aber das der Tochter. Die Mutter hätte dann vermutlich an anderer Stelle ihr »Nein« akzeptieren müssen, um zu dem wichtigen gleichberechtigten Geben und Nehmen innerhalb einer Kooperation zu kommen. Möglicherweise wäre das neue »Nein« des Kindes für die Mutter aber viel problematischer, zum Beispiel, wenn Marlene sich weigern würde, im Auto angeschnallt zu werden. Ein solches »Nein« dürfte sie gar nicht akzeptieren, das heißt, auch dort müsste sie über Marlenes Bedürfnis hinweggehen. Schnell ist man dann in einem Kreislauf gefangen, in dem das Kind viel gibt und die Eltern viel nehmen, aber selbst wenig geben. Die Kinder äußern ihr Unbehagen über dieses Ungleichgewicht, indem sie sich vermehrt verweigern. Nur wenn wir Eltern unsererseits genügend Kooperation vorleben, geben unsere Kinder ihre verweigernde Haltung auf.

Manchmal kommt es vor, dass Kinder auch beim sechsten Mal »Nein« sagen. Um das Bedürfnis der Eltern, pünktlich zur Arbeit zu kommen, zu erfüllen, müssen sie dann doch über das »Nein« ihres Kindes hinweggehen und es gegen seinen Willen anziehen. In diesem Fall wiegt das Bedürfnis der Eltern mehr als das des Kindes, nicht jedoch in den fünf Fällen davor. Dieses Szenario ist also anders als das protestbegleitete Anziehen gleich frühmorgens, weil das Kind immerhin vorher fünfmal seine Grenze wahren konnte, bevor sie beim sechsten Mal überschritten wurde. Das macht für ein Kind einen gewaltigen Unterschied!

Es ist natürlich gar nicht möglich, die Grenzen eines Kindes *immer* zu wahren, und das ist auch nicht das Ziel einer bedürfnisorientierten Erziehung. Oft genug gibt es äußere Umstände, die wir Erwachsenen nicht ändern können und denen sich alle unterordnen müssen. Trotz alledem sollten die Bedürfnisse aller Familienmitglieder im Rahmen des Möglichen gegeneinander aufgewogen werden. Wessen Bedürfnis wiegt in diesem speziellen Moment am schwersten? Auch die Allerkleinsten haben ein Recht darauf, dass ihre Bedürfnisse nicht übergangen werden. Christoph, 48, stellt selbstkritisch fest:

Ich habe neulich wieder gemerkt, dass ich immer noch viel zu oft »Nein« sage, obwohl mir ein »Ja« gar nicht wehtun würde. Nach der Kita zum Beispiel will meine Tochter Nihla (2,5) ganz oft nach Hause bummeln. Sie läuft wahnsinnig langsam, guckt sich hier einen Grashalm an, pflückt da ein Blatt ab und macht an jeder Pfütze halt. Manchmal läuft sie in eine völlig andere Richtung, und oft habe ich dann versucht, sie auf den »richtigen« Weg zurückzulotsen, weil ich dachte, wir müssen doch mal irgendwann zu Hause ankommen. Meist hat sie auf meine Versuche aber eher ärgerlich reagiert. Sie war traurig, wenn wir nicht ihren Weg gegangen sind, oder frustriert, wenn sie nicht zum zehnten Mal durch die Pfütze rennen durfte, obwohl sie Gummistiefel anhatte. Es kam dann oft zum Streit, und ich war genervt, dass sie nicht kooperiert hat. Nun habe ich darüber nachgedacht und festgestellt, dass wir an vier von fünf Tagen gar keinen Zeitdruck haben. Ich könnte sie eigentlich locker in ihrem Tempo und auf ihrem Weg gehen lassen. Ich war nur irgendwie die ganze Zeit darauf erpicht, möglichst schnell nach Hause zu kommen. Aber Sinn ergibt das nicht, denn ob ich zu Hause mit ihr spiele, bevor ich das Abendbrot zubereite, oder ob ich mich draußen mit ihr treiben lasse, bevor wir zum Abendbrot nach Hause gehen, ist ja eigentlich völlig egal. Also habe ich nun angefangen, ihr ihren Willen zu lassen, wenn man das so sagen kann. Und siehe da: Wir streiten uns nicht mehr, und an Tagen, an denen ich sage: »Hör mal, heute muss es schnell gehen, weil…«, kommt sie dann tatsächlich vollkommen problemlos mit.

Kinder lernen am besten durch das Vorleben von Werten. Ihre Kooperationsbereitschaft wird maßgeblich erhöht, wenn sie die Erfahrung machen, dass andere ihren eigenen Bedürfnissen und Wünschen gegenüber aufgeschlossen sind. Das zeigt auch eine Untersuchung an der John-Hopkins-Universität, bei der überprüft wurde, welchen Einfluss das elterliche Verhalten von Babys hat.[39] Die Forscher beobachteten, wie neun bis zwölf Monate alte Kinder auf die Bitten ihrer Eltern reagierten. Die höchste Kooperationsbereitschaft zeigten Kinder, deren Eltern im Alltag die kindlichen Signale aufmerksam aufnahmen und feinfühlig darauf reagierten. Je weniger die Eltern den Babys ihren Willen aufzwangen und je mehr sie auf Stimmungen und Wünsche des Kindes Rücksicht nahmen, desto häufiger waren die Kinder bereit, die Wünsche der Eltern zu erfüllen (wenn auch natürlich nicht jeden).

Bestimmen dagegen fast ausschließlich Mama und Papa über die kindlichen Belange, erzeugt das vor allem Frustration. Kinder, die sich machtlos fühlen, sind kaum geneigt, in einer Situation, die Kooperation erfordert, von ihren Wünschen Abstand zu nehmen und Kompromisse zu suchen, weil das für sie sonst auch niemand tut. Der beste Weg, die kindliche Kooperationbereitschaft kontinuierlich zu fördern, besteht darin, so oft wie möglich »Ja!« zu sagen, also eine »Ja«-Umgebung zu schaffen. Als mein Sohn Josua ein Jahr alt war, hatte er eine Phase, in der er jeden Tag seinen Regenschirm mitnehmen wollte. Wir brauchten ihn eigentlich nicht – es schien die meiste Zeit die Sonne. Aber er liebte den Schirm und irgendwann dachte ich: »Warum nicht?« Natürlich machte es mir mehr Arbeit – nach einigen Minuten musste ich den Schirm nämlich immer tragen. Ich hätte also durchaus aus Bequemlichkeit Nein sagen können, weil es für mich eine Einschränkung bedeutete. Manchmal tat ich das auch, meist dann, wenn ich selbst schon viel mitschleppen musste. Aber sehr oft nahmen wir den Schirm einfach mit und er war glücklich. Auch mit meiner Tochter hatte ich so manchen »Warum nicht?«-Moment. Einmal baute sich Carlotta aus flachen Holzbausteinen ein Bett auf dem Fußboden. Sie war etwa vier Jahre alt. Es sah sehr hart, kühl und unbequem aus, aber sie war so stolz auf ihr Bauwerk, dass sie darauf schlafen wollte. Es sprach eigentlich nichts dagegen, also ließ ich sie. Sie hielt es sage und schreibe drei Nächte auf ihrem Holzbett aus!

Manchmal sind Eltern verunsichert, ob sie ihrem Kind eine bestimmte Eigenwilligkeit wirklich erlauben sollten, beispielsweise, wenn ihr dreijähriges Kind zum Essen unterm Tisch sitzen möchte. Sie machen sich Sorgen, dass sich das irgendwie einbürgert und das Kind von da an immer und überall unter dem Tisch essen möchte. Diese Ängste sind jedoch unbegründet und nur Teil der Erbmasse unserer eigenen Erziehung. Eigentlich könnten Eltern entspannt mit solchen Situationen umgehen, wenn ihr Kopf sie nur lassen würde. Denn die Kinder *sehen ja,* dass niemand aus ihrer Familie unter dem Tisch sitzt. Ihre Spiegelneuronen nehmen sehr genau wahr, was die Erwachsenen tun. Die Kinder mögen ein momentanes Bedürfnis oder den Wunsch haben, unter dem Tisch zu essen, aber das Ziel eines jeden Kindes ist, sich seiner sozialen Umgebung anzupassen. Der Wunsch nach Individualität kommt erst viel später, nämlich in der Pubertät. Eltern können also ruhigen Gewissens davon ausgehen, dass solche Wünsche nur eine Phase sind. Ein Ausprobieren von Möglichkeiten, ein Experimentieren – Eltern brauchen sich dem nicht entgegenzustellen, denn es verschwindet von ganz allein wieder und hat keinerlei negativen Effekt.

Es ist also für alle viel entspannter, die Wünsche von Kindern nicht sofort abzulehnen, weil sie den Erwachsenen unsinnig erscheinen, sondern immer erst einmal zu fragen, was außer der eigenen Bequemlichkeit oder Pauschalurteilen wie »Das macht man doch nicht!« wirklich dagegen spricht.

Malik: Kooperation basiert auf Freiwilligkeit

Ein Mensch, der nur durch Druck dazu gebracht wird, mitzuarbeiten, kooperiert nicht, sondern gehorcht. Zwang hat in einer guten Beziehung nichts zu suchen. Weder in der Beziehung zum Partner noch in der Beziehung zu den Kindern. Wird diese Freiwilligkeit in irgendeiner Weise verletzt, kommt es zu Konflikten. Aaliyah, 21, hat diese Erfahrung mit ihrem kleinen Sohn gemacht:

Irgendwie habe ich ein Losgehproblem, wenn wir auf dem Spielplatz sind. Malik (2) spielt wirklich gern draußen. Ich habe mir schon angewöhnt, ihn ganz ausführlich verbal darauf vorzubereiten, dass wir gleich gehen. Ich sage ihm also in regelmäßigen Abständen, dass wir gleich losgehen oder dass er noch einmal rutschen darf und wir dann gehen. Doch das hilft überhaupt nicht. Ich habe noch nie erlebt, dass er freiwillig mitkommt. Wenn er dann einfach trotzig sitzen bleibt und weiterbuddelt, obwohl ich gesagt habe, dass ich jetzt losmöchte, bin ich schon genervt. Ich hebe ihn dann meist hoch und trage ihn vom Spielplatz weg. Lange kann ich das aber nicht mehr machen, denn er kreischt und windet sich, als ob ich ihn entführen würde! Den ganzen Weg lang versucht er, sich aalgleich aus meinem Griff zu befreien. Lasse ich ihn wieder auf den Boden, rennt er sofort zum Spielplatz zurück, also muss ich ihn fest an der Hand an-

fassen und zerre dann ein bockiges Kind nach Hause. Das muss doch irgendwie anders gehen. Wie machen das denn andere Eltern? Ich bereite ihn doch wirklich schon lange vorher darauf vor, dass wir bald gehen.

Obwohl Aaliyah das Gehen angekündigt hatte, kooperierte Malik scheinbar kein Stück. Woran liegt das? Wir vermuten, dass die Mutter ein bisschen zu ungeduldig war. Auch, wenn sie ihm schon mehrmals gesagt hat, dass sie in fünf, drei oder einer Minute gehen werden, muss sie ihm die Chance geben, noch kurz das zu beenden, was er tut. Denn wenn sie ihn einfach hochhebt, wenn er nicht sofort reagiert, übt sie Zwang aus. Es ist aber wichtig, Kindern Gelegenheit zu geben, *freiwillig* zu kooperieren. Die einfachste Art ist, sich vor das Kind zu stellen und zu sagen: »Malik, ich möchte jetzt losgehen«, und ihm die Arme entgegenzustrecken. Oft genug reicht das schon und das Kind kommt. Manchmal ist es aber noch nicht fertig. Vielleicht will es noch einen weiteren Stein in den Eimer legen oder eine weitere Schippe Sand verbauen – egal was, es ist jedenfalls noch nicht bereit. Dann wendet es sich ab und spielt einfach weiter. Für uns Eltern mag das unkooperativ wirken, aber das ist es eigentlich nicht. Ein erwachsener Freund würde, wenn wir ihm sagen, dass wir losgehen wollen, auch noch kurz das beenden, was er gerade tut. Vielleicht würde er den Text auf seinem Computer, an dem er gerade schrieb, noch schnell abspeichern. Oder er würde den letzten Schluck Kaffee in seiner Tasse austrinken. Möglicherweise würde er sich die Zeit nehmen, ein Lesezeichen an die Stelle im Buch zu legen, das er gerade las. Und dann würde er mitkommen. Der einzige Unterschied zwischen dem Erwachsenem und dem Kleinkind ist, dass unser Freund gelernt hat, uns ein Zeichen zu geben, dass er uns verstanden hat. Diese Rückmeldung geben Kleinkinder noch nicht, weil sie es noch nicht besser wissen.

Aaliyah sollte also kurz abwarten, nachdem sie ihrem Sohn gesagt hat, dass sie nun gehen möchte. Sie braucht aber keinen Druck auszuüben. Keinesfalls sollte sie sagen: »Wenn du jetzt nicht kommst, gehe ich allein.« Stattdessen könnte sie einen Moment warten und Malik, wenn nötig, nach einer Minute noch einmal erinnern. In der Regel dauert dieser Prozess nie mehr als fünf Minuten, dann würde er freiwillig aufstehen und sich ihr zuwenden – ohne Geschrei und Gezeter. Das Kind kämpft dann nicht den ganzen Nachhauseweg mit seiner Mutter, denn sie hat sein Mitkommen nicht erzwungen.

Manchmal gibt es natürlich Situationen, in denen man ein Kind einfach hochnehmen und wegtragen muss. Wenn wir im Bus zu spät bemerken, dass wir eigentlich aussteigen müssten und uns deshalb unser Kind schnappen, das gerade verträumt am Busfenster steht, dann ist das zwar eine Grenzüberschreitung, aber eine notwendige. Dass das Kind eine solche Behandlung mit Geschrei und Wut beantwortet, ist verständlich. Es hat sich sicherlich erschreckt. Die Aufgabe des Erwachsenen ist dann, es zu trösten. Auch in Gefahrensituationen, beispielsweise im Straßenverkehr, an offenen Fenstern oder bei Steckdosen dürfen wir Eltern jederzeit unsere beschützende Macht ausüben und unser Kind wegreißen, wenn es schnell gehen muss – körperliche Unversehrtheit geht selbstverständlich immer vor.

In anderen, ungefährlichen Situationen sollten wir aber immer bedenken, dass auch ein Kind eine eigenständige Persönlichkeit ist und als solche das grundlegende Recht haben sollte, selbst zu entscheiden, ob es kooperieren möchte oder nicht. Diese Freiwilligkeit gilt vor allem für Dinge, die den Persönlichkeitsbereich des Kindes betreffen.

Wir Eltern sollten unsere Kinder beispielsweise vorm Losgehen morgens nicht dazu anhalten, auf die Toilette zu gehen. Wir können sie aber darauf aufmerksam machen, dass wir eine längere Zeit mit der Bahn fahren und es dort keine Toilette geben wird. Wir müssen ihnen keine Vorgaben machen, wie viel sie essen sollten. Wir sollten aber darauf achten, dass das Essen, das wir anbieten, gesund und ausgewogen ist. Wir Eltern mögen auch in weiser Voraussicht wissen, dass unseren Kindern ohne Jacke draußen kalt werden wird, wir sollten sie aber trotzdem nicht zwingen, eine anzuziehen. Es ist ihr Körper, und sie müssen durch eigene Erfahrung lernen, entsprechend mit ihm umzugehen. Sie müssen Eigenverantwortung übernehmen und wir Eltern müssen ihnen vertrauen. Erst wenn sie selbst erlebt haben, dass eine Jacke vor Kälte und im Endeffekt vor Krankheit schützt, werden sie sie freiwillig und ohne Zwang anziehen. Sie diesen Zusammenhang lernen zu lassen ist unseres Erachtens viel einfacher, als jeden Tag darum zu kämpfen, dass sie sich ordentlich anziehen. Selbstverständlich ist es falsch, im Winter mit einem nur mit einer Windel bekleideten einjährigen Kind im Fahrradsitz durch die Stadt zu fahren, wie es kürzlich durch die Medien ging. So ein Vorgehen überschreitet die Grenze des gesunden Menschenverstandes und ist durch nichts entschuldbar.

In vielen Fällen ist es aber sinnvoller, Eigenverantwortung statt Gehorsam zu lernen. Erst, wenn eine Entscheidung *wirklich frei* ist, ist auch der Weg frei für die echte Kooperation. Denn Druck, auch heimlicher, verursacht immer Gegendruck. Was aber, wenn Malik auch nach fünf oder zehn Minuten nicht aus dem Sandkasten aufstehen würde? Müssen Kinder nicht auch lernen, zu gehorchen? Denn später in der Schule kann sich Malik ja auch nicht aussuchen, ob er an die Tafel kommt oder nicht, wenn der Lehrer das verlangt. Diese Frage und die damit verbundene Angst treiben die heutigen Eltern um. Denn auch wenn wir Zwang eigentlich vermeiden möchten, werden uns doch von allen Seiten Beispiele zugetragen, bei denen diese Haltung scheinbar völlig antriebslose, unselbständige und egoistische Kinder hervorgebracht hat.

Wir kommen nicht umhin, zuzugeben, dass es diese Art von Kindern gibt. Wir glauben jedoch, dass bei ihnen nicht der Mangel an Zwang zu dieser Haltung geführt hat. Jede Generation von Eltern hat Fehler in der Erziehung gemacht. Wir heutigen Eltern sind so sehr darauf bedacht, unseren Kindern eine schöne, selbstbestimmte Kindheit zu schenken, dass wir uns selbst vergessen. Viele von uns schaffen es nicht, ihre eigenen Grenzen klar zu kommunizieren. Es gibt viele Mütter und Väter, die ihre eigenen Bedürfnisse immer wieder zurückstecken, um das Kind nur nicht enttäuschen zu müssen. Manche beugen sich dem Willen ihres Kindes deshalb, weil sie Angst haben, sonst seine Liebe zu verlieren. Wer seine Grenzen immer wieder vom Kind überschreiten lässt, weil er denkt, das sei bedingungslose Liebe, der zieht in der Tat einen egoistischen, unkooperativen Tyrannen heran.[40]

Diesen Kindern fehlt nicht der Zwang in der Erziehung, sondern das tiefer gehende Verständnis für die Gefühle und die Grenzen anderer. Deshalb ist es unabdingbar, authentisch zu bleiben, weil sonst die Impulskontrolle eines Kindes nicht reifen kann. Es ist ein großer Unterschied, ob man die Bedürfnisse aller Beteiligten abwägt und dann entscheidet, dass das des Kindes in diesem Fall Vorrang hat, oder ob man den Wünschen des Kindes jederzeit nachgibt. Im letzteren Fall ist das Kind umgeben von schauspielernden Erwachsenen, die ihm keine echten Gefühle zeigen. Eine Mutter, die immer freundlich säuselt und lächelt, obwohl sie wütend darüber ist, dass sie schon wieder allein aufräumen muss, tut ihrem Kind keinen Gefallen. Wie soll es lernen, was seine Handlung bzw. Nichthandlung bei einem anderen Menschen auslöst, wenn dieser Mensch mit allen Mitteln versucht, seine negativen Gefühle zu verheimlichen? Wir erinnern uns, der präfrontale Kortex, der die Impulskontrolle des Kindes im Gehirn initiiert, kann nur lernen, abzuwägen, wie sich die Situation für andere darstellt, wenn diese im Laufe des Heranwachsens des Kindes echte Gefühlsregungen zeigen. Nur dann speichern sich im Gehirn korrekte Informationen zu bestimmten Handlungen ab.[41] Sobald es dann einen Perspektivwechsel einnehmen kann, also etwa um den 4. Geburtstag herum, machen sich die im präfrontalen Kortex gespeicherten Vorinformationen, welche kindlichen Handlungen welche Gefühle und Reaktionen bei anderen auslösen, nützlich. Erst das Zusammenspiel zwischen gespeicherten Informationen und Perspektivwechsel ermöglicht der Kontrollschleife des Gehirns, richtig zu funktionieren.

Es ist also ein Drahtseilakt, den wir Eltern da zu bestehen haben. Einerseits ist es wichtig, unseren Kindern die Freiheit zuzugestehen, selbst zu entscheiden, ob sie kooperieren wollen oder nicht. Andererseits müssen wir ihnen im selben Altersabschnitt aufzeigen, was ihre freien Entscheidungen für andere Menschen bedeuten, damit sie ihre eigenen Wünsche irgendwann zum Wohl einer Gemeinschaft zurücknehmen können – auch wenn klar ist, dass sie aufgrund der Unreife ihres Gehirns jetzt noch nicht wirklich danach handeln können. Sollte sich der kleine Malik also an einem Tag wirklich vehement weigern, aus dem Buddelkasten aufzusehen und mitzukommen, sollte seine Mutter abwägen, was gerade Priorität hat. Kann sie ihm noch ein paar Minuten zugestehen? Oder müssen sie wirklich dringend nach Hause? In diesem Fall müsste sie ihn dann doch gegen seinen Willen hochheben und wegtragen. Das sollte aber die Ausnahme und nicht die Regel sein. Schafft es Aaliyah, die Balance zwischen den Bedürfnissen zu halten, wird ihr Sohn später in der Schule ganz selbstverständlich an die Tafel kommen, wenn sein Lehrer das möchte. Nicht, weil er weiß, dass ein Aufbegehren gegen die Ansage eines Erwachsenen sowieso nicht lohnt, sondern weil er in der Vergangenheit die Erfahrung gemacht hat, dass die Freiheit der persönlichen Entscheidung in einigen Situationen möglich ist und in anderen nicht.

Felix: Kindern Zeit lassen

Wie wir am Beispiel von Aaliyah und Malik gesehen haben, ist Zeit lassen eine wichtige Voraussetzung für Kooperation. Da unser erwachsener Alltag jedoch oftmals von Termindruck geprägt ist, sind wir Großen eigentlich immer irgendwie in Zeitstress. Wir versuchen unseren Tagesablauf optimal zu takten, damit wir alle Verpflichtungen gut unter einen Hut bekommen. Selbst in Momenten, in denen wir eigentlich Zeit haben, bleibt uns dieses Gefühl, alles müsse möglichst schnell gehen. Momos »graue Männer« haben uns fest im Griff. Deshalb passiert es, dass wir, wenn wir uns von unseren Kindern eine bestimmte Handlung wünschen, ihnen nicht genug Zeit zugestehen, zu kooperieren. Wir wollen, dass sie *sofort* reagieren. Andrea, 36, hat diese Erfahrung gemacht:

Mein Sohn Felix (4) nahm auf dem Spielplatz seinem Freund aus Quatsch den Spielbagger weg und lief damit herausfordernd um ihn herum. Sein Freund reagierte wie gewünscht: Er rannte jammernd hinterher und wollte den Bagger wiederhaben. Als das nicht half, wandte sich der Freund an mich, was ich auch eine gute Lösung fand. Wir sagen den Kindern ja immer, sie sollen sich an einen Erwachsenen wenden, wenn sie selbst nicht weiterkommen. Ich wollte meinem Sohn aber nicht hinterherrennen – diesen Wettkampf hätte ich schlicht verloren. Deshalb rief ich ihm zu, er solle im Gesicht seines Freundes nachforschen, ob er dort Freude an dem Spiel erkennen könne. Felix schaute tatsächlich in das Gesicht seines Freundes, hörte aber

zunächst nicht mit dem Herumrennen auf, er gab den Bagger auch nicht prompt zurück, sondern versuchte noch ein paar Minuten lang, seinen Freund zu diesem »lustigen« Spiel zu überreden. Nach etwa fünf Minuten, die mir allerdings vorkamen wie eine Ewigkeit, ging ein kleiner Ruck durch Felix. Er hielt an, schaute zu seinem Freund und fing gerade an, ihm die Hand mit dem Bagger entgegenzustrecken. Er wollte ihn tatsächlich freiwillig zurückgeben. Dummerweise hatte ich genau im selben Moment die Nase voll und deshalb beschlossen, dass ich nun doch schimpfen und ihm den Bagger aus der Hand reißen müsse. Deshalb konnte ich den Impuls, das zu tun, auch nicht mehr stoppen, obwohl ich sehr wohl wahrgenommen hatte, dass Felix freiwillig kooperieren wollte. Es war wirklich nur eine Sekunde, die ich zu kurz gewartet hatte, und ich ärgerte mich über mich selbst. Aber gut, beim nächsten Mal vertraue ich ihm einfach ein bisschen mehr und warte ab.

Es ist ein häufiges Phänomen, dass Eltern sich unter (zeitlichen) Druck gesetzt fühlen, wenn ihre Kinder ein Fehlverhalten zeigen. Sie haben das Gefühl, ihre jeweilige Umgebung erwarte von ihnen sofortiges Eingreifen, und möglicherweise ist dem sogar so. Das ist jedoch schade, weil es den Kindern häufig die Möglichkeit nimmt, Konflikte selbst zu lösen und daran emotional und sozial zu wachsen. Andrea hat Felix durch ihre Einmischung die Chance genommen, freiwillig zu kooperieren, weil er erkannte, dass er seinem Freund Unbehagen bereitet hatte. Seine Empathie, seine Fähigkeit, Gefühle bei anderen zu erkennen, sein moralisches Verständnis, sein Selbstbild als Kind, das sich für »das Richtige« entscheidet – all das hätte in diesem Moment wachsen können, wenn sie ihm noch ein paar Sekunden mehr Zeit eingeräumt hätte. Deshalb: Wenn wir von unseren Kindern Kooperation erwarten, dann sollten wir ihnen ein bisschen Zeit geben, sich für das Richtige zu entscheiden. Steht kein Druck hinter einer Bitte um Mitarbeit, sondern echte Freiwilligkeit, werden sie oft – nicht immer – nach einem kurzen Moment des »Gesichtwahrens« doch mitarbeiten. Das Gesicht zu wahren, also dieser kurze Moment des Zögerns, ist ihnen aber wichtig, weil sie damit zeigen, dass sie eigenständige Menschen mit eigenen Gedanken sind. Geben wir unseren Kindern also Zeit, zu lernen.

Carlotta und Helene: Vertrauen

Das Vertrauen, von dem wir hier sprechen, hat viel mit der Macht der inneren Erwartungshaltung zu tun, die wir schon beschrieben haben. Wir Eltern müssen wieder lernen, unseren Kindern ganz selbstverständlich zu vertrauen. Wir müssen darauf vertrauen, dass sie *sehen können*, wie sich die Menschen in ihrem sozialen Umfeld verhalten, und dass sie dieses Verhalten annehmen werden, früher oder später, einfach, weil sie eine angeborene Tendenz dazu haben, sich sozial zu verhalten. Deshalb wird es in vielen Fällen ganz und gar unnötig, zu erziehen. Nicht in allen. Aber in vielen. Oftmals aber reicht es, den Kindern soziales Verhalten vorzuleben. Wenn wir Eltern selbst höflich Bitte und Danke sagen, alten Menschen in der Bahn unseren Platz anbieten, einer Mutter helfen, den Kinderwagen die Treppe hochzutragen, oder jemandem die Tür aufhalten, der gerade etwas Schweres trägt, dann übernehmen das unsere Kinder ganz automatisch, weil ihre Spiegelneuronen aktiv werden, wenn sie uns beobachten. Die Handlungen der Erwachsenen werden im Gehirn unserer Kinder als gesellschaftlich gewollte und demnach korrekte Handlungssequenz abgespeichert. Ganz unbewusst übernehmen Kinder also die Handlungen ihrer Bindungspersonen.

Ich selbst hatte zu diesem Thema ein sehr erhellendes Erlebnis mit meinen Töchtern. Carlotta und Helene waren damals noch klein, etwa 14 Monate alt. Beide hatten die Angewohnheit, Dinge nicht zu übergeben, sondern dem Gegenüber einfach zuzuwerfen. Wenn sie also der Oma einen Baustein bringen sollten, liefen sie zwar zunächst auf sie zu, warfen den Stein dann aber aus etwa einem Meter Entfernung in ihre Hände. Das war in meinen Augen völlig inakzeptabel. Ich war ziemlich verzweifelt, da nichts, was ich ausprobierte, sie wirklich davon abhielt. Irgendwann saß ich mit ihnen im Sandkasten, es war ein schöner Nachmittag und ich hatte einen leckeren Kaffee neben mir stehen. Die Mädchen buddelten etwa drei Meter von mir entfernt. Unmittelbar neben mir lag eine Schippe, die Carlotta gerne haben wollte. Sie streckte ihre Hand danach aus und bedeutete mir, ich solle sie ihr bringen. Da ich ziemlich geschafft war, hatte ich gerade keine Lust, aufzustehen, also nahm ich die Schippe und warf sie vorsichtig in den Sand vor ihr, damit sie sie sich selbst nehmen konnte. Als die Schippe ordnungsgemäß dort landete, wo ich sie haben wollte, hatte ich plötzlich die Lösung für unser »Wurf-Problem«. *Ich* war die Ursache dafür, dass sie immer alles werfend übergaben! Plötzlich schossen mir Hunderte kleine Begebenheiten in den Kopf, in denen ich meinen Kindern vorsichtig etwas vor die Füße geworfen hatte, weil ich gerade zu faul gewesen war, aufzustehen. Da ich 20 Jahre Handball gespielt habe, ist mein Wurf extrem präzise, das heißt, ich hatte die Gegenstände immer sanft vor sie hingeworfen und natürlich auch nur aus nächster Nähe. Aber ich hatte geworfen – nicht übergeben. Meine Töchter verhielten sich gar nicht antisozial. Sie hatten mich nur *ko*piert und ich hatte es nicht *ka*piert! In dem Moment, in dem ich aufhörte, ihnen Sachen zuzuwerfen, fingen sie tatsächlich an, Dinge sanft zu übergeben, sodass die Oma und andere Freunde nicht mehr mit einem Loch im Kopf rechnen mussten. War ich erleichtert!

Sollten Ihre Kinder also nicht Bitte und Danke sagen oder andere gesellschaftliche Regeln noch nicht verinnerlicht haben, dann überlegen Sie doch einmal, wie es damit bei Ihnen selbst oder anderen für die Kinder wichtigen Erwachsenen bestellt ist. Ansonsten sollten Sie ihnen einfach Zeit geben, weiterhin vormachen, wie es richtig geht, und darauf vertrauen, dass sie es übernehmen werden. Wir wissen, dass es diesbezüglich oft zu vehementen Diskussionen mit Anhängern des Tyrannenbeschwörers Michael Winterhoff oder des Disziplinforderers Bernhard Bueb kommt. Letzterer behauptet, dass Kinder nur durch von Eltern konsequent anerzogene Tugenden, durch Zwang, Unterordnung und Verzicht zu glücklichen, angepassten Menschen werden.[42] Er erklärt außerdem, dass Eltern ihre Macht nutzen müssen, damit ihre Kinder ein ungestörtes Verhältnis zu Disziplin und Gehorsam entwickeln können.[43] Wir wollen die Diskussion an dieser Stelle nicht ausweiten. Unser Standpunkt aber ist, dass Kinder von Natur aus gut sind. Mit gesellschaftlich inadäquatem Verhalten zeigen sie, dass sie es entweder nicht besser wissen, weil sie noch zu jung sind, oder sie wollen damit mitteilen, dass es ihnen gerade nicht gut geht. Trotzdem stimmen wir den beiden Autoren insofern zu, als ein Erwachsener, wenn er in einer Beziehung mit Kindern lebt (als Elternteil, Kindergartenerzieherin, Lehrer etc.), deutlich *seine persönlichen Grenzen* aufzeigen muss, damit ein Kind verstehen lernt, dass die Freiheit des einen da aufhört, wo die Freiheit des anderen anfängt, und dass eine Gemeinschaft nur funktionieren kann, wenn sich jeder aus Rücksicht ein Stück zurücknimmt. Diese wichtige Lehre lernt ein Kind zwar durchaus auch über Disziplin und Gehorsam, aber das ist nicht der einzige Weg – wie wir gleich sehen werden.

Klarheit zählt

Die Ureinwohner Yequanas, über die wir bereits berichtet haben, sind absolut klar in ihrer Erwartungshaltung Kindern gegenüber. Es liegt ihnen völlig fern, sie zu etwas zwingen oder auch nur überreden zu wollen, dennoch gehen sie mit voller Überzeugung davon aus, dass ein Kind, das eine Anweisung erhält, etwas für die Gemeinschaft zu tun bzw. etwas zu unterlassen, dies sofort ausführen wird – ohne dass dafür die Androhung einer Strafe erforderlich ist. Diese Überzeugung, dieses Vertrauen, ist den heutigen Eltern teilweise verloren gegangen – wir strahlen oft keine Klarheit mehr aus, wenn wir von unseren Kindern etwas verlangen. Ein gutes Beispiel ist vielleicht das Weglaufen, von dem Jean Liedloff erzählt:

»Eines der seltsamsten Ergebnisse des verlorenen Glaubens an das Kontinuum ist die Fähigkeit von Erwachsenen, Kinder dazu zu bringen, dass sie vor ihnen weglaufen. Nichts könnte einem Baby näher liegen als der Wunsch, in unvertrautem Gebiet nahe bei seiner Mutter zu bleiben. Bei allen mit uns verwandten Säugetieren sowie auch Vögeln, Reptilien und Fischen folgen die Jungen, und solches Verhalten liegt eindeutig in ihrem Interesse. Ein Kleinkind der Yequana würde es sich nicht im Traum einfallen lassen, sich auf einem Waldweg von seiner Mutter zu entfernen, denn sie blickt nicht um sich, um festzustellen, ob es wohl folgt, sie gibt ihm nicht zu verstehen, dass es eine mögliche Wahl gebe oder dass es ihre Aufgabe sei, sie zusammenzuhalten; sie verlangsamt lediglich ihren Schritt so weit, dass es mithalten kann. […] Ihr Verhalten zeigt ihm […], wann immer sie auf es warten muss, weil es gefallen ist, […] dass sie weiß: das Kind wird nicht länger brauchen, als ohne Druck notwendig ist, bis sie gemeinsam ihren Weg fortsetzen können. Ihre Annahme über seinen angeborenen Sozialtrieb wirkt zusammen mit seinem Bestreben, zu tun, was es als ihre Erwartung erkennt.«[44]

Obwohl wir nicht wollen, dass unsere Kinder einfach wegrennen und zum Beispiel auf die Straße laufen, scheinen wir im Inneren unsicher zu sein, ob sie auch auf uns hören werden. Und diese Unsicherheit führt möglicherweise dazu, dass wir ihnen gegenüber nicht »klar« sind. Vielleicht wird es durch ein Beispiel besser verständlich. Denken Sie einmal zurück an den Tag, als Ihr Kind Sie das erste Mal darum bat, an Ihrem Kaffee, Ihrer Cola oder Ihrem Bier nippen zu dürfen. Das »Nein«, das Sie damals ausgesprochen haben, war ganz bestimmt so klar, dass Ihr Kind es nicht ansatzweise infrage stellte und deswegen auch nie wieder nachhakte. Sie haben ausgestrahlt, hier ist definitiv keine Option mehr offen. Bei anderen Dingen dagegen, bei denen wir uns nicht so sicher sind (Darf das Baby ein Stück vom Kuchen haben? Kann das Kleinkind die Sahne vom Kaffee schlecken? Soll das Kind eine zweite Kugel Eis essen?), klang unser Nein nicht entschlossen genug, und prompt fragten unsere Kinder immer wieder nach. Kinder *spüren*, dass es da noch Verhandlungsspielraum gibt, sie *spüren*, dass wir nicht klar sind.

Wenn wir uns also im Klaren darüber und sicher sind, was genau wir wollen und was nicht, dann wirkt das mächtiger auf unsere Kinder als alles Reden dieser Welt. Und das gilt eben auch für das Weglaufen. Wir Eltern wollen nicht, dass unser Kind weg- oder auf die Straße rennt. Aber wir strahlen keine Sicherheit darüber aus, dass wir definitiv wissen, dass es das auch nicht tun wird. Die Spiegelneuronen unserer Kinder nehmen diese Unsicherheit, die mit unbewusster Mimik und Gestik einhergeht, auf und wandeln sie in eine ebenfalls unbewusste Handlungsanweisung um. Fürchten sich Eltern also so stark davor, dass ihr Kind auf die Straße rennen wird, dass sie diese Angst unbewusst ausstrahlen, wird das Kind tatsächlich losrennen. Es bestätigt mit seinem Wegrennen die versteckten Ängste seiner Eltern, weil sein Spiegelsystem das Programm einer Handlungssequenz aktiviert hat.

Achtung, das ist *kein* Vorwurf unsererseits! Wir wollen Ihnen nur das Dilemma vor Augen führen, in dem die heutige Elterngeneration steckt. Wir müssen die innere Gewissheit (wieder) erlangen, dass wir einerseits als Erwachsene in der Beziehung zu unseren Kindern die Verantwortung und den Weitblick haben und dass andererseits unsere Führung ohne Strafen und Konsequenzen von unseren Kindern anerkannt werden wird. Da uns das in unserer Kindheit niemand vorgelebt hat, fällt uns dieser Glaube so verdammt schwer, während die Yequana die Frage »Und was tust du, wenn deine Kinder nicht das machen, was du sagt?« vermutlich nicht einmal verstehen würden.

Wir Eltern müssen also lernen, klar zu sein, innerlich wie äußerlich. Damit geben wir unseren Kindern die Verhaltenssicherheit, die andere Erziehungsrichtungen über die »logischen Konsequenzen« erreichen. Es ist ein »Ich erwarte, dass du das tust, was ich von dir möchte, weil ich dir sonst ein Privileg entziehe, und ich weiß, dass du das nicht magst« versus »Ich erwarte, dass du das tust, was ich von dir möchte, weil ich weiß, dass du von Natur aus kooperieren willst«. Es ist das Vertrauen darin, dass Kinder mit naturgegebenen Tendenzen, sich sozial zu verhalten, geboren werden und man diese nicht anerziehen muss. Es ist auch die Sicherheit, dass es normal und altersgemäß ist, wenn Kinder einmal nicht gesellschaftstauglich agieren. Nur wenn wir Eltern uns dieser Punkte sicher sind, werden wir dieses Vertrauen auch ausstrahlen. Und diese Ausstrahlung wirkt dann auf unsere Kinder. Sie spüren das Vertrauen und die Sicherheit der Erwachsenen. Ihre Mütter und Väter werden für sie »klar lesbar«. Zweifeln wir an unseren Erziehungskompetenzen oder bezweifeln wir, dass Kinder tatsächlich kooperieren wollen, werden auch unsere Kinder unsicher und verlaufen sich.

Miteinander reden

Jeden Tag strengen viele von uns Eltern sich unglaublich an, um die Erziehung, die wir selbst genossen haben und die unser Bauchgefühl bestimmt, zu überwinden. Jeden Tag wachsen wir über uns selbst hinaus. Jeden Tag kostet uns das eine Menge Kraft und nicht selten verzweifeln wir, wenn wir in unseren Augen mal wieder »doof« reagiert haben. Leider würdigen unsere Kinder das oft nicht. Sie reagieren trotzdem ungehalten, sie meckern, sie weinen, sie schreien. Manchmal verweigern sie sich scheinbar aus purem Trotz. Sie sehen unsere Anstrengung nicht und sie sind kein bisschen dankbar. Ist das nicht total unfair? Nein, ist es nicht. Denn unsere Kinder *wissen gar nicht,* wie sehr wir uns anstrengen. Sie wissen nicht, wie es in anderen Familien läuft oder wie Oma und Opa erzogen haben. Sie wissen nicht, wie es wäre, wenn wir nicht jeden Tag neu den Kraftakt angehen würden, bedürfnis- und beziehungsorientiert zu erziehen. Sie nehmen einfach das, was in ihrer Familie passiert, als wahre Liebe an. Jedes Kind wird mit dem Bewusstsein geboren, dass seine Eltern es bedingungslos lieben werden – das ist in unserem menschlichen Organismus so eingraviert. Wenn diese bedingungslose Liebe Schläge beinhaltet, dann nehmen Babys und Kleinkinder diese als gegeben hin. Es muss wohl so sein, wenn es von den Eltern kommt. Genauso nehmen sie unsere Güte und Selbstlosigkeit einfach als gegeben hin – das muss wohl so sein, wenn es von den Eltern kommt. Unser Verhalten in den ersten drei Jahren definiert ihre Erfahrung von Liebe und damit auch ihre späteren außerfamiliären Beziehungen. Aber unser Verhalten wird für unsere Kinder niemals ungewöhnlich sein und daher auch nicht bemerkens- oder dankenswert. Ihnen ist schlicht und ergreifend nicht klar, wie viel Glück sie mit uns haben.

Deshalb ist es wichtig, mit ihnen darüber zu reden. Nicht als Drohung (»Sei froh, dass du mich hast! In anderen Familien hättest du schon längst den Hintern versohlt bekommen, wenn du so frech bist!«), sondern einfach durch die Verbalisierung einer Situation. Wenn wir uns beispielsweise die Zeit nehmen, unser Kind Steinchen aufsammeln zu lassen, obwohl wir eigentlich lieber weitergehen möchten, dann könnten wir sagen: »Du möchtest hier gerne noch sammeln und ich möchte gerne weitergehen. Na gut, ein bisschen Zeit haben wir ja noch. Dann warte ich hier, bis du fertig bist.« So wird das Kind auf unsere Kooperationsbemühungen aufmerksam, die es sonst vermutlich übersehen hätte, und damit schärfen wir seinen Blick für die Zukunft.

Miteinander zu reden beinhaltet bei etwas älteren Kindern auch die gewaltfrei kommunizierte Bitte nach Kooperation. Es ist nämlich keine Schande, zuzugeben, wenn man als Erwachsener in der Sackgasse steckt, weil das Kind sich absolut weigert, mitzuarbeiten: »Okay, ich merke, dass du das jetzt wirklich nicht willst. Mir ist aber wichtig, dass heute aufgeräumt wird. Ich kann und möchte dich nicht zwingen, aufzuräumen, weil ich das nicht für richtig halte. Aber damit das ohne Zwang klappen kann, brauche ich deine Hilfe. Wir müssen einen Kompromiss finden, der für uns beide okay ist. Du kommst mir entgegen und ich komme dir entgegen. Wie, meinst du, könnte das Aufräumen klappen?« Es ist immer wieder überraschend, wie kreativ Kinder dabei sein können, Kompromisse zu finden, und wie einfach diese Lösungen dann manchmal sind. Ist es nicht möglich, sofort einen Konsens zu erzielen, werden die gesammelten Möglichkeiten gemeinsam bewertet und zusammen eine Entscheidung getroffen. Das geht natürlich noch nicht mit einem Zweijährigen, aber es ist lohnenswert, durchaus schon ab einem Alter von 2,5 Jahren damit zu beginnen. Das Verbalisieren von Kompromissen und Alternativen ist zu Beginn eine zähe Angelegenheit, die im stressigen Alltag oft schwer umzusetzen scheint. Entscheidet man sich jedoch konsequent dafür, schon damit zu beginnen, wenn die Kinder noch sehr klein sind, erleichtert man den Prozess später ungemein. Spätestens mit vier oder fünf, wenn der Meilenstein des Perspektivwechsels erreicht wurde, erntet man die Früchte seiner Bemühungen.

Freies Spiel in Kindergruppen

Altersgemischte Kindergruppen sind ein wahrer Nährboden für Kooperation. Wenn man beobachtet, wie einander fremde Kinder zusammenarbeiten, um auf dem Wasserspielplatz einen großen Damm oder einen Kanal zu bauen (»Du musst da graben. Und ich baue hier die Wand.« – »Hey, ich brauche noch mehr Sand, bring mal den Eimer her!« – »Noch nicht das Wasser fließen lassen – wir sind hier noch nicht fertig.« – »Es bricht durch, wir brauchen mehr Matsch, schnell!«), dann muss man neidlos anerkennen, dass Kinder im Spiel anderen Kindern viel mehr über Kooperation beibringen können als jeder Erwachsene.

Selbst wenn sie einfach nur zusammen wippen wollen. Dann kann das eine Kind sich nicht einfach auf die Wippe setzen, weil das andere Kind nicht auf seinen Platz kommt. Nein, das erste Kind muss sich erst einmal halb auf seinen Sitz setzen, sodass die Wippe in etwa waagerecht steht und das andere Kind hinaufsteigen kann. Dann müssen sie gemeinsam einen Rhythmus finden, damit das Wippen Spaß macht. Sie müssen gegenseitig herausfinden, wie doll sie wippen können, ohne dass der eine Angst bekommt oder dem anderen langweilig wird. Und auch beim Absteigen ist wieder Kooperation gefragt, denn wenn einer einfach abspringt, tut der andere sich weh. Kinder, die frei miteinander spielen, stellen dafür gemeinsame Regeln auf, an die sie sich auch halten – auch das ist eine wichtige Form der Kooperation. Hält sich eines der Kinder nicht an diese Regeln, kann es sein, dass die anderen das Spiel abbrechen oder es ausschließen, was ihm ein hohes Maß an sozialer Rückmeldung beschert.

Sobald Erwachsene in das Spiel eingreifen und beispielsweise Regeln aufstellen oder die Einhaltung der Regeln überwachen, schmälern oder verhindern sie den natürlichen Lernprozess der Kindergruppen-Kooperation. Denn unsere Kinder können all das noch, was wir erst wieder mühevoll erlernen müssen: Sie bauen keinen Kooperationsdruck ihren Freunden gegenüber auf, sie lassen ihnen Zeit, sie sind für sie klar lesbar, sie wenden keinen Zwang an. Wir sollten unsere Kinder also lieber von anderen Kindern lernen lassen – sie sind oftmals die besseren Lehrer.

Tipps und Tricks für einen entspannten Alltag

»Mein Kind weigert sich, Treppen zu steigen«

Wer in einem Haus ohne Fahrstuhl wohnt, kennt wohl den fast täglichen Kampf – unsere Kinder wollen die Treppe partout nicht hochlaufen. Manchmal weigern sie sich sogar, selbst kleinste Treppen mit nur ein paar wenigen Stufen hochzugehen und verlangen stattdessen mit soldatenartigem Befehlston von ihren Eltern, sie mögen sie gefälligst hinauftragen. Auch beim morgendlichen Abgeben in der Kita sieht man oft Kinder, die vor der Treppe kapitulieren und den entnervten Eltern ihre Ärmchen entgegenstrecken.

Warum ist das so?

Schon für uns Erwachsene ist es anstrengend, die Treppen jeden Tag mehrmals hinauf- und hinabzusteigen. Schauen wir uns die körperlichen Proportionen von Kleinkindern an, wird schnell klar, warum sie sich so häufig weigern, Treppen zu steigen: Für einen Erwachsenen sind die Stufen etwa knöchelhoch, für einen Fünfjährigen gehen sie bis zur Wade, ein Eineinhalbjähriger muss seine Beinchen fast bis zum Po hochheben, um sie zu bewältigen. Ist es da ein Wunder, dass Kinder das zu anstrengend finden? Nein!

Fangen Kinder hingegen wegen einer offensichtlich leichten Aufgabe (beispielsweise, wenn die Treppe nur ein paar wenige Stufen hat) an, zu kreischen, zu heulen und uns anzuschnauzen, dann hat das oft ganz andere Ursachen. Meist sind sie müde oder hungrig oder es droht innerer Stress und sie suchen einen Reibepunkt mit ihren Eltern, um explodieren zu können. Das ist eine für uns Großen sehr anstrengende Technik des Stressabbaus, für unsere Kinder jedoch sehr effektiv. Man könnte die Kinder in diesem Fall zwar einfach hochtragen, um ihre Explosion zu vermeiden, aber dann würden sie sehr wahrscheinlich einen anderen Reibepunkt suchen. Sie würden dann so lange um Nichtigkeiten pöbeln, bis die Eltern endlich dagegenhalten. Das hat nichts mit dem Austesten von Grenzen zu tun, sondern mit Psychohygiene. Wir Eltern müssen als Blitzableiter fungieren (uns also weigern, das Kind die fünf Stufen zu tragen) und den darauffolgenden Wutanfall empathisch begleiten. Ist das Gewitter vorüber und der innere Stress abgebaut, werden unsere Kinder die kleine Treppe hinauflaufen, als sei nichts geschehen. Wir kommen auf dieses Phänomen später noch einmal zu sprechen.

Was hilft?

1. Das Kind einfach hochtragen

Wenn Sie es körperlich schaffen, dann tragen Sie Ihr Kind hoch. Punkt. Der Wunsch, die Treppe nicht laufen zu müssen, nimmt proportional zur Länge der Beine ab. Während meine damals zweijährigen Töchter beinahe jeden Tag danach fragten, getragen zu werden, kam das ab dem vierten Geburtstag kaum noch vor. Machen Sie sich keine Sorgen, dass Ihre Hilfe die Kinder faul macht. Jedes Kind will sich weiterentwickeln. Das ist in unserem biologischen Bauplan so vorgesehen. Bitten Kinder also um unsere Hilfe beim Treppensteigen, dann aus einem guten Grund. Sobald sie die Treppen allein meistern können, werden sie es tun – wenn wir unsere Hilfe nicht in vorauseilendem Gehorsam angeboten haben, sondern nur dann, wenn sie uns darum baten.

2. Bilder am Treppenabsatz anbringen

Eine schöne Motivation für Kinder, die Treppen zu erklimmen, können laminierte Bilder am Treppenabsatz sein. Sie steigen dann von Bild zu Bild, betrachten es kurz, schauen hoch zum nächsten Bild und erklimmen die Stufen, um auch dorthin zu gelangen. Ab und zu sollten die Eltern die Bilder auswechseln, damit das Interesse bestehen bleibt. Verschiedene Autos sind beliebte Motive oder auch Tiere. Bei Letzteren kann man sogar noch ein wenig Lerninput beimischen, wenn man unten an der Treppe mit einem kleinen Tier beginnt und die Tiere sowie die Blätter, auf denen sie gemalt wurden, der Größe nach aufhängt, also beispielsweise von der Ameise bis zum Blauwal. Ich habe für meine Kinder in unserem Treppenhaus mit Mengen gespielt. Auf dem ersten Blatt habe ich nur ein Spielzeug aufgemalt und bei jedem Treppenabsatz eines mehr und dann zu ihnen gesagt: »Lauf schon mal hoch zu dem Bild mit den zwei Puppen und ich trage dich von dort bis zu dem Bild, auf dem drei Bälle sind.«

3. Auf die Kleidung achten

Bei meinen eigenen Kindern habe ich festgestellt, dass sie besonders ungern Treppen liefen, wenn sie im Schneeanzug steckten oder auch schwere Stiefel anhatten. Diese Kleidungsstücke behinderten ihre Bewegungsfreiheit, was das Treppensteigen zusätzlich erschwerte. Deshalb machte ich es mir zur Angewohnheit, ihnen im Winter den Schneeanzug und die Schuhe sofort nach dem Hereinkommen im Hausflur auszuziehen, sodass sie die Treppe leichter hinaufsteigen konnten. Das brachte den Durchbruch.

Nehir: Wann das Treppensteigen zu viel verlangt ist

Manchmal ist Kooperation beim Treppensteigen zu viel verlangt, weil die äußeren Umstände das Kind überfordern. Elif, 20, berichtet:

Ich habe eine 20 Monate alte Tochter, Nehir. Wir wohnen in der dritten Etage. Normalerweise hole ich Nehir nachmittags aus der Kita ab und nach einem kleinen Spaziergang gehen wir hoch in unsere Wohnung. Sehr oft bittet meine Tochter darum, hochgetragen zu werden, was ich meistens auch tue. Sie ist ja wirklich noch klein. Letztens gingen wir aber noch kurz zum Blumenladen und kauften Erde und Balkonpflanzen. Ich war also ordentlich bepackt. Deshalb bat ich Nehir, heute allein hochzulaufen. Statt einfach zu kooperieren, wie ich gehofft hatte, fing sie barbarisch an zu kreischen und hatte einen furchtbaren Tobsuchtsanfall, weil sie die Stufen auf keinen Fall hochlaufen wollte. Dieser Anfall dauerte eine halbe Stunde! Nichts, was ich als Alternative anbot, wurde akzeptiert. Nehir schrie und schrie und wollte unbedingt auf den Arm! Ich wurde unglaublich wütend. Schließlich hatte ich Nehir schon so oft hinaufgetragen. Sie sollte nur dieses eine Mal laufen, schließlich konnte sie sehen, dass ich beide Hände mit schweren Sachen voll hatte!

Das Problem war jedoch: Nehir konnte in diesem Moment nicht kooperieren, weil sie in ihrem Kopf darauf eingestellt war, dass ihre Mutter sie die Treppe hinauftragen werde. Das ist ein wichtiger Punkt, den wir Erwachsenen immer im Hinterkopf behalten sollten, wenn wir mit unseren Kleinkindern ein Problem haben. In vielen Fällen fehlt in einem bestimmten Moment die Kooperationsbereitschaft, weil das Gehirn noch nicht in der Lage ist, flexibel auf Veränderungen in einer Routine zu reagieren! Dieses Phänomen haben wir bereits beschrieben.

Haben Kinder erst einmal ein Programm in ihrem Kopf gestartet (»Mama trägt mich jetzt gleich die Treppe hoch«), können sie dieses nicht oder nur schwer unterbrechen oder abändern. Nehir war aufgrund ihres Alters noch nicht in der Lage, einzusehen, dass die eben gekauften Pflanzen und die Erde der Grund waren, dass ihre Mutter ihr das Hinauftragen verweigerte. Nehir hat also gar nicht verstanden, warum Elif sie heute nicht einfach hochtrug, wie sie es doch sonst auch immer tat.

Was hätte Elif nun tun können? Sie hatte theoretisch zwei Möglichkeiten.

1. Sie hätte die Einkäufe am Fuß der Treppe stehen lassen und ihr Kind eine Treppe hochtragen können. Dann wäre sie wieder nach unten gelaufen, hätte die Einkäufe bis zum Kind getragen und dort abgesetzt. Dann hätte sie das Kind eine weitere Treppe hochgetragen und wieder die Einkäufe hinterhergeholt, bis sie schließlich oben an ihrer Wohnungstür angelangt wäre. Dieses Vorgehen ist zwar umständlich, wäre aber ein guter Kompromiss gewesen.

2. Sie hätte den Wutanfall des Kindes aushalten, abwarten und begleiten können. Wir gehen im Folgenden noch genauer darauf ein, wie man das möglichst kindgerecht machen kann. Das Gehirn war aufgrund der Änderung in eine Krise geraten und musste nun durch den Wutanfall den inneren Stress abbauen. Wenn wir das als Erwachsene wissen, fällt uns das Begleiten gar nicht mehr so schwer, weil wir mit echtem Mitgefühl daneben sitzen und verstehen können, wie schwer die Situation gerade für unser Kind ist. Ist die Krise überwunden,

kann es sich auf die neue Situation einstellen und – die Treppe dann alleine hochlaufen. Obwohl sich so ein Wutanfall eine ganze Weile hinziehen kann und man als Eltern nicht immer die Zeit und die Nerven hat, diesen bis zum Ende liebevoll zu begleiten, würde die Mutter mit dieser Alternative einen wichtigen Lernprozess beim Kind unterstützen, nämlich, dass manche Dinge nicht änderbar sind und man diese aushalten lernen muss.

»Mein Kind will sich nicht anziehen«

In vielen Ratgebern wird Eltern geraten, ihren Kindern zu drohen, sie müssten den Tag im Kindergarten im Schlafanzug verbringen, wenn sie sich nicht sofort anzögen. Wichtig sei, die Drohung auch wahrzumachen, damit das Kind lernt, dass es den Eltern ernst ist. Die abgeschwächte Variante ist, das Kind zwar im Schlafanzug hinzubringen, es sich dann aber immerhin umziehen zu lassen, wenn es genügend Kommentare der anderen Kinder bzw. der Erzieher einstecken musste. Manchmal kommt es auch vor, dass Eltern sich so machtlos und verzweifelt fühlen, dass sie ihrem Kind sagen, sie gingen jetzt allein los, wenn sich ihr Kind nicht augenblicklich fertigmachte.

Das Problem an dieser Art Erziehung ist, dass Eltern sich dann ziemlich oft in einem Machtkampf mit ihrem Kind wiederfinden. Es macht unser Zusammenleben nicht gerade harmonisch, wenn wir jeden Morgen erst einmal die »Wenn-dann-Keule« herausholen müssen, damit unser Kind sich endlich dazu bequemt, sich anzuziehen. Ziemlich oft endet unser permanentes Genörgel dann nämlich in schlechter Laune auf beiden Seiten und manchmal auch im Streit, noch bevor der Tag überhaupt richtig angefangen hat.

Warum ist das so?

Einige Kinder sind ausgesprochene Morgenmuffel und vor ihrem ersten Kakao schlichtweg nicht in der Lage, sich auf das selbstständige Anziehen zu fokussieren. Andere Kinder sind Kuschler, die sich ihre Energie für den stressigen Kita-Alltag im Körperkontakt zur Mama oder zum Papa holen. Auch sie ziehen sich morgens ungern allein an, ebenso wie die Kinder, die sich vor allem dann geliebt fühlen, wenn ihnen geholfen wird.

Was hilft?

1. Einfach helfen

Wenn Ihr Kind an sich in der Lage ist, sich selbstständig anzuziehen, und das in der Kita, an guten Tagen oder beim Kinderarzt auch zeigt, dann spricht wirklich nichts dagegen, Ihren Morgenmuffeln und Kuschlern zu helfen. Was sollten denn negative Auswirkungen sein? Dass sie sich daran gewöhnen und vergessen, wie sie sich selbst anziehen sollen? Dass sie sich mit 18 Jahren immer noch von den Eltern anziehen lassen wollen? Das ist äußerst unwahrscheinlich. Wir haben hier oft dieselben Ängste, die uns eingeredet werden, wenn unsere Kinder im Familienbett schlafen oder nach Bedarf gestillt werden. Keine der unheilvollen Prophezeiungen, dass wir unser Kind nie wieder aus dem Bett oder niemals von der Brust bekämen, ist wirklich eingetreten, oder? Denn der Mensch ist darauf ausgerichtet, sich weiterzuentwickeln und nach Selbstständigkeit zu streben – kein Kind möchte in der Baby- oder Kleinkindphase verharren. Alle stillen sich irgendwann ab, schlafen irgendwann im eigenen Bett und ziehen sich irgendwann auch selbstständig an.

Wenn wir unseren Kindern morgens beim Anziehen helfen, dann lassen wir sie damit noch ein bisschen Körperkontakt und Liebe tanken und zeigen ihnen, wie freundliches Miteinander funktioniert. Nämlich nicht mit Druck und Drohungen, sondern indem man selbst mit anpackt, um das gemeinsame »Projekt« zum Gelingen zu bringen. Wir leben Kooperation vor.

2. Kleidung auf die Heizung legen

Bei meinen eigenen Kindern stellte ich fest, dass ihr Unwille, sich morgens zügig anzuziehen, vor allem darin begründet war, dass sie nicht aus ihrem kuschelig warmen Schlafanzug in die kühlen Klamotten steigen wollen. Den Durchbruch brachte bei uns, die Anziehsachen einen Moment auf die Heizung im Bad zu legen und vorzuwärmen. Positiver Nebeneffekt der Heizungsvariante ist, dass sich die Kinder relativ zügig anziehen müssen, wenn sie wollen, dass die Kleidungsstücke noch schön warm sind.

3. Eine Anziehstraße auf den Boden legen

Es gibt Kinder, die mit der Logistik des Anziehens überfordert sind. Für diese eignet sich der Trick, die Anziehsachen wie eine Straße vom Bett aus zum Bad auf dem Fußboden auszulegen. Wir legen also als Erstes die Unterhose vor das Bett des Kindes. Einen Schritt weiter das Hemd. Noch ein paar Schritte weiter den Pullover. Dann die Strumpfhose/die Strümpfe. Dann die Hose. Das Kind zieht sich noch im Bett den Schlafanzug aus und geht dann von Station zu Station und stülpt sich ein Kleidungsstück nach dem anderen über. Ist es fertig angezogen, müsste es im Bad angekommen sein.

4. Auf die Vorlieben des Kindes achten

Meine Tochter Helene lässt sich gern beim Anziehen helfen – für sie bedeutet meine Hilfe auch meine Aufmerksamkeit und Liebe. Trotzdem hatten wir morgens häufig Stress miteinander, weil sie endlos lange brauchte, um sich ihre Unterwäsche aus ihrer Schublade auszusuchen. Es war für mich kaum auszuhalten. Sie saß gefühlte Ewigkeiten davor und guckte sich ein Teil nach dem anderen an, bis sie endlich gefunden hatte, was ihr an diesem Tag genehm war. Da ich morgens drei Kinder zur Kita fertigmachen muss, regte mich diese Zeitverzögerung immer wieder auf. Eines Tages kaufte ich ihr dringend benötigte neue Unterwäsche: Es waren ein Pack mit zwei Hemden und ein Pack mit drei Unterhosen. Voller Freude legte Helene jeweils ein passendes Hemd und eine Unterhose als Set zusammen. Den übrigen Slip ohne passendes Oberteil drückte sie mir in die Hand. »Den brauche ich nicht, der hat kein Hemd.« Plötzlich fiel es mir wie Schuppen von den Augen! Meine Tochter, die sehr ordnungsliebend ist, hatte morgens Schwierigkeiten, die Unterwäsche rauszusuchen, weil sie aus ihrer Sicht nichts fand, das richtig zusammenpasste! Ich hatte darauf beim Kauf nie geachtet – meine Tochter Carlotta und meinen Sohn Josua stören ungleiche Unterwäsche-Sets nämlich überhaupt nicht. Ich räumte Helenes Unterwäschefach also um: Nun lagen immer ein passendes Hemd und eine Hose nebeneinander, ein Set ordentlich über dem anderen gestapelt. Seit diesem Tag gab es nie wieder ein Problem mit dem Aussuchen der Unterwäsche. Glücklich nimmt sich Helene jeden Morgen das oberste Set vom Stapel und zieht dieses problemlos an.

5. Das Anziehen verschieben

Manchmal gibt es Tage, da ist den Kindern das Spielen einfach wichtiger als das Anziehen. Wir Eltern sollten das einfach akzeptieren und im Verlauf des Morgens immer mal wieder nachfragen, ob sie denn jetzt bereit zum Anziehen sind. Normalerweise findet sich immer ein passender Moment. Zur Not kann man die Sachen einfach in eine Tasche packen und mitnehmen: Wenn Eltern es nicht als Drohung verpacken, ist das Anziehen im Kindergarten nämlich durchaus eine Option! Was ist peinlich daran, mit einem fröhlichen Mädchen im Schlafanzug zum Kindergarten zu kommen, weil man morgens einfach zu lange kuschelnd im Bett gelegen hat? Nichts.

Das örtliche und/oder zeitliche Verschieben ist also eine gute Möglichkeit, der Anziehproblematik aus dem Weg zu gehen. Wenn unser Kleinkind sich in der Wohnung weigert, Schneeanzug, Schuhe und Mütze anzuziehen, können wir diese einfach vor die Wohnungstür in den Hausflur legen, uns selbst anziehen und dann, wenn wir die Wohnungstür abgeschlossen haben, unser Kind im Hausflur ankleiden. Manchmal möchten die Kinder auch erst testen, ob es wirklich draußen so kalt ist, wie wir Eltern sagen. Dann könnte man kurz ohne Jacke oder Schuhe vor die Tür gehen, das Kind die Temperatur fühlen lassen und im Anschluss drinnen die Sachen anziehen. In gut 90% der Fälle kann man so die Verweigerungshaltung der Kinder auflösen und schafft es, dass sie sich anziehen oder anziehen lassen.

Wann das selbstständige Anziehen zu viel verlangt ist

Manchmal kann man nachmittags, wenn alle ihre Kinder aus der Kita abholen, Eltern beobachten, die dort in der Garderobe darauf bestehen, dass ihr Kind sich Jacke und Schuhen selbst anzieht, obwohl dieses durch Schreien oder Weinen signalisiert, dass es das gerade nicht will oder kann.

Es ist natürlich verständlich, dass Eltern ihre Kinder zur Selbstständigkeit anleiten wollen und auch nicht ständig Lust haben, ihrem Kind bei etwas zu helfen, das es eigentlich schon kann. Aber in *dieser speziellen Situation* ist es oft zu viel von Kindern verlangt, sich selbst anzuziehen. Denn sie haben bereits einen stressigen Kita-Tag hinter sich, manche waren bis zu acht Stunden dort. Alles, was sie jetzt noch wollen und können, ist in die Arme ihrer geliebten Eltern zu fallen und zu kuscheln. Das tun sie nicht ohne Grund – durch den Körperkontakt wird das Glückshormon Oxytocin ausgeschüttet, das der beste und wirksamste Gegenspieler inneren Stresses ist! Unsere Kinder wollen also gern von ihren Mamas und Papas angezogen werden, weil sie dadurch ihr inneres Gleichgewicht wiederherstellen. Wenn das nicht kompetent und selbstständig ist!

»Dauernd fliegt das Essen auf den Boden«

Das Hinunterwerfen von Tellern, Bechern oder gleich dem ganzen Essen ist der Klassiker unter den unkooperativen Verhaltensweisen. Viele, viele Eltern verzweifeln daran. In älteren Erziehungsratgebern wird meist geraten, das Essen in einem solchen Fall sofort zu beenden. Wirft das Kind also den Teller oder das Essen auf den Boden, sollen die Eltern alles aufheben, wegstellen und dem Nachwuchs sagen, dass das Abendbrot damit nun beendet sei. Man sehe an seinem Herumwerfen mit Essen, dass es ja wohl offensichtlich satt sei. Dummerweise juckt die Kinder dieser Abbruch des Essens meist überhaupt nicht – beim nächsten Mal fliegt der Teller wieder.

Warum ist das so?

Der erste Teller fliegt meist noch aus Versehen vom Tisch, meist in einem Alter, in dem die Grob- und Feinmotorik einfach noch nicht richtig ausgereift sind. Weil ihr Gehirn aber in etwa zur gleichen Zeit die Zusammenhänge zwischen Ursache und Wirkung versteht und unsere Kinder deshalb ausdauernd testen, was passiert, wenn sie eine bestimmte Sache machen, kann es gut sein, dass dieses Spiel immer wieder absichtlich wiederholt wird. Kinder prüfen damit schlicht die physikalischen Grundlagen ihrer Umwelt: Fällt der Teller tatsächlich immer wieder nach unten? Macht er dann immer dieses Geräusch? Bleibt er dabei immer ganz oder geht er auch mal kaputt? Wie reagieren meine Lieblingsmenschen darauf, wenn der Teller fällt?

Natürlich ist der Ursache-Wirkungs-Test nicht die einzige mögliche Ursache. Viele Kinder signalisieren mit dem Runterwerfen auch, dass sie satt sind bzw. mit dem Essen fertig und sich nun langweilen. Da sie in der Regel noch keine Möglichkeit gefunden haben, das adäquat auszudrücken, bürgert sich dieses »Signal« ein, auch wenn wir Eltern schimpfen. Dieses Schimpfen beziehen unsere Kinder dann nicht auf sich, da sie kognitiv noch nicht in der Lage sind, die Gefühlswelt ihrer Eltern zu erkennen und nachzuvollziehen, dass ihr Werfen uns wütend macht und für das Schimpfen verantwortlich ist. Sie erkennen zwar einen Zusammenhang (»Immer wenn ich werfe, wird Papa laut«), finden den aber eher spannend, denn er gehört wieder in das Ursache-Wirkungs-Lernfeld. Also machen sie mit dem Werfen weiter, um zu überprüfen, ob das Lautwerden ihrer Eltern wirklich jedes Mal nach dem Tellerwerfen kommt.

Nun könnte man denken, dass es diesem Gesichtspunkt zufolge vielleicht doch eine gute Idee ist, das Essen immer dann abzubrechen, wenn das Kind den Teller (oder das Essen, den Becher etc.) wirft, denn dann würde es doch irgendwann den Zusammenhang lernen? Ich werfe den Teller, der Teller kommt weg. Und das ist auch richtig! Es ist unseres Erachtens trotzdem sinnlos, denn das Kind wirft den Teller ja, weil es satt ist, das heißt, es interessiert das Kind in dem Moment überhaupt nicht, wenn das restliche Essen außer Reichweite gebracht wird. Im Gegenteil: Für das Kind signalisieren wir Eltern mit dem Wegstellen des Tellers: »Ich habe dich verstanden. Du bist satt. Dann stelle ich den Teller jetzt weg.« Das Kind fühlt sich also verstanden und ist glücklich, einen Weg gefunden zu haben, uns diese Tatsache begreiflich gemacht zu haben. Dementsprechend würde es das Signal Tellerwerfen für den Umstand, dass es satt oder gelangweilt ist, nun immer wieder nutzen und sich nur wundern, warum wir Eltern deswegen zunehmend lauter werden.

Nehmen wir an, das Kind ist noch nicht satt und wirft den Teller trotzdem aus für uns nicht nachvollziehbaren Gründen. Dann würde das Wegstellen des Tellers, also das Abbrechen des Abendbrotes, eher uns Eltern schaden als unseren Kindern. Denn diese haben dann sehr wahrscheinlich noch Hunger. Und schicken wir sie dann auch wirklich hungrig ins Bett? Die Generation der heutigen Großeltern und Urgroßeltern hat das damals, als sie Eltern waren, noch gemacht, ihre Kinder mussten damit leben und den Hunger bis zum Frühstück aushalten. Davon ist aus heutiger Sicht allerdings abzuraten, da diese Maßnahme die Eltern-Kind-Bindung negativ beeinflussen und ein gestörtes Verhältnis zum Essen hervorrufen kann.

Die Eltern heute machen es aber oft auch nicht besser. Sie geben dem Kind dann später, wenn es Hunger hat, noch einmal etwas zu essen. Und was hat das Kind dann daraus gelernt? Nichts. Seine Eltern vollführen nur seltsame Rituale, die es nicht nachvollziehen kann. Manchmal stellen sie den Teller weg, manchmal holen sie ihn wieder, manchmal wird das Essen unterbrochen, aber später gibt es dann wieder etwas. Das Kind denkt höchstens »Go with the flow« und akzeptiert dieses Gebaren seiner Liebsten als normales Verhalten. Mit dem Tellerwerfen aufhören wird es vermutlich nicht.

Was hilft?

1. Echtes Geschirr verwenden

Doch, doch, das meinen wir ernst. Sie haben doch bestimmt noch »hübsches« Geschirr von der Oma oder der Schwiegermutter im Schrank, um das es nicht wirklich schade wäre? Nehmen Sie das.

Es ist auch schon für kleine Kinder ein Unterschied, ob bruchsichere Melamin-Teller auf den Boden fallen und scheppernd, aber unversehrt umherrollen oder ob ein echter Porzellanteller klirrend in tausend Stücke zerspringt. Sie können davon ausgehen, dass so einen Teller kein Kind absichtlich zweimal fallen lässt. Auch Maria Montessori sagt, dass es für die Entwicklung der Kinder am besten sei, wenn sie von Anfang an echtes Geschirr und echte Gläser bekommen. Schauen Sie doch auch mal in Ihren Küchenschrank. Steht da noch Ihr 30 Jahre altes Kindergeschirr aus Porzellan? Ja? Sehen Sie, Sie haben das damals auch geschafft. Und Ihre Kinder können das auch. Ganz bestimmt.

2. Ein anderes Signal einführen

Das Hinunterwerfen von Geschirr oder Essen ist, wie gesagt, ein meist vom Kind eingeführtes und von den Eltern unwissentlich verstärktes Signal dafür, dass es satt ist oder sich langweilt. Wenn wir das wissen, ist es ein Leichtes, unserem Kind ein anderes Signal beizubringen. Hier gilt, wie bei vielen anderen Dingen auch: Wenn man einem Kind immer wieder sagt, was es *nicht* machen soll, heißt das noch lange nicht, dass es dann automatisch weiß, was es *stattdessen* machen soll! Möglicherweise kapiert es durchaus, dass wir sauer werden, wenn es den Teller runterwirft. Doch was es ansonsten machen soll, das müssen wir Eltern ihm sagen oder vormachen. Am einfachsten ist es, ihm zu zeigen, dass es den Teller auf dem Tisch von sich wegschieben kann, um zu zeigen, dass es fertig ist. Sollte der Teller also mal wieder fallen, kann man ihn ohne Brimborium aufheben, wieder vor das Kind stellen und sagen: »Du bist satt? Guck mal, dann schieb den Teller so nach vorn. Dann verstehe ich dich besser. So sagst du: Ich bin fertig!« Das sollten Sie eine Weile immer wieder vormachen, auch bei Ihnen selbst, und Ihr Kind freudig anlächeln oder nicken, wenn es den Vorschlag umsetzt. Andere mögliche Signale wären: den Stuhl vom

Tisch wegschieben, vom Stuhl steigen oder am Lätzchen zerren. Wer mit seinem Kind gebärdet, kann auch einfach die »Fertig«-Gebärde anwenden.

3. Beim Gutsein erwischen

Meine Kinder haben schon relativ früh, mit etwa elf Monaten, selbst mit dem Löffel oder der Gabel gegessen. Dabei kam es natürlich häufiger vor, dass selbige hinunterfielen. Ich habe dazu nie groß etwas gesagt, denn es war klar: Sie machen das nicht mit Absicht, sondern weil ihre Motorik noch nicht ausgereift ist. Mit etwa 13 Monaten fiel mir jedoch auf, dass eine der beiden, Carlotta, den Löffel immer öfter absichtlich fallen ließ, sodass er scheppernd zu Boden ging. Ich hatte das Gefühl, sie dachte, dass das Hinunterfallen irgendwie zum Essensprozess dazugehört, und dass sie nicht wirklich wusste, dass sie das Besteck eigentlich neben dem Teller ablegen sollte, wenn sie es nicht mehr braucht. Da mir das Aufheben nach einer Weile lästig wurde, begann ich, sie dabei zu »erwischen«, wenn sie den Löffel auf dem Tisch ablegte. Das erste Mal hätte ich es tatsächlich beinahe verpasst, weil es eine so nebensächliche Geste war, dass mein Gehirn sie gar nicht registrieren wollte. Mehr aus Versehen legte sie den Löffel genau neben ihrem Teller ab, um nach ihrem Glas zu greifen. Ich ergriff die Gelegenheit beim Schopfe und sagte zum Teddy, der stumm am Tisch saß und zuguckte: »Oh, guck mal, Teddy, deine Carlotta hat verstanden, dass der Löffel neben den Teller gehört. Wie schön!« Dann strahlte ich sie an. Man konnte den Denkprozess hinter ihrer Stirn förmlich nachvollziehen. Ihre Augen gingen verwundert zum Löffel, dann schaute sie zu mir. Sie blickte auf den Boden, dann wieder auf den Löffel. Dann straffte sich ihr ganzer Körper und sie lächelte mich an. Ich bin sicher, in diesem Moment war ihr ein Licht aufgegangen. Sie hatte endlich erfahren, wie der gesellschaftlich anerkannte Umgang mit einem in dem Moment ungebrauchten Löffel war. Ab diesem Zeitpunkt wurde der Löffel sehr viel öfter auf dem Tisch abgelegt und sehr viel weniger auf den Boden geworfen. Letzteren hob ich einfach auf, Ersteren bemerkte ich drei Tage lang sehr intensiv mit positiver Rückmeldung. Danach machte ich noch etwa eine Woche lang ab und zu positive Bemerkungen, wenn der Löffel neben dem Teller abgelegt wurde. Danach waren wir durch mit dem Thema: Die Löffel blieben zuverlässig oben.

»Mein Kind läuft ständig weg«

Eine der gefährlichsten unkooperativen Verhaltensweisen von Kindern ist das Weglaufen. In klassischen Ratgebern wird meist dazu geraten, konsequent zu sein und das Kind bei einem Regelverstoß an die Hand zu nehmen bzw. in den Buggy zu setzen. Wem man nicht vertrauen kann, der büßt eben mit Freiheitsentzug. Wir möchten diese Lösung nicht verurteilen, weil sie das Kind ja definitiv schützt. Und das ist natürlich das Wichtigste. Wir denken aber, dass es auch hier verträglichere Alternativen gibt, die das Zusammenleben in der Familie vielleicht nicht zum permanenten Kampf machen. Denn selbstverständlich wehren sich die meisten Kinder dagegen, zwangsweise an der Hand laufen oder im Buggy sitzen zu müssen. Oft sehen sie gar nicht ein, dass sie etwas falsch gemacht haben.

Warum ist das so?

Viele Kinder sehen das Wegrennen als Spiel an. Man sieht sie dann kichernd vor den besorgten Erwachsenen fortlaufen, die warnenden Rufe nicht hörend. Sie sind im Spielmodus und sehen keine Gefahr. Andere Kinder haben einen sehr ausgeprägten Jagdinstinkt – vielleicht ein Überbleibsel unserer Vergangenheit als Jäger und Sammler. Wenn diese Kinder eine Katze sehen oder auch eine Taube, einen rollenden Fußball etc., dann rennen sie ohne Rücksicht auf Verluste einfach los und jagen hinterher. Dabei sind sie so fokussiert, dass auch sie die Rufe der Erwachsenen nicht mehr hören.

Hinzu kommt, dass die menschliche Ohrmuschel eher nach vorn gerichtet ist. Wir hören Geräusche, die von vorn und von der Seite kommen gut, nicht jedoch solche von hinten. Rufen die Erwachsenen also von hinten und aus einer relativ großen Entfernung, dann erreichen die Schallwellen kaum noch das Ohr – das Kind hört tatsächlich nur wenig. Ist es dann auch noch auf etwas anderes konzentriert, filtert das Gehirn dieses Geräusch als nebensächlich weg und das Kind nimmt unser Rufen gar nicht mehr wahr. Unsere Ohren nehmen tagtäglich sehr viel mehr Geräusche auf, als das Gehirn verarbeiten kann. Zu unserem Schutz filtert es in wichtig und unwichtig – dabei passieren aber leider auch Fehler.

Oft und meist unbewusst drücken wir Erwachsenen uns nicht präzise genug aus. Wir sagen zum Beispiel: »Lauf nur so weit, wie ich dich noch sehen kann.« Doch wie weit ist das denn genau? Wie soll das Kind einschätzen, wie weit ein Erwachsener sehen kann, zumal in einem Alter, in dem es eine Situation kognitiv noch nicht aus der Sicht eines anderen bewerten kann? Für unsere Kinder sind wir in dem Alter, in dem sie normalerweise weglaufen, doch noch Superhelden, die *alles* können. Sie können einfach noch nicht wissen, dass wir sie durch die Hecke oder hinter den Autos nicht mehr sehen können! Damit ist das Weglaufen dorthin, wo die Eltern es nicht mehr sehen können, keine böse Absicht, sondern schlicht und einfach das Ergebnis der Annahme, dass wir Eltern unfehlbar sind. Dass wir nicht kilometerweit und um die Ecke gucken können, ist unseren Kindern nicht bewusst.

Was hilft?

1. Fangen spielen vermeiden

Meine Töchter sind mittlerweile fast sechs Jahre alt und ich spiele gerne mit ihnen Fangen. Auf dem Spielplatz rase ich ihnen hinterher und bin das große Krümelmonster, das die beiden kleinen leckeren Kekse da vor mir essen will. Dabei wird ausgiebig gekichert und ich komme mit meinen 40 Jahren ziemlich aus der Puste. Hallo Körper? Du warst doch mal echt sportlich?! Tja nun… Wenn Sie uns so auf der Wiese beobachten könnten, würden Sie sich vielleicht wundern, wenn ich Ihnen erzähle, dass ich, bis Carlotta und Helene drei Jahre alt wurden, nie, wirklich niemals Fangen mit ihnen gespielt habe. Ganz bewusst habe ich speziell dieses Spiel gemieden. Und auch bei meinem zweijährigen Sohn Josua vermeide ich tunlichst, ihm hinterherzurennen.

Das liegt daran, dass ich nicht möchte, dass er dieses Spiel im Straßenverkehr mit mir spielt und vor mir wegrennt, wenn es gefährlich ist. Denn er kann noch nicht zwischen den Situationen »Fangen spielen erlaubt« und »Fangen spielen gefährlich« unterscheiden. Für ihn ist es egal, wo er kichernd davontorkelt, um sich wieder einfangen zu lassen. Für ihn ist es ein Spiel, egal, ob er dabei auf der Straße rennt oder auf dem sicheren Spielplatz. Es wäre eine Überforderung, von ihm zu verlangen, erst abzuwägen, ob das Fangenspielen gerade möglich ist oder nicht.

Ich renne ihm also niemals hinterher und ich greife ihn auch nicht von hinten an den Arm oder die Jacke. Wenn es vorkommt, dass er einen anderen Weg einschlägt als ich, renne ich zwar manchmal schnell hinter ihm her, solange er sich nicht umsieht, schlendere aber sofort betont langsam, wenn ich in sein Blickfeld gerate. Ich überhole ihn dann mit großen Schritten, aber nicht hektisch, drehe mich zu ihm um und beuge mich herunter, um ihn *von vorn zum Stoppen* zu bewegen. So kommt bei ihm niemals das

Gefühl auf, gejagt zu werden, das ja bekanntlich der Initialzünder für das spielerische Weglaufen ist. Stattdessen stelle ich mich ihm von vorn in dem Weg und habe dann auch gleich Augenkontakt, um seine Aufmerksamkeit und sein Zuhören zu sichern.

Es mag Ihnen schade vorkommen, das schöne Fangen spielen zu unterlassen, und wir können das verstehen. Aber es ist ja nicht für immer verboten, sondern schlicht nach hinten verschoben. Ab etwa drei Jahren – das kann von Kind zu Kind variieren – sind Kinder kognitiv in der Lage zu verstehen, dass Fangen spielen auf dem Spielplatz prima ist, aber im Straßenverkehr zum Beispiel nicht. Dann können Sie immer noch so viel hinter Ihren Kindern herrennen, wie es Ihre Puste zulässt.

2. Verkehrstraining

In dem Moment, in dem Ihre Kinder laufen lernen, sind sie auch bereit für das Verkehrstraining. Das fängt zunächst sehr einfach an. Wenn Sie mit Ihrem Einjährigen an eine Straße kommen, halten Sie ganz bewusst an, zeigen auf den Bordstein und sagen: »Stopp! Das ist eine Straße. Hier darfst du nur mit Mama oder Papa rüber.« Dann nehmen Sie Ihr Kind an die Hand. Immer! (Es sei denn natürlich, es sitzt im Buggy oder in der Trage). Kommen Sie an eine Ampel, dann zeigen Sie auf die Ampelfarbe und sagen: »Die Ampel ist rot. Wir müssen anhalten. Stopp!, sagt die Ampel.« Man kann dabei auch eine Stopp-Gebärde machen oder das Ampellied »Bei Rot bleibe steh'n, bei Grün kannst du geh'n« singen. Wenn die Ampel auf Grün umspringt, können Sie betont erfreut sagen: »Daaaa! Die Ampel ist grün! Nun können wir gehen. Nun halten die Autos an.« So lenken Sie die Aufmerksamkeit des Kindes gezielt auf das »komische Ding«, das sich Ampel nennt, und zeigen ihm, dass das irgendwie wichtig ist.

Der Sinn hinter diesem sehr frühen Verkehrstraining ist, dass Kinder mit etwa zwölf Monaten noch nicht infrage stellen, was wir ihnen sagen. Die Autonomiephase hat eben erst begonnen. Sie orientieren sich in diesem Alter noch stark an uns, um die Welt überhaupt einmal zu begreifen, und imitieren uns deshalb gern. Was wir sagen, wird von ihnen als unumstößliche Gegebenheit angenommen. Zeigen wir ihnen also in diesem Alter bereits, dass es wichtig ist, an Straßen zuverlässig anzuhalten, bei Rot nicht über die Straße zu gehen und auf die elterliche Hand zur Überquerung zu warten, dann prägt sich das so fest ein, dass es auch später, wenn sie ihre eigenen Wege gehen wollen, abgerufen wird. Sie werden dann auch mit zwei oder drei Jahren an der Straße anhalten. Weil sie das immer schon so gemacht haben.

Zum Verkehrstraining gehört übrigens auch, Ihren (etwas älteren) Kindern nicht alle Entscheidungen abzunehmen. Ein Kind, das immer nur mitläuft, fängt nämlich irgendwann an zu träumen. Es ist nicht mehr konzentriert auf die Gefahren der Straße. Das mag an Ihrer Seite nicht schlimm sein, denn Sie passen ja auf – aber wenn das immer so ist, gewöhnt sich das Gehirn daran, dass es im Straßenverkehr in den Tagtraummodus gehen kann. Und das könnte bedeuten, dass das Kind, wenn es allein zur Schule unterwegs ist, auch träumt, statt aufzupassen. Wir sagen natürlich nicht, dass wir unsere Kinder ständig und überall auf Gefahren aufmerksam machen sollten. Was wir meinen ist, sie an kleineren Straßen entscheiden zu lassen, wann wir alle hinübergehen können oder sie zu bitten, uns den Weg vom Kindergarten nach Hause oder von zu Hause zum Spielplatz zu zeigen. Besprechen Sie mit ihnen, in welcher U-Bahn Sie fahren, an welcher Station Sie normalerweise aussteigen usw. Zeigen Sie einfach, dass es wichtig ist, im Verkehr aufmerksam zu bleiben – dann fängt ihr Gehirn nicht an, in wichtigen Situationen zu träumen.

3. Klare Absprachen treffen – und zwar vorher

Wie wir oben bereits erklärten, denken Kinder, dass wir Superhelden mit Superkräften sind. Ihnen ist einfach nicht klar, wie weit wir gucken können und sie noch sehen können. Deshalb ist es wichtig, klare Absprachen mit Kindern zu treffen, und zwar *bevor* sie losrennen, denn sonst hören sie uns nicht mehr gut. Sie könnten zum Beispiel sagen: »Du darfst bis zur nächsten Laterne laufen.« Im Park eignen sich auch Kurven als Markierung: »Du kannst bis zur nächsten Kurve rennen. Dahinter sehe ich dich nicht mehr, dann bleib bitte stehen.« Auf dem Spielplatz ist es sinnvoll, eine imaginäre Linie mit den Kindern abzulaufen: »Im Gebüsch kann ich dich nicht sehen, aber du darfst bis hier spielen. Hier vor dem Gebüsch ist die Linie, ja?«

Oft werden wir von verzweifelten Zweifachmüttern angesprochen, wie sie das denn machen sollen, wenn ihr großes Kind mit dem Laufrad fahren will, sie aber mit dem Kleinkind oder Baby nicht schnell genug hinterherkommen können. Die großen Kinder langweilen sich schnell im Schritttempo und fahren dann einfach voraus. Die Antwort ist eigentlich ganz einfach: Sagen Sie zu Ihrem großen Kind: »Du darfst bis zum … vorfahren. Wenn dir langweilig ist, weil wir zu langsam sind, dann fahr wieder zu mir zurück, o. k.? Du kannst immer hin- und herfahren, bis ich mit dem Baby den Weg auch geschafft habe.« Normalerweise ist das eine Lösung, die alle Beteiligten gut gefällt und die deswegen problemlos klappt. Langeweile ist ein großer Risikofaktor fürs Weglaufen, deshalb werden wir weiter unten noch etwas ausführlicher darauf zurückkommen.

4. Im Notfall: Leinenrucksack

Wie schon erwähnt, gibt es Kinder mit ausgeprägtem Jagdinstinkt, bei denen der Impuls, loszurennen, jede antrainierte Verhaltensweisen überschreibt. Selbst wenn sie ausgiebiges Verkehrstraining hatten, kann es sein, dass diese Kinder nicht anhalten, wenn eine Straße kommt oder sie viel zu weit weg von den Eltern sind. Auch bei Zwillingen gibt es manchmal das Problem, dass Eltern, die allein mit den beiden unterwegs sind, mächtig ins Schwitzen kommen, weil der eine hierhin und der andere dorthin strebt. Wem sollen sie folgen? Und warum rennen die nicht mal in eine Richtung?

Für solche Ausnahmefälle schlagen wir vor, einen Leinenrucksack in Form eines Tieres (Affe o. ä.) zu nutzen. Wir wissen, dass die umstritten sind und selbstverständlich sind unsere Kinder keine Hunde. Aber ganz ehrlich? Wir wären lieber in der Lage, unser Kind an der Leine von der Straße zu reißen, als mit ansehen zu müssen, wie es unter ein Auto gerät, weil wir nicht schnell genug hinterhergekommen sind. Es ist bewundernswert, dass viele Eltern mit mehreren Kindern es schaffen, alle ihre Kinder im Straßenverkehr im Blick zu behalten, doch sollten wir uns deshalb nicht erlauben, über andere zu urteilen. Man sollte erst selbst in den Schuhen von Zwillingseltern oder kleinen Jägern stecken, bevor man auf sie herabblickt. Ein Leinenrucksack ist kein Foltermittel und für ein Kleinkind auch nicht demütigend, sondern eine zusätzliche Sicherheit, wenn es sich rigoros weigert, an der Hand zu laufen oder sich in den Buggy setzen zu lassen. Normalerweise nehmen die Kinder diese Rucksäcke nicht als Leine wahr. Für sie ist es ein lustiges Tier mit langem Schwanz, das sie da auf dem Rücken tragen. Anders als Mamas Hand oder den Buggy bewerten sie den Rucksack auch nicht als Einschränkung ihrer Freiheit, es sei denn, er wird zu oft genutzt. Die Eltern sollten deshalb nur an viel befahrenen Straßen den Leinenschwanz in die Hand nehmen und das Kind ansonsten frei mit Rucksack laufen lassen. Wichtig ist, auch trotz der Sicherung mit den Kindern ein Verkehrstraining durchzuführen.

Moritz: Wann nicht weglaufen zu viel verlangt ist

Wir sind von Mandy, 36, Mutter des zweijährigen Moritz, um Hilfe gebeten worden. Ihr kleiner Sohn läuft immer wieder vom Spielplatz davon:

Moritz spielt auf Spielplätzen immer nur kurz mit den Geräten und rennt dann einfach weg, vom Spielplatz herunter. Er schaut sich überhaupt nicht nach mir um, läuft einfach stur los. Ich würde mich gerne mal wie andere Eltern auf eine Bank setzen und ausruhen, während er auf dem Spielplatz spielt. Andere Kinder sitzen stundenlang im Sand und buddeln. Aber Moritz nicht. Den interessieren Spielplätze so gut wie gar nicht. Ich frage mich, wie ich ihm das Weglaufen abgewöhnen kann. Er ist noch so klein und es kann so schnell passieren, dass er in ein Auto rennt.

Wenn wir uns diese Situation genauer ansehen, dann kollidieren hier zwei Bedürfnisse miteinander: Moritz' Bedürfnis, zu laufen, und Mandys Bedürfnis, sich auszuruhen. Sosehr wir die Mutter verstehen können – wir denken, dass sie ihr Bedürfnis in diesem Moment erst einmal zurückstecken muss. Problematisch ist das Verhalten des Kindes nämlich eigentlich nur im Hinblick auf die Gefahr, in die es sich begeben könnte. Es ist aber ein ganz normales Verhalten, dass er nur so kurz Interesse an den Spielgeräten zeigt und nicht »stundenlang« buddeln möchte. Moritz ist eben ein Kind, das lieber läuft, als auf dem Spielplatz zu spielen. Nur das Umfeld, in dem er sich befindet, macht die Situation für Mandy so schwierig: der Spielplatz ohne Eingrenzung und die Straßen drum herum. Es muss sich also nicht das Kind ändern, sondern sein Umfeld. Wenn die Mutter mit ihrem Sohn beispielsweise in einen Park geht, kann er so viel laufen, wie er will, denn es kann ihm nichts passieren. Auch auf einem eingezäunten Spielplatz wäre das möglich, allerdings vermuten wir, dass es ihm dort schnell langweilig werden würde, da er nun einmal kein Spielplatzkind ist. Viel besser wären wilde, unbebaute Flächen mit vielen Steinen und Stöcken – dort würde er genug zum Spielen finden, sodass Mandy sich vielleicht sogar kurz hinsetzen könnte. So wären beide Bedürfnisse erfüllt, das des Kindes und das der Mutter. Von diesem Läufer-und-Entdecker-Kind zu fordern, auf einem Spielplatz nicht wegzurennen, ist eindeutig zu viel verlangt!

Es gibt noch eine andere Situation, in der das Nichtweglaufen zu viel verlangt ist: wenn Kinder warten sollen. Warten kann ein Kind nur sehr kurz, denn es hat noch keine gute Zeitvorstellung – Minuten kommen ihm vor wie Stunden, Stunden wie Minuten. Soll ein Kind also ohne Beschäftigung einfach nur warten, passieren zwei Dinge: In unbekannten Umgebungen bekommt es meist Angst. Dann wird sein Bindungsbedürfnis aktiviert und es will zu seinen Eltern. In bekannten Umgebungen wird ihm langweilig und es sucht sich eine Beschäftigung. In beiden Fällen verlässt es den Ort des Wartens. Möchten Sie also, dass Ihr Kind irgendwo kurz wartet, dann vermeiden Sie »Leerlauf« und geben klare Handlungsanweisungen, bevor Sie gehen. »Dein Bruder will noch zweimal rutschen, bevor wir gehen. Das dauert zwei Minuten. Du kannst hier vorn auf der Wiese warten und Löwenzahn für die Meerschweinchen pflücken.« Oder: »Ich muss noch mal was aus der Wohnung holen. In zwei Minuten bin ich wieder da. Willst du in der Zeit vom Treppenabsatz springen? Du kannst mir dann zeigen, wie hoch du dich traust.« Ganz wichtig ist natürlich, dass die vorgeschlagene Beschäftigung auch etwa so lange anhält, wie Sie weg sind. Ist die Beschäftigung zu langweilig, gerät das Kind nämlich wieder in den Leerlauf und könnte auf die Idee kommen, sich etwas anderes zu suchen.

»Jeden Abend das Drama beim Schlafengehen«

Viele Eltern kennen das: Man hat den Nachmittag und Abend mit den Kindern verbracht, gespielt, vorgelesen, wieder gespielt, noch mal vorgelesen, Abendbrot gemacht und gegessen, beim Abendprogramm geholfen, ein letztes Mal vorgelesen, und nun soll das Kind endlich einschlafen, denn die Elternzeit ist angebrochen. Leider denkt das Kind nicht ans Einschlafen. Stattdessen tapert es gefühlte hundert Mal aus seinem Zimmer ins Wohnzimmer, verlangt noch ein Glas Wasser oder muss zur Toilette oder da ist ein Monster unterm Bett oder es ist zu heiß oder zu kalt oder das Kuscheltier ist plötzlich weg oder es muss unbedingt noch eine Geschichte aus dem Kindergarten erzählen.

Zunächst ist man als Elternteil noch geduldig, bringt das Wasser oder sucht das Kuscheltier, aber nach einer Weile wird man echt sauer, denn erholsam ist so ein unterbrochener Erwachsenenabend nun nicht gerade. Erst wenn wir Eltern laut werden und schimpfen, scheint unser Kind ein Einsehen zu haben, bleibt endlich liegen und schläft irgendwann doch recht schnell ein. Warum geht das nicht mit mehr Kooperation? Warum scheint Schimpfen der einzige Weg zu sein, damit unser Kind nicht wieder aus seinem Zimmer kommt?

Warum ist das so?

Um den Grund für das Verhalten unserer Kinder zu verstehen, müssen wir einen kleinen Abstecher in die Bindungstheorie machen. Schon gleich nach der Geburt sind Kinder auf der Suche nach einem verlässlichen Bindungspartner und finden diesen normalerweise bei Mama und Papa. Im ersten Lebensjahr vertieft sich diese Bindung sehr stark. Die Eltern werden zum sicheren Hafen. Nach und nach kommen neue Bindungspersonen hinzu – die Erzieherin im Kindergarten, Oma und Opa, Onkel und Tante, Pateneltern, Babysitter. An der Spitze der Bindungspyramide bleiben jedoch normalerweise die Eltern, das heißt, bei ihnen fühlen sich die Kinder am sichersten und am wohlsten. Mit ihnen wollen sie am liebsten 24 Stunden zusammen sein. Je älter ein Kind wird, desto stärker löst es sich allmählich von den Eltern, aber zumindest in den ersten drei Jahren hätten unsere Kinder nichts dagegen, uns pausenlos zur Verfügung zu haben. Wenn das nicht geht, weichen sie auch problemlos auf andere Bindungspersonen aus, aber ihre Vorliebe gilt weiterhin uns.[45]

In der Literatur wird die Bindung zwischen den Eltern und dem Kind häufig mit einem Gummiband verglichen. Dieses wird in verschiedenen Situationen probehalber »gedehnt«. Ein gut gebundenes Baby zum Beispiel würde im Krabbelkurs von der Mutter wegkrabbeln und seine Umgebung untersuchen, dann aber nach ein paar Minuten wieder zu ihrem Schoß zurückkommen, um dort über Körperkontakt wieder Kraft zu sammeln. Das Signal, wieder zurückzukrabbeln, erhält das Kind aus seinem Inneren. Es »fühlt« eine akute Sehnsucht nach den Eltern, die schnell gestillt werden muss. Das Bindungsband war in »gespanntem Zustand«, und wie ein Gummiband, das nicht ewig gedehnt sein möchte, wird das Kind durch das Bindungsband zurückgeführt. Der folgende Körperkontakt mit der Bindungsperson verringert den inneren Stress des Abenteuers, das es gerade erlebt hat (das muss kein schlechter Stress sein!), weil nun das Glückshormon Oxytocin ausgeschüttet wird. Im Gehirn passieren dabei zweierlei Dinge: Das Kind wird durch den Hormonwirbel einerseits für seinen Mut belohnt, ein fremdes Gebiet erobert zu haben, und erlebt sich als selbstwirksam, andererseits fühlt es im Kontakt mit seinen Bindungspersonen eine wohlige Wärme durch seinen Körper strömen und eine enge Verbundenheit mit den Seinen, die beruhigend wirkt. Da haben wir also die Wurzeln und Flügel, die wir unseren Kindern geben sollen: Verbundenheit einerseits und Selbstwirksamkeit andererseits.

Das Einschlafen allein und im eigenen Bett ist vergleichbar mit dem Herumkrabbeln im Raum. Es ist ein Wagnis. Denn unser noch immer urzeitliches Gehirn verbindet Einschlafen noch immer mit Gefahr, obwohl es im Kinderzimmer keine Hyänen oder andere wilde Tiere gibt.[46] Sobald das Licht ausgeht, reagiert das Gehirn so, wie es vor Tausenden von Jahren reagiert hat – mit Stress. Und wie reagiert ein gestresster kindlicher Körper? Genau, das Bindungsbedürfnis wird aktiviert – das Gummiband schnellt zurück zum sicheren Hafen. Das Kind wird also von seinen eigenen Impulsen quasi aus dem Bett gerissen, hinein zu uns ins Wohnzimmer. Dass es, um den inneren Stress loszuwerden, eine Ausschüttung von Oxytocin braucht, weiß das Kind natürlich nicht. Es weiß nicht, warum es immer wieder aufsteht, um zu uns zu laufen. Es fühlt nur, dass es das irgendwie muss. Es weiß aber auch, dass wir das nicht mögen. Dass wir gerade unsere Ruhe haben wollen und grundlose Störungen missbilligen. Deshalb merkt es sich Ausreden, auf die wir in der Vergangenheit nicht ganz so genervt reagiert haben. Okay, Durst? Das kann ja wirklich sein – also geben wir dem Kind Wasser. Auf Toilette? Na gut, einen nächtlichen Unfall wollen wir ja auch nicht, dann geh noch mal schnell auf die Toilette! Hunger? Mann, aber es gab doch vorhin erst Abendbrot. Na gut, dann kriegst du halt noch eine Stulle. Hungern lassen wäre ja irgendwie gemein. Wie – Monster? Puh … okay – kindliche Ängste soll man unbedingt ernst nehmen, ich hole also das Monsterspray …

Das alles ist keine absichtliche Schikane des Kindes – es wird getrieben von seiner Bindung zu uns. Rein kognitiv ist den Kindern bewusst, dass wir im Nebenzimmer sind und ihnen nichts passiert, doch die Bindungssehnsucht sucht sich trotzdem ihren Weg. Dabei merkt das Kind natürlich, dass es zunehmend unwillkommener ist. Spätestens, nachdem wir richtig sauer geworden sind und es angeranzt haben, es soll nun endlich schlafen, fängt es an, das gespannte Band in seinem Inneren zu ignorieren. Das geht, denn Kinder sind Meister im Verbiegen, um ihren Eltern zu gefallen. Aber *schön* ist das Einschlafen so nicht.

Die Bindungshierarchie erklärt übrigens auch, warum unsere Kinder nachts so oft bei uns im Bett landen, statt weiter in ihrem eigenen Bett zu schlafen. Sie sind kurz aufgewacht (was vollkommen normal ist), haben das gespannte Band in ihrem Inneren gespürt und sind zu ihrem sicheren Hafen getapst, um durch Körperkontakt dieses unangenehme Ziehen loszuwerden. Diese Theorie lässt uns auch verstehen, warum unsere Kinder bei Babysittern oder Oma und Opa so viel schneller und problemloser ein- und durchschlafen als bei uns. Da diese Personen eine etwas tiefere Position in der Bindungspyramide haben, sind sie logischerweise nicht der sichere Hafen, der angesteuert wird. Das Bindungsband schnellt nicht automatisch in ihre Richtung zurück, das Kind fühlt sich von ihnen nicht so stark angezogen wie von den Bindungspersonen Nummer 1 und Nummer 2. Sind die Eltern nicht zugegen, dann ist das Kind also sowieso auf »Sparprogramm«, das heißt, es reißt sich (trotz liebevoller Umsorgung!) zusammen, bis Mama und Papa wieder da sind. Wenn also keine schnelle Oxytocin-Ausschüttung zu erwarten ist von demjenigen, der da im Wohnzimmer sitzt und aufpasst, muss der Körper auch keine Impulse aktivieren, dorthin zu kommen. Da ist es für Körper und Geist energieeffizienter, einfach liegen zu bleiben und schnell einzuschlafen.

Das bedeutet nicht, dass wir als Eltern darauf verzichten sollten, abends wegzugehen, nein. Ein Kind kann solche Zeiten problemlos aushalten. Oft sind es ja sowieso nur wenige Abende, an denen ein Babysitter da ist. Und bringt die Oma oder der Babysitter das Kind regelmäßig abends ins Bett, dann bildet sich zu ihm ja automatisch eine sehr enge Bindung und dann wird er oder sie irgendwann auch zum sicheren Hafen.

Was hilft?

1. Einschlafbegleitung

Die denkbar einfachste Lösung für das Problem ist die Einschlafbegleitung. Liegen Sie neben Ihrem Kind, muss es nicht herauskommen und den Erwachsenenabend stören, denn sein Bindungsband ist ja nicht gedehnt. Es ist ganz nah bei Ihnen, sein Gehirn braucht keine Angst vor Säbelzahntigern zu haben und kann sich zur Ruhe begeben. Für Ihr Kind ist dies normalerweise die kuschligste und schönste Möglichkeit, einzuschlafen.

Ich begleite nun seit mehr als fünf Jahren Kinder in den Schlaf und kann ehrlich sagen, dass es für Erwachsene durchaus schönere Möglichkeiten gibt, den Abend zu verbringen. Es gab auch Momente, und zwar nicht gerade wenige davon, da war ich super genervt, in diesem Bett neben diesen Kindern quasi gefangen zu sein. Das merkten die natürlich und kamen noch weniger schnell zur Ruhe. Je wichtiger es mir war, aus dem Kinderzimmer rauszukommen, weil ich noch einen Artikel zu Ende schreiben wollte oder Freunde im Wohnzimmer saßen, um sich mit mir zu unterhalten, desto länger dauerte es, bis die Kinder schliefen.

Geholfen haben mir zwei Dinge. Erstens: mein Smartphone. Das Telefon ist meine Verbindung zur Außenwelt. Ich kann twittern, Kommentare im Blog beantworten oder mich mit Freunden austauschen. Damit ist die Einschlafbegleitung für mich keine vertane Zeit – ich nutze sie für meine Erholung und bin gleichzeitig für meine Kinder da.

Zweitens: Der Gedanke, dass diese Zeit der Einschlafbegleitung endlich ist. Unsere Kinder sind nicht ewig klein, sie werden nicht ewig an unserem Rockzipfel hängen. Als Baby schliefen meine Töchter die ersten drei Monate lang oft auf meiner Brust ein – zack, war das vorbei. Und wie ich es vermisse! Dieses kleine, warme, schlafschwere Menschlein auf mir, der winzige haarbekränzte Kopf kurz unter meiner Nase, der typische Babygeruch. Hach! Auch die anderen Phasen gehen rasend schnell vorbei, wenn man sie rückblickend betrachtet. Plötzlich sind sie sechs Jahre alt und viel zu cool, um noch Einschlafbegleitung zu wollen. Und dann sitzen wir Eltern im Wohnzimmer und überlegen: Haben wir die Zeit, so ewig lang sie uns währenddessen vorkam, wirklich ausreichend genutzt? Haben wir die Gelegenheiten ausgeschöpft, unseren Kindern richtig nah zu sein? Denn von nun an streben sie immer weiter von uns weg. Sie bleiben mit uns verbunden, klar, aber ihr Weg führt nach den ersten sechs Jahren unaufhörlich von uns fort. Es fängt mit der ersten Übernachtung bei der Kindergartenfreundin an und endet mit dem Auszug in die erste eigene Wohnung.

Betrachten wir es also als Chance, diese gemeinsame Zeit zu *genießen.* Und deshalb liege ich auch heute noch fast jeden Abend neben meinen Kindern und begleite sie beim Einschlafen, lausche ihren Atemzügen und halte ihre kleinen Händchen. Damit ich mir nicht später selbst vorwerfen muss, diese wunderbaren Momente verpasst zu haben.

2. Selbstbestimmtes Zubettgehen

Meine drei Kinder können wählen zwischen Einschlafbegleitung und selbstbestimmtem Zubettgehen. Bei Letzterem dürfen sie in ihrem Zimmer so lange (leise) spielen, wie sie wollen. Erst, wenn sie sich wirklich müde fühlen, gehen sie selbstständig ins Bett und machen das Licht aus. Normalerweise schlafen sie dann auch tatsächlich innerhalb einer Minute ein. Dieses Arrangement klappt erstaunlich gut und gibt mir die Möglichkeit, abends die Küche aufzuräumen oder wichtige Papiere zu bearbeiten oder was man halt als Erwachsener so tun muss. Carlotta, Helene und Josua versinken in dieser abendlichen Zeit in ihrem Spiel und kommen deshalb meist nicht aus ihrem Zimmer.

Meine Töchter entscheiden sich oft unterschiedlich: Helene bleibt auf und malt und bastelt noch eifrig, während Carlotta in einem anderen Zimmer schon neben Josua und mir liegt und einzuschlafen versucht. Auch das klappt gut. Es gibt natürlich auch Abende, an denen sie trotzdem zu mir in die Küche kommen – dann ist es klar, dass ich sie doch beim Einschlafen begleiten soll, weil sie sich »falsch« entschieden haben. Ich werde oft gefragt, ob meine Kinder nicht am nächsten Tag müde sind, wenn sie allein ins Bett gehen. Doch, das kommt vor, aber es ist eher die Ausnahme als die Regel. Sie können sich sehr gut einschätzen, und da sie nicht durch Fernseher oder Smartphones wach gehalten werden wie wir Erwachsenen, erkennen sie die Signale ihres Körpers ziemlich gut. Selbst unser zweijähriger Josua kann sehr genau benennen, wann er schlafen gehen möchte, und ist dann sehr kooperativ, wenn ich vorher noch schnell die Windel wechseln und die Zähne putzen möchte.

Natürlich muss man Kindern erst einmal eine »Eingewöhnungszeit« zugestehen, wenn man das Konzept des selbstbestimmten Schlafengehens einführt. Sicherlich werden fast alle Kinder erst einmal so lange aufbleiben wollen, wie sie schaffen, aber das reguliert sich nach ein paar Tagen von ganz allein.

3. Geschwisterbett

Wir sind große Fans von Geschwisterbetten, weil sie einerseits die Loslösung von den Eltern begünstigen, andererseits aber eben immer noch eine Bindungsperson im Bett ist, mit dem in der Nacht gekuschelt werden kann, nämlich das Geschwisterkind. Meine Töchter haben ein Geschwisterbett, das 1,40 × 2,00 Meter groß ist.

Ein Problem des Geschwisterbetts ist allerdings das Toben kurz vorm Einschlafen. Natürlich wird getobt, wenn zwei kleine Kinder zusammen schlafen. Wir haben aber festgestellt, dass das ein natürlicher Prozess ist, der kurz vorm ultimativen Einschlafen auftaucht und Letzteres sogar begünstigt, wenn man der Natur freien Lauf lässt. Ein typischer Abend sieht dann so aus: Die Kinder spielen im Kinderzimmer, das Licht ist an. Sie werden müde, wollen aber noch nicht schlafen. Wenn die Konzentration auf das ruhige Spiel nicht mehr gelingt, machen sie Quatsch miteinander und ringen im Bett oder hüpfen. Das dauert etwa 5 bis 15 Minuten, dabei werden sie alle Energie los, die sich vorher durch das ruhige, konzentrierte Spiel aufgestaut hat. Das Toben flaut von allein ab. Manchmal weint eines der Kinder, dann muss man als Elternteil trösten kommen. Oft genug aber machen sie dann einfach das Licht aus und legen sich hin. Ein wenig reden sie manchmal noch, aber in der Regel nicht lange, nach spätestens fünf Minuten schlafen sie.

Wichtig ist hierbei allerdings, dass Geschwisterkinder ausreichend alt sind, um gemeinsam in einem Bett schlafen zu dürfen. Ein Baby unter einem Jahr hat nichts im Geschwisterbett verloren. Erst, wenn es alt genug ist, sich notfalls wegzurollen, die Decke wegzuziehen und Bescheid zu geben, dass es ihm zu eng ist, sollte das kleinere Geschwisterkind beim großen schlafen.

4. Immer wieder selbst hereinkommen

Da Kinder in den meisten Fällen immer wieder aus ihrem Zimmer kommen, weil sie die Bindungssehnsucht überfällt, können wir dem Herauskommen natürlich zuvorkommen, indem wir regelmäßig zu ihnen hineingehen. Wenn Eltern es schaffen, die Abstände ihres Nach-ihnen-Schauens so zu gestalten, dass das Bindungsband nicht zu weit gedehnt ist, dann werden die Kinder im Bett liegen bleiben und einschlafen, ohne die Großen im Wohnzimmer zu stören.

»Trödelliese und Bummelhans«

Es gibt Kinder, die können nicht gut damit umgehen, wenn eine Aktivität endet und eine neue beginnen soll. Sie ziehen sich zum Beispiel total ungern an, weil das bedeutet, dass sie aus ihrem schönen warmen Schlafanzug herausschlüpfen müssen. Sie gehen auch ungern aus dem Haus, weil sie sich dann von ihren Spielzeugen loseisen müssen, um Schuhe und Jacke anzuziehen. Sind sie erst einmal angezogen und draußen, ist alles prima und sie haben viel Spaß, aber bis die Eltern sie erst einmal dorthin bugsiert haben, leisten sie Widerstand. Sie brauchen für alles gefühlte Ewigkeiten und machen die Erwachsenen mit ihrer scheinbaren Antriebslosigkeit und ihrem Trödeln schier wahnsinnig. Dabei können sie, wenn sie erst einmal in der neuen Situation angekommen sind, wunderbar spielen, sind fröhlich, kreativ und anstrengungsbereit. Nur bei den Übergängen von der einen zur anderen Situation hapert es.

Warum ist das so?

Trödeln ist im Grunde ein natürliches Recht von Kindern. Tatsächlich sind sie, wenn sie sich alle Zeit der Welt nehmen, klüger als wir Erwachsenen, die andauernd auf ihre Uhr schielen, weil wir zu viele Termine wahrnehmen müssen. Manchmal jedoch liegt das kindliche Trödeln darin begründet, dass es ihnen schwerfällt, den Wechsel zwischen zwei Phasen auszuhalten. Je jünger Kinder sind, desto schwerer fallen ihnen meist die Situationswechsel und umso mehr trödeln sie. Das liegt daran, dass das kindliche Gehirn noch nicht sehr flexibel auf spontane Änderungen der Situation reagieren kann. Im Kopf der Kinder spulen sich kleine Programme ab, und wenn diese nicht Schritt für Schritt abgearbeitet werden, gerät das Gehirn in die Krise.

Meine Tochter Helene kann zum Beispiel schlecht damit umgehen, wenn sie die Treppe hinunterlaufen soll, bevor sie den Reißverschluss ihrer Jacke zugezogen hat. Es gehört für sie einfach fest zum Programm, dass sie sich noch oben vollständig anzieht, bevor wir losgehen. Wenn wir es morgens eilig haben und ich mir wünsche, dass sie einfach die Jacke überwirft, um sie dann an einer roten Ampel vollständig zu schließen, damit wir ein wenig Zeit sparen, dann bringt sie das jedes Mal völlig aus dem Konzept. Sie »stockt« dann in ihrem Tun, wirkt wie blockiert – und kommt nicht mit. Von außen könnte man meinen, sie trotze. Tut sie aber nicht, sie ist einfach nur überfordert. Ein spontanes Reagieren auf Gegebenheiten ist eine kognitive Leistung, die erst nach und nach erlernt wird – das sollten wir immer im Hinterkopf behalten.

Ein weiterer Grund, gerade bei etwas älteren Kindern (ab ca. vier Jahren) ist ein Phänomen, das sich Schwellenangst nennt. Kinder, die Schwellenangst haben, verweigern neue Dinge, Situationen oder Aufgaben oft erst einmal, selbst wenn sie schön sind. Sie möchten »die Schwelle« zur neuen Aufgabe nicht überschreiten und schieben diese lange vor sich her bzw. suchen sich Taktiken, sie ganz vermeiden zu können – zum Beispiel indem sie bummeln. Auch manche Erwachsene leiden noch an Schwellenangst, bei ihnen wird es aber gern Prokrastination genannt (was nicht ganz korrekt ist, denn das Aufschieben ist ja das Ergebnis der Angst). Es erfordert ein großes Maß an Feinfühligkeit, Kindern über ihre Schwellenangst hinwegzuhelfen, aber es geht. Je mehr positive Erlebnisse sie dabei haben, desto einfacher wird es.

Was hilft?

1. Übergänge regelmäßig ankündigen

Im Alltag kommt es sehr, sehr häufig zu Phasenwechseln. Nehmen wir zum Beispiel die Zeit, nachdem Sie Ihr Kind aus dem Kindergarten abgeholt haben. Der erste Phasenwechsel dabei ist das Abholen. Die Kinder spielen gerade so schön im Garten, der Vater kommt an und will sie holen. Nicht selten sind sie darüber nicht sehr begeistert oder rennen sogar weg, weil sie noch nicht mitkommen wollen. Hat er es dann geschafft, sie zum Mitkommen zu überreden, geht es vielleicht noch auf den Spielplatz. Oft maulen die Kinder dort erst einmal ein Weilchen, bis sie ins Spiel gefunden haben – das ist schon der zweite Phasenwechsel: zwischen Abholphase und Spielplatz. Will Papa dann nach einer Weile nach Hause, meckern die Kinder schon wieder – sie wollen noch weiterspielen und trödeln deshalb. Denn auch hier gibt es einen Phasenwechsel – den vom Spielplatz zum Nachhausegehen. So geht das immer weiter, bis die Kinder schließlich im Bett sind. Das Leben besteht also aus einem Strom an Situationswechseln. Hat man ein Kind, das mit diesen schlecht umgehen kann, kann das für die gesamte Familie belastend sein, vor allem, wenn alle anderen Mitglieder aus einem anderen Holz geschnitzt sind. Eltern, die selbst sehr zackig unterwegs sind und tausend Bälle auf einmal jonglieren, bringt ein so scheinbar phlegmatisches Kind zum Verzweifeln.

Wie können Sie Ihren Kindern nun also helfen? Indem Sie die Phasenwechsel regelmäßig ankündigen und einen Ausblick auf Kommendes geben. Vermutlich praktizieren das die meisten von Ihnen schon längst. Bewährt hat sich die 5-3-1-Regel. Dabei kündigt man dem Kind an: »In 5 Minuten gehen wir los zur Kita.« »In 3 Minuten gehen wir los zur Kita.« »In 1 Minute gehen wir los zur Kita.« Das reicht in den meisten Fällen schon, den Übergang zu erleichtern. Wichtig ist aber, die angekündigte Zeit tatsächlich einzuhalten, also nicht 5 Minuten anzukündigen und dann erst in 10 oder 15 Minuten loszugehen. Denn sonst bekommen die Kinder eine falsche Vorstellung von Zeit. Für Kleinkinder kann man auch die »1-(2-/3-)Mal-noch-und-dann-fertig«-Regel anwenden. Die ist für sie leichter zu verstehen als die Minutenangabe.

Hilfreich ist dabei, den Phasenübergang verbal aufzuschlüsseln. Wenn man also sagt: »In 3 Minuten gehen wir los«, dann sollte man im Anschluss kurz erklären, was man von dem Kind erwartet: »Du sollst dann bitte deine Schuhe und Jacke anziehen.« So weiß das Kind nicht nur, wann der Situationswechsel passieren wird, sondern auch, was genau es dann machen soll.

2. Einen Wecker stellen

Es gibt Kinder, die brauchen ein akustisches Signal einer zeitlichen Autorität, um in die Puschen zu kommen. Für diese eignen sich Zeitwächter-Uhren. Ein normaler Wecker reicht natürlich auch, den muss man allerdings immer wieder neu einstellen. Das Gleiche geht natürlich auch mit dem Handy – meines klingelt beispielsweise um 7 Uhr, 7.15 Uhr, 7.30 Uhr und 8 Uhr zum Aufstehen, Anziehen und Zähneputzen, Frühstücken und Losgehen.

Auch hilfreich sind einfache Sanduhren. Wir haben ein Set mit verschiedenen Uhren, die verschiedene Zeiten anzeigen: 1 Minute, 3 Minuten, 5 Minuten und 10 Minuten. Meine Kinder mögen es gern, diese umzudrehen und der Zeit beim Herunterrieseln zuzuschauen. Allerdings fehlt das akustische Signal. Wenn man durch Spielen abgelenkt ist, kann es natürlich passieren, dass man den Zeitpunkt verpasst, an dem die Sanduhr durchgelaufen ist.

3. Ein Fotobuch basteln

Dies ist der beste Tipp, den wir geben können. Für immer wiederkehrende Rituale, zum Beispiel die Zeit vor dem Schlafengehen, eignen sich selbst gebastelte Fotobücher am allerbesten. Sie fotografieren Ihr Kind dabei in allen Situationen, die es jeden Abend durchläuft. Bei uns waren das u. a.: Abendbrot, Hände und Mund waschen, Spielen, Ausziehen, Baden, neue Windel, Zähne putzen, Schlafanzug anziehen, Schlafsack anziehen, ins Bett gehen, Buch vorgelesen bekommen, Stillen, Einschlafen. Zu jedem dieser Punkte gab es eine Seite mit entsprechendem Foto. So konnten sich meine Töchter schon ab etwa elf Monaten zeitlich orientieren, was als nächster Schritt kommen werde, und das Abendritual verlief plötzlich sehr viel stressfreier. Zunächst schauten wir uns das selbst gebastelte Buch jeden Tag gemeinsam an. Dann fing ich an, vor jedem Schritt, der anstand, das Buch zu »befragen«. Was kommt als Nächstes? Schauen wir mal nach? Ach ja, Zähne putzen! Beim Abendritual wurde das Buch also von Station zu Station mitgenommen und immer eine Seite umgeblättert. Weil es meinen Kindern eine Menge Verhaltenssicherheit gab, schon im Voraus zu wissen, was als Nächstes von ihnen verlangt wird, mochten sie dieses Buch wirklich gern.

Nach einiger Zeit fingen sie dann sogar an, stolz anzukündigen, was auf der nächsten Seite zu sehen sein werde, das heißt, die Abfolge der Schritte hatte sich so gut eingeprägt, dass sie das Buch eigentlich nicht mehr benötigt hätten. Es blieb trotzdem eine lange Zeit unser treuer Begleiter und schlummert nun in ihrer Erinnerungskiste.

Für ältere bummelnde Kinder (ab drei Jahren), die gern strukturelle Hilfen in Anspruch nehmen, könnten Sie Pläne aufhängen, auf denen die einzelnen Schritte des Abend- oder Morgenprogrammes aufgemalt sind und das Kind dann jeden schon erreichten Schritt abkreuzen kann. Es erhält allerdings *keine Belohnung* dafür, dass es die Punkte abarbeitet. Hier geht es wirklich nur darum, das Ritual für größere Kinder visuell aufzuschlüsseln und damit Verhaltenssicherheit und Hilfe für die Phasenübergänge bereitzustellen: ein bisschen wie bei den Erwachsenen, die gern Listen schreiben und dann ein gutes Gefühl haben, wenn sie etwas darauf durchstreichen können.

4. Tschüss sagen

Vor allem kleine Kinder (bis zum Alter von maximal 3,5 Jahren) können sich bei Situationswechseln nur schwer damit abfinden, bestimmte Dinge oder Personen zurückzulassen. Neben dem Ansatz, ihnen Zeit zu lassen, den wir bereits erläutert haben, kann es in einer solchen Situation hilfreich sein, dem Gegenstand »Tschüss« zu sagen: »Tschüss, großes Müllauto, morgen sehen wir uns wieder!«, »Tschüss, Kindergarten. Morgen kommen wir wieder!«, »Tschüss, Dreirad! Du wartest hier im Fahrradraum auf uns!«. Mit diesem klaren Abschluss endet auch das Programm im Kopf und es fällt den Kindern leichter, zu gehen.

5. Etwas aus der Situation mitnehmen

Wenn es bei meinem kleinen Sohn Josua nicht ausreicht, dem Spielzeugmüllauto »Tschüss« zu sagen, schlage ich meist vor, dass er die beiden kleinen Spielmülltonnen mitnehmen kann, damit er sich nicht endgültig trennen muss. Diesen Trick habe ich schon bei meinen Töchtern angewendet, als sie jünger waren. Bei ihnen ging es morgens meist darum, dass sie nicht in den Kindergarten wollten, weil sie gerade so schön mit ihrem Spielzeug spielten. Also durften sie etwas davon mitnehmen und auf dem Weg im Arm halten. Im Kindergarten angekommen, waren dann meist schon wieder andere Dinge wichtiger, sodass ich das Spielzeug problemlos wieder mitnehmen konnte. Manchmal wartete es auch in der Garderobe auf sie.

Ein Gegenstand aus dem heimischen Umfeld kann dem Kind über den Tag helfen. Eine kleine Nabelschnur sozusagen.

6. Für Kinder mit Schwellenangst: Große Aufgaben kleinschrittig gestalten

In der Schule hilft man Kindern mit Schwellenangst, indem man ihnen ihre Aufgaben möglichst kleinschrittig darbietet. Ein ganzes Blatt mit Mathematikaufgaben würden sie sofort von sich schieben und niemals bearbeiten. Knickt man das Blatt aber so, dass nur die erste Aufgabe zu sehen ist, und gibt man einen kleinen Anstoß, indem man das Kind beispielsweise fragt: »Hier steht, du sollst 2+3 rechnen, weißt du, wie das geht?« (man überschreitet die Schwelle also gemeinsam mit dem Kind), fangen sie doch mit der Aufgabe an und schaffen sie dann normalerweise Stück für Stück vollkommen problemlos.

Genauso kann man auch das im Alltag gestalten. Es nützt keinem etwas, ein Kind, selbst wenn es schon fünf Jahre alt ist, morgens aufzufordern: »Zieh dir den Schlafanzug aus und leg ihn aufs Bett, such deine neuen Sachen raus und zieh dich bitte an. Ich warte in der Küche auf dich.« Das wird nie und nimmer klappen und nur zu Frust auf beiden Seiten führen. Da ihm die Aufgabe viel zu groß erscheint, wird es erst gar nicht anfangen, sondern lieber bummeln oder spielen. Das Kind *kann* das alles zwar schon allein und mit Blick auf sein Alter könnte man als Eltern darauf bestehen, dass es das auch allein macht, aber es würde unglaublich viel Druck ausgeübt werden müssen, bis das Kind tatsächlich anfängt. Der Druck der Eltern (meckern, nörgeln, erinnern) müsste nämlich zunächst den inneren Druck der Schwellenangst überschreiben. Das geht zwar, aber es macht das Miteinander sehr unfreundlich, bringt Stress und schlechte Laune bei allen Beteiligten und hilft auf lange Sicht gesehen auch nicht, die Schwellenangst zu besiegen.

Gliedern Sie deshalb diese große Aufgabe, selbst wenn sie Ihnen klein erscheint, in kleine Schritte auf und fordern Sie immer nur einen von Ihrem Kind:

1. »Zieh deinen Schlafanzug aus.«
2. »Leg deinen Schlafanzug aufs Bett.«
3. »Such dir neue Sachen aus dem Schrank.«
4. »Zieh dich an.« (Für schwerere Fälle könnte man auch das Anziehen nochmals unterteilen …)
5. »Komm zum Frühstück in die Küche.«

Das ist im Grunde nichts anderes, als das Blatt mit den Matheaufgaben günstig zu falten. Nun kommt noch ein weiterer Schritt hinzu – die Hilfe beim Überschreiten der Schwelle. Bei jedem dieser fünf Schritte müssten Sie am Anfang dabei sein. Nicht, um das Kind zu überwachen, sondern, um ihm notfalls den Rücken zu stärken. Sie könnten zum Beispiel helfen, das Schlafanzugoberteil über den Kopf zu ziehen. Oder Sie drücken dem Kind den Schlafanzug in die Hand, damit es ihn aufs Bett legen kann. Oder gehen mit dem Kind gemeinsam zum Schrank und öffnen diesen. Dann müsste die Schwelle eigentlich jeweils überschritten sein und das Kind von selbst in die Gänge kommen, sodass Sie sich zurückziehen können.

»Neue Windel – geht gar nicht!«

Ein Thema, das vielen Eltern unter den Nägeln brennt, ist die Verweigerung der Kooperation beim Wickeln. Viele Kinder lassen sich scheinbar ungern die Windeln wechseln. Gerade Windeln mit Stuhlinhalt scheinen von einigen Kindern vehement »verteidigt« zu werden. Das hat nicht selten zur Folge, dass es zu regelrechten Wickelkämpfen zwischen Eltern und Kind kommt.

Warum ist das so?

Es gibt viele individuelle Gründe, das Wickeln zu verweigern. Manche Kinder wollen nicht im Spiel unterbrochen werden. Sie fürchten, dass sie, einmal aus ihrer Spielsituation herausgerissen, nicht mehr dorthin zurückkönnen, weil die Eltern nach dem Wickeln vielleicht Abendbrot essen wollen oder zur Kita losgehen. Deshalb verheimlichen sie, dass sie in die Windel gemacht haben, und antworten meist auch mit einem »Nein«, wenn sie direkt darauf angesprochen werden.

Schon ab dem 11. Lebensmonat gibt es einige Kinder, die es hassen, auf dem Rücken liegend gewickelt zu werden.[47] Sie schreien, als lägen sie auf Reißzwecken, und wehren sich mit Händen und Füßen. Bei diesen Kindern hat die Weigerung nichts mit ihren Ausscheidungen zu tun, sondern mit der hilflosen Position, in der sie sich befinden. Lässt man ihnen die Autonomie über ihren Körper und findet eine andere Wickelposition, ist das Problem oft schon aus dem Weg geräumt.

Anderen Kindern ist es schlicht unangenehm, gewickelt zu werden, weil es ihnen dabei zu kalt ist. Selbst wenn der Wickelplatz gut beheizt ist, kann es natürlich unangenehm sein, wenn das kalte Feuchttuch über den Po wischt. Kinder, die die Kälte stört, behalten deshalb lieber die körperwarme Kotwindel an.

Auch psychologische Gründe kann es geben. Ihre Ausscheidungen sind etwas, das Kinder in einem kognitiven Stadium, in dem sie noch als Teil ihres Körpers verstanden werden, bewusst von sich »hergeben«. Wie Haare- und Nägelschneiden ist das Weggeben der eigenen (festeren) Ausscheidungen bei einigen Kindern ein eher furchteinflößender Schritt, weil es ihnen vorkommt, als müssten sie jedes Mal einen wichtigen Teil ihres Körpers abgeben.

Was hilft?

Je nachdem, welcher Grund – oder welche Kombination von Gründen – vorliegt, sind verschiedene Lösungsansätze möglich.

1. Klar sein

Wenn wir Eltern den bedürfnisorientierten Weg einschlagen, kommen wir ab und zu ins Straucheln, weil wir manchmal nicht gut unterscheiden können, was »nur« ein Wunsch und was ein echtes Bedürfnis ist. Und selbst wenn es ein Bedürfnis ist – was, wenn die Eltern ein ganz gegensätzliches Bedürfnis haben?

Beim Wickeln kommt es oft zu so einem klassischen Missverständnis. Wenn das Kind sich vehement weigert, die volle Windel herzugeben, lassen einige Mamas und Papas es gewähren, weil sie nicht in seine Autonomie eingreifen wollen. Sie sind dann aber meist recht unglücklich über die Situation. Nicht nur, dass der Po des Kindes schnell wund wird, es ist auch für die Umwelt eine olfaktorische Zumutung, die schwer auszuhalten ist. Hier kollidieren der Wunsch bzw. das Bedürfnis des Kindes (Windel anbehalten) mit den Bedürfnissen der Eltern (Kinderpo schützen sowie geruchsneutrales Miteinander). Immer wenn das geschieht, sollte abgewogen werden: Welches Bedürfnis wiegt schwerer? Wer kann zurückstecken? Bei einer vollen Windel ist das eigentlich gar keine Frage: Die Familie sollte den Geruch aus der Windel nicht tolerieren müssen, außerdem ist es für die Haut besser, schnell gewickelt zu werden, daher wiegen hier klar die Bedürfnisse der Eltern mehr als die des Kindes. Mit dieser Gewissheit im Rücken können wir unseren kleinen Wickelverweigerern klarer begegnen. Wir fragen nicht, ob wir jetzt die Windel wechseln können, wir bestimmen es freundlich, aber eindeutig.

Wir sagen nicht, dass es dadurch einfach wird, ein Kind zum Wickeln zu bewegen. Höchstwahrscheinlich wird es sich trotzdem verweigern. Deshalb brauchen Sie die innere Gewissheit, dass es okay ist, hier Ihr Bedürfnis in den Vordergrund zu stellen. Ihre eigene Klarheit macht es den Kindern dann einfacher, die unangenehme Situation zu akzeptieren. Sie treten Ihren Kindern weniger als Bittsteller entgegen, als wenn Sie sie immer wieder um ihre Kooperation anbetteln. Wir hatten an anderer Stelle bereits ausgeführt, dass es Kindern mehr Verhaltenssicherheit gibt, wenn Eltern ihre sorgfältig abgewägten Entscheidungen innerlich nicht infrage stellen.

2. Feinfühlig agieren

Wir sind uns zwar sicher, dass die meisten Eltern das bereits berücksichtigen, aber der Vollständigkeit halber hier nochmals der Hinweis, dass der Wickelprozess von Anfang an feinfühlig durchgeführt werden sollte, mit größtmöglichem Respekt. Es ist leider noch gang und gäbe, dass Babys und Kleinkindern öffentlich am

Po geschnüffelt wird, um zu eruieren, ob ein Windelwechsel nötig ist – wir finden das dem kleinen Menschlein gegenüber respektlos. Dafür gibt es sicher auch andere Wege. Es ist außerdem wichtig, die Kinder nicht einfach hochzunehmen und aus der Situation zu reißen, sondern vorher anzukündigen, was nun ansteht, und diese Schritte auch zu verbalisieren. Auch langsames, zärtliches Agieren und Streicheleinheiten sind wichtige Zutaten für ein positives Wickelerlebnis.

3. Warme Umgebung schaffen

Achten Sie darauf, dass dem Kind beim Wickeln wirklich warm ist. Drehen Sie die Heizung auf, nutzen Sie einen Heizstrahler. Man kann kurz vor dem Wickeln auch die neue Windel und ein paar Feuchttücher auf die Heizung legen, damit es sich für das Kind angenehmer anfühlt.

4. Im Stehen wickeln

Ich habe mich damals bei meinen Töchtern nur getraut, Pipiwindeln im Stehen zu wechseln, mein kleiner Sohn hat sich allerdings schon früh gegen das Wickeln auf dem Rücken gewehrt, sodass ich nun Expertin für das Wickeln jedweder Windel im Stehen bin. Was soll ich sagen, mit ein bisschen Übung schafft man es, auch Stinkewindeln ohne Sauerei zu wechseln, Voraussetzung ist allerdings, dass das Kind kooperiert, indem es stehen bleibt. Um das sicherzustellen, kann man dem Kind ein interessantes Wickelspielzeug in die Hand geben. Dazu gleich noch mehr. Mein Sohn steht übrigens beim Wickeln auf dem Boden im Bad, es gibt aber auch wunderschöne Wickelkommoden mit Geländer (nach Emmi Pikler), die für das Wickeln im Stehen konzipiert wurden.

4. Wickelspielzeug bereithalten

Eine schöne Wickelroutine ist sehr wichtig. Dazu gehört, als Eltern das Kind beim Wickeln anzuschauen, mit ihm zu sprechen und es in den Wickelprozess einzubinden, indem es die Feuchttücher aus der Box ziehen oder eine neue Windel heraussuchen darf. Ist man so in engem Kontakt mit dem Kind und mag das Kind diese exklusive Zweisamkeit, dann eignet sich der folgende Tipp nicht. Ist das Kind aber schon größer und möchte lieber wieder spielen gehen, als beim Wickeln tief in die Augen seiner Mama zu blicken, dann könnte es helfen, ihm ein interessantes Spielzeug in die Hand zu drücken, um es von der ganzen Prozedur etwas abzulenken.

Damit das Spielzeug spannend bleibt, sollte es nur zum Wickeln gereicht und öfter mal ausgetauscht werden. Wir sind an sich keine Freunde von geräuschvoll-blinkendem Spielzeug, aber beim Wickeln würden wir mal eine Ausnahme machen. Alles, was das Wickeln erleichtert, ist erlaubt. Das Kind will Ihr Handy? Okay, warum nicht? Vielleicht hilft es auch, einen Spiegel über der Wickelkommode anzubringen, sodass das Kind zusehen kann, wie ihm die Windel gewechselt wird.

5. Quatsch machen

Ein wunderbarer Tipp fürs Windelwechseln ist es, dabei mit dem Kind Quatsch zu machen. Mit großem Brimborium könnten Sie den Wechsel ankündigen und laut fragen, wie der Windelinhalt denn heute wohl aussehen könnte? Sind es kleine Hasenköttel? Ein großer Elefantenball? Ein Kuhfladen? Ein Fliegenpünktchen oder eine Hundewurst? So bringen Sie Ihr Kind dazu, sich freiwillig die Windel abnehmen zu lassen, um nachzuschauen. Sie könnten den Windelinhalt dann ausführlich begutachten, und während Sie sich angeregt mit dem Kind darüber unterhalten, könnten Sie es schnell und unauffällig sauber machen. Hilfreich könnten dabei auch die

Bücher *Was hast du in deiner Windel?* und *Vom kleinen Maulwurf, der wissen wollte, wer ihm auf den Kopf gemacht hatte* sein, in denen es um die Konsistenz des Kots verschiedener Tiere geht.

6. Kinder sich erkunden lassen

Alle Kinder erkunden gern ihren Körper – das ist natürlich und schön und sollte von uns Erwachsenen nicht unterbunden werden. Gerade Jungs bemerken schon sehr früh, dass ihnen der Penis angenehme Gefühle bereiten kann. Ist die Armkoordination mit etwa sechs Monaten so ausgereift, dass sich das Baby in den Schritt fassen kann, ist der Zeitpunkt gekommen, an dem Jungs beginnen, an ihrem Penis zu kneten und zu ziehen. Diese Phase geht sehr, sehr lange. Sie hat tatsächlich auch einen Sinn, denn die natürliche Verklebung der Vorhaut wird so vom Kind selbst Stück für Stück ohne Schmerzen gelöst. Es ist wichtig, den Kindern beim Wickeln Gelegenheit zu geben, sich selbst anzufassen. Der leider von Eltern häufig bemühte Satz »Hör auf, dran zu ziehen, sonst fällt er noch ab!« sollte dringend vermieden werden.

7. Um 180 Grad drehen

Es gibt Kinder, die gern treten, wenn sie auf dem Wickeltisch liegen. Das machen sie meist nicht aus böser Absicht oder um den Eltern wehzutun, sondern einfach aus Bewegungsfreude und vielleicht auch, um zu schauen, was dann passiert. Wie reagiert der Papa? Wie die Mama? Reagieren beide immer gleich? Es ist ein Ursache-Wirkungs-Experiment. Da das Treten aber natürlich wehtut, können Eltern einen kleinen Trick anwenden. Drehen Sie das Kind um 90° oder 180°, sodass es seitlich oder mit dem Kopf zu Ihnen auf dem Rücken liegt. Es mag zunächst ein wenig seltsam sein, das Kind in dieser Position zu wickeln, aber man gewöhnt sich recht schnell daran. Probieren Sie es mal aus.

8. Kind wieder zurückbringen

Es ist wichtig, Kinder nach dem Wickeln wieder dorthin zurückzubringen, wo man sie abgeholt hat. Wurden sie aus dem Spiel mit der Eisenbahn gerissen, dann bringt man sie hinterher genau dorthin wieder zurück und lässt sie unbedingt weiterspielen. Auch wenn es nur ein paar Minuten sind, weil man eigentlich losmuss. Denn die Kinder sollten darauf vertrauen können, dass das ungeliebte Wickeln ihr Spiel zwar unter-, aber nicht abbricht. Sobald sie das verstanden haben, lässt bei vielen Kindern der Kampf ums Wickeln merklich nach.

9. Ohne Windel auskommen

Schon frisch geborene Babys geben deutliche Zeichen, wenn sie mal müssen. Schaffen es Eltern, diese Zeichen zu deuten bzw. die Zeiten zu erkennen, zu denen das Kind normalerweise in die Windel macht, können sie das Abhalten probieren. Am Anfang ist es häufig so, dass der Stuhl beim Stillen abgesetzt wird. Dafür gibt es kleine Töpfchen, die die Eltern dann an den Po ihres Kindes halten können. Ist das Baby in der Nacht besonders unruhig und wälzt sich hin und her, ohne sich vom Stillen oder Nuckeln beruhigen zu lassen, steht aller Wahrscheinlichkeit nach ein großes Geschäft an – die Eltern können es dann ausziehen und über die Toilette halten. Danach schläft es meist ohne Probleme wieder ein. Direkt nach dem Schlafen oder wenn das Baby aus der Trage genommen wird, pinkelt es normalerweise innerhalb kürzester Zeit. Manchen Kindern läuft ein Schauer über den Rücken, bevor sie Pipi machen, andere bekommen einen abwesenden Blick, wieder andere ziehen sich sogar schon in eine Ecke zurück. In all diesen Fällen lohnt es sich, das Abhalten zu probieren, sofern das Kind sich nicht dagegen wehrt. Im Sommer kann man seine Kinder dann auch ohne Windel und Hose herumlaufen lassen – natürlich muss ihre Privatsphäre gewahrt werden –, damit sie ein Gefühl für ihren Körper und seine Ausscheidungen entwickeln können.

10. Fissuren behandeln

Wenn Sie vermuten, dass Ihr Kind das Windelwechseln wegen einer Fissur verweigert, sollten Sie diese behandeln. Fissuren sind schmerzhafte Einrisse am After, die manchmal auftreten, wenn zu harter Stuhl abgesondert wurde. Sie sind für das Kind sehr unangenehm. Man kann dafür Zinksalbe oder auch sehr fetthaltige Creme verwenden. Der wichtigste Punkt ist jedoch, unbedingt für weichen Stuhl zu sorgen, da die Miniverletzungen sonst bei jedem Drücken schlimmer werden. Es ist wichtig, dass das Kind genügend Wasser trinkt und faserreiche Kost zu sich nimmt. Das sind Vollkornprodukte wie dunkles Brot, Vollkornmüsli, Vollkornreis, aber auch rohes Gemüse wie Möhren, Kohlrabi, Gurke, Paprika usw. Auch rohes, gut durchgereiftes Obst hilft bei der Verdauung. Achten Sie darauf, dass das Kind möglichst keine Kerne (Apfelkerne, Weintraubenkerne) mitisst, weil diese beim Passieren an den Fissuren vorbei für Schmerzen sorgen können. Die Nahrungsfasern quellen zusammen mit genügend Wasser auf und bilden einen weichen Stuhl. Milchzucker hat eine leicht abführende Wirkung und kann ebenfalls helfen, den Stuhl weich zu machen. Er ist in normaler Kuhmilch enthalten, außerdem in Joghurt, Buttermilch und Kefir. Zusätzlich sollten Sie auf ausreichende Bewegung achten, da dadurch die Darmtätigkeit angeregt wird. Lassen Sie Ihr Kind viel rennen, klettern, Treppen steigen, Rad fahren und rollern. Das hilft nicht nur, Verstopfung entgegenzuwirken, sondern ist auch sonst gesund.

Grenzen sparsam setzen: wie, wann und warum?

In den letzten Kapiteln ist sicherlich klar geworden, dass Eltern mit dem Wort »Nein« einen sparsamen Umgang pflegen sollten, damit alle Mitglieder der Familie das Gefühl haben, dass sie und ihre Bedürfnisse zählen. Ein stures Hinweggehen über die Bedürfnisse von Kindern, weil sie eben »nur« Kinder seien und nicht den gleichen Weitblick hätten wie Erwachsene, erzeugt dauerhaft Disharmonie. Die Kleinen haben dann das Gefühl, für ihre Wünsche stark kämpfen zu müssen, was meist dazu führt, dass sie an anderer Stelle nicht bereit sind, zu kooperieren.

Es ist jedoch auch wichtig, dass Eltern sich trauen, ihre Bedürfnisse zu äußern und durchzusetzen, auch auf die Gefahr hin, dass ihre Kinder für einen kurzen Moment wütend auf sie sind. Es ist für die gesunde Entwicklung eines Menschen essentiell, im Laufe des Heranwachsens zu merken, dass andere manchmal Wünsche haben, die konträr zu den eigenen stehen, und dass es nicht immer möglich ist, in solchen Situationen den eigenen Kopf durchzusetzen. Für eine funktionionierende Gesellschaft ist es unabdingbar, dass ihre Mitglieder sich im richtigen Moment zurücknehmen können, um dem Bedürfnis eines Anderen Vorrang zu gewähren.

Bedürfnisorientierte Erziehung bedeutet also nicht, dass es die Aufgabe der Eltern ist, Frustrationen um jeden Preis vom Kind fernzuhalten. Dies zu tun wäre sogar grob fahrlässig, weil ein Kind, das immer seinen Willen bekommt, damit es nur ja nicht weinen muss, keine Empathie entwickeln kann und lebensuntüchtig wird.[48] Wenn die Menschen in seiner Umgebung ihm nicht zeigen, dass sie Grenzen haben, kann ein Kind nicht lernen, dass es nicht einfach über diese hinwegwalzen darf. Es wird sonst – durch die Nachlässigkeit seiner Eltern – möglicherweise doch zum viel beschriebenen Tyrannen.

In den meisten Fällen sind es wir Eltern, die unserem Kind zum ersten Mal aufzeigen, dass hier eine Grenze ist, die es nicht überschreiten soll. Diese Grenzen müssen nicht künstlich erschaffen werden, sie ergeben sich ganz automatisch im Alltag.

Als ich mit Josua schwanger wurde, waren meine Töchter etwa drei Jahre alt. Sie ließen sich damals noch sehr gern von mir tragen. Mit fortschreitender Schwangerschaft und dicker werdendem Bauch ging das aber nicht mehr. Ich konnte kaum noch eine der beiden, geschweige denn beide gleichzeitig, auf meinen Hüften balancieren. Es ging einfach nicht. Ich kam ihrem Bedürfnis nach Nähe auf andere Weise nach, indem ich mich zu ihnen hinunterbeugte und mit ihnen kuschelte. Doch ich trug sie nicht mehr. Das frustrierte sie anfangs sehr. Sie weinten und wüteten deswegen und ich musste sie mehr als einmal tröstend begleiten, bis sie sich mit der Tatsache abgefunden hatten. Doch meine Grenze war natürlich – sie entsprang dem Fakt, dass ich körperlich nicht mehr in der Lage war, ihnen zu helfen, und meinem echten Bedürfnis, meine Kräfte zu schonen.

Anders wäre es gewesen, wenn ich ihnen das Tragen auch ohne Schwangerschaft aus Prinzip verweigert hätte, beispielsweise, weil ich Angst gehabt hätte, meine Töchter würden sich daran gewöhnen und faul werden. Dann wäre meine Grenze künstlich gewesen – aus dem Gedanken heraus: »Sie müssen jetzt einfach mal lernen, dass ich sie nicht immer tragen kann und will.« Solch eine künstliche Grenze führt unnötigerweise zu Disharmonie und verbaut den Weg für die kindliche Kooperationsbereitschaft, wenn sie von uns Großen wirklich benötigt wird.

Viele Mütter und Väter sind heutzutage verunsichert darüber, was sie dem Kleinkind erlauben können und was sie verbieten müssen – was natürliche und was künstliche Grenzen sind. Ist es in Ordnung, wenn das Kind beim Abendbrot am Tisch stehen möchte, statt zu sitzen? Kann man es verantworten, einem Kleinkind ein Smartphone zum Spielen zu geben, damit das Wickeln schnell und ohne Kampf abläuft? Diese und viele andere Fragen stellen sich uns im tagtäglichen Umgang mit dem eigenen Kind. Die Antwort ist ein Lernprozess für alle Beteiligten – jede Familie muss mit sich selbst ausmachen, an welcher Stelle sie ein Nein aussprechen will und wessen Bedürfnisse im jeweiligen Moment am schwersten wiegen. Es ist daher nicht möglich, pauschal zu raten, wo Eltern eine Grenze setzen sollten und wo dies nicht nötig ist. Wir Eltern sollten uns aber im Vorfeld überlegen, wo unsere eigenen Grenzen liegen, da wir sonst spontan in der Situation vermutlich unsicher reagieren. Ein unsicheres Nein wird immer ausgetestet, ein sicheres Nein kaum. Kinder merken den Unterschied meist sehr genau.

Sechs Anhaltspunkte zur Grenzenfindung

1. Ist es lebensgefährlich?

Alles Lebensgefährliche ist selbstverständlich verboten. Es steht nicht zur Debatte, mit einem Zweijährigen auszudiskutieren, ob er allein über die Straße laufen darf oder nicht. Über die Straße geht es nur an der Hand, auf dem Arm oder im Kinderwagen. Auch Steckdosen, Kabel, offenes Feuer, der Herd, offene Fenster, Alkohol, Zigaretten und Kaffee sind nicht für Kinderhände gedacht.

Ein wenig anders sieht es beispielsweise mit Besteck aus. Auch Zweijährige sollten schon versuchen dürfen, sich mit einem Kindermesser ein Brot mit Butter zu schmieren oder ein kleines

Stück Apfel zu zerschneiden. Nur Übung im Umgang mit gefährlichen Dingen hilft, größere Unfälle zu vermeiden. Deshalb sollten wir immer auf das jeweilige Alter des Kindes achten, wenn wir ein Nein aussprechen. Während ein zweijähriges Kind nicht allein über die Straße gehen darf, sollte einem vierjährigen Kind schon erlaubt werden, im Beisein der Eltern und an kleineren, wenig befahrenen Straßen allein zu entscheiden, ob ein sicheres Überqueren möglich ist. Ein fünfjähriges Kind sollte wiederum im Beisein der Eltern üben dürfen, Feuer zu entfachen oder mit einem Kindertaschenmesser Holz zu schnitzen. Es sollte auch bei der Essenszubereitung helfen, mit einem scharfen Messer Gemüse schneiden oder am Herd stehen und umrühren dürfen.

2. Ist es problematisch, wenn es kaputtgeht?

Wenn ein Kleinkind etwas Bestimmtes haben möchte, sollten Eltern überlegen, ob das Objekt der Begierde kaputtgehen kann, und wenn ja, ob das für die Erwachsenen problematisch wäre. Fällt eine gewöhnliche Tasse herunter und zerbricht, ist das in der Regel verschmerzbar, bei einer teuren Digitalkamera sieht es schon deutlich anders aus. Jede Familie muss hier selbst festlegen, welchen Wert einzelne Objekte für sie haben. Insgesamt sollte klar sein, dass es einige Dinge gibt, die für Kleinkinder selbstverständlich tabu sind. Der Großteil der Wohnung und der darin enthaltenen Gegenstände sollte jedoch frei zugänglich sein. Sie lernen am besten, indem sie Dinge anfassen, in den Mund stecken oder auch zweckentfremdet verwenden dürfen. Kinder sollten, wie bereits erläutert, in einer »Ja-Umgebung« aufwachsen.

3. Verletzt es die Grenze eines anderen?

Die Freiheit des einen endet da, wo die Freiheit des anderen beginnt, wusste schon Immanuel Kant. Wo genau allerdings die Grenze verläuft, ist eine sehr subjektive Einschätzung und muss immer wieder zwischen den beteiligten Personen ausgehandelt werden. Die eine Familie findet es schön und gemütlich, wenn beim Essen alle durcheinanderreden, scherzen und sogar aufstehen, für eine andere Familie wäre das purer Stress. Die eine Mutter findet es gut, wenn ihre Kinder draußen im Matsch liegen, die andere hingegen denkt daran, wie viel Arbeit ihr das bei der Wäsche macht, und möchte es nicht. Es ist eine natürliche Grenze, wenn die Mutter sagt: »Ich habe nicht die zeitlichen Ressourcen, jeden Abend Wäsche zu waschen, deshalb soll sich mein Kind möglichst nicht dreckig machen.« Eine künstliche Grenze wäre, wenn sie sagen würde: »Meine Tochter soll sich nicht dreckig machen, weil Mädchen nicht im Matsch wühlen sollen.« Dabei haben es die Kinder, die im Matsch liegen dürfen, weder besser noch schlechter als die Kinder, deren Mutter das verbietet – es geht einzig darum, dass die Kinder erkennen, dass andere Menschen individuelle Grenzen haben. Sie lernen, sich selbst zurückzunehmen, um das Bedürfnis eines anderen zu berücksichtigen.

4. Ist das Nein ein Nein aus Bequemlichkeit?

Oft sprechen Eltern ein Nein aus, weil ihnen ein Ja in der Situation mehr Arbeit machen würde. Es ist natürlich eine Gratwanderung, abzuwägen, ob ein elterliches Nein der eigenen Bequemlichkeit entspringt oder einem echten Bedürfnis.

Mein Sohn Josua zum Beispiel hat ein Faible für Wasser. Morgens steht er oft auf dem Hocker und spielt am Waschbecken, während ich seinen großen Schwestern beim Frisieren helfe. Wasserhahn auf, Wasserhahn zu, auf, zu. Es fasziniert ihn sehr. Wenn er die Hand unter das Wasser hält oder den Stöpsel herausnehmen will, kommt es nicht selten vor, dass sein Pullover oder auch noch sein Body nass werden. Das ist für mich natürlich nicht so praktisch, weil ich ihn dann nochmals umziehen muss. Aber ich nehme das in Kauf, weil ich sehe, mit wie viel Neugier und Konzentration er bei der Sache ist. Er scheint dabei wirklich viel zu lernen und das will ich nicht bremsen. Wenn wir dann aber seine Schwestern in die Kita bringen und er auch dort sofort ins Bad stürmt und am Wasser spielen will oder auch mit der Klobürste in der Toilette planschen, dann stoppe ich ihn, selbst wenn er dagegen lautstark protestiert. Ich will ihn dort nicht ein drittes Mal umziehen müssen, einfach, weil ich gar nicht so viel Zeit habe und auch nicht unendlich viele Wechselsachen bei mir trage. Wir gehen im Sommer sowieso meist am Nachmittag auf einen Spielplatz, der eine Wasserpumpe hat, dort kann er dann nackt mit so viel Wasser und Matsch spielen, wie er will. Ich wäge also permanent ab, wessen Bedürfnis in dem Moment mehr wiegt: Morgens, bei uns zu Hause, wiegt sein Bedürfnis, zu lernen, schwerer als meine Bequemlichkeit. In der Kita wiederrum hat mein Bedürfnis Vorrang, da ich zeitlich gebunden bin. In anderen Familien würde dieser Abwägeprozess vielleicht anders ausfallen.

Wenn Kinder also beispielsweise beim Kochen helfen möchten oder die Toilettenpapierrolle abwickeln wollen oder darum bitten, kurz vorm Schlafengehen noch mit Pinsel und Farbe malen zu dürfen, sollten sich Eltern fragen: »Ist mein Nein ein Nein aus Bequemlichkeit?« Habe ich keine Zeit oder keine Lust?

Als Carlotta und Helene zwei Jahre alt waren, wollten sie in der U-Bahn immer aus ihrem Zwillingswagen abgeschnallt werden und auf die U-Bahn-Sitze krabbeln, obwohl wir nur zwei Stationen fuhren. Das war für mich anstrengend und ich wollte eigentlich gern, dass sie für diese kurze Zeit angeschnallt im Wagen blieben. Doch tatsächlich war mein Nein an dieser Stelle nur ein Nein aus Bequemlichkeit. Es sprach objektiv gesehen nichts dagegen, weil sie sich, wenn wir in unseren Bahnhof einfuhren, immer sehr kooperativ wieder zurück in den Wagen setzen ließen. Ich machte mir bewusst, dass Kooperation immer von beiden Seiten ausgehen muss, und ließ ihnen ihren Willen.

Es ist natürlich nicht verwerflich, ab und zu seinem eigenen Bedürfnis nach Bequemlichkeit nachzugeben. Wir Eltern haben ein Recht auf Ruhe und Erholung, keine Frage. Man sollte jedoch im Hinterkopf behalten, dass Kooperation auch bei einem Kleinkind immer ein Geben und Nehmen ist. Sagen wir Erwachsenen in vielen Situationen »Ja« zu unserem Kind, ist dieses eher geneigt, in den uns wichtigen Situationen unseren Wünschen zuzustimmen. Wir sollten also versuchen, möglichst viele Bequemlichkeits-Neins zu vermeiden, da diese im Alltag einen Großteil der vermeidbaren Konflikte ausmachen und ein Grund dafür sein könnten, dass Kinder scheinbar nicht kooperieren wollen, nicht hören oder sogar provozieren.

5. Sind die Kinder entwicklungspsychologisch in der Lage, das Nein einzuhalten?

Eine der wichtigsten Fragen zur Überprüfung einer Regel ist, ob das Kind geistig und emotional schon in der Lage ist, auf sie zu reagieren. Vor allem die im ersten Teil des Buches beschriebenen kognitiven Meilensteine der Impulskontrolle, der Empathie und des Sprachverständnisses spielen eine wichtige Rolle, die Kinder nicht mit einer Regel zu belasten, die sie entwicklungsbedingt gar nicht einhalten können, und um dann nicht ungerechtfertigterweise zu schimpfen.

Als meine Töchter Carlotta und Helene kleiner waren (also etwa im Alter zwischen zwölf und 24 Monaten) standen sie beim Baden in der Badewanne immer wieder spontan auf. Entweder, weil sie sich ein Spielzeug aus dem Beutel am Badewannenrand nehmen, weil sie den Wasserhahn aufdrehen, oder aber, weil sie der Schwester den Becher Wasser über den Kopf schütten wollten. Mein erster Impuls war, dieses Aufstehen zu verbieten, weil ich es sehr gefährlich fand. Sie hätten ausrutschen und sich verletzen können. Ich stellte jedoch fest, dass dieses Aufstehen impulsiv aus dem Spiel heraus entstand, also im Prinzip nicht bewusst und willentlich gesteuert war. Sie merkten gar nicht, dass sie aufstanden und in meinen Augen etwas falsch machten. Ich hätte ihr Spiel also permanent mit meinem »Nein! Hinsetzen!« unterbrechen müssen. Das hätte uns allen das Baden verleidet. Ich hätte sie andauernd ausschimpfen müssen, obwohl sie entwicklungsbedingt noch gar nicht in der Lage waren, meine Anweisung auszuführen. Ich beschloss also, nicht auf meinem Verbot zu bestehen und stattdessen meine Aufgabe darauf auszuweiten, sie aufzufangen, wenn sie ausrutschten. Sie sind übrigens nicht ein einziges Mal umgefallen.

Was sie allerdings auch in diesem Alter schon nicht durften, war, das Badewasser absichtlich auf den Badboden zu schütten. Als ich ihnen das untersagte, zeigte ich ihnen gleichzeitig eine Alternative. Sie durften auf der anderen Seite, wo die Wanne an der Wand steht und diese mit Fliesen und Silikon geschützt ist, Wasser ausgießen. Diesen Kompromiss fanden sie akzeptabel. Ab einem Alter von drei Jahren bleiben sie übrigens beim Baden sitzen – zu diesem Zeitpunkt war ihre Impulskontrolle in diesem Bereich gut genug entwickelt.

6. Tut ein Ja den Eltern weh?

Zu guter Letzt sollten wir überlegen, ob uns ein Ja zu einer bestimmten Verhaltensweise unseres Kindes körperlich (oder auch emotional) wehtun würde. Dabei sollte man im Hinterkopf behalten, dass der kindliche Drang, etwas Bestimmtes auszuprobieren, normalerweise innerhalb kürzester Zeit von selbst wieder verschwindet, wenn dem Kind das Gewünschte erlaubt wird. Je entspannter man mit einer Verhaltensweise des Kindes umgeht, desto leichter kann es diese auch wieder loslassen. Möchte eine Einjährige also gern die Toilettenpapierrolle abwickeln, dann kann man das getrost zulassen, denn spätestens, wenn sie fünf Rollen abgewickelt hat, hat sie alles darüber gelernt, was es zu lernen gibt, und wird damit von selbst aufhören.

Möchte dieselbe Einjährige aber zum Einschlafen an der Brustwarze ihrer Mutter knibbeln, wird die Mutter vermutlich nach kurzer Zeit wütend werden und dies unterbinden, weil es ihr wehtut. Zu so einer Angewohnheit sollten wir Eltern möglichst sofort oder zumindest so früh wie möglich Nein sagen, jedenfalls bevor sich dies zum Einschlafritual entwickelt. Gerade schmerzhafte Einschlafrituale wie Haare ziehen, Haut zwirbeln, im Nasenloch der Eltern bohren etc. halten sich sehr, sehr lange, wenn wir es nicht schaffen, an dieser Stelle unsere Grenze deutlich zu zeigen. Es ist wichtig, hier als Elternteil gut auf sich selbst zu achten! Unser Kind kann lernen, ohne das für uns schmerzhafte Einschlafritual zu leben, aber es wird es lautstark einfordern, wenn es einmal daran gewöhnt ist. Das Abgewöhnen wird dann zu einem langwierigen und nervenaufreibenden Prozess.

Simon: Wenn das Nein nicht mehr funktioniert

Manchmal kommen Eltern an den Punkt, an dem ihr Kind nicht (mehr) auf ein Nein hört. Dann müssen sie eine andere Strategie finden, um ihr Verbot durchzusetzen. Esther, 40, erzählt uns von ihrem Problem:

Eigentlich wächst mein dreijähriger Sohn Simon in einer »Ja-Umgebung« auf. Ich versuche, so oft wie möglich Ja zu sagen, wenn er eine Schublade untersuchen will oder die Toilette mit der Klobürste sauber machen möchte. Was er aber nicht darf, ist, das Bücherregal hochzuklettern. Das ist einfach viel zu gefährlich. Trotzdem kann ich ihn irgendwie nicht davon abhalten. Immer wieder läuft er dorthin und klettert daran hoch. Ich müsste den ganzen Tag neben dem Regal stehen, um ihn davon abzuhalten. Mein Nein bedeutet ihm in diesem Fall wirklich gar nichts – ich habe das Gefühl, er überhört es einfach.

Im Normalfall sollten wir Eltern zu jedem verbotenen Gegenstand nur ein- oder zweimal »Nein!« sagen müssen. Danach wissen unsere Kinder eigentlich, dass er verboten ist. Sagen wir aber Hunderte Male »Nein« zu einer bestimmten Handlung unseres Kindes, dann kommen wir uns nicht nur bald wie eine kaputte Schallplatte vor, sondern beleidigen im Grunde auch die Intelligenz unserer Kinder. Sie befolgen unsere Anweisungen nicht deswegen nicht, weil sie zu dumm dazu wären, diese zu verstehen oder sie sich zu merken, sondern aus anderen Gründen. Zum Beispiel, weil sie ihre Neugier oder ihren Bewegungsdrang nicht zügeln können oder weil sie uns mit ihrem Fehlverhalten eine versteckte Botschaft senden wollen. Statt also immer wieder Nein zu sagen und zu hoffen, unser Nachwuchs werde sich nun beim nächsten Mal daran halten, müssen wir andere Strategien finden.

Eine Möglichkeit ist das »Beim-Gutsein-Erwischen«, das wir im vorherigen Teil des Buchs schon erläutert haben. Dabei würde Esther immer dann, wenn Simon am Regal vorbeigelaufen ist, mit einem freundlichen Kopfnicken sagen: »Du hast dich an die Regel erinnert: Das Klettern ist verboten.« Da Kinder normalerweise mit ihren Eltern im Einklang leben wollen, freuen sie sich über positive Rückmeldung. Sie gibt ihnen Verhaltenssicherheit: »Aha, meine Mama freut sich, wenn ich am Regal vorbeilaufe, statt hochzuklettern.« Wir können es nicht oft genug betonen: Ein Kind, das weiß, was es *nicht* machen soll, weiß nicht automatisch, was es *stattdessen* machen soll. Klare Anweisungen, die das Wort »nicht« vermeiden und eine kurze freudige Rückmeldung, wenn es sich erwartungsgemäß verhalten hat, helfen ihm, sich sozial angepasst zu entwickeln.

Eine andere Möglichkeit ist das proaktive Verhindern. Da Esther weiß, dass Simon gern am Regal hochklettert, könnte sie innerlich in Habachtstellung gehen, wenn er in dessen Nähe läuft und ihn, kurz bevor er hochklettern will, abfangen und auf ein anderes Spiel umlenken: »Komm, ich lese dir ein Buch vor. Oder wollen wir deine Eisenbahn aufbauen?« Das Umlenken gelingt am besten, wenn Esther dabei mit Simon den Raum wechselt, damit das verbotene Regal nicht im Augenwinkel lockt und seine Impulskontrolle auf eine harte Probe stellt.

Käme Esther zu spät und Simon würde bereits auf dem Bücherregal herumklettern, könnte sie ihn vorsichtig abpflücken, wegtragen und, ohne zu schimpfen, sagen: »Ich glaube, du hast vergessen, dass das Regalklettern verboten ist.« Das kann durchaus nett und liebevoll geschehen – ein Kleinkind legt es nicht darauf an, seine Eltern zu ärgern. Für Simon ist das ein Spiel. Ein sehr lustiges sogar. Denn immer, wenn er zum Regal läuft, springt seine Mama oder sein Papa auf… Es steckt keine böse Absicht oder gar Trotz hinter seiner Handlung, deshalb ist es unangebracht und auch sinnlos, mit ihm zu schimpfen. Viel wichtiger ist es, das Kind auch hier, nachdem man es vom Regal heruntergenommen hat, in ein anderes Zimmer zu tragen und dort gemeinsam mit ihm ein anderes Spiel zu beginnen. Nur so wird verhindert, dass Simon erneut in Versuchung gerät. Es ist nämlich sehr schwer, einem Kleinkind so ein Spiel wieder abzugewöhnen. Wenn eine verbotene Handlung einmal lustig war, wird es immer wieder ausprobieren, ob es beim nächsten Mal ebenfalls lustig wird. Das ist für uns Eltern sehr ermüdend und frustrierend.

Warum Strafen keine Lösung sind

Schlagen wir einen Bogen zurück zu Elsa, die in unserem Beispiel im dritten Kapitel ihre Kleider zerschnitt, die Wände anmalte und abends laut durch die Wohnung polterte, um ihre Mutter darauf aufmerksam zu machen, dass sie wegen der Geburt ihres Bruders das Gefühl verloren hatte, wertvoll für ihre Eltern zu sein. In diesem Zusammenhang haben wir dargelegt, warum provozierendes Verhalten in aller Regel ein Hilfeschrei unserer Kinder ist, mit dem sie uns begreiflich machen wollen, dass es ihnen momentan nicht gut geht. Muss die Mutter nicht *irgendetwas tun,* damit Elsa merkt, dass das Kleiderzerschneiden und Wändebemalen inakzeptables Verhalten sind? Muss sie nicht eine logische Konsequenz finden, die dem Mädchen irgendwie wehtut, damit es seine Provokationen zukünftig unterlässt?

Nun – nein. Muss sie nicht. Es ist eine weitverbreitete Mär, dass Kinder nur lernen, Unsinn zu unterlassen, wenn sie als Konsequenz eine empfindliche Strafe erhalten. Es mag sein, dass das funktioniert, aber es ist nicht die einzige mögliche Erziehungsmethode. Wenn man bedenkt, dass die Provokationen Ausdruck dafür sind, dass ein Kind unglücklich ist, dann würde eine Strafe eigentlich nur bedeuten, dass die Eltern ihm zurückmelden: »Ich möchte nicht auf diese Art hören, dass es dir schlecht geht!« Vielleicht sucht sich das Kind dann eine andere Art und Weise – das wäre gut. Vielleicht hört es aber auch auf, seinen Eltern zu sagen, dass es ihm schlecht geht, weil es das Gefühl hat, sie hören ihm sowieso nicht zu. Solche Kinder wenden sich dann meist nach außen und beginnen an anderer Stelle mit ihrem Blödsinn, vielleicht im Kindergarten oder in der Schule, in der Hoffnung, jemand höre ihnen dort richtig zu.

Es ist also möglicherweise sogar schädlich, in der konkreten Situation zu strafen. Es ist nicht nötig, dem Kind zu sagen, dass das, was es getan hat, falsch war. Denn das weiß es bereits! Es ist trotz dieses Wissens seinem Impuls gefolgt, auszudrücken, dass es ihm nicht gut geht. Es wäre kontraproduktiv, nun Handlungen folgen zu lassen, die es noch unglücklicher machen. Das bedeutet jedoch nicht, dass wir als Eltern freundlich lächelnd mit ansehen müssen, wie unser schönes Wohnzimmer mit Filzstiften verunstaltet wird. Selbstverständlich ist es wichtig, dass Eltern ihrem Ärger an dieser Stelle authentisch Luft machen! Es spricht nichts dagegen, wenn Elsas Mutter laut und ärgerlich rückmeldet, dass sie das Malen an den Wänden unmöglich findet: »So ein Mist, jetzt sind die Wände vollgekritzelt und ich finde das ganz hässlich. Ich wollte weiße Wände haben. Weiße! Puh, ich bin jetzt ganz aufgeregt und verärgert. Lass mich erst einmal tief durchatmen. Pfffffff. Nein, das reicht noch nicht. Ich bin immer noch sehr wütend. Ich gehe kurz aus dem Zimmer, um mich zu beruhigen, und dann komme ich wieder zu dir, ja?«

In dieser kurzen Auszeit könnte Kathrin ein stummes Selbstgespräch führen und gedanklich durchspielen, was sie ihrer Tochter gern an Gemeinheiten an den Kopf werfen und welche Strafen sie ihr gern aufbrummen würde. Hat sie sogar einen Impuls, Elsa zu schlagen, könnte sie im Nebenraum mehrmals stark klatschen oder sich selbst mit den Händen auf die Oberschenkel hauen, um eine motorische Entlastung zu erreichen. Hat sie sich danach halbwegs beruhigt, könnte sie wieder auf ihre Tochter zugehen. Sie könnte sagen: »Ich finde es echt richtig doof, dass du meine Wände bemalt hast. Hoffentlich bekommen wir die wieder sauber. Aber was ich mir gerade im anderen Zimmer überlegt habe: Kann es sein, dass ich in letzter Zeit zu wenig mit dir gespielt habe? Ich glaube, ich war zu beschäftigt. Gut, dass ich das jetzt weiß, dann kann ich es anders machen. Vielleicht schaffst du es, mir beim nächsten Mal zu sagen, wenn du meinst, ich kümmere mich zu wenig um dich, statt die Wände anzumalen. Das wäre einfacher für mich. Okay? Was möchtest du nun mit mir als Erstes tun? Kuscheln? Ein Buch lesen? Oder mit mir malen?«

Wenn sie es schafft, so oder ähnlich, zu reagieren, dann würde sie ihrer Tochter mehrere wichtige Dinge beibringen. Sie hätte gezeigt, wie es ihr mit der Situation wirklich geht und welche Emotionen bei ihr ausgelöst wurden. Sie wäre authentisch verärgert gewesen. Das wäre wichtig, damit Elsas Gehirn, genauer gesagt Elsas präfrontaler Kortex, für die Zukunft speichern kann, welche Reaktionen und Emotionen ihre Aktionen bei anderen auslösen. Kathrin hätte auch vorgeführt, welche Beruhigungstechniken sie benutzt. Da Kinder viel durch Beobachtung lernen, wird Elsa vielleicht eines Tages selbst diese Beruhigungstechniken ausprobieren. Die Mutter hätte dem Kind ihre Vermutung darüber, warum es die Wände angemalt hat, rückgemeldet, das heißt Elsa die Möglichkeit gegeben, sich selbst zu verstehen. Sie hätte ihr auch, für das nächste Mal, eine Handlungsalternative vorgeschlagen. Schlussendlich hätte sie ihrer Tochter das gegeben, was sie wirklich braucht, nämlich liebevolle Aufmerksamkeit. In Momenten wie diesen können Kinder innerlich wachsen.

Schnelle Hilfen für akute Trotzanfälle

Deeskalation in drei Schritten

Wenn wir Eltern abgewogen haben, wessen Bedürfnis in einer bestimmten Situation schwerer wiegt, und zu dem Schluss gekommen sind, dass es unser eigenes ist, dann machen wir damit unsere Grenze deutlich. Das führt in den ersten Lebensjahren häufig dazu, dass unser Kind wütend wird. Es bricht weinend und strampelnd zusammen. Statt eine solche Reaktion als Trotz einzuordnen, sollten wir uns klarmachen, dass unser Kind in diesem Moment mit ungewohnten und großen Gefühlen vollkommen überfordert ist. Es will keine Grenze austesten oder seinen Willen durchdrücken – es will einfach nur seine Gefühle verarbeiten. Kinder im Alter von einem bis vier Jahren sind allerdings noch nicht in der Lage, sich in solchen Krisen selbst zu beruhigen. Sie benötigen Unterstützung durch eine Fremdregulation. Was können wir Erwachsenen also tun, um unseren Kindern bei einem Wutanfall zu helfen?

1. Schritt: Respektvoll Kontakt aufnehmen

Der Schlüssel zur Kommunikation mit aufgebrachten Kleinkindern ist die respektvolle Kontaktaufnahme. Ihr Gehirn ist bei einem Wutanfall so blockiert, dass es Sprache nicht gut weiterverarbeiten kann. Während eines Wutanfalls kommen unsere Worte bei unseren Kindern schlicht nicht an.[49]

Das emotionale Gehirn, das in diesem Moment überhandnimmt, kann aber weiterhin Mimik und Gestik entschlüsseln. Um Kleinkinder also wirklich zu erreichen, müssen wir uns auf eine Art Grundkommunikation einlassen. Am besten klappt das, wenn wir uns mit einem mitfühlenden Gesichtsausdruck neben unser wütendes Kleinkind hocken. Das emotionale Gehirn registriert unsere Empathie und ist selbst in einer solchen Ausnahmesituation in der Lage, zu entschlüsseln, dass wir Eltern dem Kind wohlgesonnen sind und versuchen, eine Lösung zu finden.

Auch eine empathische Stimmlage spielt eine große Rolle. Bei sehr kleinen Kindern im Alter von einem bis drei Jahren sollten Eltern für das Kind mit mitfühlender, aber nicht vor Tragik triefender Stimme verbalisieren, was es möglicherweise gerade fühlt, damit es die verschiedenen Gefühlszustände in seinem Inneren zuzuordnen lernt. Ein Kind, das zum ersten Mal von Wut geschüttelt wird, weiß nämlich noch nicht, dass das Wut ist. Dieses Gefühl zu erkennen, es zu benennen und zu wissen, was einem dagegen am besten hilft, sind wichtige Schritte auf dem Weg zur Impulskontrolle.

Kinder ab drei Jahren haben normalerweise schon so viele Gefühlszustände miterlebt, dass sie sie selbst unterscheiden können und Eltern sie daher nicht mehr benennen müssen. Die Kinder könnten dann vielleicht sogar denken, dass wir ihnen Gefühle einreden wollen, die sie gar nicht haben. Das kann zu einer unbewussten Abwehrhaltung beim Kind führen, das mittlerweile weiß, dass es selbst Urheber seiner Gefühle ist.

Es ist wichtig, in einer Wutsituation eine möglichst geringe Anzahl Worte zu verwenden, damit das überforderte Gehirn die Chance hat, auf dem Weg zur Beruhigung vielleicht doch das eine oder andere von ihnen aufzuschnappen und zu verstehen.[50] Das klingt dann in etwa so: »Du bist wütend! Wütend! Wütend! Du sagst: Nein, Mama! Nein, nein, nein!« Mit dem Spiegeln drücken wir Verständnis für die Situation und Wertschätzung für das Verhalten des Kindes aus. Damit vermitteln wir ihm, dass es sich und seine Gefühle gefahrlos ausdrücken kann, das heißt ohne Angst, dadurch unsere Liebe zu verlieren. Wir sollten dies aber nicht nutzen, um den Wutanfall im Keim zu ersticken oder abzukürzen.[51] Wir bieten damit schlicht emotionalen Halt – wir reichen unserem

Kind eine Hand, damit es einen Weg aus dem Strudel seiner Gefühle findet. Es reicht dabei, wenn wir Eltern unsere Worte leise alle paar Minuten wiederholen. Irgendwann – das kann durchaus zehn Minuten dauern – kommt bei unserem Kind an, dass wir verstanden haben, dass es über unsere Entscheidung wütend ist. Es wird leiser werden und uns ansehen. Der Wutanfall ist an dieser Stelle jedoch noch nicht vorbei. Es ist nur der Moment, an dem das kognitive Gehirn wieder seine Arbeit aufnimmt und wir Erwachsenen unser Kind wieder mit Worten erreichen können.

2. Schritt: Das Nein noch einmal bestätigen

Nun, da unser wütendes Kleinkind sein Problem ausgedrückt und sich halbwegs beruhigt hat, sind wir Eltern mit unserer Botschaft an der Reihe.[52] Der Sturm der kindlichen Gefühle hat sich ein wenig gelegt und wir können anfangen, in normaler Sprache zu erklären, warum jetzt gerade nicht geht, was unser Kind gern möchte. »Du möchtest so gern noch weiterspielen, aber wir müssen nun los zum Kindergarten. Ich komme sonst zu spät zur Arbeit.« Natürlich wird die erneute Bestätigung des Neins von unseren Kindern nicht mit Freude aufgenommen werden. Das seelische Gleichgewicht ist immer noch fragil, es kann sein, dass der Wutanfall in diesem Augenblick noch einmal aufflammt. Er ist aber in der Regel schwächer. Dann sollten wir erneut einen mitfühlenden Gesichtsausdruck zeigen und abwarten. Das Kind möchte einfach noch einmal seiner Enttäuschung Ausdruck geben. Es ist wichtig für seine Psychohygiene, dass es seine Gefühle ausdrücken darf. Steigert sich die Wut an diesem Punkt doch noch einmal stark, können wir wieder mit empathischer Stimme verbalisieren, was wir hören, das heißt, wir wiederholen Schritt 1.

Wichtig ist jedoch, sich nicht für unser Nein zu entschuldigen. Das wäre unaufrichtig, denn wir Erwachsenen stehen ja hinter unserer Entscheidung. Wir haben sie uns gut überlegt und die Bedürfnisse aller Beteiligten gründlich abgewogen. Es mag uns leidtun, dass unser Kind deswegen wütet oder traurig ist, aber unser Nein an sich tut uns nicht leid, sonst hätten wir Ja gesagt. Die Familientherapeutin Naomi Aldort schreibt zu diesem Punkt:

»Manchmal entschuldigen sich Eltern, wenn es gar nichts gibt, wofür sie sich entschuldigen müssten. Sie sagen vielleicht: ›Es tut mir leid, aber du kannst diese Süßigkeit nicht haben.‹ Dem Kind erscheint es so, dass Papa, wenn es ihm wirklich leidtäte – wenn er wirklich traurig darüber wäre –, nicht darauf beharren würde, ihm die Süßigkeit zu verbieten. […] Derartige unaufrichtige Botschaften führen zur Verwirrung; dagegen schaffen Sie Klarheit für Ihr Kind, wenn Sie authentisch sind. […] verwenden Sie eine persönliche Sprache, die Ihre Entscheidung ausdrückt: ›Ich möchte nicht, dass du diese Süßigkeit isst, weil sie ungesund ist.‹ Wenn unsere Kommunikation klar ist, fällt es dem Kind leichter, es zu akzeptieren und eine klare Bitte vorzubringen: ›Kann ich eine gesunde Süßigkeit haben?‹«[53]

Im Idealfall begleiten wir den Wutanfall unserer Kinder mithilfe der Schritte 1 und 2, bis ihre Wut und ihr Kummer abgeebbt sind. Wann immer möglich, sollten wir unseren Kindern die Chance geben, ihre Gefühle auszuleben und durchzustehen. Daran können sie wachsen. Sobald sie ihre Gefühle mit unserer Hilfe ausgehalten und durchlebt haben, blicken sie in aller Regel ohne einen Rest negativer Gefühle nach vorn. Sie sind erschöpft, aber fühlen sich gleichzeitig auf eine gute Art erstarkt. Wir Eltern haben im Alltag natürlich nicht immer die Zeit oder die Kraft, jeden Wutanfall unseres Kindes bis zur letzten Minute geduldig zu begleiten. Dann kommt der optionale Schritt 3 ins Spiel.

3. Schritt (optional): Kompromiss anbieten

Manchmal ist es wichtig, Kindern einen Ausweg aus ihrem Wutanfall anzubieten, beispielsweise wenn wir einen wichtigen Termin haben und deshalb pünktlich losmüssen. Dann ist es möglich, ihnen, sobald sie sich zum zweiten Mal halbwegs beruhigt haben und auf Sprache ansprechen, einen Kompromiss anzubieten, der für beide Seiten einen Gewinn darstellt.[54] Dieser Punkt ist relativ schwierig, denn nicht immer fällt einem so auf die Schnelle ein, wie beide Seiten als Gewinner aus dem Konflikt herausgehen können. Was normalerweise gut funktioniert, ist, Wahlmöglichkeiten anzubieten: »Du möchtest so gern noch weiterspielen, aber wir müssen los. Du kannst deine Puppe im Rucksack mitnehmen und sie wartet dann in der Kindergarten-Garderobe auf dich!«, »Du möchtest so gern noch weiterrutschen, aber wir haben gleich einen Termin beim Zahnarzt. Möchtest du noch einmal oder zweimal rutschen, bevor wir gehen?«, »Du willst so gern die Gummistiefel anziehen, aber draußen ist es so heiß. Pass auf, du kannst die Gummistiefel anziehen und wir nehmen deine Sandalen mit und tauschen sie später!«.

Es ist wichtig, dass wir Eltern an dieser Stelle keinen gut gemeinten Fehler begehen – einen Fehler, der in unserer Gesellschaft schon so verbreitet ist, dass er den meisten Menschen gar nicht mehr als ungewöhnlich oder problematisch auffällt. Wir Erwachsene neigen dazu, Kindern möglichst viele Frustrationen aus dem Weg zu räumen. Das ist aus Sicht eines liebenden Elternteils verständlich, für eine regelgerechte Entwicklung von Impulskontrolle und Empathie jedoch hinderlich bzw. sogar schädlich. Man kann heutzutage oft beobachten, dass Eltern ihrem Kind Alternativangebote machen, um es von seinem Schmerz abzulenken. Weint oder wütet es, weil es weiter auf dem Spielplatz spielen möchte, locken sie es damit, dass es zu Hause ja eine schöne DVD ansehen könne. Bricht ein Keks beim Herausnehmen aus der Packung und das Kind gerät darüber in eine Krise, versuchen Eltern diese abzuwenden, indem sie sofort einen neuen, ganzen Keks präsentieren. Fällt ein Kind hin und schlägt sich das Knie auf, erhält es oftmals ein Bonbon als

»Trostpflaster«. Hat ein Kind einen Wutanfall, weil aus Versehen sein Spielzeug kaputtgegangen ist, hört man oft »Ich kaufe dir ein neues« aus dem Mund der Großen. Dieses Verhalten ist natürlich gut gemeint, verstärkt jedoch die ohnehin schon vorhandene Tendenz des kindlichen Gehirns, die sofortige Bedürfnisbefriedigung der Selbstkontrolle und dem Bedürfnisaufschub vorzuziehen.

Je öfter ein Kind solche Erfahrungen mit seinen engsten Bezugspersonen macht, desto inaktiver wird sein präfrontaler Kortex, der ja für Impulskontrolle und Selbststeuerung verantwortlich ist. Das Kind lernt nicht, Frustrationen auszuhalten und aktiv eine Lösung zu finden. Stattdessen lernt es, sich von emotionalen oder körperlichen Schmerzen durch Ersatzbefriedigungen abzulenken.[55]

Es ist also wichtig, unseren Kindern während eines Wutanfalls keine Ersatzbefriedigungen oder Ablenkungen anzubieten, sondern höchstens Win-win-Kompromisse. Ein Abwägen zwischen den Bedürfnissen aller Beteiligten und dem Finden einer Lösung, die für alle annehmbar ist, stärkt den präfrontalen Kortex. Kinder lernen so, sich in die Position der anderen hineinzuversetzen und sich selbst, wenn nötig, zurückzunehmen. Sie werden sozial kompetent und rücksichtsvoll. Sie lernen auch, dass Wut oder Trauer über eine unvermeidbare Situation nichts Schlechtes sind und sie stark genug sind, diese auszuhalten. Das wiederum stärkt auch ihr Selbstbewusstsein und ihr positives Selbstbild. Ein Kind, das mit zwei Jahren gelernt hat, dass ein zerbrochener Keks nicht das Ende der Welt bedeutet, weil es ausgiebig in den Armen einer lieben Person darüber trauern konnte, kann mit fünf besser aushalten, wenn sein Lieblingsspielzeug kaputtgeht, und als Erwachsener adäquat mit Rückschlägen und Niederlagen umgehen.

Wenn Beruhigen nicht mehr funktioniert

Manchmal schaffen es Eltern einfach nicht, ihr Kind bei einem Wutanfall zu beruhigen. Stattdessen wird es immer lauter und wütet manchmal über Stunden. Woran kann das liegen?

1. Unsere Empathie kommt nicht rüber

Es kommt beim Spiegeln vornehmlich darauf an, dass unsere Kinder merken, dass wir ehrlich mitfühlen. Ist man eigentlich von dem Theater genervt und rollt innerlich quasi mit den Augen, kann es sein, dass das Kind keine echte Empathie von uns empfängt. Dann fühlt es sich weiterhin unverstanden und bleibt laut und wütend. Keine leichte Übung für Erwachsene!

2. In die falsche Richtung gespiegelt

Wenn wir als Elternteil spiegeln: »Du bist wütend! Wütend! Du sagst: Keks, Mama, Keks! Keks!«, und das Kind beruhigt sich nicht, sondern heult eher noch stärker und wütet mehr, dann haben wir vermutlich den Grund für die Wut des Kindes nicht richtig verstanden und es versucht, uns das durch noch stärkeres Weinen mitzuteilen.

Dann sollten wir schnell umdenken und überlegen, was die wirkliche Ursache des Anfalls sein könnte. Das ist manchmal nicht einfach, denn oft ist es für einen Erwachsenen schlicht nicht nachvollziehbar, warum ein Kind gerade weint. Wir können jedoch davon ausgehen, dass es ganz sicher immer einen Grund gibt. Um diesen zu entschlüsseln, muss man sein Kind gut kennen. Folgende Gründe wären denkbar:

- Das Kind will etwas allein machen und ist wütend darüber, dass Mama oder Papa es ihm abnehmen wollen.
- Das Kind will etwas Bestimmtes haben und Mama versteht nicht, was das ist, weil das Kind sich noch nicht gut genug ausdrücken kann.
- Das Kind will etwas Bestimmtes nicht tun, aber die Eltern bestehen darauf.
- Das Kind will etwas selber machen, aber es klappt nicht so, wie es möchte.
- Das Kind nimmt etwas in die Hand und es geht aus Versehen kaputt.
- Das Kind denkt, die Mutter will ihm etwas Bestimmtes nicht geben und weint schon los, bevor sie überhaupt darüber geredet haben (das sind die besonders kniffligen Fälle).
- Das Kind denkt, die Eltern machen mit Absicht etwas falsch oder anders, als es das möchte.

Als meine Töchter 2,5 Jahre alt waren, hatten sie spezielle kleine Glasbecher zum Trinken. Helene war ihr Glasbecher jedoch heruntergefallen und kaputtgegangen. Deshalb hatte ich, um gerecht zu sein, zum Abendbrot zwei andere identische Gläser herausgesucht, die jedoch ein bisschen kleiner waren. Als ich nun mit den Gläsern zum Tisch kam, fing Carlotta, deren Originalglas eigentlich noch heil war, wütend an zu rufen: »Mehr, mehr!« Ich sagte: »Carlotta, das Glas ist doch randvoll? Ich kann da gar nichts mehr eingießen.« Sie wurde immer aufgeregter, zappelte herum und rief weiterhin: »Nein, nein, mehr!« Sie konnte zu dem Zeitpunkt eigentlich schon in ganzen Sätzen sprechen, war aber innerlich so aufgewühlt, dass nur noch Wortbrocken herauskamen und sie ihr »mehr« auch nicht durch ein anderes Wort, das ihr Anliegen vielleicht besser erklärt hätte, ersetzen konnte. Ihr kognitives Gehirn und damit der Teil, der für Sprache zuständig ist, war schon blockiert. Ich antwortete: »Du kannst mehr Saft haben, aber trink doch erst mal diesen hier aus!« In diesem Moment fing sie fürchterlich an zu weinen. Ich konnte absehen, dass das in einem Wutanfall enden würde. Also fing ich an zu spiegeln, erst mal ins Blaue hinein, denn ich wusste wirklich nicht, was sie von mir wollte: »Du willst mehr! Mehr! Du sagst größeres Glas!« An dieser Stelle hatte ich einen Geistesblitz: »Anderes Glas! Du willst dein anderes Glas haben!« Sofort zeigte sich die Erleichterung, verstanden zu werden, auf dem Gesicht meiner Tochter und sie antwortete: »Ja, anneres Glas.« Sie wollte ihr Originalglas haben – verständlich. Nur weil ich es fair finde, dass beide Kinder die gleichen Gläser haben, ist das in den Augen meiner Töchter nicht automatisch auch so. Ich hatte also zunächst in die falsche Richtung gespiegelt, und weil Carlotta mir das mitteilen wollte, wurde sie lauter. Als ich die Situation endlich begriffen hatte und mein Spiegeln sich in die richtige Richtung bewegte, kamen wir wieder ins Gespräch und sie konnte sich beruhigen. Solche Missverständnisse über den Grund der Wut meiner Kinder passierten mir recht häufig, aber je mehr Wutsituationen wir zusammen durchmachten, desto leichter wurde es, weil ich meine Kinder besser kennenlernte. Wie in der Babyzeit, in der ich lernte, ihr Weinen zu entschlüsseln, um feinfühlig und bindungsorientiert darauf antworten zu können, lernte ich nun, ihr Wüten zu entschlüsseln, um ihnen entweder bei Unabänderlichem stärkend zur Seite zu stehen oder aber Lösungen zu finden, wenn Kompromisse möglich waren.

3. Das Kind ist zu müde

Wenn ein Kind zu müde ist, ist es nichts und niemandem mehr zugänglich. Dann können wir Eltern uns noch so bemühen und spiegeln, bis uns die Zunge abfällt, unser Kind wird trotzdem weiterwüten. Hier gibt es nur eine Lösung: ab ins Bett und mit Mama oder Papa einschlafkuscheln.

4. Blitzableiter-Tage

Auch nach dem ersten Jahr machen Kinder Entwicklungssprünge, allerdings in sehr individuellen Phasen und Abständen, sodass es schwieriger als im ersten Jahr ist, daraus eine Regelhaftigkeit abzuleiten, wie sie beispielsweise im Buch *Oje, ich wachse* dargestellt ist.

Außerdem gibt es immer mal wieder einen Tag im Monat, an dem Kinder von morgens bis abends in sogenannten Wut-Ketten gefangen sind. Solche Tage erkennt man gut daran, dass das Kind nicht wie gewöhnt fröhlich plappernd aufwacht, sondern schon beim Wecken mit Jammern und Maulen reagiert. Dann gibt es gleich beim Zähneputzen den ersten Wutanfall, weil die Zahnpasta falsch aus der Tube gekommen ist, später fühlt sich die Lieblingsstrumpfhose ganz schrecklich an und kann auf gar keinen Fall angezogen werden, beim Frühstück kommt es zum Nervenzusammenbruch, weil die Milch so weiß ist, und das geht immer so weiter. Hat man das Kind aus der einen Krise erfolgreich herausgebracht, kündigt sich schon der nächste Wutanfall wegen einer Nichtigkeit an. Interessant dabei ist, dass Kinder an solchen Tagen meist völlig absurde Forderungen stellen oder wegen Dingen ausflippen, die sie normalerweise gut tolerieren können. Lutz, 26, erzählt von einem solchen Blitzableiter-Tag mit seinem Sohn Lars (3).

Normalerweise ist er ein total kooperativer Junge. An diesem Morgen aber war er wirklich vom Aufstehen an irgendwie schlecht gelaunt. Da seine Windel voll war, wickelte ich ihn mit seinem Einverständnis. Doch als ich die Windel in den Eimer geworfen hatte, flippte er plötzlich total aus. Er wollte unbedingt genau diese Windel zurückhaben. Genau diese Kacka-Windel wollte er wieder umgebunden bekommen! Ich war ganz verdattert, weil das eine so absurde Forderung war. Aber er hat richtig mit mir gekämpft. Er wollte unbedingt den Deckel des Windeleimers aufmachen und die Windel rausholen. Es hat eine Ewigkeit gedauert, bis ich ihn von diesem Vorhaben abbringen konnte. Er weinte und wütete und war danach total erledigt. Der Tag ging dann auch genauso weiter. Andauernd stellte er unsinnige Forderungen, die ich unmöglich erfüllen konnte, selbst wenn ich es gewollt hätte. Zum Beispiel war der Eisladen geschlossen, weil er Winterpause hatte, aber Lars stand davor und klopfte wie wild an die Tür, weil er jetzt sofort ein Erdbeereis essen wollte. Ich bot ihm an, im Zeitungsladen nebenan ein abgepacktes Eis zu kaufen, aber das wollte er nicht. Er wollte dieses spezielle Erdbeereis. Das war wirklich ein unglaublich anstrengender Tag, den ich so schnell nicht wieder vergessen werde. Mein Sohn war wie ausgewechselt.

Solche Tage sind schwer auszuhalten, weil wir das Gefühl haben, die Kinder provozieren absichtlich, um explodieren zu können. Wir vermuten, dass das tatsächlich stimmt, weil sich das Gehirn an solchen Tagen neu vernetzt und wie bei einem Computer eine Säuberung der Festplatte durchgeführt wird. Die Kinder fühlen sich daher so, wie Babys in den Entwicklungssprungzeiten: total seltsam. Und wie als Babys reagieren sie mit vermehrtem Maulen, Weinen und Klammern. Sie agieren auch auf einem viel niedrigeren sozialen Niveau als sonst. Wenn sie eigentlich schon gut Kompromisse eingehen konnten, um Streit zu vermeiden, so hauen sie nun vielleicht doch wieder zu, wenn ein anderes Kind ihnen ein Spielzeug wegnehmen will. Um das seltsame Gefühl loszuwerden, pöbeln unsere Kinder unbewusst herum, um schließlich eine Möglichkeit zu bekommen, weinend zusammenzubrechen. Durch das Weinen verschwindet das Unwohlsein zumindest für eine kurze Zeit und die Eltern fungieren als »Blitzableiter«. An solchen Blitzableiter-Tagen kann man als Elternteil eigentlich nichts weiter tun, als das Kind liebevoll zu begleiten, auch wenn es wirklich schwerfällt. Es hilft nur bedingt, zu versuchen, das Kind so sanft zu behandeln, dass es gar nicht erst explodiert. Stattdessen sollte man ruhig und bestimmt auf Grenzen beharren, um dem Kind die Möglichkeit zu geben, zu weinen und zu wüten. Selten dauern solche Entwicklungssprünge und Blitzableiter-Phasen länger als drei Tage. Wir Eltern sollten uns also mit dem Gedanken über Wasser halten: Es ist bald wieder vorbei.

5. Die Eltern machen alles richtig, aber das Kind bearbeitet Altlasten gleich mit

Manchmal kommt es vor, dass das Spiegeln zunächst gut funktioniert und die Kinder sich in unseren Armen scheinbar immer weiter beruhigen, dann aber plötzlich wieder lauter werden und doch weiterweinen. Das kann für die Erwachsenen irritierend und frustrierend sein, weil sie schon so nah an der Auflösung des Wutanfalls und der Beruhigung des Kindes waren. Da ist es gut, zu wissen, dass Kinder gern Chancen nutzen, auch älteren Schmerz, der noch in ihnen ist, in entsprechenden Situationen nachzubearbeiten. Wenn sie merken, dass sich jemand echt und aufrichtig um sie bemüht und ihre Wut und Trauer ohne Wenn und Aber annimmt, dann empfinden sie diesen Menschen als sicheren Hafen. Steigt in diesem Moment emotionaler Schmerz aus der Vergangenheit in ihnen hoch, den sie zu einem früheren Zeitpunkt nicht bearbeiten konnten und der sie deshalb belastet, beweinen sie auch diesen Schmerz nachträglich in den Armen dieses sicheren Hafens.[56] Sie betreiben damit äußerst effektive Psychohygiene. Erwachsene tun also gut daran, dann nicht abwehrend zu reagieren, beispielsweise mit dem sehr beliebten Satz: »Nun ist aber mal gut …«, sondern dem Kind weiterhin tröstend zur Seite zu stehen. Nach dem Ausweinen wird das Kind dann zwar sehr erschöpft, aber auch sehr glücklich sein.

Stressregulation: Lernen, sich selbst zu beruhigen

Im Laufe ihres Heranwachsens werden Kinder immer wieder mit Stresssituationen konfrontiert werden. Es ist daher unabdingbar, dass sie Techniken lernen, um ihre Gefühle in unangenehmen Situationen zu regulieren, denn in Kindergarten, Schule oder auch später im Arbeitsalltag ist es wenig förderlich, wegen Kleinigkeiten zu explodieren.

Stressregulationstechniken zu erlernen bedeutet nicht, Gefühle zu unterdrücken, sondern sie in gesellschaftlich akzeptiertem Rahmen herauszulassen. Wir haben im Laufe des Buchs immer wieder betont, dass es wichtig ist, alle Gefühle zuzulassen, um sie beherrschen zu lernen. Auch negative Gefühle haben konstruktive Aspekte. Wut zum Beispiel ist ein wichtiges Signal an andere, dass man sich gerade gedemütigt, gekränkt oder unangemessen von anderen beherrscht fühlt. Ganz automatisch hält man das Gegenüber durch einen Wutausbruch auf Abstand – man strahlt Gefahr aus.[57] Daher ist es gerade in der Autonomiephase wichtig, dass Kinder ihre Wut über die Regeln und Grenzen der Großen ausdrücken dürfen. Sie sollen und müssen sich von den Eltern abgrenzen und lösen, gleichzeitig aber auch lernen, dass unterschiedliche Bedürfnisse in einem Konflikt von allen beteiligten Personen besprochen werden sollten, um eine für alle annehmbare Lösung zu finden. Sie müssen auch lernen, dass es manchmal eben nicht anders geht, als sich der Situation und einem Nein zu fügen. Dass das ein schwieriger Balanceakt ist, wissen wir Erwachsenen aus eigener Erfahrung.

Je älter Kinder werden, desto besser können sie in wütenden Momenten auf Stressbewältigungsstrategien zurückgreifen. Sie verfügen jedoch nur in sehr begrenztem Maße über solche Strategien, weshalb wir wissen sollten, welche Techniken Kinder in welchem Alter bewältigen können:

1 bis 2 Jahre

Das Kind kann lernen, bei Wut mit dem Fuß aufzustampfen, den Kopf zu schütteln und laut »Nein!« zu sagen. Auch wenn das anstrengend für uns Eltern ist – das alles sind Entspannungstechniken, die Kindern dabei helfen, sich selbst zu beruhigen. Auch lautes Schreien gehört dazu. Da es für uns Erwachsene normalerweise sehr unangenehm ist, wenn Kinder laut schreien, können wir den Kleinen beibringen, stattdessen in ihre eigene Armbeuge oder in ein Wutkissen zu schreien. Der Stoff des Pullovers oder des Kissens dämpft die Lautstärke relativ zuverlässig.

2 bis 4 Jahre

Neben den oben genannten Techniken können Kinder nun lernen, andere Arten von Selbstberuhigung anzuwenden. Welche für das eigene Kind passend ist, kann man im Laufe der Zeit herausfinden. Viele Kinder mögen es, in ihr eigenes Zimmer zu rennen und theatralisch die Tür zuzuknallen. Ist diese Methode für die Eltern nicht akzeptabel, weil zum Beispiel die Türen kaputtgehen könnten, sollten sie diese natürlich nicht anbieten. Andere sehr befreiende Maßnahmen wären, in einen Boxsack oder ein Wutkissen zu boxen oder die Wut mithilfe eines Urschreis loszuwerden. Etwas ältere Kinder können zur Beruhigung bis zehn zählen. Diese Technik wird allerdings zunächst nur ungern von Kindern angenommen, weil die Wut dabei nicht mit genügend motorischer Ableitung herausgelassen werden kann. Perspektivisch gesehen ist das Zählen zur Beruhigung jedoch eine gute Strategie, viele Erwachsene wenden sie tagtäglich erfolgreich an. Deshalb ist es nicht verkehrt, Kinder damit vertraut zu machen.

Laut dem amerikanischen Mediziner Dr. Karp kann man bereits ab zwei Jahren mit Atemübungen zur Selbstberuhigung beginnen, er nennt diese »Zauberatem«. Die Mutter setzt sich dabei bequem auf den Boden oder auf einen Stuhl, Hände im Schoß, Schultern entspannt, gerader Rücken. Dann atmet sie langsam durch die Nase ein, zählt dabei im Kopf bis fünf und atmet mit einem zischenden Geräusch durch den Mund aus. Dabei zählt sie wieder bis fünf. Beim Einatmen nimmt sie die Hände aus dem Schoß und hebt sie gemächlich nach oben, beim Ausatmen lässt sie die Hände wieder sinken. Wird das Kind neugierig und möchte mitmachen, kann man es einladen, mitzuatmen. Dabei wird die Handbewegung der Mutter wichtiger, denn gehen die Hände nach oben, atmet das Kind ein (auch durch den Mund, wenn es das anders nicht schafft), sinken sie nach unten, atmet das Kind aus. Zunächst gibt also die Mutter den Atemrhythmus vor, schnell lernt das Kind aber, diese Technik selbst einzusetzen.[58]

Das »Schieben« ist eine weitere Stressregulationstechnik, bei der das Kind allerdings auf einen Partner angewiesen ist. Mein kleiner Sohn Josua war einmal so wütend auf mich, dass er mich hauen wollte, an meinem Pullover zerrte und versuchte, mich wegzuschubsen. Er war ganz und gar außer sich vor Wut. Ich ließ ihn ein wenig wüten und mir zeigen, dass er mit meiner Entscheidung nicht einverstanden war. Als er anfing, mich wegzuschubsen, sagte ich freundlich: »Oh, du willst mich wohl schieben? Ja, das ist eine gute Idee! Komm, nimm meine Hände und schiebe mich weg, so fest du kannst!« Er nahm mein Angebot ein wenig verwirrt an, und da er weiterhin wütend war, schob er mit aller Kraft. Ich kommentierte das mit: »Oh, du bist ja sehr wütend! Du schiebst wirklich doll.« Er schob eine Minute und wurde zusehends ruhiger. Nicht nur, dass seine Kräfte nachließen, meine Worte drangen zu ihm durch, er konnte hören, dass ich verstanden hatte, dass er gerade sehr, sehr wütend war. Als er mit dem Schieben aufhörte, konnte ich ihn gleich in den Arm nehmen und ausgiebig bekuscheln.

Beim Schieben stehen sich zwei Kontrahenten gegenüber und fassen sich an den Händen. Ein Schiedsrichter gibt normalerweise den Startschuss, beide Kinder dürfen nun so stark schieben, wie sie können. Sie sollen durch die Intensität des Schiebens ihre Wut ausdrücken. Schiebt ein Erwachsener mit einem Kind wie ich mit Josua, hält dieser nur fest dagegen, schiebt aber nicht selbst. Da Schieben ein sicheres Ventil zum Wutloslassen sein soll, darf dabei wirklich nur geschoben werden, nicht gehauen, getreten, gestoßen, gebissen etc. Es soll auch vermieden werden, dass einer der beiden wirklich weggeschoben wird, die Füße bleiben also fest verankert an einer Stelle stehen. Nach ein bis zwei Minuten ist Schiebestopp, nach dieser Zeit müsste die größte Wut aus dem Körper heraus sein. Dann können die beiden Streithähne miteinander sprechen. Wie habe ich mich beim Schieben gefühlt? Geht es mir jetzt besser? Fühle ich mich erleichtert? Warum war ich wütend? Was kann ich beim nächsten Mal anders machen?[59]

Ab 5 Jahren

Ab diesem Alter entwickeln sich erwachsenere Strategien zur Stressbewältigung. Neben den Möglichkeiten, die sie als jüngere Kinder schon gelernt haben, können sie nun durch lautes Denken und positive Selbstgespräche die Eskalation ihrer Wut verhindern. Der entscheidende Punkt ist, dass unseren Kindern bewusst wird, wie es sich anfühlt, wenn Wut in ihnen aufsteigt. Sie können ihre Körpersignale wie angespannte Haltung, schnelles Herzklopfen oder heiße Ohren immer besser als Wutsignale wahrnehmen und eine weitere Erregung verhindern, indem sie sich bewusst entspannen und sich gut zureden. Eine gute Technik wird Kindern in dem Programm »Faustlos« des Psychoanalytikers und Familientherapeuten Manfred Cierpka dargelegt. Sie lernen darin, wutauslösende Situationen in vier Schritten zu meistern:

1. Zunächst beobachtet das Kind sich selbst: Wie fühlt sich dein Körper an?
2. Danach wendet es Beruhigungstechniken an: Hole dreimal tief Luft/Zähle langsam rückwärts/Denke an etwas Schönes/Sag »Beruhige dich!« zu dir selbst.
3. Als Nächstes denkt es laut über die Lösung des Problems nach: Mit wem hast du das Problem? Könnte es einen Kompromiss geben, der für euch beide okay ist? Was würde dir guttun? Was würde dem anderen guttun?
4. Der letzte Schritt wird ein wenig später durchgeführt, wenn das Kind sich schon eine Weile beruhigt hat und wieder klar denken kann: Denke später noch einmal darüber nach: Warum hast du dich geärgert? Was hast du dann gemacht? Was hat funktioniert? Was hat nicht funktioniert? Was würdest du beim nächsten Mal anders machen?

Vor allem, wenn ein Kind immer wiederkehrende Konflikte erlebt, bietet es sich an, diese in gemeinsamen Rollenspielen nachzuspielen und das Kind durch Fragen (Was hat funktioniert, was nicht? Was würde ich anders machen?) auf neue Verhaltensmöglichkeiten aufmerksam zu machen. Können Kinder das in sicherem Rahmen üben, fällt es ihnen leichter, aus destruktiven Spiralen auszusteigen und Konflikte zu lösen bzw. mit stressigen Situationen anders umzugehen.

Nachwort: Lob den Trotzphasen

Eigentlich müssten wir Eltern jeden Wutanfall auf dem Spielplatz, im Supermarkt oder am Frühstückstisch als eine Chance für unsere Kinder feiern, sich selbst als Menschen kennenzulernen und weiterzuentwickeln. Denn wie eingangs dargestellt: Kinder greifen oft auf basale Ausdrucksmöglichkeiten wie Hauen, Beißen und Schubsen zurück, weil ihre Aggressionsimpulse auf den dazugehörigen Nervenbahnen wie auf einer Autobahn schnell und ohne Umschweife rasen können. Wollen wir sozialverträgliche Reaktionsweisen auf Wutimpulse, müssen wir diese immer wieder trainieren, bis die dazugehörigen Nervenbahnen ebenso schnell befahrbar sind. Dieses Training passiert vor allem während der sogenannten Trotzphasen! Sie sind von der Natur eingerichtete Spielwiesen zum Erspüren von Emotionen, zum Austesten verschiedener Verhaltensmöglichkeiten und zum Sammeln von Erfahrungen zur Reaktion anderer Menschen auf das eigene Verhalten. Sie bieten unseren Kindern die Möglichkeit, über Versuch und Irrtum herauszufinden, was als angemessene Reaktionen auf Ärger, Wut, Trauer, Freude, Eifersucht und Neid in ihrem gesellschaftlichen und sozialen Umfeld gilt.

Eine Freundin verriet uns, dass sie bei der Geburt ihrer Kinder jede schmerzhafte Wehe herbeigesehnt hatte, weil sie wusste, dass diese sie einen Schritt weiterbrachte zu dem Ziel, ihr Baby in den Armen zu halten. So gelang es ihr, die Wehen nicht als Übel zu empfinden, das sie über sich ergehen lassen musste, sondern als notwendige Hilfe. Sie stemmte sich nicht angstvoll gegen sie, sondern hieß sie freudig willkommen und hatte, vielleicht deshalb, immer schöne Geburtserfahrungen.

Genau so sollten wir es mit den Autonomiephasen halten. Jeder Wutanfall bringt unsere Kinder ein Stück weiter. Wir sollten Wutanfälle nicht als Übel betrachten, sondern als Erfahrungen, als »Wehen«, die vielleicht schmerzhaft, aber notwendig sind, um am Ende das schönste Wunder überhaupt hervorzubringen: autonome und empathische Menschenkinder.

Anmerkungen

Einleitung

[1] Kast-Zahn, S. 56
[2] Bueb, S. 22

Die Wut der Kinder

[3] Servan-Schreiber, S. 33 f.
[4] Karp, S. 31
[5] Brisch 2013, S. 36 f.
[6] Feshbach, S. 25–29
[7] Haug-Schnabel et al., S. 77
[8] Vgl. Hoffman, S. 281-313
[9] Bauer 2013, S. 56 f.
[10] Wehr, S. 49
[11] Renz-Polster, S. 190

Die Wut der Eltern

[12] Maaz, S. 30 f.
[13] Bauer 2013, S. 77 f.
[14] Sulzer, zit. n. Katharina Rutschky, S. 173 ff.
[15] Ebenda
[16] Ebenda
[17] Rijt et al., S. 296
[18] Hüther 2015, S. 85
[19] Hüther, 2015, Online-Interview
[20] Aldort, S. 125 f.
[21] Brooks et al., S. 358
[22] Vgl. Aldort
[23] Gruen et. al., S. 28 f.
[24] Maaz, S. 28
[25] Hahn, S. 47 f.

Übersetzungshilfen für Eltern kleiner Wutwichtel

[26] Bauer 2015, S. 78
[27] Vgl. Eibl-Eibesfeldt
[28] Vgl. Baumeister
[29] Bauer, S. 107 ff.
[30] Rosenberg 2013. S. 73
[31] Engel et al., S. 253
[32] Deutsch et al., S. 34
[33] Bauer 2008, S. 111
[34] Liedloff, S. 117 ff.
[35] Ebenda, S. 120 f.
[36] Wagenhofer et al., S. 150
[37] Hüther, Gerald in: Wagenhofer et al., S. 151
[38] Liedloff, S. 111 f.

Trotzdem: Autonomie fördern

[39] Ainsworth et. al.
[40] Juul et al., S. 120 f.
[41] Bauer 2015. S. 52 f.
[42] Bueb, S. 17 f.
[43] Ebenda, S. 60
[44] Liedloff, S. 115 ff.

Tipps und Tricks für einen entspannten Alltag

[45] Brisch 2010, S. 24
[46] Renz-Polster et al., S. 14
[47] Rijt et al., S. 231 f.
[48] Rogge, S. 111

Schnelle Hilfen für akute Trotzanfälle

[49] Karp, S. 31
[50] Ebenda, S. 73 ff.
[51] Aldort, S. 20
[52] Karp, S. 84
[53] Aldort, S. 43
[54] Karp, S. 219 ff.
[55] Bauer 2015, S. 46 f.
[56] Aldort, S. 43
[57] Cierpka, S. 88
[58] Karp, S. 172 ff.
[59] Vopel, S. 53 ff.

Literatur

Ainsworth, Mary Salter; Hogan, Robert, Stayton, D. J.: »Infant obedience and maternal behavior: The origins of socialization reconsidered«. Child Development, 42:1057–69

Aldort, Naomi: Von der Erziehung zur Einfühlung: Wie Eltern und Kinder gemeinsam wachsen können. 4. Auflage. Freiburg: Arbor, 2012

Bauer, Joachim: Prinzip Menschlichkeit: Warum wir von Natur aus kooperieren. München: Heyne, 2008

Bauer, Joachim: Schmerzgrenze: Vom Ursprung alltäglicher und globaler Gewalt. 2. Aufl. München: Karl Blessing Verlag, 2013

Bauer, Joachim: Selbststeuerung: Die Wiederentdeckung des freien Willens. 5. Aufl. München: Karl Blessing Verlag, 2015

Bauer, Joachim: Warum ich fühle, was du fühlst: intuitive Kommunikation und das Geheimnis der Spiegelneurone. 20. Aufl. München: Heyne, 2013

Baumeister, Roy F.: »Ego Depletion: Is the Active Self a Limited Resource?« Journal of Personality and Social Psychology Vol. 7405, 1998, S. 1252–1265. 25. Nov 2008

Bergmann, Wolfgang: Warum unsere Kinder ein Glück sind. So gelingt Erziehung heute. 3. Aufl. Weinheim und Basel: Beltz, 2009

Brisch, Karl Heinz: Bindung und frühe Störungen der Entwicklung. 2. Aufl. Stuttgart: Klett-Cotta, 2012

Brisch, Karl Heinz: SAFE® – Sichere Ausbildung für Eltern: Sichere Bindung zwischen Eltern und Kind. 5. Aufl. Stuttgart: Klett-Cotta, 2013

Brooks, Robert; Goldstein, Sam: Das Resilienz-Buch: Wie Eltern ihre Kinder fürs Leben stärken – das Geheimnis der inneren Widerstandskraft. 5. Aufl. Stuttgart: Klett-Cotta, 2013

Bueb, Bernhard: Lob der Disziplin: Eine Streitschrift. Berlin: Ullstein, 2011

Chamberlain, Sigrid: Hitler, die deutsche Mutter und ihr erstes Kind: Über zwei NS-Erziehungsbücher. 5. Aufl. Gießen: Psychosozial-Verlag, 2010

Chapman, Gary; Campbell, Ross: Die fünf Sprachen der Liebe für Kinder: Wie Kinder Liebe ausdrücken und empfangen. 18. Aufl. Marburg: Francke, 2012

Cierpka, Manfred: Faustlos: Wie Kinder Konflikte gewaltfrei lösen lernen. 8. Aufl. Stuttgart: Herder, 2005

Deutsch, Morton; Lückert, Heinz-Rolf.: Konfliktregelung: Konstruktive und destruktive Prozesse. München: Reinhardt, 1984

Eibl-Eibesfeldt, Irenäus: Liebe und Hass: Zur Naturgeschichte elementarer Verhaltensweisen. München: Piper, 1970

Engel, Nicolas; Sausele-Bayer, Ines: Organisation. Ein pädagogischer Grundbegriff. Münster: Waxmann, 2014

Faber, Adele; Mazlish, Elaine: Siblings Without Rivalry: How to Help Your Children Live Together So You Can Live Too. New York: Norton, 2012

Feshbach, N. D. (1975). »Empathy in children: Some theoretical and empirical consideration«. Counseling Psychologist, 5, 25–29

Forward, Susan; Glynn, Donna Frazier: Wenn Mütter nicht lieben: Töchter erkennen und überwinden die lebenslangen Folgen. München: Goldmann, 2015

Gaschler, Frank; Gaschler, Gundi: Ich will verstehen, was du wirklich brauchst: Gewaltfreie Kommunikation mit Kindern – Das Projekt Giraffentraum – Mit einem Vorwort von Marshall B. Rosenberg. 6. Aufl. München: Kösel, 2012

Gebhardt, Miriam: Die Angst vor dem kindlichen Tyrannen: Eine Geschichte der Erziehung im 20. Jahrhundert. München: DVA, 2009

Göbel, Gundula: Trost: Wie Kinder lernen, Traurigkeit zu überwinden. Weinheim und Basel: Beltz, 2015

Gruen, Arno: Dem Leben entfremdet: Warum wir wieder lernen müssen zu empfinden. 4. Aufl. Stuttgart: Klett-Cotta, 2013

Gruen, Arno; Weber, Doris: Hass in der Seele: verstehen, was uns böse macht. Freiburg: Herder, 2001

Haarer, Johanna: Die deutsche Mutter und ihr erstes Kind. Berlin: Lehmann, 1934

Hahn, Britta: Mama, was schreist du so laut? – Wut in Gelassenheit verwandeln. Erfahrungen mit der GFK bei unwillkürlichem Handeln und Fühlen. Paderborn: Junfermann, 2010

Haug-Schnabel, Gabriele; Bensel, Joachim; Schmidt, Hartmut W.: Grundlagen der Entwicklungspsychologie: die ersten 10 Lebensjahre. 11. Aufl. Stuttgart: Herder, 2012

Hoffman, Martin L.: Development of prosocial motivation: empathy and guilt. In Eisenberg (Ed.): The Development of Prosocial Behavior. New York: Academic Press, 1982

Hüther, Gerald: Etwas mehr Hirn, bitte: Eine Einladung zur Wiederentdeckung der Freude am eigenen Denken und der Lust am gemeinsamen Gestalten. Göttingen: Vandenhoeck & Ruprecht, 2015

Hüther, Gerald: Online-Interview 2015: Gehirnforschung: Wer glücklich ist, kauft nicht. Green.wiwo.de

Hüther, Gerald; Hauser, Uli: Jedes Kind ist hoch begabt: Die angeborenen Talente unserer Kinder und was wir aus ihnen machen. 7. Aufl. München: Albrecht Knaus, 2012

Hüther, Gerald; Weser, Inge: Das Geheimnis der ersten neun Monate: Unsere frühesten Prägungen. 2. Aufl. Weinheim und Basel: Beltz, 2009

Juul, Jesper; Szöllösi, Ingeborg: Aggression: Warum sie für uns und unsere Kinder notwendig ist. 3. Aufl. Berlin: S. Fischer, 2013

Karp, Harvey: Das glücklichste Kleinkind der Welt: Wie Sie Ihr Kind liebevoll durch die Trotzphase begleiten. München: Goldmann, 2010

Kast-Zahn, Annette: Gelassen durch die Trotzphase, München: Gräfe und Unzer, 2015

Kohn, Alfie: Mit vereinten Kräften: Warum Kooperation der Konkurrenz überlegen ist. Weinheim und Basel: Beltz, 1989

Liedloff, Jean: Auf der Suche nach dem verlorenen Glück: Gegen die Zerstörung unserer Glücksfähigkeit in der frühen Kindheit. 7. Aufl., München: C. H. Beck, 1998

Maaz, Hans-Joachim: Die narzisstische Gesellschaft: Ein Psychogramm. München: C. H. Beck, 2014

Miller, Alice: Am Anfang war Erziehung. Frankfurt am Main, Berlin: Suhrkamp Verlag, 1983

Molcho, Samy: Körpersprache der Kinder. Odelzhausen: Ariston, 2012

Müller-Münch, Ingrid: Die geprügelte Generation: Kochlöffel, Rohrstock und die Folgen. 3. Auflage. Stuttgart: Klett-Cotta, 2014

Prekop, Jirina: Erstgeborene: Über eine besondere Geschwisterposition. 4. Aufl., München: Kösel, 2002

Renz-Polster, Herbert: Kinder verstehen: Born to be wild: Wie die Evolution unsere Kinder prägt. 4. Aufl. München: Kösel, 2011

Renz-Polster, Herbert; Hüther, Gerald: Wie Kinder heute wachsen: Natur als Entwicklungsraum. Ein neuer Blick auf das kindliche Lernen, Denken und Fühlen. Weinheim und Basel: Beltz, 2013

Renz-Polster, Herbert; Imlau, Nora: Schlaf gut, Baby! – Der sanfte Weg zu ruhigen Nächten. München: Gräfe und Unzer, 2016

Rijt, Hetty van de; Plooij, Frans X.: Oje, ich wachse! – Von den 10 »Sprüngen« in der mentalen Entwicklung Ihres Kindes während der ersten 20 Monate und wie Sie damit umgehen können. 2. Aufl. München: Mosaik, 2005

Rogge, Jan-Uwe: Wenn Kinder trotzen. 7. Aufl. Reinbek: Rowohlt, 2011

Rosenberg, Marshall B.: Konflikte lösen durch Gewaltfreie Kommunikation: Ein Gespräch mit Gabriele Seils. 6. Aufl. Freiburg: Herder, 2005

Rosenberg, Marshall B.: Kinder einfühlend ins Leben begleiten: Elternschaft im Licht der gewaltfreien Kommunikation. 3. Aufl. Paderborn: Junfermann, 2011

Rosenberg, Marshall B: Gewaltfreie Kommunikation: Eine Sprache des Lebens. 11. Aufl. Paderborn: Junfermann, 2013

Roth, Gerhard: Persönlichkeit, Entscheidung und Verhalten: Warum es so schwierig ist, sich und andere zu ändern. 9. Aufl. Stuttgart: Klett-Cotta, 2015

Servan-Schreiber, David: Die neue Medizin der Emotionen: Stress, Angst, Depression: Gesund werden ohne Medikamente. München: Goldmann, 2006

Siegel, Daniel; Bryson, Tina: Achtsame Kommunikation mit Kindern: Zwölf revolutionäre Strategien aus der Hirnforschung für die gesunde Entwicklung Ihres Kindes. Freiburg: Arbor, 2013

Stern, Arno; Hüther, Gerald: Wie man Kinderbilder nicht betrachten soll. München: Zabert Sandmann, 2012

Sulzer, Johann Georg: Versuch von der Erziehung und Unterweisung der Kinder, 1748, Zit. n. Katharina Rutschky (Ed.): Schwarze Pädagogik. Hildesheim: Olms, 2012

Vopel, Klaus W.; Hütter, Mathias: Interaktionsspiele für Kinder 2: Lebendiges Lehren und Lernen. Salzhausen: Iskopress, 2008

Wagenhofer, Erwin; Kriechbaum, Sabine; Stern, André: alphabet: Angst oder Liebe. Salzburg: Ecowin, 2013

Wehr, Marco: Kleine Kinder sind große Lehrer. Das Genie der frühen Jahre. Weinheim und Basel: Beltz, 2014

Die Autorinnen

Katja Seide lebt in Berlin mit ihrer Frau, ihren beiden Töchtern (5) und ihrem Sohn (2). Sie arbeitet als Sonderpädagogin mit Kindern mit sozial-emotionalen Entwicklungsrückständen, Lernbehinderungen, Sehbehinderungen u. a. Sie begleitet außerdem junge Lehrer als Seminarleiterin, analysiert Situationen in deren Unterricht und hilft ihnen, Unterrichtsstörungen zu vermeiden. Sie verbringt ihre freie Zeit am liebsten in ihrem Lieblingscafé, wo sie zu viel Kuchen isst, zu viel Kaffee trinkt und ellenlange Beiträge für ihren Blog schreibt. Ihre Stärken sind das »Übersetzen« wissenschaftlicher Termini, sodass auch Nichtfachleute diese verstehen, sowie das Analysieren schwieriger Situationen zwischen Eltern und Kind und das anschließende Aufzeigen von Lösungsmöglichkeiten.

Danielle Graf lebt eher ländlich im Norden von Berlin mit Freund, Tochter (7), Sohn (4) und einer frechen und faulen Katze. Sie hat ein Studium zur Rechtsökonomin absolviert und anschließend zum Bachelor of Business Administration. Sie arbeitet im Geschäftsführungsbereich eines Berliner Unternehmens und befasst sich den lieben langen Tag mit Verträgen, Vereinbarungen und anderen rechtlichen Belangen. In ihrer Freizeit verschlingt sie jedes Buch über Kinder, das ihr in die Hände kommt – ihre Bibliothek umfasst mittlerweile über hundert davon. Bloggen ist zu ihrer Leidenschaft geworden, der sie jede freie Minute widmet. Ihre Stärken sind umfangreiche Recherchen und das Zusammentragen und Verknüpfen von Fakten.

www.gewuenschtestes-wunschkind.de

Als Katjas erste Tochter nach vier Jahren nervenaufreibender Kinderwunsch-Zeit endlich geboren wurde, schickte sie allen Freunden die überglückliche Geburtsanzeige: »Das gewünschteste Wunschkind aller Zeiten ist da!« Keine acht Wochen später, völlig übermüdet und frustriert, bekam ihre beste Freundin eine SMS von ihr mit den Worten: »Das gewünschteste Wunschkind aller Zeiten treibt mich in den Wahnsinn!« Sie hatte sich die Zeit mit Baby so schön ausgemalt – stillen, kuscheln, schlafen, mehr braucht so ein Winzling doch nicht, dachte sie. Ha! Weit gefehlt. Wer hätte gedacht, dass der Umgang mit dem eigenen Baby so schwer ist? Sie suchte Rat in ihrem Lieblingsforum, wo auch Danielle sehr aktiv war und selbst schon Erfahrungen mit einem sehr anspruchsvollen Baby gesammelt hatte. Der Austausch wurde immer intensiver und schon bald waren die beiden gut befreundet. Wegen ihrer fundierten Antworten im Forum wurden sie immer öfter gebeten, zusammen ein Buch zu schreiben. Katja schlug vor, erst mal mit einem Blog zu beginnen. Innerhalb kürzester Zeit verzeichneten sie überragende Besucherzahlen und begeisterten die Leserinnen und Leser mit ihren Texten. Nun, nach drei Jahren Erfolg im Blog, ist ihr erster Erziehungsratgeber entstanden.

Register

La Trilogie du Gardien
Livre 1

μ

Mu, le feu sacré de la Terre

David Klass

La Trilogie du Gardien
Livre 1

μ

Mu, le feu sacré de la Terre

Traduit de l'anglais (américain) par Julien Ramel

INTERVISTA 15 • 20

Collection 15-20
co-dirigée par Constance Joly-Girard et Denis Guiot

Titre original : The Caretaker Trilogy, Firestorm (Book 1)
(première publication : © Farrar, Straus & Giroux, 2006.)

ISBN : 978 2 910753 603

Préface

Mu, le feu sacré de la Terre est une fable palpitante sur les impitoyables dommages que nous autres humains faisons inconsidérément subir à notre planète depuis des décennies. Signal d'alarme nécessaire, ce livre est aussi un rappel salvateur du fait qu'il reste encore un espoir de sauver notre écosystème, pour peu que chacun d'entre nous, à son niveau, se lève et agisse pour sa défense. Avant qu'il ne soit trop tard. Voilà un livre qui devrait figurer au programme de tout enseignement soucieux d'écologie.

Gerd Leipold
Directeur de Greenpeace International

1.

Semaine de la Toussaint à Hadley-sur-Hudson. Année de terminale. Neuf heures du soir. Rien contre les phrases nominales j'espère ? Mon professeur d'anglais se plaît à me répéter qu'un jour, ça me perdra. Le style moderne, dit-il avec une moue dédaigneuse. Tant pis pour lui, moi j'aime quand c'est comme ça. Rythmé. Vous aimez quand ça bouge ? Vous n'allez pas être déçus. Vous aimez le bizarre, le fantastique ? Vous avez frappé à la bonne porte.

L'air devient piquant, glacial. L'hiver arrive à grands pas. Le vent tabasse tous ceux qui osent se dresser contre lui. D'ici un mois, ce sera intenable. On sent déjà le grand froid qui descend du nord, suffit de regarder les feuilles. Elles ont viré au rouille et au noir. Faites des réserves de mouchoirs en papier. La sinusite vous guette. Faites un tour de plus à votre écharpe, sortez les moufles des placards. Les décorations d'Halloween sont de sortie. Elles s'étalent aux fenêtres et sur les portes des maisons. Les chats noirs s'étirent et lissent consciencieusement leur pelage. Les sorcières partent à l'assaut des cieux sur leur balai.

En tout cas c'est ce que je croyais. Vivre la plus normale des vies, dans la plus normale des petites villes d'Amérique. Prénom ? Jack. C'est pas normal ça ? Nom de famille ? Danielson. Là encore, rien de très original, hein ? Profession ? Étudiant. Hobbies ? Les filles, les films et les bagnoles, en gros dans cet ordre.

Ah ! J'oubliais le sport. Très important. Surtout pour un ado mâle. Dans une ville comme Hadley, ça aide vraiment d'être une masse. Et de ce côté, j'ai pas à me plaindre. Un mètre quatre-vingt-sept. Un paquet de muscles. Éden de l'équipe de foot. Blond comme les blés, des yeux d'un bleu intense et une intelligence au-dessus de la moyenne, sauf quand je fais des trucs vraiment crétins, ce qui peut se produire.

J'ai mentionné le sourire *à l'américaine* ?

Celle à qui je le destine en priorité s'appelle Pee Jay Peters. Le P pour « perle » si vous voulez mon avis. Ou « piquante ». Ou, si l'on entend l'emprise qu'elle a sur moi, « plénipotentiaire » – en cas de doute, souviens-toi que le dictionnaire est ton ami. Parfois « prétentieuse ». Toujours « plaisante ». Et J pour « joueuse ». Ou « jubilatoire ». Personne ne me fait autant rigoler que P.J. Ou juste « joyeuse », comme quand elle réussit quelque chose d'important.

Ce soir-là, au Hadley Diner, nous célébrons tous deux quelque chose d'important. P.J. a remporté le premier prix du concours d'arts graphiques. Un portrait, à l'encre et à la mine de plomb, de sa grand-mère de quatre-vingt-quatorze ans. Des artistes accomplis – et adultes – participaient au concours. Qu'une lycéenne les coiffe au poteau est assez inattendu.

Quant à moi, j'ai totalisé trois cent quarante yards dans

un match. Nouveau record de l'école, nouveau record de la ligue, nouveau record fédéral. Sacrée journée. On a étrillé l'école voisine, notre ennemi héréditaire. Ma cote de popularité a atteint des sommets. On me tape dans la main, on me félicite, on me congratule, on me gratifie de solides claques dans le dos, accompagnées de commentaires fleuris, du genre : « Trop dingue, Jack ! Sur c'coup-là t'as déchiré, Jack ! T'es le meilleur, Jack. »

Une enseigne en néon clignote sur la vitrine. FAIM ? ON EST OUVERT. Banquettes en skaï rouge. P.J. est blottie contre moi. Elle fait de son mieux pour éviter que j'aie la tête qui enfle.

— Pour moi, tu seras toujours un bozo.

— *Monsieur* Bozo ! Un peu de respect, madame de Vinci !

Un homme frôle notre table. Grand. Mince. Sa pomme d'Adam saille à son cou, comme si elle voulait qu'on la cueille. Il vient de finir son repas, se dirige vers la porte, dépasse sans un regard notre bande. C'est curieux car on fait beaucoup de bruit. Peut-être qu'il n'aime pas les jeunes.

Et puis il se retourne et me fixe des yeux. Une demi-seconde. Moi, et moi seul. Comme si on se connaissait. Mais qu'est-ce qu'il a aux mirettes celui-là ? Ses yeux se font blancs. Iris et pupilles ont disparu. Un éclair. Comme un flash de radar. Une soudaine explosion de lumière blanche et argentée. Je cligne des yeux. Il s'est volatilisé.

— T'as vu ça ?

— Quoi ?

— Le type, là. Ses yeux. Ils...

— Quel type ?

— Il était là y a pas une minute. Ses yeux... Trop dingue ! Ils m'ont flashé. J'te promets. Un flash ! Clac !

— Arrête la drogue, Jack.

Plus tard, dans la voiture, au coin des amoureux, sur les berges de l'Hudson. Une grosse lune d'automne est accrochée dans le ciel, évoquant une glande chauffée à blanc. Je me dis que c'est pour ce soir. P.J. ne l'entend pas de cette oreille.

— Allez. Il n'y aura jamais un meilleur moment.

— J'ai dit non.

— Pourquoi non ?

— Je ne me sens pas prête.

— Mais si t'es prête. Allez, tu me tues là.

— Tu m'as l'air en pleine forme.

— Exact. Quatre *touchdowns* aujourd'hui.

— J'vois pas le rapport.

— Ben... C'est un signe du destin. C'est mon jour... pour... aplatir.

Pas la chose à dire.

— Ah oui ? ! ? Donc ma virginité ou un terrain de foot, même combat ? Tu veux me prendre en première ou en deuxième base ? Faut le dire. Je lève bien les jambes et toi tu te charges de mettre entre les poteaux ? C'est comme ça que tu vois les choses ?

— Non... P.J... Je plaisantais... M'enfin, la nuit est belle... On s'aime... On n'est plus des gosses depuis longtemps. T'es d'accord ? Et puis ils me foutent une de ces pressions dans l'équipe...

Double impair.

— Parce qu'en plus tu parles de ça avec tes copains du foot ? Je vois ça d'ici. Moi je voudrais bien, mais elle elle veut pas gnagnagna... Lamentable !

— Mais non... Tu sais bien que c'est pas ça...

Fin de l'histoire.

— Écoute, c'est sans appel. Remballe ton truc et rentrons.

— M'enfin P.J., c'est le moment idéal.

— T'es sourd ou quoi ? Remets l'oiseau en cage. Des moments, il y en aura d'autres. Je te le promets. Bientôt.

— T'as déjà entendu parler de l'occlusion des gonades ? C'est prouvé médicalement. Dans certains cas, ça peut être mortel.

— Mon chiot stupide, réplique-t-elle en déposant un doux baiser sur ma joue. Tu es pathétique.

— Comment ça ?

— Tiens, tu vois qu'elle tient dans ton fute. Allez, s'il te plaît. On rentre.

— Tu ne sais pas ce que j'endure...

Je la ramène chez elle. On s'embrasse. Ça chauffe. Les rideaux bougent. Le père de P.J. apparaît à la fenêtre. On lui fait un signe. Elle descend de voiture. Assis au volant, je la suis des yeux tandis qu'elle trottine dans l'allée puis disparaît, comme happée par la lourde porte de devant.

Elle est si jolie. Si intelligente. Si fun. Elle choisira son moment. Les filles savent faire ça. Elles agissent à l'instinct. Patience, Jack. Patience.

Je rentre à la maison. Avec le plein.

Mes parents m'attendent. Pas l'air content. Mon père en particulier.

— J'ai appris pour le match. Félicitations.

— Merci, p'pa. C'était d'enfer.

— Mmh... Y a des mots qu'il vaudrait peut-être mieux éviter.

— Comment ça ?

P'pa tourne comme un lion en cage. M'man reste immobile.

Ils semblent inquiets. Je répète ma question : « Alors ? Quels mots à éviter ? J'ai loupé un épisode là ou quoi ? »

— Combien de fois t'ai-je dit de ne pas te faire remarquer ? demande mon père avec colère. Ça n'amène que des ennuis. Des ennemis. Et des jaloux.

— Mais qui est jaloux ? Je viens de passer une des plus belles soirées de ma vie. Au resto, tout le monde me congratulait. Personne ne semblait jaloux. Non, non. Au contraire, ils étaient tous très contents pour moi. Non, il n'y a que toi. QUE TOI ! D'ailleurs, je serais heureux d'entendre tes consignes en pareil cas. Je devais faire quoi exactement ? Me coucher ? Jouer à cinquante pour cent ?

Mon père a l'air blessé. Ma mère se glisse dans la dispute.

— C'est juste que, parfois, il vaut mieux se fondre dans la masse. Ton père t'aime, Jack. Tout ce qu'il fait, il le fait pour toi, car il veut le meilleur pour son fils.

— Ben voyons... Et selon toi on obtient le meilleur en restant bien sagement dans la moyenne. Il a raison, combien de fois j'ai entendu le même refrain ? « Pas de trop bonnes notes, Jack ! Ne force pas. Sois cool. Surtout ne marque pas trop de points pendant les matchs de foot. » Tout ce qui l'intéresse, c'est le milieu, le marais, le troupeau. L'excellence de la médiocrité, en somme.

— Cette fois, t'es passé à la télé, Jack.

— Oui, et alors ? Je l'ai vu pendant qu'on était au resto. À la fin du journal régional. Où est le problème ?

— Trop de visibilité. C'est pas bon. Ça attire les nuisibles. T'as rien vu ce soir ?

— Comment ça, rien vu ?

— J'sais pas, quelque chose d'inhabituel, d'étrange. N'importe quoi. Un fan plus turbulent qu'à l'ordinaire, une groupie folle d'amour qui se jette à tes pieds. Maintenant que tu es une star, ça te pend au nez.

Ouh là, mon père qui essaie de faire de l'humour ! Il n'empêche, le truc le plus bizarre que j'ai vu ce soir, c'est la douche froide avec laquelle mes parents ont ruiné ma soirée. Mais je le garde pour moi.

— Non, rien de particulier. – Et puis, soudain, je me souviens. – Ah, si. Un truc bizarre. – Ils m'écoutent attentivement tous les deux. – J'étais au resto avec P.J. Un type s'est retourné et il m'a regardé. Le problème c'est que, pendant un bref instant, je n'ai plus vu ses yeux. Juste un flash de lumière. Comme j'étais le seul à l'avoir vu, je me suis dit que j'avais déliré.

— A-t-il dit quelque chose ? demande mon père en m'attrapant aux épaules.

— Qui ?

— Le type en question.

— Non. Rien.

— Il t'a fixé des yeux ?

— Oui. Et alors ?

— Quelle taille il faisait ?

— Très grand. Deux, trois centimètres de plus que toi.

— Quand tu as vu le flash, est-ce qu'il y a eu un changement de couleur ?

— En quelque sorte. Oui. Du blanc à l'argenté. Pourquoi ? Tu connais ce type ? P'pa, qu'est-ce qui se passe ?

Il s'accroche à moi avec une telle énergie qu'il me fait frissonner.

— On va faire un tour en voiture, dit-il en se tournant vers ma mère.

— Quoi ? Maintenant ? À onze heures et demie du soir ? Pour aller où ? Voir les flics ? J'pige pas.

— Partez, confirme simplement ma mère.

Déjà, la réponse est bizarre. Mais ce qui suit l'est encore davantage. En effet, ma mère, dont la nature réservée m'a plutôt habitué à un régime de câlins fondé sur le principe de la rareté, s'approche de moi et m'enlace tendrement.

— Au revoir, Jack, murmure-t-elle dans un filet de voix.

Un instant, je crois apercevoir une larme couler sur sa joue.

— Va-t-on finir par me dire ce qui se passe ?

— Dans la voiture, tranche mon père en jetant un blouson sur ses épaules avant de disparaître dans la nuit froide.

Je lui emboîte le pas. Après tout c'est mon père.

2.

L’autoroute. Personne. Les courbes et les lignes droites s’enchaînent en surplomb de l’Hudson, dont la gigantesque masse sombre somnole dans un lit qui, à cet endroit, mesure plus d’un kilomètre et demi de large. La pleine lune apparaît par intermittence entre les nuages, comme un panneau de signalisation clignotant. DANGER. RESPECTEZ LES LIMITATIONS DE VITESSE ! P’pa ne les respecte pas. Bien au-dessus de la limite autorisée. Cent vingt, cent trente.

— Je ne suis pas ton père.

— C’est ça, mais, dis, tu veux pas ralentir ? On va finir dans le décor.

— Écoute-moi, Jack. Je te le répète. Je ne suis PAS ton père. Ne discute pas. On n’a pas le temps pour ça. Contente-toi de m’écouter. D’accord ?

— Tu me fais une blague, hein ? Tu joues un jeu, c’est un test, un truc ?

— Ni une blague ni un test, encore moins un jeu.

En effet, il y a quelque chose dans sa voix, sur ses traits, dans les sifflements de l’habitacle où règne une lumière capricieuse qui, même si j'essaie encore de le refouler, me persuade qu'il ne ment pas.

Il conduit comme un pro. Lui qui, de sa vie, n'a jamais commis la moindre infraction au code de la route. Car mon père est un type doux, gentil, respectueux des lois. Prudent. Où il a été pêcher ça ?

— P'pa. Tu veux dire que m'man aussi a triché ?

— Écoute, ne m'appelle plus « p'pa », nous ne sommes pas tes parents. Un point c'est tout. Elle, pas plus que moi. Ni l'un ni l'autre. Oh, bon sang ! Une seconde.

La voiture dérape dans un crissement de pneus. Le tronc d'un chêne grossit dramatiquement sous mes yeux, jusqu'à obstruer mon regard. J'suis mort ? Ah non ! P'pa a remporté son duel avec la route. Et il est reparti de plus belle à l'assaut du prochain virage. Je m'agrippe à l'accoudoir. Je peux tout juste encore parler.

— Tu veux dire que j'ai été adopté ?

— Non. C'est plus compliqué que ça. J'ai pas le temps de t'expliquer. Cette lumière que tu as vue, elle a viré à l'argenté, c'est bien ça ?

— Oui, mais quelle impor...

— Tu as été marqué. C'est comme ça qu'ils nous retrouvent.

— Comment ça ? Mais qui « ils » ?

— Il faut que je te l'enlève, bougonne-t-il en fouillant un sac noir posé entre ses genoux.

Conduire d'une main à cette allure a beau être suicidaire, p'pa s'y livre avec une décontraction troublante, une main fourrée jusqu'au coude dans son foutu sac. Au fait, il vient d'où ce sac ? Il en sort un petit truc chromé. Une sorte d'appareil photo. Jamais vu avant. Une longue plainte aiguë. Un flash verdâtre. Immédiatement suivi d'une étrange sensation dans tout le corps, l'impression qu'on m'enlève une seconde peau, genre pelade de coup de soleil, mais sans coup de soleil. Pénible. Très pénible. Je crie.

— Désolé. C'était la seule solution.

— Une solution à quoi ?

— On compte sur toi, Jack. Souviens-toi de ça. Toujours. Tu es l'étincelle. Notre dernière lueur d'espoir dans un océan de ténèbres.

— L'espoir de qui ? L'espoir de quoi ?

— Ils sont là, s'écrie-t-il d'une voix étranglée. Ils n'ont pas traîné.

Je regarde à l'extérieur. Personne.

Mon père donne un grand coup de volant. La voiture part en travers. On quitte l'autoroute et l'on s'engage sur une petite route. Non, raye ça. Pas une route, un chemin. Sombre. Cahoteux. Pas une lumière. Mais apparemment c'est encore trop pour mon père puisqu'il éteint les phares. On avance dans le noir complet. Le chemin se change en Styx. Cherche la définition, si tu ne la connais pas, mais pas maintenant. Pas le temps. Tout ce qui compte pour l'instant, c'est s'accrocher. Une descente. D'autant plus vertigineuse qu'on n'y voit rien. On est toujours sur le chemin ? On va se retourner. C'est sûr.

— P'PA, ON VA SE PLANTER, ARRÊTE !

Il ne m'écoute pas. Il regarde derrière, à moitié tourné sur son siège, comme s'il faisait une marche arrière. Je suis son regard. Des lumières dans notre sillage. Pas des voitures. Plutôt des motos. À environ huit cents mètres.

— On n'arrivera pas à les semer, grommelle mon père. On va devoir se battre.

Il écrase la pédale de frein. Le choc est violent. La voiture donne l'impression de se vriller. Elle grince, craque et mugit comme un animal blessé. Une odeur de pneu brûlé. On part sur le côté. Et puis. C'est le tonneau. Une première pour moi. Pas drôle. Enfin. Tout s'arrête.

Mon père s'extirpe de l'habitacle et se précipite de mon côté. Quelque chose brûle dans le bloc-moteur. Je vois clairement son visage à la lueur des flammes. Il n'a plus rien du père doux et aimant que j'ai connu. Il a un pistolet dans une main, une paire de jumelles dans l'autre. Il observe le chemin.

— Vas-y, ordonne-t-il sans quitter la route des yeux. Vas-y maintenant.

— Où ?

— La rivière. Jake's Marina. Tu trouveras un bateau à l'extrémité du ponton numéro 3. La clé est sous le siège conducteur. Fonce.

— Pas question. Je ne vais nulle part. – Aucune intention de quitter les miens. – Quoi qu'il puisse se passer, ma place est ici, à ton côté.

Il pose une main sur mon épaule et se penche pour m'embrasser sur le front. Un bref instant, il est à nouveau mon père. Ce baiser ne me quittera jamais. Puis il me fixe. Des éclairs dans les yeux.

— Écoute, fils. Je n'ai pas le temps de t'expliquer. Tout ce que tu as cru jusqu'ici est faux. Je ne suis pas ton père et maman n'est pas ta mère. Ta petite vie tranquille au milieu de tes amis et de tes copains d'école n'a été qu'un moyen de te protéger, de te cacher. Eux n'ont pas de destin à accomplir. Toi si. Tu es l'étincelle d'espoir. Tu portes en toi toutes nos espérances. C'est pour ça qu'il faut que tu survives. Si tu meurs, l'espoir meurt avec toi. Et c'est ce qu'ils veulent. Ils sont venus pour te tuer.

Il appuie sur la détente. Un large spectre lumineux déchire la nuit. Pas des balles. Je ne crois pas non plus qu'il s'agisse de lasers. Toujours est-il qu'un flash mortifère explose de la bouche du canon dans un souffle aigu.

— Va au bateau. Je vais les retenir. Va-t'en. Il le faut.

— Non. Je reste avec toi. Pas question que je t'abandonne ici.

— Pas le temps de discuter, répond-il en me jetant un regard dur et froid.

Puis il baisse son arme vers son pied et tire ! Délibérément ! Il se tord de douleur, vacille, chancelle. La moitié de son pied a été pulvérisée. Plus de doigts, mais un amas sanguinolent de chair et d'os. Il pose à nouveau les yeux sur moi et lève l'arme vers sa tempe.

— La prochaine fois, je me fais sauter le crâne. Choisis.

Je recule d'un pas. Je ne sais plus ce que je fais. Je suis horrifié. Dans ma tête, c'est la confusion totale.

— Fuis ! Durant des années, je t'ai demandé de cacher tes talents, de dissimuler tes aptitudes. Maintenant sers-t-en. L'heure est venue. Va, mon garçon. Cours. Vole. Fais-toi aussi insaisissable que le vent. Et accomplis ton destin. – Après un silence, il ajoute, en me tendant un long couteau : Tiens, prends ça.

Une salve ennemie balaie le sol devant nous. Un rocher est vaporisé.

Mon père réplique. Je me mets à courir. Et ça, c'est quelque chose que j'ai toujours su faire. Le coureur le plus rapide de la classe, de l'école, de la ville, du pays. Je descends à flanc de colline, battant des bras, allongeant la foulée.

Dans mon dos, j'entends résonner d'autres tirs, ainsi qu'un horrible cri de douleur. P'pa ? N'y pense pas. Cours.

Je transperce les buissons, glisse sur des rochers, roule dans le sable. Même en moto, impossible de suivre cette route, qui se termine sur les berges de l'Hudson.

Deux heures plus tôt, je flirtais avec P.J., cette rivière en toile de fond de ma romance, et maintenant je crapahute sur la berge boueuse, les pieds dans la vase.

Je jette un œil derrière moi. Il y a le feu sur la colline.

La marina est plongée dans l'obscurité. Tout est calme. J'escalade la clôture, surmontée de barbelés. Je franchis l'obstacle sans anicroche. Les bateaux tanguent tranquillement au rythme du flux et du reflux nocturne. Des vaguelettes viennent mourir sur les piliers des pontons. Des bancs de poissons minuscules scintillent au clair de lune.

Je suis suivi. Une masse sombre vient de franchir la clôture. Bientôt suivie d'une autre.

Courir. Je passe le premier ponton sans ralentir. Puis le second. Enfin, j'arrive au troisième. Quarante-cinq mètres. La moitié d'un terrain de foot. Je démarre en trombe. C'est mon jour. Je file comme le vent. Personne ne peut courir aussi vite que ça.

Pourtant, la sombre silhouette est toujours sur mes talons. Elle accélère. Gagne du terrain. Un éclair argenté me frôle l'oreille en sifflant. Lancer de couteaux ? Un bateau noir m'attend à l'extrémité du ponton. Bel engin. Taillé pour atomiser tout ce qui flotte. Je saute à bord, me rue sur le poste de pilotage et envoie bouler l'assise du siège. La clé est là. Je l'insère dans le contacteur et lance le démarreur. Un rugissement assourdissant résonne dans la marina. Ce truc a la pêche. Le bateau s'éloigne du quai puis s'arrête net. J'ai oublié de décrocher la corde d'amarrage.

Une masse sombre, vêtue d'une cape noire qui claque au vent, fonce vers moi à toute allure. Rapide comme l'éclair. C'est quoi ça ? Des dents ou des pinces ? Plus tard. Je fais un bond de côté en brandissant le couteau que mon père m'a donné. Et c'est le choc. Violent. Accompagné d'un bruit sourd et nauséeux. L'homo-chauves-souris s'est empalé sur ma lame. Je retire mon bras, horrifié. La créature glisse dans l'eau, avalée par l'Hudson.

Ça, c'est la bonne nouvelle. La mauvaise, c'est que d'autres masses noires arrivent. Je coupe la corde d'amarrage avec le couteau et fonce aux commandes pour mettre pleins gaz. Je tourne la tête. Deux masses sombres se précipitent vers moi, si rapidement qu'on a l'impression de les voir voler à deux mètres du sol. Je me redresse et leur lance le couteau. Le moteur rugit. Le bateau s'éloigne en trombe. Je jette à nouveau un œil derrière moi. Les deux spectres noirs planent un instant au-dessus des eaux avant de perdre de la vitesse et de s'écraser dans la rivière. Les autres ombres s'amassent au bout du ponton, tel un peloton des armées du diable, resté sur sa faim.

J'ai réussi. Je suis sain et sauf. Mais pour quoi faire ? Dans quel but ? Je ne sais même pas où aller. Tous ceux que j'aime sont derrière moi. Je manœuvre le bateau vers le centre de la rivière et mets cap vers le sud.

Prise de tête. Au propre comme au figuré. Je sanglote en repensant à mon père, à ma mère, à P.J., à mes copains de l'équipe, à tout ce qui a fait ma vie jusqu'ici et qui, en quelques minutes, a été balayé à jamais.

3.

Minuit. Seul. Et quand je dis seul, c'est parfaitement seul. Personne n'a jamais été aussi seul que moi ce soir-là, sur ce dérisoire bateau. En quelques heures, je suis passé des problèmes futiles d'un ado en mal d'expérience sexuelle au chaos le plus complet. Je ne sais rien. Et tout ce qui fondait mon existence s'est écroulé. Je l'entends encore et encore : « Je ne suis pas ton père. Ta mère n'est pas ta mère. Tes amis ne sont pas tes amis. Tu es différent des autres. » Pur délire. Divagations. Folie. Sauf que.

Sauf que ces types en moto armés jusqu'aux dents étaient bien réels. Ils en avaient après toi. Ils voulaient te tuer. Ton père s'est mutilé pour te convaincre de fuir. Et ils t'ont suivi, n'est-ce pas ? Comme ton père l'avait dit. C'est pas une preuve ça ? Si.

Mais non, c'est impossible. Dix-huit ans ne peuvent mentir. Une vie parfaitement normale. Quoique. Toujours un peu plus grand que les autres, c'est vrai, plus rapide, plus costaud, plus résistant et, tant pis pour ce crime de lèse-modestie, plus intelligent que ses petits camarades. Pour tout dire, même plus brillant que P.J., la meilleure élève du lycée.

Ah ouais ? Alors pourquoi tu n'es pas premier, Duchnock, si tu es aussi malin que tu le prétends.

Parce que mon père me l'a interdit. Arrange-toi pour toujours laisser quelques fautes, répétait-il sans cesse. Ne rends jamais un devoir parfait. Garde-toi bien de battre des records en sport. Je te préviens, je ne veux pas te voir ramener des vingt sur vingt à la maison. Ça ne servirait qu'à nous faire remarquer. Tu n'as rien à prouver. Mieux vaut être dans la bonne moyenne et fondu dans le groupe que brillant et seul.

Ça avait toujours été un mystère pour moi. Toujours. Mais bon, quand on a la chance d'avoir un père aussi attentionné que le mien, on ouvre grand les oreilles et on se contente de suivre le programme.

Maintenant je comprends mieux. C'était pas ça l'idée, hein p'pa ? Soyons francs, maintenant que les masques sont tombés – si j'ose m'exprimer ainsi. Je ne t'en veux pas. Comment le pourrais-je, alors même que je suis convaincu que tu as sacrifié ta vie pour que je puisse m'enfuir ? Mais, au fond, le vrai problème ça n'a jamais été la jalousie ou le conformisme des autres, n'est-ce pas ? Ça, c'était juste une explication commode. Non, le vrai problème c'était : comment limiter ma visibilité en me fondant dans la masse. C'est pour ça que tu ne voulais pas que je finisse premier, ou que je récolte le moindre laurier. Il ne fallait surtout pas qu'on parle de moi, encore moins que ma photo passe dans le journal, qu'on cite mon nom à la radio ou qu'on m'interviewe à la télé.

Parce qu'ils me cherchaient.

Qui ? Je n'en ai pas la moindre idée.

Pourquoi veulent-ils m'éliminer ? Moi ? Jack Danielson ? Un type somme toute assez commun ? Je l'ignore.

En revanche, ce que je sais, c'est qu'ils sont bien décidés à parvenir à leurs fins. Et y a pire car, en y repensant, ils sont là depuis des années. Ils étaient là au CE2, quand mon père m'a demandé de ne pas gagner le premier prix de récitation au prétexte que le gagnant participerait au concours national.

« Pff, qui ça peut bien intéresser de savoir réciter ? avait raillé mon père. Laisse cet honneur à quelqu'un d'autre, fiston, ça n'en vaut pas la peine. »

Tu me protégeais, hein p'pa ? Même à l'époque. Parce qu'ils étaient là, dehors, à l'affût.

Et ça, c'était y a plus de dix ans.

Mais c'est quoi le programme maintenant ? Appeler les flics pour leur raconter ce qui s'est passé ? Comme le ferait n'importe quel être rationnel et logique confronté à une situation d'urgence ? Pourtant, à bien y réfléchir, je me dis que ce ne serait pas une bonne idée. D'abord parce que mon père n'est pas allé trouver la police. Il aurait pu. Il y a un commissariat en ville. À un jet de pierre de la maison. On aurait ainsi pu éviter cette folle virée jusqu'à la rivière. Mais il ne l'a pas fait, alors qu'il savait pertinemment ce qui se passait. Donc, mieux vaut faire comme lui. Deuxième raison : quand vous allez trouver la police, votre signalement est diffusé sur toutes les fréquences. Radios. Ordinateurs. C'est comme ça que fonctionnent les services de police. Ils diffusent et reçoivent des informations. Or, en ce moment même, des types te recherchent pour te faire la peau. Autant allumer un feu de joie au sommet d'une montagne et se planter à côté en agitant un drapeau.

Option suivante. Contacter P.J., les potes de l'équipe, les copains de classe. OK, mais pour leur dire quoi ? Un truc de fou que toi-même tu n'aurais jamais cru possible avant que ça t'arrive ? Pour, en plus, les mettre en danger ? Car ceux qui te cherchent sont déterminés. Et prêts à tuer. Tous ceux que tu pourrais contacter deviendraient à coup sûr des cibles, qu'on cuisinerait pour avoir des renseignements sur toi.

Désolé, P.J. Je t'aime beaucoup et tu te trompes rarement, mais t'as eu tout faux ce soir. Il n'y aura jamais de meilleure occasion. On a laissé passer notre chance.

La rivière est sombre et large. Souvenirs de P.J. Notre premier baiser. En première. Sous les gradins du gymnase. On s'est mis là pour discuter, tranquillement, en privé, en copains. On est seul. Pénombre. Enchevêtrement de tubes métalliques. On est assis par terre, sur le parquet. Poussiéreux, mais c'est le cadet de nos soucis. Un épais silence règne dans le gymnase vide. On s'échange les potins. Nos yeux se trouvent. Nos têtes s'inclinent. Nos nez se frôlent. Nos lèvres se touchent. Faiblement au début, puis plus fermement et, enfin, comme si elles étaient soudées. On se sépare. On se regarde, on échange un sourire timide et on éclate de rire. Tous les deux.

Quel bonheur ! Quelle joie ! Et puis un deuxième baiser. Moins timide. Exploration de terres nouvellement découvertes.

Les vers d'un poème. J'en connais des quantités. Si un vers me plaît, il suffit que je le lise une fois pour m'en souvenir toujours, à l'image de cette strophe – de Tennyson, je crois.

Brise-toi, ô Mer, brise-toi
Au pied de ta haute falaise !
Le tendre attrait d'un jour défunt
Plus jamais ne me reviendra.

Debout à la proue, bercé par le roulis incessant du pont qui monte et plonge au rythme des vagues. Passage sous un pont. Le ciel étincelant au-dessus de ma tête.

Manhattan ? Sûrement. Tapie dans la nuit à plusieurs kilomètres en aval, la ville qui ne dort jamais. Je sens sa présence plus que je ne la vois.

Un oiseau dans le ciel. Une mouette ? Un albatros ? Va-t'en. Ouste. Laisse-moi à ma solitude, à mes souvenirs et à ma détresse.

De plus en plus de lumières sur les rives du fleuve. La banlieue de New York.

Mes parents m'ont rarement amené ici. Hadley n'est qu'à quatre-vingts kilomètres en amont et pourtant c'est un tout autre monde. « Manhattan, c'est trop grand », qu'ils disaient. « Les gens vivent entassés les uns sur les autres. C'est irrespirable. Trop de voitures. Trop dangereux. »

Étonnamment frileux pour un homme capable de conduire comme un pilote de rallye et de tirer comme Jesse James. Mais, à l'époque, je le croyais. Toujours été un petit gars de la campagne. Quand j'étais petit, j'attrapais des serpents et des grenouilles. Je grimpais aux arbres. J'allais pêcher. J'ai même porté le badge d'Eagle Scout[1]. Alors Manhattan...

Je retiens mon souffle. Devant moi, le pont George Washington, illuminé comme une arche magique, enjambe la rivière. En arrière-plan, les lumières et les gratte-ciel dans lesquels s'affairent des millions de gens bien trop occupés pour dormir.

1. Grade scout très célèbre aux États-Unis. La formation met l'accent sur les manœuvres en pleine nature.

Je ne sais pas encore où je vais aller, mais certainement pas là.

New Jersey Palisades défile sur ma droite. Manhattan à gauche. Même à cette heure tardive, une infinie file de voitures s'étire encore sur l'autoroute de l'ouest. L'Empire State Building se dresse fièrement dans les airs, tout illuminé d'orange et de jaune. Les couleurs d'Halloween.

Soudain, un horrible fracas chargé d'épouvante explose à mes oreilles. J'en tombe presque du bateau. La corne de l'enfer. Un bateau. Immense. Un tanker. Je vois ses lumières. Il se dirige droit sur moi. Je vire bâbord vers Manhattan. Le monstre d'acier poursuit sa route à la surface des flots. Je le regarde passer, j'ai l'impression qu'il fait un kilomètre de long.

Je suis tout proche de la rive maintenant. Je peux voir une marina. Je n'aurais pas cru en trouver une ici, en pleine ville. Non que cela change quoi que ce soit puisque je n'ai aucune intention de m'arrêter ici. Je ne connais personne. Je n'aime pas la ville. Ça n'aurait aucun sens. Non ; mieux vaut mettre le cap au nord ou au sud. Remonter jusqu'au Canada ou descendre en Floride, de façon à mettre un maximum de distance entre mes poursuivants et moi.

Ils sont au courant pour le bateau. Duchnock.

La petite voix résonne tout au fond de mon crâne. J'essaie de ne pas y prêter attention. Je la balaie d'un revers de main. Mais elle insiste.

Ils t'ont vu détaler à toute bombe sur ton bateau. Descendre la rivière.

Et après ? Eh ben dégage.

C'est évident. Ils sont probablement déjà à ta poursuite. Un bateau est facilement repérable. Et celui-là en particulier. Tu fais une cible rêvée sur ta coque de noix.

Je ne veux pas écouter. Ce bateau est la dernière chose qui me reste de mon père. C'est lui qui me l'a donné. Pas question que je l'abandonne.

Très bien. Puisque tu évoques ton père, parlons-en. Concentre-toi sur lui. De toute façon, c'est la seule chose à laquelle tu peux te raccrocher. Lui savait ce qui était en train de se produire. Et il t'aimait. Alors suis son exemple. Repense à ses derniers instants. Quel a été son premier réflexe ? Te retirer le mouchard qu'on t'avait implémenté. Quelqu'un te traquait, gagnant du terrain. Ton père a brouillé les pistes. Fais comme lui. Efface tes traces. Ils sont sûrement déjà à l'œuvre, ratissant la rivière, passant chaque méandre au peigne fin, pour te retrouver. À l'aube tu es foutu. Et quelle est la meilleure manière de leur filer entre les doigts ? Quel est l'endroit du monde où il est le plus facile de disparaître ?

Je prends une profonde respiration. Merde. C'est logique. Je dirige le bateau vers les lumières de Manhattan.

4.

Éreinté comme jamais. Pourtant, ce n'est pas le moment de fermer l'œil. Je jette l'ancre près de la marina, occupée par des bateaux de toutes tailles. Yachts à moteur, goélettes à trois mâts, péniches converties en habitations à côté de poubelles flottantes dont on se demande comment elles sont encore à flot. Bref, un bric-à-brac inimaginable, un grand *mezze* à la sauce Manhattan. Je m'assois sur le pont, le regard perdu au loin sur les lumières de la ville.

Je repense à mon père, à ma mère. Toujours été là pour moi. Ma mère et son jardin, ses massifs de fleurs, ses légumes frais, ses herbes aromatiques. C'est l'image que je garderai d'elle, débouchant au coin de la maison, les bras chargés de tomates fraîches et de branches de basilic. Avec son vieux jean délavé, son T-shirt et ses bottes en caoutchouc aux semelles pleines de terre. Je m'entraîne à tirer des paniers devant la porte du garage. On passe à table dans vingt minutes, lance-t-elle avec un sourire. Tu vas me dire des nouvelles de ces tomates. Allez, tire, que je vois ce que tu vaux.

Je recule de dix pas. Flexion. Extension. Au sommet du

saut, à cinquante centimètres du sol, je lance la balle qui décrit une parabole parfaite et passe le panier sans même toucher le cercle. Juste le bruissement du filet. Pas mal, concède ma mère avec un sourire. Je parie que tu n'arrives pas à le refaire.

Son sourire. Peut-être pas la plus chaleureuse des mamans – loin du modèle mère poule cajoleuse que j'ai eu l'occasion de croiser chez certains de mes copains –, mais toujours là pour moi.

Quoique... Ses sourires manquaient de chaleur et ses baisers de conviction. Tout simplement parce qu'elle n'était pas ta mère, Duchnock. Elle jouait le rôle de quelqu'un d'autre. Et elle ne t'a jamais rien dit. Dix-huit ans de silence. Pour ne pas dire de mensonge.

Bah, elle devait avoir ses raisons.

Mais c'est tout de même une trahison.

Et le père. Je le revois encore lancer le ballon de foot à son petit garçon sur la pelouse du parc municipal alors que la nuit tombe et que les lucioles commencent à scintiller dans la pénombre. Les bandes blanches du cuir qui tourbillonnent dans l'air du crépuscule. La lune se lève au-dessus de la rivière. Mon père me demande de reculer.

Arrête p'pa, je suis trop loin. T'arriveras pas.

Tu plaisantes ? Ce bon vieux bras est un canon. Recule. Je cours. Le bon vieux bras lance la balle. Longue courbe. Haut dans les airs. Trop loin. Je l'accompagne, je cours en dessous. La balle tombe dans mes mains. Bravo fiston, c'est exactement ça. Belle course. Maintenant, essaie de me la renvoyer. Trajectoire plus tendue. Et bien sur moi parce que je ne peux plus courir comme avant.

Merci pour l'entraînement de foot p'pa, mais il y a certains points importants que tu as laissés de côté. Comment courais-tu avant ? À quelle vitesse, ou plus intéressant encore, sur quelle distance ? Que fuyons-nous au juste ? Qui nous pourchasse ? Tu as fait quelque chose de mal ? M'man a fait quelque chose de mal ? Pourquoi ne m'as-tu jamais rien dit ? *Parce que tu n'avais pas confiance en moi* ? Ce ne peut être que ça. Désagréable de penser cela, pourtant c'est la seule explication plausible. Tu aurais dû me faire confiance p'pa. Peut-être que j'aurais pu me rendre utile. Maintenant c'est trop tard. Ils t'ont eu. Tu es parti. Et je suis persuadé que m'man a subi le même sort. Je le sens. Elle le savait. C'est pour ça qu'elle m'a pris dans ses bras avant le départ. C'est pour ça qu'elle a versé une larme.

Total, je me retrouve sur ce bateau avec que dalle. Je ne sais rien. Je n'ai pas d'argent, rien à manger, nulle part où aller, personne vers qui me tourner.

Je fouille le bateau. De l'avant à l'arrière. Je déniche quelques trucs. D'abord une torche électrique qui m'est d'un grand secours pour explorer le navire. Une cabine sous le pont. Le strict nécessaire. Un lit. On dirait que personne n'y a jamais dormi. Je m'allonge un instant. Sans même essayer de fermer les yeux. Le sommeil est une libération et moi je suis aux fers.

Je me remets debout. Poursuis mes recherches. Trousse à outils. Bouteilles d'eau. Brosse à dents dans son emballage d'origine. Papier toilette sous cellophane. Un petit coffre. Fermé à clé. Suis pas d'humeur patiente. Je cogne dessus à coups de poing. Plus solide qu'il n'y paraît. Je prends un tournevis dans la trousse à outils et fracture la serrure.

Pas grand-chose à l'intérieur. Une enveloppe kraft, plus un tas de papiers. Peut-être des explications ? Découvrir enfin qui je suis et ce qui se passe. Pas de bol. Rien que des documents officiels. Les papiers du bateau. Établis à mon nom. Eh ! Ce bateau est à moi.

Quelque chose au fond du coffre. Une petite boîte. À l'intérieur, une montre. Vieillotte. De gros chiffres noirs sur fond crème. Une grosse aiguille, courte et épaisse, pour les heures, et une autre, plus fine, pour les minutes, toutes deux en saphir bleu. Gros bracelet en métal noir qui brille sous le feu de la torche. Je passe le bracelet à mon poignet gauche. Elle me va au poil.

Retour sur le pont.

Le ciel s'embrase lentement à l'est. Un homme en kayak passe en pagayant doucement. Cinquante et quelques. Cheveux grisonnants autour d'un crâne chauve. Épais sourcils gris.

— Salut, lance-t-il avec un sourire. Je pensais être le seul à être assez fou pour se lever aussi tôt.

— Salut.

— Chouette bateau ! Ça doit bien marcher un engin pareil.

— Merci. Oui, en effet, il est rapide. Pourquoi, vous voulez l'acheter ?

— C'est une plaisanterie ?

— Pas du tout. Je suis même tout disposé à vous le céder à très bon prix.

Il fait le tour du hors-bord avec son kayak.

— J'ai déjà un bateau, finit-il par avouer.

— Les bateaux, on n'en a jamais trop.

— Pff ! Un, c'est déjà trop. L'entretien, l'assurance, les dépenses de garde... Une vraie chienlit. Avec deux, c'est la crise cardiaque qui me guette. Combien ?

— Dites un prix.
— Deux mille.
— Quatre.
— Trois, répond-il avant d'ajouter : mais ce n'est pas encore une offre ferme, juste une éventualité.
— Trois mille cinq cents dollars cash, si l'éventualité venait à se vérifier.
Il fronce les sourcils.
— Vous l'avez volé ?
— Non, il est à moi. J'ai tous les papiers. Trois mille cinq cents dollars en liquide et il est à vous. Tout ce qu'il y a de plus légal. Allez chercher un avocat si vous voulez.
— Je suis avocat, répond-il en souriant. Je peux monter à bord pour vérifier tout ça ?

Trois heures plus tard, la banque ouvre et, une heure après, je quitte le port avec trente-cinq billets de cent dans mon portefeuille. Adieu bateau. Adieu dernier souvenir de mon père. On n'aura passé qu'une nuit ensemble, tout juste dix heures, mais je t'aimais bien.

Me voilà sans domicile fixe. Perdu dans le tourbillon de Manhattan. Des gens en vélo, des gens qui font du jogging. Des gens partout. Trop de gens. Tous inconnus. Certes, mais c'est exactement ce dont tu as besoin pour passer inaperçu.

Je vais où ? Je fais quoi ?

Un terrain de jeux à côté de la marina. Des rires d'enfants. Leur innocence m'attire. Et puis les adultes qui les accompagnent me semblent davantage dignes de confiance que de parfaits inconnus. Je m'assieds sur un banc face au bac à sable.

Le temps passe. Minutes. Heures. Je remonte le fil des événements de la nuit. Encore et encore. Je n'arrive toujours pas à y croire. Je vais me chercher un hot dog et un soda au stand ambulant. Quand j'ouvre mon portefeuille pour payer, le vendeur avise la liasse de billets d'un rapide coup d'œil. Fais gaffe, Jack. C'est la grande ville ici.

Je retourne au terrain de jeux, mange mon hot dog. Il est midi. Le soleil cogne. Pas fermé l'œil de la nuit. Mes paupières me semblent soudain peser une tonne. J'étends mes jambes ; m'assoupis quelques minutes. Un gamin tombe de la balançoire et éclate en sanglots. Je me réveille en sursaut.

Quelqu'un me regarde depuis le banc voisin. Une fille. Mignonne. Très mignonne. Elle détourne la tête dès que mes yeux se posent sur elle. Longs cheveux blonds. Un petit carnet ouvert sur les genoux. Un stylo à la main. Elle porte une sorte d'uniforme. Jupe plissée, chemisier, chaussettes jusqu'aux genoux. J'entrevois le galbe de ses cuisses. Sexy.

Je regarde ailleurs. Au bout de quelques secondes, je sens qu'elle me regarde encore. Je tourne la tête. Nos regards se croisent, s'évitent, se croisent à nouveau. On rit sottement. Tous les deux. Légèrement embarrassés.

— Salut, dit-elle, engageant la conversation la première.

Les New-Yorkaises. Pas farouches.

— Salut.

— Dis donc, t'étais en plein roupillon. Tu ronflais.

— La nuit a été longue.

— Grosse fête ?

— Pire.

— Quel genre ?

Je choisis de lui répondre par une autre question :

— C'est quoi cet uniforme ?

— Oh, ça ! C'est ce qu'on nous oblige à porter à Drearly. Hideux, n'est-ce pas ?

— Drearly ? Ton lycée ?

Elle éclate de rire. Très joli rire, cristallin. De belles dents. Ses mèches blondes attrapent les rayons du soleil.

— D'où tu sors ?

— Euh... Nulle part, pourquoi ?

— C'est un des lycées les plus connus de la ville. Tout le monde connaît Drearly.

— Je suis touriste.

Elle me dévisage, me jauge. Curieuse, et en même temps un peu craintive. Je sens que je lui plais.

— Tu es là avec tes parents ? Avec des amis ?

— Non, tout seul.

— Cool ! Et... euh... – Elle hésite un court instant. – T'es un tueur en série ?

— Quoi ?

— C'est juste pour savoir. On n'est jamais trop prudente ! C'est ce qu'on apprend aux petites filles. Alors ? Sans rigoler ! Tu as découpé tes parents en morceaux, mis le feu à la maison et t'es parti en courant, c'est ça ?

— Non.

— Mais tu t'es enfui, hein ?

— J'aime pas les questions.

— Moi non plus. Je peux venir m'asseoir sur ton banc ?

J'opine du chef. D'un bond, elle vient s'asseoir à côté de moi. Elle sent bon.

— Je suis Reilly. Mes amis m'appellent Rye.

— Comme le pain ?

— Ou comme le whisky... Et toi ? Tu as un nom ?

— Jack.

— T'es un habitué des bacs à sable, Jack ?

— Je ne connais pas la ville. Je me suis dit que l'endroit était sûr... À cause des enfants...

Un léger sourire illumine son visage.

— C'est plus sûr ici qu'ailleurs, mais y a des rats dans le parc. Ils sortent à la nuit tombée, quand les enfants s'en vont.

— Et toi, Rye ? Qu'est-ce que tu fais ici ?

— Mes devoirs, répond-elle en levant le menton vers le carnet posé sur ses genoux. Sujet d'anglais. Décrivez un paysage ou une scène de la vie quotidienne en moins de deux cents mots. Mais comment décrire le chaos en moins de deux cents mots ?

Nous balayons ensemble l'aire de jeux du regard. Un petit garçon pleure après être tombé sur une petite fille, qui pleure aussi. Un nourrisson hurle pendant que sa mère change ses couches. Deux garçons se jettent du sable à la figure. À côté du toboggan, un père éructe dans son téléphone portable, totalement étranger à son bambin qui, sachant à peine marcher, a décidé d'utiliser l'installation pour une séance d'entraînement au saut à ski.

— Je vois ce que tu veux dire, dis-je après un silence. En tout cas, on dirait que ta classe d'anglais est très créative. Tout ce qu'on faisait dans la mienne c'était lire *David Copperfield*.

— J'aime bien Dickens.

— Moi aussi, mais étudier un seul livre pendant tout un semestre... c'est un peu longuet, d'autant que je l'ai lu d'une traite le premier week-end.

— Waouh, ça a dû être un week-end palpitant. Y a pas de fête là d'où tu viens ?

— De temps en temps.

— Moi, j'adore sortir, confie-t-elle malicieusement. J'ai un copain qui fait une fête ce soir. Ça te dirait de venir, Jack ?

Ne le prends pas mal, Reilly. Il y a des choses que tu ignores et que je ne peux pas t'expliquer. La première, c'est que j'essaie de sauver ma peau. La seconde, c'est que j'oscille entre l'apathie et la crise de larmes. Je porte le deuil. Le deuil de mes parents, le deuil de mon enfance, le deuil de l'innocence. Et puis, y a P.J.

— Merci, c'est vraiment gentil de ta part, mais je ne peux pas accepter. Une autre fois peut-être.

Elle fait la moue. Elle a l'air déçue.

— Pourquoi ?

— Je suis pas en état d'aller à une fête huppée en ce moment.

— Rassure-toi, ça n'aura rien de huppé. Y aura que des gens sympas. Allez, fais un effort.

— Je traverse une période difficile... Crois-moi.

— Raison de plus... Ça te fera le plus grand bien.

Acculé, je lâche le morceau.

— Écoute... Je n'ai pas pris de douche ce matin. J'ai pas de vêtements propres... et... j'suis un peu en vrac.

— Tu feras ta toilette chez moi. On lavera tes vêtements. Je suis sûre que tu te sentiras mieux après.

— Que vont dire tes parents si tu ramènes une épave dans mon genre à la maison ?

Elle hausse les épaules ; passe la main dans ses cheveux. Un instant, son regard se perd au loin. Un truc pas clair avec ses parents.

— Ils sont à Paris, répond-elle avec la même désinvolture que si les parents de tout le monde avaient pour habitude de passer leurs week-ends à Paris. Voyage d'affaires pour mon père. Tournée des boutiques pour ma mère. Je suis toute seule dans notre grand appartement. Alors, Jack ? C'est oui ou c'est non ? – Elle se lève. – Je te préviens, je pose rarement deux fois la même question...

Je me lève aussi. Désolé, P.J., mais c'est la seule personne que je connaisse à New York, et j'ai vraiment besoin d'une douche.

5.

Central Park West. Immeubles de haut standing. Avec portier à l'entrée. Par ici, les joggers portent des chaussures de sport à cent dollars la paire, et les lunettes de soleil des gens qui font du roller arborent ostensiblement les monogrammes, rarement discrets, des grands couturiers. Des gouvernantes tirées à quatre épingles poussent des landaus bleu marine sur le trottoir.

Immeuble face au parc. Vue dégagée sur vaste espace arboré, diraient les brochures immobilières. La campagne en bas de chez vous. Luxe, calme, et sécurité.

— C'est là que j'habite, lance Reilly. Bonjour Charles.

— Mes hommages, mademoiselle, répond le portier en esquissant une révérence.

Il me détaille du coin de l'œil, nous tient la porte.

L'entrée est sombre. Somptueux tapis aux dimensions hallucinantes. Grandes toiles accrochées aux murs. Des paysages et des marines. Immeuble d'habitation ou musée ? On se dirige vers l'ascenseur. Cadran numéroté de un à quinze, avec un « P » ; tout en haut. Reilly appuie sur « P ».

— J'imagine que ça ne veut pas dire parking... À moins qu'il ne s'agisse de l'héliport.

— Penthouse, me répond simplement Reilly. Rien d'extravagant.

— Que tu dis... Mais pour un péquenaud fraîchement débarqué de sa province...

— Tu viens peut-être de province, mais tu n'es pas un péquenaud. – Elle tend le bras et me caresse affectueusement la joue. Recoiffe une mèche tombée sur mon front. – Tu as un beau visage. Je me trompe rarement sur les gens. Enfin, tu me promets : tu n'es pas un tueur en série ?

— Pas plus maintenant que la première fois que tu as posé la question.

— Parce que je te préviens, je suis ceinture noire de karaté. Et j'ai un chien. Et l'immeuble est sécurisé.

— Tu n'as rien à craindre de moi.

La cabine de l'ascenseur s'arrête. Une seule porte dans le couloir. Ils ont tout l'étage... Un paillasson sur lequel est marqué « Welcome ». Reilly fouille son sac à la recherche des clés. Quelque chose me dit qu'un penthouse dans ce genre d'immeuble doit valoir bonbon.

— Il fait quoi ton père ?

— Stock-options ? Tu connais ?

— Pas vraiment.

— Moi non plus. En tout cas, c'est ce qu'il fait. Ou du moins, c'est comme ça qu'il se vend à ses clients.

Sourire énigmatique. Sujet clos. Papa est blindé. Elle ouvre la porte, m'invite à entrer.

Je suis certain que tu n'as pas besoin de mes conseils, Reilly, tu connais mieux Manhattan que moi, mais, même si tu as de très bons instincts avec les gens – sans parler d'une ceinture noire de karaté –, tu ne devrais pas inviter des inconnus chez toi quand tes parents ne sont pas là.

— J'ai confiance en toi, dit-elle en traversant l'immense hall d'entrée. Je ne sais pas trop pourquoi, mais j'ai confiance.

Tu lis dans mes pensées, Reilly ?

— Tu lis dans mes pensées ? répète-t-elle en gloussant. Oui je sais, je donne parfois l'impression d'être un peu fofolle, mais j'ai grandi dans cette ville et, jusqu'à présent, mon flair ne m'a jamais trompée. Tu inspires confiance Jack. Les garçons qui lisent *David Copperfield* en un week-end sont des mecs bien, *voilà** !

Grands dieux, Reilly. Je ne sais pas exactement ce que ton père fait pour ses clients, mais ça doit être efficace. On débouche dans le salon. La taille d'un terrain de basket, avec des baies vitrées qui vont du sol au plafond. Belvédère sur Manhattan. D'ici, on a la ville à ses pieds. Central Park avec ses pelouses vert émeraude, ses lacs turquoise. Et puis Harlem au nord, à l'opposé de l'Empire State Building, à quelques encablures de Wall Street. De l'autre côté du parc, les immeubles de l'East Side s'élancent vers le ciel. Un peu plus loin, on voit miroiter l'East River.

— Waouh. Maintenant je sais ce que ça veut dire, « vue imprenable » !

— Au bout d'un certain temps, on ne la remarque même plus, répond nonchalamment Reilly. Regarde, c'est Strawberry Fields juste là. Le monument en hommage à John Lennon. J'adore sa musique. Il a été abattu devant le Dakota, là-bas. Et regarde la piste de jogging autour du Réservoir. Le plus bel endroit du monde pour faire son footing, à la tombée de la nuit, quand les lumières de la ville commencent à scintiller dans le crépuscule. Tu veux manger quelque chose ?

Un chien aboie quelque part dans l'appartement. Pas le jappement joyeux de la gentille boule de poils qui agite la queue quand il y a des invités, non, un long grognement sourd et belliqueux. Espérons que Médor soit attaché. Je suis peut-être un gars de la campagne, mais je n'ai jamais aimé les chiens. Je n'en ai jamais eu. Et jamais voulu. Plus de problèmes qu'autre chose. Et celui qui grogne dans un des recoins de cet appartement n'a pas l'air commode.

— Merci, peut-être plus tard. En revanche, je ne dirais pas non à une douche.

Quelques minutes plus tard, je me débarrasse de ma crasse et de mon stress sous un puissant jet d'eau chaude. Hydrothérapie. Savons et shampoings de luxe. Vue sur le parc depuis la fenêtre. Qu'est-ce que je fous ici ? Je me cache ? Bel endroit pour se refaire la cerise. Mais je fais quoi après ? Est-ce que je mets Reilly en danger en créchant chez elle ? Ai-je le droit d'embarquer quelqu'un dans ma galère sous prétexte que j'essaie de me fondre dans la masse ?

Réfléchis pas trop. T'as déjà pas mal ramassé. Tu ne peux pas tout contrôler, et, pour le moment, tu ne t'en sors pas trop mal.

Relax Jack. Profite. Tu le mérites.

Je sors de la douche. Mes fringues sont dans la machine à laver. J'enfile le peignoir qu'elle m'a donné. Soie bleue. Des picotements sur tout le corps après le jet massant. Soie sur ma peau cuisante. Très agréable.

J'erre dans l'appartement.

— Reilly ? Où êtes-vous, très chère ?

— Je suis là, mon ami. Dans la chambre.

La chambre, hein ?

Un air de jazz. La chambre de Reilly. Vue sur le parc. Petite terrasse privée. Ours en peluche sur lit à baldaquin.

— Pas de doute, tu es plus à ton avantage quand tu es propre. Et tu sens meilleur.

— Merci. Oui, j'imagine. Quel genre, la fête de ce soir ? J'espère que tu vas me répondre : « petit dîner entre amis ».

Elle éclate de rire.

— Désolée. Meredith ne prévoit jamais rien à manger. Mais je vais sûrement pouvoir te trouver quelque chose ici. Tu veux un massage du dos, Jack ?

Elle dit ça comme s'il s'agissait de la proposition la plus innocente du monde. Je me souviens de P.J., « Je ne suis pas sûre... »

— Je fais d'excellents massages. J'ai pris des cours au Reebok, le club de sport où vont mes parents. Allez viens, allonge-toi.

Une jolie fille qui propose un massage. Le genre de chose à laquelle il est très difficile de résister. Je m'allonge sur le ventre. Reilly saute sur le lit et s'agenouille près de moi. Chaleur de ses mains à travers la soie du peignoir. Doigts joueurs, étonnamment forts.

— Détends-toi Jack. Ouh, en voilà un dos musclé. Tu t'entraînes jour et nuit ma parole ?

— Seulement quand je ne lis pas Dickens.

— Quel sport ?

— Football.

— Mmh... Difficile d'isoler tes muscles avec ce peignoir. On va l'enlever, ça ira mieux...

J'arrête son geste.

— Je ne porte rien en dessous.

— Modeste avec ça... Ne t'inquiète pas Jack, ce ne sera pas la première fois que je verrai un dos d'homme. Relax.

Elle se redresse et retire sa chemise. Soutien-gorge sur peau nue.

Je retiens mon souffle. Tout ça va un peu vite. Pour autant, la pédale de frein reste introuvable.

L'effeuillage se poursuit. Je frôle l'épectase. Celui-là aussi tu pourras le chercher mon pote. Mais pas maintenant. Y a trop de buée sur les carreaux pour consulter le dictionnaire. Les mains de Reilly remontent le long de mon dos. Elle met de l'huile sur ses paumes, masse mes omoplates en dessinant des cercles, à califourchon sur moi. Ses boucles blondes effleurent mon dos au rythme de ses va-et-vient. Les pulsations du jazz emplissent la pièce.

— Laisse-toi aller.

— Quoi ?

— Tu es trop tendu. Détends-toi, laisse-toi emporter par la musique. Étends les bras au-dessus de ta tête.

J'obtempère.

— Parfait. Maintenant, ferme les yeux... Relax.

Paupières closes. Les douze dernières heures ont été aussi tragiques que stupéfiantes. J'avais besoin d'un contact humain. Peut-être pas d'aussi près, mais bon...

— C'est déjà mieux, concède Reilly d'un ton approbateur. Et ces yeux ? Ils sont fermés ? Bien. Eh ben puisque tu es un bon garçon, je vais te dire un secret. Pendant que tu dormais dans le parc, je me suis approchée tout près de toi et je t'ai observé. Tu étais si beau, si innocent dans ton sommeil. C'est pour ça que je t'ai fait confiance.

Elle quitte son perchoir, augmente le volume de la chaîne. Je garde les yeux clos, concentré sur la musique. Penser à rien d'autre.

Tu le mérites, me dis-je mentalement.

— Écarte encore un peu les bras, dit Reilly. Je vais te masser les épaules.

Elle se tient à la tête du lit et tire doucement sur mes poignets. Soudain, le contact du métal. *Click*.

Je tressaille. Yeux grands ouverts. J'essaie de retirer mes mains, elle m'a menotté à un montant du lit.

— Reilly ! Qu'est-ce que tu fais ?

Pour seule réponse, elle émet un étrange bruit de gorge, guttural. Pas exactement ce qu'on attend d'une fille bien comme il faut qui étudie à Drearly et habite les beaux quartiers. Grognement triomphal. Brutal. Comme un chasseur qui vient d'abattre un gibier de choix.

Je me tords le cou pour la voir.

Ce n'est plus la Reilly qui m'a invité à monter chez elle. Métamorphose. Sa peau prend une teinte verdâtre. Ses yeux rapetissent. Ses canines grandissent.

— Qui es-tu ? m'entends-je demander d'une voix plaintive et terrifiée. Je ne t'ai rien fait. Laisse-moi partir. Je t'en prie.

Elle ne bouge pas. Un rai de lumière se reflète sur ses canines. Dix centimètres de langue pendent de sa bouche. Elle s'avance. Voix sifflante, rauque et coupante.

— Juste une Gorm insignifiante, qu'ils disaient. Elle n'a qu'à chasser en solo. Je vais leur montrer, moi, qui est insignifiant. Le Prince en personne. Et sans aucune aide avec ça. Le voilà ! Pieds et poings liés. Vulnérable sac de chair et d'os, palpitant de sang frais. Il est à point.

Elle se penche sur le lit et plante ses dents dans mon mollet. Douleur violente. Profonde entaille. Je pousse un cri. C'est la première fois qu'on me prend pour un steak. Je tire comme un diable sur les menottes pour essayer de libérer mes mains. En vain. Quant au montant du baldaquin, j'ai beau être fort, je n'ai aucune chance contre une barre de métal.

Elle me regarde d'un œil amusé.

— Tu ne vas nulle part. Excuse-moi, mais je voulais juste goûter au sang royal. Excellent. Je te laisse une dernière chance ? Dis-moi. Où est-elle ?

Je croise son regard. Penser. Se concentrer. Vite. « Une dernière chance ». Ça n'augure rien de bon. Gagner du temps.

— De quoi parles-tu ? Où est quoi ?

Ses mains s'abattent sur moi. Des ongles comme des serres. Elle me lacère le dos. Nouveau cri de douleur qui se perd dans un chorus de jazz.

— Autant que tu me le dises, grogne-t-elle sans desserrer les dents. De toute façon, ta vie est arrivée à son terme. La seule question encore en suspens concerne l'intensité de la douleur que tu es disposé à subir avant la délivrance. Tu sais, je peux très bien me contenter de te livrer aux autres. Je prends ma commission et adieu. Mais je veux davantage et, crois-moi, ce qui est bon pour moi l'est également pour toi. Donc, je te le demande pour la deuxième fois. Où est-elle ?

Je fixe ses yeux jaunes. Impitoyables. Sans âme. Trouve quelque chose Jack. Le temps presse.

— Je veux bien coopérer, mais je ne peux pas dire où se trouve quelque chose si j'ignore ce qu'est cette chose. Je te jure que je n'ai pas la moindre idée de ce qui se passe. Alors si tu m'expliques...

Inutile. Ça ne prend pas. J'essaie à nouveau de me défaire

des menottes. J'y suis presque. Mais presque compte pour du beurre.

Belle transition, Jack. Tout ce qu'il me faut, c'est un peu de lubrification. Je ne vois qu'une solution : mon sang. J'en ai plein le dos, plein le mollet, mais celui-là ne m'est d'aucun secours. Je me cisaille le poignet droit avec mon bracelet-montre. Les arêtes du métal entaillent la peau. Ça fait un mal de chien. Il ne faut surtout pas qu'elle voie ce que je fais.

— Va pourrir en enfer. Tu ne me fais pas peur.

— L'enfer, c'est toi qui vas bientôt le connaître. – Elle se penche sur moi. Haleine fétide. – Tu sais ce qu'ils vont te faire pour découvrir ce qu'ils veulent ? Ils vont te passer à l'écorchage neural. Même moi je ne ferais pas ça. Mais je l'ai vu faire. Le sujet hurle comme si on le dévorait vivant. Ça dure des heures. Et à la fin, tu leur dis tout ce qu'ils veulent savoir. Alors, autant que tu me le dises à moi, que je te tue proprement. Je dirai que tu es mort en essayant de t'échapper. Ça t'épargnera des heures et des heures d'atroces souffrances. Où est-elle ? Où est Mu ?

Du sang coule sur mes poignets. Je glisse lentement ma main droite hors de la menotte. Gagné.

— Approche plus près. Je vais te le dire.

Elle s'exécute. Une lueur dans son œil jaune.

— Dis-le-moi et je te promets une mort rapide, siffle-t-elle en exhalant un souffle méphitique.

— C'est gentil, mais non merci.

Je n'ai pas fini ma phrase que je l'ai déjà attrapée au cou. Puis, me redressant d'un bond, je lui assène un crochet droit qui l'envoie voler contre le mur. Jamais frappé une fille auparavant – si tant est que ce vocable s'applique à la créature que je viens de cogner.

Elle rebondit sur le mur, vacille, mais reste debout. Canines au clair. Elle revient aux affaires avec un coup de pied fouetté exécuté avec une rotation, genre Bruce Lee, qui me cueille à la poitrine et me fait choir du lit.

À peine le temps de récupérer qu'elle est déjà sur moi. J'encaisse une série de coups au visage. Ses griffes m'arrachent la peau. Coups de pied à l'estomac et à l'aine. Rien vu venir. Elle est trop rapide pour moi. Trop entraînée. Je suis à bout.

Utilise tes atouts, Jack. Ta stature. Ta force physique. Je l'attrape par la taille et la plaque sur le lit avant d'aussitôt rabattre la couverture sur sa tête pour la cagouler. Elle se débat furieusement. Je l'emballe dans les draps et les couvertures, attache le tout avec la ceinture du kimono et un fil électrique.

Je la transporte dans son cocon de tissu jusqu'à la penderie où je la laisse tomber avant de fermer la porte, que je bloque en poussant devant une lourde commode. Après quoi je tire le lit contre la commode et enfin, le bureau contre le lit. Une barricade de trois cents kilos. Même si elle se libère de sa camisole, elle n'est pas près d'ouvrir.

J'éteins la musique. J'étale un peu de sang sur mon poignet gauche et je fais glisser les menottes, qui tombent par terre. Je reste là. Le cœur battant. Hors d'haleine. La cage thoracique secouée par le rythme de mes profondes inspirations. Je croise mon reflet dans le miroir de la chambre. Nu comme un ver, sanguinolent. Une loque.

Mon premier réflexe : récupérer mes habits et décamper. Avant que Reilly ne trouve un moyen de s'échapper. Ou avant que son père ne rentre. Si tant est qu'elle ait un père. En effet, difficile de croire qu'on ait pu enfanter une telle furie. Et puis, suis-je bien sûr que « elle » est bien « elle » ? J'ignore contre quoi je me bats, tout ce que je sais, c'est que ça défie toutes les lois de la nature.

Je panse mes plaies, réalise des bandages. Retrouver mes fringues. Elle ne les a pas mises à laver. Elle s'est contentée de les balancer en boule sur le sol de la cuisine. Inutile de les nettoyer, vu le programme qu'elle me réservait.

Je renfile mes frusques. Ça fait du bien d'être habillé. Et maintenant ? Détaler en courant ? Non. Car elle est de *leur monde*, quel que soit celui-ci, et je pourrais bien trouver ici quelque indice me permettant de comprendre ce qui se passe.

Ne pas traîner. Chaque seconde dans ce penthouse est un risque supplémentaire. Mais il faut que j'aille voir. Mon besoin d'information est plus fort que mon désir, pourtant urgent, de foutre le camp de ce maudit endroit.

6.

Je fouille l'appartement. Pièce après pièce. Tiroirs nus. Aucun effet personnel. Coquille vide, comme un décor de cinéma.

Piégé. Tu t'es fait piéger sur toute la ligne. Elle attendait près de la rivière, au cas où tu te montrerais, comme une araignée tissant sa toile près d'un pot de miel. Et toi tu y es allé tête la première. Comme la mouche attirée par le miel. Oh la jolie fille ! Mmh... j'ai l'air de lui plaire. Elle m'invite ? Je la suis. En toute confiance. Pauvre crétin ! Tu ne vas pas faire de vieux os si tu ne t'améliores pas rapidement.

Et là. Mauvaise nouvelle ! Car qui que soient ces gens qui te donnent la chasse, ils semblent prédire tes réactions, sans compter qu'ils paraissent disposer de ressources inépuisables. Ils sont malins, créatifs, surprenants. Toi tu ne sais pas d'où ils viennent, en revanche, eux connaissent ton monde sur le bout des doigts, depuis les stock-options jusqu'aux noms des clubs de gym branchés.

Ils peuvent te manipuler comme ils veulent, te retourner comme une crêpe. Elle t'a complètement mystifié en te demandant si tu étais un tueur en série. Elle a fait semblant de se méfier de toi pour que tu n'aies aucun soupçon à son égard. Très malin. À côté, t'es un petit joueur, Jack.

En revanche, quand elle t'a capturé dans sa toile, elle a probablement dit la vérité. Et celle-ci dépasse la fiction. De loin.

C'était quoi, ce délire de Prince ? Personne ne t'a jamais pris pour un aristocrate – sinon cet instit' du primaire qui a un jour qualifié ton comportement de royalement pénible.

Tu es le Prince ! L'étincelle d'espoir !

Qui a dit ça ? Personne. Juste une idée stupide qui vient de traverser ton esprit embué. Finis ta fouille, Jack, et tire-toi d'ici.

Rien dans l'appartement. Pas le moindre petit indice permettant de savoir qui est vraiment Reilly. Chambre des parents meublée de A à Z, mais pas de draps sous le couvre-lit. Personne n'a jamais dormi ici. Les albums photo qui trônent sur les étagères sont vides. Idem pour le réfrigérateur, qui ne contient que trois quatre boîtes de Jell-O violette. Apparemment, quand elle ne suce pas du sang, Reilly fait attention à sa ligne. Aucun vêtement dans les placards. Tout est bidon. Un appartement témoin, transformé en piège à Jack. Implacable car parfaitement préparé. Fignolé dans les moindres détails. Waouh ! On se donne du mal pour te mettre la main dessus.

OK. Je n'en apprendrai pas davantage ici. Autant décamper. J'emprunte un couloir. Une porte close derrière laquelle résonne un sourd grognement. Tiens, Médor ! Je l'avais oublié lui. Raison de plus pour mettre les voiles.

Mais non, crétin. Aide-moi. On pourra mettre les voiles ensemble.

Qui a dit ça ?

Moi !

Qui moi ?

Mes yeux se posent sur la porte.

Tu vois quand tu veux.

Eh, une minute ! Je n'ai rien dit. Pas un seul mot n'est sorti de ma bouche. J'ai juste regardé la porte.

Exact. Mais, avant cela, tu as pensé à regarder la porte. Écoute, je n'ai pas le temps de t'expliquer. Contente-toi d'ouvrir. La Gorm les a prévenus. S'ils nous trouvent ici, on est bons tous les deux pour un écorchage neural. Et, je ne sais pas ce que tu en penses, mais, pour ma part, je préfère qu'on ne touche pas à cette partie de mon anatomie.

Entièrement d'accord. Il est temps de partir. Mais pourquoi diable prendrai-je le risque d'ouvrir cette porte, je ne sais même pas qui tu es ?

Parce que tu as des questions et que moi j'ai des réponses. – Les mots sont aussi clairs et compréhensibles que s'ils avaient été prononcés, pourtant, le couloir est toujours aussi silencieux. – *Allez, ouvre cette porte et laisse-moi sortir. On n'a pas une seconde à perdre.*

Un instant d'hésitation puis je tourne la clé et entrebâille très légèrement la porte pour regarder à l'intérieur.

Petite chambre. Vraisemblablement celle de la bonne. Transformée en ménagerie. Des oiseaux qui gazouillent dans leurs cages, des rongeurs qui poussent de petits cris aigus dans d'autres. Souris. Rats. Hamsters.

Une silhouette massive. Et quand je dis massive, c'est pas juste une manière de parler. Bon sang, c'est un chien ou un ours ? Un chien. Attaché au radiateur.

Un bon mètre au garrot. Pelage sombre. Mâchoires énormes. Oreilles tombantes. Des pattes de yéti. Ce n'est pas un danois, ni un terre-neuve. Je ne suis pas expert en races canines, tout ce que je sais c'est que je n'en ai jamais vu aucun de la sorte.

De manière générale, je n'aime pas les chiens ; encore moins les gros, et ces monstrueuses canines ne me disent rien qui vaille. Je referme la porte.

Attends. Tu ne peux pas me laisser ici.

Et pourquoi ça ?

Parce que tu es bien trop empoté pour t'en tirer seul. T'as vu avec quelle facilité elle t'a embobiné ? La prochaine fois ce sera la bonne.

On dirait qu'elle t'a eu aussi, sac à puces, que je lui réponds sans ouvrir la bouche. De nous deux, un est libre, l'autre est enchaîné à un radiateur. À ton avis, c'est lequel le plus empoté ?

T'as pas tort. Mais moi je sais pas mal de choses que toi tu ignores. Des choses importantes, des choses utiles.

Comme quoi ?

Je peux pas te les dire maintenant.

Pourtant vaudrait mieux, sans quoi tes neurones vont passer un sale quart d'heure.

Je ne peux pas. Dis, tu ne vas pas me laisser ici. Je sais que tu as bon cœur.

Je ferme la porte et tourne les talons.

Je sais qui est ton père.

Moi aussi je le sais. Je sais qui ÉTAIT mon père. Il est mort. Ils l'ont tué quand ils sont venus me chercher. Salut Médor.

Non, ton vrai père. Je l'ai rencontré. Le plus grand jour

de ma vie. Je sais pourquoi tu es ici. Et pourquoi ils veulent tant t'attraper.

Je m'arrête. Volte-face. Chemin à l'envers en moins de temps qu'il n'en faut pour le dire. J'ouvre la porte. Les oiseaux pépient, les rongeurs crient. Il n'y a que le chien qui est silencieux. Mâchoire tombante. Dents impressionnantes. Un étrange éclat dans les yeux.

Maintenant, fais-moi sortir d'ici.

Et qui me dit que tu ne vas pas m'attaquer...

Le chien est le meilleur ami de l'homme.

C'est un proverbe.

Oui, mais aussi une pure vérité. Les premiers animaux domestiques, c'est nous, ou, à tout le moins c'est comme ça que TON espèce définit la relation. Notre partenariat a plus de vingt mille ans. Le chien et l'homme. L'homme et le chien. Inséparables. Mais on perd du temps. C'est notre dernière chance. Détache-moi. Et si tu n'as pas assez de cran pour ça, au moins sauve-toi car ils arrivent. Je les sens. Ils approchent. En fait, ils sont juste devant l'immeuble. Sauve ta peau. Cours.

Et là ça marche. Le fait qu'il me dise de me sauver m'incite à rester et à l'aider. Je m'approche de l'énorme chien et j'étudie la chaîne qui entrave sa patte arrière droite. Ce ne sont pas des menottes, comme celles que Reilly a utilisées avec moi. Ça ressemble plutôt à des fers. Pas de serrure visible – de toute façon, je n'ai pas la clé. Je pourrais probablement la limer (si j'avais vingt ans devant moi). Le problème c'est qu'on en est loin. Quelqu'un vient de sonner à la porte.

C'est eux. Je ne sais pas comment je sais ça, mais j'en suis convaincu. Une désagréable sensation me parcourt tout le corps.

Va-t'en. Sauve ta peau.

Trouve autre chose, carpette. Une fois que j'ai décidé d'aider quelqu'un, je vais jusqu'au bout. Comment je t'enlève ça ? Elle te les a mises, elle devait bien avoir un moyen de te les enlever.

Une seule solution. Les faire fondre.

Comment ?

Silfor.

C'est quoi ça encore ?

Un dissolvant. Ça ronge n'importe quoi. Tu as raison, elle a dû en emporter avec elle.

Ça ressemble à quoi ? Où est-ce qu'elle pourrait l'avoir mis ?

C'est violet. Ça se conserve au frais, mais oublie ça. Tu trouveras jamais. Sauve-toi. Je t'en supplie.

Je fonce à la cuisine, je prends les boîtes de Jell-O violette dans le frigo et je retourne dare-dare dans la chambre aux animaux. Je m'immobilise au milieu du couloir. Des bruits inquiétants résonnent à la porte d'entrée, fermée à double tour. De deux choses l'une : soit ils essaient de l'éventrer, soit de la dégonder. En tout cas, ils n'y vont pas de main morte.

Je file dans la petite chambre. Voilà. Je fais quoi maintenant ?

Verses-en sur la chaîne et éloigne-toi.

Je décapsule une boîte et répands le liquide violet, qui forme aussitôt une enveloppe autour de la chaîne. La réaction chimique est immédiate. Ça pétille. Le métal vire au noir et se désintègre, se changeant en une sorte de suie noirâtre. Le gros chien est libre.

Et maintenant Médor ? On fait quoi ? Après tout c'est toi qui as les réponses.

Je ne m'appelle pas Médor. Pas plus que sac à puces ou carpette.

Et après ? Tu crois vraiment que c'est le moment de s'envoyer des bristols ? Je te rappelle que les types de l'écorchage neural sont en train de défoncer la porte de l'appartement.

L'urgence n'empêche pas d'être poli. Le savoir-vivre est un signe universel de sophistication culturelle.

Jack Danielson. Enchanté.

Gisco.

Gisco ? Mais c'est pas un nom de chien ?

Parce que Jack est un nom de prince ?

KA-BOOM. Bruit énorme que j'interprète comment étant le résultat de la porte qui tombe à l'intérieur ou qui vole en éclats sous l'effet d'un coup de massue. De lourds bruits de pas résonnent dans le hall d'entrée. Il n'est pas seul.

Jack, je suggère ardemment que nous quittions précipitamment cet endroit.

Ça fait beaucoup d'adverbes, mais je suis entièrement de ton avis. Et on sort par où, vu qu'ils sont déjà à l'intérieur ?

Qui dit chambre de bonne, dit entrée de service.

Bien vu la truffe.

Gisco. Je me prénomme Gisco. Un peu de respect, que diable !

Je suis le chien jusqu'au fond de l'appartement. Porte close. Je tourne la poignée. Fermée. J'essaie de tirer le loquet. Il a été tordu à coups de marteau.

Les pas approchent. Ça me pique tellement j'ai la chair de poule.

Ouvre.

Je fais ce que je peux.

Peux mieux.

Ben essaie, toi.

J'ai pas de doigts.

On n'est plus séparés d'eux que par deux pièces. Je cogne le loquet à coups de poing. Je tire sur le bout de ferraille de toutes mes forces. Enfin, il cède. Je fais voler la porte et me précipite en trombe dans un escalier plongé dans le noir.

Mais non, crétin. Ils t'attendent en bas.

Alors ?

On monte.

Gisco galope à l'assaut des marches. Je sais bien que « galoper » s'applique plutôt aux chevaux, mais c'est ce que j'ai trouvé de plus parlant pour décrire la manière dont ce gros chien hirsute attaque les marches particulièrement raides au pied desquelles nous nous trouvons. Je fais ce que je peux pour le suivre.

On atteint le sommet de l'escalier. Lucarne d'accès au toit fermée.

Des éclats de voix en bas. Ils ont trouvé l'escalier de service.

Je cogne sur le vasistas avec le tranchant du poing. Une fois, deux fois. Il vole. Je grimpe sur le toit de l'immeuble.

Aide-moi. Les chiens ne peuvent pas faire de tractions.

Je fais comment ?

Ta chemise. Fais un palan. J'espère qu'elle est propre.

Je déchire ma chemise et laisse tomber un bout de tissu dans lequel Gisco s'empresse de planter les crocs.

Je m'arc-boute et tire. Il pèse une tonne.

Ben dis donc, vaut mieux t'avoir en photo, le clebs.

Il prend enfin pied sur le toit et recrache ma chemise.

Encore un sobriquet désobligeant et je pourrais bien prendre tes gonades pour un os à ronger.

Je referme la trappe et la bloque de l'extérieur. La bonne nouvelle c'est qu'ils ne peuvent pas monter. La mauvaise c'est qu'on est coincés. Lent coup d'œil à trois cent soixante degrés. Situation sans issue.

Au fait, Gisco. Ne crois pas que je n'ai pas entendu. Mais si tu veux fréquenter des humains, tu devrais peut-être faire un effort pour développer ton sens de l'humour, et *pronto* avec ça. À part ça, on fait comment pour quitter ce toit ?

Un seul moyen.

Lequel ?

Par ici.

Et il traverse le toit à fond de train. Son allure évoquant un étrange mélange de *yearling* et de locomotive. Arrivé au bord du toit, il s'élance dans les airs. Rocket canine. La truffe en avant, comme un radar. Les pattes ramassées sous son ventre. Étonnamment aérodynamique. Il vise un toit voisin. À plus de six mètres.

Aucune chance qu'il y arrive. Les chiens ne sont pas connus pour la qualité de leur vol plané. Dans quelques secondes, il fera la rubrique des chiens écrasés dans Central Park West. Adieu Gisco.

Et pourtant... Sans trop qu'on sache comment, il s'arrange pour atteindre l'arête voisine. Long dérapage des quatre fers. Arrêt de l'appareil. Il se retourne.

À toi maintenant.

Tu plaisantes.

C'est la seule issue. Et c'est pas le moment de gamberger. Tu es un humain, pas une poule.

Tu peux m'insulter autant que tu veux. Même pas en rêve.

Tu n'as pas le choix. Ils arrivent.

Il a raison. Frisson glacé. Je les sens.

Je repense aux derniers mots de mon père. « Pendant des années, je t'ai demandé de dissimuler tes talents. Maintenant il est temps pour toi d'en tirer le maximum. Cours, vole, fais-toi aussi insaisissable que le vent. »

Je cours sur le toit. Augmente la vitesse. Les bras commencent à pomper comme des pistons. Vent de côté. Vingt mètres jusqu'au bord. Dix.

J'ai fait du saut en longueur pendant un temps. L'essentiel réside dans la précision et la stabilité du pied d'appui. Aucune marge d'erreur. Pied droit sur l'arête, doigts de pied au-dessus du gouffre. Détente. La hauteur est cruciale. Puis ramasser bras et jambes devant soi et se faire aussi léger que possible.

Je vole entre deux immeubles de Manhattan. La ville tout autour de moi. Les nuages au-dessus, les trottoirs en dessous. Je n'y arriverai pas. Personne n'aurait pu. Je tombe.

Seize étages. Les fenêtres défilent de plus en plus vite. Le même visage derrière chacune. Un visage que je n'ai jamais vu, mais qui, pourtant, me paraît familier. Familier et terrifiant. Est-ce le visage de la mort qui me fixe ainsi de ses yeux vides ? Épaisse masse de cheveux gris, comme la crinière d'un vieux lion. Traits harmonieux et distingués, aristocratiques, avec un côté cruel. Mâchoire puissante. Nez aquilin. Lèvres rouges légèrement entrouvertes qui révèlent deux rangées de dents impeccables, coupantes. L'œil perçant du rapace qui m'observe, impassible, tandis que je me rapproche inexorablement de ma perte. Long cri d'agonie qui jaillit de ma gorge. Longue corde écarlate. Le pavé se rapproche, qui va se charger de m'éjecter dans la nuit éternelle.

Un choc.

Mon pied heurte le toit de l'immeuble. J'ai réussi. Je

m'étale de tout mon long sur le gravier et la couverture goudronnée. Jamais été aussi content de me râper les genoux et les coudes.

Joli saut. Réception bâclée.

Plus tard les commentaires. Partons d'ici.

On trouve un escalier. Seize étages de belle taille jusqu'au rez-de-chaussée, plus un pour le sous-sol. Sortie de secours. Tous deux hors d'haleine. Pas le temps de récupérer. On émerge dans la rue adjacente, sur un trottoir planté d'arbres, à l'ombre d'une épaisse frondaison.

Dans un même élan, on court. Chien et homme. Côte à côte. Filant le long des blocs à pleine vitesse. On s'enfuit, suscitant d'étranges regards interrogateurs sur notre passage de la part de New-Yorkais pourtant habitués à tout, ou presque. Jusqu'à ce qu'on n'en puisse plus.

À un coin de rue, très loin de l'immeuble de Reilly, on s'écroule sur le trottoir. Le chien halète, langue pendante. Je suffoque. On a réussi Gisco.

Oh que non ! Ce n'est qu'un début. Et à partir de maintenant ça va être bien pire.

7.

Maintenant, dis-moi ce qui se passe. Parle, pense, télépathe, débrouille-toi comme tu veux, mais explique-moi.

Je ne peux pas. Il faut qu'on s'en aille.

Ça y est, on est parti. Le saut de la mort, tu te souviens ? Là, on est sur Broadway, perdus dans une ville de huit millions d'habitants – et je ne te parle pas du nombre de chiens galeux. Ils ne nous trouveront jamais. Alors, détends-toi et explique-moi ce qui se passe. Tiens, pour commencer, dis-moi qui est à ma poursuite. Et, tant qu'à faire, j'apprécierais aussi que tu me lâches également quelques informations subsidiaires telles que qui je suis vraiment et pourquoi tant de gens veulent me faire la peau ?

Pas le temps. Ta volonté de savoir est parfaitement légitime, mais tu te trompes. On est loin d'être en sécurité. En ce moment même, ils quadrillent le terrain à notre recherche et nous sommes très voyants. Notre seule option consiste à quitter la ville au plus tôt.

Une seconde. Je ne vois pas en quoi je suis voyant. Au contraire, je suis un jeune Américain tout à fait anonyme.

C'est toi qui es voyant. T'as vu ta taille ? Et je ne te parle pas de ton tour de hanche.

Insinuerais-tu que j'ai un problème de poids ?

Ben... Le prends pas mal, mais tes mensurations ne sont pas exactement celles du gentil toutou à sa mémère. Il te suffirait d'une corne pour qu'on te prenne pour un rhinocéros. Et puis, ne prends pas la grosse tête, mais tu ne te comportes pas vraiment comme un chien.

Et je devrais faire quoi à ton avis ?

J'sais pas moi, pisse sur une borne incendie une fois de temps en temps.

Quelle idée répugnante.

Et qu'est-ce que tu dirais de te comporter normalement avec les autres chiens ? Ne sois pas si distant, tu attires l'attention.

Ils me reniflent le derrière, tu ne veux tout de même pas que j'en fasse autant ?

Qu'est-ce que tu veux... C'est comme ça que les chiens font connaissance.

J'ai une nette préférence pour la conversation et le jazz côte ouest.

Tu crois vraiment qu'ils nous recherchent ?

Sûr et certain. Et ils vont nous trouver. Ce n'est qu'une question d'heures.

Il y a une femme qui nous observe là-bas.

Je l'ai vue.

Elle nous fixe des yeux.

C'est un fait.

On court ?

Non car elle vient vers nous. Si elle était l'un d'eux, jamais elle ne s'exposerait de la sorte.

Femme corpulente. Cheveux longs. Des gros sacs de commissions pendant à ses bras. Bouche énorme qui se tord en un sourire adipeux.

— Excusez-moi. Où avez-vous trouvé ce magnifique chien ?

Voilà quelqu'un qui brille par son intelligence. Témoigne-lui du respect.

Boucle-la et arrête de me fourrer tes idées dans la tête. La dernière chose dont nous avons besoin pour l'instant, c'est d'une grosse dondon amoureuse des bêtes.

— À la fourrière.

— Ça, ça m'étonnerait. La sœur de mon mari est dresseuse de chiens. Je vais souvent aux expositions canines avec elle. Je croyais connaître toutes les races, mais je n'en ai jamais vu un semblable. De quelle race est-il ?

— Difficile à dire. C'est un gros mélange. Une sorte de résidu de tous les gènes possibles et imaginables.

Comment oses-tu faire ainsi insulte à mes ancêtres ?

— Vous êtes sûr ? Son allure a quelque chose de si noble...

— Détrompez-vous. Pur bâtard. Mi-danois, mi-terre-neuve, mi-rhinocéros. Et il perd autant de poils qu'un lama à alpaga.

Elle éclate de rire.

— Snif, snif. Mmh, et on dirait qu'il a aussi besoin d'un bon bain.

Tu as raison, elle est demeurée. Débarrasse-t-en.

— Pensez-vous... Il sent toujours comme ça. Et encore. Aujourd'hui c'est un bon jour.

— Vous devriez lui mettre un collier et le tenir en laisse, sinon vous allez avoir une amende. Ils sont sans pitié ces temps-ci. Je peux le caresser ?

Ne la laisse surtout pas poser la main sur moi.

— Allez-y, je vous en prie. Il adore qu'on le gratte derrière les oreilles. Avec les ongles.

Je te préviens, je vais lui arracher le bras.

Elle y va de bon cœur. J'entends le frottement de ses ongles tandis qu'elle le caresse.

— Ouh le gentil chienchien...

Arrête ça ou je lui tranche la gorge.

Soudain, un frisson glacé me parcourt l'échine. Une camionnette noire de l'autre côté de la rue. Vitres teintées. Impossible de distinguer les occupants, mais je sens qu'ils me cherchent. Je fais un pas de côté pour me cacher derrière la grosse. Gisco, le fourgon noir !

Je sais.

Gisco la renifle gaiement, lui lèche les genoux, dissimulé derrière ses cabas.

C'est alors qu'une chose étrange se produit. Mentalement, mon cerveau scanne la rue. Les gens et les voitures se mettent à bouger au ralenti. Des éclairs de lumière crue jaillissent du van et se posent sur chaque passant. Comme si on les passait aux rayons X.

Deux rais de lumière sur Gisco et moi. Impossible de les éviter. On va être découvert. On n'échappe pas à un truc pareil.

Picotements au poignet gauche. Sensation de chaleur. Je baisse les yeux. Un halo brumeux, tirant sur le bleu, émane de ma montre. Les deux rayons lumineux fondent sur nous et sont réfractés par la luminescence de ma montre. Le fourgon poursuit sa route sur Broadway.

Je ne sais pas trop ce qui s'est passé, mais j'ai l'intime conviction que la montre paternelle vient de nous sauver la mise.

Pendant ce temps, la femme aux longs cheveux s'émerveille de la façon dont Gisco se frotte à ses jambes. Ignorante du fait qu'il se cache, elle pense naïvement que c'est le grand amour.

— Qu'il est gentil, qu'il est affectueux ! Tiens, pour la peine, tu mérites d'autres papouilles derrière l'oreille.

Ses ongles s'enfoncent de cinq centimètres dans le cuir du chien.

Je regrette presque l'écorchage neural.

Le fourgon est parti. Tu penses qu'ils vont refaire un passage ?

À chaque seconde, on risque de les voir revenir.

Tu m'as convaincu. On file.

— Excusez-moi m'dame, mais il faut que je l'emmène chez le véto. Il a des tiques. – Elle retire précipitamment sa main. – Ravi d'avoir fait votre connaissance. Au revoir.

À jamais, tu veux dire.

On quitte Broadway et on s'engage dans une perpendiculaire, aux trottoirs jonchés de feuilles mortes. Comment on sort de New York et où est-ce qu'on va ?

C'est à moi que tu parles ? Tu voudrais peut-être que je prenne le commandement des opérations comme si de rien n'était, que j'oublie toutes les insultes ?

Jusqu'ici, ils ont anticipé chacun de mes mouvements, alors, oui, je suis ouvert à toute suggestion.

Ce sont les maîtres de la relation de cause à effet. Tout ce qu'on a à faire c'est renverser la relation de causalité. Le bon vieux jeu de l'œuf et de la poule.

Comment ça marche ?

Fixe ton attention sur quelque chose. Vite, ne réfléchis pas.

Je fais le vide dans ma tête. Je lève les yeux au ciel pour m'aider. Un avion dans l'azur. Avion.

Bien. Ça c'est la poule. Maintenant où est l'œuf ?

Je te suis pas.

Où est-ce que les avions éclosent ?

Ils n'éclosent pas. On les assemble. Dans des usines...

Bon, puisque tu parais un peu lent d'esprit, je vais te poser la question autrement. À quel endroit ont-ils volé pour la première fois ?

Les frères Wright. Kitty Hawk !

Parfait. C'est là qu'on va.

Entendu, mais avant on fait une halte chez ce marchand d'animaux.

Hors de question que je mette les pieds dans cet horrible endroit. On dirait un bateau négrier. Frères et sœurs, soulevez-vous ! Tout ce que vous avez à perdre ce sont vos chaînes.

Chiens et chats entassés dans de minuscules cages de plexiglas couvertes d'immondices jappent et miaulent.

Une vendeuse à l'air las lève le nez de son comptoir et jette un regard embarrassé à sa ménagerie.

— Pff. C'est toujours pareil avec eux. Ils s'y mettent tous en même temps. À croire qu'ils se donnent le mot. Que puis-je pour vous ?

— Je voudrais une laisse et un collier de grande taille.

— Si c'est pour lui, on n'a que deux modèles. L'un avec des pics, l'autre avec des incrustations de fausses pierres.

Les pointes.

— On va prendre les pierres.

Mais pourquoi ?

Parce que tu n'es pas du genre à porter des pics, si ?

Si, justement. Et d'abord que sais-tu de mon style ? Voyez comme il me traite, chers frères et sœurs. Maudite race d'im-

béciles prétentieux. Déchaînez votre fureur sur eux ! C'est tout ce qu'ils méritent.

Chiens et chats deviennent hystériques. Les canaris pépient à tue-tête. Les perroquets m'inondent d'un chapelet d'insultes colorées, en anglais et en espagnol. Même les poissons tropicaux semblent vouloir dessiner de belliqueux zigzags dans leurs aquariums.

— Mais qu'est-ce qu'ils ont tous ? demande la vendeuse, visiblement à bout de nerfs.

— Allez savoir, réponds-je en la payant. – J'attache le collier incrusté de verroteries autour du cou de Gisco et y accroche la laisse. – Peut-être qu'ils ont faim, ou un truc comme ça. Au revoir, mademoiselle.

Je tire sur la laisse pour faire sortir Gisco. Il a fait assez de grabuge comme ça.

Vraiment honteux de voir ça.

Et en quoi est-ce que ça te regarde ? Pitié, arrête de te faire remarquer.

Il soupire.

Et dire que humanité est un dérivé de humain.

8.

Gare de Penn. Heure de pointe. Des trillions de gens
70 pressés. Chacun cherche son train. Correspondances, banlieue, longues distances... Difficile d'isoler qui que ce soit dans ce maelström, pas même un adolescent aveugle portant une casquette de base-ball qui sonde son chemin de sa canne blanche dans le sillage d'un gros chien. Le molosse saute une volée de marches. Le garçon évite la chute de justesse.

Désolé.

Ralentis un peu. T'as failli me tuer. Je te rappelle que je suis censé être aveugle.

Premièrement, tu n'es pas aveugle, donc tu peux très bien regarder où tu mets les pieds. Deuxièmement, je suis un peu nerveux, vois-tu ? Ils sont sûrement après nous. Ça ira mieux dans le train.

Comment ça ils sont après nous ? Je croyais qu'on les avait semés en inversant la causalité. Le bon vieux jeu de l'œuf et de la poule, tu te souviens ?

Ils ne savent pas où l'on va, mais ils peuvent très bien avoir anticipé le fait qu'on y aille en train.

Ah ben bravo ! On fait quoi maintenant ?

On procède prudemment. Tiens, voilà le guichet. Au fait, je ne voyage qu'en première.

T'inquiète pas, peut-être qu'ils ont un wagon chenil.

— Vous d'sirez ? marmonne un vieux monsieur au guichet.

— Une couchette de première à bord du cinq cent seize pour Raleigh, je vous prie.

Tu vois quand tu veux. Demande s'ils ont un service de restauration ambulante.

— Les chiens ne sont pas admis dans les voitures. Seulement en cage.

— Mais... Je suis aveugle ! Ce chien, c'est mes yeux.

— Arrête ton char, gamin. Pas de ça avec moi.

— De quoi voulez-vous parler ?

— Je fais ce boulot depuis trente-deux ans. On ne me la fait pas. Tu crois vraiment que t'es le premier petit malin qui achète une paire de lunettes noires pour pouvoir emmener son chien dans le train ? Je sais reconnaître un chien d'aveugle quand j'en vois un. Ils sont super intelligents. Rien à voir avec cette saucisse poilue.

Comment il m'a appelé ?

— Pour votre information, monsieur, je ne suis pas totalement aveugle, ce qui ne m'empêche pas d'avoir une carte d'invalidité en bonne et due forme. D'autre part, vous avez devant vous un des représentants les plus intelligents de toutes les races canines, spécialement dressé pour guider les aveugles.

— Sans blague ? répond le bonhomme en jetant un regard mollasson à Gisco.

— Et je peux le prouver. Donnez-lui un ordre, vous allez voir. N'importe quoi.

— Assis.

Gisco plante ses yeux dans ceux du préposé à la vente de billet et lui jette un regard dédaigneux, hautain, condescendant.

C'est tout ce que t'as trouvé ? Quelle imagination !

L'énorme clébard daigne finalement plier les pattes et délicatement poser son gros arrière-train sur le sol, en prenant un air pensif et altier, tout sauf canin. Le ventre pendouillant sur ses pattes repliées, il lève alors un regard chargé de mépris vers le guichet et avise le vendeur avec calme et sérénité. Un Bouddha fait chien.

Derrière sa vitre, le bonhomme en a la mâchoire qui tombe.

— Crénom d'une pipe ! Jamais vu un chien s'asseoir comme ça.

Après quoi, il tape sur son ordinateur et regarde son écran.

— J'ai une couchette, mais y a deux lits.

— Parfait, je prends les deux.

C'en est trop. Le mec flanche.

— Vot' chien dort dans un lit ? demande-t-il, les yeux écarquillés.

Et ta mère, elle mange avec des couverts en argent ?

— Écoutez, nous sommes plutôt pressés. Combien ?

Je sors ma liasse de billets de cent et commence à les compter. À la vue des grosses coupures, il ravale son sourire niais et arrête aussitôt ses blagues à deux balles.

— Feriez bien de vous dépêcher. Le train part dans dix minutes.

On tourne les talons et on se dirige vers l'escalier menant au quai. Oh oh ! On s'immobilise ensemble. Je le calcule au premier coup d'œil. Je m'améliore à ce petit jeu-là. Il porte un habit d'agent de sécurité. Il se tient au pied des marches. Étudie la foule. Je ne crois pas qu'il nous ait vus.

Je crois pas non plus. Mais on ferait mieux de prendre un autre train.

Comment ça ?

Le chien d'aveugle change de voie. Pas la bonne.

C'est le train pour Montréal. Il part dans deux minutes.

Je sais.

Je ne veux pas aller à Montréal.

Moi non plus. Trop froid.

Notre train part dans sept minutes.

Non, six. Allez, pour l'instant, grimpe dans celui-ci.

Sueurs froides. Gisco. Il nous a repérés. Il arrive.

Tais-toi et cours. Te retourne surtout pas.

Je jette un œil derrière moi. L'agent de sécurité nous a suivis à bord du train. Il remonte l'allée centrale. Et il est rapide.

« Attention à la fermeture automatique des portières ! »

Quand je te le dirai, on saute.

Je me retourne une nouvelle fois. Il gagne du terrain. Il court en brandissant une sorte de revolver. Difficile pour viser. Ça ne le décourage pas.

FZZZZT. À côté de nous, un siège vide recouvert de velours bleu a fondu comme neige au soleil.

Maintenant.

Et Gisco saute du train au moment précis où les portes commencent à se fermer. Je plonge à sa suite. Je me coince la cheville droite, mais je passe quand même, avant de m'étaler de tout mon long sur le quai.

L'agent de sécurité est piégé en milieu de rame. Le temps qu'il arrive à la porte, celle-ci s'est refermée, le train a démarré.

Grand type. Visage mauvais. Il tente de forcer la porte. En vain. Le train accélère. Féroce grimace dans notre direction. Peux pas lui en vouloir. Le voilà parti pour Montréal.

On remonte l'escalier en courant, puis on dévale celui d'à côté.

« Le train numéro cinq cent seize à destination de Miami va partir. Veuillez vous éloigner de la bordure du quai. Ce train desservira les gares de Philadelphie, Washington D.C., Raleigh ainsi que toutes les stations jusqu'à Miami. »

Les gens venus accompagner quelqu'un au train remontent l'escalier. On les bouscule pour se frayer un chemin dans l'autre sens. Gisco perd l'équilibre et roule au bas des marches comme une boule de neige le long d'un à-pic. Tout

le monde s'écarte. Avalanche de poils.

Je le suis de près et franchis d'un bond les vingt dernières marches. On se précipite sur le quai et on saute à bord du train quelques secondes avant la fermeture des portes.

On a réussi. Pfiou ! C'était moins une. C'est alors que nos yeux se posent sur une paire de chaussures noires, et remontent le long d'un uniforme.

La contrôleuse du train baisse les yeux vers nous. Mignonne. Légèrement enrobée. Auburn. Des lunettes.

— Désolée, les animaux sans cage ne sont pas admis dans les voitures.

— Je suis aveugle. C'est mon chien.

— Je vous ai vu courir sur le quai.

— Certes, mais je suis légalement aveugle. Mon chien est dressé pour attraper les trains. Enfin, celui-ci, on a bien failli le louper.

Elle réfléchit un instant.

— Où sont vos bagages ?

— Quelqu'un nous les a volés dans le taxi. C'est l'enfer cette ville ! Vivement qu'on soit de retour chez nous, là où les gens sont honnêtes.

Elle hausse les épaules.

— Il y a des malfaisants partout. Puis-je voir votre ticket ?

Je le lui montre.

— Par ici, je vous prie.

Nous remontons le train jusqu'à notre compartiment couchette. Petit mais confortable. Je fais semblant de ne rien voir. Gisco m'ouvre la voie. Je tâtonne à la recherche du fauteuil et m'assieds précautionneusement.

— Merci beaucoup, madame, dis-je en fouillant mon portefeuille à la recherche d'un pourboire.

— Merci monsieur, répond-elle poliment en prenant l'argent. Je reviendrai dans un moment pour faire votre lit.

— Ne vous donnez pas cette peine.

— Du tout. Ce sera avec plaisir. Bon voyage... monsieur... ?

J'hésite un instant.

— Smith.

T'as pensé à écrire des romans ?

— Enchantée, répond-elle avec un large sourire. Jinny. À plus tard monsieur Smith, à plus tard le chien.

Soit tu lui as donné trop, soit elle a le béguin.

Jinny referme la porte.

Le train s'engouffre dans un long tunnel avant d'exploser à la lumière du jour. New Jersey. Zone marécageuse. Les gratte-ciel de New York s'éloignent dans le couchant.

On se retrouve seul. En sécurité.

Maintenant je veux des réponses.

9.

Porte du compartiment fermée à clé. Homme et chien contemplant les friches industrielles du New Jersey. Usines chimiques. Raffineries. Prés souillés et marais pollués.

Le chien regarde fixement par la fenêtre, comme s'il méditait quelque profond paradoxe. Le garçon supplie le chien du regard. Parle-moi.

Comment peuvent-ils supporter une odeur pareille ? Tu crois qu'ils nettoieraient ? Que nenni, ils continuent comme si de rien n'était...

Je ferme sèchement le rideau. On appréciera le paysage plus tard. Pour l'instant, je veux des réponses.

Mon compagnon de voyage à quatre pattes tourne la tête vers moi, embarrassé.

Que veux-tu savoir ?

Commençons par le commencement ? Qui suis-je ? Pourquoi est-ce que des gens essaient de me tuer ? Qui sont-ils et, tant qu'on y est, qui es-tu, toi ? Un échappé de Star Trek ou une expérience gouvernementale ultrasecrète qui a mal tourné ? Ah, oui, c'est quoi Mu ?

Désolé, je ne peux répondre à aucune de ces questions.

Ne me prends pas pour un con, le chien.

Loin de moi cette idée, l'humain. Je te comprends tout à fait.

Dois-je en déduire que tu ne connais pas les réponses à mes questions ?

Non. Je les connais. C'est juste que je ne peux pas te les donner.

C'en est trop. Fou de rage, je me rue sur le chien et tente de l'étrangler.

Gisco grogne et, d'une secousse, m'envoie au tapis.

J'attrape une patte de devant et une de derrière pour essayer de le retourner. Il montre les dents. Grognement menaçant.

Lâche-moi.

Parle !

Nouvelle tentative de plaquage.

Ses crocs se referment sur mon bras droit. Pas encore une morsure. Il ne coupe pas la peau, mais j'ai un avant-goût de la pression exercée par ses mâchoires, puissantes comme un étau d'acier.

Dernière sommation. Lâche-moi.

Je le roue de coups avec le poing gauche.

Dis-moi qui je suis. J'ai le droit de savoir.

Pour toute réponse, le chien se rue vers l'avant et me bouscule. Choc inattendu. Sûrement un reste de ses origines de chien de traîneau. Je vacille et me cogne la tête contre la paroi d'acier du compartiment avec une telle violence que je tombe pratiquement dans les pommes.

Ça va ?

Non.

Désolé. Tu m'as forcé à en arriver là. On n'attrape jamais un chien par le cou. Cela déclenche des réactions venues du fond des âges. Instinct de survie. Protéger la veine jugulaire. Pas par les pattes non plus car ses réflexes le font se relever aussitôt.

Je te prenais pour mon ami. Mon seul ami. Pourquoi tu ne veux pas me dire ce que j'ai besoin de savoir ?

Même ça je ne devrais pas te le dire, mais tu me fais de la peine.

D'accord. Et pourquoi ?

Parce que le cerveau humain est une mécanique contradictoire, à la fois puissante et fragile, très instable.

Ce qui veut dire ?

Que tu ne pourrais pas admettre la vérité.

Essaie toujours.

Je ne peux pas prendre ce risque.

Qu'est-ce qui pourrait m'arriver de pire que de vivre dans une totale ignorance ?

Effondrement de tout ce qui fonde ta personnalité. Traumatisme mental. Perte d'identité. Tu pourrais t'écrouler.

J'ai beau n'être qu'humain, je m'écroule pas aussi facilement que ça.

Lis Œdipe.

Sous-entends-tu que mon destin est de tuer mon père et de coucher avec ma mère ?

– Regard de chien triste. –

Bien pire que ça. Désolé mon pote. Tu penses bien que, si je pouvais, je te le dirais.

Le pire, c'est que je le crois. Lentement, je me laisse tomber par terre. Je me roule en boule sur la moquette bleu marine du compartiment, souillée par des années de va-et-vient. Position fœtale. J'éclate en sanglots. La crise a été longue à venir. Elle n'en est que plus dévastatrice, plus foudroyante. Je me tords de douleur. Visions d'horreur. Succession d'images plus terrifiantes les unes que les autres. Mon père qui se tire dans le pied. La souffrance sur son visage. Je le revois pointer le pistolet sur sa tempe. Faut-il que je me fasse exploser la tête pour que tu t'en ailles ? Reilly transformée en créature de cauchemar, du sang plein la bouche. Mon sang. La cascade entre les deux immeubles. Le regard de la mort qui se pose sur moi. L'angoisse d'une traque qui n'en finit pas. Je ne peux même pas mettre un visage ou un nom sur mon ennemi. Seulement une armée des ombres, surgie de nulle part pour m'exterminer, quand mon unique soutien consiste en une boule de poils sur quatre pattes qui refuse de répondre à mes questions en prétendant que si j'apprends la vérité sur ma destinée, ce sera pire que ce qui a poussé Œdipe à s'arracher les yeux.

Toc, toc.

Foutez le camp. Laissez-moi seul. J'ignore depuis combien de temps je suis vautré par terre à chialer en tremblant de partout.

Gisco est à mon côté, blotti contre moi.

Là mon petit, là... Je compatis. Tu es si perdu, si seul. Je comprends ta détresse, on en est tous là...

Qui « on » ?

Laisse ! Mes mots ont dépassé ma pensée.

Non, je ne crois pas. Dis-moi. Qui « on » ?

Moi. Ceux qui nous poursuivent. Les gens qui sont de ton côté. La Gorm. Tes parents adoptifs.

J'ai bien compris que tu ne peux pas répondre à toutes mes questions, mais tu peux au moins répondre à une, je t'en supplie, dis-moi : d'où venez-vous ?

Le gros chien hésite un instant.

Ni de Star Trek, ni d'une éprouvette du gouvernement.

Toc, toc, toc.

Alors d'où ?

D'ici et d'ailleurs.

C'est pas une réponse.

Gisco me lèche affectueusement la joue de sa longue langue râpeuse.

Tu n'en reviendrais pas. Et on n'a pas le temps pour l'instant. Il y a quelqu'un à la porte. Tu es l'étincelle d'espoir. Ressaisis-toi. Beaucoup de gens comptent sur toi.

Ah oui ? Eh ben tu peux leur dire d'aller se faire voir. Je veux retrouver mes parents, ma vie d'avant, dormir dans ma

chambre, avec les posters sur les murs, la chaîne stéréo dans le coin, le cadre avec la photo de P.J. sur le bureau... et le jardin potager de ma mère juste sous ma fenêtre.

Toc, toc, toc, toc.

— Tout va bien monsieur ? Ouvrez, je vous prie.

Écoute fiston, tu peux pleurer toutes les larmes de ton corps, cela ne changera rien. Il faut tirer un trait là-dessus. Ton ancienne vie est morte et enterrée. Tout ce qui compte, c'est ici et maintenant. Or, pour l'heure, quelqu'un t'a demandé d'ouvrir.

T'as qu'à grogner. Ils comprendront le message.

Non. Il faut que tu ouvres et que tu les persuades que tout va bien. Le nœud gordien du problème – ce que j'essaie vaillamment de t'expliquer –, c'est que tu as mal choisi ton moment pour faire une dépression nerveuse. On ne peut absolument pas se permettre de se faire remarquer.

L'expression « nœud gordien » me fait sortir de ma torpeur. Un chien qui utilise les mots de la scolastique, voilà de quoi vous secouer. Ses mots me font l'effet d'une brise dissipant les brumes matinales. Il a raison.

Bruit de clé dans la serrure. Jinny, dans son uniforme de contrôleur, apparaît dans l'encadrement de la porte.

— Vous allez bien ?

Sourire bravache.

— On ne peut mieux.

— Que faites-vous par terre ?

— La sieste.

Elle pénètre dans le compartiment, l'air inquiet. Je lève les yeux vers elle.

— Qu'est-ce qui ne va pas ici ?

— Rien. Je fais toujours la sieste par terre.

— Vous avez des larmes sur les joues. Vos yeux sont tout rouges.

Je tâtonne à la recherche de mes lunettes noires et les chausse. Je la regarde à nouveau, à l'abri du verre teinté.

— Voyez ? Ils ne sont plus rouges maintenant. Si nous avons payé le prix fort pour un compartiment privatif, c'est pour ne pas être dérangé, sans vouloir vous offenser.

— Nous ? Vous voulez dire votre chien et vous ?

— J'ai déjà répondu à suffisamment de questions, Jinny.

— Compris, monsieur Smith, répond-elle d'un ton froissé. C'est juste que j'avais des informations pour vous.

Quelles informations ? Je le sens pas ce coup-là.

Elle sort du compartiment, s'apprête à fermer la porte.

— Une seconde, Jinny. Que vouliez-vous me dire ?

— Oubliez ça. Pardonnez mon intrusion.

Et elle referme la porte.

Je me lève pour tenter de la rattraper.

Tu vas où comme ça ?

Découvrir ce qu'elle sait.

Si tu y vas seul, elle va se rendre compte que tu n'es pas aveugle.

Le cerveau humain est peut-être une mécanique fragile et instable, mais, visiblement, il détecte des nuances qui échappent à celui du chien.

Explique.

Elle est parfaitement au courant que je ne suis pas aveugle, mister Purina. La question, c'est d'apprendre ce qu'elle sait d'autre.

10.

Je me dispense de la comédie de la canne et des lunettes noires. Je remonte le train à grandes enjambées, inspectant rame après rame. Où es-tu Jinny ? Que voulais-tu me dire ? J'atteins bientôt le wagon-restaurant. Les gens mangent des sandwichs, lisent le journal. Forte senteur de pain rassis et de bière. Pas l'odeur la plus appétissante du monde, mais mon estomac fait tout de même des nœuds.

Longs gargouillis à l'intérieur. La dernière fois que j'ai avalé quelque chose, c'était le hot dog dans le parc. Même rassis, un sandwich me remettrait d'aplomb.

Je repère un contrôleur. Vieux. Voûté. Teint de cire. Poinçonnant des billets.

— Excusez-moi monsieur, je cherche Jinny... Elle travaille à bord de ce train et j'ai...

— Rawlings, marmonne-t-il d'une voix traînante sans lever les yeux du billet qu'il a entre les mains, comme si le fait de répondre à dix mille questions stupides par jour lui avait appris à s'épargner d'articuler.

— Je vous demande pardon ?

— Virginia Rawlings. Voiture suivante, dernière porte à gauche.

Je fonce dans la rame suivante. Dernière porte. Toc toc. Pas de réponse.

J'entrebâille la porte.

— Jinny ?

— Du vent ! répond une voix dans la semi-obscurité.

— C'est moi. Monsieur Smith.

— Je vous avais reconnu. Foutez le camp !

Je passe la tête par la porte. Compartiment de rangement. Amoncellement de couvertures et de draps. Jinny est appuyée contre une pile d'oreillers, près de la minuscule fenêtre, pleurant à chaudes larmes.

— En fait, je ne m'appelle pas M. Smith et je ne suis pas aveugle, dis-je en fermant la porte derrière moi.

— Grand bien vous fasse.

Sarcasme de bon aloi. Je m'approche.

— Je sais que ça peut paraître un peu fleur bleue, mais je ne peux pas supporter de voir une femme pleurer.

— Dans ce cas, pourquoi ne partez-vous pas ?

— Dites-moi ce qui ne va pas.

— Non.

— Désolé pour tout à l'heure, j'ai été grossier. Je peux m'asseoir ?

— Non.

— Êtes-vous de ces femmes qui disent non quand elles pensent oui ?

Elle me jette un regard mouillé de ses grands yeux noisette.

— Non. Euh... Oui. Enfin... Non, ce n'est pas mon cas. Ne m'embrouillez pas s'il vous plaît. Je suis en assez piteux état comme ça.

— Dans ce cas, on est deux.

Je m'assieds près d'elle. Nos épaules se frôlent. Jinny arrête de pleurer. On regarde ensemble le paysage qui défile par la fenêtre.

Les marais pollués ont cédé la place aux forêts et aux champs. Je me souviens qu'on appelle cette région le Garden State. Magnifique coucher de soleil automnal dans le ciel. De longs rubans cotonneux, tirant sur le violet, s'étirent à l'infini dans l'azur, comme si le ciel avait été labouré.

Je murmure dans un filet de voix :

— Vaporeux sillons cotonneux, couronne mortuaire du jour déclinant.

— Quoi ?

— Rien.

— On aurait dit de la poésie.

— C'en est. – Je marque une pause. – « Ode à l'automne ». John Keats.

— Je connais de nom.

J'ignore si elle est encore sarcastique. Je ne le pense pas.

— Un de ceux qui me touchent le plus. Sûrement le plus musical de toute la langue anglaise. Son poème est dédié à l'automne, à qui il s'adresse directement, et il y a ce vers sur les « sillons cotonneux ». Cette vue me l'a fait revenir en mémoire. Désolé. Je ne voudrais pas passer pour un pédant.

Jinny se détend un peu. Son épaule repose sur la mienne. Je sens sa chaleur à travers l'uniforme.

— Ne vous arrêtez pas, conseille-t-elle. Continuez à parler.

Je sens une vive émotion chez elle sans parvenir à savoir ce que c'est vraiment. Tristesse ? Colère ? Regret ?

Je reprends mon discours autour du poème.

— Keats dit à l'automne qu'il ne doit pas se montrer jaloux du printemps car il possède une musique qui lui est propre. Les lamentations plaintives des moucherons, le chant des grillons au fond des haies, le bêlement des moutons de l'année. – Je m'entends paraphraser et je ne peux m'empêcher de hausser les épaules. – C'est tellement plus beau sous la plume de Keats.

— Non, c'est joli aussi comme vous le dites. Continuez... s'il vous plaît.

— Ben, en gros, c'est tout. Keats n'a écrit que quelques odes. Des traits de génie jaillis de son cerveau alors qu'il avait tout juste vingt ans. Ensuite, il est tombé malade. Il est parti en Italie, espérant y retrouver des forces, mais, à Rome, il est mort. Il avait vingt-cinq ans. Longtemps, je me suis dit que c'était très jeune. Vous imaginez ? Mourir à vingt-cinq ans ? Sans avoir eu la joie de se marier, d'avoir des enfants. Pourtant, aujourd'hui, ça me semble très vieux. Je m'estimerai heureux si j'arrive à dix-neuf.

Ma voix se casse. Je me tais. J'en ai trop dit.

Lourd silence dans le confinement du compartiment. La respiration de Jinny. Le bruit du train. De l'autre côté de la fenêtre, les longues traînées vaporeuses d'un ciel mourant resplendissent au-dessus des forêts de pins du New Jersey.

— J'ai su que vous aviez des ennuis dès que je vous ai vu, murmure Jinny.

— Comment l'avez-vous su ?

— Moi aussi j'ai été en cavale.

Ça ressemble à un aveu. Franc et honnête. Ça lui coûte, mais elle a envie de parler.

— Qui vous poursuivait ? La police ?

— Non. Un type.

J'ai envie d'en savoir plus, mais je ne veux pas la brusquer. D'une voix douce, je demande :

— Il était amoureux de vous ?

Elle fait un signe de tête, quelque chose entre l'acquiescement et le refus.

— D'abord il voulait m'épouser. Ensuite il voulait me tuer. Il est pratiquement arrivé à ses fins dans les deux cas. Alors quand je vous ai vu, j'ai tout de suite compris.

J'ai le sentiment qu'elle me livre quelque chose de très personnel, de très intime qui nous lie d'une façon ou d'une autre sans trop que je sache de quoi il s'agit. Une forte connexion. De la sympathie ? Non, plus profond que ça. De l'empathie ? Oui, mais plus sombre. De la peur ?

— Est-ce pour cela que vous avez choisi ce travail, dans les chemins de fer ? Pour le fuir ?

Elle tourne la tête vers moi. Grands yeux noisette encore mouillés, ronds comme des soucoupes. Mèches auburn qui brillent comme des veines mordorées dans la lumière déclinante.

— Prenez-moi dans vos bras, murmure-t-elle.

Je l'enlace puis me retire aussitôt, effrayé.

— Vous n'êtes pas une Gorm, au moins ?

Regard déconcerté. Elle a l'air en colère.

— Vous voulez dire une pute ?

Personne ne peut jouer la comédie à ce point. Je glousse et l'enlace affectueusement.

— Non, pas du tout.

Ça me fait du bien de la tenir dans mes bras. Jinny est une fille bien en chair. C'est rassurant de l'étreindre. Il y a de la matière. Elle aussi passe ses bras autour de moi. Ses cheveux me chatouillent le cou. Nous avons tous deux pleuré récemment. Le contact de nos joues est frais et humide.

Il ne s'agit ni d'une attirance sexuelle ni d'un pur mouvement de camaraderie, mais d'un intéressant mélange des deux.

— Qui vous cherche ? demande-t-elle dans un filet de voix.

— Vous ne me croiriez jamais.

— À votre place, je n'en jurerais pas.

— Je menais une petite vie tranquille dans une petite ville.

— Mmh...

— Et des gens sont venus pour tuer mon père.

Elle tressaille.

— Oh mon Dieu !

— Il m'a ordonné de m'enfuir. Depuis, je suis poursuivi par d'horribles créatures. Certaines ressemblent à des chauves-souris géantes. Et puis il y a eu aussi cette fille qui m'a invité chez elle, et qui s'est avérée une Gorm. Le chien et moi on s'est enfuis de l'appartement. Mais ce n'est pas un chien comme les autres. Il est télépathe. On communique par la pensée. Et le plus étrange, c'est que j'ignore pourquoi il m'aide et pourquoi ils me poursuivent. J'ai juste l'impression de me retrouver au beau milieu d'une immense guerre secrète.

Jinny frissonne, grelotte, tremble. Je la serre un peu plus fort. Est-elle effrayée ? Bouleversée par ce que je viens de lui dire ? Non, elle a un petit rire nerveux.

— Très bien, gros malin, finit-elle par dire entre deux hoquets faussement hilares. Inutile de me dire qui est à vos trousses. Ça ne me regarde pas.

Je peux difficilement lui en vouloir de ne pas me croire ; je décide de tirer avantage de ce changement d'humeur.

— Jinny, que vouliez-vous me dire quand vous êtes venue me trouver dans le compartiment ?

Elle cesse de rire.

— Rien d'important. Je m'en suis occupée. Tout est réglé.

— S'il vous plaît. J'ai besoin de savoir.

Elle hésite.

— Quelqu'un a posé des questions sur vous, finit-elle par déclarer.

Je me raidis.

— Comment ça ? Qui ?

Jinny a senti mon anxiété. Elle se recule, étudie mon visage, où elle décrypte sans peine ma détermination à en apprendre davantage.

— Quelqu'un de la sécurité a appelé depuis New York. Il a parlé au chef de train. Il voulait savoir s'il y avait un aveugle à bord. Un aveugle avec un chien. Le chef de train a posé la question à tous les contrôleurs. Et je vous ai couvert.

— Pourquoi ?

— Parce que, répond-elle avec un hochement de tête. Comme je vous l'ai dit, moi aussi j'ai été en cavale. Et puis, je savais que vous n'étiez pas vraiment aveugle, alors, je n'ai pas vraiment menti. Je parie qu'ils ont appelé tous les trains qui ont quitté la gare de Penn dans ces eaux-là. J'ai entendu le chef de train leur répondre qu'il avait vérifié et qu'il n'y avait pas d'aveugle à bord, ce qui est la stricte vérité, n'est-ce pas ?

— Exact. Merci, Jinny. Je vous dois une fière chandelle.

Elle se lève, me tourne le dos, se racle la gorge. Quelque chose la travaille.

— Vous ne me devez rien, dit-elle doucement.

— Oh que si. Vous m'avez peut-être sauvé la vie. Et vous l'avez fait sans même me connaître, simplement parce que vous êtes quelqu'un de bien.

Elle se retourne face à la fenêtre et fait semblant de réajuster son uniforme en étudiant son reflet sur la vitre.

— C'est gentil de dire ça. Enfin, pour l'heure je dois retourner travailler.

Bizarre. J'avais l'impression de lui plaire. Et elle m'a sauvé la mise. Mais maintenant c'est comme si elle fuyait jusqu'à mon regard.

C'est alors que je comprends. Si elle ne te regarde pas, Duchnock, c'est qu'elle ne *peut* pas. Elle n'est pas en colère, pas plus qu'elle ne cherche à dissimuler son attirance pour toi. C'est de la culpabilité ! C'est vrai que c'est quelqu'un de bien, la preuve, elle se sent coupable parce qu'elle t'a trahi.

— Bon, ben... j'y retourne ! dit-elle, la main sur la clenche.

Je l'attrape par l'épaule et la tire à l'intérieur du compartiment. Elle essaie de crier. Je plaque ma main sur sa bouche pour l'en empêcher.

— Vous leur avez dit que j'étais dans le train, n'est-ce pas ? Et puis vous vous sentiez coupable de m'avoir donné, donc vous êtes venue me trouver dans le compartiment pour comprendre dans quel pétrin j'étais.

Je retire ma main. Les mots sortent de sa bouche beaucoup trop vite. Elle ment, désespérément, comme un enfant pris sur le fait.

— Non, jamais je n'aurais fait une chose par...

— Vous avez raison, c'est peut-être autre chose. Peut-être que vous êtes venue dans le compartiment pour me surveiller, c'est ça, hein ? Vous vouliez m'avoir à l'œil, hein ? Répondez. Ça faisait partie du deal ? Combien vous ont-ils offert pour jouer les indics ?

— Rien... De quoi vous parlez... Jamais de la vie...

Elle s'embrouille toute seule dans ses dénégations. C'en serait presque comique si je ne risquais ma peau dans l'affaire. Elle essaie d'écraser son talon sur mon cou-de-pied, mais je suis trop prompt pour elle. Elle se met à hurler. Je lui serre la gorge, en la fixant droit dans les yeux. Elle est terrifiée. Elle pense que je vais l'étrangler. Je n'en ai pas l'intention, mais ça ne me dérange pas qu'elle pense le contraire.

— Combien ? C'est la dernière fois que je pose la question.

— Trois mille dollars, répond-elle dans un râle. C'est plus que ce que je gagne en un mois. J'ai pensé que vous aviez fait quelque chose de très moche. Je suis désolée. Je vous aime bien. J'avais juste besoin d'argent...

— À quelle gare vont-ils monter ?

— Philadelphie.

— Combien de temps ça nous laisse ?

— Moins d'une demi-heure.

— Comment je fais pour descendre avant ?

— Impossible.

— Il doit bien y avoir un moyen, dis-je en la fixant droit dans les yeux.

— Non. Aucun, répond-elle d'une voix tremblante. Il n'y a pas d'arrêt avant Philadelphie ! On roule à plus de cent à l'heure. Vous ne pouvez certainement pas descendre d'un rapide lancé à cette vitesse.

Je relâche mon étreinte, tente de contrôler ma colère.

— J'en trouverai un, dis-je avec assurance. Et, une fois que j'aurai abandonné le navire, vous pourrez dire adieu à votre récompense. Bah, je ne me fais pas de souci, vous trouverez sans peine un autre moyen de vous faire un peu d'argent. Ah, oui, autre chose, Jinny. Si j'étais vous, je déguerpirais sans demander mon reste à la seconde où le train entrera en gare de Philadelphie. Les gens qui me poursuivent ne sont pas très indulgents. Quand ils vont voir que je me suis envolé, ils vont immédiatement venir vous trouver pour savoir qui m'a rencardé. Ils possèdent une technique particulièrement redoutable, dit-on. L'écorchage neural. Bonne chance pour votre nouvelle cavale !

Elle me fixe en silence. Le désespoir se lit dans ses yeux.

— Attendez ! Emmenez-moi avec vous... Je pourrais vous être utile... Ne me laissez pas seule.

— Croyez-moi, j'aurais bien aimé poursuivre cette discussion, mais j'ai un train à descendre.

11.

Heure du dîner. Wagon-restaurant plein à craquer. Lecteurs de journaux, plongés dans la rubrique sportive, qui sortent leurs sandwichs de sacs en papier marron. Mamans qui tendent des biberons à leurs bébés.

Express pour l'enfer. Peu de temps. L'horizon commence à prendre une teinte étrange. La conurbation de Philadelphie. Une annonce dans les haut-parleurs. Arrivée... en gare de... 30e Rue... Vingt minutes... J'ai un fort pressentiment. La patrie du Brotherly Love [1] nous réserve un calvaire.

Les vingt minutes s'égrènent. Dix-neuf.

Pas la peine de me répéter l'heure sans arrêt. Les chiens n'ont pas besoin de montre pour posséder une conscience aiguë du temps lorsque leur fin est proche. Ah, voilà !

Nous sommes dans un minuscule espace entre les deux dernières voitures. J'allume la torche. Des barreaux métalliques qui mènent au toit.

1. The City of Brotherly Love : La ville de l'amour fraternel. Devise de Philadelphie, dont le diminutif est Philly.

T'attends quoi ?

De me faire à l'idée car, vois-tu, il n'est pas dans mes habitudes de monter sur le toit d'un train filant à pleine vitesse dans la nuit.

Pas le choix, poteau.

Ne m'appelle pas comme ça.

Dix-huit minutes, poteau. Le temps presse.

Je m'agrippe au barreau et commence à grimper. Un à la fois. Prudemment. Le vent frais d'automne me fouette sans pitié aucune, s'engouffre dans mes habits, me gifle, tire sur mes doigts tétanisés sur le barreau d'acier. Je m'accroche à la vie.

Ne t'arrête pas.

Facile à dire pour toi. Comment se fait-il que ce soit toujours moi qui me tape le sale boulot ? Si les chiens sont si malins que ça, tu pourrais faire en sorte qu'on ne se retrouve pas dans des situations où...

T'occupe et grimpe. Moins dix-sept.

Je continue à monter. J'atteins l'arête du toit et me hisse dessus. Jamais autant crapahuté sur les toits en une journée ! Forte décharge d'adrénaline. Enivrant de sentir sous ses pieds le monstre d'acier se ruer inexorablement vers l'avant, tel un pur-sang fantastique lancé au triple galop dans la plaine. L'obscurité de la campagne rompue par des dizaines de lumières qui défilent comme autant de flashes autour de moi. On arrive aux environs de la ville. Maisons à deux étages. Séparées les unes des autres par des jardins et des pelouses. Les écoliers font leurs devoirs. Ici ou là, de menaçantes taches noires. Des champs ? Des parcs ? Des réunions de grands arbres, comme engagés dans une conversation privée, forment des bosquets le long des voies. Leurs branches se détachent sur le clair de lune.

Dépêche-toi.

Je défais ma ceinture et la tends à Gisco. Allez grande gueule, on y va.

Il s'accroche à la boucle. Tous crocs dehors. Je tire. C'est comme remonter un sac de cent kilos de patates le long d'une falaise.

Ses pattes sont pathétiques. Bêtement repliées sous lui, molles. Pourquoi les chiens n'apprennent-ils pas à se hisser vers le haut ?

Les chiens possèdent de nombreuses aptitudes que les humains n'ont pas. Je te demande, moi, pourquoi les hommes ont un odorat aussi peu développé ? Ou pourquoi...

OK, OK, j'ai capté le message, mais tu m'ôteras pas de l'idée que tu pourrais sauter un repas de temps en temps.

Pour ta gouverne, j'ai déjà sauté le déjeuner et le dîner. Si j'en saute encore un, je pourrais bien être tenté de me découper un steak dans tes cannes de serin.

Je remonte le chien. Le bon point c'est qu'on est tous les deux sur le toit. Le mauvais c'est que je ne vois toujours pas la moindre issue. Pas de bottes de foin de bon aloi pour amortir notre chute au bord des rails, pas plus que de ralentissement de convoi pour faciliter notre éviction.

Au loin, l'horizon s'embrase d'un éclat surnaturel. Philadelphie ?

J'ai bien peur que pour une fois tu aies raison. Quatorze minutes. C'est maintenant ou jamais.

Alors ce sera jamais. On va se tuer si on saute à cette vitesse.

Et ils nous tueront si on ne le fait pas.

On peut essayer de les semer une fois en gare.

Tu ne sais pas à qui tu as affaire.

Normal, tu veux rien me dire.

Je vais te dire une chose, poteau.

Je t'écoute.

Tunnel à midi.

Mmh ?

Le chien se tapit sur le ventre.

Là !

J'ai juste le temps de m'allonger à plat ventre que nous disparaissons dans la sombre embouchure d'un tunnel. Pas beaucoup de marge. J'ai la coupe en brosse. Je m'accroche comme je peux, presse la joue contre la tôle crasseuse. Instinct de survie. Sentiment d'avoir été englouti puis digéré par un estomac gargantuesque.

Je n'apprécie pas vraiment.

Moi non plus. Les chiens sont très sensibles au bruit.

Nous émergeons enfin à l'air libre, dans le calme relatif du soir, à l'ombre d'une lune magnanime.

Waouh, c'était l'enfer.

On va de Charybde en Scylla comme vous dites, vous autres humains.

Ce qui veut dire ?

On arrive à Philly.

Effectivement. La ligne de crête de la ville se dessine au loin. Sous la lumière lunaire, on commence à distinguer la haute silhouette des immeubles du centre qui marchent sur nous d'un pas aussi lent que déterminé.

Un ruban de chrome miroite dans l'obscurité. La lune se reflète dans l'eau d'une rivière. Juste devant nous. Notre seule chance.

Les chiens savent nager, n'est-ce pas ?

Ta question est insultante ! Ils comptent parmi les meil-

leurs nageurs de la Création, quoique guère réputés pour l'apnée. Penses-tu que l'eau sera froide ?

Ça, la Bête, c'est le cadet de nos soucis.

Le train arrive sur un vieux pont à chevalet, avec son entrelacs de tiges et de tubes formant une succession régulière de portes d'acier. L'ouvrage n'est pas aussi stable qu'il en a l'air. Nous le sentons osciller et vibrer à mesure que le train s'y engage. Les reflets noirâtres de la rivière s'étalent sous nos pieds. Pas plus d'une dizaine de mètres. Une profondeur abyssale, de là où nous nous trouvons. On avance sur le pont. Milieu.

Trois pas d'élan et mes pieds quittent le train. La cinétique me projette au loin. Banzaaaaaaaaï ! En battant les bras. Fol espoir de voler. Aussitôt déçu. Je dégringole dans le noir.

Gisco me suit de près. Pas plus amusé que moi par ce cirque. Petits jappements terrorisés. Ya Ba Wah, Ya Ba Wah ! Assez disgracieux.

Mon poilu, si on ne s'en sort pas, sache que tu es ce qui m'est arrivé de mieux au cours de ces deux derniers jours, ce qui n'est pas grand-chose, mais...

Merci, poteau. Sentiments partagés.

Et nous heurtons l'eau. Pas la plus saine des rivières. Possiblement la plus froide. L'impact me sonne aussi sévèrement qu'un puissant direct au menton. Je perds pratiquement connaissance et sombre inexorablement loin des étoiles, vagues points lumineux qui s'estompent sous le rideau d'eau – mettez « tisons » à la place de « points ». Une température revigorante se charge de me réanimer. On n'est qu'à la fin octobre. Pourquoi ai-je l'impression d'avoir plongé sous la banquise ?

Je bats des pieds pour remonter à la surface. Sors la tête. Tousse et crache.

Ah tout de même ! Un moment j'ai cru devoir plonger pour aller te repêcher dans la vase.

Merci de ta sollicitude, mais je ne t'ai guère vu t'affoler tandis que je me noyais. Au fait, où es-tu ?

Là, sur la berge. L'eau de cette rivière est un peu froide.

Mouvements pressés et désordonnés. Jusqu'à ce que j'aie pied. Je sors de l'eau en rampant dans la boue et les galets. Haut-le-cœur, toux et bave avant de pouvoir finalement reprendre quelques courtes inspirations. Je vérifie l'état du bonhomme. Jambes et bras fonctionnels. Toutes les dents semblent encore à leur place sur la gencive. Gagné !

Je me relève, me secoue en frissonnant. Nous allons devoir trouver un refuge, ainsi que de quoi manger, sans trop attirer l'attention sur nous.

Entièrement d'accord. La bonne nouvelle à ce propos, c'est qu'il y a des lumières et des voix qui résonnent tout près. A priori, *une sorte de pique-nique. Peut-être un méchoui...*

Super !

J'ai gardé la mauvaise pour la fin. Quelqu'un nous braque avec un fusil.

12.

Voyez grand. Un ventre de la taille d'un réfrigérateur. Une grosse tête hirsute, un visage hérissé d'une barbe aussi envahissante que sauvage. Entre ses mains, le fusil à pompe qu'il pointe consciencieusement sur moi ressemble à un cure-dent.

— Pas un geste, ordonne une voix de corne de brume.

En dépit de ma détermination à ne pas le contredire, je tremble comme une feuille dans mes vêtements mouillés, transi par le vent glacial.

La bouche du fusil est pointée droit sur ma tête.

— Qu'est-ce que c'est que ces manières de s'introduire comme ça chez les gens ? Je devrais déjà t'avoir fait sauter la cervelle.

Bonne nouvelle Gisco. Je doute qu'il soit l'un des leurs.

Exact, mais il nous tient toujours en joue avec son flingue.

Il ME tient en joue. Nuance. Tu proposes quoi ?

Essaie de le calmer. La propension des humains aux accès de violence injustifiée est une réalité clairement établie.

— Eh là, l'ami. On ne s'est pas introduit en douce chez vous... On...

— Ah oui ? Et qu'est-ce que tu fous là alors ? T'es arrivé par l'opération du Saint-Esprit ?

— Non. Un accident. Nous avons sauté du train.

— Ne me raconte pas de bobards, réplique le lascar en fronçant les broussailles qui lui tiennent lieu de sourcils.

— Je vous assure. La voie ferrée passe sur ce pont. Touchez mes vêtements. Ils sont mouillés. Regardez ! Je viens de sortir de la rivière.

De gros doigts tâtent ma chemise. Des rétines suspicieuses avisent le pont à chevalet, puis plongent dans le noir d'encre de l'eau avant de se reposer sur moi.

— Pourquoi que t'as sauté ?

— Changement de destination. Plus du tout envie d'aller à Philadelphie, dis-je en frissonnant. Au fait. Je gèle.

— Pas mon problème, répond-il avec une sincère antipathie. Amène-toi. Et ne tente rien surtout ou alors c'est le légiste qui certifiera que t'avais rien dans le crâne. Ça vaut aussi pour toi, le gros cul plein de poils.

On remonte la berge, en direction des lumières.

Loin de moi l'idée de paraître discourtois, poteau, mais je n'ai aucune envie d'être présenté aux camarades de ce gentleman.

Pas le choix. Si on se mettait à courir, je suis sûr qu'il n'hésiterait pas à nous abattre.

On progresse dans le champ marécageux, au milieu d'herbes qui arrivent à la ceinture, parmi les mûriers et, çà et là, un arbre rabougri.

Des voix d'hommes devant nous. Engagées dans quelque chose d'important. Il est question d'argent. On est tombé en plein business. L'hercule était une sentinelle. Il crie.

— Yo, Hayes.

— Deux secondes !

L'argent change de mains. La contrebande est mise au chaud. C'est quoi ? Armes ? Drogue ? Je n'essaie même pas de voir. Trois motos s'éloignent bruyamment.

— C'est bon, finit par lancer celui qui se fait appeler Hayes.

Le canon du fusil vient taquiner mes reins.

— Bouge.

On escalade une bosse et on émerge dans une clairière. Une douzaine de motos sont alignées en cercle, un Colisée de Harley-Davidson, aux chromes étincelant sous la lune. Un solide gaillard me toise de la tête aux pieds. Cuir, cheveux longs, tatouages. Un gang de motards. Pas l'air particulièrement sensibles à la détresse d'un adolescent grelottant et d'un gros je-sais-tout canin.

— Et bordel, t'es qui toi ? tonne une voix autoritaire.

Je pivote. Hayes. Premier guidon ou quelque autre vocable qui convienne au chef d'un gang de motards. Physique de faucon. En plus moche. Peau tannée. Visage taillé à la serpe. Muscles fins et nerveux. Vicieusement intelligent, comme en témoigne l'éclat tranchant qui brille au fond de ses yeux, durs comme du silex.

— Qu'est-ce que c'est que ça ? Dorothy et Toto [1] ? Où tu les as pécho ?

— À la rivière, rétorque le géant. Z'ont dit qu'y z'allaient à Philly et qu'y z'ont sauté du train. Pas vu le soi-disant plongeon. Possible qu'y se soient pointés pour nous renifler.

— Z'ont pas l'air de keufs, fait valoir Hayes. Le merdeux

1. Personnages principaux du *Magicien d'Oz*. Dorothy, jouée par Judy Garland, et son petit chien Toto.

sort tout juste des jupons de sa mère et aucun chien policier n'a autant de bidoche.

Concert de rires gras.

T'es pas un premier prix de beauté non plus, cul de vautour.

Hayes baisse les yeux sur Gisco.

— J'aime pas comme il me mate.

— C'est qu'il a faim, dis-je aussitôt. Il a loupé son dîner.

— Ouais, ben j'suis pas de la bouffe pour chien, alors dis-lui de regarder ailleurs avant que j'en fasse une descente de lit.

— Gentil, mon grand.

Si tu veux pas finir en tapis de réservoir, mets-la en veilleuse.

Gisco fait le dos rond. Position d'attaque. Puis soudain se détend et baisse la tête, comme s'il voulait compter les brins d'herbe. J'en profite pour essayer d'argumenter :

— On ne vous veut aucun mal. On...

— Pour éviter tout risque, m'interrompt une voix nerveuse à l'autre bout du cercle, je propose qu'on s'en débarrasse.

— Erreur, Cassidy, fait justement remarquer Hayes. Là aussi y a un risque. Tu crois qu'on se débarrasse de deux corps comme ça ?

Cassidy s'avance. Crâne rasé. Nez en chou-fleur – celui qui lui a pété a bien fait les choses. Flick. Une lame de cran d'arrêt jaillit de son poing droit.

— Personne n'atterrit comme ça, entre chien et loup, en sautant d'un train. Qui sait ce qu'ils ont vu ou entendu. Ils sont sortis de la rivière. Eh ben qu'on les z'y remette.

Après avoir calmement écouté la proposition, Hayes

m'observe, guette ma réaction. Je vais plaider mon cas à genoux sur le sol ou détaler à toutes jambes ?

Il m'apparaît d'instinct que ces gars privilégient la force et, à l'inverse, détestent les marques de faiblesse. J'évalue aussi que, même s'ils sont soupçonneux à mon égard, ils ne sont pas non plus particulièrement fans de Cassidy. La seule façon de s'en sortir, c'est de le prendre à partie lui, personnellement. Pas nous contre eux. Lui contre moi. *Mano a mano*.

— Si tu veux me traiter de menteur, dis-je à Cassidy, pourquoi tu viens pas me le dire en face, comme un homme ?

Hourras et sifflets dans le cercle.

— Hou ! Il t'a cassé, là.

— T'as entendu ce qu'il a dit ? insiste Hayes. Pose ta lame ou donne-lui z'en une.

Cassidy ne s'attendait pas à ça. Il me dévisage et, à contrecœur, confie sa lame à un lieutenant.

— On va s'amuser un peu, grogne-t-il en avançant sur moi, d'une démarche traînante.

13.

T'es sûr de ce que tu fais, poteau ?

N'essaie pas de m'aider, ils t'abattraient.

Fais gaffe, le voilà qui se pointe !

Cassidy me feinte d'une droite et profite de mon esquive pour me flanquer un sale coup de pied aux parties. Le marquis de Queensberry doit s'en retourner dans sa tombe.

Le problème c'est qu'on m'avait pas prévenu. Je m'écroule à genoux en grognant, le feu aux bijoux de famille. Il prépare déjà un autre coup de pied, encore plus dévastateur, à la tempe cette fois.

De quoi me finir en un geste. Atémi. L'embellie – si on peut appeler ça comme ça – c'est qu'on peut se remettre très vite d'un coup entre les jambes quand on en a déjà ramassé quelques-uns. Et – croyez bien que je le déplore – c'est mon cas. Chaque fois qu'un défenseur particulièrement coriace essayait de me sécher avec un coup de coude bien senti, ça finissait toujours à cet endroit-là.

Le flash de douleur est atrocement intense, mais ensuite, il ne fait que décliner. D'un mouvement du buste, j'évite le coup de pied à la tête.

Crâne d'œuf est pris au dépourvu. Il en perd l'équilibre. Je l'attrape à la cheville et je tire. Il s'effondre dans la boue.

Après quoi on roule sur le sol, comme des chiffonniers, d'un bout à l'autre de la clairière. Ça me va. J'ai un petit niveau en judo et en lutte. J'aurais pu être champion régional si mon père ne m'avait, une fois encore, suggéré de laisser l'autre gagner. Je prends donc assez facilement le dessus, Cassidy se retrouve immobilisé, les deux épaules à terre.

Il se cabre, allonge le cou, cherche mon oreille. À la Mike Tyson. Comme on ne l'apprend pas en écoles de lutte. Un petit grognement, puis je sens ses dents s'enfoncer dans mon lobe droit. Il recrache. Un petit morceau de chair m'appartenant va voler dans la poussière.

« Mal » est loin du compte. « Souffrir le martyre » est plus proche. La douleur me rend fou. Une vraie crise de rage. Je soulève Cassidy comme un haltérophile soulève sa barre et je le jette sur une souche, à plat dos. Le choc lui a coupé la respiration, mais il trouve rapidement les ressources d'y revenir, aux poings cette fois. Je le jette à nouveau. Quelques-unes de ses côtes ne s'en remettent pas. Il essaie de me crever les yeux. Je me protège en appuyant ma tête contre sa poitrine, le soulève une dernière fois dans les airs. Ce troisième choc emporte la décision. Il ne bouge plus. Son corps est mou comme une poupée de chiffon, son œil vitreux.

Il n'est pas mort, même pas complètement évanoui, si ça se trouve. En revanche, il ne parlera plus avant longtemps de jeter quelqu'un dans la rivière.

Je me relève, le cœur battant la chamade, le côté droit du visage couvert de sang.

Ça va ?

Pourquoi, j'ai pas l'air ?

On dirait que tu viens de passer dans un broyeur à ordures.

Deux motards rapatrient Cassidy dans la meute, sans que Hayes daigne tourner les yeux. Il se concentre sur moi.

— Pas mal, merdeux. C'est quoi ton blaze ?

— Jack.

— Dix-huit ans ?

— Dans quelques mois.

— T'es balèze pour ton âge. Explique-moi pourquoi t'es pas chez papa-maman à l'heure qu'il est ?

— Je n'ai plus de maison.

Je n'ai plus non plus de papa ni de maman, mais je garde ça pour moi.

Ma réponse le touche. Connivence momentanée. Quelque chose me dit qu'à mon âge, Hayes n'était pas le plus choyé des gamins.

— Tu aurais pu te tuer en sautant de ce train. Qu'est-ce qui t'a pris de faire un truc aussi débile ?

— On se serait aussi fait tuer si on était resté à bord.

— Quelqu'un après toi ?

— Faut que j'arrête ce saignement, dis-je d'une voix tremblante.

— Réponds à ma question.

— Oui, quelqu'un aux trousses. Il me faut des vêtements secs.

— J'suis pas le Secours populaire.

— Je vous paierai.

— T'as de la maille ? s'exclame Hayes, l'œil soudain pétillant.

Gaffe où tu mets les pieds, poteau.

— Suffisamment pour acheter des vêtements... et aussi une bécane.

Hayes semble amusé.

— Tu manques pas d'air, merdeux.

— Bah, rien de fantastique. Une vieille meule avec plusieurs fois le tour du compteur fera parfaitement l'affaire. Du moment qu'elle tourne...

Permets-moi de te rappeler que les chiens ne font pas de moto. Nos pattes sont particulièrement inadaptées pour tenir un guidon ou s'accrocher sur une selle. Je suggère plutôt l'achat d'un autre type de véhicule. Ma préférence va aux berlines de luxe. À défaut, je veux bien envisager un 4×4...

Les gros bras en jeans crasseux et cuirs cloutés me regardent comme si j'étais un extraterrestre.

— Et je paie cash. Aucune paperasse. Ni reçu ni carte grise. Dites un prix.

Hayes réfléchis un instant.

— Et qu'est-ce qui m'empêche de juste t'alléger de ton pognon ?

Le sang coule toujours le long de mon cou. J'écarte les bras, poings serrés. La figure du martyr.

— En effet, qu'est-ce qui vous en empêche ?

J'ai posé la question en le regardant droit dans les yeux. J'ai le sentiment que Hayes sourit rarement. C'est pourtant ce qu'il fait à l'instant même.

— Ce merdeux me fait penser à moi quand j'avais son âge, dit-il à sa meute. Trouvez-lui des vêtements secs avant que ses grosses couilles ne gèlent sur place. Screech, t'avais pas une brêle que tu voulais bazarder ?

— Si, acquiesce l'intéressé d'une voix haut perchée. Mais c'est un vrai tas de b...

— Elle fera parfaitement l'affaire, l'interrompt Hayes. Mais pour le poilu, tu vas faire comment ?

Quelle délicate attention que de vous rappeler que j'existe. Toutefois, poilu n'est pas un terme auquel je réponds. Monsieur Poilu, à la limite. Enfin, puis-je une fois encore insister en faveur de l'option berline de luxe...

— J'ai une idée, lance un type qui semble préférer le jean au cuir – de fait, il ressemble davantage à un garçon de ferme qu'à un motard sauvage. Dans la grange de ma tante Rachel, j'ai vu un truc qui pourrait faire la blague. Un de ces foutus side-cars, vieux comme le monde.

Hayes étudie un instant la proposition avant de m'offrir un marché.

— Quatre cents tickets à Screech pour la bécane. Cent à tata Rachel pour le side. Un autre biffeton à moi pour les vêtements secs et le plaisir de notre compagnie. Six cents dollars. Tu les as, merdeux ?

Six cents dollars ? Mais c'est du racket pur et simple. Fais-lui une offre plus basse. Et laisse-moi te rappeler que, lorsqu'on marchande, il est toujours bon de donner l'impression qu'on va s'en aller...

— Marché conclu.

Et je lui tends la main, qui tremblote dans le vent frais comme un étendard oublié après la bataille.

— Fais voir la maille, répond Hayes, ignorant royalement la main tendue.

14.

— **Elle marche au poil la plupart du temps,** m'assure Screech. Si elle cale, tu la redémarres au kick, ici.

Joignant le geste à la parole, il me fait une rapide démonstration. Le moteur hoquette, bafouille, mais finit par pétarader à pleins poumons.

Super bécane. On voit tout de suite que tu t'y connais.

Ne la ramène pas. La situation est déjà assez grotesque comme ça.

Pourtant nous ne sommes pas au bout de nos peines car, après une heure d'âpres recherches aux quatre coins de la grange de tata Rachel, le gang de motards n'a toujours pas mis la main sur le side-car. Une voix s'élève enfin : « Ah ! Il est là ! » On le dirait tout droit sorti d'un film de Laurel et Hardy, un accessoire pour film burlesque, que les bikers entreprennent aussitôt d'attacher à la vieille Harley de Screech, un tas de rouille qui a plus de beignes et de bosses qu'une carpe n'a d'écailles.

Après m'avoir sommairement bandé l'oreille, ils entreprennent de m'habiller. On me passe un vieux jean rapiécé, beaucoup trop grand pour moi, ainsi qu'un blouson de cuir râpé dont je m'aperçois bien vite qu'il ne possède plus qu'une manche. L'autre est arraché à l'épaule. Je fais un double revers au bas du pantalon. Malheureusement, impossible d'en faire autant en haut. La ceinture bâille atrocement et j'ai l'impression de porter des couches tant l'entrejambe flotte. Cerise sur le gâteau, un des bikers, en rigolant, noue un bandana rouge sur la tête de Gisco.

L'heure du départ a sonné. Toute la bande est rassemblée autour de nous – personne ne voulant rater une miette du spectacle. L'Équipée sauvage version Pieds nickelés.

— Bon vent, merdeux.

— Fais gaffe de pas t'envoler avec ton froc façon grand-voile.

— La prochaine fois, on fera des tatouages au clebs.

— Matez-moi ça ! Dorothy en Hell's Angel et Toto en Pirate des Caraïbes ! Ouah la crise !

Un vague sourire, un signe de la main, puis je mets la première et m'apprête à tourner la poignée de gaz pour enfin quitter cet endroit quand Hayes s'avance et me barre le chemin. Quoi encore ?

— T'as l'air d'un con.

— Un peu grâce à vous, non ?

— Tu veux porter réclamation ?

— Pas du tout. Je suis au sec et cette moto tourne. Que demander de plus ? J'suis paré. Allez salut.

Il ne bouge pas. Étrange malaise. Le mauvais garçon veut dire quelque chose, mais il ne sait pas par quel bout commencer. Je lui tends la main pour l'inciter à lâcher le guidon de la moto.

Cette fois, il la serre. Avec la force d'un anaconda affamé. On se regarde.

— C'est pas le genre de la maison de donner des conseils, mais qui que ce soit que tu as accroché aux basques, c'est toujours mieux de l'affronter que de le fuir. Rentre chez toi.

— Vous, vous avez couru.

Mine impassible. Une gueule. Pourtant, sous le masque du *bad boy*, semble percer une certaine tristesse. Il en paraît presque vulnérable.

— Tu vois où ça m'a mené, répond-il en crachant violemment par terre, comme si, par ce mollard, il espérait se débarrasser de son histoire, repartir de zéro. Si tu continues de fuir, alors, très vite, tu ne pourras plus revenir en arrière. Fais pas comme moi. Retourne chez toi... Dans un endroit que tu connais, auprès de ceux qui t'aiment.

— Pas concevable.

Il me serait facile d'en dire plus, mais mes pensées vont à l'endroit que j'ai connu et à ceux qui m'ont aimé. Ma gorge se serre.

Il comprend tout de suite. Au fond, on a quelque chose en commun.

— Dans ce cas. Bonne route.

Bang-Po-Ta-Bang-Po-Bang-Ta-Toe ! On dirait des coups de canon. La vieille moto se rue en avant et saute pratiquement au-dessus du talus qui longe le chemin. De l'autre côté, un grand vide. Bataille au corps à corps avec l'engin. La roue du side tourne dans les airs comme une éolienne assoupie.

Les motards y vont de leurs commentaires et de leurs conseils.

— Recule.

— N'oublie pas de tourner quand même.

— À ce rythme-là, tu vas vite perdre le clebs.

Gisco confirme.

Tu ne m'avais pas dit que tu savais conduire ces engins ? ! ? Je sais que c'est très désagréable d'entendre les commentaires des passagers quand on conduit, mais C'EST LE VIDE LÀ-DESSOUS ! JACK, FAIS QUELQUE CHOSE !

Le combat de catch avec la veille bécane s'éternise. L'impression de me battre avec un bronco rouillé, au bord d'une falaise. Des graviers tombent dans le vide et s'écrasent avec un bruit métallique sur les rochers, quinze mètres plus bas. Le poids du side-car nous entraîne dans le vide. Gisco masque ses yeux avec ses pattes.

Un dernier coup de guidon rageur. La roue arrière sort du sable et mord la langue de goudron. On est de retour sur la route.

Rhââââââ !

Direction le sud. Route à quatre voies. Le vent frais me fouette le visage. Le vieux blouson de cuir remplit son office. Une véritable armure. Grondement guttural du bicylindre. Des vibrations à vous déchausser les dents.

Pas désagréable. Même plutôt fun. J'accélère.

La montée d'adrénaline consécutive au saut du train – sans parler de la baston avec Cassidy – est encore sensible. Sacrée soirée. Tandis que je m'enfonce dans la nuit, je me demande qui sera le prochain à se dresser en travers de ma route. Qu'ils y viennent !

Des fragments de poésie me reviennent en mémoire, dont « La charge de la brigade légère ». Tennyson. Deuxième strophe.

À la Brigade légère vont nos souvenirs,
Ô la charge sauvage qu'ils firent !
À leur insu, quelqu'un a dit le pire.

Pour eux, ni comment ni pourquoi à dire.
Pour eux, il n'y a plus qu'à agir et mourir.

Jusque dans la vallée de la mort,
Les six cents chevauchèrent.

Haut les cœurs ! C'est comme ça qu'il faut affronter son destin. Comme lord Cardigan menant la cavalerie anglaise à une mort certaine à Balaclava. Un regard impassible fixé sur l'horizon, galoper, encore et toujours, droit devant. J'ai été assailli de tous côtés depuis que mon père m'a dit de monter dans la voiture à Hadley-sur-Hudson. C'était hier. Ça me paraît une éternité.

En avant ! Glorieusement. Si la mort est au bout du chemin, au moins qu'elle ait du panache ! Toute cette affaire est bien trop ténébreuse pour que j'essaie d'en comprendre les tenants et les aboutissants. Il est des raisons que la raison ignore. Marche ET crève !

Dis, t'es sûr que ça va ?

Jamais senti mieux, sac à puces. Je commence même à y trouver du plaisir.

Ce serait pas plutôt le contrecoup d'un taquet sur le carafon récolté pendant la bagarre ? Tes méninges me paraissent aussi brouillées que les œufs du petit-déjeuner qu'on a sauté.

Merci, ça va. Mes méninges sont claires comme des œufs au plat. Et elles fonctionnent parfaitement. Au fait ? Pourquoi tu me demandes ça ?

Parce que j'ai capté une étrange vibration. On aurait dit un vieux film de guerre anglais, ou un truc comme ça. T'es sûr que ça va ?

Mais oui je te dis. Relax. Détends-toi et profite de la

balade. Euh... une seconde. Tu étais en train de lire dans mes pensées ? Je veux dire, mes pensées intimes ?

Mais non. C'était juste une impression. Un truc que j'ai capté comme ça. Oublie.

Comment ça, oublie ? Tu rigoles ou quoi ? C'est loin d'être une simple impression. Même les Anglais y étaient. Pourtant, je n'essayais pas de communiquer avec toi.

Oublie, Jack.

Alors comme ça tu peux lire mes pensées ? De la même façon que j'ai pu lire dans l'esprit de Jinny et découvrir qu'elle nous avait trahis ?

T'as été bon sur ce coup-là.

Ne change pas de sujet, car j'ai également lu dans les pensées des motards. J'ai tout de suite su qu'ils n'aimaient pas le type qui me cherchait, Cassidy, et que, donc, j'avais toutes mes chances en le prenant en un contre un.

Ce que tu as fait sans hésiter et je t'en félicite. Maintenant, pourquoi ne...

Donc, si je comprends bien, tu peux me calculer en permanence, comme je l'ai fait avec la horde de motards. Non, mieux en fait, car tu vas jusqu'à capter d'infimes détails, des...

Crois-moi Jack, je suis un fervent défenseur du droit à la vie privée. Le problème avec toi mon garçon, c'est que tu ne protèges pas tes pensées. Au contraire, tu les étales au grand jour comme des slips sur une corde à linge.

Et qu'est-ce que je peux y faire ?

Eh bien, au lieu de les diriger vers l'extérieur et de les laisser voguer comme des bateaux au fil de l'eau, garde-les pour toi en les dirigeant vers l'intérieur. Tu as vite appris à les envoyer, tu ne devrais pas être long à comprendre comment créer un bouclier.

Je me creuse le cigare à la recherche du fameux bouclier dont Gisco vient de me parler. C'est drôle, mais, maintenant que je sais ce que je cherche, je comprends ce qu'il a voulu dire, et comment ça marche.

Là. Tu y es.

Pourquoi ne m'a-t-on rien dit avant ?

Sûrement parce que personne n'a lu dans ton cerveau jusqu'ici. Tu as été élevé dans l'ignorance béate de la télépathie. Les gens de ta génération n'ont jamais su régler la fréquence pour être sur la même longueur d'onde que toi, voilà tout.

Mais mes parents, si, n'est-ce pas ? Ils étaient comme toi. Ils savaient comment faire. Juste ?

J'ai bien peur de ne pas pouvoir te démentir sur ce point, fiston. Mais ils ont fait ça par amour. Ils voulaient ce qu'il y a de mieux pour toi. Savoir ce que tu avais dans la tête était sûrement la meilleure façon de le faire.

Alors c'est ça... Je me suis toujours demandé comment ils faisaient pour savoir dès que j'avais désobéi.

Comme pour les deux joints d'herbe cachés dans une vieille boîte, elle-même enfouie au fond d'un placard. Ma mère les a trouvés en un rien de temps. Jack, tu nous as déçus, qu'elle a dit. Interdit de sortie pendant un mois.

Une autre fois, des potes du foot voulaient faire une virée nocturne. J'ai voulu me tirer en douce pour les rejoindre au point de rendez-vous, mais quand je me suis pointé au bas des escaliers, faisant bien attention de ne pas faire de bruit, je suis tombé sur mon père qui, comme par hasard, s'était levé pour prendre un verre de lait.

— Où tu vas comme ça, mon fils ? T'as vu l'heure ?

— Euh... Nulle part. Je voulais juste prendre un verre de lait, comme toi, p'pa. Fait humide cette nuit, hein ? Ça m'a donné soif.

— Tu l'as dit. Tiens, je vais te servir un grand verre de lait et puis on va aller dans le salon, voir ce qu'il y a à la télé.

Une fois, j'ai demandé à ma mère :

— Comment vous faites pour m'attraper à chaque fois ?

— Suffit de te regarder pour savoir quand tu ne dis pas la vérité, avait-elle répondu en riant. C'est d'ailleurs ce qui fait de toi un si bon garçon, franc et sincère.

Suffit de me regarder, mon cul. Tu lisais mes pensées, oui. C'est pas un brin intrusif ça ? Un peu comme lire mon courrier.

Oh mon Dieu ! Et tous ces fantasmes sur P.J., pendant les chaudes nuits d'été.

Sans parler des délires sur l'équipe de pom pom girls, le genre de pensées scandaleusement scabreuses qui travaillent l'esprit des garçons de temps à autre. Tu veux dire qu'ils lisaient ça aussi ?

J'arrête la moto à proximité d'un embranchement. Lord Cardigan n'a jamais eu à affronter ce genre de chose. Soudain, je me sens plus très bien. Pas malade. Non, juste trahi. Triste. En colère. Violé. Impuissant. Manipulé.

Ça va ?

T'as qu'à lire dans mes pensées, tu verras bien.

Ne réagis pas comme ça.

Va chier.

J'étudie un instant les panneaux indicateurs et décide de quitter la quatre voies pour prendre l'autoroute. Via Washington D.C.

Qu'est-ce que tu fais ? On était sur la bonne route.

Celle-là va au sud aussi.

Oui, mais elle est moins directe. On perd du temps.

Et après ? T'as un train à prendre ? Quelqu'un qui t'attend à Kitty Hawk ? Non ! Bon ben alors ! Je ne suis jamais allé à Washington et, tout à coup, j'ai bien envie d'y faire un tour. Voir la Maison-Blanche, le Capitole. Ça te pose un problème ?

Je vote contre. Ce serait une erreur.

Peut-être, mais, pour une fois, c'est moi qui décide. Moi, Jack Danielson. Ça te dit vaguement quelque chose ? Je l'espère parce que si ça ne te plaît pas, c'est le même prix. J'en ai ras le bol qu'on me dise ce que je dois faire et de suivre des règles instituées par d'autres. Marre qu'on profite de moi et qu'on me manipule. Sur ce coup-là, c'est moi qui tiens la barre, alors oublie les « je vote contre » et mets-toi dans la peau d'un gentil touriste.

Sinon, tu peux descendre tout de suite.

15.

Washington D.C. Trois heures du matin. La ville dort. Rues vides et dramatiquement dénuées de toute indication. L'endroit est pourtant supposé être à la pointe de la communication, l'épicentre du village global. FBI. CIA. Pentagone. La crème des agences de renseignement a ses locaux ici, des ruches branchées de tous les côtés, regorgeant de haute technologie, qu'on imagine bourdonnantes des informations tombant sans discontinuer des réseaux, des téléscripteurs, des satellites, des relais de téléphone... Les yeux et les oreilles de l'Amérique ! Le bastion de la sécurité nationale ! Le dernier rempart contre toutes les menaces, intérieures ou extérieures.

Eh ben non ! Rien. Pas le moindre signe de tout ça. Je suis arrêté dans Pennsylvania Avenue. Je contemple la Maison-Blanche. Très jolie sous la lune. Lincoln, les deux Roosevelt, J.F.K. – tous ont dormi ici.

Le Président actuel doit y ronfler tout son soûl en ce moment même. À quoi peut-il bien rêver ? Au prochain dîner de gala en l'honneur du Premier ministre du Kampuch'saispasqui ? Aux élections de mi-mandat, qui approchent à grands pas ? À son prochain discours devant les éleveurs du Midwest ?

J'ai une folle envie de cogner à la porte et de le réveiller. Salut Président. C'est moi, Jack Danielson, de Hadley-sur-Hudson. Ouvrez les yeux, monsieur. Levez-vous. Regardez autour de vous. Ils sont là. Partout. Des Gorms. Des homo-chauves-souris. Des agents de la sécurité ferroviaire armés de pistolets laser. Ils se font la guerre aux quatre coins de notre beau pays. Mais bon sang, faites quelque chose !

Quoi ? Vous me demandez ça à moi ? Mince ! J'en sais fichtre rien. C'est vous le Président, après tout. Moi je ne fais que mon devoir de bon citoyen en vous passant l'info. Maintenant, à vous de faire le nécessaire. La police de Hadley ne m'a été d'aucun secours, pas plus que celle de New York. Mais vous monsieur, vous êtes le Président, vous pouvez tout. Alors, je vous en prie, faites que ça s'arrête.

Bien entendu je ne vais pas frapper à la porte, car je sais pertinemment qu'il ne peut rien. Il n'a aucune idée de ce qui se trame. C'est pour ça qu'il ronfle. Oui, une guerre fait rage sur son sol, mais elle oppose des armées fantômes, composées de créatures bien plus avancées qu'il ne l'est lui-même. Le signe patent de leur supériorité, c'est qu'ils connaissent parfaitement son monde alors que lui ignore jusqu'à leur existence.

Je reste là. Je résiste à la tentation de me ruer à l'intérieur et de tambouriner à cette porte. Debout monsieur le Président. AIDEZ-MOI !

Même pas la peine d'essayer. Foutu d'avance. On me prendrait pour un timbré. Des Gorms et des homo-chauves-souris, vous dites... Intéressant. Les services secrets vont s'occuper de ça, monsieur Danielson. Vous n'avez aucun souci à vous faire. Suivez-nous, on va vous conduire dans une jolie cellule où vous aurez tout le temps de rédiger votre déposition. Méchant blouson de cuir au fait, mais qu'est-il arrivé à la manche droite ?

Une douce brise nocturne souffle sur la ville. Je reste debout à côté de la moto. Gisco n'a pas quitté le panier du side. Lui aussi contemple le 1600 Pennsylvania Avenue. Soudain, il secoue la tête.

Ça va, môme ?

C'est à toi qu'il faut demander ça. T'as l'air triste.

Qui lit dans les pensées de qui maintenant ? Bah, je me repassais juste le film d'une série d'occasions manquées.

Quelles occasions ? Et qui les a manquées ?

Oublie ça. On y va ?

On descend l'avenue. Pas un chat dans les rues noires. Je tourne en direction du parc qui abrite nos gloires nationales. Des milliers d'étoiles se reflètent dans l'eau du long bassin. On passe devant les différents mémoriaux. Lincoln. Sage et mélancolique. Washington. Une construction symbole de pouvoir. Pas des plus subtiles. On continue à grimper la face est du Mall, puis, au détour d'une courbe, le dôme monumental du Capitole nous barre le ciel.

On se gare dans un coin de la terrasse sud. Derrière moi, la masse fantastique du Capitole dans toute sa splendeur. Miracle aérien des constructions à colonnes. Je descends de la moto. Gisco trottine à côté de moi.

On s'arrête devant le parapet qui ceint la terrasse. Sous nos pieds, un milliard de marches de marbre descendent jusqu'au Mall, tout en bas. Je regarde la ville endormie. Il y a deux mille ans, on disait que toutes les routes menaient à Rome. Aujourd'hui, elles mènent ici.

La voilà, la Rome de mon monde. Le centre névralgique du pouvoir, là où s'organise notre défense, nos armées. En cas d'incident, c'est ici que tout se passe. Quel que soit l'assaillant, c'est d'ici qu'on le repousse.

Au loin, scintillent les lumières des maisons, des bureaux, des administrations. Bizarrement, j'ai le sentiment d'être relié à tous ces lieux, ainsi qu'à ceux qui les peuplent, depuis la Maison-Blanche, que je viens de voir pour la première fois, jusqu'au Capitole, qui s'élève derrière moi, en passant par le Pentagone, le FBI, la CIA et ces milliers de gens qui font tourner l'énorme machine de cette nation et qui, pour l'heure, dorment paisiblement à Georgetown, Arlington ou Bethesda.

Je suis l'un d'eux. J'ai été élevé dans le respect de ce système. Pourtant, ils ne peuvent pas m'aider. Je suis coincé dans ce foutoir et je ne peux m'en remettre qu'à moi.

Gisco regarde la même chose que moi, en secouant la tête.

Je lui demande ce qui le contrarie.

Ils dorment. Les cons ! Alors même qu'ils avaient toutes les cartes en main pour régler le problème. Ils avaient l'occasion et le pouvoir de le faire. Au lieu de ça, ils ont choisi l'immobilisme. Crétins à courte vue !

De quoi parles-tu ? Qui aurait pu régler quoi ?

Gisco ne me répond pas. Tête de chien triste, toujours surmontée du bandana rouge. Je repense à ce qu'il vient de me dire, à l'utilisation du passé. Je suis à ça de comprendre...

C'est alors que résonne un petit bruit sec, suivi d'un crépitement. Après un nouveau claquement, ce qui ressemble à un feu d'artifice rougeâtre, lançant des étincelles roses, s'élance dans les airs.

Jack ! Fais gaffe. Fléchettes hypodermiques ! Sérum paralysant !

16.

Trop tard. Vive douleur à la hanche droite. Engourdissement.

Cours, le chien. Sauve-toi.

Monte sur mon dos.

Pour nous faire prendre tous les deux ? Inutile ! T'as encore une chance, fuis. C'est moi qu'ils veulent.

Tais-toi et monte.

Des ombres se précipitent vers nous. Elles nous tirent dessus. Ce qui ressemble à des toiles d'araignées bleues.

Des filets plasma. S'ils nous touchent, on est cuit. Grimpe !

Je m'allonge sur le dos de Gisco, m'agrippe à ses poils.

Le gros chien bondit dans l'obscurité. Surprenante agilité. Fléchettes paralysantes et filets plasma pètent de partout. Du rouge et du bleu dans la nuit. On se croirait un 4 juillet.

Le chien parvient à atteindre la moto.

Tu peux conduire ?

Je me laisse maladroitement glisser sur la Harley. Gisco saute dans le panier.

Po-Ta-Bang-Po-Ta-Toe-Po-Ta-Toe. Pour une fois, le vieux moulin démarre sans se faire prier.

Je tente le coup vers l'est, m'apercevant rapidement que ça ne va pas le faire. Des ombres arrivent en face ! De l'ouest aussi. On se retrouve sous un triple feu... comme les Anglais à Balaclava !

Je conduis en cercles furieux sur la terrasse de marbre. L'armée des ombres, en formation, se rapproche dangereusement.

Ils pourraient me descendre sans problème. Ils s'abstiennent. J'en déduis qu'ils me veulent vivant. Pour vérifier ce que je sais, après un écorchage neural aux petits oignons. Aucune échappatoire.

Sauf une.

J'accélère et fonce plein sud, direction les marches du Capitole.

Tu fais quoi Jack ?

Je me dirige vers la sortie.

Tu vas nous tuer.

Il n'y a pas de raison. Il n'y a qu'à agir et mourir.

T'es devenu fou ?

Regard impénétrable, dents serrées.

On plonge dans l'escalier. On dégringole les marches qui s'étendent à l'infini devant nous. Ta-Ka-Bing-To-Ka-Bong-Bang. On est salement secoués. Mes os menacent de se déboîter les uns des autres.

Sans trop qu'on sache comment, la vieille moto résiste, le side aussi.

Gisco est couché dans le panier, les pattes avant sur les yeux. *Ô DIEU CHIEN, Ô GRAND CANIN, PUISSES-TU ÉPARGNER TON HUMBLE SERVITEUR.*

J'en marmonne de semblables, aussi désespérées, même si elles ne sont pas à l'adresse du Grand Canin.

On accélère. Fini la lessiveuse. Maintenant ce sont d'énormes chocs qui se succèdent à intervalles réguliers. Ka-Boom-Ka-Boom-Ka-Boom. On descend les marches du Capitole à plus de quatre-vingts à l'heure. La vieille bécane ne résistera jamais à une telle punition. L'antiquité qui nous sert de side-car ne survivra pas à un tel traitement. Et pourtant... La mécanique me fait mentir. On arrive au pied des marches sur nos trois roues et soudain, nous voilà filant sur la pelouse du National Mall.

Gisco tente un regard entre ses pattes, lève timidement la tête à l'extérieur.

On a réussi ! On est vivant ! J'étais sûr que tu pouvais le faire !

C'est pas ce que j'ai cru comprendre là-haut. Tu n'étais guère encourageant. Enfin, j'imagine que c'est difficile de montrer qu'on a du cran quand on pétoche à mort.

Je te ferais dire que, si je me suis allongé dans le side, c'est uniquement pour améliorer notre aérodynamisme.

Ah, pardon.

Pour autant, je propose que nous mettions à profit le fait d'être encore entiers pour mettre un peu de distance entre eux et nous.

Pas une mauvaise idée.

Après une série de détours au petit bonheur, on quitte D.C. À vive allure.

17.

Abords de la ville. Allongé dans l'herbe. Gisco ausculte ma hanche, m'examine doucement du bout de la patte. Plutôt bon infirmier, pour un chien.

C'est pas trop grave.

Peut-être, mais je ne sens plus rien. Et je ne peux pas bouger la jambe.

Paralysie synaptique temporaire. Dans quelques heures, il n'y paraîtra plus.

Je m'assois dans l'herbe. Super. Y a un truc que je comprends pas. Comment ils ont fait pour nous retrouver et nous tomber dessus ? Impossible qu'ils aient su à quel endroit on avait sauté du train. Ils ignoraient aussi qu'on avait acheté une moto à la horde de motards sauvages, et puis on a pris les routes secondaires. Alors, comment ont-ils deviné qu'on viendrait ici ?

Profilage psychologique. Tu as analysé pourquoi tu voulais aller à Washington ?

Simple curiosité. Je n'y étais jamais venu.

Non, ce n'est pas la raison principale. En fait, tu as répondu à un conditionnement social.

Qu'est-ce que tu racontes ?

Ton comportement a été dicté par ton éducation. Ta génération a été élevée dans le respect de l'autorité. S'il t'arrive un pépin, parles-en à tes parents, à tes professeurs, à la police. J'ai pas raison ?

Si, en effet, c'est ce qu'on nous a toujours appris.

Dans ces conditions, si l'on tient compte de tout ce qui t'est arrivé récemment, il y avait de grandes chances pour que tu ressentes le besoin d'en référer à une autorité supérieure. Ils ont sûrement pensé que tu voudrais alerter ton député, ton sénateur, ou même le Président en personne. Alors ils se sont mis en planque ici, pour t'attendre. Mais ça ne se reproduira plus, n'est-ce pas ?

Non. Promis. Toutefois, la réponse de Gisco ne me satisfait pas totalement. Au contraire, elle soulève un point qui m'obsède depuis longtemps.

Non. Tu as raison. Nous ne ferons plus la même erreur. Et tu sais pourquoi ? Parce que tu vas me dire ce qui se passe.

Où ça ?

Ici et maintenant. L'heure est venue de me dire la vérité. D'où viennent les types qui nous ont attaqués ? Du même endroit que toi, je suppose, mais quel est-il ?

Je ne peux pas répondre à cette question. Ça dépasse ton entendement.

Je n'attends pas de réponse circonstanciée. Une simple confirmation me suffira. Je crois que j'ai déjà tout compris.

Regard canin interrogateur.

Excuse-moi, mais, sincèrement, j'en doute.

Tu as dit que tu étais d'ici et d'ailleurs. Tu as parlé de ma génération en tant que génération non télépathe. Et puis il y a la technologie. Tous ces trucs que vous utilisez – pistolets laser, fléchettes paralysantes, filets plasma – sont bien plus avancés que tout ce sur quoi travaille le gouvernement, même en secret. Enfin, tu as décrit le présent en parlant au passé.

Je n'ai jamais été très fort en grammaire.

Je t'ai surpris plus d'une fois à regarder le monde avec une tristesse rêveuse. Le même genre de regard que celui que je poserais sur le jardin d'Éden si j'avais l'occasion de monter là-haut. Tu ne t'es pas évadé d'un épisode de Star Trek. Mais un paradoxe demeure, tu n'es clairement pas de ce monde et, en même temps, tu t'y intègres très naturellement. Donc... Je sais d'où tu viens.

Regard canin scrutateur. Attente. Je le fixe et vais au bout de ma pensée. Le futur. Tu viens du futur de cette planète. Mon futur. C'est pour ça que tu cadres sans cadrer, que tu en es sans en être. Et tous ces gens qui essaient de me descendre, eux aussi viennent du futur.

Gisco ne me contredit pas.

Vous avez remonté le temps, je dirais quelques siècles, sinon quelques millénaires, et maintenant vous vous faites la guerre dans mon monde. Toi tu veux un truc et eux veulent le contraire. Moi, je suis au milieu, même si j'ignore ce pour quoi vous vous battez. Ce qui est sûr c'est qu'il doit être sacrément pourri le monde d'où tu viens pour que tu sois revenu ici. Pas vrai ? Dis-moi.

Gisco hésite. Les oreilles tombantes frémissent sous le bandana rouge. Finalement, il opine du chef.

Bravo, Jack. Tu as presque tout compris, admet-il. *Tu as raison et tu as tort.*

Tort sur quel point ? Et arrête de parler par devinettes.

Ce n'est pas moi qui viens du futur. C'est nous. Toi et moi. Alors cesse de m'accuser d'avoir fait irruption dans ton monde. Ce n'est pas plus le tien que le mien. Nous sommes tous les deux nés dans environ mille ans.

Je suis pris de vertiges. Mais il poursuit.

C'est comme pour l'avenir pourri. Tu n'as raison qu'à moitié. Certes le monde d'où l'on vient est très mal en point, mais ce n'est pas une fatalité. C'est là que tu entres en scène. À toi revient la mission de trouver Mu. Car tu es l'étincelle d'espoir. Je ne peux vraiment pas t'en dire davantage avant Kitty Hawk. Là-bas, on aura le temps d'en discuter plus longuement. Il va également falloir qu'on décide ce qu'on va faire ensuite. Jack ? Ça va ?

Non, pas vraiment. J'ai l'impression que je vais tomber dans les pommes – ou au moins en pâmoison. Mon niveau de conscience est réduit à sa plus simple expression. Un vide vertigineux. Je sais qu'il a dit vrai. J'en ai eu l'intuition dès l'instant où la Gorm m'a appelé le Prince. Une intuition que j'ai aussitôt refoulée d'un revers de main, ne voulant pas admettre une réalité qui dépassait l'entendement.

Par faiblesse, j'ai voulu me raccrocher à quelque chose de connu, à une opposition binaire confortable et douillette. Intrus (eux) contre ressortissant légitime (moi). La vérité c'est que je ne suis pas plus à ma place ici qu'eux. J'APPARTIENS AU MÊME TEMPS QU'EUX ! J'ai beau tout ignorer d'eux, je suis un des leurs.

Je ne me connais pas moi-même. Cette déstabilisante révélation m'emporte comme une lame de fond. J'ai le sentiment de me noyer dans un océan d'inconnu. Je viens d'un futur dont je ne sais rien, ce qui fait de moi un étranger au seul monde que je connais. J'ai été mis là dans un but que j'ignore et je suis pourchassé par des ennemis qui veulent me tuer pour d'obscures raisons que personne ne daigne m'exposer.

La seule chose dont je suis certain, c'est que je gis dans l'herbe et qu'un gros chien me lèche le visage – tout en m'envoyant des messages télépathiques peu rassurants.

Là, doucement. Au bout du compte, tout cela va certainement finir par s'arranger. Après tout, jusque-là, on a évité l'écorchage neural.

Comment ça peut s'arranger ? Mes parents sont morts. De toute façon, ce n'étaient pas mes vrais parents. J'ai perdu mes amis. Je n'ai plus rien.

Au moins, tu es toujours en vie. Il y a un vieux proverbe canin qui dit : mieux vaut un chien sans laisse qu'une laisse sans chien.

C'est supposé me réconforter ?

Tu t'en sors très bien, Jack. Je n'imaginais pas que tu serais capable d'affronter la vérité. Tu es plus fort que tu en as l'air, mon garçon. Bon, maintenant, on ferait mieux d'y aller car plus tu en apprendras sur toi, plus tu réaliseras à quel point c'est important pour eux non pas de te capturer ou de te torturer, mais de te rayer purement et simplement de la surface du globe.

18.

Joyeux Halloween. Heure spectrale. Juste avant l'aube. Lune jaune, comme un sourire de farfadet émergeant de la brume. Campagne virginienne, sombre et silencieuse. Trolls en herbe, apprenties sorcières et nains facétieux sont encore dans leurs petits lits douillets. Pas besoin de masque cette année. J'ai quelque chose de mieux. Bouh ! Je viens du futur. Bouh ! Homo-chauves-souris. Bouh, chiens télépathes. Tu veux vraiment avoir les foies ? Bouh ! Gorms et écorchage neural.

On fonce vers le sud sous la voûte nocturne. La vieille Harley bouffe l'asphalte non sans quelques ratés occasionnels, toux sèche et haut-le-cœur. « Limitation de vitesse » n'est qu'un lointain souvenir, mais qui s'en soucie ? Le vent fait de son mieux pour m'arracher le scalp. La poussière transforme mes yeux bleus en geysers de larmes. Je me penche en avant, m'accroche au guidon. Plus vite. Rhâââ !

Toujours plus dingue. Le chien télépathe couché dans le panier du side-car vient du futur. Comme moi. Né demain. Bouh. Joyeux Halloween. Plus trollien qu'un Troll. Plus vampire qu'un homo-chauves-souris.

Ça va, gamin ?

Eh, t'es pas en train de lire mes pensées, hein ? J'avais mis le rideau.

Juste une chatouille. L'intuition que tu pensais à moi, sans pouvoir dire en quels termes. Tu t'améliores à ce jeu-là.

Pas vraiment le choix. Je dois protéger mon intimité crânienne. Je me demande : tout le monde est télépathe dans le monde de demain ? Si oui, ça doit être un sacré boxon.

Le pire, c'est que je n'arrive pas à détacher mes pensées de ce monde du futur. Pas au début, faut pas exagérer. Les premiers cent kilomètres après D.C., j'étais trop dans le potage pour penser à autre chose qu'à la ligne blanche peinte sur le goudron. Pointillée. Continue. Pointillée...

Sûrement un contrecoup de l'anesthésiant synaptique de la fléchette hypodermique, sans compter le coup au moral que représente l'acceptation de cette confondante vérité.

Mais la paralysie se dissipe. La déconfiture décroît. Et je me prends à m'interroger sur ce monde futur. Imagine-toi que je suis toujours horrifié à l'idée que c'est mon vrai monde. Toujours pas le sentiment d'en être. En même temps, faut reconnaître que ça aiguise la curiosité. Tu trouves pas ?

Il est comment ce monde dont j'ai été éjecté ? Et mes vrais parents ? Ils y sont, là, en ce moment ? En tout cas, si un jour je les croise, ils ont intérêt à me donner une sacrément bonne raison pour justifier le fait de m'avoir envoyé ici et de m'avoir plongé dans ce grand bordel.

J'essaie de ne pas trop ruminer ça. À quoi bon ? Mais, je me souviendrai des questions. Comme dit Dorothy : « There's no place like home [1]. » En revanche, si tu n'y es jamais

---

1. Réplique centrale du *Magicien d'Oz*, qui pourrait se traduire par : « Jamais mieux que chez soi. »

allé, il semble logique que tu commences à gamberger. Ils ont des facs ? Des championnats universitaires ? Difficile d'imaginer des mecs cavaler sur un terrain de foot dans mille ans.

Par quoi ils les ont remplacés ? Qu'est-ce qui les intéresse ? Croient-ils toujours à l'amour, à la famille ?

Et si je suis une sorte de prince, ça veut dire que mes parents appartiennent à la famille royale ? Roi, reine ? Et de quoi ? Ils habitent un palais ? Si jamais, un jour, j'arrive à y retourner, les gens me salueront-ils par une révérence ? Ou me sauteront-ils dessus pour me buter, comme ils semblent bien décidés à le faire ici et maintenant ?

Mille ans ! Je suis à leur monde ce que Charlemagne et les croisades sont au mien ! À la différence près qu'eux ont trouvé le moyen de revenir se battre dans un monde antérieur... Comme ils doivent le mépriser, lui et les arriérés qui l'habitent !

Lumières des bourgs enguirlandés et enseignes de minuscules relais routiers fleurant bon la friture défilent comme des balles traçantes tandis que nous quittons la Virginie pour la Caroline du Nord. Grands noms pour petits bleds. Littleton. Boykins. Scotland. Neck. Hobgood.

Des restos et des chaînes de magasins que je n'ai jamais vus. *Stuckey's*. *Hardee's*. Des panneaux vantant les mérites de véritables barbecues sudistes. Sculpture en résine haute comme deux étages représentant un sanglier.

Jamais mis les pieds dans le Sud auparavant. Une région qui m'a toujours fasciné. Accent mortel. Surtout s'il roule sur les lèvres d'une jolie Méridionale. Auteurs hallucinants. Faulkner. Flannery O'Connor. Tennessee Williams. Quant aux grands hommes, leur ombre est si imposante qu'elle plane aujourd'hui encore sur des pans entiers de l'histoire américaine : John C. Calhoun. Frederick Douglass. Robert E. Lee. Martin Luther King.

Tout ça enrobé d'une bonne couche de crimes de sang, d'assassinats, de fantômes tenaces et de psychopathes à la Flannery O'Connor, justement : Blanche DuBois avec ses bras de Tarentule et Laura Wingfield avec sa ménagerie de verre. Lee à Gettysburg, lançant la charge de sa division sous le feu adverse. Elle est là la fleur du sud, sortie d'un lit de balles. Luther King étendu dans une mare de sang sur le balcon d'un motel anonyme à Memphis.

Gaffe, Jack ! Ici, c'est plein de gens géniaux... et de souffrances cachées.

La pluie se met à tomber. Difficile de conduire la moto de nuit sous la pluie. Eh, oreilles de cymbales, peut-être qu'on pourrait se trouver un coin où s'abriter et attendre que ça s'arrête.

Non. On y est presque. Et puis ça ne va pas s'arrêter.

Pourquoi, t'es météorologue maintenant ?

Météoro-Dog. Fais-moi confiance, les chiens sentent ça très bien.

Bon, OK. Va pour la douche. Tu as été bien sage ces dernières heures.

Je retraçais le fil des épreuves que nous avons affrontées ensemble. À New York, cette Gorm voulait m'échanger contre une prime. J'étais bon pour un écorchage neural, si tu ne t'étais pas pointé. Je n'oublierai jamais ce que tu as fait pour moi.

Tu m'as sauvé la vie à D.C., on est quittes.

Tu plaisantes, je n'ai pratiquement rien fait. En tout cas, je voulais te dire que si jamais il nous arrivait...

Le chien se coupe dans sa pensée. Le flux télépathique s'interrompt brutalement.

Tu n'as pas besoin de le dire, Gisco, ni même de le penser. Je sais que tu seras toujours là pour moi. Tu es mon seul ami.

Une aube mouillée montre le bout de son nez alors que nous sortons de Roanoke Sound en direction des chapelets d'îles qui entourent la Floride, ce qu'on appelle les cayes. On passe Kill Devil Hills. Va savoir quel démon a été tué là. Kitty Hawk n'est plus qu'à un jet de pierre. Panneaux de signalisation indiquant le musée des frères Wright. D'autres, les grandes dunes.

Grondement de tonnerre. La lumière embrase le ciel. On ferait mieux de s'arrêter dans un motel. On a l'argent.

Certes, mais cela impliquerait que tu remplisses un registre, montres tes papiers, et cætera. *Non, si on est ici c'est justement pour ne pas se faire remarquer.*

Ah ça, on se fera moins remarquer quand on sera noyés.

Là !

Quoi ?

Une vieille grange ! C'est exactement ce qu'il nous faut.

Je ne vois toujours pas.

T'as raté la sortie. Arrête, ça avait l'air nickel !

Attention. Demi-tour sur asphalte détrempé. On repart en sens inverse. Entre les dunes de sable et une forêt de pins trapus, la voie d'accès nous conduit jusqu'à un bâtiment énigmatique et sombre. Éclair zébré dans le ciel. Pas de doute, c'est bien une grange.

Pas de lumière. Aucun signe de vie. Impressionnant que Gisco ait pu repérer l'endroit alors que nous foncions sur l'autoroute, les yeux éreintés par la pluie battante. Bonne vue, sac à puces. Tes restes de chien de berger, sans doute.

Pour ta gouverne, mes ancêtres ne conduisaient pas de troupeaux. Ils étaient au-dessus de ça.

Oui, bon, ça va ! Allons nous mettre au sec. Tu crois qu'on peut entrer ? En espérant que les chevaux apprécient notre compagnie.

Je ne flaire pas de chevaux. Ça doit être vide.

Vide, mais bien calfeutré. Je ne vois pas une seule entrée. Je peux peut-être essayer de passer par l'étage.

Attends. Voilà une porte.

Merci ! Merci mon Dieu pour ce déluge. Oh oh ! Fermée.

Donne-lui un petit coup sec.

Le chien fonce tête baissée. Attaque en rase-mottes tandis que je l'accompagne de l'épaule, à hauteur d'homme. La vieille porte en bois n'a pas une chance. Elle va s'écraser sur son mur.

Ta da ! On y est.

Calme et sec. Chaud aussi. Tiens, voilà un interrupteur. Et en plus, il marche ! Plutôt proprettes comme stalles, non ? Bizarre qu'une grange impeccable ait attendu là, entre les dunes, qu'on tombe gentiment dessus. Bah, de la déveine on en a eu ! La roue tourne. On a droit à notre quart d'heure de chance. T'avais raison pour les chevaux. Aucune bête n'est venue ici depuis des lustres.

Tu veux un conseil, poteau ?

C'est si agréablement proposé.

T'es trop naïf. Ça causera ta perte.

Quoi ?

Au revoir, *ou plutôt* adieu*.

Et le chien file au triple galop vers la porte, qui se referme en claquant derrière lui.

---

* Les astérisques signifient : en français dans le texte.

Je n'ai pas idée de ce qui se trame. Mais je n'aime pas trop.

Tu fais quoi, haleine de chacal ? C'est un genre de blague potache canine, c'est ça ? Reviens par là. T'es où ?

Soudain, j'ai peur. Je frissonne et me précipite vers la porte. Plaque de bois guère épaisse, facilement enfoncée en entrant, pas de raison qu'elle oppose davantage de résistance en sortant. Je rentre l'épaule. Et... BAM ! Le mur de briques ! Elle a été bloquée de l'extérieur. La force de l'impact m'envoie bouler les quatre fers en l'air sur le sol. Je me relève péniblement, tremblant, observe timidement l'endroit. On m'a amené ici. Volontairement. Pas une fenêtre, pas une porte – hormis celle contre laquelle je viens de m'écraser. Juste une ampoule, pendue à un fil qui tombe du plafond. Elle vacille doucement, régulièrement.

Alors que je la regarde tanguer, elle s'éteint.

Noir d'encre.

Il fait très doux dans la grange, je frissonne néanmoins.

Joyeux Halloween.

Trick or treat[1] ?

En parlant de tour, on dirait bien que le meilleur ami de l'homme vient de te jouer le plus tordu des siens.

---

1. Phrase rituelle qui accompagne la tournée des maisons par des groupes d'enfants auxquels il est coutume de donner des bonbons le soir d'Halloween. Traduction : « Un tour ou une gâterie ? »

19.

Hangar noir. Tout près de l'océan. J'entends le grondement des vagues.

Jamais senti aussi profondément trahi. Différent du sentiment de solitude. Me suis senti seul quand j'ai descendu l'Hudson, quitté P.J. et mes parents. Terrible impression de vide.

Je fais les cent pas d'un bout à l'autre de la grange. Maudit clébard. Je lui ai sauvé la mise avec la Gorm. J'ai bien rigolé avec lui, j'ai même pensé qu'il était mon seul ami. Je lui ai ouvert mon cœur, avoué mes peurs les plus intimes. Pendant tout ce temps, il jouait avec moi, cherchait à me piéger.

Le bon vieux jeu de l'œuf et de la poule, mon cul ! Quand j'y repense maintenant, je me rends compte que j'ai été mené en bateau depuis le début. Sûr que Gisco a vu l'avion dans le ciel, ensuite il a dû me souffler de regarder en l'air par quelque suggestion télépathique et enfin, il m'a retourné avec sa connerie de renversement causal.

C'est lui qui a choisi Kitty Hawk.

Qui m'a amené ici.

Dans ce hangar désert.

Pourquoi ? J'sais pas. Mais ça doit pas être très glorieux pour qu'il se tire en courant comme ça.

Le meilleur ami de l'homme, hein ? Vingt mille ans d'échanges de bons procédés, mmh ? Laissez-moi seul cinq minutes avec ce mollasson à poils. C'est tout ce que je demande.

Calme-toi Jack. Essaie plutôt de te concentrer. T'es en danger. Car il est raisonnable de penser que tu es aux mains de tes ennemis. Ils vont débarquer d'une seconde à l'autre. Pour te tirer les vers du nez grâce à un usage expert de la douleur qui, au bout du compte, te tuera. Alors oublie ta colère et trouve une riposte.

Je m'immobilise dans une des diagonales que j'effectue d'un bout à l'autre de la grange, et change de motif, préférant le mouvement circulaire, contre les murs – que j'inspecte centimètre par centimètre. Pas de fissures, pas de fenêtres, pas de rebords.

Juste une boîte bien fermée, avec moi dedans.

Des rais de lumière tombent du toit, trois étages plus haut. Le soleil se lève.

Pour ma part, je suis plutôt en train de craquer. Les minutes passent. Les heures. À attendre l'interrogatoire. Ou l'exécution. Rien d'autre à faire qu'attendre. Suffocant. Le stress augmente. La peur menace de prendre le dessus.

Peut-être qu'il s'agit d'une sorte de guerre psychologique, qu'ils essaient de m'attendrir pour, ensuite, profiter de ma faiblesse et me sonner.

Ou alors ils sont en train de m'observer, d'étudier mes réactions, comme un gamin se repaît du spectacle de l'araignée enfermée dans un bocal.

Ça ne marchera pas. Je ne leur donnerai pas ce plaisir.

Je m'assieds sur le sol, balançant des courants télépathiques méprisants aux quatre coins de la grange. Vous ne me faites pas peur ! Je ne vais pas me donner en spectacle ! Si vous voulez m'avoir, venez-y, bande de lâches ! Mais je vous préviens. Vous risquez de le regretter !

Presque immédiatement après, j'entends un bruit. Oh oh ! J'espère que je n'ai offensé personne. Je lève le menton. Dix mètres plus haut, une trappe s'ouvre, ou peut-être une fenêtre. Difficile à dire d'où je me trouve, avec le contre-jour d'un puissant soleil rasant.

Un gros oiseau noir descend en flèche vers le sol.

Pas un oiseau. Un être humain.

Imagine ça, pas un être humain, une silhouette masquée et emmitouflée dans un judogi noir qui claque au vent.

Démon ? Ninja ?

Il atterrit sans un bruit et s'immobilise, pieds nus à l'aplomb des épaules. Deux yeux noirs m'observent depuis les deux petites fentes pratiquées dans le masque noir.

Trick or treat. J'sais pas pourquoi, quelque chose me dit que ça va pas être une gâterie. Pas très engageant, ce masque de mort. Et ces yeux font froid dans le dos.

— Qui êtes-vous ? dis-je d'une voix blanche.

Silence.

— Êtes-vous humain ? Vous comprenez ce que je dis ? Je vous avertis, je suis de mauvaise humeur. Je n'ai guère apprécié d'être séquestré. Et puis vous êtes plus petit que moi. Le dernier qui a voulu jouer à ça avec moi n'y a récolté que des côtes cassées. Alors rentre-toi bien ça derrière ton masque de train fantôme. Ne. Déconne. Pas. Avec. Moi ! Pigé ?

Le ninja reste impassible. Aucune réponse, ni verbale ni

télépathique, seulement deux yeux noirs qui brillent d'un éclat menaçant.

Tout à coup, les bras s'étendent à la façon de deux grandes ailes. Étrange façon de se déplacer. Ample mouvement, pas très rapide, mais merveilleusement gracieux. Un demi-pas en avant puis une rapide esquive de côté. Ça me rappelle le jeu de jambes d'un boxeur. Toujours sur les appuis. N'offrant aucune surface d'attaque.

La peur. Mes genoux flanchent. Je me suis retrouvé dans beaucoup de bagarres, mais bizarrement, je n'ai jamais été aussi terrorisé.

— N'approchez pas.

Avertissement sans effet aucun. Un demi-pas en avant, un pas de côté, comme une danse, autour de moi, de plus en plus près.

Ma peur se change en panique aveugle, débilitante. C'est lui qui me fait ça ou c'est moi qui délire ? Je serre les poings.

— Je vous préviens. Je vais *vous tuer*...

Menace aussitôt balayée par la silhouette énigmatique qui bondit sur moi après un appel du pied droit. Bien que m'attendant à cette attaque, je suis beaucoup trop lent pour la parer efficacement.

D'autant que ce n'est pas un simple coup, mais un high-kick exécuté à la perfection, à l'exact zénith de l'extension, de sorte que l'angle de frappe est parfaitement horizontal.

Appel pied droit, donc assaut pied gauche, pour cueillir l'adversaire à froid. Le judogi tourbillonne autour de moi. L'impression de voir flotter des volutes de fumée noire. Soudain, le coup de pied part. L'assaut est si puissant qu'il siffle dans les airs. FSCHTT. Peut-être que c'est dû au froissement du tissu... ou à la vitesse d'exécution du fouetté. Difficile à dire.

Pas le temps de réfléchir. Impact du pied droit en pleine poitrine. POW ! Un vrai boulet de canon.

J'en ai reçu des coups dans ma vie. Eh oui, j'ai quelques bonnes raclées à mon actif. Même dû encaisser un coup de chaise lors d'une bagarre générale sur les terrains de sport. En plus, j'ai de très bons appuis, avec un centre de gravité relativement bas. Pas évident de me bouger. Et je ne vais pour ainsi dire jamais au tapis.

Pourtant ce coup m'envoie bouler à l'autre bout de la grange, me faisant passer plusieurs fois cul par-dessus tête. Les horribles tonneaux avec mon père me reviennent en mémoire.

Roulé-boulé.

Absence totale de contrôle.

Je m'écrase contre le mur du fond. Assommé. Limite voile noir.

Le ninja ne poursuit pas son assaut. Il me laisse vautré là, tentant vainement de reprendre mes esprits. Manque pas de culot ce bâtard. Il me laisse clairement entendre qu'il n'a nul besoin de parfaire son avantage, qu'il peut me finir quand bon lui semble. Il se délecte de ma défaite, aussi veut-il la faire durer le plus longtemps possible.

Grosse erreur, mon vieux.

20.

Je me remets péniblement debout, groggy.

Très bien, face de corbeau. J'ai vu ce que tu pouvais faire avec les pieds. Pas mal. Mais, maintenant, on va inverser les rôles. Comme dit le proverbe, la meilleure des défenses, c'est encore l'attaque.

Je m'avance, poings levés. Quand je suis à distance, je le feinte avec ma droite et le cueille d'un crochet gauche. Un bon punch, bien masqué, avec tout le poids du corps, juste sur le bas du masque.

BOUM. Ça arrive. En pleine mâchoire. Le ninja s'effondre comme s'il était fait de papier à origami.

Enfin... Ça c'est ce que je souhaite car, dans la réalité, les événements se déroulent tout autrement.

Il esquive. Élégant mouvement du buste qui se cambre et dessine une gracieuse arabesque. Le menton se dérobe devant mon poing. Emporté par mon élan, je termine ma course en complet déséquilibre. Il rentre, m'attrape au poignet et tire en donnant une vive impulsion de tout son corps. Me revoilà parti dans un vol plané, sur le dos cette fois.

Après le karaté, la prise de judo. Décidément, il a bossé tout le répertoire. Très impressionnant, me dis-je en flottant dans les airs, bras et jambes pendant lamentablement à la recherche d'un point d'appui, qui ne tarde pas à se présenter puisque, une fraction de seconde plus tard, je décélère brutalement, m'écrasant sur le mur. Comme une poupée de chiffon, je glisse au sol et m'immobilise. Tas de chair dolente.

Il me laisse récupérer. Je finis par me remettre lentement sur mes pieds.

Il revient. À nouveau la danse. Un petit pas en avant, un sur le côté.

Trouve quelque chose, Jack. Si tu le laisses te mettre un autre coup, c'est fini. Tes avantages ? Ta masse et la force. Petit espace, comme un ring de boxe. Il ne pourra pas t'éviter, alors saute-lui dessus et cloue-le dans le mur.

Et n'attends pas, sans quoi c'est lui qui va cogner le premier. Vas-y maintenant.

Position du lutteur. Je m'avance, cherche une jambe. Tout ce qu'il faut c'est que je l'envoie au tapis et que je l'immobilise au sol. Je l'ai fait des centaines de fois à l'entraînement. Il n'existe pas de réelle défense face à ce genre de truc.

Le ninja me voit venir. Il se met à courir vers le mur le plus proche. Je suis. Tu peux toujours courir l'ami, tu ne m'échapperas pas.

Ses pieds quittent le sol. Il fait un saut périlleux arrière en prenant appui contre le mur. Je n'ai pas le temps de me retourner qu'il est déjà derrière moi, les bras autour de mes hanches. Encore une fois, c'est lui qui a le contrôle des opérations.

Utilisant à merveille le centre de gravité, il me fait vaciller et m'amène au sol d'une simple torsion du buste. J'ai combattu des champions de ligue qui ne maîtrisaient pas aussi bien ces mouvements. Il m'immobilise. J'essaie de le désarçonner. Autant vouloir se débarrasser de sa colonne vertébrale en faisant une ruade. Je sens sa main droite glisser jusqu'à un point situé derrière ma nuque. Durant un instant, cela fragilise son immobilisation.

C'est le moment. Je vais l'avoir.

GRRRRGGGRR ! Électrocution.

L'impression qu'une décharge de cent mille volts me secoue tout le corps, comme si j'avais mis les doigts dans une prise à haute tension. Le problème, c'est que je ne suis en contact avec aucune installation électrique, seulement le pouce du ninja qui appuie sur un nerf, quelque part en haut de mon épine dorsale. Je suis pris de convulsions.

Il relâche la pression et, au moment où je m'écroule, m'attrape à la gorge, genoux bien calés dans mon dos.

Étranglement en bonne et due forme. Main droite qui m'écrase la trachée pendant qu'il me maintient en position de l'autre.

Du beau travail ! Net et sans bavure. Ce coup-ci, j'y passe.

Je ne peux absolument rien faire.

L'instinct de survie me fait me débattre sauvagement. Il me contient avec une force quasi surhumaine. Je parviens néanmoins à me relever, à le soulever du sol, comme ferait un buffle qui aurait les griffes d'un lion plantées dans le dos. Je le cogne contre le mur. Durant une seconde, son étreinte se relâche.

Mais, ensuite, le lion réajuste sa prise. Sa main m'étouffe impitoyablement. Je tombe à genoux avant de m'étendre à plat ventre par terre.

L'étouffement est une mort horrible. Recherche désespérée

d'un dernier souffle, puis la lumière faiblit et une petite voix venue du plus profond de votre âme vous annonce que c'est la fin. « Jack, tu es en train de mourir. »

Totalement impuissant, j'écoute la petite voix. Tant pis pour les regrets. Adieu.

Papa.

Maman.

P.J.

Et c'est le noir.

21.

Le cauchemar semble ne jamais devoir finir. Variations sur le thème de la douleur. Passages à tabac le jour, tabassages le soir. Je ne fais plus la différence entre les souffrances présentes et celles du passé. Mes larmes sont-elles réelles ou un simple écho de la dernière raclée ?

Une constante toutefois : mon adversaire. Différents kimonos, plusieurs masques, mais toujours le même petit mec, bâti comme un nerf de bœuf, et gracieux comme une gazelle. Celui du jeu de jambes latéral, du high kick de karaté et des épouvantables prises de jujitsu.

Je contre-attaque en utilisant tous les assauts possibles et imaginables : poings, pieds, plaquages. J'essaie même de le mordre.

J'enlève mon blouson de cuir et je lui balance comme un filet en espérant le faire tomber. Je lui balance même mes chaussures.

Rien n'y fait. Il est trop bon.

Les corrections se suivent et se ressemblent, me laissant au mieux hébété, au pire totalement inconscient. Le petit mec a eu dix fois l'occasion de me tuer. Il s'en abstient, préférant disparaître je ne sais trop où avant de revenir me flanquer une nouvelle volée.

C'est pas que j'abandonne, c'est juste que je ne sais plus par quel moyen riposter. Il a une parade pour toutes les techniques que je connais.

À court d'argument, je choisis la dernière option qui me reste.

Je l'imite. J'essaie d'apprendre. De faire comme lui.

J'ai toujours assimilé vite. Il suffit qu'on me montre quelque chose une fois pour que ça reste gravé dans ma mémoire, ce qui a eu le don de sidérer des cohortes de coaches.

— La vache ! Danielson ! Je n'ai pas fini de te montrer le dribble croisé que tu le fais déjà mieux que moi.

— J'en crois pas mes yeux, Danielson. Tu as complètement assimilé le lancer que je t'ai appris hier !

Alors j'écarte légèrement les pieds, à l'aplomb de mes épaules, comme je l'ai vu faire. Ensuite, je reproduis son jeu de jambes latéral, sans jamais le moindre déséquilibre, sans jamais prêter le flanc à une attaque. Difficile de prédire quelle direction je vais prendre.

Ah, c'est comme ça que tu fais ce coup de pied ? D'abord bien monter le genou puis fouetter avec le pied sans bouger la cuisse, tout droit. Mmh, je vois. Et quand tu tapes, la puissance vient aussi de la hanche...

Et puis il y a ce point que tu as utilisé pour m'immobiliser. Je peux le trouver en tâtonnant mon épine dorsale. Merde, ça fait mal. Et si c'est douloureux pour moi, ce le sera également pour toi, mon pote.

Je progresse. Je m'en prends encore plein la tronche, mais

je parviens néanmoins à lui mettre un coup de pied par-ci et un coup de poing par-là. La correction se mue peu à peu en séance d'entraînement. Les assauts se prolongent. L'esprit de compétition s'invite dans le débat.

J'ai remarqué un truc bizarre. Le petit sadique que j'ai en face de moi ne m'inflige aucun dommage corporel majeur. Certes, il n'hésite pas à m'étrangler jusqu'à ce que je bave ou à me mettre KO d'un coup bien senti, mais sans jamais me casser un os, pas même me faire sauter une dent.

Forcément intentionnel.

Peut-être quelque chose dont je peux tirer profit.

Entre deux pertes de connaissance, je compte mes bosses et dévore les minuscules rations de nourriture et d'eau qui apparaissent comme par miracle pendant que je suis dans les vapes. Et je le regarde. Attentivement. Je souffre, mais j'apprends. Je m'améliore. Un jour, pas si éloigné que ça, l'élève tuera le professeur. Je le hais. Je lui dois un abysse de douleur.

Je progresse également sur le plan mental. En effet, je parviens à chasser de mon esprit les sentiments de peur que ce mec m'envoie par télépathie. J'ai trouvé l'écran qui les bloque.

Un dernier assaut. Impressionnant de violence. Il ramasse quelques coups qu'il n'apprécie pas. Dès qu'il m'a à sa main, il me roue de coups, et me finit par un étranglement. Avant de défaillir, je parviens à envoyer un méchant taquet au masque de ninja. Non sans satisfaction, j'entends résonner un grognement de douleur. Prends ça, salopard.

Quand je reprends connaissance, l'endroit est baigné de lumière. J'ai dû rester dans le cirage pendant un bon bout de temps. Je connais son manège maintenant. Il va attendre que je me relève et, dès que j'aurai un tant soit peu repris mes esprits, il reviendra.

Alors, je ne me redresse pas tout de suite. Je reste étendu par terre, silencieux et immobile, élaborant une tactique.

Car, cette fois, je suis prêt à le recevoir. C'est le jour J.

Il y a un moment où il est vulnérable. Lors de son premier saut. Il a beau être habillé comme un oiseau, il ne peut pas voler. Par conséquent, entre l'instant où il s'élance dans les airs et celui où il atterrit, il y a forcément une ouverture.

J'attends d'avoir repris quelques forces et je me mets debout. Mal partout, mais mon esprit est aussi clair et froid qu'un ruisseau de montagne. Je titube volontairement. Le piège se referme. Je lui envoie des injonctions haineuses par télépathie, comme si je n'étais plus dans mon état normal. Amène-toi fumier, je vais te casser en deux.

Intérieurement, je suis parfaitement calme. Calculateur.

La fenêtre s'ouvre. Il s'élance, tel un vautour grisâtre.

Je cours me placer sous lui.

Il ne peut pas me cogner car s'il le fait, ce sera au visage et avec l'impact du saut, il risquerait de me tuer, ce qu'il ne veut surtout pas faire.

Il tombe droit sur moi et se tortille pour tenter de m'éviter.

Je l'attrape à la taille. Tu reconnais cette prise, blaireau ? C'est toi qui me l'as apprise.

C'est un peu comme étreindre une anguille électrique. Il se débat, rue et gigote, cherche les points sensibles. Je resserre la prise. En revanche, je ne vais pas pouvoir tenir longtemps ; ça tombe bien, je n'en ai pas l'intention.

Deux pas vers le mur. Un autre de ses enseignements. Tirer parti de la topographie des lieux. Un mur étant souvent plus déterminé que bien des poings.

Soudain, je plie les genoux, abaissant subitement mon centre de gravité d'une bonne cinquantaine de centimètres. Il ne s'attendait pas à ça. Je l'emmène à terre avec moi, en chute arrière. Ensuite, je le fais voler contre le mur en poussant sèchement des deux pieds.

Tu voulais voler, ninja ? Tu vas être servi !

BAM ! Il s'encastre dans le mur comme un vautour qui n'aurait pas vu un gratte-ciel. Sonné, il s'effondre sur le sol. L'instant suivant, il essaie déjà de se relever. Étonnante capacité de récupération.

Trop longue néanmoins. Appel pied gauche, je décolle et bondis dans les airs, préparant déjà le coup de pied du droit qui le cueille au menton. BAM !

Il tombe à la renverse, secoue la tête pour retrouver ses esprits, mais pas assez rapidement pour éviter...

Un nouveau choc. Je me suis jeté sur lui. Les deux genoux en avant. Sur son sternum. Encore un truc qu'il m'a appris. Utiliser la gravité. FFFFHHH. L'impact lui a coupé la respiration.

Je n'ai jamais été assez enragé pour ressentir la sensation que je pourrais tuer. Aujourd'hui si. Tu veux souffrir ? Ne t'inquiète pas, tu vas avoir ta dose. Jack est un bon garçon, il ne va pas te décevoir.

Le sang cogne à mes tempes. Il tente de me désarçonner. Je cogne sa tête contre le sol. Combien de fois m'a-t-il fait voir des étoiles ? Cette fois, c'est son tour.

Enlever son masque. Je veux pouvoir lire la terreur sur son visage avant de le tuer.

Poing droit serré, prêt pour l'atémi. J'arrache le masque de ma main libre. Difficile à enlever. Je tire, les lanières de cuir finissent par céder. Emporté par mon élan, je lève le masque à bout de bras, prêt à asséner un coup mortel de l'autre.

Et je me fige.

Parce que ses yeux se sont ouverts, et qu'ils me fixent. Des yeux gris. Miséricordieux. Humains. Il sait ce qui va se passer, et *trick or treat*, il a un dernier tour dans sa musette.

Car il est *elle* !

Traits du visage indubitablement féminins, et même séduisants – à condition d'aimer les femmes sadiques taillées dans le bois.

Je suis à deux doigts d'écraser mon poing sur ce visage. À deux doigts. Car mon geste s'interrompt. Je ne peux pas.

À la gorge ! On peut facilement tuer quelqu'un comme ça, en lui arrachant la trachée-artère.

— Qui es-tu ? m'entends-je hurler. Parle ou je te tue.

Elle entrouvre les lèvres.

— Mon nom est Eko, réplique-t-elle d'une voix douce.

— Pourquoi m'as-tu tabassé ?

— Je n'ai fait qu'exécuter la mission qu'on m'avait confiée, s'étrangle-t-elle. Le temps presse. C'était la seule manière.

— De faire quoi ?

Je desserre légèrement la pression pour la laisser respirer.

— D'être sûre que tu saurais te défendre. Un préalable indispensable avant de t'enseigner les autres choses que tu as besoin d'apprendre. Maintenant, tu es prêt.

— Ah ! Alors comme ça, tu es de mon côté... Excuse-moi si j'ai un peu de mal à y croire.

Les yeux gris se plantent dans les miens. Ils n'expriment aucune peur.

— Si tu veux me tuer, vas-y. Tu en as le droit. Tu peux faire ce que tu veux, car tu es l'étincelle d'espoir. Sinon, viens. On a du pain sur la planche et très peu de temps devant nous.

Dieu sait que j'ai envie de la tuer – ou au moins de lui faire très mal. Pourtant, plus je me perds dans ces yeux gris et plus je suis tenté de la croire.

C'est fou. Après tout ce qu'elle m'a fait subir, comment puis-je lui faire confiance ?

Je baisse les yeux sur l'image qui orne le pendentif qu'elle porte autour du cou. Une figure de femme, avec de longs cheveux qui tombent en cascade.

J'ai déjà vu cette allégorie. Mes parents avaient la même sur une vieille broche qu'ils gardaient précieusement dans leur chambre, là-bas, à Hadley-sur-Hudson. Même chevelure luxuriante, même visage harmonieux et mélancolique. Ils m'avaient dit que c'était juste un vieux bijou qu'ils avaient déniché dans une brocante.

— Qui est-ce ?

Eko hésite. Ses yeux gris cherchent quelque chose à quoi se raccrocher.

— Ta mère, murmure-t-elle finalement. Ta... vraie mère.

Je me relève et fait un pas en arrière. Ma tête tourne encore plus que lorsque je prenais des coups.

— Elle... elle est vivante ? Où est-elle ? Tu la connais ?

Après quelques secondes de récupération, Eko se remet lentement debout.

— Plus tard, dit-elle. Pour l'instant, on doit partir. On n'est pas en sécurité ici. Alors ? Tu viens ?

Un silence ambigu plane un instant.

— Je viens, dis-je en hochant la tête. Mais la prochaine que tu veux m'apprendre quelque chose, Eko, essaie de voir s'il n'y a pas une méthode plus douce.

22.

Véhicule à quatre roues motrices. Puissant comme un tank. Joli camaïeu de bleu – virant parfois au jaunâtre – partout sur le corps. Rappel des coups récemment encaissés. Une nouvelle douleur à chaque imperfection du revêtement. Aïe, ma jambe. Aïe, mes côtes. Aïe, aïe, mon cou.

Il paraît insensé que je me laisse conduire vers une destination inconnue par une jeune femme qui a passé les derniers jours à me battre comme plâtre. Mais, encore une fois, plus rien n'a de sens dans ma vie depuis que je me suis fait flasher par un grand type au Hadley Diner.

Suis ton instinct Jack. Si tu ne fais pas confiance à quelqu'un qui t'appelle l'étincelle d'espoir, à qui peux-tu faire confiance ? Et ce pendentif avec l'image de ma mère ! Ça coupe court à toute discussion.

Eko le détache de son cou et me laisse le tenir. Je la mitraille d'une salve de questions. Elle élude.

— Pas maintenant. On est en danger. Des gens nous pourchassent. Je dois me concentrer sur mon objectif premier : nous mettre en sécurité.

— Qui nous chasse ? Pourquoi ? Dis-moi au moins le nom de ma mère !

— Mira, murmure-t-elle. C'est le nom d'une étoile très connue, dont la lumière varie. Parfois elle scintille brillamment dans le ciel, parfois elle est à peine visible.

Je me perds dans la contemplation du doux visage qui orne le pendentif, me répétant à l'infini ce nouveau nom, porteur de mille mystères. Mira.

Eko a troqué ses judogis colorés contre un short blanc tout simple et un haut turquoise. Il ne lui manque qu'un appareil photo autour du cou pour ressembler à une parfaite touriste.

Elle conduit comme elle se bat. Avec assurance et grâce, les mains délicatement posées sur le volant. Les mêmes qui m'ont cogné et étranglé quelques heures plus tôt. Elle ne détache que rarement ses yeux gris de la route. Elle n'a pas le regard d'une Asiatique, pas non plus d'une Caucasienne. Non, plutôt un exotique mélange. Peau couleur amande.

La quatre voies déroule en plein milieu de la presqu'île qui fait rempart contre le grand bleu. Par moments, on est entourés d'eau. L'océan à l'est et un bras de mer chatoyant à l'ouest, puis l'isthme s'élargit à nouveau.

Je lui rends le pendentif.

— Comment peut-on encore être à nos trousses, Eko ? Personne ne sait que je suis ici. Ce n'est pas possible qu'on soit encore en danger.

— Pourtant on l'est.

Femme de peu de mots. Ça me rappelle Gisco et ses attitudes de sphinx, cherchant des détours pour ne pas répondre à mes questions. Enfin, quand on est dans une Jeep avec une femme qui vous a rossé pendant plusieurs jours, c'est peut-être une bonne idée d'y aller mollo.

On traverse Duck puis Corolla. Résidences de standing protégées par des grilles. Antennes satellite perchées sur les toits comme des araignées géantes. Reflets changeants des piscines. Jacuzzi mousseux. Types en vélo vêtus de lycra fluo. Pendant la haute saison, cet endroit doit regorger de richards au teint hâlé prenant d'assaut la boutique de chemises hawaïennes.

Avant Corolla, on traverse une sorte de zone industrielle, émaillée d'ateliers et de petites fabriques. Les maisons sont plus modestes, le paysage plus accidenté. Un phare surplombe les dunes.

— Pourquoi un phare ? dis-je, histoire de rompre enfin le silence.

Après tout, elle préfère peut-être les choses futiles aux grands desseins futuristes.

— Les accidents, répond-elle, toujours avec la même économie de moyens.

— Quels accidents ?

— Les naufrages. Puis, voyant que je ne suis guère satisfait de sa réponse, elle ajoute : Les cayes ont longtemps été surnommées le cimetière de l'Atlantique. Surtout là où on va.

Bel à-propos si l'on considère le nombre de gens qui veulent ma peau. Jack Danielson, en route pour des vacances au bord de la mer dans le cimetière de l'Atlantique en compagnie d'une Ninja Girl au mutisme désespérant.

Qu'est-ce que j'ai fait pour mériter ça ?

Eko s'est remise en mode silence. Elle a un côté zen. Une sérénité introspective. Comme si je n'existais pas. Comme si elle pouvait conduire indéfiniment, sans quitter un seul instant la route des yeux, avec toujours la même concentration, le même calme, la même précision satisfaite.

Est-elle seulement curieuse à mon égard ? Ressent-elle le besoin d'expliquer son étrange comportement ? Que nenni !

Fin de la quatre voies. Après une marche, le ruban d'asphalte plonge sur la droite et disparaît devant un portail de bois. J'en déduis que nous allons nous arrêter aussi.

Erreur, Jack. Le tout-terrain blanc quitte la route et s'engage dans le sable. Eko n'a même pas pris la peine de ralentir, s'engageant à vive allure sur la plage comme s'il s'agissait là de la chose la plus naturelle du monde. Nous remontons vers le nord.

D'autres véhicules sont passés par là. Nous suivons leurs traces avant de dépasser un groupe de Jeep et de pick-up garés au hasard des dunes. Des gens se baignent, se jettent dans les vagues, des enfants ramassent des coquillages. Nous arrêter ? Ce serait d'un commun... Nous poursuivons notre route.

Le soleil se couche. Voilà des heures que nous roulons sur la plage. Plus de baigneurs, ni de pêcheurs. Seulement le sable, les rouleaux et nous.

Entre chien et loup. Le vent se lève. L'écume comme des rangées de dents bien blanches. Ça devient flippant. Où allons-nous ? Je l'ignore. Dans quel but ? Aucune idée.

Au moins suis-je sorti de cette maudite grange. Le panorama est plus intéressant ici. Sans parler de la faune. Un oiseau tourne au-dessus de nous. Immense envergure. Aigle ? Albatros ? Peu importe. Pas besoin d'être ornithologue pour se laisser bercer par la majesté de son vol.

— Grand héron, lâche soudain Eko.

Première phrase sortant de sa bouche qui soit autre chose qu'une réponse à une question directe.

Vraiment, hein ?

Elle n'a pas quitté le sable des yeux. Alors comment sait-elle que j'observais l'oiseau ? J'avais activé les boucliers. On n'est jamais trop prudent.

— Tu serais pas en train de lire dans mes pensées ?

— Pas du tout. Tu les caches.

Et là, force est de lui reconnaître raison car, si tel avait été le cas, elle aurait facilement anticipé mes mouvements, dans la grange, et jamais je n'aurais pu bénéficier de l'effet de surprise.

— Exact. Mais alors comment t'as su que j'observais l'oiseau ? Puisque tu ne me regardais pas.

— L'oiseau t'a vu qui levais la tête vers lui.

— Tu veux me dire que tu as lu l'oiseau ? Excuse-moi, mais ça me paraît un peu dur à avaler que tu puisses analyser les réactions cérébrales d'un héron planant à cinq cents mètres d'altitude.

— Grand héron, nuance-t-elle. Le géant du marais.

Waouh ! Trois mots de suite. On se sent d'humeur bavarde tout d'un coup ? Ou alors elle aime les oiseaux.

— Quel marais ? Ici c'est la mer.

— Par là, tu verras, répond Eko avec un signe de menton en direction des dunes. Pour l'instant, ce qui compte c'est d'atteindre notre destination.

— Qui est ?

— Un endroit sûr.

— La grange, c'était pas sûr ?

Elle hausse les épaules. Elle m'a raccroché au nez.

Quelques battements de paupières en levant les yeux sur le point mouvant, qu'elle suit un moment glisser sur fond de nuages violets, aux reflets crépusculaires. Je l'examine avec attention. Un bon visage de joueur de poker. Je détecte néanmoins l'urgence de puissantes émotions, couvant sous la surface tandis qu'elle se perd dans le vol du héron.

Un respect mêlé de crainte, un élan de tendresse et une profonde colère.

Déjà trop d'attente. Elle me fait le coup du mutisme depuis des heures. Il est temps de prendre l'initiative.

J'attrape le volant et donne un vif coup vers l'eau.

— Qu'est-ce que tu fais ? s'emporte Eko en se débattant avec son volant. – La Jeep zigzague dans les dunes. – On va s'ensabler avec tes c...

— Alors arrête et parle-moi. Maintenant !

Elle saute sur les freins. La Jeep gémit et s'arrête en cahotant, la calandre à moins de deux mètres d'une grosse flaque scintillante d'eau de mer.

Agréable de voir ses directives suivies d'effet. Ça change.

— Tu me dois bien ça Eko. Je t'ai fait confiance en acceptant de t'accompagner jusqu'ici. Maintenant, tu me dois au moins quelques réponses. Cette grange était bien assez sûre quand il s'agissait de m'y enfermer pour une bonne bastonnade. Pourquoi, tout d'un coup, faut-il absolument partir en expédition au bord de la plage ?

— Pour ta protection, répond-elle à contrecœur.

— Personne ne sait que je suis là à part toi et le sac à puces qui, je suppose, a touché une belle somme pour m'avoir vendu. Alors pourquoi fallait-il quitter un endroit sûr ? Où on va, là ? Y a pas une seule maison par ici et puis, au fait, qu'est-ce que tu fais dans la vie quand tu ne tabasses pas des gens dans les écuries ? Tu ne fais quand même pas ça à plein temps ?

Les lèvres d'Eko esquissent un mouvement. Un instant, j'ai l'étrange sentiment qu'elle va sourire à mon trait d'humour et celui, plus étrange encore, que ce pourrait être un joli sourire.

Mais non. Froncement de sourcil. Air maussade.

— Ils vont continuer à te traquer, dit-elle. Ils vont te traquer jusqu'à la mort. – Merci. Très réconfortant. – J'espère que tu as intégré cette idée car, sinon, tu es un sombre crétin. Je te conduis dans un endroit sûr, ou, à tout le moins, plus sûr, mais pendant qu'on voyage, on est vulnérable.

— Mais pourquoi m'en veulent-ils tant que ça ? dis-je d'un ton plaintif, la suppliant de me donner quelques éléments de réponse. Pourquoi eux veulent-ils me tuer et toi, m'aider ?

Son regard gris se braque sur moi. Gouffre de placidité. Ni sympathie ni antipathie aucune.

— Parce que tu détiens la clé, finit-elle par répondre doucement.

Je baisse les yeux sur ma main, l'ouvre d'un coup. Vide.

— Pas de clé.

La lumière du crépuscule illumine ma paume, soulignant le tracé chaotique des lignes de ma main. Laquelle est la ligne de vie ? Certainement pas une des longues.

— C'est toi la clé, ajoute-t-elle toujours aussi doucement, avec un profond sérieux.

Je l'interroge du regard, observe son expression. En pure perte.

— Allez, finis ta phrase. La clé de quoi ?

— La clé pour trouver Mu, réplique-t-elle d'un ton solennel. Trouver Mu et sauver le monde. Toi seul peux le faire. Par conséquent, tout dépend de toi. L'avenir est entre tes mains.

Quoi ? Et pourquoi ça ? Pourquoi moi ?

— Ce n’est pas possible ! dis-je d’une voix étranglée par la confusion et la stupeur. Je ne suis même pas en âge de voter, ou d’acheter de l’alcool.

Ou de baiser, manquai-je d’ajouter avant de me reprendre – on a sa fierté quand même.

— Et pourtant c’est comme ça, répond-elle d’un air fataliste. Maintenant, si tu veux bien, allons-nous-en.

Elle me caresse la main, posée sur le volant. Son contact est étonnamment chaud. Après quoi elle la soulève doucement et l’écarte du cercle de plastique.

— Tu incarnes tous nos espoirs. Tu es l’étincelle. Mais tu parles trop.

Je lâche le volant. Elle écrase l’accélérateur. Nous poursuivons notre route en silence.

23.

Cabanon de pêcheur précairement perché sur pilotis, tel un échassier dominant la lisière du marais. Discret et isolé. Invisible depuis la plage. Aucune construction alentour. Aucun passage. Nada.

L'intérieur est à l'avenant. Loin des jacuzzi et des abonnements à la télé satellite que nous avons croisés plus tôt. De fait, il n'y a pas de télé du tout. Pas de radio. Pas de platine CD pour faire péter les basses quand le soleil cogne.

J'imagine qu'on attend de moi que je m'extasie sur le fait d'avoir de la lumière et de l'eau chaude.

Une seule exception. Sous la forme d'un cube bleu qui trône majestueusement dans le salon. Très high tech. Eko s'y précipite à peine arrivée. Elle le cogne une fois, puis place ses mains autour. Le cube devient phosphorescent. Plus qu'une lumière : une aura. Eko reste là quelques minutes sans bouger, baignée d'un surprenant halo bleu. Elle se concentre. Comme si elle recevait le message... corporellement.

— Par tous les diables, qu'est-ce que c'est que ça ? Une lampe à bronzer pour les adeptes du teint bleu ?

Interlocutrice guère disposée à rigoler.

— Tu n'as pas les connaissances scientifiques... Tu ne comprendrais rien...

— Envoie quand même.

— Monitoring de l'écosystème et veille radar, répond-elle après un soupir.

Je marque un temps d'arrêt.

— Ça te donne les bulletins météo et ça te prévient si on essaie de nous débusquer ici ?

— Bien sûr que non. Il serait parfaitement illusoire de croire qu'on peut leur échapper. Ils nous auront bientôt trouvés.

T'as raison Eko. Toujours rester optimiste.

Les questions se bousculent à mes lèvres. Qui je suis ? Qui sont mes parents ? En quoi suis-je supposé sauver le monde ? Elle n'est pas disposée à répondre, me promet qu'on y reviendra, l'heure venue.

J'insiste.

— OK. Dis-moi juste si ma mère est vivante.

Elle me dévisage, compatit, puis, dans un souffle, murmure :

— Je pense, oui. En tout cas elle l'était la dernière fois que je l'ai vue... il y a trois mois... dans mille ans.

Donc elle est vivante. Mira, dont l'éclat baisse puis illumine à nouveau. Ça, c'est une nouvelle inespérée de la part de ma Ninja Girl. Peut-être aurai-je l'occasion de la rencontrer. Un jour... On en aura du temps à rattraper. Salut m'man ! Tu sais, je suis le fils que tu as sorti de son berceau pour le balancer dans la machine à voyager dans le temps. Depuis lors on m'a menti, traqué, trahi... et pratiquement tué une bonne dizaine de fois. À part ça, tout roule. Merci m'man. Mais au fait, et toi ? Ça va ?

Je fais le tour de la maison. Trois étages reliés par un escalier très raide. Chambre de Jack au second. Lit. Écritoire. Placard avec fringues propres. Pas très glamour, mais le style n'est pas dans l'ordre des priorités pour l'instant. Toutefois, en cas de cavale, ne sous-estimez jamais la valeur d'un caleçon propre.

Qui a acheté tout ça ? À qui appartient cette maison ?

J'ai beau questionner Eko, elle se borne à noyer le poisson... dans le marais. Car il y a bien un marais. De mon lit j'entends le chant des oiseaux – et le bourdonnement de millions d'insectes. Aucune chance que je puisse dormir. Qu'est-ce que je f... ici ? Je ne fais confiance à personne et je n'ai pas le début d'une explication. Non, pardon, tout ce que j'ai su jusqu'alors s'est révélé inexact, hormis le fait qu'une sorte de nasse se referme lentement sur moi. Même la solitude présente est incapable de compenser le sentiment de l'étau qui se resserre.

Je finis par sombrer dans un mauvais rêve, animé par la figure démoniaque que j'ai entraperçue pour la première fois pendant le saut entre les deux immeubles, à Manhattan. Cette face léonine avec son épaisse crinière blanche et ses canines acérées. Yeux reptiliens injectés de sang. Voix aussi caverneuse que le rugissement d'un fauve affamé montant de la savane, infiniment diffracté dans mes élucubrations oniriques. Jack, Jack...

Puis je suis à la maison, sur le perron du jardin, lisant *David Copperfield*. Les yeux rouges réapparaissent, d'abord indistinctement au-dessus des buissons, puis plus nettement, et enfin cette voix qui vibre dans l'ombre...

Ton heure a sonné, Jack. Je suis venu spécialement pour toi. Où penses-tu te cacher... Inutile. Laisse tomber, Jack, abandonne...

— Jack ? – Toc toc – Réveille-toi.

Je me réveille en sursaut. Vaguement reconnu la voix d'Eko. Doit y avoir erreur, il fait nuit noire – un œil sur la montre : quatre heures et demie.

— T'as vu l'heure...

— Le petit-déjeuner est servi.

24.

Stage commando. C'est le mot le plus approprié. Qui m'a enrôlé ? Dans quelle arme ? Pour quel motif ? Tais-toi et marche !

— *04:30*. Réveil. Eko tambourine à ma porte. « Debout, Jack. » Je me tire péniblement du lit en rêvant d'un petit-déjeuner maousse. Œufs bacon, patates rôties. Dans tes rêves, Jack.

— *05:00*. La collation consiste en un jus de pomme et un bol de céréales.

— Où on va de si bonne heure ?

— Courir.

Mon interlocutrice brille par son éloquence.

— En pleine nuit ? Dans un marais ? Et les alligators ?

— Finis de t'alimenter. On y va.

En plus de l'éloquence, Eko manie la boutade et le second degré avec une dextérité à nulle autre pareille.

J'engloutis la dernière cuiller de céréales. L'estomac toujours aussi léger.

— *05:50*. Course à pied. Dans l'atmosphère vaporeuse du point du jour. Les étoiles illuminant encore le ciel. On crapahute dans le marais avec de l'eau jusqu'aux genoux.

Je ne vois pas où je mets les pieds. Je me blesse sur les rochers. Les ronces m'écorchent de partout. Je me fous la gueule dans des toiles d'araignée.

Vous vous rappelez ? Je suis rapide. Et endurant. Gagné un titre en totalisant cent quarante yards dans un même match de foot.

Eh bien Eko l'est encore davantage. Comment un si petit bout de femme peut-il filer à cette allure ? Mystère. En tout cas, elle est en parfaite condition. Les bras accompagnent parfaitement la foulée. Les genoux pompent avec la force et la régularité d'un piston de camion, bien lubrifié dans son cylindre. Elle ne heurte jamais le moindre obstacle. Elle a la vision nocturne ou quoi ?

Quand nous pataugeons dans le dernier bras de mer boueux, en arrivant à l'endroit où le marais ouvre sur une baie, tout ce que je veux faire c'est m'écrouler sur le sable et vomir mes céréales.

Deux kayaks orange nous attendent. Eko est déjà en train d'en mettre un à l'eau.

— Qu'est-ce que tu fabriques ? demande-t-elle après s'être retournée et m'avoir découvert à genoux par terre.

— Repos. Tu connais ?

— Prends ton kayak.

— T'emballe pas. Laisse-moi deux minutes.

La Ninja Girl qui fait office de sergent instructeur ne l'entend pas de cette oreille.

— Exécution ! ordonne-t-elle avec autorité.

— *07:00*. Course de kayak.

Le canoë d'Eko file à la surface de l'onde, propulsé par d'experts coups de pagaie silencieux. Une Pocahontas du futur.

Épuisé par la course à pied, je tente tant bien que mal de suivre la cadence. J'ai les genoux brûlants, le dos cassé en deux. Chaque planter de pagaie s'accompagne d'un plouf sonore et de moult gerbes incontrôlables.

Elle s'arrête soudain et me montre du doigt un oiseau blanc qui plane au-dessus de nous.

— Une aigrette pique-bœuf. Elles se nourrissent des insectes qui parasitent les chevaux sauvages.

Son kayak s'est à peine posé sur la grève dans un élégant frottement qu'elle crapahute déjà à l'assaut de la berge, très pentue à cet endroit.

Je suis. Au fait, c'est quoi le délire avec les aigrettes ?

Arête dentelée au sommet du mur de sable, comme si un épais tapis avait été jeté sur le sol. Une harde de chevaux sauvages broute l'herbe verte. C'est la première fois que j'en vois en vrai. Un peu ému. Robes, mouvements, tout est différent. Jambes musclées et crin flottant au vent au rythme d'incessants coups de tête. Des gris, des noirs et des feu.

— Une grande famille ?

— Harem. Voilà l'étalon, dit-elle avec un hochement du menton en direction d'un mâle légèrement plus massif que ses congénères. Ne t'approche surtout pas !

L'animal nous regarde. Nous flaire. Son œil se fait aussitôt menaçant. Deux cents kilos de muscles et de testostérone au service de quatre sabots plus dévastateurs que n'importe quel gant de boxe.

Ma démarche se bloque. Reste cool, maître du harem. Je ne suis pas une menace.

Eko et moi les observons un instant avant qu'ils ne s'effarouchent et ne quittent le pré au petit trot. Elle les accompagne du regard. Une fois encore, je la sens en proie à une profonde confusion des sentiments, un singulier mélange d'effroi, de tendresse et de colère.

À un signal connu de lui seul, le groupe se lance au galop et disparaît derrière un bosquet.

— Superbe.

— Oui, acquiesce-t-elle avec un soupir. Puis, embarrassée d'être ainsi surprise en flagrant délit d'émotivité, elle aboie d'une voix rauque : On y va.

— On fait quoi maintenant ?

— Assaut !

— *09:00*. Entraînement au combat.

Eko réalise un kata. Gestes lents et amples. Ashi waza. Chute. Saut. Atémi waza. Tout s'enchaîne harmonieusement, un mouvement en amenant un autre. Image par image.

Je l'imite de mon mieux, sans jamais parvenir à la satisfaire.

— Tu te contentes d'agiter les bras et les jambes. Tu n'utilises que ton corps.

— Ah, oui, et je suis censé utiliser quoi d'autre ?

Un appel silencieux. Eko se propulse dans les airs. En vrille. À l'apex de son saut, elle se pose en douceur sur une branche. Me regarde de haut.

Je tente la même figure. Décollage catastrophe. Je vais m'écraser tête la première dans le sable.

— Étincelle d'espoir... mais gracieux comme une dinde unijambiste.

— *11:00*. Déjeuner sur jolie plage isolée. Faim de loup. Des plis de son judogi, elle extrait un petit sac se révélant contenir deux carrés de cheddar, deux boules de riz ainsi qu'une pomme verte.

Je profite du fait qu'on est assis la bouche pleine pour essayer de lui en faire dire davantage.

— Bon, pour ma mère, c'est bon. Tu m'as donné son nom et dit qu'elle était vivante. Mais mon père ? Vivant lui aussi ? Fait quoi ?

Elle engloutit goulûment sa dernière bouchée de riz. Se lève.

— Peux pas parler de ça maintenant.

— Pourquoi ça ?

— Temps pour toi de libérer ton esprit de toute question.

— Il ne restera pas grand-chose...

— Précisément, répond-elle le plus sérieusement du monde. C'est le but recherché.

— *13:00*. Méditation renversée.

— D'abord, tu fais ça, dit-elle en pliant ses jambes jusqu'à une position qui ferait sauter sur la pommade un contorsionniste, puis elle balance son poids d'un mouvement de hanches et se réceptionne sur la tête.

— Tu plaisantes, j'espère. J'peux pas faire ça.

— Essaie.

Le simple pli des membres inférieurs me fait frôler la luxation d'au moins dix os.

— OK, ne bouge pas et fais le vide dans ta tête.

Je m'immobilise en silence, assis dans le bon sens.

Contrairement à ce qu'on pourrait croire, faire le vide dans sa tête est une activité ardue, un peu comme se forcer à dormir. La simple conscience de cette volonté suffit à la faire échouer.

Pense pas à la nourriture. Bon, en même temps, c'est sûr que deux bonnes rangées de travers bien grillés avec leur rituelle patate au four, ce serait pas de refus.

Pense pas au sexe. Tiens, je me demande si P.J. a un nouveau prétendant à l'heure qu'il est. Elle était si sucrée, l'été dernier, à la piscine. Subrepticement, je jette un coup d'œil furtif en direction d'Eko, toujours emmitouflée dans son judogi, les yeux mi-clos. Ah ça ! Bien vide l'esprit ! Et la sensualité d'un lave-vaisselle !

Oh oh ! Elle ouvre les paupières. J'espère qu'elle n'a pas entendu.

— Il faut que tu y arrives, dit-elle. Assieds-toi droit, les paumes posées sur les genoux, ouvertes vers le ciel. Respire doucement. Concentre toute ton attention sur une chose très simple.

— Comme quoi ?

Elle trace une courbe dans le sable.

— Redresse la ligne que je viens de tracer, grain de sable après grain de sable.

— Tu te fous de moi ! Personne ne peut faire ça.

— Si. Moi je peux le faire.

— Oui, mais moi je ne suis pas comme toi. Donc c'est normal que je ne puisse pas faire les mêmes choses que toi.

Un large sourire illumine le visage d'Eko. Le premier. C'est donc cette phrase qui triomphe là où tous mes bons mots et mes sarcasmes ont échoué !

— Tu représentes tellement plus que moi, dit-elle avec un sourire radieux.

Béatitude charismatique. De courte durée.

— *17:00*. Cours de vol.

Goulet entre les dunes. Le vent a forci. Eko me demande de courir face au vent, les bras ouverts au maximum. Mitraillage de grains de sable sur mon visage.

À l'abri de la dune, elle s'assied sur un rocher et observe.

— Essaie de sentir le vent, conseille-t-elle. Force-le à te soulever. Imagine que tu es une aile, utilise tes jambes, ton buste.

J'obéis quelques minutes. Profond sentiment de ridicule.

— Ça suffit, Eko. Je ne suis pas un oiseau. S'il te fallait ça pour t'en rendre compte eh bien voilà c'est fait. Maintenant, arrête de me faire passer pour un crétin.

— Je suis en train de t'apprendre la plus belle chose qu'on t'apprendra jamais, crie-t-elle en venant me rejoindre devant le goulet.

Elle écarte les bras, s'avance au creux de cette soufflerie naturelle. Étrange ressemblance avec un oiseau, ça me rappelle la première vision que j'ai eue d'elle, ombre volante fendant les airs dans la grange au son des claquements de son vêtement de guerre noir.

— Viens, Jack ! Viens voler avec moi.

Aucune fille ne m'a jamais demandé ça. Alors j'essaie.

— *20:00*. Repas.

Ragoût d'aubergine, riz. Quelques mûres.

— *21:00*. Extinction des feux.

Mon cauchemar me revient en mémoire au moment de me coucher. Je regarde par la fenêtre, inquiet. Pas de Léviathan morbide tapi dans l'ombre.

Une minute ! Si, y a un monstre. Perché sur le toit. Une

sorte de gargouille de chair et de sang. Eko. Qui contemple les cieux étoilés au-dessus du marais, l'air atrocement triste.

Conscient de l'altérité qui nous sépare, je refoule la tentation de l'appeler, de la rejoindre. Elle n'est pas ton amie, Jack. Trop intensément intériorisée. Souviens-toi comme elle t'a tabassé dans cette grange. Sans pitié aucune. Punisseuse d'abord, sergent instructeur sadique ensuite. Non, pas sadique, juste froidement individualiste, comme si elle se fichait de tout le reste. Peut-être qu'elle ne peut pas faire autrement. Fibre de la compassion ? Absente.

Tiens-t-en à suivre les règles qu'elle t'impose. Apprends. Mais, où que cela te mène, ne t'approche jamais trop.

Je m'écroule dans mon lit, affamé, exténué, rompu. Sais pas combien de jours je vais pouvoir résister à ce traitement. Et pour quoi faire ?

Je ne serai jamais capable de courir le cross de nuit, comme un chat, de déplacer mentalement des grains de sable, comme un magicien, et encore moins de voler.

25.

— **Pourquoi t'enlèves pas tes vêtements ?**

Plage. Sept heures du matin. Je souffle et transpire comme un diable. Elle ? Fraîche comme une rose. Normal, on vient juste de se taper huit bornes dans du sable mou.

Seulement quelques jours de stage commando, et j'en perçois déjà les bénéfices. Je me sens incontestablement plus fort, plus affûté, plus clairvoyant. Temps de récupération : en baisse. OK, il m'arrive encore de suer comme un bœuf par moments et de m'époumoner à m'en faire péter la cage thoracique à d'autres, mais, dans le dernier quatre cents, j'ai poussé Eko dans ses retranchements. Si elle me bat, ce n'est que d'une courte tête.

Fffff... Vanné. Repos.

Comme de bien entendu, Eko veut continuer. Elle annonce :

— Exercice suivant : endurance nage libre.

Super. Quand tu veux. Mais je garde mes frusques.

— Le prends pas mal, Eko. Je ne me promène pas nu comme un ver devant des gens que je connais à peine.

— Pourquoi ? Tu as honte de ton corps ?

— C'est pas ça, c'est pas moi que ça dérange.

— Tu sais, j'ai vu des tas d'hommes nus, dit-elle avec assurance. Ce n'est pas un problème.

— Ben alors pourquoi tu fais toute une histoire d'un caleçon ?

— Parce que j'ai besoin que tu sois nu pour t'apprendre à nager.

— Merci. Je sais déjà.

Et même plutôt bien, serais-je tenté d'ajouter. Deux médailles d'or aux championnats organisés chaque été dans les voies d'eau de la piscine municipale. J'aurais pu en ramasser davantage, mais mon père veillait au grain : « Pourquoi ne laisses-tu pas le dos crawlé à Tom Jennings ? Allez... que son père soit fier de lui ! »

Je m'abstiens néanmoins de la ramener devant Eko. Je l'ai vue courir, je l'ai vue se battre et, j'sais pas pourquoi, mais quelque chose me dit qu'elle ne doit pas être mauvaise dans l'eau.

— Je garde mon caleçon. Tu verras, ça ira très bien.

— Comme tu voudras, réplique-t-elle. Mais c'est quand même plus facile sans avoir à traîner un bout de tissu rempli d'eau entre les jambes. Surtout là où on va. Enfin...

À ces mots, elle retire son T-shirt, dégrafe son soutien-gorge et baisse son short, et enfin son slip. Elle se tient debout devant moi, totalement nue à l'exception du sautoir en perles rouges, auquel est suspendu son médaillon, immobile entre ses seins.

Je détourne les yeux avant de lentement faire marche arrière. Impossible d'empêcher mon regard de baguenauder le long de son corps. C'est la première fois que je me trouve en présence d'une femme nue. Lors de nos séances de pelotage, P.J. restait réservée, investissant sa culotte et son soutien-gorge d'un pouvoir protecteur quasi mystique dont elle ne se serait privée pour rien au monde.

Pas Eko. À l'aise dans ses baskets – qu'elle n'a plus. Petite taille, corps athlétique, épaules larges et bras aux muscles dessinés. Poitrine menue et haut perchée. Bassin assez large. Petit triangle de poils noirs en haut de puissantes cuisses.

Je retiens mon souffle. Je relève enfin le menton, nos yeux se trouvent. Merde, elle me mate en se marrant.

Seulement la deuxième fois que je la vois sourire.

— Allez, viens nager. On dirait que t'as besoin de te rafraîchir les idées, dit-elle avant de courir vers les rouleaux et de plonger sous une déferlante.

Je lui emboîte le pas. Eau étonnamment douce. Rapidement, on nage à huit cents mètres de la côte. Eko vire de bord et longe la terre. Nage comme elle court. Élégamment. En cadence. Chaque partie du corps travaille de concert.

J'ai le plus grand mal à la suivre. Enfin, elle s'arrête.

— Prêt à aller voir ce qu'il y a là-dessous ? Environ trente mètres.

— Mais bien sûr... J'ai toujours piaffé d'impatience à l'idée de prendre des cours de plongée avec bouteille, manque de bol, ça n'existait pas là où j'étais. C'est con, hein ? Au fait, t'aurais pas oublié les détendeurs ? Et puis les bouteilles aussi ?

Elle retire son collier. Fait soigneusement glisser deux perles rouges, avale l'une, me tend l'autre.

— C'est quoi ? De la vitamine ?

— Deux heures d'oxygène, répond-elle sans se démonter.

— L'oxygène est un gaz. Ça n'arrive pas en pilules.

— Ne t'éloigne pas de moi et ne va pas te fourrer n'importe où, conseille Eko avant de basculer vers les profondeurs, telle une sirène retournant dans son monde imaginaire.

J'avale la boule rouge. Je la sens se dissoudre en moi. Même sensation qu'avec les pansements anti-acidité en poudre qu'on prend quand on a des brûlures d'estomac. Se peut-il que ce truc marche ? Faut pas délirer. J'suis pas un poisson. Pas de branchies, moi. Je peux pas descendre à trente mètres sans bouteille.

Allez, viens, encourage télépathiquement Eko.

Je peux pas faire ça. T'es dingue ! Je vais me noyer.

Tiens, j'aurais jamais cru que t'étais un peureux.

Aucune fille ne m'a jamais dit ça avant. Ça blesse. La boule rouge joue à la marelle dans mon estomac. Rectification. Pas que mon estomac. Ma gorge. Mes poumons.

Je baisse la tête sous la surface, bouche fermée, attendant qu'un signal « Alerte oxygène » se mette à clignoter au fond de mon cerveau et qu'une sirène m'ordonne de remonter.

Pas de panneau clignotant. Pas de sirène. Tout va bien.

Alors, tu y es ?

Eko décrit des cercles sous moi. Je la rejoins. On plonge. La pression s'intensifie. Ça devient sombre très vite. La température chute brutalement de cinq degrés.

J'arrête de descendre. L'eau est d'un noir d'encre et je me sens étourdi. Il fait trop sombre. Trop froid. La pression est insupportable.

Eko remonte près de moi. Son bijou luit dans la nuit. Son étrange phosphorescence éclaire la voie pour elle, vibre dans son dos, elle nage comme enchâssée dans un caisson de chaude lumière.

Sers-toi de ta montre, Jack.

Comment ?

Cherche.

Je baisse les yeux sur mon poignet gauche, où est toujours fixé le cadeau de mon père : une vieille montre démodée sur un bracelet de métal noir. Je pensais pas qu'elle l'avait remarquée. Faut espérer qu'elle est étanche. Je me souviens comment elle nous a sauvé la mise à Manhattan, en repoussant les deux rayons détecteurs du van de l'armée des ombres. Alors voyons... Oui, cette montre ! Abracadabra... youp la-la tsoin-tsoin... Eko... j'sais pas faire...

Arrête d'y penser en tant que corps étranger. Au contraire, contrôle-la comme une partie de toi-même.

Très bien. Essayons. Je touche mon bras, mon poignet, palpe le bracelet noir, sens le poids du cadran... et le rétrécissement du bracelet, qui se réchauffe à mesure qu'une faible lueur commence à émaner du boîtier.

Un million de points lumineux flottent soudain autour de moi, dansent avec moi, m'enlacent, me réchauffent. La sensation de froid disparaît, la pression s'évapore. J'y vois aussi clair qu'en plein jour.

On descend tant et plus. Sentiment de pénétrer un royaume magique. Jamais ressenti ça auparavant. Mais pourquoi cela me semble-t-il si naturel, presque comme rentrer à la maison ?

Parce que ça l'a été. On vient tous de l'océan, Jack.

Ça fait tout de même un moment qu'on en est sortis. On est à quelle profondeur, là ?

Cinquante pieds. Tu n'y verrais rien sans la montre.

Tourbillon de couleurs et de mouvements. Je n'entends plus Eko. Ils sont des centaines. Une unique raie jaune leur barre la face. Chacun devant peser une bonne vingtaine de kilos. Un banc entier. Qui a décidé que j'étais un objet d'étude digne d'intérêt. Ils sont partout autour de moi. Eko... c'est quoi ?

Sérioles couronnées.

Elles sont pas mangeuses d'hommes ?

Non. Juste curieuses.

Aussi brutalement qu'il est arrivé, le banc s'ébroue et s'éloigne dans les profondeurs, fendant l'eau à une allure hallucinante. De lourdes masses arrondies s'approchent de nous. Presque un mètre cinquante de long. Lourde carapace, couleur automnale. Quatre pattes en forme de pagaie dont deux armées d'une paire de griffes. Inadapté sur terre, mais d'une très grande élégance dans l'eau.

Tortues caouannes.

Eko s'approche lentement. Une des tortues la flaire de sa grosse tête carrée. Comme si elle lui faisait la fête. Eko pose ses mains sur la carapace. L'animal l'entraîne dans une figure de carte postale.

Espèce menacée. Leurs lieux de ponte disparaissent. Celle-ci a au moins deux cents ans. Et sûrement une bonne douzaine de tours complets au compteur. Dis-lui bonjour.

J'essaie, Eko. Promis. Mais, désolé, j'suis pas le docteur Dolittle. Excuse-moi, mais j'suis pas très *fluent* en langage tortue et, de manière générale, je ne communique pas avec les bêtes sauvages. Je ne dois pas avoir la bonne connexion.

Dommage, c'est le plus pur des échanges.

Oui, ben, j'dois pas avoir le bon plug-in. Et donc il raconte quoi ton pote caouanne ?

Rien. Il se contente d'être une tortue marine.

Mmh, je dois pas louper grand-chose alors.

Toujours ce sentiment de supériorité. Tu pourrais pas essayer de dépasser ça de temps en temps ? Les humains sont une espèce navrante. Des potentialités énormes au service de la bêtise la plus crasse. Résultat...

Oui ?

En dépit des soixante-dix pieds de fond, sa tristesse et sa colère sont palpables à l'instant de répondre.

Ils ont tout saccagé. Des caouannes auraient fait mieux...

Comment ça tout saccagé ? Qu'est-ce qu'on a fait ? Qui l'a fait ?

Mais elle refuse de répondre, tout comme, ces derniers jours d'entraînement, elle a systématiquement refusé de répondre aux multiples questions que je lui posais concernant mes parents et moi.

Elle continue de descendre. Les tortues s'éclipsent, leur petite queue ondoyant dans leur sillage.

Je les regarde s'en aller avec nostalgie. Quelque chose de rassurant chez ce placide géant.

En parlant de géant, un gigantesque pieu se projette vers nous depuis les profondeurs obscures, tel un immense arbre sous-marin, déplacé dans ce doux univers océanique. Non, pas un arbre. C'est trop droit, trop dur, bref, trop métallique. Eko ! C'est quoi ?

Canon antiaérien. Bienvenue au cimetière de l'Atlantique.

26.

Une monstrueuse épave de croiseur gît sur un fond sableux. La proue a l'air intacte. En revanche, la poupe est un vrai gruyère. Qu'est-ce qui bien pu faire des trous pareils dans cette épaisseur de tôle ?

Des torpilles. Les U-Boats allemands chassaient dans ces eaux.

On s'approche. Fascinant spectacle qui mêle à part égale la mort et la renaissance. L'océan a repeuplé le vaisseau fantôme. Le sombre squelette d'acier rouillé est parsemé de taches orange, blanches ou violettes, au gré des anémones qui s'y sont installées. Des dizaines de poissons nagent autour de l'épave, empruntant des trous dans la coque qui donnent accès à de vastes chambres sous-marines, discrètes et sûres, où les animaux ont élu domicile.

Vision émouvante de la vie et de la mort qui s'entremêlent. Qui sait ce que les malheureux qui ont coulé avec ce vaisseau ont enduré ? Ils sont en paix maintenant, sous un linceul d'eau salée, dans le silence des profondeurs. Fûts et réservoirs rouillés sont colonisés par des millions de mollusques à carapace sombre. Les salles des machines dévastées fournissent des abris idéaux à quelques crustacés solitaires. Tandis que nous longeons l'une d'elles, un gros homard semble nous saluer d'un mouvement d'antennes révérenciel.

J'ai repéré autre chose. Au fond d'une cavité. Des reflets argentés. Un trésor oublié ? Enfoui au fond de l'Atlantique ? J'avance le bras dans le goulet de roche pour en avoir le cœur net.

Ne fais pas ça, malheureux. Tu vas y laisser tes doigts.

Je retire vivement ma main. Juste à temps. Un épais serpent de mer pointe son nez hors du trou, pas content d'avoir été dérangé. Plus d'un mètre de long. Pas d'écailles. Peau couleur charbon. Mâchoire supérieure saillante. Il ouvre sa gueule : dents aussi acérées que des lames de rasoir.

Une murène, précise Eko.

Oui, ben on dirait qu'elle m'aurait volontiers bouffé le bras. Comment tu savais qu'elle était là ?

Demande-toi plutôt comment toi tu l'ignorais.

On nage en silence, côte à côte, explorant l'épave. Un poulpe attire notre attention. Plus de notion du temps. Je vais d'émerveillement en émerveillement.

On va devoir bientôt remonter. Ça t'a plu ?

Je viens de passer un des plus beaux moments de ma vie.

Moi aussi.

Quelque chose dans sa réponse qui me pousse à demander : tu fais ça souvent là d'où tu viens ?

Aucune chance.

Pourquoi ?

On a tout massacré.

Comment ça ?

Il ne reste plus rien de comparable à ça. Plus de beauté,

plus de diversité. Tout ce qui était sauvage et libre est mort ou en labo.

Je ne parle pas de la terre. Je voulais dire en mer, dans les hauts-fonds.

J'avais bien compris. Les océans sont déserts là d'où je viens. Empoisonnés. Il ne reste que des limaces et des méduses. Tout le reste est produit en élevage.

Plus rien ? Même au cœur de l'océan ?

En fait de réponse, Eko balaie le paysage sous-marin d'un regard sombre et résigné.

Il est temps de s'en aller, Jack. On n'aura bientôt plus d'oxygène. Vas-y doucement.

On commence la remontée. Oh oh ! Qu'est-ce que c'est que ça ? Un sinistre frisson parcourt mon échine, comme un courant électrique. Le frisson de la chasse. C'est là que je l'aperçois. Deux mètres. Nageant en cercle autour de nous. Eko !

Requin taureau. Ne t'inquiète pas.

Comment veux-tu que je ne sois pas inquiet face à un requin ?

Généralement, ils n'attaquent pas les hommes.

« Généralement » ? Bravo ! Très rassurant ! Et quel est le pourcentage d'exceptions ?

Bah, il est petit celui-là. Regarde, il est déjà en train de se dire que tu vas lui peser sur l'estomac.

En effet, le requin change de direction et va poursuivre sa quête de nourriture plus loin.

Tu sais, Eko, je n'ai pas vraiment eu peur. C'est juste que... comme tu m'avais dit...

Arrête.

Arrête quoi ?

Tout. Arrête de penser, arrête de nager, arrête de bouger.

27.

Les sueurs froides encore. Plus directes, et dix fois plus intenses.

Vision fugitive d'une nouvelle ombre. Pas deux mètres. Deux fois plus ! Silhouette puissante, mouvements sûrs. Aileron dorsal imposant. Un autre, plus petit, près de la queue. Yeux minuscules. Gueule courte.

Requin bulldog.

Dangereux ?

Sûrement le plus dangereux de tous.

D'autres bonnes nouvelles ?

Il a faim.

On va se battre ?

Difficile de vaincre un requin sous l'eau.

Je te crois sur parole. On se sauve ?

Ce serait la pire chose à faire.

Ça nous laisse quoi ?

Appeler de l'aide.

Bonne idée. T'as des amis dans le coin ? L'homme de l'Atlantide p't'être bien, bon écoute, moi je mets les bouts...

Ne bouge surtout pas, ils arrivent.

Qui arrive ? Hé, lui, en tout cas, il se rapproche !

Eko vient se placer entre le requin et moi.

Qu'est-ce que tu fais ?

Je te protège.

Je me blottis contre elle. On est plus impressionnant à deux.

Non, reste derrière moi.

Pas question.

Tu es l'étincelle d'espoir.

Oui, ben, l'espoir, pour l'instant, c'est surtout ne pas être transformé en déjeuner.

Le squale montre les dents. Malgré ma volonté de ne pas regarder, j'aperçois l'intérieur de ses mâchoires... et le regrette aussitôt.

Deux scies égoïnes. En haut et en bas. La simple vue de ses dents suffit à comprendre pourquoi il est au sommet de la chaîne alimentaire.

Reste en arrière. Il va attaquer !

Comment tu sais ?

Le requin ne lui laisse pas l'occasion de répondre. Il charge. Eko nage dans sa direction pour lui faire obstacle. Son pendentif se met à briller de mille feux, comme une boule à facettes. Éclairs aveuglants.

Le squale est un instant aveuglé par l'explosion de lumière. Déjà vu un requin surpris ? La première réaction de celui-ci est d'agiter son horrible gueule comme s'il voulait échapper à la laisse qu'il n'a pas.

Eko passe à l'offensive ! Elle tente de lui crever son minuscule œil droit par une attaque à trois doigts. Elle manque la cible, mais l'animal bat néanmoins en retraite. Une dizaine de mètres de recul, pour préparer son assaut suivant.

Je rejoins Eko.

Je crois que tu l'as salement énervé.

Et j'ai grillé toutes mes cartouches. La prochaine fois, il aura l'un de nous deux.

On fait quoi ?

Profite qu'il me mange pour te sauver aussi vite que tu peux.

Tu plaisantes, hein ?

Adieu, répond Eko en me regardant droit dans les yeux. *N'oublie pas que tu as le poids du monde sur tes épaules. Et, le moment venu, pense à moi et sois brave.*

Arrête tes boniments, Eko, et partons d'ici au plus vite.

Trop tard. Le requin fonce sur nous.

Eko va se placer sur sa trajectoire, offrant son corps en pâture au prédateur affamé. Essayer de l'aider ? Fuir ? L'image de mon père se tirant une balle dans le pied pour me convaincre de partir apparaît soudain devant mes yeux. Il a donné sa vie pour épargner la mienne, pour défendre un intérêt supérieur. Si je meurs ici, j'efface tout.

Je remonte vers la surface. Et puis je m'arrête.

Je ne peux pas la laisser là. J'y retourne.

Le requin attaque, Eko esquive coup après coup. Elle est rapide. Mais le squale l'est encore davantage. Il passe dans son dos.

Gueule cauchemardesque grande ouverte. À table.

Je l'attrape par l'aileron dorsal – sensation de tenir un os recouvert de papier de verre –, et tire dessus comme un diable en essayant d'immobiliser son corps avec mes jambes. Je tire de toutes mes forces, tentant d'arracher l'appendice de son dos.

Oubliant un instant Eko, le requin se plie en deux pour

essayer de me mordre. Mais je suis hors d'atteinte, aussi décide-t-il de changer de stratégie et de ruer pour me désarçonner. Rapide succession de zigzags sauvages, torsions, démarrages et arrêts brutaux qui ne tardent pas à avoir l'effet escompté. Je lâche prise et vais bouler un peu plus loin, sonné. Après deux pirouettes complètes, je cherche un instant mes esprits – retrouver le haut et le bas. Je me retourne vers l'animal. Celui-ci me jette un regard qui en dit long : je suis une machine à tuer, le plus grand prédateur de ces eaux et toi, morveux, tu viens me chier dans les bottes ?

Tu as laissé passer ta chance, dit Eko en se portant à mon niveau. *Maintenant c'est fini. C'est toi qu'il veut. On n'a plus d'autre choix que de l'affronter.*

Je croyais qu'on ne pouvait pas battre un requin sous l'eau.

En effet.

De toute façon, on n'a plus le choix. Les Dents de la mer reviennent à la charge.

Huit mètres. Cinq. Mâchoire béante. Trois mètres. Ma dernière vision sera un affreux râtelier de centaines de crocs acérés. Je fais une prière. Vite, si tu veux la finir à temps. Un mètre cinquante.

Bom. Puissant choc sous-marin. Le requin bascule sur le côté. Avant qu'il ait eu le temps de reprendre ses esprits. Bom. Un autre. Des dauphins ! Toute une bande, qui harcèle le requin à coups de museaux pointus – avec une nette prédilection pour son ventre. Seuls, ils n'auraient aucune chance face à la puissance du squale, mais chaque fois que celui-ci s'apprête à attaquer un membre du groupe, un de ses congénères surgit des profondeurs et lui assène un violent coup au poitrail. Ba-Ba-Bom !

Rapidement, le requin a sa dose. Il s'éloigne d'un air mauvais.

Eko, il est parti ! On l'a eu !

Il va revenir. Les requins n'abandonnent jamais un combat. On va devoir prendre l'express pour rentrer.

Qu'est-ce que tu veux dire ?

Accroche-toi.

Un dauphin s'approche d'elle. Un autre s'immobilise juste devant moi. Un animal magnifique. Corps lisse et doux sous lequel on sent palpiter une force brute. Peau grise, plus claire à certains endroits. Bouille affectueuse. Lèvres blanches du plus bel effet. J'observe Eko prendre position sur sa monture, je l'imite en m'arrimant à la mienne. Toucher beaucoup plus agréable que celui du requin. Peau aussi douce que le plus dispendieux des cuirs italiens. Parfait, Flipper, on y va maintenant.

Le dauphin ne bouge pas d'un millimètre. Apparemment, je ne parle pas davantage le dauphin que la tortue.

Prêt ?

Ma confirmation enregistrée, Eko répercute l'info aux dauphins. Et on démarre.

Châssis confortable, moteur puissant. Vingt, vingt-cinq, trente kilomètres à l'heure puis quarante-cinq, cinquante. D'autres dauphins participent à la course. L'impression d'être l'un d'eux. Exaltant.

L'eau devient plus chaude. L'astre du jour. Un halo orange se dessine par-delà le rideau bleu-vert de l'eau. On crève enfin la surface.

Le reste du trajet est effectué à dos de jet-skis vivants. Joie indescriptible. D'être entier ! De retrouver la lumière du soleil ! De jouer sur le dos d'un dauphin facétieux qui bondit à un mètre hors de l'eau et réalise une vrille avant de replonger élégamment dans l'onde.

Eh Flipper, tu nous fais quoi là ?

Mais ils aiment ça... et moi aussi. On file vers le rivage en effleurant la surface, entre deux sauts et deux plongeons. Ils nous lâchent à bon port, dans les eaux peu profondes du bord de plage, batifolent autour de nous tandis que nous marchons vers la grève, se frottent à nos mollets, nagent entre nos jambes.

— Remercie-les pour moi, Eko. Ils nous ont sauvé la vie.

— Fais-le toi-même.

— J'peux pas.

— Si. Si tu essaies très fort, tu peux leur parler. Ils sont aussi intelligents que toi, seulement différents. Essaie.

— J'essaie, mais ça ne marche pas.

Et je le déplore.

Nous sortons rapidement de l'eau. Puis on s'arrête pour assister aux dernières cabrioles que les dauphins réalisent pour nous en guise d'adieu, avant de disparaître.

Eko récupère ses vêtements. Je regarde les vagues.

— Merci, c'était génial, lui dis-je après qu'elle s'est rhabillée. Inoubliable. Splendide.

Elle opine du chef et s'approche de moi. Nous regardons les vagues ensemble. Un lien singulier nous unit, hérité non seulement des aventures que nous avons vécues ensemble, mais également d'une sensibilité commune.

Enfin, pensez-en ce que vous voulez, toujours est-il que la Ninja Girl et moi savourons ce moment.

Elle ne m'appelle pratiquement jamais par mon nom, aussi suis-je surpris de l'entendre murmurer :

— Jack ?

— Mmh ?

— Quand le requin m'a attaquée. Pourquoi es-tu revenu ? demande-t-elle sans me regarder, les yeux perdus au loin dans l'Atlantique, la voix résonnant d'une émotion particulièrement insolite dans sa bouche : la vulnérabilité.

— C'était au-dessus de mes forces de te laisser là-dessous.

— Mmh, je vois. Car nous ne sommes pas amis, n'est-ce pas ?

— Pas vraiment, suis-je bien obligé d'admettre.

— Tu peux dire la vérité, tu sais. En fait, tu ne m'aimes pas... et comment t'en voudrais-je ? Depuis le premier jour dans la grange, je n'ai fait que te cogner et te donner des ordres. Alors pourquoi es-tu revenu, au péril de ta vie ?

Elle se tourne vers moi, ses yeux gris encore brillant de l'absolue puissance de l'Atlantique. Dans l'étourdissante magie du moment, je suis tenté de répondre par un mot chaleureux, affectueux. De l'embrasser.

— Je l'aurais fait pour n'importe qui. Fuir pendant qu'on risque sa vie pour moi, c'est pas l'esprit de la maison.

— Mmh, c'est bien ce que je pensais, répond Eko avec un hochement de tête entendu.

Le charme est rompu. Il l'est encore davantage quand elle ajoute :

— Au pas de course jusqu'à la maison. Par le marais, c'est plus dur par là.

— Mais ça fait au moins six kilomètres !

— Si tu ne peux pas courir, t'auras qu'à nager, bougonne-t-elle avant de démarrer.

Je démarre à sa suite. La routine quoi.

28.

Chaque fois qu'on rentre, Eko se précipite sur le cube bleu. Ce soir, elle y passe plus de temps que d'habitude, l'air renfrogné.

— Un souci ?

— Non, va te coucher.

— On est en danger ?

— Juste du mauvais temps. Bonne nuit.

Je m'allonge dans mon lit, persuadé que la météo n'est pas la cause de l'inquiétude d'Eko. Elle vit dans une telle symbiose avec la nature que même le pire des ouragans ne lui ferait pas peur. Suffit de regarder comme elle a su réagir avec la murène et les requins. Je me remémore notre plongée. Je n'aurais jamais pensé que l'océan était splendide à ce point. Encore plus que la terre, car varié à l'infini, et vaste.

Je me demande ce qu'Eko a voulu dire quand elle a qualifié les humains d'espèce navrante, qui a tout saccagé. Comment ça tout saccagé ? Et qu'est-ce que j'ai à voir là-dedans ? Elle était prête à sacrifier sa vie pour moi. Pourquoi ? Quelle est donc cette chose que je suis supposé réparer ? Et comment pourrais-je l'arranger, moi, alors même que je sais si peu de choses par rapport à eux ?

Nuit anormalement calme. Pas un souffle de vent. Nature encalminée. Comme si le ciel avait décidé de tout avaler pour le recracher plus tard. Eko m'a peut-être dit la vérité. Tout semble indiquer en effet qu'un gros grain se prépare.

Un ouragan en train de couver plus au nord ? Rassemblant ses forces avant de marcher lentement, inexorablement et inéluctablement sur Jack Danielson et le cimetière de l'Atlantique ?

Je me sens de plus en plus mal à l'aise. Les marais ne sont pas supposés être silencieux. Pourtant, insectes et grenouilles sont étrangement muets. Ils savent que quelque chose arrive. Trouver un abri. Se terrer au fond d'un trou dans la boue, ramper sous une souche.

Mais moi je suis exposé. Ni terrier ni souche où m'abriter. Juste cette cabane à trois étages et un cube bleu pour nous prévenir.

De quoi au juste ? Qui va venir et quand ? Qu'est-ce que je ferai quand ils m'auront trouvé ?

Je saute du lit et vais jeter un œil par la fenêtre. Là. Sur un rocher, à une quinzaine de mètres. Le chien perfide. Si j'avais un fusil, je pourrais sans problème l'abattre de là où je me trouve. Un nuage obscurcit la lune. Quand la lumière revient, il a disparu.

Je regarde de l'autre côté. Gargouille vivante sur le toit. Eko. Immobile, le visage tourné vers la baie.

Je me penche à la fenêtre, cherche des prises, me hisse dehors.

Je grimpe, les bras écartés pour garder l'équilibre. Pente très raide. Attention, Jack. Je progresse en silence, mais elle sait que je suis là.

— Tu devrais dormir, dit-elle alors que j'arrive près d'elle.

— Pas sommeil. Je peux m'asseoir ?

Elle ne dit pas non. Pour une Ninja Girl, cela s'apparente à une chaleureuse invite.

Je m'assieds à côté d'elle, au sommet du toit. Position avantageuse qui surplombe le paysage, baigné de lumière lunaire. Le marais dessine un patchwork de rubans argentés qui s'entremêlent jusqu'à la baie, où miroitent les eaux de l'océan. Un million d'étoiles se reflètent dans les eaux stagnantes comme un essaim d'insectes aux ailes étincelantes pris dans un infini tapis d'ambre.

— J'ai vu ce traître de chien, dis-je à voix basse. Gisco. Pourquoi rôde-t-il par ici ?

— Pourquoi es-tu en colère après lui ? Il n'a fait qu'accomplir sa mission : te conduire à moi. Après tout, qu'est-ce que ça peut faire qu'il ait utilisé des méthodes peu orthodoxes pour arriver à ses fins ?

— Je ne sais pas si tu peux comprendre ça, mais quand tu es vraiment tout seul et que tu rencontres quelqu'un, que tu en fais un ami, c'est horrible de le voir te trahir.

— Te fais pas d'illusion. De la naissance à la mort, on est absolument seul.

Sa voix se brise. Elle se tait. Je la fixe des yeux. Elle détourne la tête.

— Qu'est-il arrivé à tes parents ?

Eko reste muette. Trop longtemps pour que j'espère encore une réponse. Puis, de manière inattendue, dans un murmure, elle ajoute :

— Partis tous les deux. Je n'ai aucun souvenir de mon père. En revanche, je me souviens bien de ma mère, cherchant désespérément un endroit où se cacher. Une hutte. Une grotte. Quelqu'un vers qui se tourner. Finalement, elle m'a confiée aux Gardiens et elle est morte.

Un hibou hulule au loin. Étrange cri de guerre inachevé et primitif dont nous écoutons les échos mourir sur le marais.

— Je suis désolé. Je comprends mieux pourquoi les questions à propos de mes parents ont paru te faire souffrir.

— Tu ne comprends rien, coupe-t-elle sèchement. Et je te dispense d'être désolé pour moi.

Je la dévisage. Carré noir encadrant son visage, un châle couleur d'ébène jeté sur les épaules, les doigts pliés comme si la lumière de la lune était un nectar qu'elle aurait récupéré au creux de ses paumes tournées vers le ciel. Lèvres entrouvertes. Yeux perdus dans la voûte céleste.

— Eko, t'offenserais-je en te disant la vérité ?

Silence parfait. Difficile de dire si elle m'a seulement entendu.

— Franchement, à certains moments, tu te comportes comme la pire salope que la Terre ait jamais portée – cruelle, méchante, impitoyable –, et, là, vraiment je te hais. À d'autres, tu m'apparais comme la personne la plus triste qu'il m'ait été donné de rencontrer et, dans un sens, comme une âme sœur.

Eko opine doucement du chef, comme si elle acquiesçait aux deux descriptions.

— C'est dur de ne pas céder à l'abattement, confesse-t-elle dans un souffle. Pourtant, ils ont essayé de m'y préparer. Ils m'ont prévenue de la difficulté de revenir si près du Point d'Inflexion. L'amertume est brutale. Le sentiment de culpabilité difficilement surmontable.

— Quel Point d'Inflexion ? Arrête un peu les charades, veux-tu, et dis-moi ce qui s'est passé. Ce matin tu as dit que la race humaine avait tout saccagé. Explique.

Eko se déplie lentement pour quitter la position du lotus. Ses gestes me rappellent la murène sortant de son trou ce matin. Je sens que la méditation est sa façon à elle de tout intérioriser, de se protéger du monde extérieur. Là elle est exposée et vulnérable.

Elle se recroqueville, le menton sur les genoux. Durant un instant, elle n'est plus du tout ni un ninja ni un yogi, juste une jeune fille autour du feu de camp se préparant à raconter une histoire horrible qui, elle le sait, va la terroriser elle aussi.

— Pour comprendre ce que je vais te dire, essaie de te projeter dans le futur. On est assis sur ce toit, dans mille ans. Non, oublie ça. Imagine que tout s'est déjà produit et que maintenant il faut affronter le résultat.

— D'accord, emmène-moi dans ton monde et regardons derrière nous. Où sommes-nous dans mille ans ?

Eko regarde les étoiles, prend une profonde inspiration, et se lance dans la dernière chose à laquelle je m'attendais, une citation des Écritures. Et pas quelques lignes, non, tout un passage.

Bien que mes parents fussent peu pratiquants, je sais que ce qu'elle récite est célèbre, d'ailleurs, il me semble reconnaître les mots.

« Une génération vient
une génération va
et la terre
reste

Le soleil se lève
le soleil se couche

courant vers sa demeure
et se levant lui là

Vers le sud vers le nord
le vent souffle
le vent tourne
et revient sur ses pas

Les torrents vont vers la mer
la mer insatiable
les torrents vont vers la mer
où ils ne cessent d'aller

Toutes les paroles sont infirmes
comment pourrait l'homme dire
comment l'œil se combler de voir
et l'oreille d'entendre

Ce qui fut cela sera
ce qui s'est fait se refera
Rien de nouveau
sous le soleil [1]. »

— C'est très beau. Mais atrocement déprimant. Un passage de la Bible, n'est-ce pas ?

— Qohélet, ou les Ecclésiastes si tu préfères. Tu trouves ça déprimant ?

— Pas toi ? Tu ne trouves pas que c'est déprimant d'imaginer qu'il est parfaitement vain de vouloir agir puisque les choses ne changent jamais vraiment ?

1. Nouvelle traduction de la Bible – Bayard, 2001.

— Pas du tout. Au contraire, je trouve ces mots très réconfortants. Comme ils ont eu de la chance, les hommes qui ont sincèrement cru à ça. Tu nais, tu vis, tu te bats, tu meurs et la Terre continue de tourner, éternellement. Les vents soufflent, les rivières coulent et, quoi que fassent les hommes, cela ne change pas d'un iota. Et si à un seul instant, tu t'imagines pouvoir laisser une trace éternelle ou changer le monde, tu t'égares et te perds dans la vanité la plus coupable de toutes.

Silence. Nous nous immergeons dans la contemplation de l'infinie voie lactée qui se reflète dans l'encre de la baie. Tandis que j'observe les étoiles, elles se mettent à tourbillonner et à se fondre en une forme d'abord énigmatique, puis celle d'un vieil homme, qui me regarde. Il ressemble à Merlin l'enchanteur : longs cheveux blancs et épaisse barbe cotonneuse. Son visage ne m'est pas étranger, non qu'il s'agisse d'une de ces nouvelles visions d'horreur, devenues récurrentes récemment. Non, c'est plutôt une image rassurante.

Mes traits ! Il a mes traits ! En plus triste. Plus décharné. Plus lugubre. Comme si toute la misère du monde pesait sur ses frêles épaules.

Il me regarde droit dans les yeux, me sonde, me perce, me transperce.

S'agit-il de mon père ? De mon vrai père ?

Comment serait-ce possible ?

Et puis, soudainement, il disparaît, et je reste assis là, le regard perdu dans les étoiles. Confusément, je comprends.

29.

— **On l'a modifié, c'est ça ?** On a bouleversé l'ordre des choses ? Le « rien de nouveau sous le soleil » ? C'est pour ça que tu as dit qu'on était une espèce navrante, n'est-ce pas ?

— De façon permanente et irréparable, répond-elle avec un hochement de tête.

— À cause de la pollution ? De la destruction de la couche d'ozone ?

— Entre autres, oui, mais aussi à cause de mille autres raisons qui, mises bout à bout, ont précipité le changement. Chasse des animaux sauvages, surexploitation des ressources halieutiques des rivières, des lacs et même des océans, destruction systématique des forêts primaires, des récifs coralliens, déforestation, désertification. Tout cela a contribué à changer les grandes variables du climat. Manipulation génétique de la flore et de la faune, une espèce après l'autre, pour « refaçonner » la nature, interrompant ainsi des millions d'années d'évolution et de développement. Et tu sais pourquoi on l'a fait ?

— Euh... non.

— Parce qu'on est humains, répond Eko, un brin d'autodérision, de mépris et de dégoût dans la voix. Ce désastre est la conséquence même de notre spécificité d'humains, séparés du reste du règne animal, en ce que nous pensons, créons et tentons de contrôler notre environnement. Toujours pour les bonnes raisons : augmenter la superficie des terres arables pour nourrir plus de gens, cultiver des plantes contenant leur propre insecticide pour augmenter la productivité, crever les nuages en y distillant des gaz afin de faire tomber la pluie. Ce faisant, on s'est un peu trop pris pour Dieu. Sans réaliser qu'on était humains, bien trop humains, pour en assumer les conséquences.

Elle qui, durant des jours, s'est montrée d'un mutisme affligeant – la pousser à dire quoi que ce soit relevant le plus souvent de la guerre de tranchées –, voilà qu'elle fait sortir la vérité de sa bouche à la manière d'un torrent en furie.

— On a tout faussé, poursuit-elle d'un ton amer. Après des siècles de « rien de nouveau sous le soleil », subitement tout est devenu nouveau partout. Après des siècles et des siècles d'absence de changement, tout était différent. Mille ans d'expérimentations sous serre, effectuées à un rythme toujours croissant.

— Et pas toujours pour le bien de l'humanité, c'est ça ?

— C'est ça, confirme-t-elle en frissonnant. – Je me tourne vers elle. Recroquevillée sur elle-même, elle garde les yeux clos. Ce monde du futur n'a pas l'air très joli à voir. – La plupart des bouleversements ont été désastreux. La Terre amputée de sa beauté. Stérile et desséchée. Seuls ont subsisté quelques réservoirs d'eau entourés de poches de verdure. De rares oasis dans un désert sans fin. Les gens se battent pour la nourriture, l'énergie, les ressources. Et pas seulement les gens, mais aussi les... choses ! Nous avons créé notre propre cauchemar. Celui qui nous engloutit.

Alors c'était ça le grand gâchis du prochain millénaire. L'ironie étant que le fichu monde dont elle parlait était aussi le mien. Certes, il m'était inconnu, mais c'était mon monde, tandis que celui avec le ciel bleu, les hérons et les chevaux sauvages – cette bonne vieille Terre que j'avais toujours considérée comme acquise – m'était étrangère.

— Mais... Personne n'a vu ce qui se passait ? Personne n'a essayé d'enrayer le processus ?

— Si, acquiesce-t-elle. Aujourd'hui même, quelques esprits éclairés voient. On les taxe de Cassandre, voire de fanatiques ; au contraire, dans le lointain futur, on les loue comme des visionnaires. Quand les choses ont commencé à empirer, qu'on s'est approchés du Point d'Inflexion, de plus en plus de gens ont pris conscience de ce qui se passait. Des mouvements se sont créés un peu partout sur la planète pour tenter de prévenir ce qui apparaissait de plus en plus clairement comme un suicide collectif, notre espèce créant les conditions de sa propre perte. Au fil des siècles, ces mouvements se sont réunis en une coalition, une... – Elle cherche le mot. – Confédération pour une solution globale.

— Ce mouvement a-t-il un nom, un chef ?

— Son fondateur fut un grand homme, affirme Eko, dont la voix résonne d'une émotion que je ne lui connais pas : un respect confinant à la révérence. Un philosophe et homme de sciences nommé Dann. Ses militants et ses sympathisants sont appelés les Gardiens ou le peuple de Dann. Quant à ses descendants, qui constituent la maison des Dann, ils mènent la guerre pour sauver le monde.

— Et... Et moi je m'appelle... Jack... Danielson.

— Tu appartiens à la maison des Dann. Un magnifique héritage... et une énorme responsabilité ! Tes ancêtres ont su voir que la Terre ne pouvait être sauvée qu'à la seule condition que les gens changent leurs habitudes, néfastes et destructrices, qu'ils deviennent, non plus des consommateurs dévastateurs mais des gardiens médecins. Un changement radical, l'adoption d'une toute nouvelle façon de vivre, d'agir, de penser, dont je suis les préceptes avec dévotion depuis le jour où ma mère m'a confiée au peuple de Dann. Son cadeau d'adieu...

— Au moins avait-elle de bonnes raisons de te laisser. Mira n'était pas mourante. Comment a-t-elle pu m'envoyer au loin comme ça ?

Eko sourit. Troisième sourire. Celui-ci tendre et teinté de tristesse.

— Comment a-t-elle pu, hein ? répète-t-elle doucement. – Elle laisse sa répétition planer dans l'air nocturne. – Assez de questions pour ce soir.

— Juste une dernière. Tu ne m'as pas dit en quoi consistait le Point d'Inflexion.

En dépit de ses signes de fatigue, Eko prend sa respiration et poursuit :

— C'est le nom que nous avons donné à l'époque où les dommages infligés à la planète pouvaient encore être inversés. Bien sûr, il est impossible de déterminer le jour, le mois ou même l'année où cela s'est produit. Mais il y a eu un temps où toute cette beauté aurait pu être préservée, où les effets de nos dommages auraient pu être contenus et maîtrisés. Puis il y a eu le Point d'Inflexion, à partir duquel les processus se sont accumulés, nourris les uns les autres, de manière parfaitement incontrôlable. Après quoi les réparations sont devenues impossibles. On a essayé. On s'est battu. Mais il était trop tard. C'est dur de revenir si près du Point d'Inflexion. De voir tout ça. De penser à ce que ça aurait pu devenir...

Elle se cloître dans un silence que je n'ose rompre.

La nuit s'est faite encore plus calme. Pas un souffle d'air. Mer d'huile. Nous sommes à des kilomètres de la première ville, sous des milliards d'étoiles. Le temps et la folie des hommes semblent devoir se dissoudre dans l'immensité du ciel nocturne.

Eko n'en a pas fini avec les surprises. Elle prend ma main. Ses doigts sont chauds et doux.

— Merci d'être revenu et de m'avoir sauvée. Même si tu penses que je suis une salope psychopathe. C'était très courageux de ta part.

— Je suis désolé de te voir si triste. Au moins, maintenant, je comprends pourquoi.

On reste assis là, les mains liées, à partager l'instant. L'idée de l'embrasser me traverse l'esprit. Je sens qu'elle le souhaite. Mais je ne peux pas. C'est la Ninja Girl tout de même, la sadique qui me botte le cul depuis qu'elle officie en tant que sergent instructeur. Taillée comme une borne incendie, vicieuse comme un serpent à sonnettes.

— Tu connais le dernier haïku de Bashô ? demande-t-elle doucement.

— Je ne sais même pas qui est Bashô.

— Un poète japonais. Le maître du haïku. Né dans la noblesse samouraï, il a finalement rejeté ses privilèges sociaux ainsi que toutes les possessions de ce monde pour se faire vagabond. Il a écrit les plus beaux des haïkus. Dans les dernières années de sa vie, il a fait de longs voyages. Au cours de l'un d'eux, il est tombé malade. Sur son lit de mort, à Osaka, il a écrit son dernier poème.

Tombé malade en voyage,
Mes rêves errent seuls
Dans les champs désolés.

Elle frissonne.

C'est la première fois de ma vie qu'une fille me dit des vers.

— C'est très triste.

— Mmh, confirme Eko. Et ça ne cesse de tourner dans ma tête. Encore et encore. C'est fou comme ces quelques mots sont puissants.

Cette fois, plus qu'un frisson, c'est un tremblement. Je lâche sa main, l'enlace. Elle s'abandonne. On se dévisage.

Ses yeux gris pétillent. Nos lèvres se frôlent.

Eh là ! Je me relève si brutalement que je manque d'en dégringoler du toit.

— Je... Je pense que je ferais mieux d'aller me coucher. Bonne nuit.

— Bonne nuit, répond-elle doucement.

Je redescends la pente du toit sans me retourner. Ayant atteint la fenêtre de ma chambre, je lève les yeux, Eko a repris la position du lotus, enveloppée de silence et de tristesse, gargouille impassible contemplant les ruines du monde.

30.

Oublié le stage commando – la discipline militaire s'accommodant difficilement de séances au clair de lune, main dans la main avec le sergent instructeur. Pas étonnant que les militaires appliquent une politique antifraternisation.

Jogging d'avant l'aube. Plus besoin de suivre Eko à l'aveuglette. Nous courons côte à côte. J'apprends à anticiper les toiles d'araignée et à me baisser juste à temps, à éviter les trous d'eau et les rochers coupants. Ne me demandez pas comment, mais je sais où ils sont. Nous courons à la même cadence, dans la même foulée. Nos mains se touchent au hasard de la course.

Randonnée en kayak. Progression silencieuse dans un sinistre brouillard. Ciel et eau du même gris phosphorescent. La tempête arrive. Méandres du marais plongés dans la brume du matin. Eko n'a plus besoin de me pointer du doigt oiseaux et animaux. Je sais où ils se cachent.

Un cerf de Virginie, derrière un épais roncier. Un crotale, sur les galets couleur d'ardoise, dans une flaque. Des grenouilles, immobiles sous un jeune pied de vigne vierge. Tous experts en camouflage, et tous parfaitement fondus dans le paysage, ce qui ne m'empêche pas de savoir exactement où ils sont.

Nous cessons simultanément de pagayer pour observer une orfraie fondre des brumes pour pêcher. Piqué, entrée dans l'eau, bataille avec la proie, puis retour dans les hauteurs avec un petit poisson argenté qui se débat entre deux serres acérées. On échange un regard émerveillé.

Aigrette pique-bœuf qui tournoie au-dessus des dunes. Elle ne suit pas la harde cette fois, juste le vieil étalon.

Il passe la ligne de crête de la dune et se laisse couler dans l'à-pic de sable menant à la grève. Noble animal. Le poids des ans n'a en rien entamé son élégance. Je me remémore la mise en garde d'Eko : reste en arrière.

— Pourquoi il est tout seul ?

— Regarde les cicatrices sur son dos et son encolure.

La première fois que je l'ai vu, j'ai cru que c'était le reflet naturel de sa robe, maintenant je m'aperçois qu'il est couvert de marques, de plaies, de traces de morsures.

— Il s'est bien battu pour défendre son fief, murmure Eko. Il ne voulait pas qu'un jeune étalon lui enlève ses femmes et ses enfants. Il a combattu... et il a perdu. Trop vieux.

L'étalon déchu s'est immobilisé dans vingt centimètres d'eau, la tête tournée vers le large. Masse imposante, à la noblesse des lignes presque choquante. Un jour omnipotent, aujourd'hui totalement seul et défait.

— Que va-t-il lui arriver ?

— Une fois éconduits et seuls, leur volonté de vie s'épuise. Ils s'allongent dans le sable et meurent. Reste là.

Eko marche vers l'étalon. Il la remarque aussitôt. Se

tourne vers elle. Sous cet angle, ses balafres sont encore plus impressionnantes. Elles témoignent de l'âpreté de la lutte, de l'accumulation des souffrances ! Une force de la nature blessée, exclue et vengeresse. Mais qu'est-ce qu'elle fout, bordel ? Dans sa rage solitaire, il va aussi bien lui arracher la tête.

Comme prévu, l'étalon montre les dents à son approche. Il recule, les sabots fauchant l'air.

Eko ne prend même pas la peine de ralentir. Elle marche sur lui, les paumes en avant, respirant le calme. Elle pose ses mains sur les flancs blessés de l'étalon qui baisse lentement la tête. Elle pose sa joue sur son dos. J'observe, fasciné.

Cheval et Ninja Girl s'immobilisent. Elle tient entre ses mains la grosse tête du cheval un moment, jusqu'à ce que celui-ci, comme sage d'un nouveau savoir, se détourne et s'éloigne au pas.

Eko revient vers moi. Ses yeux sont mouillés et ce n'est le résultat ni du froid ni du brouillard. Je ne lui dis rien.

Preuve convaincante de bonté de la part de Ninja Girl. Après tout, elle n'est pas si mauvaise. Elle a un cœur. Tout du moins pour les chevaux sauvages.

Entraînement au combat. Difficile de pratiquer avec quelqu'un dont on se sent proche. Chaque coup, chaque clé, chaque déplacement possède soudain un double sens. Prises et immobilisations se font suggestives. Bras enroulés ensemble. Jambes entrelacées.

Je prends peu à peu conscience que la force d'Eko n'est pas dans ses muscles. Chaque coup de pied, chaque attaque du bras, chaque saut possède une composante spirituelle. Une sorte d'énergie dans laquelle je dois apprendre à puiser. Alors je pourrai faire voler qui je veux à dix mètres ; alors je pourrai m'élever dans les airs et me poser sur une branche.

Je lui pose la question à brûle-pourpoint.

— Cet art du combat est plus mental que physique, n'est-ce pas ? Tes vrais pouvoirs viennent de ton esprit.

— Tous les arts martiaux sont construits sur une discipline mentale et la quête d'une meilleure perception. Le kung fu se pratique depuis des siècles dans les monastères des montagnes, en tant qu'apprentissage pour les jeunes moines.

— D'accord, mais là c'est pas du kung fu. Qu'est-ce que c'est ? Hier soir, tu m'as parlé de mon ancêtre, Dann, et de son mouvement pour sauver le monde. Ce mouvement ? C'était une religion ?

— Non. Ni Dieu ni vie après la mort. Dann nous a seulement appris que personne ne peut nous sauver si nous ne nous sauvons pas nous-mêmes. Il nous a enseigné un mode de vie au centre duquel se trouve la connaissance du monde et la compréhension de la place que nous y occupons. Je ne saurais mieux te l'expliquer.

— Qui t'a appris à si bien te battre ?

Eko lève les yeux vers moi.

— Ton père, avoue-t-elle après un silence. Dans un sens, c'est lui ton maître aujourd'hui.

Sûrement le coup le plus violent qu'elle m'ait porté dans toutes nos séances. Je suis KO debout. Quoi ? Il y a ce genre de lien entre Eko et mon père ? Quand l'a-t-il instruite ? Comment est-il ? À quel point se connaissent-ils et où est ma place là-dedans ?

Elle démarre au pas de course. Pas l'occasion de lui poser davantage de questions, mais je me fais fort de bientôt découvrir les réponses.

31.

Exercice de méditation. Je prends la position du lotus. Eko trace une courbe dans le sable. J'essaie de la tordre. En vain.

Mon esprit vagabonde. En direction de l'orfraie, de l'étalon, des katas du matin et de la révélation d'Eko.

Première confrontation directe avec quelqu'un qui a côtoyé mon géniteur. Mieux que ça, c'est lui qui a entraîné la femme qui m'a fait une tête au carré la première fois qu'on s'est vus, qui lui a enseigné les projections qui m'ont fait voler dans la grange. Merci p'pa.

Nous sommes assis sur une plage désolée, baignée de brume. Difficile de dire où s'arrête le sable et où commencent les nuages. Eko emmêlée dans une position de yoga, jambes pliées façon origami, corps renversé en appui sur la tête, l'esprit vide, sans aucun doute aussi pur et serein qu'un miroir.

Je m'assieds à son côté et réessaie de tordre la ligne dans le sable, histoire de ne plus penser à mon père du lointain futur, que je n'ai jamais vu, mais que je trouve déjà antipathique. Le merdier dans lequel je me trouve est entièrement sa faute. Il m'a renvoyé dans le passé, m'a créé une enfance artificielle, à Hadley, puis il a envoyé Eko – sa meilleure élève – pour m'initier à ses préceptes pédagogiques (à grands coups de marteau sur le crâne).

Concentre-toi sur le sable. Prends-en possession, grain par grain, en commençant par ce petit-là, marron foncé, avec sa forme bizarroïde. Bouge-le, Jack. J'y arrive pas. Fais un effort, allez... Pas besoin de lui faire faire le tour de la plage, juste de le bouger un petit peu.

Oublie. J'pourrai pas, même si j'y passe la journée. Je persévère néanmoins. Je creuse. Mettant à profit tout ce que j'ai appris dans les cayes, je focalise mon attention sur ce point et, bientôt, je sens mon esprit quitter son enveloppe et s'insinuer dans le sable.

Je m'immerge parmi les galets miniatures, comme si je descendais la piste des bosses en glissant sur le ventre, étudiant chaque monticule au passage, depuis le niveau du sol.

La texture des grains. La façon dont ils s'agglomèrent, reposant les uns sur les autres en motifs défiant les lois de la physique.

Détail d'un grain en particulier. Blanc. Arrondi. Doux.

Un oreiller. Un glaçage au sucre sur un croissant. Un visage, qui prend forme lentement, à l'estompe. Merlin l'enchanteur. Sourcils broussailleux. Longue barbe blanche. Chevelu. Traits familiers... que j'ai déjà croisés dans la glace. Toutes les caractéristiques de mon visage affaissées, creusées, ravinées par la fatigue et la douleur. La captivité. La torture. Des souffrances d'une intensité que j'ai peine à imaginer. P'pa ?

— Fils.

Un mot. Un seul. Venant du fond des âges. Ni prononcé

ni porté par la télépathie. Me demandez pas comment il est venu jusqu'à moi. Les lèvres du visage que j'observe n'ont pas bougé. Mais je sais qu'il me voit. Je sens qu'il m'appelle. Une urgence. L'amour d'un père.

Quoi p'pa ? Dis-moi. Que veux-tu que je fasse ? Qu'essaies-tu de me dire à travers les siècles ?

Le visage devient flou. Un autre mot. Pas clair. « Buis » ? Non, « luis ». Comment ça « luis » ? Luis ou lui ?

Pft ! Fin de la communication.

Je me sens perdu. J'ai froid. Plus du tout au milieu des grains de sable, pas plus que dans mon corps d'ailleurs. Ne me demandez pas où je suis. À la dérive. Lâché. Sombrant dans un froid tourbillon malsain.

Des mots arrivent indistinctement à mon oreille.

— Jack ? Jack, reviens !

J'ai une couverture sur moi. Non, pas une couverture, des bras, qui me serrent fort.

Je tremble de façon incontrôlable. Eko m'étreint en essayant de me calmer.

— Tout va bien, Jack. C'est fini.

— J'ai vu mon père.

À son tour d'être choquée.

— Quoi ? Où ? Comment ?

— Dans les grains de sable... Il m'a dit quelque chose. « Lui ».

— Lui ? Qui ça lui ? demande-t-elle, anxieuse.

— J'sais pas. Il a disparu. Il était trop loin. Et il avait l'air éreinté, comme s'il souffrait atrocement.

— Tu peux le dire..., approuve Eko d'un ton solennel. Ton père est un homme merveilleux, Jack. Un grand guerrier. Il a tout sacrifié pour te donner cette chance. Pour NOUS donner cette chance. La seule et unique.

— S'il est si grand guerrier, contre qui se bat-il ? Hier soir, tu m'as parlé d'une lutte acharnée pour sauver la planète... Mais ce n'est pas simplement une course contre la montre, n'est-ce pas ? Pas simplement une bataille incertaine contre nos plus bas instincts... Il y a aussi un ennemi, c'est ça ?

— Exact, approuve Eko. Il y a un ennemi.

— Les mêmes que ceux qui nous courent après et essaient par tous les moyens de me tuer pour m'empêcher de faire ce que je suis supposé faire.

— Ils feront tout pour t'arrêter, confirme Eko. Tout comme je ferai tout pour t'aider.

— Qui sont-ils ? Ils ont un nom ?

— ... L'Armée des ténèbres.

32.

Plage désertée par toute forme de vie animale. La tempête est là.

Au moins a-t-elle amené dans ses vents le nom de mes ennemis. L'Armée des ténèbres.

— Pas très sympa comme nom. Pourquoi veulent-ils nous empêcher de sauver le monde ? N'est-ce pas l'intérêt de tous de protéger la planète ?

— Non, répond-elle froidement. À mesure que l'écosystème s'est détérioré, ils ont prospéré. Ils font ce qu'il faut pour s'adapter, quoi que cela en coûte, et sont déterminés à régner, à prévaloir. Deux philosophies violemment antagonistes, Jack, étrangères à tout compromis. Et dans mille ans, ils nous chassent et nous déciment.

— Et ils me chassent moi aussi ? dis-je en me rappelant les épisodes du grand type qui m'a flashé le premier soir, des homo-chauves-souris sur le ponton, de la Gorm à New York. Ils ne sont pas humains, c'est ça ?

— Certains le sont. Mais l'Armée des ténèbres croit pouvoir entièrement soumettre la nature. Ils sont prêts à tout pour altérer leur physiologie et gagner ainsi un avantage dans la lutte pour la survie.

— Des aberrations génétiques ? Des mutants ?

— En effet, nombre d'entre eux sont génétiquement modifiés. D'autres sont purement et simplement construits. Que sais-tu des cyborgs ?

J'ai beau ne pas être un fan des films de science-fiction, j'en ai vu quelques-uns au fil des années.

— Mi-hommes, mi-machines, dis-je en m'entendant prononcer la célèbre réplique, entendue au cinéma. C'est devenu une réalité ?

— Une hideuse réalité, Jack. Qui aurait dépassé l'entendement de Mary Shelley elle-même. Un peuple de Frankenstein, faisant cause commune. Nous, nous voulons sauver le monde, eux se développent à mesure que celui-ci se dégrade. Nous croyons en la nature. Eux n'en font même pas partie. C'est une lutte à mort, Jack. Elle dure depuis des siècles, et son terme est proche.

— Et, à t'entendre, on dirait que ce ne sont pas les gentils qui gagnent.

Eko ne répond pas. Elle fixe le sol.

— Regarde, murmure-t-elle dans un souffle.

La ligne qu'elle a tracée dans le sable n'est plus droite, mais tordue en un parfait ovale. Je me tourne vers elle.

— C'est pas moi qui ai fait ça. Impossible. Je ne peux pas avoir fait bouger le sable.

— Tu peux faire tout ce que tu veux si tu sais utiliser ton esprit, dit-elle en relâchant doucement son étreinte. Tu es l'étincelle d'espoir. – Elle se lève. – Allez, viens.

— Excuse-moi, mais je ne suis pas certain de pouvoir courir ou nager pour l'instant. Ce contact avec mon père, quelle qu'en soit la nature, m'a complètement vidé. Je suis épuisé.

— Rassure-toi. On ne va ni courir ni nager... On va voler !

33.

Debout dans la crevasse entre les dunes. La météo s'est encore dégradée. Vent qui forcit. Ciel qui se couvre de manière inquiétante. Là-bas, au large, la tempête enfle et fait route vers nous. Monstre marin affamé. Godzilla est encore à plusieurs centaines de kilomètres des côtes, que son souffle mortifère se fait déjà sentir. Je pourrais presque entendre résonner son pas, derrière le hurlement du vent.

Eko me fait courir dans le goulet, les bras écartés au maximum. Rien ne pourrait me donner l'air plus stupide. Je tolère d'essayer quelques minutes, sous ses constants encouragements – « Utilise tout ton corps, pas seulement les bras, oui, c'est mieux. » Rapidement lassé, je jette l'éponge et arrête de courir.

— Mais non c'est pas mieux. C'est juste grotesque. J'arrête. Rentrons à la maison si tu veux, car, au cas où tu ne l'aurais pas remarqué, un ouragan se lève.

— Exact, répond Eko en fixant des yeux le ciel de plus en plus sombre. Précisément pourquoi nous allons bientôt voler. Personne ne va nous voir.

— Là encore Eko, au cas où tu ne l'aurais pas remarqué, je n'ai pas d'ailes. Pas de vol pour moi, le bipède.

Elle ouvre la fermeture à glissière de son petit sac à dos et en sort deux chemises. Non, pas des chemises. Plus épais. Genre gilets de sauvetage, préformés, comme des combinaisons de plongée, et qui... émettent une sorte de lumière. Ils sont tissés dans une matière phosphorescente.

— Mets ça et oublie tes histoires d'ailes.

Je suis tenté de lui demander si elle plaisante, mais Eko n'est pas du genre à plaisanter. J'enfile la minuscule combi qui s'étire dans des proportions hallucinantes pour me faire comme une seconde peau, caoutchouteuse et douillette.

Je lève la tête vers le ciel en colère, puis baisse les yeux sur ma combi. Même gris tempête. Un camouflage ? Mais qui voudrait ressembler au ciel ?

Celui qui monte vraiment là-haut ! Je commence à être excité. Je sens mon cœur faire des bonds dans ma poitrine comme une phalène devant un projecteur. J'essaie de me calmer. Délire pas, Jack. Difficile face à une telle exaltation.

— Eko, c'est quoi exactement ce truc ?

Elle a retiré ses vêtements et est en train de se débattre avec sa propre combinaison grise.

— Tu te souviens de la pomme qui est tombée sur la tête de Newton ?

Je replonge au cœur du lycée d'Hadley. Bâtiment en brique situé en haut d'une colline surplombant l'Hudson. C'est M. Zimmerman qui officie en classe de physique. Redouté par la plupart des élèves. Pas par Jack, cet anticonformiste un brin loufoque qui lui a témoigné le plus vif intérêt dès la première formule qu'il a bien voulu lui énoncer.

— Isaac Newton, Lois de la gravitation universelle. – Les

mots ont jailli de ma bouche. – 1666. En observant une pomme tomber d'un arbre, il a théorisé le fait que la même force invisible s'applique aux corps célestes comme la Terre et la Lune, les maintenant en orbite.

Eko me jette un regard incrédule. Dur d'impressionner une Ninja Girl, mais je viens peut-être d'y parvenir.

— Cette combi ferait remonter la pomme de Newton dans son arbre, lâche nonchalamment Eko.

Mes palpitations cardiaques n'évoquent plus une phalène venant se cogner sur une lampe, mais bien un hibou battant des ailes avant de s'envoler pour la chasse.

— Tu veux dire que c'est un truc antigravitationnel ?

— Écoute-moi attentivement, répond Eko en finissant d'ajuster son top. On ne veut surtout pas jouer les Icare. Ne t'éloigne pas. Rien ne ressemble davantage à un banc de nuages qu'un autre banc de nuages. Si tu perds la notion de haut et de bas, crache. La direction du crachat, c'est le bas. Tiens-toi à l'écart des zones habitées. On est en tenue camouflage, mais on ne sait jamais... Quelqu'un peut toujours être en train d'observer le ciel au télescope. Si tu entends un hélicoptère ou un avion, fonce dans le premier nuage qui se présente. Pigé ?

Je ne réalise pas ! J'ai bien été passager à bord de gros-porteurs à réaction, mais je n'ai jamais pris de coucou, encore moins l'hélicoptère. Pourtant, c'est un de mes vieux rêves. Être aviateur. M'élancer dans le ciel. Jamais je n'aurais pu imaginer pouvoir le faire sans ailes et sans hélice.

— OK Eko. Comment on fait pour monter ?

Elle me regarde bizarrement.

— Tu ES monté.

Je la regarde d'un air ahuri avant de baisser les yeux sous

moi. On est à trois mètres du sol ! Par quel prodige ? Et comment ça marche ?

N'étais-tu pas en train de penser que tu volais ?

Si, mais...

Eh ben c'est comme ça que ça marche. Tourne, Jack. Pas juste avec les bras. Utilise tout ton corps. Voilà.

Trop facile ! Même pas besoin de forcer ! Encore plus doux et plus magique que la plongée en haute mer. C'est comme rêver éveillé dans le plus confortable des lits jamais construits et s'apercevoir tout à coup que c'est un tapis volant.

On est au-dessus de l'Atlantique, à quelques mètres d'altitude, puis on fait demi-tour et on commence à monter tandis que nous nous enfonçons dans les terres. Les dunes géantes de Kitty Hawk ne doivent pas être loin. Les frères Wright ont-ils ressenti le même vertige la première fois qu'ils se sont élevés dans les airs ?

Encore plus haut ! La force d'attraction de cette bonne vieille Terre n'est plus qu'un lointain souvenir. On vole. Marais, forêts et océan ne se réduisent bientôt plus qu'à une succession de taches bleues et brunes dont nous avons une vue morcelée par les nuages.

La chaleur du soleil, dès qu'on a passé la couche nuageuse. Pas étonnant qu'Icare n'ait pas pu résister. Comment aurait-il pu revenir en arrière après ça ? Je tourbillonne, prends de l'altitude en spirale à la faveur d'un courant ascendant, Eko dans mon sillage. Affranchi de toute pesanteur, je me sens plus libre que je ne l'ai jamais été. Un fils du vent, un être aussi éthéré qu'un nuage.

Une strophe de Shelley, « À une alouette », me revient subitement en mémoire.

Nuage de feu jaillissant,
Tu t'élèves plus haut encore
Loin au-dessus de l'océan
Ne cessant l'ascension, ta chanson ne cessant.
Dans le soleil crépusculaire
Et l'or de son évanescence
Où les nuées se font plus claires
Tu sembles flotter, puis t'élances
Comme une joie sans corps dont la course commence.

Le pire, c'est que j'entends effectivement des oiseaux. Deux. Qui volent près de nous, poussant de hauts cris à notre adresse. Ils tournoient comme nous dans les airs, gravissent les mêmes paliers. Des oiseaux de proie. Pas en chasse pour l'instant. L'heure est à la réjouissance du vol. Ils exultent. Des orfraies. Un couple. Eko m'a dit qu'ils s'accouplaient pour la vie et voyageaient toujours ensemble.

Un vacarme énorme gronde dans le ciel. Le tonnerre ? Jamais entendu comme ça avant. Comme si on l'avait provoqué en agitant une cuiller d'acier dans une bouilloire, juste au-dessus de ma tête.

Éclair aveuglant. Je sens que ça grésille pas loin. Eko ? T'es sûre que ça craint pas ?

Ces combinaisons nous protègent de la foudre. Tu as peur ?

Bien sûr que j'ai peur, mais en même temps, c'est génial. Les orfraies ont pas l'air de s'en faire, alors pourquoi devrais-je ?

D'ici, on sent vraiment la tempête. Un monstre balourd et dangereux, d'une insondable puissance, qui avance à pas lourds et inexorables. L'ouragan possède un pouls, une odeur, ainsi qu'un palpable appétit de destruction.

L'étourdissante exultation du vol cède rapidement la place à l'effroi alors que nous assistons à l'accostage d'un Léviathan enragé. Les nuages noirs battus par les vents prennent les traits émaciés de monstres célestes prêts à dévorer les cieux. Nous flirtons avec la bête, à la lisière de sa redoutable étreinte. La pluie, les éclairs font les cheveux serpentins et les yeux étincelants d'une Gorgone haute de deux kilomètres.

Le tonnerre gronde, la foudre transperce littéralement nos corps. On rit et on crie comme des déments face à cette pure folie. J'ai été pourchassé trop longtemps, affligé trop longtemps. J'avais besoin de cette libération. Eko avec moi.

Elle monte en flèche à mon côté, insouciante, casse-cou, joyeuse.

Après quoi nous entamons notre descente, mais pas sous le même angle qu'un avion de transport civil. On pique, encore et encore, nous rapprochant de l'eau à une vitesse vertigineuse. On redresse. En direction des dunes.

Attention, Jack. Tu rentres trop vite.

Tu ne m'as pas appris à atterrir.

Va pas te manger les buissons ! Jack, redresse !

Quels buissons ?

Trop tard !

Le temps que je réalise, je n'ai plus qu'à me recroqueviller en boule pour amortir ma chute. Le crash est inévitable. Après un nombre incalculable de roulés-boulés, je finis ma course folle en m'encastrant dans un épais roncier. Aïe.

Elle est immédiatement auprès de moi. Comment a-t-elle fait pour atterrir aussi confortablement ?

L'habitude, sans doute.

— Ça va ? Tu t'es pas fait mal ?

Je décèle une sincère inquiétude dans sa voix. Je me relève en m'époussetant.

— C'est rien, juste quelques égratignures.

— Non, tu saignes. Mais... pourquoi tu ris ?

— Parce que c'était trop dingue. Mieux que génial. Stupéfiant ! Brillant ! Quand est-ce qu'on recommence ?

Après un court instant d'hésitation, Eko laisse libre cours à sa propre exubérance et éclate de rire avec moi.

— T'as vu ? Dément, non ? Allez viens, on va te raccommoder.

34.

Mes bleus et mes coupures sont sans gravité, mais c'est vrai qu'il y en a partout. J'ai retiré la combinaison. Je me tiens timidement debout dans la chambre d'Eko, au second étage, seulement vêtu d'un slip.

Eko s'affaire sur les plaies, craignant qu'elles ne s'infectent. Peut-être aussi qu'en tant qu'instructeur de vol, elle se sent en partie responsable. Elle insiste pour me prodiguer les premiers secours sans retard. Première fois qu'on rentre à la maison et qu'elle ne commence pas par se précipiter sur le cube bleu.

Au lieu de ça, elle m'a directement mené ici, et a aussitôt sorti la trousse de secours qui se trouvait dans le placard à côté de son lit. Elle en a extrait une sorte de torche jaune dont le rayon fait rougeoyer les plaies ainsi qu'une pince munie d'un système d'aspiration pour retirer les échardes et les épines.

Le désinfectant, lui, en revanche, n'a rien de high tech. Juste un liquide dans une anodine bouteille d'un vert affreux, dont Eko imbibe consciencieusement un morceau de coton.

— Ça va piquer, prévient-elle.

Elle porte toujours sa combinaison grise. Très moulante. Tandis qu'elle tamponne ma poitrine avec sa compresse de coton, j'ai une vue imprenable sur la naissance de ses seins.

— Ça fait mal ?

— Horriblement. Et tu le sais très bien.

— Pense à autre chose.

Je balaie la pièce du regard. C'est la première fois que je viens ici.

Un futon par terre. Des livres sur les étagères, en anglais, japonais et russe.

Un chevalet est dressé là où il y a le plus de lumière. Dessus, un paysage minimaliste, d'inspiration japonaise, représentant une rivière en crue. Un héron dans le ciel. Nuages cotonneux. Ce n'est pas détaillé, pourtant la sûreté du pinceau est parvenue en quelques gestes à évoquer mille nuances d'ambiances et de tons.

Heureusement pour toi, P.J., qu'Eko n'a pas participé au concours de peinture.

Ça me fait drôle de penser à elle maintenant.

Une toile achevée est accrochée au mur. Choquante et magnifique. Un couple faisant l'amour debout. Homme grand et costaud. Femme plus petite qui ne touche pas le sol, les jambes nouées dans le dos de son amant. Visage écarlate.

Eko remarque ce qui attire mon regard. Je détourne vivement les yeux.

— Alors ? Ça t'a plu de voler ? demande-t-elle en me faisant me retourner pour qu'elle puisse retirer les épines que j'ai dans le dos.

— Une des plus belles choses que j'aie jamais faites.

— Presque aussi bon que le sexe, ajoute Eko en retirant une épine.

— Mmh... certainement..., dis-je d'un ton évasif. Aïe !

— Je dois admettre que tu apprends plus vite que ce à quoi je m'attendais, répond-elle avec un petit gloussement aguicheur. Tu t'en es très bien sorti. Belle cambrure, d'indéniables qualités d'endurance et pratiquement aucune crainte. Bien sûr, tu t'es un peu laissé emporter par ton excitation sur la fin, mais c'est normal pour un débutant. L'important, c'est d'apprendre à se relâcher, à s'abandonner.

Je ne suis plus très sûr de savoir de quoi on parle. J'essaie de ne pas m'écarter du sujet.

— Tu ne m'as pas dit comment on faisait pour atterrir.

— Dois-je donc tout t'apprendre ? ajoute Eko en me retournant à nouveau. – Nos regards se croisent. – Bon, maintenant il faut que je regarde tes jambes.

Elle s'agenouille, nettoie des petites coupures sur mes genoux. Ses doigts effleurent ma rotule, puis remontent sur mes cuisses.

Mon pouls s'accélère. Je commence à être excité. Le slip ne m'est pas d'un grand secours pour dissimuler mon émoi. Je me retourne, mal à l'aise.

— Pardon.

— Ne sois pas ridicule. C'est naturel. Tu es un garçon en pleine possession de ses moyens.

— Un homme.

— Jeune homme, nuance Eko. Il fait chaud ici. Ne bouge pas. Je n'ai pas encore terminé.

Elle retire sa combinaison. Pas grand-chose en dessous. Soutien-gorge de sport et culotte en coton.

Je tente tant bien que mal de garder mon calme. Pense au base-ball, Jack. Meilleurs batteurs de la saison. Hank Aaron. Babe Ruth. Barry Bonds.

— Tu m'as pas l'air à l'aise, ainsi exposé, fait justement remarquer Eko. Tiens. – Elle retire son collier de grosses perles et me l'accroche autour du cou. – Un petit cadeau. Ça te va bien. Les hommes devraient porter plus de bijoux. Ça leur donne une dimension sensuelle.

Les perles rouges exhalent une douce odeur de jasmin. Eko se penche à nouveau sur moi, désinfecte des coupures sur mes cuisses. Chaque contact avec le tampon déclenche une décharge de douleur. Tempétueuse symphonie à l'extérieur où le vent fait office de trombone, le tonnerre de cymbale et la pluie des violons en pizzicato.

— Voyons un peu tes fesses, bougonne Eko, comme si regarder ma lune était la chose la plus naturelle qui soit.

— Ça va aller, Eko...

Trop tard, elle m'a déjà retourné et baissé le slip.

— Allez ! Sois un bon patient. Ne bouge pas.

Elle nettoie, désinfecte. Mon cœur bat la chamade au fond de ma poitrine. J'essaie de reprendre le dessus. Où en étais-je déjà ? Ah, oui, Barry Bonds. Mais compte-t-il vraiment celui-là, vu qu'on le suspecte d'avoir pris des stéroïdes ? Après ? Willie Mays, puis Frank Robinson.

Impossible de détacher mes yeux du futon d'Eko, de la toile érotique accrochée au mur. Je repense à P.J.

J'ai toujours cru qu'elle serait la première pour moi et vice versa ; que je serais l'initiateur de l'acte et que nous découvririons ensemble cette mystérieuse part de la vie. Dans ma voiture. Ou dans sa chambre. Ce que j'ai pu fantasmer là-dessus...

Là, pour le coup, on est loin de mes fantasmes. Bien sûr, il ne se passera sûrement rien. Après tout, c'est une urgence médicale qui nous a amenés ici. Il s'est simplement trouvé que la trousse de secours se trouvait dans la chambre d'Eko et qu'elle devait désinfecter mes plaies. Ce moment d'intimité n'est que la conséquence fortuite d'une chaîne d'événements aléatoires. Il ne mènera nulle part.

— Bon, conclut Eko en retirant une dernière écharde de ma fesse droite. Ta formation est pratiquement terminée. Bientôt, nous allons devoir nous séparer, mais avant cela, il y a encore une chose qu'il faut que je t'apprenne, Jack.

— Vraiment ? dis-je en ravalant ma salive et en tirant sur mon slip.

Eko se remet debout, me regarde. Je me rappelle la première fois que j'ai vu ses yeux, scintillant d'un éclat froid sous le masque noir. Là ils sont vivants, chauds, engageants.

— Je t'ai appris à te battre, à plonger, à voler. Ça nous laisse quoi d'autre ?

— Euh... je ne suis pas sûr de te suivre, dis-je, la bouche sèche. Je ne connais pas bien le programme... Je ferais peut-être mieux d'y aller...

Elle agrippe le collier de boules rouges et m'attire à elle.

— La vulnérabilité est ton pire ennemi, murmure-t-elle à mon oreille.

— Ce qui veut dire ?

— Qu'ils sont à ta recherche, Jack. Te chassent. Ils vont mettre à profit la moindre de tes faiblesses pour te faire trébucher, puis tomber pour, enfin, t'achever. Tu dois être un expert dans tous les compartiments du jeu. Il ne doit y avoir aucun défaut dans ta cuirasse... – Je sens son souffle chaud sur ma joue. – Aucune faiblesse dans ton sabre.

J'ai besoin d'air. Essayer de gagner du temps.

— Pourquoi me traquent-ils ? Comment savent-ils que j'ai le pouvoir de trouver Mu et de changer l'avenir ?

— Parce que ça a été prophétisé à ta naissance, dans mille ans. Le dernier espoir d'une planète à l'agonie. C'est pour ça que ton père t'a renvoyé dans le temps, accompagné de personnes de confiance qui pourraient te cacher. C'est comme ça que l'Armée des ténèbres a fini par retrouver ta trace. Elle te traque depuis.

— Mais comment veux-tu que je sauve un monde que je ne connais pas ? Où dois-je me rendre ? Que suis-je supposé faire ?

— Trouve Mu, répond simplement Eko. Et utilise sa force pour changer le monde, pour mettre un terme au saccage et pour empêcher la Terre de sombrer dans l'obscurité qui l'attendent une fois passé le Point d'Inflexion.

— Comment utiliser Mu ? Et où la trouverai-je ?

— Personne ne le sait. L'Armée des ténèbres la cherche elle aussi, afin de la détruire et de protéger ainsi le sombre avenir sur lequel ils sont sur le point de régner sans partage. Pourtant, malgré le diabolique arsenal scientifique et technique dont ils disposent, leurs efforts sont voués à l'échec. Car le présage dit que c'est toi – et toi seul – qui peux trouver Mu. Je t'ai formé du mieux que j'ai pu. Pourtant, il te reste une faiblesse coupable.

— Ah bon ? Moi je me sens plutôt affûté, dis-je d'une voix rauque, la gorge aussi sèche que les sables du Sahara. Tu auras été un maître des plus efficaces. Je suis au sommet de ma forme. Et prêt à en découdre.

Eko avance doucement la main droite. Je sens ses doigts descendre lentement le long de mes abdos.

— Le mâle humain, quelle que soit sa force physique, est toujours à la merci de ses pulsions sexuelles, dit-elle en me regardant droit dans les yeux. Surtout durant la période de l'adolescence, quand ses hormones sont au plus haut, et qu'il ne sait pas encore très bien comment les contrôler.

— Merci de ta sollicitude...

— Le problème est encore plus sérieux quand le mâle en question est puceau, poursuit Eko. Car le manque d'expérience alimente les fantasmes et les malentendus. C'est une grande faiblesse, qui peut facilement être exploitée.

Je repense à Reilly dans son appartement de New York, à Jinny dans le train. Ce que dit Eko est peut-être vrai, mais...

Elle s'approche encore davantage. Nos corps se frôlent.

— Quand je t'ai rencontré pour la première fois, je savais l'ampleur de la tâche qui nous attendait et le peu de temps dont nous disposions pour l'accomplir. Les sentiments auraient été un handicap. Je me suis forcée à être dure et exigeante, parfois même cruelle.

— Je confirme.

— J'ai aussi appris à te connaître, à te respecter, murmure Eko. Tu as attaqué un requin pour me sauver. Mais laissons cela. Le temps nous manque.

Elle se colle contre moi, comme si on dansait un slow, à ceci près qu'on ne bouge pratiquement pas, juste un imperceptible balancement.

— La sexualité fait partie de la vie, déclare doucement Eko. Au même titre que l'art du combat ou la plongée. Elle peut être une faiblesse ou une force, une source de crainte ou de plaisir. Tout ce qu'il te faut, c'est un bon prof...

Je réagis d'instinct, sans réfléchir, et la repousse. Je n'arrive pas à croire que j'ai fait ça, alors même qu'elle m'attire, que je la désire.

Mais pas comme ça. J'étais tout disposé à lui laisser m'apprendre des tas de choses, mais pas celle-là. Elle a beau dire, ce n'est pas comme apprendre à se battre ou à plonger. Je ne veux pas de formation accélérée dans ce domaine. En d'autres termes, ce n'est pas comme ça que je me vois entrer dans l'âge d'homme.

Et puis il y a P.J., où qu'elle soit à l'heure qu'il est. Je n'arrête pas de penser à elle, et à tout ce qu'elle représente.

Non qu'il faille absolument que ce soit elle, mais je veux que ma première fois se déroule avec quelqu'un que j'aime, quelqu'un que j'ai choisi et quand je l'aurai décidé.

— Désolé Eko. N'y vois rien de personnel.

Elle me dévisage en faisant la moue.

— Je ne te plais pas ?

— Si... beaucoup... Tu es quelqu'un d'admirable... une très jolie fille... euh... femme...

— Mais tu ne veux pas de moi comme partenaire sexuel ?

— Non. Désolé, mais non. Soyons amis, si tu veux bien.

Eko tourne les talons et va jusqu'au placard. Elle enfile un peignoir de soie bleue. Quand elle se retourne, elle affiche un grand sourire, puis glousse avant de finalement partir dans un grand éclat de rire cristallin.

Oh oh ! Les femmes ne sont jamais aussi dangereuses que lorsqu'on cesse de les comprendre.

— J'ai raté un épisode ? Qu'y a-t-il de si drôle ?

— C'est juste que la plupart des hommes me trouvent très attirante et désirable.

Orgueil blessé ? Je l'observe du coin de l'œil. Corps athlétique, puissant, mais bâti comme une boîte aux lettres. Esprit brillant, mais capricieuse, cyclothymique et souvent sadique.

— Je n'en doute pas un instant.

— Cela tient peut-être à l'apparence que j'ai choisi de prendre avec toi, suggère doucement Eko. Ça c'est mon formatage de guerre. Comme tu l'as certainement déjà compris, dans le futur, nous avons fait beaucoup de progrès concernant l'utilisation de nos esprits. Télépathie, télékinésie et aussi... remodelage physique.

— Remodelage physique ? Vraiment ? Pourquoi ne m'as-tu pas appris ça ?

— Seules les femmes en sont capables. Et ça demande des années d'apprentissage. Tiens, regarde Jack. Voilà à quoi je ressemble vraiment.

35.

Déjà vu ça une fois. Reilly dans sa chambre de Central Park West. Sauf que cette fois, la fille ne se change pas en Gorm. La borne incendie se mue en sablier. Je suis incapable de dire si Eko s'est réellement transformée ou si c'est ma vision qui a changé.

La jambe paraît s'affiner. Les hanches se creuser. Deux seins généreux gonflent la tunique de soie bleue. Luxurieuse chevelure noire de jais. Des traits d'une incomparable beauté, à la fois durs et délicats, sexy et distingués. Lèvres douces et rouges comme des pétales de fleur. Un éclat provocant danse dans ses yeux noirs.

Oubliée la pompe poudrée des beautés de la télé, oubliées les bombes filiformes du calendrier « spécial maillots » de *Sports Illustrated*. Eko est, de loin, la plus belle femme sur laquelle j'ai eu le privilège de poser les yeux.

— Tu vois ? susurre-t-elle. Bonne nuit, Jack. Fais de beaux rêves.

Elle me tend la main pour me dire bonsoir.

Quelque chose me dit que je ne vais pas facilement trouver le sommeil après ça.

— Une minute... Tu as peut-être raison. La tâche qui m'incombe est tellement cruciale qu'on ne peut se permettre aucune improvisation. Nous devons nous assurer... que... je ne possède aucune faiblesse ou... aucun point faible qui puisse être exploité.

— Non, Jack, répond Eko en souriant. Si tu changes d'avis maintenant, je pourrais penser que tout ce qui t'a attiré chez moi, c'est mon physique. Alors que je sais bien que tu vaux mieux que ça. Comme tu l'as dit toi-même, contentons-nous de rester amis.

Elle esquisse un signe du menton en direction de la porte. Je ne bouge pas. Au lieu de ça, je fixe son futon.

— Je pensais que tu avais été envoyée là pour m'aider... que l'avenir du monde était en péril... que personne ne pouvait rien refuser à l'étincelle d'espoir.

— Il y a quand même des limites..., répond-elle avec un sourire. Désolée...

C'est mort ou il y a encore une chance de rattraper le coup ? J'essaie de trouver quelque chose de taquin à dire...

Soudain, son sourire disparaît.

— C'était quoi ça ?

— Je n'ai rien entendu.

Elle s'immobilise, tous les sens en alerte.

— Ça.

Effectivement, j'entends quelque chose qui tape dans le lointain. Un bruit sourd. Ça s'arrête.

— C'est le vent. Il a dû renverser quelque chose. Si tu as peur, peut-être que je devrais rester pour te réconforter.

— Ils arrivent !

Le ton n'est plus au marivaudage. Le sablier retrouve bien vite ses proportions de borne incendie.

— T'es sûre ?

Avant qu'elle ait le temps de répondre, la porte de sa chambre vole en éclats et un type de deux mètres s'avance, pointant un pistolet sur moi. Eko plonge sur mes genoux et me plaque au sol, juste à temps pour éviter le rayon laser. Le mur est en flammes.

L'assaillant n'attend pas que je me sois relevé pour viser à nouveau. Je rampe en zigzag sur le sol, comme un cafard cherchant désespérément à sauver sa peau.

Le géant se concentre entièrement sur moi... et sur sa ligne de mire. Ce faisant, il oublie Eko.

Grossière erreur.

Elle bondit dans les airs et lui arrache la tête d'un coup de

pied. Au sens littéral. Jambe droite qui fouette avec tout le poids du corps. Le talon s'écrase sur le menton. La tête se désolidarise du tronc.

Non. Pas une tête. Agresseur mi-homme mi-machine. Crâne toujours attaché par des câbles. Ses yeux lancent des éclairs comme le grand type du resto à Hadley-sur-Hudson. D'ailleurs ça pourrait aussi bien être le même. Imagine le plan. Pas un homme. Un cyborg ! Ses yeux ne flashent pas pour me marquer. Ils sont en train de court-circuiter !

Des pas dans l'escalier. Eko ouvre la marche dans le couloir. Deux homo-chauves-souris. Elle en élimine un avec un atémi à la glotte, du tranchant de la main. Je repousse le second au bas des escaliers d'un violent coup de pied à la poitrine.

D'autres silhouettes sombres se présentent déjà au bas des marches. Plus lentes, mais aussi apparemment plus coriaces. Dents étincelantes, yeux globuleux et inquisiteurs qui ratissent mécaniquement l'espace, longues langues serpentines.

— Aucune chance de descendre. On monte, hurle Eko.

Je suis son conseil et déboule au troisième avant de comprendre qu'elle ne m'a pas suivi.

Elle est restée en retrait pour les ralentir. Leonidas aux Thermopyles, barrant la route pour protéger ma fuite.

Je jette un œil derrière moi. Eko est au milieu de l'escalier, bloquant la montée. Il faudra lui passer sur le corps pour m'avoir. Je leur souhaite bien du plaisir. Jamais vu quelqu'un se battre avec une telle détermination, une telle sauvagerie et une telle précision. Il en arrive continuellement. Une pluie de coups s'abat sur eux dès qu'ils arrivent à portée.

Je me précipite dans les escaliers.

Non ! Va-t'en !

Et cette fois, ce n'est pas un requin déçu de voir une proie lui résister, mais toute une armée, rompue à l'art de la guerre. Elle se sacrifie pour que tu puisses t'échapper. Cette fois, tu n'as pas le choix, Jack. Si tu descends, vous mourrez tous les deux.

Alors je monte. Troisième étage. Un endroit où me cacher ? Je fonce dans la cuisine, à la recherche d'une arme. Problème : avec le régime végétarien, ni hachoir ni grand couteau. J'attrape la première chose qui me tombe sous la main. Une grande assiette.

Oh oh. Des pas. À cet étage. J'étais attendu. L'homme se rue dans la cuisine. Tout juste s'il peut passer la porte. Aussi large que haut. Et pas de la graisse. Du pur muscle. Enfin... pur, pas si sûr. Mais un pur tueur, oui.

Il lève son bras herculéen et me lance quelque chose. Fléchettes hypodermiques. Couleur rouge. Déjà goûté à ces trucs, merci, sans façon.

Je saute par-dessus le plan de travail et lui balance l'assiette, comme un disque. L'objet quitte mes doigts à pleine vitesse et va s'exploser sur le cube de muscles. Quelques secondes de gagnées.

Pas d'issue hors de la cuisine.

J'entends des pas lourds résonner dans l'escalier.

Eko ! Soit ils ont réussi à la contourner, soit ils l'ont éliminée. Et maintenant, c'est ton tour.

Feu d'artifice bleu. Filet plasma. Qui se déploie dans la cuisine. Un seul dégagement. La fenêtre. Je l'ouvre d'un coup de pied et plonge. Chute avant sur le toit en pente. Il fait noir dehors. Et il pleut des cordes. Mais je connais bien ce toit. Trois étages au-dessus du sol : bien trop haut pour envisager un saut.

Le malabar est en train d'enjamber la fenêtre.

Je me précipite à quatre pattes vers le point qui me rapprochera le plus d'un des bras du marais.

Toit mouillé. Glissant. Le malabar gagne du terrain. Il avance courbé comme un gorille des montagnes, mais vite. Trois mètres. Deux. Il va m'av...

J'atteins l'arête du toit et plonge dans le vide ! Dix mètres jusqu'au premier bras d'eau. Une distance insurmontable.

J'ouvre les bras en grand, mets tout mon corps en opposition face au vent. Souviens-toi de ce que t'a appris Eko ! Quand elle avait sauté sur cette branche. À un certain point, c'est le mental qui prime. Le spirituel, l'influx. Si je peux faire bouger le sable, je peux planer sur dix mètres.

Le gorille des montagnes m'a suivi, comme en témoigne le beuglement à figer le sang qui accompagne sa chute libre.

Je fais le vide absolu dans mon esprit. Disparais au fond de moi. Je suis un rayon de lumière qui déchire la nuit.

Sensation de froid au bout des doigts. L'eau ! Le bras du

marais. Le choc est brutal. Comme un coup de pelle. Sonné, je baigne dans cinquante centimètres d'eau boueuse, au milieu du bras d'eau.

CRUNCH. Quelques mètres derrière moi. Non, pas un crunch, plutôt un TOMP. Le bruit me sort de ma torpeur. Je tourne légèrement la tête pour voir.

Le malabar est tombé sur un mélange de glaise et de roche, à un mètre cinquante du bord. Genre astéroïde impactant au beau milieu d'un parking d'hypermarché. Cratère visible à l'œil nu. Il gît là en gémissant.

Pas de bol, King Kong. Fini la chasse au Jack.

Ça, c'est la bonne nouvelle. La mauvaise, c'est qu'une colonne d'ombres jaillit du bungalow en flot continu pour se ruer vers moi.

Des homo-chauves-souris et des malabars, plus un truc à quatre pattes qui ressemble à un chacal surdimensionné. Des yeux jaunes, canines acérées. Un chien de guerre génétiquement modifié par un apprenti sorcier du prochain millénaire. La vache ! Qu'est-ce qu'ils peuvent aller vite.

Je me relève. S'ils me mettent la main dessus, ils vont m'étriper. Je démarre en trombe dans le marais battu par la tempête, courant pour ma vie.

C'est ça que mon père voulait me dire. Pas lui. Fuis.

36.

Course éperdue dans le marais plongé dans la nuit. Visage fouetté par la pluie et le vent. Des éclairs qui zèbrent le ciel.

Poursuivi par la foire aux monstres. Je les entends dans mon sillage. Tous les vingt mètres, je me retourne pour voir où ils en sont.

Je cours vers les profondeurs les plus sauvages du marais, là où le sol est parsemé de trous et de gros rochers ; là où la végétation est la plus dense ; là où des lianes pendent au-dessus de l'eau.

Il y a deux semaines, j'aurais été incapable de seulement marcher sur ce terrain piégeux. Mais Eko m'a bien appris.

À l'oreille, je peux dire que les homo-chauves-souris gagnent du terrain. Je ne vais pas pouvoir éviter de combattre les premiers avant la baie. Mais, avec le renfort des suivants, je n'aurai pas l'ombre d'une chance.

« Attention, une grosse branche », m'alerte mon système nerveux central. Je me baisse juste à temps.

Un homo-chauve-souris bondit sur moi. Sa tête heurte l'arbre violemment. Il disparaît sous l'eau boueuse.

Le goulet fait un coude. Je suis invisible durant quelques secondes. Une chance à saisir ! Je me précipite à l'assaut de la berge.

Je laboure la frondaison comme un tracteur fou. Les ronces me lacèrent, je trébuche sur les racines, me prends les bras dans les branches. Je fais ma propre route avant de replonger dans...

Un autre bras marécageux. Plus profond celui-là. Je le remonte à la nage. En direction de la mer.

Je reste deux minutes dessous, puis remonte pour effectuer une reconnaissance.

À peine ai-je refait surface que je remarque un drôle d'oiseau planant au-dessus de moi. Plus gros qu'un héron. Un rayon orange jaillit de ses yeux. Il virevolte dans ma direction. Aucun doute, l'oiseau leur sert de vigie. Un drone en appui des troupes au sol.

Je trouve une pierre ronde. Toujours eu un bon bras droit, ce qui m'a d'ailleurs valu une place de passeur dans les Hadley Tigers – envoyé deux gars en Terre promise durant le même match.

Un pas d'appui et... lancé. La pierre va se ficher en plein dans l'oiseau de reconnaissance. L'impact lui fait perdre quelques plumes, il pique du nez et va s'écraser au sol comme un hélicoptère touché par un missile sol-air.

Je cours le long de la berge, en direction des dunes.

La tempête est encore plus violente. La pluie tombe à l'horizontale. Chaque fois qu'une bourrasque me fouette le visage, j'ai l'impression de prendre un bain.

J'atteins le bout du bras d'eau et crapahute à l'assaut de la petite butte sableuse qui sépare le marais des dunes. Sensation d'être exposé. Je regarde derrière moi.

Silhouettes informes à moins de huit cents mètres, et qui se rapprochent rapidement. L'oiseau mouchard a dû les prévenir.

Je me laisse glisser dans la pente avant de sprinter sur le sable humide. La mort aux trousses. Heureusement, grâce à Eko, je suis en parfaite condition. Merci, ma belle. Tu m'en auras appris des choses. Désolé de t'avoir repoussée. Ton souvenir m'accompagnera jusqu'à mon dernier souffle – qui devrait intervenir dans moins de dix minutes, car ils se rapprochent dangereusement.

Déjà, ils passent la crête de la colline qui commande l'accès aux dunes.

Totalement à découvert. Rien qu'un océan déchaîné dont les accès de colère viennent s'échouer sur une langue de sable en pente douce.

Je suis à la lisière de l'eau. Je me retourne. Ils sont à mi-pente de la dune, se scindent en deux groupes afin de me couper toute retraite. Quand ils m'auront attrapé, ils me régleront probablement mon compte ici même, sur la plage. Je vendrai chèrement ma peau. Eko y a veillé.

Je cesse de courir. À quoi bon. Je les attends là. Après tout, cette plage battue par les vents n'est pas un si mauvais endroit pour mourir.

Les humains... Vraiment pathétiques avec leur grotesque manie de verser dans le mélodrame. D'autant plus pathétique quand c'est un jeune mâle en pleine force de l'âge qui se laisse aller à ce genre de débordements. Étrange, cette capacité que vous avez à vous convaincre que la défaite peut être glorieuse. Comme s'il pouvait y avoir quoi que ce soit de glorieux à se laisser déchiqueter sur une plage ! Pitié ! Passe à autre chose.

Je connais cette voix – télépathiquement parlant. Je connais également ce discours, qui réussit la prouesse d'être à la fois insultant, condescendant et parfaitement vain.

Où que tu sois, boule de poils, va te faire voir ailleurs. Je ne voudrais pas qu'un traître bousille mon final.

Tu ne peux pas juste baisser les bras et te laisser mourir, crétin. Tu es le phare qui éclaire nos pas.

Bouge pas, tu vas voir.

Tu ignores tout d'eux. Ils vont te dévorer vivant !

Et peut-être même qu'ils prendront du chien en dessert.

Je dis tout ça avec toute la bravoure dont je suis encore capable, mais, à la vérité, je n'ai aucune intention de me laisser dépecer sur cette plage par l'Armée des ténèbres s'il y a un moyen de l'éviter. Mais quelle est l'alternative ?

L'autre andouille n'a pas osé se montrer. Exactement le genre de comportement que l'on est en droit d'attendre d'un représentant de la race canine suréduqué possédant mille ans d'avance en termes d'insultes, mais aucune conviction morale. Le meilleur ami de l'homme ? Laissez-moi rire.

Enfin... je risque de ne pas rire longtemps. Je balaie les dunes des yeux et, à la faveur d'un éclair, distingue les ombres lancées à ma poursuite... à moins de cinquante mètres. Toujours aucun signe de Gisco.

Par ici, tête de pioche.

Où ?

Dans l'eau. Et j'aurais besoin d'un coup de main, là.

Je me tourne vers le large et c'est là que je l'aperçois. Une coque de noix. À une trentaine de mètres du bord. Ballottée par les vagues, manquant de chavirer à chaque nouvelle déferlante. Personne à bord. Aucun signe du chien. Quand on est sur le point d'être étrillé sur une plage, un petit bateau perdu au milieu de la tempête est toujours mieux que rien.

Je fonce vers l'écume et plonge pour éviter la lame. La vague de cinq mètres se casse juste au-dessus de moi. Plaqué sur le fond dans un premier temps, la désagréable impression d'être dans le tambour d'une machine à laver en mode essorage dans un second. Pas encore totalement perdu mes esprits. Je parviens à remonter. Le courant m'a attiré au large. Le bateau est tout proche. Toujours personne à son bord. J'y suis presque. Encore un petit effort... Je l'ai. Je m'agrippe à l'étrave et tente de me hisser sur la barque.

Non. On va être repoussés vers la grève. Aide-moi plutôt.

J'avise enfin le chien félon. La corde d'amarrage dans la gueule. Un remorqueur canin qui se débat contre la colère des éléments pour emmener le bateau derrière la barre.

Je retourne à l'eau, pousse l'embarcation avec l'épaule, les mains, la tête, battant frénétiquement des pieds pour grappiller quelques centimètres. Moi je pousse, Gisco tire.

Nous sommes le jouet de vagues gigantesques qui nous balaient sans cesse, tentant de nous arracher à notre piteuse bouée. Difficile de dire si nous faisons le moindre progrès.

Je perds la notion du temps, jetant toutes mes forces dans cette bataille inégale qu'il faut absolument gagner. C'est notre seule chance. Passer la barre.

Je bois la tasse. J'étouffe. L'épuisement. Sensation d'être plein d'eau. Je commence à couler. Je m'accroche au bateau, me hisse péniblement à l'intérieur et vais m'écrouler lourdement sur le fond, à genoux, secoué par un haut-le-cœur.

Un coup d'œil en arrière. La plage m'apparaît dans un éclair, à presque huit cents mètres de nous. Des masses informes sont rassemblées sur le sable et nous regardent nous éloigner. On a réussi à placer le bateau dans un courant qui nous pousse vers le large.

Des grattements sur la coque. Appels au secours désespérés. Le chien télépathe envoie un SOS.

Aide-moi, Jack. Je me noie.

Débrouille-toi pour monter.

Les chiens sont incapables de soulever leur poids.

À qui la faute ?

Je viens de te sauver la vie.

Merci, fallait pas.

– Beaucoup plus faible. – *S'il te plaît, Jack. Aide-moi.*

Il a dit le mot magique. Je me penche par-dessus bord et avise ce qui ressemble à une vieille serpillière, étonnamment pourvue de deux oreilles et d'une truffe, flottant entre deux eaux. Je plonge les mains dans la baille bouillonnante et agrippe deux poignées de poils.

J'ai beau être au sommet de ma force, la tâche est herculéenne, Gisco n'étant pas un poids plume, même tous poils secs. Je grogne, tire, force tandis que lui m'accompagne en moulinant de ses grosses pattes pour accrocher le rebord de la barque. Juste au moment où, n'en pouvant plus, je m'apprête à le lâcher, une vague fait tanguer le bateau et il s'écroule sur moi.

Beurk ! Me voilà enfoui sous cent kilos de viande au pedigree plus que douteux, emballée dans une belle épaisseur de graisse macérée dans la saumure et de poils mouillés à l'odeur fétide. Du vent, gros lard !

La vieille serpillière se démêle les pinceaux et se redresse sur ses quatre fers. Puis le molosse jette un œil vers la côte avant de se tourner vers le large, la truffe au vent, dans une absurde pose solennelle, comme s'il était Nelson en personne.

J'ai une bonne et une mauvaise nouvelle.

Je tends le dos. C'est quoi la bonne ?

Ils n'ont aucun moyen de nous suivre. Le temps que la tempête s'apaise, nous serons loin, et en sécurité.

Je ferais sans doute mieux de m'en tenir à ça.

OK la truffe, c'est quoi la mauvaise ?

On est sur un minuscule bateau sans cabine et on fonce droit sur l'œil du plus méchant cyclone que j'aie jamais vu.

37.

Ne laissez jamais personne vous dire qu'un ouragan c'est juste du vent et de la pluie. Un ouragan, aussi étrange que cela puisse paraître, c'est une créature vivante. Un fantastique monstre hurlant, que je suis en train de chevaucher à bord d'un esquif... plus que frêle.

On parle un instant des vagues ? Cette jolie houle qui culmine à un mètre cinquante, deux mètres en arrivant près de la plage et où il fait si bon jouer avec son boogie sous le soleil estival, ces lames de trois mètres levées par des vents violents à l'approche de l'hiver, ou encore ces impressionnantes masses d'eau de six/sept mètres de haut qui font le bonheur des magazines de surf partout sur la planète ?

Oubliez tout ça. Insignifiant. Et parfaitement inapproprié pour décrire la situation présente.

Essayez plutôt d'imaginer une chaîne de montagnes en mouvement. Pensez paysages alpins (ou andins), glaciers coiffés d'un panache d'écume et avalanches de mousse qui fondent sur vous en grondant. Imaginez de gigantesques aiguilles gris-vert qui s'élancent dans les airs entre deux vallées encaissées à l'obscurité cryptique.

Oui, les montagnes bougent. Je les ai vues. Elles marchent même à un rythme effréné. Et c'est toute une chaîne qui vient à ma rencontre.

Vous les voyez enfler, rouler, s'élever et votre seule pensée est : « Mon Dieu, rien ne peut être aussi gros et se déplacer aussi vite. » Avant que vous ayez eu le temps d'appréhender ce paradoxe, la montagne vous soulève dans les airs, plus haut, encore plus haut, comme un ascenseur pour le ciel.

Au seuil des limbes éthérés, le colosse vous oublie un instant. Suspendu. Vous savez ce qui va arriver, ce qui doit arriver car ce qui monte très haut doit forcément... descendre très bas. Et vous descendez, en piqué, en chute libre, dans un gouffre vertigineux, un cratère noir comme l'encre. À chaque descente, vous pensez que le bateau va se couper en deux, chavirer, s'éventrer.

Et non. Pas cette fois.

Il a tenu bon.

Avant même de penser à reprendre votre souffle – et de célébrer le fait d'être encore en vie –, vous portez votre regard aussi loin que vous pouvez. Pas beaucoup de visibilité au cœur d'un ouragan. Mais suffisamment pour écourter votre joie. L'euphorie disparaît aussitôt. Car une nouvelle chaîne de montagnes, encore plus hautes que les précédentes, surgit lentement des brumes, enflant démesurément en approchant de vous.

Depuis notre minuscule embarcation, perdue à des kilomètres des côtes, c'est l'Himalaya qui nous arrive dessus. L'Everest lui-même, qui nous toise de son gigantisme intemporel avant de nous soulever dans les airs une nouvelle fois. Un aller simple pour le ciel. Ce n'est plus de la hauteur que prend le bateau, c'est de l'altitude. Il ne nous reste plus alors que deux choses à faire : nous accrocher et prier.

Mais est-ce bien raisonnable de s'en remettre à Dieu ? S'Il n'existe pas, je perds mon temps. Et si Il (ou Elle) existe, Il (ou Elle) risque fort de me considérer comme un imposteur qui fait semblant de croire seulement quand il est en danger. Si je joins les mains et fais le serment de me bien comporter en échange d'une intervention divine immédiate, Dieu ne va-t-Il pas aussitôt démasquer l'usurpateur usant de vils mots flatteurs et de fausses promesses ?

D'un autre côté, je suis sur un minuscule bateau au beau milieu d'un Atlantique balayé par un ouragan de force cinq. Si on ne peut pas en appeler à Dieu dans un moment pareil, vers qui d'autre peut-on se tourner ?

Tandis que je me débats avec ces doutes métaphysiques, un puissant tir de barrage télépathique résonne sur toutes les fréquences.

Ô Dieu Chien, puissant et miséricordieux, perfection canine à nulle autre pareille, moi, Gisco, ton humble serviteur, indigne de seulement marcher à l'ombre de ta magnificence, j'implore ton secours, face contre la terre que tu as eu l'infinie bonté de fouler. Sauve-moi, Chien sacré béni des Cieux, je t'en conjure, et je passerai le reste de ma misérable vie à chanter tes louanges...

Gisco ? Tu fais quoi là ?

Je prie, crétin.

C'est pathétique de s'aplatir de la sorte. Si effectivement il y a un Dieu Chien – ce dont je doute fortement –, que va-t-il penser à ton avis ?

J'ai bon espoir qu'Il pense à me sauver.

Si on doit mourir, on mourra. Alors s'il te plaît, arrête de faire des promesses que tu ne pourras jamais tenir.

Ô Dieu Chien, pardonne les mots déplacés de cet humain

décérébré qui m'accompagne. Pardonne-lui, il ne sait pas ce qu'il dit. Vraiment, mon destin est lié à une race imbécile. Sauve-nous et je lui prouverai qu'il faisait fausse route. Sauve-nous et nous allumerons tous deux mille cierges à ta gloire. Sauve-nous et de ce jour, je me comporterai en tout point comme un chien loyal, dévoué et humble. J'arrêterai de me goinfrer, je viendrai en aide aux nécessiteux, à la veuve et à l'orphelin...

À cet instant précis, nous atteignons l'apex de l'Everest liquide sur lequel nous nous trouvons. Je regarde par-dessus bord, un abîme insondable et bouillonnant s'est ouvert, qui attend de nous engloutir.

Nous demeurons un instant suspendus entre ciel et terre avant d'entamer la longue dégringolade du pinacle à l'abysse. Le vacarme est assourdissant. Le minuscule bateau tape et gîte. Même encordé, j'ai le plus grand mal à rester accroché à la coque de noix.

Mes mains se joignent toutes seules. Les mots s'échappent d'eux-mêmes de ma bouche. Ô Dieu tout-puissant, c'est Jack Danielson qui te parle depuis le cœur d'un ouragan. Je sais que je ne t'ai pas souvent honoré de mes prières. J'ai également conscience d'être un pécheur invétéré. Je mens. Je pense beaucoup trop souvent au sexe. Je n'ai pas aimé mes parents autant que j'aurais dû, ni apprécié à leur juste valeur les sacrifices qu'ils ont consentis pour moi quand ils étaient vivants. Pour ma part, je ne peux guère me prévaloir d'avoir fait le bien en ce bas monde.

Mais de l'instant où ce grand type est apparu dans le resto, à Hadley, j'ai été en danger de mort. Au cours de la cavale qui s'en est suivie, j'ai remarqué que, plus qu'à mon tour, j'ai été étrangement chanceux. Peut-être es-tu la raison de cette bonne fortune – peut-être, je dis bien peut-être, que tu as épargné ma vie afin de me préserver pour de plus hauts desseins.

Ô Seigneur, si tu me sauves à nouveau, je te promets de faire mieux à l'avenir. Je ne peux pas changer le passé, mais je ferai tout ce qui est en mon pouvoir pour réaliser ce mystérieux haut dessein et pour changer l'avenir.

Quand l'heure viendra, je serai prêt.

J'ai peur, Seigneur. Je tremble. Je ne veux pas me noyer. Je t'en prie, Seigneur. Sauve-moi.

38.

On dérive. Dans quelle direction ? Je l'ignore. Quelqu'un va-t-il nous retrouver avant que nous ne mourions de soif et de faim ? J'en doute.

Mon estomac crie famine.

Deux jours que l'ouragan est passé. Quarante-six heures sans nourriture et sans eau sur un minuscule bateau avec un chien félon comme seule compagnie.

Il a tenté à plusieurs reprises d'entamer la conversation, mais je l'ai envoyé paître. Désolé Médor, mais, quand un ami me trahit, j'ai du mal à passer l'éponge. Inutile de parler. Souffrons en silence.

Gorge sèche. Langue gonflée. Chaque cellule de mon organisme supplie mon cortex de lui fournir un rafraîchissement liquide. Rien sous la main. Le chien stupide a oublié de faire des provisions quand il a volé le bateau.

Je ne l'ai pas volé, je l'ai emprunté sans exprimer clairement l'intention de le rendre. Ce n'est pas la même chose. Quoi qu'il en soit, tu me semblais bien content d'y grimper quand ces enragés s'apprêtaient à t'éviscérer sur la plage.

D'autre part, je ne t'interdis pas de bouder et de te taire, en revanche, si tu dois avoir de mauvaises pensées à mon endroit, je te prierai d'y faire écran.

Ce poltron de cabot a promis au Dieu tout-puissant du paradis canin de manger moins au cas où il s'en sortirait. C'est peut-être lui qui est responsable de cette lente agonie. Peut-être que le Grand Canin a accepté sa requête et qu'Il l'a mis au régime – et moi par la même occasion puisqu'il se trouve que je suis du voyage.

Mes prières étaient personnelles.

Tu les as diffusées sur toutes les fréquences.

Je voulais m'assurer qu'elles seraient entendues, mais pas par toi. Et je peux t'assurer que le Grand Canin ne nous a pas sauvés de cette horrible tempête simplement pour nous faire mourir de faim.

Comment le sais-tu ?

De nature, les chiens ne sont pas cruels. Ils sont gentils et miséricordieux. Il s'ensuit que leurs dieux ne peuvent être qu'immensément bons et cléments.

Peut-être, mais, pour l'instant, je ne vois personne faire preuve de miséricorde à notre égard.

Le soleil est un disque de feu qui embrase l'azur. Ce n'est pas qu'il nous grille ou nous frit. Non, il nous rôtit à petit feu.

Le pire, c'est qu'on est entourés d'eau.

Tiens ! Ça me fait penser à Coleridge, « Les stances du vieux marin ».

Jour après jour, et jour après jour,
Nous restâmes encalminés ;
Aussi figés qu'un dessin de navire
Sur un océan dessiné.

De l’eau, partout de l’eau,
Et les planches racornissaient ;
De l’eau, partout de l’eau,
Nulle goutte ne nous restait.

De fait, il y a bien de l’eau partout. Aussi loin que porte le regard. La tentation est grande de plonger les mains dans la fraîcheur de l’Atlantique et de s’y abreuver.

Mais je sais que ça ne sert à rien. J’ai lu des récits de naufrages où il était fait état des souffrances endurées par les marins qui buvaient de l’eau de mer.

Mieux vaut encore se déshydrater à petit feu ou mourir de faim. Je sens mon estomac qui s’autodigère.

Je ne peux pas m’empêcher de rêver à une pleine carafe de thé glacé, à de dodus cheeseburgers bien gras, à des frites recourbées trempées dans du ketchup doux et sucré.

Infinie farandole de croquettes parfumées à l’agneau, pâté de foie de volailles dans sa grande boîte dorée, flocons à la dinde, os à moelle encore entouré de gelée de viande qui scintille au soleil et qui fond sur la langue...

Oui, bon, ben, ça va ! Arrête de fantasmer sur la bouffe pour chien.

Et qu’est-ce que je peux faire d’autre, à part fantasmer ? Tu veux même pas me parler...

D’accord. J’abandonne. Causons – même si ce choix est avant tout dicté par un souci de salubrité mentale. De quoi veux-tu parler ? Qu’est-ce que tu dirais d’un de ces bons vieux jeux de l’œuf et de la poule ? Ta spécialité, non ?

Désolé pour ça. Je ne faisais que mon boulot.

Ton boulot, c’était de me trahir ?

Te sauver, mon pote. Nuance.

Je te remercie pour ton aide. Effectivement, je ne me suis jamais senti autant en sécurité.

Oui, mais ça ce n'est pas ma faute.

Rien n'est jamais ta faute à toi, hein ?

Qu'est-ce que tu peux être agressif !

Je le suis beaucoup moins quand je ne meurs pas de déshydratation.

Prends-le comme tu veux, mais je me suis senti coupable au moment de t'abandonner dans cette grange. Peut-être aurais-je dû m'y prendre autrement. Je savais que tu étais psychologiquement faible et que tu me faisais confiance. J'en ai tiré avantage. Ce n'est pas très fair-play. Excuse-moi.

Tu me demandes de t'excuser uniquement parce qu'on est en train de crever et que tu ne veux pas mourir avec ça sur le cœur.

On ne va pas mourir. On a encore des réserves. Alors tu acceptes mes excuses ?

Non.

Vraiment une race de crétins malfaisants.

39.

Trois jours d'agonie en pleine mer... et en plein soleil.

Toute colère envers le chien félon depuis longtemps évaporée. Comme tout le reste d'ailleurs. Dernières réserves d'énergie. Espoir. Et même les prières. Nous en sommes à nous résoudre à notre triste sort, dérivant sur l'océan, dans l'attente de l'inévitable.

Maintenant on est en train de mourir.

Dans mon esprit, j'imaginais que ce serait plus douloureux.

On ne peut pas dire que ça soit plaisant.

De toute façon on n'en a plus pour longtemps. Gisco ?

Oui ?

J'accepte tes excuses.

Tu m'en vois ravi. Ainsi finirons-nous notre voyage en amis.

La fin est lente à venir. Mais la mort rôde déjà autour de notre bateau, tel un voile de gaze qui, inexorablement, nous engourdit, nous étouffe dans son filet mortifère. Je le sens sur mes épaules. Premier voile d'un embaumement inéluctable.

J'aimerais autant que ça aille vite. L'ouragan nous a certainement poussés au sud. La chaleur est torride. On n'est plus seulement rôtis. On est carbonisés.

Je me suis rongé les ongles jusqu'au sang. Gisco a fait de même. Si tu n'as jamais vu un chien gras comme un loukoum essayer de se ronger les griffes des pattes arrière, tu rates quelque chose. J'ai failli éclater de rire devant ce grotesque spectacle.

Mais l'heure n'est pas à la rigolade. Mourir de soif n'est pas drôle. L'esprit est totalement à la dérive. Les images du passé les plus saugrenues vous reviennent en mémoire et vous vous demandez comment faire pour tenir encore un peu. Un instant, j'envisage même de boire ma propre urine. J'ai lu quelque part que des survivants d'un naufrage avaient survécu grâce à ça.

Mais il est des temps où il faut savoir tirer dignement sa révérence. J'ai beau ne pas être du genre à abandonner facilement la partie, lutter davantage me semble futile et vain. Je me sens atrocement faible. Bouffi. La langue boursouflée. Je peux tout juste garder les yeux ouverts. Alors je m'abandonne. Gisco aussi.

Il ne le prend pas bien.

Qui aurait cru que l'adorable petit Gisco finirait d'une manière aussi indigne ? J'ai encore tant de petits chiots à engendrer, tant de gamelles à dévorer. Tu savais que j'ai été un très beau chiot ? Le chérubin de la portée, disait toujours ma mère.

Je n'en doute pas un seul instant, réponds-je gracieusement, même si je suis profondément sceptique quant à la véracité d'une telle proposition. Si tel était le cas, ce devait être une sacrée portée de gueules cassées. Pardon. L'heure n'est pas aux insultes.

Et mon père disait toujours que j'étais promis à un bel avenir, à un grand destin.

Au moins toi, tu as connu ton vrai père.

J'ai connu le tien aussi. Je l'ai rencontré une fois. Le plus grand honneur de ma vie. C'était juste avant qu'il soit fait prisonnier.

Mon père est prisonnier ?

Quand il t'a renvoyé dans le temps avec tes deux gardiens, la décharge d'énergie a révélé sa présence à ses ennemis. Il n'y avait aucun moyen de l'éviter. Il savait le risque qu'il courait. Mais il n'avait pas le choix. Il fallait qu'il te renvoie dans le passé pour sauver le monde.

Tu parles ! Je n'ai rien sauvé du tout. Il m'a renvoyé ici pour que ma vie soit un mensonge, que je sois traqué, tabassé et que, finalement, je meure sur ce foutu bateau au milieu de ce maudit océan puant et étouffant. S'il était si balèze que ça, pourquoi n'est-il pas revenu ici lui-même pour sauver le monde ?

Il avait le cœur fragile. Et voyager dans le temps est très ardu.

Tu l'as bien fait toi ! Et Eko. La Gorm. Tous ces ennemis.

Les avancées technologiques ont permis de faciliter le passage d'une temporalité à une autre. Tes tuteurs et toi fûtes les premiers à retourner dans le passé. La prophétie disait que toi seul pouvais changer le monde. L'Armée des ténèbres devenait de plus en plus menaçante. C'était la seule manière que ton père avait de te sauver. Il savait que d'autres partiraient à ta recherche pour te retrouver et t'éliminer. C'est la raison pour laquelle il t'a flanqué de deux anges gardiens. Leur mission était de te cacher et de te protéger aussi longtemps qu'ils le pouvaient. La meilleure manière d'atteindre cet objectif était de t'élever comme un garçon normal et de te laisser penser que tu étais né dans ce monde-ci.

Gisant sur mon lit de mort flottant, je repense à mon certificat de naissance, soigneusement rangé dans une pochette, avec les autres papiers de la famille Danielson. Des faux d'excellente facture – jusqu'au sceau de l'État de New York.

Photos bidon dans l'album de famille. Maman dans une chambre de maternité, aux murs peints en vert, l'air exténuée par les contractions, qui me tient contre elle, emmitouflé dans une couverture bleue. Papa, hilare.

Tout était monté. Une comédie de bout en bout. Artificielle. Allongé dans ce petit bateau en attendant la mort, je démêle les fils de l'imposture. Ils ont créé une identité, inventé un petit garçon supposément né dans ce monde.

Une fois cette fausse identité établie, la mascarade a continué, savamment orchestrée par mes parents. Avec le recul dont je dispose aujourd'hui, je m'aperçois que toute ma vie a résulté de ce calcul. Ce n'est pas seulement qu'ils ne voulaient pas que je me fasse remarquer. Non. Ça allait beaucoup plus loin que ça.

Les vêtements que maman choisissait étaient exactement les mêmes que ceux que portaient les autres garçons de l'école. Mes coupes de cheveux, les amis qu'ils m'encourageaient à me faire, les sports vers lesquels ils m'incitaient à aller – tout était dicté par la même stratégie : plus je me fondrais dans la masse et moins j'aurais de chance d'être découvert.

Rien de ce qui a fait ma vie n'a jamais été décidé en fonction de moi. Ma singularité n'existe pas. Tout n'était qu'un gigantesque jeu de rôles.

D'ici une heure ou deux, je serai mort. Dans l'anonymat le plus absolu. Le pire... c'est que je n'aurai même pas vécu.

Du début à la fin, Jack Danielson, citoyen d'Hadley-sur-Hudson, aura été une personne que je ne suis pas et que je n'ai jamais été.

Qui aurais-je pu être sans ce scénario ? De qui aurais-je été l'ami ? Qu'aurais-je accompli dans ma vie ? Jamais ils ne m'ont permis de le découvrir, car ils avaient d'autres impératifs et, maintenant, il est trop tard. Je ne le saurai jamais.

Mon père m'a fait remonter mille ans en arrière pour vivre une fiction et aujourd'hui je meurs sans savoir qui je suis.

Mes paupières se ferment. Je me sens si faible.

Quel gâchis ! Je n'ai pas sauvé la planète. J'en étais incapable. Je n'ai réussi à épargner la vie de personne. Papa. Maman. Eko. Maintenant Gisco, et même Jack. Tous aussi morts que des cendres. Pour rien.

Au fait, Gisco, qu'est-ce que j'étais censé faire exactement ?

Même mes pensées sont faibles. De vagues murmures télépathiques que Gisco a du mal à comprendre.

Que dis-tu, poteau ? Monte un peu le volume.

Tout ce que je demande avant d'en finir, c'est la vérité. Pourquoi tout ce remue-ménage en fin de compte ? C'est quoi Mu ?

40.

Mu ? répète faiblement le chien avec un frisson d'effroi mêlé de respect. *Personne ne sait exactement. C'est précisément le grand mystère que tu étais censé percer.*

Arrête... Mon père m'a renvoyé mille ans en arrière, il devait bien avoir quelque chose de concret en tête...

Mu est une arme. Une force mystérieuse, nimbée de légende. Pourtant, dans mille ans, la réalité de son existence est clairement établie, tout comme il est prouvé qu'elle aurait pu être utilisée pour stopper la destruction de la Terre.

Quand est-elle apparue pour la première fois ?

Là. Maintenant. Juste avant le Point d'Inflexion. Comme si quelqu'un voulait nous offrir une solution. Et puis, aussi mystérieusement qu'elle était apparue, elle a disparu dès que le Point d'Inflexion a été franchi. Le peuple de Dann l'a cherchée pendant des siècles, mais elle s'était évaporée et avec elle la chance qui nous était offerte.

Donc, en gros, on m'a blackboulé mille ans en arrière pour que je me consacre à la quête d'une arme légendaire dont on ignore tout.

Quête. Le mot est bien choisi, convient le chien. *En effet, ce n'est pas la première fois dans l'histoire que les hommes essaient de trouver une puissance qui les dépasse pour changer le monde. Généralement, celles-ci apparaissent à des moments de profonds changements. Comme, par exemple, quand les chevaliers romains présents en Angleterre essayaient de conjurer leur ruine, qui coïncide avec la naissance du légendaire roi Arthur et de sa non moins légendaire épée. Dans le même ordre d'idées, nombre de croisades ont été lancées dans l'intention de trouver le Saint-Graal. La différence c'est que toi, tu as été envoyé ici pour dénicher une chose dont l'existence est scientifiquement prouvée. Si tu avais pu la découvrir et l'utiliser à ton profit, tout eût été différent.*

Eko m'a dit que dans mille ans, nous sommes sur le point de perdre la bataille.

Une manière optimiste de présenter les choses car, de fait, on a perdu la guerre. Tu étais notre dernier espoir. Notre bouquet final. C'est pour ça que je suis revenu. Et Eko aussi. Le Haut Canin et la Grande Prêtresse de Dann. Pour essayer de te prêter main-forte car tout repose sur ton succès.

Super ! Merci. Maintenant je peux mourir en paix.

Tu meurs, je meurs et le règne sans partage de l'Armée des ténèbres commence.

Et d'où vient Mu ?

Personne ne sait. Certains prétendent que c'est la création d'un chaman, d'autres qu'elle aurait été « lâchée » par des voyageurs de l'espace. On dit aussi qu'elle pourrait être le résultat d'expérimentations hasardeuses – avec des armes de destruction massive –, et qu'elle serait apparue par fusion lors d'une déflagration nucléaire. D'autres, enfin, font valoir que Mu possède une mystérieuse connexion avec la mer. Ils affirment qu'elle aurait été draguée accidentellement et remontée des abysses océaniques.

Donc c'est peut-être la main du Très-Haut qui nous a poussés sur ce bateau ? Peut-être qu'on est tout près de trouver Mu en ce moment même ?

Possible..., reconnaît Gisco. *Ou alors on se trompe depuis le début. Une funeste erreur de calcul... Écoute. Je crois que je vais dormir un peu. Le genre de somme dont on ne se réveille point, si tu vois ce que je veux dire.*

Je vois parfaitement mon vieux. Je vais faire de même. C'est la fin.

Pas tout à fait. Une fois que je serai parti, mon reliquat métabolique te fournira de quoi tenir encore un peu.

Ce qui veut dire ?

Parler de telles choses est déplaisant. Je veux bien sûr faire allusion au cannibalisme – pour ne pas dire canin-balisme.

Merci pour ton offre. C'est très généreux de ta part. Ne le prends pas mal, mais c'est non. Sans façon.

Pourquoi non ? Penses-tu que je n'ai pas bon goût ?

Franchement, oui. En outre, on est à court de moutarde.

Ma tentative comique ne détourne en rien le chien à l'agonie de son idée.

Souvent, répond-il avec une pointe de dignité blessée, *les survivants de naufrages ont dû leur salut au fait de manger les restes de ceux qui avaient eu moins de chance. C'est une des plus vieilles traditions marines.*

Très peu pour moi. Le canin-balisme heurte mes principes.

Une sainte responsabilité pèse sur tes épaules. Tu dois t'accrocher à la vie aussi longtemps que tu pourras. L'avenir du monde en dépend.

Non ! Ras le bol de ces chimères. On m'a déjà amputé de

mon passé au nom de l'avenir. Ça suffit. Basta ! Allez au diable. Mon père, Eko, toi, allez tous vous faire voir.

Je ne peux pas me disputer avec toi. Je n'en ai pas la force.

Moi non plus.

Adieu, poteau. Je m'en vais remettre mon âme à la miséricorde du Dieu Chien.

Salut, le bigot. *Au revoir, ou peut-être même, adieu**.

Qu'est-ce que c'est que ça ?

Du français. Tu m'as dit ça quand on était dans les cayes. Ça veut dire...

Mais non, pas ça ! Ça ! T'es aveugle ou quoi ?

J'ai les yeux fermés.

Ben ouvre-les ! Là ! Regarde !

Je le vois. À moins d'un kilomètre. Un coléoptère des mers, géant, qui rampe à la surface des flots. Non, pas un coléoptère, un étrange navire.

Peut-être qu'il y a encore un espoir. Fais des signes. Crie.

Je redresse péniblement le buste et lance un pitoyable appel de la main avant de m'écrouler à nouveau dans la barque. Désolé. J'pouvais pas plus. Il est passé. Il s'éloigne.

Si proche et déjà si loin. C'est quoi ce ronron ?

Moi aussi je l'entends. Et je le sens.

Mon bras. Mon poignet. La montre de mon père. Elle s'illumine, vibre. On dirait une décharge électrique.

Un éclair déchire le ciel et vient s'abattre dans l'eau, juste derrière notre bateau.

J'sais pas trop ce que t'as fait, poteau, mais ça a marché. Ils nous ont vus. Ils virent de bord ! Pas de doute, tu es vraiment l'étincelle d'espoir !

41.

Monstre sur la mer. Proue anguleuse. Ce qui évoque un porche, à l'avant. Derrière, une maison blanche de deux étages qui surplombe le pont. Un grand mât, mais pas destiné à accueillir des voiles, car il est hérissé d'antennes. Immense étendue plane à l'arrière. Un terrain de foot ?

L'équipage est massé le long du bastingage. Ils nous hèlent pour voir si nous sommes encore en vie. Une vingtaine d'hommes. Des grands, des petits, des blancs, des noirs, des jaunes. T-shirts ou torses nus. Couvre-chefs divers et variés.

Deux d'entre eux se tiennent à l'écart. Un grand gaillard à l'œil bandé. L'air mauvais. Pirate des temps modernes.

À son côté, un homme plus âgé. Mieux habillé. Voûté. Crâne chauve qui brille au soleil.

Je croise son regard. Le contact s'éternise durant une minute. Je pressens qu'il s'agit du capitaine et je devine également ce qu'il est en train de penser : je les sauve ou pas ? Qu'est-ce que j'y gagne, à part des ennuis ?

Je suis sonné. Pas la force d'élever la voix pour plaider ma cause.

Le capitaine bougonne quelque chose à son second à l'œil bandé, qui lui répond par un hochement de tête approbateur avant de s'éloigner.

Je perds à moitié connaissance. Tout juste la force de tenir mes yeux ouverts. Vaguement conscience qu'un pneumatique est mis à l'eau. Le dinghy s'approche.

On me pose des questions. En anglais, en espagnol, en russe. J'ouvre la bouche. Trop faible pour répondre.

— Oublie le chien. On prend que le gamin, déclare une voix avec un fort accent irlandais.

Je tressaille et ouvre les yeux. Me force à relever la tête.

— Non... le chien aussi, dis-je dans un murmure rocailleux qui s'apparente davantage au croassement d'un corbeau qu'à une élocution humaine.

— Ronan, il essaie de dire quelque chose, lance un des marins. Il a parlé du clebs.

Un matelot aux larges épaules est penché sur moi. Grand. Des taches de rousseur. Visage avenant. Tignasse rousse.

— Comment tu t'appelles, gamin ? Tu viens d'où comme ça ?

Je le supplie du regard.

— Le chien.

— Rien à faire. Il est quasiment mort.

— S'il vous plaît ... Je tiens à lui..., dis-je au prix d'un lourd effort avant de me taire, incapable de prononcer un mot de plus.

La conversation se résume ensuite à un brouhaha de voix étouffées. Des mains me soulèvent. Je passe de bras en bras jusqu'au canot.

Ensuite, on me remonte, attaché à une corde. À l'agonie. J'ai la tête qui tourne. Le mouvement de balancier ne fait rien pour arranger les choses. Je m'évanouis.

Splash. Je suis dans la tempête à nouveau. Au creux d'une lame assassine. Rincé par une vague gigantesque et glacée.

Je m'étrangle et ouvre les yeux.

Pas de tempête. Pas de vague non plus. Juste une vision brouillée et vacillante. Je suis allongé sur le dos, sur le vaste pont arrière du navire.

Ma vue s'éclaircit un instant. Je distingue d'immenses filets orange pendus au séchage. Forte odeur de poisson. Je suis sur un chalutier de pêche hauturière.

Un marin ventripotent, avec des tatouages sur les bras, vient de me jeter un seau d'eau froide sur la figure. Il me regarde me débattre avec un sourire aux lèvres. D'autres hommes sont là aussi. Ils se marrent en tirant sur leurs cigarettes tandis que je me tords sur le pont, toussant et clignant des yeux.

— Eh ben ça l'a réveillé.

— Ce gamin avait besoin d'une bonne douche.

— Remets-lui z'en une couche, Jacques.

Sans se faire prier, le gros me balance un nouveau seau d'eau glacée. J'en ai jusque dans les sinus.

Je m'étrangle, tousse et recrache en réprimant un haut-le-cœur.

Pourquoi me traitent-ils de la sorte ? Ils m'ont sauvé des eaux et voilà qu'ils me torturent... Ils voient pas que je suis malade ?

Je roule sur le côté et me recroqueville en position fœtale. Allez-vous-en... Dégagez tous... Laissez-moi crever en paix.

On me retourne d'un coup de botte, le pied vient ensuite se poser sur mon torse. Le second à l'œil bandé me toise de toute sa hauteur, comme si j'étais un spécimen particulièrement laid que ses filets auraient remonté par inadvertance.

— Qui es-tu ? demande-t-il après s'être agenouillé près de moi.

Un accent dont je peine à discerner l'origine. Allemand ? Français ? Hollandais peut-être. Voix d'une personne habituée à donner des ordres.

Je secoue la tête. Désolé. Conversation renvoyée à plus tard.

Il tire sur ma paupière droite, ausculte mon œil. Soleil aveuglant. Je ne peux rien faire pour m'en protéger. Aussi impuissant qu'une poupée de chiffon.

Puis il me prend le pouls au niveau de la carotide.

— Il vivra, conclut-il sans enthousiasme. Mais il pue. Lavez-le.

— Le chien pue encore plus, ajoute celui qu'ils appellent Jacques. On devrait le balancer. Rien ne pue davantage qu'un chien mort.

Ils ont sauvé Gisco ! Je ne peux même pas tourner la tête pour voir comment il va. Est-il vraiment en train de mourir ?

— À ta place, Jacques, je la ramènerais pas, lance un autre marin. Parce que vu ce que tu sens, c'est peut-être toi qu'on devrait jeter à la baille.

Concert de rires gras et de hurlements approbateurs.

La face vérolée et mal rasée de Jacques passe instantanément de la moue boudeuse à la colère noire.

— C'est comme ça que vous me remerciez pour tous les bons petits plats que je vous mijote ?

Éclats de rire moqueurs et insultes fusent.

— Quels bons petits plats ?

— Tu cuisines pire que t'embaumes.

— Ah non, je m'excuse, il renarde pire qu'il ne cuisine.

— Un mot de plus et je vous empoisonne tous autant que

vous êtes, menace Jacques, le teint écarlate. Et ne croyez pas que je plaisante ! Ce serait pas la première fois...

— C'est sûr, le coupe une voix pétillante de malice. T'as déjà failli nous tuer ce matin, avec ton petit-déjeuner, alors que t'essayais même pas...

Nouvelle explosion de rire.

Jacques me regarde d'un air renfrogné.

— Allez, viens. Je vais te nettoyer et te préparer quelque chose à manger.

42.

Des mains calleuses m'aident à descendre dans les entrailles du navire jusqu'à un endroit sombre et frais. On étend une couverture sur moi.

— Dors, gamin, conseille Ronan. T'es pas passé loin.

Je sombre dans un sommeil comateux, noir.

Je rêve de mon père – le vrai, celui qui vit dans un lointain futur et qui ressemble à un Merlin l'enchanteur passé à la moulinette. Je le vois allongé sur une paillasse dans une chambre creusée dans la roche, le visage aussi pâle que sa barbe. Est-ce là qu'on le retient prisonnier ? Il n'a pas de chaînes, ni aux poignets ni aux chevilles.

Je suis assis dans la chambre. Il me regarde.

Regard épuisé et qui, pourtant, pétille encore de vie.

Ses lèvres ne bougent pas, mais trois syllabes résonnent en un faible écho à travers l'espace-temps. « Attention. »

Malgré la profondeur de mon sommeil, je pose la question : « Attention à quoi ? »

Sa voix est si ténue que je ne parviens pas à comprendre ce qu'il veut me dire. J'ai l'impression qu'il s'étrangle. « Picvert. » Quoi ? Je dois me méfier des oiseaux ? « Cimeterre. » Non, c'est mieux, mais ce n'est pas encore ça. Un dernier murmure, au prix de douloureux efforts. « Chimères. Attention aux chimères. »

Ses contours se dissolvent. Il disparaît en fondant sur lui-même. Un monstre féroce jaillit de son sternum et vient planer au-dessus de moi. Je peux sentir jusqu'aux relents de son haleine fétide tandis qu'il plante ses serres implacables dans mes joues.

Je me réveille en sursaut. Je me débats. Horrible pression sur mes mâchoires. On les force à s'ouvrir.

J'ouvre les yeux. Jacques, le gros cuistot aux bras illustrés, tient ma mâchoire entre le pouce et l'index. Je peux détailler ses tatouages. Monstres marins entrelacés. Il me verse quelque chose au fond de la gorge.

Ça brûle. Je ne sens plus ma langue. Du poison !

J'essaie de tousser pour recracher. Il me tient la gorge.

— Ta saloperie canadienne semble l'avoir réveillé, résonne la voix de Ronan.

— C'est du bon, rétorque Jacques.

— Pour décaper la peinture, j'en doute pas, moque Ronan.

— Regarde. Il aime ça, commente Jacques, qui tient une bouteille verte ornée d'une étiquette frappée de têtes d'élans. T'en veux encore ?

Pas du poison. Du whisky bas de gamme. Je fais non de la tête.

Ronan s'avance. Une vingtaine d'années, et l'air sincèrement inquiet à mon sujet.

— Ça va ? Tu peux parler ?

Je commence par entrouvrir la bouche. Ma voix est plus forte que ce à quoi je m'attendais.

— Est-ce que vous avez sauvé le chien ?

— Il est à bord, répond Ronan avec un sourire. Mais j'peux pas encore dire s'il s'en tirera. Vous étiez en piteux état tous les deux. Ça fait presque deux jours que t'es dans les vapes.

— Je suis où ?

— Sur un bateau usine. Le *Lizabetta*. On est au milieu de l'Atlantique. On se dirige vers les Açores...

— Suffit, l'interrompt brutalement le cuistot.

— Ben... il est avec nous maintenant.

— Ça, c'est au capitaine d'en décider, réplique Jacques sur le ton de la mise en garde ; puis, se tournant vers moi : le 'pitaine veut te voir. Je vais te chercher quelque chose à manger.

Et il tourne les talons. Je me redresse sur ma couche, un matelas posé à même le sol dans un dortoir miteux.

Deux douzaines de couchettes métalliques superposées sont alignées en rangs, étroites comme des cercueils. Chacune est agrémentée de rideaux – pour assurer un semblant d'intimité.

La plupart des rideaux sont ouverts, laissant apparaître un kaléidoscope de photos de famille et de photos de charme découpées dans des magazines pour hommes.

Ça empeste ! Un souffle méphitique, mélange d'odeurs corporelles et de divers autres parfums nauséabonds : linge sale, draps souillés, nourriture avariée, restes de mauvais alcool.

— Tu crois que tu peux te lever ? demande Ronan. Je t'ai trouvé des vêtements.

Je me mets péniblement debout. Faible, mais je tiens sur mes jambes.

— Pourquoi il ne veut pas que je sache où on est ? dis-je en enfilant douloureusement un short et un T-shirt.

— C'est juste un gros con, répond l'Irlandais dans un haussement d'épaules. Mais je te conseille de ne pas te montrer trop curieux quand tu causeras au capitaine. Contente-toi de lui demander ce que tu peux faire pour rembourser ta dette auprès de lui.

J'en suis encore à ruminer ce tuyau quand Jacques revient.

— Je t'ai préparé quelque chose à manger. Dépêche-toi de tout avaler, le capitaine n'aime pas attendre.

Une table de bois est boulonnée dans la travée centrale. Je m'assieds sur un vieux banc et gobe la pire mélasse qu'il m'ait été donné d'avaler durant toute ma vie.

Une sombre potée, quelque part entre le ragoût et le gâteau de semoule. Du riz, des patates et quelques morceaux de viande très grasse que je fais descendre avec de longues goulées d'eau tiède et un bout de pain.

— Ça fait plaisir à voir, déclare Jacques, enthousiaste face à mon féroce appétit. Il aime ma cuisine.

— Il a juste failli mourir de faim, nuance Ronan.

— C'est ça ! Ma cuisine lui a sauvé la vie.

— À quel prix !

— De toute façon qu'est-ce qu'un Irlandais peut connaître à la gastronomie ?

— Parce que tu vas me dire que les Canadiens sont mieux placés, gras-double ?

— Continue comme ça, tu vas voir ce qui va tomber.

— Quand tu veux gros lard. Allez salut, gamin. Bonne chance.

Quelques minutes plus tard, Jacques me conduit dans les boyaux du navire, jusqu'au carré des officiers. On s'arrête devant une petite porte à laquelle Jacques frappe respectueusement.

De l'intérieur, une voix maugrée l'ordre d'entrer. Jacques se tourne vers moi.

— Évite de lui demander comment il a perdu son bras, me glisse-t-il à l'oreille avant de me pousser sans ménagement à l'intérieur.

43.

La cabine du capitaine est minuscule. Un lit, fait au carré. Une armoire. Un petit bureau sous un hublot.

Le chauve qui hésitait à me sauver la vie est assis à la table de travail. Au regard qu'il me jette, on peut se demander s'il ne regrette pas son geste.

Son visage n'est pas cruel, mais dur. Marqué par le poids des ans, et celui des épreuves de la vie. Le livre de bord est ouvert face à lui. La page est couverte de chiffres. Sans baisser les yeux, il insère un marque-page et ferme le carnet.

Enluminure sur la couverture de cuir. Un « D », avec des déliés floraux évoquant un serpent ailé enroulé sur lui-même. Un monstre marin ?

L'avertissement de mon père, me demandant de faire attention aux chimères, me revient en mémoire. Il y a quelques années, j'ai eu une période au cours de laquelle j'ai beaucoup lu la mythologie grecque. Je me rappelle que les chimères y étaient décrites comme des monstres à longue queue de serpent, crachant du feu. Se pourrait-il que ce capitaine de navire soit le danger auquel mon père ait voulu faire référence ?

Il ne parle pas. L'art de manier le silence comme une arme. Eko utilisait cette technique aussi. La meilleure réplique ? Se taire.

Je me tiens parfaitement droit, me plonge dans la contemplation des millions de rides entrelacées qui zèbrent son cou, ses joues, son front. Presque des écailles de serpent. Je regarde également ses mains, croisées sur l'écritoire. Il porte un gant blanc à gauche. Je devine que son bras est une prothèse.

Il a senti que je regardais sa main gantée. Je détourne maladroitement les yeux. Nos regards se croisent. Léger malaise.

— Tu parles anglais ? demande-t-il d'une voix étonnamment gentille où résonnent des accents russophones.

— Oui, monsieur.

— Américain ?

— En effet.

— Que t'est-il arrivé ?

— Je me suis enfui de chez moi.

— Donc tu es recherché par la police, répond-il avec un froncement de sourcils.

— Plus maintenant. Ça fait un moment que je suis en cavale.

— Où as-tu eu ce bateau ?

Gaffe Jack. Ils l'ont peut-être d'ores et déjà identifié et savent par conséquent qu'il est volé. Je baisse les yeux, comme si j'avais honte de moi, et je balbutie :

— Je l'ai volé.

— Alors tu es un voleur ?

— J'étais poursuivi. Je n'ai pas eu le choix.

Le capitaine n'aime pas ça. Il plisse les yeux d'un air soupçonneux.

— Si tu me voles quelque chose à moi, tu seras sévèrement puni. As-tu une qualification quelconque ?

— C'est la première fois que je me retrouve sur un bateau.

— Je vais te trouver une occupation. Tu vas devoir travailler deux fois plus dur que les autres pour assurer la pitance de ton chien.

— Je ferai ce que vous me direz, monsieur.

— Sans aucun doute, tranche le capitaine. Comment t'appelles-tu ?

— Jack.

— Pourquoi t'es-tu enfui de chez toi, Jack ?

— Il y a eu un accident. – J'avale ma salive. – Mes parents sont morts. Je ne voulais pas rester.

Son poing ganté s'abat sur la petite table. Un coup. Sec et tranchant.

— Pourquoi est-ce que tu me mens ?

— C'est la vérité, monsieur.

— Si c'est le cas, tu es un sacré poissard, mon garçon.

— On peut dire ça comme ça.

— J'ai horreur de trimballer des poissards sur mon bateau. – La menace est à peine voilée. – Travaille dur et ferme-la. En d'autres termes, fais en sorte que je ne regrette pas de t'avoir sauvé la vie.

— Comptez sur moi, monsieur.

Sa voix est toujours posée, en revanche, elle n'est plus du tout gentille.

— Parce que, vois-tu, notre spécialité à nous c'est la mort, ajoute le capitaine dans un filet de voix aussi pointu, tranchant et mortel qu'un harpon à espadon. Une usine à mort.

Je le regarde, légèrement interloqué. Le conseil de Ronan me revient en tête. Ne sois pas trop curieux avec le capitaine.

Je me contente donc d'un petit hochement de tête impassible, même si de nombreuses questions se bousculent dans ma tête. Le « D » du carnet, c'est pour diable ? Où a-t-il perdu son bras ? En quoi peut consister mon poste dans cette usine à mort ?

Le capitaine me congédie d'un vague geste de sa main valide.

44.

Travail éreintant. Courbatures partout. Muscles tétanisés.

Astiquer le pont. De l'étrave à la poupe, de la proue au pont arrière. Tu apprécies le jargon maritime ? Moi, je commence à m'y faire.

Ce qui ressemble à un porche, à l'avant, s'appelle une superstructure. La maison de deux étages est la timonerie, quant à la grande étendue plane à l'arrière, c'est l'aire de travail. Je me demande si elle a jamais été nettoyée avant qu'on me hisse à bord.

Nous nous trouvons entre deux zones de pêche. Personne dans l'équipage ne semble avoir grand-chose à faire... à part moi. Les marins languissent dans leurs quartiers, lisent, jouent aux cartes, rattrapent le sommeil en retard, pendant que Jack trime pour deux estomacs. Le sien... et celui d'un chien introuvable. Il balaie, il frotte, il éponge, il brique, il lustre.

Je n'ai toujours pas vu Gisco. Je n'arrête pas de demander aux marins.

— Où est mon chien ? Est-il vivant ? Vous l'avez jeté à l'eau ou quoi ?

— On aurait peut-être dû, me répondent-ils. Mais ça porte l'œil de tuer un clébard sur un bateau. Encore pire que de le garder. Retourne bosser, t'as oublié un endroit.

Ils me cherchent, me taquinent, s'amusent à mes dépens.

Quant au capitaine, sa stratégie à mon endroit consiste en une idée fixe : la mise à l'épreuve. Aussi me confie-t-il systématiquement les tâches les plus pénibles. Pourtant, à dire vrai, j'y prends presque du plaisir.

J'ai lu des tas de récits maritimes dans mon enfance, en commençant par *L'Île au trésor*, mais je n'ai jamais été en mer.

Et il se trouve que j'aime ça. Le roulis de la houle, le petit goût salé qu'on a en permanence sur la langue et l'infinie étendue de l'océan, partout autour de soi. Voir les oiseaux tournoyer dans le ciel au-dessus de nous, le lever de soleil et la brume du matin, le crépuscule et les étoiles du soir.

Et puis j'apprécie d'être au milieu d'autres hommes, qui ont pratiquement mon âge. C'était un peu étouffant d'être cloîtré avec Eko dans les cayes, surtout après le temps passé en seule compagnie de Gisco.

C'est sympa de retrouver des gens normaux, qui ne mettent pas de masque de ninja et qui ne vous demandent pas de tordre des lignes dans le sable en vous racontant la fin du monde.

Ces matelots sont rugueux, mais francs du collier. Ils se disputent, se font sans arrêt des blagues, s'insultent copieusement et houspillent Jacques à propos de sa bouffe, qui, je dois bien l'admettre, est atrocement infecte. Mais leurs jeux – même cruels – sont compréhensibles et familiers et, malgré tout, la nourriture remplit l'estomac.

Jusqu'ici, les conversations ont tourné court dès qu'on a abordé la question de notre destination, mais – excités qu'ils sont à l'idée de jeter leurs filets dans un nouveau coin de pêche – les langues des marins commencent à se délier. Ils m'ont appris, par exemple, que, si les prises étaient bonnes, chacun d'entre eux toucherait une prime.

On est en milieu de matinée. Je suis à genoux, astiquant le pont en plein cagnard, torse nu, quand Ronan me tape sur l'épaule.

— Tu joues au foot gamin ?

Au foot ? Je le regarde en plissant les yeux, évitant de mentionner le fait qu'un jour j'ai couru trois cent quarante yards dans un seul match, battant ainsi l'ancien record de la ligue.

— Un petit peu.

— Ça te dirait de faire une partie ?

— Ici ? Tu crois qu'on peut ?

— C'est la tradition. On fait toujours un petit match avant de pêcher. Et il se trouve que t'es dans mon équipe, alors j'espère que tu te défends.

La balle qu'il me lance à ces mots n'est pas ovale, comme je m'y attendais, mais ronde. Un ballon de soccer, au cuir usé, élimé, à vif, mais néanmoins encore parfaitement jouable.

Quelques minutes plus tard, me voilà engagé dans une partie de soccer avec une douzaine d'autres gars, des buts ayant été improvisés sur l'aire de travail.

— Si jamais tu tires dans l'eau, tu vas la chercher, me prévient Ronan.

Les hommes d'équipage qui ne participent pas au jeu sont massés autour du terrain et beuglent invectives, conseils et encouragements.

Le soccer n'est pas mon fort, et puis certains de ces gars sont vraiment bons. Je n'avais jamais remarqué à quel point ce jeu était international. Les Africains ont leur propre style, enlevé et chaloupé, les Américains du Sud font parler leur adresse, quant aux Européens, comme Ronan, ils jouent de manière plus rugueuse, mettant l'accent sur l'impact physique.

Et puis y a moi. Un Américain. L'invité surprise. J'ai bien joué un peu, quand j'étais môme, mais, techniquement parlant, je leur rends bien trois longueurs. En revanche, aucun d'eux ne court aussi vite que moi. Jack Danielson. Le coureur le plus rapide de l'école. De la ville. Du pays. Et donc, forcément, de ce chalutier.

Attaques et contre-attaques se succèdent. La partie est équilibrée. Je marque deux buts. Ils égalisent. Celui qui marque le prochain aura gagné.

— Si je mets le but de la victoire, vous me dites où est mon chien.

— Marché conclu, répond Ronan. Mais fais gaffe qu'ils te fauchent pas avant que tu aies eu l'occasion de marquer.

Un colosse allemand répondant au doux nom de Rudolf, et dont on m'a dit qu'il était le maître de pêche – aucune idée de ce que cela peut vouloir dire –, me fait une longue passe aérienne.

Amorti de la poitrine, je l'emmène et dribble deux défenseurs. Plus qu'un à éliminer et je serai face au goal.

Les gars du public lui hurlent de me faucher. Ça me plaît cette ambiance. Plus rien ne compte que le jeu.

Je feinte d'un côté, puis démarre à l'opposé. Il est en retard. Il tente un tackle de la mort, que j'évite d'un petit bond avant d'allumer le gardien.

BUT ! On se tape dans les mains, on me congratule en six langues.

— Bien joué, gamin, me lance Ronan.

— Alors il est où ?

— Deux niveaux en dessous dans la salle de contrôle des chambres froides.

45.

Un placard plus qu'une salle. Minuscule. Sans fenêtre. Fraîche. Ronronnement des machines. Quelque chose à voir avec la réfrigération. Odeur de poil mouillé.

Flaque hirsute sur le sol. Non, pas une flaque. Une dépouille de phoque en état de putréfaction avancé. Raye ça. Les carcasses de phoque ne bougent pas ; pas plus qu'elles ne grognent. C'est toi la truffe ?

Non. Je ne suis plus de ce monde. Gisco a disparu. Je ne suis plus moi-même, mais j'ai encore faim… Tu te rends compte ? Ils me donnent des restes ! Que des restes ! Tu m'as apporté quelque chose à manger ?

Je ne suis pas le room service. Il est temps que tu arrêtes de mourir, que tu te lèves et que tu me donnes un coup de main. Nous sommes à bord d'un mystérieux bateau de pêche et je me tape tout le boulot pendant que monsieur pionce dans sa petite cabine privée.

Que veux-tu que fasse un chien sur un navire ? De toute façon, je n'ai même pas la force de me lever. Et comment pourrait-il en être autrement puisqu'ils ne me donnent rien à manger ?

Je suggère un peu d'exercice physique.

Insensé est le chien blessé qui espère trouver un brin de compassion chez un humain. Laisse-moi à mon triste sort.

Ton triste sort me paraît enviable comparé à ce que j'endure là-haut. Écoute, les marins sont plutôt sympas, mais personne ne veut me dire où l'on va. Et puis... le capitaine et son second me semblent bizarres.

Bizarres comment ?

J'ai l'impression qu'ils ne me font pas confiance. Ils ne croient pas ce que je leur ai dit pour expliquer notre longue dérive sur le petit bateau. Ils m'ont dans le collimateur. Ils n'arrêtent pas de me tester. Ils me surveillent sans arrêt.

Travaille plus dur. Tu finiras par gagner leur confiance.

Pour toi, c'est facile à dire. Et il y a autre chose. Mon père m'est apparu en rêve. Il voulait m'avertir. Il disait, méfie-toi des chimères.

Des chimères ? Tu es sûr d'avoir bien compris ?

Oui. Et ça me rend nerveux. Les chimères étaient des monstres maléfiques, annonciateurs de désastres en mer, or nous sommes au beau milieu de l'Atlantique.

Tu oublies de dire que ces monstres font partie de la mythologie, me corrige le chien d'un ton docte. *On leur attribue la naissance du Sphinx, autre figure légendaire à propos de laquelle les textes eux-mêmes restent vagues. Certains font état d'une créature à tête de lion, à corps de chèvre et à queue de serpent. D'autres le décrivent comme un monstrueux mélange de divers animaux. Quoi qu'il en soit, ce n'est qu'un mythe, à ta place je ne m'en ferais pas plus que ça.*

Jacques, le cuistot, a des monstres des mers tatoués sur les bras. Le capitaine possède un carnet orné d'un motif qui évoque une sorte de dragon.

Intéressant, mais probablement le fruit du hasard. Aucun signe de Mu ?

Non. Pas pour l'instant. Mais, encore une fois, je n'ai aucune idée de ce que c'est, alors comment pourrais-je savoir ?

Tu es l'étincelle d'espoir. Tu le sauras quand tu la verras. J'aurais aimé pouvoir t'aider, mais j'en suis incapable pour l'heure.

Faut bien admettre que t'as pas l'air en forme. Peut-être que je peux te trouver un peu de nourriture en plus.

Gisco dresse l'oreille. Son œil s'allume.

Pas du poisson. Ça me retourne les boyaux. Pareil pour la viande en conserve, ça me donne des gaz. Du bœuf ou de l'agneau, OK. Et puis de l'eau fraîche. Fraîche, mais pas froide.

Oh oh ! Il se passe quelque chose. On ralentit. Le bateau vire de bord.

Une immense cacophonie, dont les échos assourdis parviennent jusqu'à fond de cale, résonnent sur le pont supérieur. Des cris. Des bruits de métal. Des gens qui courent dans tous les sens.

Ronan tambourine à la porte.

— Amène-toi gamin. Y a du boulot qui t'attend. On va pêcher ! Tu voudrais pas que ce soit le capitaine qui vienne te chercher, hein ?

— Euh... non. En effet.

Gisco, je dois partir. Je vais voir si je peux te trouver quelque chose à manger.

Merci poteau. Et sois prudent. Car si, comme c'est probable, ils utilisent un chalut de fond, tu vas être témoin de la pire des horreurs.

À vrai dire, j'avais très envie de commencer à pêcher.

Le chien détourne la tête et pose son museau par terre en signe de mépris.

Je me précipite à l'extérieur et me rue à l'assaut des escaliers. Peut-être que cette fois, enfin, je vais avoir des réponses.

46.

J'émerge à la lumière du soleil, sur le pont supérieur. Une activité frénétique s'est emparée du navire. Des hommes torses nus courent çà et là, accrochent des câbles, tournent des manivelles, manient des grues. Un immense filet de nylon orange est étendu sur l'aire de travail.

Jacques et quelques membres de sa brigade observent le déroulement des opérations depuis l'ombre de la timonerie.

— Que se passe-t-il ?

— On va jeter le filet, répond le cuistot en crachant ostensiblement par terre. Pour la baraka. À ton tour.

Je suis son exemple et crache par-dessus bord. Une bourrasque malheureuse me renvoie le mollard en pleine face.

Le cuistot explose d'un rire guttural tandis que ses acolytes gloussent sous cape. Soudain, tous se renfrognent. Le commandant en second, le borgne à l'œil bandé, vient d'apparaître en haut de l'escalier.

— Qu'est-ce qu'il y a de drôle ?

— Rien, monsieur.

Le borgne éructe une série d'ordres.

— Freddy, Eduardo, à la table de tri. Scotty, grue de tribord. Alex, à la levée. Jacques, quand ça va remonter, essaie de nous trouver quelque chose de potable à manger. Y'en a marre de la tambouille que tu nous sers. – Ses yeux se posent sur moi. – Toi, aux accidentelles.

— Désolé, mais je ne sais pas ce que cela veut dire.

— Pas besoin d'être grand clerc, répond-il en haussant les épaules avec un air de dégoût. Tiens, t'auras juste besoin de ça.

Il me tend une pelle et s'en va.

Les autres gars se dépêchent d'aller à leur poste. Jacques lambine, ruminant les insultes sur sa nourriture.

— C'est quoi les accidentelles ?

— C'est tout ce qu'on va accrocher sur ce récif de malheur, déjà ratissé par tous les filets du monde, grommelle-t-il avant de jeter des coups d'œil craintifs alentour pour vérifier que personne ne l'a entendu se plaindre.

Rassuré, il s'éloigne d'un pas lourd.

Je regarde l'équipage préparer le filet, accrocher ses différentes sections à des crochets et à des élingues, enfin plier l'ensemble selon une procédure bien précise.

Finalement, un gros ballot est hissé sur le portillon arrière pour que le filet ne s'emmêle pas une fois lâché.

J'avise Ronan, accroupi sur l'aire de travail, suant sang et eau dans la fournaise. Il arrime un câble à une élingue et s'éponge le front.

— Comment va ton chien ? demande-t-il quand il a remarqué ma présence.

— Vivant, mais affamé.

— Lâchez la queue de morue ! hurle le commandant en second.

L'immense filet plonge dans sa glissière et tombe à l'eau.

Je le regarde plonger dans les eaux sombres de l'Atlantique.

— Tout ça est nouveau pour toi, hein ? demande Ronan avec un sourire.

— Ouais. C'est quoi une queue de morue ?

— C'est le fond du filet. Là où le poisson est emprisonné pendant qu'on tire le chalut.

Côte à côte, nous regardons la queue de morue se gonfler dans le sillage bouillonnant du bateau.

— Si c'est le fond du filet, pourquoi elle est mise à l'eau en premier ?

— Ta curiosité va t'attirer des ennuis, gamin, répond Ronan avec une moue réprobatrice. Enfin, j'imagine qu'il n'y a aucun mal à t'apprendre la pêche. En fait, on jette le filet à l'envers, en commençant par la fin, et on le remonte à l'endroit. Tu vois ? La queue de morue tire sur le reste du filet. Dans un sens, il part à l'eau tout seul.

Effectivement, sous mes yeux, le ballot de nylon orange se déplie sous la seule force du bateau. En s'éloignant, son poids tire sur le filet qui plonge sous la passerelle arrière pendant que Ronan et les autres vérifient que les kilomètres de nylon orange n'accrochent rien sur le pont. Bientôt, le chalut est entièrement déployé et son envergure est impressionnante. On pourrait sans problème y prendre une baleine, ou même un sous-marin.

— On pêche quoi ?

— De l'empereur. Un très beau poisson. Et très bien coté. Mais qu'est-ce que tu fabriques avec cette pelle ?

— On m'a dit de m'occuper des accidentelles. C'est quoi au juste ?

— Tout ce qui n'est pas de l'empereur, rétorque Ronan. – Un instant, sa face joviale s'obscurcit. – Autant dire pratiquement tout ce qu'on va gauler aujourd'hui.

Aussitôt, il regarde nerveusement autour de lui. Sa mauvaise prédiction et sa crainte d'être entendu me rappellent l'attitude du cuistot. Clairement, y a un problème. La pêche est-elle devenue si mauvaise qu'on considère comme un mauvais présage d'exprimer tout haut le moindre scepticisme ? Ou ont-ils peur d'autre chose ? De quelqu'un ?

Le filet orange est maintenant entièrement déployé. Ronan m'agrippe le bras et me tire sur le côté. Un énorme câble agrémenté de roues plombées, qui grincent affreusement sur le pont, se déploie au bout de la grue, à quelques mètres de nous.

— Diabolos déclare Ronan quand il remarque ma perplexité face à cette étrange mécanique. Ne laisse surtout pas traîner ton pied dessous.

— Pourquoi c'est si lourd ?

— Tu vois le câble auquel ils sont attachés ? On appelle ça la drague de fond. C'est grâce à elle que la gueule du filet reste ouverte, mais, pour ça, elle doit rouler et donc être très lourde. Quant aux roues, on appelle ça les diabolos car ils sont capables de grimper sur les rochers et de franchir n'importe quel obstacle. Ils viennent à bout de n'importe quoi là-dessous.

Disons plutôt qu'ils arrachent tout sur leur passage.

Je me retourne, surpris. Gisco a réussi à traîner sa carcasse jusqu'ici. Il se tient à côté de moi et observe le déroulement des opérations avec une expression étrange sur la face.

Je croyais que t'étais à l'agonie.

Il fallait que je voie ça, même si je ne suis pas sûr de pouvoir le supporter.

47.

— **Larguez la drague !** hurle le borgne.

Le lourd câble armé de ses bobines plombées glisse le long de la rampe de poupe, et plonge dans l'eau en lançant dans les airs de longues salves d'eau bouillonnante.

Gisco grimace.

Tu as un faible pour les empereurs ou quoi ?

Étudier un événement affreux à mille ans de distance est une chose. Le voir se produire sous tes yeux en est une autre.

Calme-toi, c'est rien qu'un grand filet de pêche.

— Vérification des deux panneaux de chalut, hurle le commandant en second. On lâche à dix.

Un frénétique regain d'activité s'empare des marins.

— Tu ferais bien d'emmener ton chien ailleurs, avant qu'il ne se prenne dans les câbles, suggère Ronan.

— Ne te fais pas de souci pour lui. Il est plus malin qu'il n'en a l'air.

Dois-je prendre ça pour un compliment ?

— C'est quoi les panneaux de chalut ?

— Ce sont les grands panneaux qui maintiennent la

gueule du filet ouverte, répond-il en pointant du doigt deux immenses plaques d'acier, montées de part et d'autre du chalutier, à l'arrière. Quand elles sont ouvertes, elles canalisent le poisson dans le filet, jusqu'à la queue de morue. Elles pourraient avaler deux 747 à la fois.

Ou n'importe quoi d'autre qui a le malheur de se trouver sur son chemin, ajoute Gisco.

Le gros chien a l'air particulièrement triste, et je sens bien que ce n'est ni parce qu'il a faim, ni parce qu'il est faible.

Il balaie l'aire de travail des yeux, allant des poulies aux grues et suivant du regard le filet qui dérive dans notre sillage. Par télépathie, je ressens un sentiment que je ne lui ai jamais connu auparavant. Une colère sourde, froide, impérieuse, qui n'est dirigée contre personne en particulier.

Le commandant en second termine son décompte et hurle.

— Dix ! Larguez les panneaux de chalut.

Aussitôt, les deux énormes « portes » sont libérées de leurs attaches et tombent à la mer.

Le capitaine arpente le pont d'un pas nerveux. Rudolf, le maître de pêche, lance une série d'ordres aux hommes qui opèrent aux grues.

— Amenez le filet par tribord. Donnez-moi soixante de mou.

Les hommes d'équipage s'exécutent et actionnent les palans hydrauliques, le geste sûr et précis.

Gisco plisse les yeux.

Courage Gisco. C'est ton devoir de regarder ça.

Il se force à les rouvrir.

Remets-toi, Pedigree Pal. On ne fait que larguer un filet.

Gisco tourne la tête et lève les yeux vers moi.

Tu as beau être l'étincelle d'espoir, ton obscurantisme est aussi profond que celui des pauvres hères qui nous entourent.

Obscurantisme, hères... Comme tu y vas. On ne fait que pêcher.

Une profonde tristesse se lit dans son regard. Une tristesse qui me rappelle celle d'Eko, assise en tailleur sur le toit de la maison près de la plage. Je me souviens de son silence tandis qu'elle contemplait la beauté d'un monde dont elle savait que bientôt, il disparaîtrait à jamais.

Je ressens la même colère désabusée chez Gisco, à la différence près qu'Eko se sentait également coupable – peut-être parce qu'elle était humaine.

Gisco n'a pas à supporter un tel fardeau. Il est juste terriblement triste. Rageur. Et aussi, bizarrement, un peu curieux.

Il observe attentivement le visage des marins, le déroulement des manœuvres sur le pont.

Je me suis toujours posé la même question à propos du Point d'Inflexion. Il y avait une chose que je ne comprenais pas : à quoi pouvaient-ils bien penser ? Car, après tout, ton espèce est également capable de faire preuve d'une grande intelligence et même d'une certaine compassion.

Les chiens ont parfois des yeux étonnamment expressifs. Ceux de Gisco sont grands ouverts et mouillés de larmes.

Maintenant que je vois ça, je commence à comprendre.

J'observe avec lui le positionnement des filets dans les relents d'huile et de fumée que dégagent les compresseurs et les moteurs du bateau.

Qu'est-ce que tu commences à comprendre ?

Il fixe des yeux les pêcheurs. Des hommes de toutes les races et de toutes les nationalités, torses nus, trempés de sueur sous un soleil de plomb, leurs muscles saillant sous l'effort, leurs mines concentrées, leurs yeux tout à leur tâche.

Aucun n'a l'air particulièrement méchant ou malveillant ; pourtant ils ratissent consciencieusement le fond des océans, zone après zone, mile après mile. Ils ne pensent tout simplement à rien. Trop occupés pour ça. Pour eux, ça se résume à un autre jour de boulot en mer. Rien qu'un autre jour de pêche.

48.

Le navire ralentit à mesure que son filet s'enfonce.

— Tu vas voir. Tu vas sentir quand les panneaux du chalut vont heurter les reliefs, promet Ronan.

— J'ignorais qu'il y avait des montagnes dans la mer.

— Toute une chaîne, gamin. On l'appelle la dorsale atlantique. Le corail pousse sur leurs flancs et les poissons en raffolent.

Et les chalutiers adorent détruire ces pouponnières, ajoute tristement Gisco.

— Ton chien n'a pas l'air bien, fait justement remarquer Ronan. Il a le mal de mer ?

C'est ce que je vois qui me fend le cœur, poil de carotte, bougonne télépathiquement Gisco avant de s'éloigner en secouant la tête.

Un choc. La coque du gros chalutier est parcourue d'un long frisson, comme si on venait de heurter un petit iceberg.

— Ça, c'est les panneaux qui viennent de toucher le fond, commente Ronan, tout excité. La pêche va pouvoir commencer.

L'équipage apporte les derniers réglages au filet et aux grandes portes.

Les trois heures suivantes passent très vite.

L'attente est palpable. Elle grandit à mesure que la résistance du chalut ralentit la progression du bateau.

Je me sens gagné par l'excitation générale. L'adrénaline monte. L'impression de me retrouver dans la peau d'un chasseur de gros gibier, à l'affût près d'un point d'eau et qui, soudain, voit le feuillage d'un buisson bouger. Qu'est-ce qui va sortir ? Un rhinocéros ? Un lion ? Un gnou ? La main se referme sur la crosse du fusil. Attendre.

Pour ma part, je me contente d'empoigner le manche de ma pelle et de rejoindre le reste de l'équipage près de la rambarde tribord, plongeant avec eux mes yeux dans les eaux sombres.

Ils imaginent déjà leur prise. Je tente moi aussi de me figurer ce qui se passe plusieurs centaines de mètres sous nos pieds.

Je m'imagine les monts sous-marins grouillant de poissons, une sombre crête rocheuse coiffée d'un banc d'empereurs.

Notre filet balaie gaiement le fond, solidement arrimé à sa ralingue, dont les petites roues plombées progressent à la manière d'une armée en conquête.

La drague de fond tressaute et danse sur les aspérités du sol, scintille au milieu des coraux. Les grandes portes d'acier sont écartées au maximum et se dirigent droit sur le banc de poissons de haut-fond qu'on a localisé au sonar.

Les empereurs passent négligemment les gigantesques panneaux de chalut, puis se prennent dans le filet. Ils nagent en cercles, hystériques, cherchant désespérément une échappatoire, mais ils sont inexorablement repoussés vers le fond et finissent tassés dans la queue de morue.

Ensuite, la bouche du filet est refermée et on le remonte. J'imagine déjà les cris victorieux de l'équipage quand quelqu'un va ouvrir la nasse et qu'un monceau de poissons frétillant va s'écrouler sur le pont.

Les empereurs vont aller tout droit en chaîne pour être vidés et découpés en filets, tandis que moi, je remettrai le menu fretin à la mer avec ma pelle. Ensuite, on fera la fête.

En tout cas c'est ce que j'imagine. Pourquoi diable Gisco est-il retourné à ce point ? Les hommes pêchent depuis des milliers d'années. La mer les nourrit. Les poissons sont de très bons pourvoyeurs de protéines. Les océans couvrent les trois quarts de la surface du globe, c'est pas un chalut de fond ici et là qui va changer quoi que ce soit.

Peut-être que le fait de venir d'un horrible futur obscurcit l'esprit. Eko aussi était lugubre et glauque, avec ses plats végétariens et ses contemplations mélancoliques sur le toit. Ça doit être à cause de ce qu'ils ont vécu là d'où ils viennent. Ça a altéré leur jugement, les a rendus hypersensibles.

Le chalutier avance au ralenti. Pas plus de deux ou trois nœuds. Il peine à tirer le filet chargé de poissons, je peux presque sentir le poids des empereurs, trois cents mètres plus bas.

Lorsque la prise sera remontée, peut-être que le capitaine va se détendre un peu, que je pourrai jouer un peu plus au foot et un peu moins frotter. Peut-être même qu'ils vont sortir le rhum et danser la matelote – ou son équivalent moderne.

— On y est les gars, hurle Rudolf, le maître de pêche. On remonte.

Les grues grincent et crissent. Les énormes câbles viennent s'enrouler sur d'imposantes poulies dans la longue plainte des moteurs. La manœuvre est lente et difficile. L'inverse de la procédure de mise à l'eau, sauf que cette fois, des tonnes de matière sont arrachées aux profondeurs marines.

Je me presse avec les autres à tribord, attendant avec espoir de voir émerger l'énorme filet.

— Ta pelle est prête, gamin ? demande Ronan, qui est juste à côté de moi.

Je hausse les épaules d'un air incertain.

— Comment je ferai la différence entre les empereurs et les autres ?

— Tu peux pas les rater, m'assure-t-il. Ils sont rouge orangé, avec une belle tête anguleuse et de gros yeux ronds. La chair est délicieuse. Grillée avec un peu de vin de blanc... Mouah ! Un goût sans pareil.

C'est peut-être parce qu'ils grandissent lentement, suggère Gisco, venu nous rejoindre d'un pas lent, accompagné du bruit caractéristique de ses coussinets. *Les empereurs peuvent vivre jusqu'à cent cinquante ans. Le filet que tu penses déjà te faire griller est probablement plus vieux que ta grand-mère, ducon.*

— Si on a du bol, on va toucher le jackpot, ajoute Ronan, penché par-dessus le bastingage. Quand ils fraient, ils se rassemblent en immenses colonies.

Exact. Et comme ils vivent très vieux, ils ne sont en âge de se reproduire qu'à vingt-cinq ans. Alors quand tu effaces un banc entier, il faut des décennies pour que la population se reconstitue.

— Oh ! arrête d'être aussi négatif !

Par mégarde, j'ai prononcé mon admonestation à voix haute.

— Qu’est-ce qu’y a gamin ? Qui est négatif ?

— Non, non, personne... Tiens, voilà les filets.

On les remonte à bord en ordre inverse. D’abord les immenses plateaux d’acier qu’on arrime à leurs logements de part et d’autre de la poupe. Puis c’est au tour de la ralingue de fond, qu’un vérin hisse au-dessus du pont arrière.

Le corps du filet est monté dans les airs et poussé sur le côté pour ne pas gêner la manœuvre. La queue de morue est clairement visible dans le sillage du bateau. Ce n’est plus un simple ballot, mais une gigantesque nasse orange de trois mètres de diamètre et longue comme un bus, sanglée de cordes blanches.

Quelques hommes d’équipage maudissent déjà leur mauvaise fortune sans que je comprenne encore pourquoi. Des chapelets de jurons polyglottes s’échappent dans l’air marin.

On arrime des élingues à la queue de morue et une grue la remonte à bord, au-dessus de l’aire de travail où se précipitent instantanément une dizaine d’hommes. Je reste en retrait, me contentant d’observer.

Une nouvelle volée de furieux jurons accompagne l’ouverture de la nasse qui, section après section, laisse échapper son contenu sur le pont.

Succombant à ma curiosité, je me glisse vers le centre de toutes les attentions, jouant des coudes entre deux gaillards de marins. Et là, moi aussi je vois. Et j’en ai le souffle coupé.

49.

Il doit y avoir une erreur. Certes, le filet est orange ; en revanche, les poissons qui s'y trouvent ne le sont pas. Et leur tête n'est ni anguleuse, ni pourvue de gros yeux ronds. Certes, il y en a bien quelques-uns, perdus dans le lot, qui frétillent çà et là dans les mailles du filet, mais ils sont singulièrement seuls.

Pour le reste, ce n'est QUE de l'accidentel. Un plein bus d'accidentelles. Des tonnes d'autres espèces, des poissons divers et variés, des encornets, des poulpes, des crustacés, des coraux et des anémones, bref un échantillon de vie marine dans toute sa diversité et toute sa splendeur... passée. Car, dans la montagne d'organismes échoués au soleil sur le pont du bateau, les individus n'ont qu'une chose en commun : la mort. Soit elle a déjà rempli son office, soit elle est sur le point de le faire.

Eko a essayé de m'apprendre à communiquer avec les animaux sauvages par télépathie, mais je n'ai jamais réussi à établir la moindre connexion.

Or, là, sur le pont du bateau, durant une fraction de

seconde, une trappe mentale dont j'ignorais l'existence jusqu'alors s'ouvre soudainement. J'entends. Je sens. Ne me demandez pas comment on peut « sentir » un son, ou une pensée, pourtant c'est le cas. Pour vous donner un ordre de comparaison, c'est un peu comme le grondement du tonnerre. Il y a le son, bien sûr, mais également l'intime sensation de la foudre qui s'abat sur le sol. Et ce que je sens me fait trembler d'effroi. J'en lâche ma pelle par terre.

Une longue plainte de douleur primale balaie le pont comme une bourrasque de blizzard. Je n'ai jamais rien entendu de semblable dans ma vie, pourtant je reconnais immédiatement ce cri : l'agonie de millions de créatures, arrachées à leur milieu, broyées durant la lente progression du chalut puis mortellement atteintes par une affreuse variation de pression.

Aussi brutalement qu'elle s'est ouverte, la trappe dans mon cerveau se referme sèchement et je fais volte-face.

Ça aussi, ça fait partie des enseignements qu'Eko m'a transmis. Anticiper les coups avant qu'ils n'arrivent. Le poing est parti dans mon dos ; en me retournant à la dernière seconde, j'esquive le pire des directs. C'est le second à l'œil bandé. Il est d'une humeur massacrante, au propre comme au figuré.

— Reste pas planté là. Ramasse ta pelle et au boulot !

Je m'exécute. Pas une partie de plaisir.

Le soleil au zénith cogne droit sur les tonnes d'accidentelles que je tente de remettre à l'eau aussi vite que je peux. Mais la montagne d'organismes marins se décompose à vue d'œil, coule et pourrit.

Le plus lourd, et le plus dangereux, c'est le corail que les diabolos ont pulvérisé sur leur passage. Les branches sont non seulement coupantes, mais, en outre, ce que les membres d'équipage appellent le corail de feu est très irritant et me brûle la peau au moindre contact.

Je m'active comme un beau diable autour du tas, plantant ma pelle, encore et encore, dans cet agrégat de viscères. Dix fois, cent fois, mille fois, je charrie ainsi les cinq à six kilos que peut contenir ma pelle jusqu'au bastingage avant de balancer le tout par-dessus bord.

J'essaie de ne pas trop regarder ce que je trimballe, car à chaque fois que je baisse les yeux, le spectacle qui s'offre à moi me fend le cœur. Certains remuent encore, par à-coups, se tordant de douleur. Détourner les yeux n'est pas toujours possible, car il faut aussi que je décroche ceux qui sont emmêlés dans le filet ou que je dénoue ceux qui se sont imbriqués les uns dans les autres lors de la drague.

Et pour faire ça, il faut bien que je regarde.

Certaines branches de corail sont imbriquées les unes dans les autres de manière inextricable, et quand je les démêle, je découvre des poulpes et des anguilles à moitié broyés. Des êtres vivants habitués à trouver refuge dans les cavités sous-marines et qui, un instant, ont cru pouvoir échapper à la mystérieuse force de destruction qui fondait sur eux en fonçant dans leur abri familier. Las !

Pour les anémones, les étoiles de mer, les moules et les éponges prises dans le filet, je n'ai d'autre choix que de les déloger avec le tranchant de la pelle. Je coupe, je cisaille, avant de rendre à la mer des grappes de cadavres amputés.

Et puis il y a les langoustes et les crabes. Certains accrochent encore les mailles du filet dans leurs pinces, comme s'ils n'avaient pas encore abdiqué face à cet ennemi déroutant.

Les rares empereurs remontés partent directement en soute pour y être vidés. Les filets sont aussitôt congelés tandis que la tête, les arêtes et la queue partent dans un système de drainage où les viscères sont broyés avant d'être éjectés sous forme d'une bouillie rougeâtre, que les marins appellent élégamment « la chiasse ». Ces volutes sanguinolentes et nauséabondes flottant dans notre sillage nous attirent bien vite les faveurs de centaines d'oiseaux qui piaillent à tue-tête en se livrant à la curée.

À écouter les cris stridents de ces charognards des airs, plié en deux sur ma funèbre tâche, je commence à comprendre pourquoi le capitaine a parlé d'une usine à mort.

La majorité des créatures que nous avons remontées ne sont pas des empereurs. Elles n'en sont pas moins mortes. Mortes pour rien. Des milliers de poissons gisent ainsi sur le pont. Sous les rayons du soleil, leurs écailles lancent des éclairs où se retrouvent toutes les couleurs de l'arc-en-ciel. Leurs yeux sont exorbités. Leur ventre a éclaté sous l'effet de la dépressurisation. Une odeur pestilentielle a tôt fait de monter de leurs entrailles étalées au grand jour.

Plus déchirant encore est le sort réservé aux animaux de grosse taille. Il y a par exemple un cadavre de dauphin. Les dauphins doivent régulièrement respirer à la surface, aussi j'imagine que celui-ci s'est pris dans les filets alors qu'il remontait et qu'il s'est noyé quand le chalut l'a emmené par le fond. Je le tire par la queue. Le contact de sa peau est doux et soyeux – comme le plus luxueux des cuirs... Je me souviens de ceux qui nous ont sauvés, Eko et moi, quand nous étions sous la menace d'un requin bulldog.

Une tortue géante gît à l'envers sur le pont, battant piteusement des pattes tandis qu'une mare de sang s'échappe de sa carapace fendue en deux. Je l'attrape par la queue et, avec l'aide d'un autre homme, la transporte jusqu'à la rampe arrière.

En dépit de nos efforts, nous ne pouvons éviter de faire s'entrechoquer les morceaux de sa carapace fracturée. Un son sourd et écœurant accompagne chacun de nos pas. Bientôt, je suis couvert de sang. Je commets l'erreur de croiser le regard de l'animal.

Je sais que les tortues marines vivent très vieilles. Quel âge peut avoir cet Hérode des profondeurs ? Deux cents ? Trois cents ans ? Combien d'océans a-t-elle parcourus avant de croiser la route mortifère du *Lizabetta* et de finir broyée en deux par le poids de son chalut ? Elle me regarde et j'ai l'impression qu'elle me demande : si ce n'était pas pour me garder ou me manger, pourquoi as-tu fait ça ?

Incapable d'apporter une réponse à ce géant des âges anciens, je la jette par-dessus la rampe et elle disparaît.

Une éternité plus tard, je balance la dernière pelletée « d'accidentelles » par-dessus le bastingage et laisse tomber mon outil.

Ça va ? demande Gisco, venu me réconforter. *T'as pas l'air dans ton assiette.*

En effet.

Qu'est-ce qui ne va pas ?

Et je vomis par-dessus bord.

50.

Dîner sinistre.

Marins grognons. Leur salaire dépend en partie de leurs prises. La déception et l'anxiété se lisent sur les visages. Ils craignent d'être tenus pour responsables – voire renvoyés – suite à la débâcle de l'empereur.

Mais qui redoutent-ils à ce point ? Je ne sais pas. En tout cas, pas le capitaine. Non. Quelqu'un au-dessus de lui, dans l'ombre, qui tire les ficelles. Quelqu'un qu'ils craignent au point de ne pas pouvoir le nommer directement.

Ils y font allusion entre eux, à mots couverts, et évoquent simplement le Patron.

— Une fois, un pote était sur un bateau tout pourri, raconte un marin entre deux bouchées peu enthousiastes du ragoût de poisson – particulièrement infâme – que nous a préparé Jacques ce soir. Eh ben, vous me croirez si vous voulez, le Patron a appelé le capitaine par radio et il a saqué tout l'équipage. Il les a débarqués à Nouakchott et les a tankés là.

— P'tain, j'sais même pas où c'est...

— En Mauritanie. Au milieu de nulle part.

— Ouais... En tout cas, c'qui est sûr, c'est que le Patron va pas être jouasse quand il va apprendre ce qui s'est passé aujourd'hui, ajoute nerveusement un autre marin.

Je me demande qui est ce mystérieux Patron qui saque les équipages et n'est pas jouasse. Se pourrait-il qu'il s'agisse du monstre dont mon père m'a parlé ?

Les hommes se mettent à boire. Bière, whisky, rhum. Les alcools forts avalés cul sec dans des petits verres tout en sirotant une bière. Ils parlent de plus en plus fort. Les esprits s'échauffent.

Je n'ai jamais vu des marins boire auparavant. Les bouteilles sortent de partout à la fois et poussent comme des champignons sur la table. Une forêt de verres multicolores. Les cadavres s'entassent dans la poubelle à vitesse grand V.

— Si on voulait prendre de l'empereur, fallait aller en Nouvelle-Zélande, râle un marin africain.

— Ils ont pris des mesures là-bas, fait remarquer Ronan. Règlement...

— Et alors ? Les Russes y vont toujours.

— Pas faux, réplique Ronan en reposant sa cuiller. – Il crache ostensiblement par terre. – C'est quoi cette merde ?

— La meilleure bouillabaisse que vous ne mangerez jamais, répond fièrement Jacques. Mélange « maison ».

— Ça veut dire quoi ? Que t'as pissé dedans ? demande Ronan.

Jacques attrape un hachoir.

— Un mot de plus et je te coupe la langue.

— Ben au moins comme ça, j'aurais plus à me fader le goût de ta pâtée. En attendant, ne t'avise pas de me mettre un couteau sous le nez.

— C'est pas un couteau, c'est un tranchoir. Tu veux goûter ?

Pour toute réponse, Ronan casse une bouteille de rhum sur un pied de table.

La seule vue de l'horrible tesson, aux dents tranchantes comme des rasoirs, fait reculer les autres marins. Au centre du cercle, le gros cuistot et le grand Irlandais se lancent dans un ballet macabre, avec de grands gestes. Hachoir et tesson de bouteille fendent l'air.

— Je vais te trancher la gorge, rumine Jacques.

— Viens-y gros lard. Je vais te vider comme un poisson.

Jacques est étonnamment vif sur ses jambes. Ronan possède l'avantage de la jeunesse, de la vitesse... et de l'allonge. Il feinte une fois, deux fois, puis avance soudainement la jambe et le tesson blesse le cuistot à l'épaule.

Jacques barrit comme un éléphant blessé. Un sang écarlate recouvre le bleu de ses tatouages. Il se rue alors sur un des bancs, qui doit, au bas mot, peser quatre-vingts kilos, et le soulève dans les airs avant de charger son adversaire. Le coup de bélier fait choir l'Irlandais.

Le cuistot est aussitôt sur lui, poursuivant son attaque à grands coups de hachoir. Ronan évite les assauts mortels comme il peut, roule sous une couchette.

Couché par terre, Jacques balaie sous le lit à grandes brassées de hachoir. On entend siffler la lame. Puis, voyant que ça ne marche pas, il pousse le lit avec l'épaule. La lourde armature métallique bascule et va s'écraser sur le sol dans un vacarme assourdissant. L'Irlandais se retrouve à découvert. Il se tortille comme un ver pour tenter d'échapper à l'estocade. Mais Jacques l'accule contre un mur. Le hachoir se lève...

Une détonation retentit. Tout le monde s'arrête.

Le bras de Jacques s'immobilise en l'air, comme pris dans les glaces.

Tous les regards se tournent vers l'entrée.

Le second à l'œil bandé se tient dans l'encadrement de la porte, pistolet en main, l'air féroce.

— Lâche ton couteau.

— Ce bâtard m'a coupé l'épaule..., proteste Jacques.

Le borgne braque son revolver sur le cuistot.

— Si quelqu'un doit se faire buter sur ce bateau, ce sera par le capitaine ou par moi. Pigé ? Maintenant, baisse ton couteau.

Jacques obtempère. Un dernier juron particulièrement fleuri et il laisse son hachoir pendre au bout de son bras.

— Je te finirai plus tard, t'inquiète pas, bougonne-t-il en lançant un regard mauvais à Ronan, toujours pelotonné contre le mur.

— Je te le déconseille, le coupe le borgne d'un ton tranchant. Bande de crétins, vous ne savez pas que ça porte le mauvais œil de faire couler le sang sur un bateau de pêche ?

Un concert de bougonnements approbateurs monte de la bouche des marins, tous plus superstitieux les uns que les autres.

— Et maintenant, au lit, ordonne le second à l'œil bandé. Demain on va poser nos filets sur un récif vierge.

L'équipage approuve. Les hommes aiment ça.

— Ah ben, c'est pas trop tôt ! lance une voix.

— Là tu nous parles ! ajoute une autre.

Mais le borgne n'en a pas fini.

— Écoutez-moi bien, prévient-il d'un air mauvais. Une bagarre de plus et je vous débarque tous à coups de pompe dans le cul. C'est pas les pêcheurs qui manquent... C'est compris ? Ronan ?

— Moi je vais au lit, chef.

— Jacques ?

— Je veux de mal à personne, grogne le gros Canadien. Sauf à celui qui insulte ma bouillabaisse...

— Ah parce que c'était de la bouillabaisse ? ironise un marin. Merde ! Moi je croyais que c'était de la raclure de chiotte.

Après avoir copieusement insulté nos mères – en français aussi bien qu'en anglais –, Jacques clôt les débats en tirant sèchement son rideau.

51.

Dortoir plongé dans une semi-obscurité. Atmosphère lourde. Le récent déchaînement de violence est dans tous les esprits. L'air est encore électrique.

Une partie de poker qui semble ne jamais devoir se terminer se déroule à table. Quelques pièces de monnaie – et des tombereaux d'insultes – sont échangées. Pourtant, à aucun moment les choses ne semblent devoir dégénérer. Finies les bagarres. Tout le monde a encore en mémoire les menaces du borgne.

Je suis allongé dans mon lit, exténué par ma journée de travail. Gisco est couché sous ma couchette, située juste en dessous de celle de Jacques. Je commence d'ailleurs à comprendre pourquoi la place était vide à mon arrivée.

Le gaillard a éclusé du whisky canadien pendant plus d'une heure et maintenant il fulmine, maugrée et divague à voix haute. Régulièrement, il me crie un truc depuis sa couchette pour vérifier qu'il a un public.

— Insulter ma bouillabaisse ? Non mais des fois ! Une bouillabaisse que mon grand-père a servie au roi d'Angleterre. Celle-là même ! Dommage que le Cyclope m'ait coupé dans mon élan avec son flingot. Je lui aurais arraché le cœur au farfadet. Tu m'entends gamin ?

— Oui ! Mais justement, j'aimerais bien dormir.

— Ah mais il ne sait pas à qui il a affaire ! Un conseil, gamin. Évite de chier dans les bottes d'un cuistot, encore moins s'il est terre-neuvien. Tu m'entends gamin ?

— Mmh !

— Sont pas commodes les cuistots de Terre-Neuve. Et fiers de leurs recettes avec ça...Tu savais que mon grand-père était chef cuistot sur un gros morutier ? Soixante-dix hommes d'équipage qui se gelaient les miches dans le bassin du Labrador, avec mon grand-père, tout seul aux fourneaux, pour les tenir au chaud et bien nourris.

Enfin, il se tait. Du dessous, Gisco lui fait chorus.

Rassure-moi. Ce bouffon ne va tout de même pas nous vanter les faits d'armes de sa famille dans l'extermination de la morue en Atlantique Nord ?

Pour ma part, je ne sais plus trop quoi penser de ce qui s'est passé aujourd'hui. Je me sens perplexe, confus. Je ne voyais vraiment pas quel mal il y avait à pêcher ou à jeter un filet. Et puis le spectacle affligeant des prises accidentelles, leur odeur pestilentielle et la vanité de toutes ces morts m'ont rendu malade, au sens propre. Alors je demande à Gisco : qu'y a-t-il de mal à pêcher quelques morues ?

Quelques morues, tonne-t-il – il est dans une rogne noire depuis quelques heures, sûrement la conséquence du chalut. *Laisse-moi éclairer ta lanterne, l'étincelle. Quand les hommes ont découvert le Canada, les pêcheurs n'avaient même pas besoin d'hameçons. Il suffisait de plonger un seau dans l'eau pour remonter des morues. Même après avoir été pêchées sans relâche pendant cinq siècles, les bancs de morues étaient encore si importants que d'éminents spécialistes ont pu déclarer à l'époque qu'ils étaient inépuisables.*

— Mon grand-père a eu de la chance ! grogne Jacques. C'est la morue qui a fait Terre-Neuve. Des fortunes colossales ont été amassées à l'époque. À tel point que des hommes sont morts pour elle. Les guerres de la morue !

Étranger aux élucubrations avinées de mon voisin de chambrée, je demande à Gisco ce qui est arrivé aux bancs de morues.

Ils ont été victimes de l'ingéniosité humaine, voilà ce qui s'est passé. Des bateaux usines envoyés d'Europe sont arrivés sur place, qui pouvaient prendre jusqu'à cent tonnes de morue par heure. En un rien de temps, la population de morue a disparu pour de bon et des milliers de pêcheurs canadiens, comme le grand-père du poivrot qui dort au-dessus de toi, se sont retrouvés sans travail.

Le lit grince et tangue. Jacques se retourne et poursuit son monologue éméché.

— La morue disparue, mon père est devenu baleinier ! La bataille était rude, gamin. Des hommes seuls contre le Léviathan. Comme toujours, il fallait nourrir les équipages, alors mon père préparait la bouillabaisse pour ces affamés qui livraient de nobles batailles contre ces Gargantua des profondeurs !

De nobles batailles ? s'étrangle Gisco. *Voilà qu'il s'enorgueillit du rôle de son père dans l'extinction des baleines bleues !*

Comme pour répondre à cette attaque, Jacques lâche un pet tonitruant. Puis, sans doute inspiré par les qualités sonores de sa flatulence, il se lance dans l'interprétation d'un chant de baleinier.

Souquez, vaillants matelots baleiniers,
Souquez, intrépides marins que le Horn avez passé.
Notre capitaine l'a dit et répété,
Des baleines y'en aura sous les huniers.

Il fait une pause. Sirote une lampée de whisky.

Écoute-le pavoiser, comme s'il y avait quoi que ce soit de glorieux là-dedans ! Les annales de Dann ne contiennent pas d'exemple plus brutal de génocide. Une espèce hautement intelligente et développée qui en élimine une autre, pacifique et sans défense. C'est exactement ce qu'a fait Homo sapiens avec les cétacés. Par trop inégale, la guerre ne pouvait se solder que par la disparition pure et simple de cette merveille de la nature.

Le gosier lubrifié, Jacques se remet à chanter, enthousiaste :

Notre harpon on a décoché. Mais la baleine elle a plongé.
Au coup suivant, notre capitaine il l'a trouée.
La ligne elle a filé, la surface elle a creusée.
Souquez les baleiniers. La prise est harponnée.

C'est consternant. Je ne peux pas en entendre davantage.

Moi je trouve qu'il a plutôt une bonne voix.

Écoute les paroles ! À la gloire d'un hideux massacre.

Tu caricatures. Il chante une lutte entre l'homme et l'animal et tu ne peux pas nier qu'il y a quelque chose d'héroïque dans cette bataille inégale entre des hommes seulement munis de harpons, à bord de minuscules coquilles de noix, chassant le plus gros animal de la création. Pense à Achab et à Moby Dick.

Cette sempiternelle inclinaison de ton espèce à transformer une triste et macabre réalité en glorieuse épopée, répond Gisco en donnant un coup de patte dans mon matelas. *Tresser des lauriers là où vous devriez ramper sous terre de honte ! Il n'y a jamais rien eu de noble dans le massacre des baleines. Les plus petites ont été les premières à être chassées jusqu'à l'extinction. Dans l'ordre : les baleines franches, les baleines boréales et les baleines à bosse avec leurs chants sublimes, autre chose que cette grossière bouillie.*

Comme s'il avait voulu lui donner la réplique, Jacques entame un nouveau couplet.

Oh, elle a nagé et viré et rué.
Mais nos lances avons tiré.
Elle vomit un sang vermillon, frémit sous le goupillon,
Et en moins de deux nous fait voir ses deux ailerons.

Je me laisse emporter presque malgré moi par cette ancienne saga marine. Tu vois, c'est héroïque, dis-je à Gisco.

Tu plaisantes ! Une vraie boucherie, explose le mastiff, remonté comme une pendule. *Les bateaux traquaient les baleines jusque sur leurs lieux de reproduction et là, ils exterminaient des populations entières, sans distinction. Femelles pleines, baleineaux... Nul n'échappait au massacre. Quand une espèce était éteinte, ils passaient à la suivante. Aussi simple que ça.*

Des voix s'élèvent des autres couchettes, exhortant Jacques au silence. Comme de bien entendu, celui-ci reprend de plus belle, élevant la voix.

On l'a remorquée à bras sous les hourras.
Du blanc de baleine y'en avait des tas,
Et ça matelot, c'est pas un chèque en bois.

Du mouvement sous mon lit. Gisco essaie de se boucher les oreilles avec ses pattes.

Pour l'amour du ciel, qu'on crève la panse de ce braillard, sinon pour nous venger de ses attentats culinaires quotidiens, au moins pour nous épargner ça.

Jacques avale une énorme goulée de whisky. Quand il se remet à parler, il bute sur les mots.

— Et puis y a mon oncle Léo. J't'ai parlé du gros Léo, gamin ? Lui, il a fait fortune sur les thoniers. Il attrapait des thons rouges pour les Japonais. Des lingots qui nagent, comme il disait toujours.

Un des plus beaux poissons qui soit, ajoute Gisco. *Et aussi l'un des plus rapides. Les Japonais l'appellent* honmaguro. *Ils trouvent sa chair à ce point délectable qu'ils vont les chasser jusqu'au dernier. Le dernier morceau de thon rouge fera son dernier voyage entre deux baguettes d'ici cinq à six ans.*

— Maintenant il n'y a plus que mon frère et moi. Mitch. Un farouche pêcheur à la palangre qui brave les eaux de l'Antarctique pour pêcher la légine australe.

Le barbu de Patagonie. Récemment devenu la folie des restaurateurs de par le monde. D'ici trois décennies, les réserves seront totalement épuisées et l'espèce quasiment éteinte. J'arrive pas à y croire ! La famille de ce gros lard sans cervelle mérite d'être clouée au pilori ! Les palangres sont pires que tout. Des kilomètres de lignes incassables, parfois montées de plusieurs centaines de milliers d'hameçons, qui flottent dans l'obscurité et qui piègent, noient et emmêlent tout ce qui nage.

— Ohé, pêcheurs de gros ! éructe Jacques. Ohé, chasseur d'espadons. – Durant un instant, je redoute qu'il ne se remette à chanter. – C'est pendant la pêche à l'espadon que j'ai appris à cuisiner. On préparait la bouillabaisse familiale pendant que Mitch chassait le féroce marlin !

Jusqu'à ce qu'il n'y en ait plus. Sans compter les victimes collatérales comme les oiseaux marins, tels les albatros, qui, leurrés par l'hameçon, ont plongé et se sont noyés ou encore les tortues marines, qui, alors même qu'elles étaient censées être protégées en tant qu'espèce en voie de disparition, sont mortes par milliers en se prenant dans les lignes.

— Mais moi, mon truc, c'est les chalutiers. Depuis le jour où j'ai pu pisser debout. Ça c'est la vraie vie, gamin ! Le chalut de fond. J'ai sillonné toutes les mers du globe. J'ai pêché la crevette au large de la Floride.

Et le magnifique récif Lophelia *ne s'en est jamais remis. Détruit à jamais.*

— Pas un coin où je ne sois allé jeter les filets. Le chalut de fond, c'est la plus belle des pêches, gamin ! On peut attraper tout ce qu'on veut. Un vrai miracle. Le chalut, c'est mon arbre généalogique, la semence salée à partir de laquelle j'ai grandi et c'est pas un maudit planteur de patates irlandais qui va me faire la nique. S'il veut en remontrer à un brave cuistot du large, je le débite en filets, exactement comme mon grand-père l'aurait fait ! Bon, maintenant, il est temps de faire dormir nos yeux. Demain, on va sur un récif vierge. Elle est pas belle la vie ?

52.

Milieu de la nuit. Tout le monde dort. Au-dessus de moi, Jacques écluse en ronflant comme un sonneur. Chaque fois qu'il respire, on croirait un bûcheron s'acharnant sur un vieux tronc avec une lame émoussée.

Très bien Gisco. Maintenant tu peux lâcher le morceau.

Quoi ?

Qu'est-ce qu'on fout là ?

Demande à la tempête. C'est elle qui nous a poussés ici.

Certes, mais c'est toi qui as volé le petit bateau. Tu ne peux pas voir un chalutier en peinture. Tu l'as dit toi-même, Mu est liée aux océans. Alors, je te le demande, ne serais-tu pas en train de tirer les ficelles ? S'agit-il d'une nouvelle séance de l'œuf et de la poule ?

Tu me fais trop d'honneur ! Tu m'investis d'un pouvoir que je n'ai pas. Comment aurais-je pu savoir que nous survivrions à l'ouragan ? Et comment aurais-je pu prévoir que ce chalutier nous porterait secours ?

Je ne sais pas. Mais je ne te fais pas confiance.

C'est peut-être le destin qui t'a amené ici. Le présage dit que toi seul peux changer l'avenir. Avant le Point d'Inflexion, rien n'avait été plus dévastateur pour les océans que les chaluts de fond. Donc, dans un sens, ça serait logique que le destin te mène justement sur un chalutier.

Et pourquoi pas un ligneux ? Ou un baleinier ? Je viens d'entendre tout le mal que tu penses des différents types de pêche industrielle. Qu'y a-t-il de si spécialement horrible chez les chalutiers ?

C'est pas toi que j'ai vu vomir après une journée aux accidentelles ?

J'avoue que la journée a été assez déplaisante. Mais il faut bien que les gens mangent. À t'entendre, toute pêche est maléfique.

Non. Faux. Le problème, ce sont les méthodes.

Pardonne mon impertinence, ô Altesse canine, j'essaie juste d'ouvrir mon cerveau à ta sagesse futuriste, mais il me paraît difficile de croire qu'un peu d'ingéniosité humaine appliquée au fait d'attraper plus de poisson a vraiment pu causer la perte du monde. Des filets plus grands ? Des lignes plus longues ? Des méthodes de prospection plus efficaces ? En quoi cela a-t-il pu bouleverser à ce point l'ordre des choses ?

Il n'y a rien de mal à pêcher. Les hommes ont d'ailleurs pêché pendant des millénaires sans que cela affecte en rien les équilibres naturels. Mais, ce faisant, ils ont développé une sorte de croyance selon laquelle les océans étaient inépuisables et les ressources halieutiques illimitées. Ce qui était en partie exact tant qu'ils se sont limités à des méthodes primitives et ancestrales. Mais celles-ci se sont améliorées. Les lignes sont devenues plus longues, les filets plus grands, et les outils pour localiser les prises plus performants. Le pro-

blème c'est qu'entre-temps, le poisson n'est pas devenu plus malin ni les océans plus profonds. Parler de la « Terre » est inapproprié car nous vivons sur une planète bleue. Bleue comme l'océan, il suffit de la regarder du ciel pour s'en convaincre. De fait, le processus qui a mené au Point d'Inflexion s'est enclenché avec le pillage systématique des océans.

Allongé sur ma couchette, j'essaie d'intégrer tout ça. Le discours de Gisco, avec ses accents apocalyptiques, le regard affligé qu'il portait aux pêcheurs durant les opérations de chalut, la mélancolie d'Eko, assise sur le toit sous le ciel étoilé, les yeux éplorés de la tortue tandis que je la traînais sur le pont.

Un profond sentiment de culpabilité s'empare de moi, peu à peu – même si, personnellement, j'ai le sentiment de n'avoir rien fait de mal. Je me sens complice malgré moi d'une chose affreuse.

Mais que faire ?

Le carré résonne des respirations régulières des pêcheurs endormis. Ils viennent de tous les pays. Aucun d'entre eux n'a jamais eu la volonté de détruire la planète. Ils veulent simplement gagner de quoi vivre. À l'enseigne de Jacques, qui ronfle au-dessus. Troisième génération de cuistot sur des bateaux de pêche. Pas franchement le modèle du type bien, mais pas non plus un ange exterminateur.

Pourtant, Gisco dit que c'est leur faute. Notre faute. Ma faute. À sa manière, Eko pensait la même chose. Je me souviens de sa mélancolie. De sa culpabilité. De sa colère.

Dirigée contre nous. Ici et maintenant.

C'est pour ça qu'ils sont revenus aujourd'hui, précisément. C'est pour ça que j'ai été renvoyé dans le passé il y a dix-huit ans. Pour être là le moment venu. Au Point d'Inflexion. Et je commence à réaliser que le caractère crucial d'un point d'inflexion, c'est qu'on peut l'utiliser pour faire pencher le destin soit d'un côté, soit de l'autre.

Je me glisse hors du lit en silence.

Où tu vas ?

J'sais pas.

Reviens. Ils vont t'attraper. Si tu ne sais pas où tu vas – si tu n'as pas une idée précise de ce que tu vas faire –, retourne immédiatement te coucher. C'est un ordre !

Je n'ai pas d'ordre à recevoir de toi. Et puis j'en ai plein le dos de tes accusations. Les humains ont fait ci, les humains ont fait ça. Si tu as raison, et que c'est bien le destin qui m'a amené ici, alors il faut que j'accomplisse quelque chose. La première chose à faire, c'est de découvrir où nous allons. T'en es ou pas ? Ou alors, comme la Cassandre de la mythologie grecque, tu te contentes de mettre en garde contre les calamités sans rien pouvoir y faire ?

J'aimerais bien t'aider, se défend le molosse. *Mais je suis faible, sous-alimenté... et il fait si bon et si chaud là-dessous.*

Bien, dans ce cas, je te laisse à ton petit confort. Moi je vais faire quelque chose. Hasta la vista, cabot.

Bon, bon, très bien, bougonne mentalement le gros chien en s'extirpant de dessous le lit. *Je persiste à dire que c'est une mauvaise idée, mais je me sentirais coupable de te laisser y aller seul. Essayons toutefois de ne pas prendre de risques inutiles. Si le borgne à la gâchette facile nous attrape à fouiner dans les coins, il va sans aucun doute nous jeter dans la machine à débiter les filets.*

53.

Nous nous faufilons jusqu'aux ponts supérieurs,
318 déserts et plongés dans le noir.

Où va-t-on ?

La timonerie. C'est là qu'ils entreposent les cartes.

C'est là également que l'homme de quart a toutes les chances de se trouver.

Pas de problème. On va se glisser à l'intérieur par la fenêtre de derrière. Même si y a quelqu'un à la barre, il ne nous entendra pas. Et il ne pourra pas nous voir.

C'est ça ton plan ?

T'en as un meilleur ?

Et si on mettait le feu ? Quand ils courront tous pour l'éteindre on pourra fouiller l'intérieur vite fait.

Faudrait vraiment être crétin pour mettre le feu à son propre bateau.

Ton plan n'est pas franchement brillant non plus. Je ne sais pas si tu as remarqué, mais les chiens ne sont pas très forts pour escalader.

Dans ce cas, tu restes dehors et tu fais le guet. Tiens, voilà la fenêtre. Laisse-moi monter sur ton dos. Bouge pas.

Contrairement à celle des bêtes de somme, comme l'âne, la colonne vertébrale des chiens ne peut supporter aucune charge excessive. Aïe ! tu me fais mal avec tes talons ! Tu veux m'estropier ou quoi ?

Elle est presque ouverte. Juste une seconde...

Cette fenêtre est verrouillée. Oublie. Descends !

Non, elle est simplement coincée. Là, elle s'ouvre. Bouge pas, je vais prendre appel sur ton dos comme sur un trampoline...

Ma colonne n'y survivra pas !

J'y suis ! Avec toute cette graisse, tu fais un parfait tremplin. Reste là au cas où j'aurais besoin de toi pour amortir ma chute.

Le chien fait aussitôt quelques pas d'écart.

Tu m'as pris pour un tas de feuilles ou quoi ?

Je balaie des yeux le petit réduit qui sert de salle des cartes. À la simple lumière de la lune, qui filtre péniblement par la fenêtre crasseuse, c'est tout juste si je peux distinguer le petit bureau qui s'y trouve.

Qu'est-ce que tu vois ? demande anxieusement Gisco depuis l'extérieur.

Rien. Il fait trop sombre. Je vais allumer la lumière.

Non ! Il y a quelqu'un devant. Il doit roupiller.

Je me glisse jusqu'à la porte, l'entrouvre légèrement, et jette un œil à l'extérieur. Pas de doute, un homme d'équipage dort derrière sa barre, la tête penchée sur le côté.

Je referme la porte. Je cherche à tâtons la liseuse du bureau. Je retiens mon souffle et l'allume. Des cartes marines apparaissent dans le faisceau de l'ampoule.

Tu vois quelque chose ?

Des cartes marines, avec la topographie du fond.

Y a-t-il des indications ? Sur des massifs ? Des îles ?

Juste un truc marqué Grande Météore.

C'est un des plus célèbres sommets sous-marins, près des Açores ! C'est sûrement une carte de la dorsale atlantique. Quel est l'éditeur ?

Je vois un acronyme de cinq lettres. ICCAF.

Oh mon Dieu ! On est bon !

Quoi ?

Jack ! Pas une seconde à perdre. Quelqu'un vient ! Le capitaine et le borgne ! Sors de là tout de suite !

En effet, deux pas lourds résonnent sur la passerelle qui mène au poste de pilotage. J'escalade la fenêtre. Et puis je m'arrête. Je reste un instant ainsi en équilibre sur le chambranle et me laisse finalement retomber à l'intérieur.

Qu'est-ce que tu fais ?

On veut savoir ce qui se trame, n'est-ce pas ? Personne n'est plus qualifié pour nous l'apprendre que les deux hommes qui commandent ce bateau.

Tu es complètement fou ! Tu vas te faire choper et ils vont t'écorcher vif.

C'est si je saute dehors maintenant que je vais me faire repérer.

T'as pas le choix. Dégage !

Calme-toi, le chien. C'est sûrement qu'une ronde de routine, pour s'assurer qu'on tient le bon cap.

Des voix s'élèvent dans la cabine de pilotage.

Je me glisse jusqu'à la porte pour observer ce qui se passe. L'homme de quart qui piquait du nez essaie tant bien que mal de se justifier.

— J'vous jure, capitaine. J'dormais pas. J'ai mal au cou... C'est pour ça que je penche la tête...

— Ferme-la, imbécile, tranche le borgne avec sa gentillesse habituelle.

Un bruit sourd que j'interprète comme un coup de poing. Le barreur hurle de douleur.

— Ça te coûtera cinq cents dollars, ajoute le capitaine. Et si je te reprends à dormir à ton poste, je te lourde, mais pas avant de t'avoir fait regretter ton indolence.

— Oui, monsieur, bougonne le marin d'un ton penaud.

— À partir de maintenant, tâche d'ouvrir l'œil, poursuit le capitaine. On va regarder les cartes... et ce qu'on a à se dire est privé.

Je prends aussitôt la tangente vers la fenêtre. Trop tard ! Le bouton de la porte est déjà en train de tourner !

Juste le temps de plonger sous le bureau. Les deux hommes font irruption dans la pièce. Le borgne referme la porte derrière lui et met le loquet.

— Le brouillard va nous aider, déclare le capitaine de sa voix suave d'animateur radio. La visibilité ne devrait pas excéder une dizaine de mètres.

— On n'a pas de bile à se faire, ajoute le second. On se pointe en douce, on racle et on s'arrache. En une journée, l'affaire sera dans le sac – c'est le cas de le dire. Il y a vraiment peu de chance pour qu'un avion de reconnaissance nous voie.

— Exact. Mais Dargon ne veut aucun accroc.

Il y a quelque chose d'étrange dans la manière dont le capitaine a murmuré ce nom. Je n'ai jamais entendu sa voix trahir la moindre faiblesse ni la moindre crainte – le capitaine est un homme qui n'a peur de rien –, pourtant, elle a tremblé au moment de prononcer « Dargon ».

— Il n'y en aura pas, affirme le borgne. Le brouillard sera notre meilleur allié.

Ils s'approchent du bureau. Je me recroqueville autant que je peux contre le mur. Mon cœur tambourine au fond de ma poitrine. Ont-ils l'ouïe assez fine pour m'entendre respirer ? Telle est la question.

— Un crétin a laissé la fenêtre ouverte, dit le capitaine.

— Sûrement ce maudit gamin qu'on a repêché, dit le second à l'œil bandé en s'approchant du vantail. Je lui ai demandé de passer la serpillière ici.

— Je le sens pas ce gamin, bougonne le capitaine. Pas plus que son chien d'ailleurs. Il a quelque chose d'étrange.

— On n'a pas eu le choix, fait remarquer le borgne. Il fallait bien qu'on le sauve une fois que l'équipage l'avait repéré sur son radeau de la méduse. Mais un accident est toujours possible.

— On verra ça, rétorque le capitaine en tapant sur la table de son poing en titane. Voilà la carte. On va draguer le récif en profitant du brouillard, puis disparaître avec les brumes. Et, cette fois, les prises vont être bonnes.

— Ça c'est sûr, confirme le borgne.

Le capitaine fait glisser sa main inerte sur le papier.

— À en croire cette carte, on devrait atteindre le récif dans moins d'une heure. On posera les filets dès que l'équipage sera réveillé.

— Avec les diabolos ?

— Certainement. Je me fous pas mal de savoir ce qu'on abîme. On y va, on ramasse une pêche miraculeuse et on se tire en vitesse. Ni vu ni connu. C'est dit ?

— Banco. Dargon va être content. Ça sent sa prime !

Je suis du regard les chaussures impeccablement cirées du capitaine qui se dirigent vers la porte. Il enlève le loquet, s'arrête et fait volte-face.

— Il faut être prudent avec Dargon, prévient la voix sage et rassurante du capitaine. Le feu ne connaît ni gratitude ni pitié. Seulement l'embrasement et la crémation.

54.

Pousser la fenêtre. Se glisser bien vite à l'extérieur. Se laisser pendre au dormant, puis sauter par terre en faisant le moins de bruit possible. Gisco ? T'es toujours là ?

Tu ne crois tout de même pas que j'allais m'enfuir ? Décidément, tu ignores tout de la loyauté et de la bravoure des chiens. Argos, le chien d'Ulysse, n'a-t-il pas attendu le retour de son maître à Ithaque pendant des années ? Au moment de l'évacuation d'Athènes, le brave compagnon de Thémistocle n'a-t-il pas nagé jusqu'à Salamis – où il est mort d'épuisement en atteignant la plage – pour suivre son maître ? Que dire de Balto, le célèbre chien de traîneau qui a évité une épidémie de diphtérie à Nome, en Alaska, en bravant fièrement...

Ça va, j'ai compris. T'es où exactement ?

Sous la grue.

Je rejoins alors ce poltron de chien, pelotonné dans l'ombre la plus noire et lui raconte ce que j'ai entendu. L'horreur se lit dans ses yeux à l'idée qu'on puisse passer le chalut sur un récif vierge. Alors ? C'est quoi l'ICCAF ? Pourquoi as-tu failli t'étrangler quand je t'ai cité ces cinq lettres ?

C'est l'acronyme désignant le comité international chargé de contrôler la pêche dans l'Atlantique. C'était une agence créée sous l'égide des Nations unies, juste avant le Point d'Inflexion, dans le but de protéger les rares sanctuaires marins existant encore dans les eaux internationales.

Comme celui sur lequel on s'apprête à lancer nos filets ?

Précisément. Ces zones faisaient partie de ce qu'on a appelé le patrimoine commun, dans le sens où elles étaient situées trop loin de n'importe quel pays pour que quiconque en assure la protection. La communauté internationale, travaillant de concert, était supposée le protéger et appliquer les règles de protection de la nature. Dans les faits, ces belles paroles se sont traduites par une exploitation généralisée des sanctuaires, toutes les puissances participant au pillage.

Mais... si l'ICCAF est un organisme de contrôle, comment se fait-il que ce chalutier utilise une de ses cartes ?

Les historiens du futur ont émis l'hypothèse que le comité était corrompu. Ils l'ont même surnommé l'International Conspiracy to Catch All Fish[1]*. L'agence disposait de financements internationaux pour établir un relevé topographique de tous les fonds sous-marins encore inexplorés. Quelqu'un du comité a dû vendre une de ces cartes à la compagnie qui a affrété ce chalutier.*

Le bateau est plongé dans l'obscurité. Un parfait silence y règne. Nous devons nous trouver au-dessus du récif car j'entends qu'on a coupé les moteurs. Une épaisse brume flotte au-dessus des flots. Quand l'équipage se réveillera, d'ici une heure ou deux, le chalut sera mis à l'eau.

---

1. La Conspiration internationale pour attraper tous les poissons (*N.d.T.*).

Je pressens ce qu'il conviendrait de faire, mais ça me fait peur. Est-ce absolument nécessaire ?

Encore une question, le chien. Qu'est-ce qu'un récif abîmé ? Dans l'immensité de l'océan ? Ne va-t-il pas se remettre tout seul de notre passage ?

C'est justement ce qui fait la spécificité des récifs. Le corail pousse très lentement. Un récif de haut-fond comme celui-ci met des milliers d'années à se former. Les chaluts de fond avec leurs diabolos ont détruit la quasi-totalité des récifs coralliens en moins de deux décennies. Et c'est ça qui a réduit à néant la dernière chance.

La dernière chance de faire quoi ?

Les récifs de haut-fond, de même que les fosses, sont des incubateurs de vie. C'est là qu'elle est apparue, là que les poissons viennent frayer. Même chose pour les espèces victimes de la surpêche. C'est là que des populations se reforment. Imagine une espèce décimée par la pêche intensive ; avec le temps, on peut toujours espérer la voir réapparaître près des récifs de haut-fond. Détruis ces pouponnières et tu prives par là même l'océan de sa seule chance de survie. Alors, pour répondre à ta question, non, raser un récif vierge n'est pas une mince affaire. Tu fais quoi, là ?

Il faut que j'aille voir par moi-même.

Quoi donc ?

Le récif.

Ça va pas la tête ?

Durant un instant, j'hésite. Vais-je vraiment y aller ? Quelles sont les raisons qui me poussent à faire cela ? Le deuxième avertissement lancé par mon père me hante. Je suis parfaitement conscient de la polysémie du mot « chimère ». Le monstre cracheur de feu des légendes grecques, bien sûr, mais aussi, par extension, l'illusion, le schéma mental qu'on vient à prendre pour une réalité. Les récifs de hauts-fonds tels que les décrit Gisco sont fantastiques. Des formes de vie essentielles existent-elles vraiment à de telles profondeurs, si éloignées de la lumière du soleil ? Il faut que j'en aie le cœur le net, que je voie de mes propres yeux. J'ai besoin de m'assurer que je ne risque pas ma vie sur la base d'un raisonnement fallacieux. Après tout, mon père a très bien pu tenter de me mettre en garde contre les illusions. J'escalade la rambarde et demande au chien : tu veux la bonne ou la mauvaise nouvelle ?

La bonne, s'il te plaît.

Je vais plonger pour étudier le récif. Si je n'ai pas été dévoré par un requin ou réduit en miettes par une pieuvre géante, je devrais être de retour dans moins d'une heure.

C'est ça que t'appelles une bonne nouvelle ?

Non, la bonne nouvelle c'est qu'il faut qu'un de nous deux reste en arrière et que, donc, tu n'as pas à m'accompagner.

Ah là, tu fais plaisir à entendre, répond mentalement le chien, rassuré. *Ne t'inquiète pas, moi je vais rester ici et ouvrir l'œil. C'est quoi la mauvaise nouvelle ?*

Si je ne suis pas de retour dans une heure, cela voudra dire que l'étincelle d'espoir s'est éteinte et que, par conséquent, il incombera à toi seul de trouver Mu et de découvrir le moyen de l'utiliser. En d'autres termes, c'est sur toi que reposera le poids du destin du monde.

Une minute ! Il me semble t'avoir déjà dit que la colonne vertébrale des chiens n'était pas supposée porter de lourdes charges. Reviens ici !

Un léger appel et je plonge par-dessus bord. Je m'enfonce sans effort dans les eaux noires et fraîches. Deux mètres. Trois mètres. Les avertissements télépathiques de Gisco s'estompent à mesure que la pression sur mes tympans augmente.

55.

Plongée de nuit. Noir d'encre. Froid engourdissant. Le sang résonne à mes tempes.

Je touche mon bras, mon poignet, le bracelet métallique noir et la montre au look démodé. Assurément, le bracelet se met à chauffer, la montre à éclairer. Un million de points lumineux m'enveloppent.

Adieu le froid. Bye bye, la pression. Un faisceau de lumière sort de la montre, m'ouvrant la voie vers les profondeurs.

Je cherche maladroitement les boules autour de mon cou. Je repense à Eko. Qu'est-ce qu'elle a dit déjà quand elle me les a mises ? « Les hommes devraient porter plus de bijoux. Ça leur donne une dimension sensuelle. »

Les gaillards d'Hadley n'auraient certainement pas vu ça sous cet angle. Il n'était guère recommandé de se pointer au lycée avec quelque bijou que ce soit. Je n'en ai jamais porté aucun, ni chaîne ni boucle d'oreille, mais je garderai le collier d'Eko aussi longtemps que je vivrai. C'est tout ce qui me reste de la femme avec laquelle j'ai plongé pour la première fois, volé dans les nuages pour la première fois.

J'avale une boule. Je la sens se dissoudre dans mon œsophage. Paré ! Puis-je vraiment descendre jusqu'à la dorsale ? Une seule manière de vérifier.

J'ai l'impression de nager vers le fond depuis une heure. Et puis je n'ai pas Eko pour me montrer le chemin et me prévenir des dangers. Vais-je finir dans l'estomac d'un requin ? Ai-je suffisamment d'oxygène ? Suis-je au bon endroit ou perdu au large ?

Je commence à être convaincu que j'ai raté le récif. Soudain, un banc d'empereurs.

Des milliers. Une foule mêlée qui tangue, accélère, ralentit, comme un groupe d'enfants dans une cour de récréation. Ils nagent autour de moi, me frôlent, sans peur, inconscients. J'imagine la gueule béante du chalut balayant ce nuage orange. Il avalerait le banc entier en quelques minutes.

Aussi soudainement qu'ils sont apparus, les empereurs me faussent compagnie et je poursuis seul ma plongée vers les abysses. Leur compagnie et leur couleur chatoyante me manquent. Plus rien ici. Peut-être devrais-je rebrousser chemin ?

Une seconde. Un relief se dessine indistinctement sous moi, miroitant sur le fond comme le mirage d'une oasis en plein désert. J'arrête de nager. Je n'en crois pas mes yeux.

Ce n'est pas un mirage. Pas une chimère. C'est réel ! À plus de trois cents mètres de profondeur, un jardin d'Éden inviolé qui resplendit dans les eaux sombres.

Un récif vierge, que la nature a patiemment mis des milliers d'années à construire. Pas une épave de bateau colonisée par les poissons et les coraux, non, l'homme n'a clairement rien à voir là-dedans.

Un pur produit de l'océan.

Imagine une grande table, qui saille de l'obscurité. En

m'approchant, j'en distingue les limites, là où de gros rochers noirs s'enfoncent vers des abîmes que l'homme n'a même pas encore répertoriés.

La surface du plateau rocheux est vibrante de vie, couverte d'une faune et d'une flore aux couleurs vives où des milliers de créatures marines ont élu domicile.

Le plus étrange, c'est que je me sens ici comme chez moi – alors même que je n'ai jamais rien vu de pareil dans ma vie. C'est un endroit hallucinant, une *terra incognita* au sens propre, et pourtant elle me paraît familière.

Se pourrait-il qu'il s'agisse d'un souvenir immémorial qui aurait survécu à des millions d'années d'évolution ? Ça paraît peu probable – j'ai déjà du mal à me rappeler ce que j'ai pris au petit-déjeuner. Nageant vers cette oasis de vie, je me sens en proie à un émerveillement primal mêlé d'un étrange sentiment de nostalgie.

Ce mont sous-marin est un jardin. Un jardin secret, magique, extraordinaire, caché au reste du monde ! Du genre de ceux que les jeunes enfants qui croient aux fées et aux créatures fantastiques imaginent au fond des bois.

Ma mère avait un petit jardin à Hadley-sur-Hudson. Quand j'étais bébé, elle avait pour habitude de m'allonger dans un carré d'herbe grasse au milieu des parterres de légumes et des rangs de salades. Les fleurs et les fougères se balançaient nonchalamment dans la brise estivale, les abeilles et les crickets passaient en vrombissant près de ma tête.

C'est à ça que je pense actuellement. À un jardin potager dans la campagne, vibrant d'activité, les abeilles et les crickets transportant le pollen des fleurs, les vers de terre et les mille-pattes aérant la terre de leurs galeries.

Hier, j'ai vu remonter des branches de corail pulvérisées. Ici, elles sont intactes, préservées, immaculées. Le massif qui se trouve près de moi possède d'immenses ramifications. Il est d'un rouge rosé, parsemé du jaune éclatant des anémones qui s'y sont installées. On dirait un verger de pommiers rouges, aux branches lourdes de fruits jaunes.

Juste à côté, un autre massif, hérissé de fines branches qui ressemblent à des bambous. Un autre corail, long et fin, qui forme un bouquet marron et jaune.

Oh oh ! J'ai dérangé un symposium de poulpes. En fait, non, ce ne sont pas des animaux, mais un autre massif de corail vert et brun qui possède huit branches, comme autant de tentacules levés vers le ciel.

Je parcours précautionneusement le récif, frôlant d'énormes éponges et de grosses anémones dont les cils pastel se balancent au gré des courants comme des pétales de fleurs dans une roseraie. La forme des éponges est étonnante. Certaines évoquent des têtes d'éléphants, des sapins de Noël ou encore des gants de base-ball.

Une ombre flotte silencieusement au-dessus des coraux. Une raie. Sa nage est si majestueuse qu'il est difficile de ne pas parler de « vol ». Une limande à queue jaune m'observe de ses gros yeux globuleux. Une murène sort la tête de son trou avec circonspection pour voir ce qui se passe. Non, ce n'est pas moi qu'elle regarde, mais une flèche blanchâtre qui fend les flots à une vitesse incroyable. Un calmar albinos d'un bon mètre de long, qui progresse par à-coups aussi soudain qu'efficaces.

Il y a des moules qui ressemblent à des ailes de dinde, de minuscules méduses luminescentes avec des tentacules rouge vif, ainsi que des araignées de mer quasiment transparentes qui, sur leurs longues pattes grêles, font penser à des boules de neige montées sur vérins.

Je n'ai aucune idée du temps que j'ai déjà passé ici. Vingt minutes ? Une demi-heure ? Une heure ? Impossible à dire. Je n'ai aucune envie de rentrer au bateau.

Je me sens tellement plus en sécurité ici. Et puis... c'est si beau.

D'ici quelques heures, tout ça aura totalement disparu. Cette affreuse pensée me fait quitter à regret cette merveille. Je bats des pieds et remonte vers la surface.

Bientôt, le chalutier va lâcher ses filets. La drague va couler au fond et toute cette beauté va être saccagée. Poissons, éponges, coraux seront impitoyablement capturés, broyés puis remontés à la lumière du soleil.

Il est urgent d'agir.

56.

En émergeant à la surface, j'ai l'impression de plonger la tête dans une bassine de purée tiède tellement le brouillard est épais. Après la fraîcheur vivifiante de l'immensité liquide, le choc est brutal.

Encore une chance que je sois remonté près du bateau, sans quoi je me serais très probablement perdu dans cette infâme mélasse grisâtre.

Gisco ? T'es là ?

Eh ben... J'ai bien cru que tu ne remonterais jamais.

Comment je grimpe ?

Tiens, voilà une corde. T'as appris quelque chose ?

J'attrape le boute et grimpe en rappel jusqu'au pont du chalutier.

Oui, j'ai appris quelque chose de crucial... je ne peux pas les laisser faire.

Quoi ?

Passer le chalut sur ce récif. C'est trop beau.

Beau ou pas, l'équipage va se lever dans moins d'une heure et les filets auront tôt fait d'être jetés à la mer.

Non.

Ah bon ? Et qui va l'empêcher ?

Nous.

Qui ça nous ?

Toi et moi.

Impossible.

Tout à fait possible au contraire. On a vu comment ils jetaient les filets, ça ne devrait pas être bien compliqué de saboter le matériel.

Même si on y parvenait, ils sauraient tout de suite que c'est toi le responsable.

Est-ce une raison suffisante pour ne pas le faire ?

La sanction sera terrible. Ils vont t'estropier. Et il y a peu de chances pour qu'ils fassent preuve de compassion à l'égard de ton chien. Ainsi nous ne serons plus en mesure d'agir quand le monde aura besoin de nous. Dans ces conditions, quel que soit le plan que tu as en tête, abandonne-le. Il faut être patient. Où vas-tu ?

J'ai vu une hache d'incendie accrochée près de la timonerie.

Écoute plutôt la voix de la sagesse. Il faut voir à long terme.

Non, dis-je sans m'arrêter. Il est temps d'agir. Je ne peux peut-être pas changer le monde, en revanche je peux tout à fait apporter ma pierre à l'édifice et empêcher cette atrocité de se produire. Allez, on se bouge !

Gisco est bouche bée.

Les mots de Dann ! J'ai l'impression de les entendre.

Quels mots ? « On se bouge » ?

Non, pas ça. Mais Dann a écrit : ne perdez pas votre temps à essayer de sauver l'écosystème tout entier. Concentrez-vous plutôt sur une infime partie du grand tout et préservez-le de toutes vos forces. C'est comme ça qu'on pourra sauver la Terre.

Bien dit, Dann ! On est sur la même longueur d'onde. Tiens, voilà la hache. Bon Dieu, c'est lourd.

Tes intentions sont nobles, mais ta tactique est mauvaise.

Explique, dis-je en m'avançant vers la grue de tribord, hache en main.

Le discours de Dann visait à éclairer les masses. Ses mots ne s'adressaient pas à l'étincelle d'espoir. D'autant moins que nous nous trouvons à un seuil critique, juste avant le Point d'Inflexion. S'il était là, il te dirait de poser ta hache et d'aller jouer au ballon.

Certainement pas. S'il était là, il me dirait de frapper fort et juste.

Ineptie ! Je le sais, j'ai étudié sa pensée tout au long de ma vie.

Oui, mais moi je suis son descendant.

Et tu peux être certain que s'il était là, il te dirait : « Mon brave petit. Écoute le sage Gisco. Laisse-toi guider par son esprit prudent et ses immenses facultés intellectuelles. Étudie la situation dans son ensemble. » Il y a un temps pour les actes héroïques et un temps pour la lâcheté. Et parfois la lâcheté peut se révéler un acte de bravoure...

La hache d'incendie rouge sang pèse lourd. Je m'approche d'un des deux treuils principaux. Je repère le câble, le tableau de contrôle des commandes hydrauliques, et soulève la hache au-dessus de ma tête.

Ne fais pas ça. Je t'en supplie. Je suis sûr que le capitaine n'aime pas les chiens.

Un dernier coup de reins et la hache va se ficher dans la

tôle. Un autre coup. Un autre. Le câble est sectionné. Le tableau de contrôle hors d'usage. Voilà une grue qui ne posera pas de filet de sitôt.

Bon, très bien. Tu l'as fait. Maintenant jette cette hache dans l'eau et allons nous cacher dans un coin sombre. Je connais un placard parfait pour ça...

Je traverse le pont en direction de la grue bâbord. Je lève ma hache, et l'abats de toutes mes forces.

Oh non. Ils t'ont entendu. Ils arrivent !

Effectivement, des voix résonnent dans le brouillard. Elles viennent vers nous. Vite.

Je décoche un dernier coup d'une puissance décuplée par l'urgence. Le câble est sérieusement endommagé. La grue bâbord n'est plus opérationnelle non plus.

Une demi-douzaine d'hommes m'encerclent. Le borgne est parmi eux. Il me tient sous la menace de son revolver.

Le vieux capitaine s'avance. En quelques vifs coups d'œil, il évalue les dégâts puis plante son regard dans le mien.

— Attache-le. Et son horrible clebs aussi, ordonne-t-il à son second sans me quitter des yeux.

57.

Garçon et chien attachés ensemble, poings et pattes liés au câble d'acier de la grue de proue – la seule qui fonctionne encore. Le brouillard se lève légèrement sous l'effet du soleil qui darde ses rayons dans l'azur.

L'équipage est rassemblé sur le pont. Les hommes nous jettent des regards furieux, et apeurés.

Le second à l'œil bandé s'adresse à eux :

— Il y a un peu moins d'une semaine, nous avons sauvé des eaux ce garçon et son chien. En remerciement, ils ont saboté notre bateau. Au lieu de pêcher, comme il était prévu aujourd'hui, nous allons faire route vers un port. Les réparations vont durer des semaines. Certains d'entre vous seront renvoyés à cause de ce retard. Aussi est-il temps de punir les vrais responsables.

Le capitaine s'approche du tableau de commande. Il va se charger lui-même de nous faire lentement descendre dans les profondeurs. J'ai détruit ses grues ? Il va utiliser la seule qui fonctionne encore pour me détruire moi. Il va nous noyer lentement. Nous faire exploser sous la pression. Et laisser les charognards des hauts-fonds se repaître de nos dépouilles.

Il me regarde droit dans les yeux, me fixe, sans ciller. Un regard délibérément dur, menaçant. Tu as voulu m'entuber ? Tu vas payer le prix fort, mon garçon. Il fixe ensuite Gisco, qui pleurniche pitoyablement.

Guère apitoyé, le capitaine se retourne vers son équipage chauffé à blanc et annonce :

— Ce garçon est un fugueur. Et aussi un voleur. Il me l'a confessé lui-même. Personne ne le regrettera. Personne ne le pleurera. Ce sera comme s'il n'avait jamais existé. Nous ne l'avons jamais secouru. Il a disparu en mer pendant l'ouragan. Quelqu'un voudrait-il ajouter quelque chose ?

Personne. J'avise la présence de Ronan, au deuxième rang. Il s'humecte les lèvres, lève le menton, mais demeure silencieux. Il est pâle. Nos regards se croisent. Il détourne rapidement les yeux.

J'essaie de bouger mes poignets, avec l'espoir de desserrer un tant soit peu l'entrave. En vain. Les marins savent faire les nœuds. Je n'échapperai pas à ceux-là. Pas plus que Gisco, qui a cessé de pleurnicher pour verser de chaudes larmes. Elles jaillissent de ses yeux de chien et tombent sur le pont comme une soudaine averse tropicale.

Ô pauvre de moi. Qui aurait jamais pensé que ce bon Gisco finirait ainsi ? Mais ce n'est pas possible, ils vont certainement faire preuve de clémence à l'égard d'un vieux chien beaucoup trop jeune pour mourir.

C'est pas la peine de chialer. Ils ne sont pas du genre clément. Notre dernière heure est arrivée, soyons dignes et montrons-leur de quel bois on est fait.

Du bois fibreux, confesse Gisco, tremblant. *Je t'ai dit de poser cette hache. L'avenir de la planète dépendait de toi et tu as tout fait foirer. Ô pauvre de moi.*

J'ai fait ce qui me paraissait juste. J'ai sauvé le récif. Si j'étais vraiment censé trouver Mu et sauver le monde, ils ne pourraient pas nous exécuter maintenant. Et pourtant, c'est ce qui va se passer, alors je suppose que je ne suis pas celui-là.

C'est vrai. Ça n'a pas de sens. Je ne comprends pas non plus, admet tristement le clébard.

Un marin au visage grave, une Bible ouverte devant lui, entonne la lecture d'un passage dont je suppose qu'il est destiné aux enterrements en mer. Étonnante intrusion de la religion dans ce qui est, fondamentalement, un double meurtre. Peut-être est-ce un moyen pour le capitaine de faire passer la pilule auprès de son équipage.

Un autre marin vérifie la solidité des nœuds à nos poignets

et à nos pieds.

Les prophéties sont formelles. Tu dois trouver Mu et l'utiliser pour sauver la biosphère. On a traversé tant d'épreuves, on était si près de réussir. Ils ne devraient pas pouvoir nous arrêter maintenant.

Je ne crois pas aux prophéties.

Ce ne sont pas des prophéties telles que vous les connaissez dans votre monde. Elles ont des siècles d'avance. Elles viennent d'une époque où la Terre n'est plus ce qu'elle était, où l'avenir est sombre, où les pouvoirs de l'esprit se sont amplifiés. Toi-même en tant que descendant de Dann, tu possèdes certaines de ces facultés. Tu contrôles la télépathie. Tu as vu ce qu'était un formatage physique. Il y a d'autres pouvoirs qui peuvent te sembler relever de la magie et que, pour ma part, je tiens comme indubitables.

Comme quoi ?

Les mauvais sorts et les envoûtements, ainsi que le plus rare de tous : le pouvoir de divination. Le plus grand oracle du futur, Mystère Kidah en personne, a prédit que tu étais celui qui pourrait trouver Mu et changer le cours des choses. S'il l'a dit, c'est que c'est vrai. Pourtant, s'ils nous noient, ce qu'ils semblent particulièrement désireux de faire, ils le contredisent. Ô pauvre de moi.

Pourquoi n'avez-vous pas utilisé le pouvoir de Mystère Kidah pour sauver mon père et localiser Mu ?

Parce que Kidah a disparu. Parti. Évaporé.

C'est ça son mystère ?

Comment peux-tu plaisanter dans un moment pareil ?

Ne t'inquiète pas, ce sera bientôt fini. Regarde, ils arrivent.

— Tu ne peux t'en prendre qu'à toi-même, murmure le capitaine après s'être approché de moi. Quelles sont tes dernières paroles ?

— Une question. Comment avez-vous perdu votre bras ?

Il n'aime pas ça. Un rictus nerveux passe sur son visage.

— J'ai oublié où était ma place, répond-il finalement. Et il m'en a coûté très cher... Tout comme à toi.

À ces mots, il se dirige vers la grue et pose ses mains sur les commandes.

Au revoir, Gisco.

Adieu, poteau. Tu as bien fait de sauver le récif. Cet acte de bravoure t'honore. Je vais leur montrer de quel bois je me chauffe.

Gisco regarde alors le capitaine droit dans les yeux et pousse un féroce grognement.

Durant un instant, aussi implacable soit-il, le vieux loup de mer paraît déconcerté. Il ne tarde pas à retrouver son sang-froid... et à appuyer sur le bouton.

Un ronronnement. Le câble d'acier se met à descendre lentement. Oublieux du capitaine et de son équipage, je porte mon regard au loin, à la surface des flots turquoises.

Des nappes de brouillard flottent encore sur l'océan, mais pas là où nous nous trouvons. Nous sommes baignés de soleil.

Je goûte la chaleur de l'astre du jour dans mon cou, sur mes cheveux, sur mon visage. Une ondée de cette lumière que je quitte à jamais.

J'essaie de me souvenir des yeux de P.J. Ils se confondent avec ceux d'Eko. L'une d'elles m'a-t-elle aimé ? Je l'espère.

Attendez ! Je vois quelque chose. Un point noir dans le lointain, là où la mer rencontre le ciel.

Un bateau !

Enfin... Rien à voir avec notre chalutier. C'est un voilier. Ses immenses voiles noires gonflent dans la brise matinale. Il glisse majestueusement sur l'onde. Vif, rapide, magnifique.

Il vient vers nous !

L'équipage l'a vu lui aussi. Les hommes hurlent et pointent du doigt dans sa direction.

Un marin sort en courant de la timonerie.

— Capitaine. C'est Dargon ! Nous l'avons informé de la situation comme vous l'aviez demandé. Il croisait dans ces eaux. Il veut s'en occuper lui-même.

Le vaisseau noir grossit à vue d'œil. Mâts immenses. Voiles d'ébène. Splendide et menaçant.

Gisco et moi sommes treuillés sur le pont, où nous attendons de connaître notre sort.

Un homme vient se poster à la proue du voilier. Grand et bâti comme un haltérophile, il se déplace pourtant avec la grâce d'un danseur de ballet. Même à cette distance, je peux dire qu'il a un visage de vedette de cinéma, tout comme je pressens déjà qu'il a quelque chose de familier et d'inquiétant.

— Dargon, marmonne le capitaine en se signant.

Puis ses yeux se posent sur moi et, d'une voix posée, il ajoute :

— J'avais raison. Tu es vraiment un poissard. La mort que je te réservais était rapide... Maintenant, tu lui appartiens, à lui.

Un homme d'équipage coupe nos liens. Je frotte mon poignet meurtri.

— Quand tu seras face à la ménagerie de Dargon, poursuit le capitaine d'un air de défi. Demande-leur ce qui est arrivé à mon bras.

58.

Une échelle est posée contre la coque du bateau. Dargon monte à bord et commence par inspecter les grues endommagées. J'ai ainsi l'occasion de l'étudier plus avant, entre les silhouettes des marins qui se tiennent en rang serré dans un parfait silence.

Drôle de spécimen. Stature impressionnante. Un personnage haut en couleur. Quelque part entre le roi des pirates et le mannequin.

Il a la trentaine. Mesure au moins cinq centimètres de plus que moi. Cheveux brun cendré qui lui descendent aux épaules et un oiseau au plumage éclatant posé sur celle de droite.

Le stylisme est à l'avenant. Bermuda de lin blanc, ceinture à maillons dorée, chemise de soie noire, suffisamment cintrée pour mettre en valeur sa musculature. Ventre parfaitement plat, pectoraux proéminents, biceps surdéveloppés.

Essaie de ne pas l'énerver, Jack. Sous le vernis de lin et de soie, il est dur comme un roc.

Pendant dix bonnes minutes, il ne daigne pas poser les yeux sur nous, faisant lourdement sentir que c'est lui le patron, et qu'on va faire à sa manière, c'est-à-dire évaluer les dégâts dans un premier temps, châtier les coupables dans un second.

Il discute des réparations avec le capitaine et son second. Où aller ? Quoi faire ? Combien de temps ça peut prendre...

Il est clairement contrarié par le retard.

Finalement, il se tourne vers l'équipage, et passe les hommes en revue, qui lui répondent par un salut crispé. Les forts en gueule sont tous étonnamment silencieux. La crainte se lit sur leurs visages.

On nous pousse sans ménagement à la rencontre de notre juge.

Fais gaffe, Jack. Tiens-toi à carreau.

Ne t'inquiète pas, j'ai la ferme intention de faire bonne impression.

Mais je suis inquiet. Certes, il semble apprécier les oiseaux, mais va savoir s'il a autant d'affection pour les chiens...

Probablement pas davantage que pour les étincelles d'espoir.

Ce type a quelque chose d'étrangement familier.

Oui. Je trouve aussi.

Bizarre car nous avons peu d'amis en commun.

Je me retrouve face à face avec Dargon et réalise soudain ce qu'il a de si perturbant. Ce ne sont pas seulement ses sourcils épilés, ni sa parfaite denture – un rêve de dentiste –, pas plus que ses ongles manucurés, ornés d'un vernis doré, non, c'est la forme léonine de son visage. Et l'aura que cela lui donne.

Une forme et une aura que j'ai déjà vues.

Dans les visions de ma propre mort. Dans ces cauchemars qui me hantent. Quand on me poursuit, quand je dois fuir sans cesse.

Le saut entre les deux immeubles de Manhattan. C'était ce visage qui m'accompagnait dans ma chute.

Un air noble et aristocratique. Des traits harmonieux et, en même temps, tristes. Mâchoire carrée. Nez aquilin. Dents brillantes. Cheveux blancs. Regard perçant d'oiseau de proie. L'image même de la mort. Irrépressible et impérieuse.

La même figure encore, la première nuit dans la maison près de la plage. Une voix comme un rugissement de lion qui répétait mon nom infiniment dans mon cauchemar. Le même visage aux traits fins et aux yeux maléfiques. « Jack. Tu n'as nulle part où te cacher. Abandonne. »

Et là, sur le pont du *Lizabetta*, voilà que je fais face à une version rajeunie de ce visage morbide. La même perfection

des traits, assurément la même assurance aristocratique, la même mâchoire, les mêmes pommettes saillantes. Seuls les cheveux et le regard diffèrent. Chevelure d'un brun cendré au lieu du blanc de mes visions. Yeux gris et doux en lieu et place des pupilles injectées de sang aperçues dans mes cauchemars.

— Qui a saboté mon bateau ? demande Dargon.

Puissante voix grave. À croire qu'il est baryton dans la chorale des baleiniers.

— Il s'avère que c'est moi, dis-je avec autant d'assurance que possible.

Il sourit à l'idée que je sois le seul sur le *Lizabetta* à ne pas avoir peur de lui.

— Pourquoi as-tu fait ça ?

— Parce que le bateau s'apprêtait à larguer son diabolo sur un récif vierge, lui dis-je en toute honnêteté. Et que je ne pouvais pas laisser faire cela.

— Tes sentiments personnels sont irrecevables ici,

répond-il en haussant les épaules. Ce bateau ne t'appartient pas à ce que je sache.

— Non, en effet, puisqu'il est à vous. En revanche, cela ne vous donne aucun droit sur les fonds marins.

Un silence pesant s'abat sur le pont tandis que nous nous défions du regard. Le patron va prendre une décision. Lentement, le chalutier s'enfonce dans une nappe de brouillard que le faible soleil du matin a soudain du mal à percer. Les rétines gris-vert de Dargon virent à un auguste pourpre émaillé de minuscules taches sanguines.

Le perroquet juché sur son épaule pousse inopinément un long cri strident avant de se mettre à brailler : « Tue le cabot. »

Ferme-la coco ou je te cloue le bec.

Du calme, Gisco.

Je t'ai jamais dit que je détestais les oiseaux ?

Non, jamais.

Ces affreux volatiles volubiles en particulier. Au four avec quelques patates voilà ce qu'il pourrait faire de mieux.

— Tue le cabot, répète le perroquet de sa voix de crécelle. Coupe-le en rondelles. Tue le gamin, mais massacre le chien d'abord.

— Non, Apollo, répond sèchement Dargon. Mais ne t'inquiète pas, ils seront punis. Amenez le garçon à la table d'équarrissage.

Le borgne a beau être costaud, il n'a aucune chance de m'y traîner seul. Il demande donc l'aide de quelques brutes, ce qui ne manque pas sur le bateau, et, en moins de temps qu'il n'en faut pour le dire, je suis forcé de m'agenouiller devant la table.

— Posez-lui la main sur la table. Tenez-le bien, il ne faut pas qu'il bouge.

Je me débats comme un diable. En vain. Ma main droite se retrouve sur le plateau. Comme je serre le poing, ils appuient sur les terminaisons nerveuses des métacarpes, me forcent à ouvrir les doigts.

— Regarde-moi mon garçon, ordonne Dargon.

Je lève les yeux. Il ouvre grand la bouche.

L'équipage réprime un cri d'effroi. Des flammes rougeoyantes jaillissent de sa bouche. Le souffle incandescent me roussit les sourcils, la pointe des cheveux. Les flammes décroissent. Un objet scintille dans sa main. Un couteau.

Il se penche sur moi. Nos visages se frôlent.

— Tu as détruit quelque chose qui m'appartenait, maintenant c'est mon tour, souffle-t-il, les yeux brillants de rage. Œil pour œil, dent pour dent. Ne résiste pas sinon ce sera pire.

Je rue, tire et me démène pour échapper à l'étreinte des hommes, mais c'est inutile, ils sont trop nombreux.

La lame affûtée glisse sur le dos de ma main droite. Il l'amène jusqu'à mon auriculaire, cherche la phalange et, quand il l'a trouvée, appuie de tout son poids sur le manche du couteau. Impuissant, tétanisé, horrifié, je vois la lame s'enfoncer dans ma chair et amputer mon petit doigt de deux phalanges. Un morceau de chair morte reste sur la table.

Je m'entends hurler. Un voile noir passe devant mes yeux. Et puis la douleur s'installe. Vive, brutale, immense.

Tout tourne autour de moi.

C'est tout juste si je distingue le sang qui gicle de mon doigt.

Ronan m'attrape par l'épaule et me soutient en poussant un juron.

Un marin tente maladroitement de faire un garrot.

Je rêve ou les trois centimètres de doigt finissent dans le bec du perroquet ?

La dernière chose que j'entends, c'est Dargon déclarer au capitaine :

— Je les emmène tous les deux. Ils sont à moi.

59.

Encore dans les vapes suite au choc, je suis transporté à bord de la goélette. Je souffre le martyre.

Gisco est attaché et conduit ailleurs.

Où m'emmènent-ils ? Tu penses qu'ils vont me donner à manger ou m'exécuter ? J'espère seulement qu'ils considèrent qu'un condamné a droit à un dernier repas.

J'essaie tant bien que mal de reprendre mes esprits. S'ils avaient voulu nous tuer, ils l'auraient fait sur le chalutier.

Bien vu, poteau. Et puis, c'est presque l'heure du déjeuner. Donc, y a plus qu'à espérer. Soigne bien ta main.

Je présume qu'on va l'enfermer dans quelque cage aménagée à fond de cale tandis que je serai jeté dans un cachot.

Erreur.

Un Africain, démesurément grand et fin, enveloppé dans une ample djellaba claire, se précipite obligeamment à ma rencontre.

— Enchanté. Je suis Femi, le majordome, dit-il avec un fort accent anglais. Suivez-moi, je vais vous conduire à votre chambre. Vous pouvez marcher ou dois-je appeler de l'aide ?

Je fais précautionneusement un pas. Chancelant, hésitant, la tête qui tourne, mais un pas tout de même.

— Non, je crois que je peux y arriver.

— Parfait. Par ici, je vous prie.

Il me conduit au pied d'un escalier, dans une petite chambre baignée de lumière et élégamment meublée. Tous les murs sont habillés de bois, et d'épais recueils reliés de cuir trônent sur les étagères. La salle de bains est minuscule, mais fonctionnelle. Un hublot.

Bien mieux que les quartiers du capitaine sur le *Lizabetta*.

— Il y a des vêtements qui devraient vous aller dans la penderie, déclare Femi. Faites-moi voir votre main.

Un des hommes du *Lizabetta* a fabriqué un bandage de fortune. Il a mis de la glace puis a emballé ma main dans une serviette blanche, qui est maintenant d'un rouge cramoisi.

Femi défait patiemment le bandage sanguinolent. Il n'a pas l'air plus étonné que ça qu'on m'ait coupé le doigt. Quelqu'un l'aura prévenu. La preuve, il a apporté une petite trousse médicale.

Il nettoie ce qui reste de mon doigt avec de l'antiseptique.

— La coupure est bien nette, dit-il d'un ton rassurant. Pas de fragments osseux.

En quelques gestes sûrs et précis, pour ne pas dire experts, il réalise un pansement propre qu'il recouvre d'une petite attelle de plâtre.

— Gardez ça pendant une semaine. – Il me donne des pilules bleues. – Prenez-en deux avec un grand verre d'eau. Ça calmera la douleur.

— Où est mon chien ?

— En lieu sûr, rétorque-t-il du tac au tac. Le dîner sera servi à six heures. Mon maître a insisté pour que vous soyez présent.

Il se lève, ou, devrais-je dire, il se déplie, car il doit mesurer plus de deux mètres. Il est obligé de se courber pour ne pas se cogner au plafond incliné.

— Quelqu'un viendra vous chercher. Soyez prêt et habillé. Mon maître apprécie la ponctualité.

— Et moi j'apprécie mes doigts, ne puis-je m'empêcher de répondre. Dis à ton maître que, s'il se soucie tant des bonnes manières, il devrait y aller mollo sur les amputations forcées. Ça fait mauvais genre.

Femi me regarde, impassible, le visage fermé.

— Plutôt que de ruminer ce que vous avez perdu, vous feriez mieux de tirer une leçon de votre châtiment et aller de l'avant.

— Facile à dire... pour vous..., dis-je dans un filet de voix, en sentant la douleur me lancer sous le bandage.

En guise de réponse, Femi retire sa babouche et me montre son pied droit. Il lui manque deux doigts de pied. Il remet la sandale et s'en va.

J'entends qu'on verrouille ma porte de l'extérieur.

Je décide de ne pas prendre les pilules. Qui sait ce qu'elles contiennent ? La situation est assez difficile comme ça pour que je ne sois pas drogué en plus.

Je tiens cinq minutes. Chaque nouvel accès de douleur est plus insupportable que le précédent. J'abandonne et en avale deux d'un coup.

La douleur décroît légèrement. Pas totalement, mais c'est tolérable.

J'inspecte la chambre. Confortable et... sans issue. Juste un hublot scellé. Et aucun objet contendant que je pourrais éventuellement utiliser comme une arme.

Aucun indice concernant Dargon.

Qui est-il au juste ? Pourquoi m'a-t-il amené ici ? Est-il possible qu'il connaisse ma mission ? Pourquoi ne m'a-t-il pas tué sur le chalutier ? Pense-t-il à un supplice plus lent et plus douloureux que celui qu'il m'a déjà infligé ?

Faute de réponses à mes questions, je regarde les livres. Ils ont un dénominateur commun. L'histoire. Histoire de l'Antiquité. Histoire militaire antique. Hannibal.

Oui, c'est ça, tous traitent d'Hannibal Barca, peut-être le plus grand général qui ait jamais vécu. Au troisième siècle avant notre ère, il a fait ce que personne ne pensait possible. Il a conduit une gigantesque armée à travers les Pyrénées, puis les Alpes, avant d'entrer en Italie, où il a mené une campagne victorieuse qui a mis l'Empire romain à genoux.

Ne me demandez pas pourquoi ce sont là les lectures préférées de Dargon.

Je tente d'oublier mes souffrances en me plongeant dans les livres. Les heures s'égrènent. Cinq heures et demie. Je prends une douche et passe les vêtements qu'on a laissés pour moi dans le placard. Ils me vont parfaitement.

Six heures moins cinq. Trois petits coups à la porte. J'ouvre.

Une délicieuse créature blonde se tient maladroitement dans l'encadrement, sur un pied, comme si elle essayait de se gratter le mollet avec l'autre. Je lui donne dix-neuf ans. Elle ne porte en tout et pour tout qu'un microscopique bikini et sirote tranquillement un cocktail tropical confectionné dans les règles de l'art, c'est-à-dire avec cerise et petit parasol de papier. Elle me sourit, puis éclate d'un rire cristallin.

— Il ne m'avait pas dit que tu étais aussi mignon.

Le grand Hannibal lui-même en serait tombé de son éléphant. Qui est-elle ? Et que diable fait-elle sur le voilier de

Dargon ? Elle n'est tout de même pas là uniquement pour me faire du gringue ?

— Je vous demande pardon ?

Vif sourire effrontément sexy.

— C'est quoi ton petit nom, joli marin ? demande-t-elle dans un ronronnement aguicheur.

— Jack.

— Moi, c'est Kylie, répond-elle en vacillant.

Elle se rattrape au bouton de porte et glousse à nouveau. Une hilarité espiègle et folâtre qui la secoue tant et si bien que son haut de bikini peine à remplir son pudique office.

— C'est ça de boire en plein soleil. Après, on ne sait plus du tout ce qu'on fait.

— Je te crois, dis-je en essayant de ne pas regarder ses seins, ce qui est tout bonnement impossible.

— Erreur, Jack, ajoute-t-elle malicieusement. Il ne faut jamais croire ce que je raconte.

Elle plonge alors ses doigts dans son verre et tâtonne à la recherche de la cerise, sans me quitter des yeux. Quand elle l'a trouvée, elle s'amuse un instant en passant le fruit sur ses lèvres, puis le gobe comme si elle se rappelait soudain quelque chose d'urgent, et jette un coup d'œil à sa montre.

— Suivez-moi, vaillant matelot, dit-elle faussement sérieuse. Dargon est ronchon quand on le fait attendre. Et là, pour le coup, tu peux me croire.

60.

— **Comme c'est aimable** de vous joindre à nous pour le dîner, déclare Dargon avec un sourire carnassier.

Il est assis à l'extrémité d'une table de teck dans un vrai petit bijou d'architecture marine. Services de porcelaine fine, verres en cristal. Énormes baies vitrées derrière lesquelles le coucher de soleil s'étend à perte de vue, telle une houppelande de mage jetée à la surface des flots. Dans la pénombre crépusculaire scintille l'éclairage multicolore intermittent du lustre suspendu au-dessus de la table.

Dargon a troqué son bermuda blanc et sa chemise cintrée contre une ample robe de chambre violette, ornée, dans le dos, d'un motif doré : un féroce serpent dévorant une grue désemparée. Suis-je l'échassier ? Le charisme du maître des lieux est saisissant. Il émane de lui un redoutable sentiment de puissance, entre autres à cause de son physique d'Apollon, de la précision de ses traits et de l'élégance de ses gestes. Il aide Kylie à s'asseoir, puis esquisse une révérence pour me souhaiter la bienvenue.

— Je vous prie de m'excuser de ne pas vous serrer la

main, dis-je d'un ton amer. Ça me fait encore un peu mal, là où vous avez tranché dans le vif tout à l'heure.

— Je comprends, répond-il courtoisement comme s'il s'agissait là d'une conversation anodine, d'une mondanité badine, entre gens de bonne famille. Avez-vous pris les pilules que Femi vous a données ? Dès demain, ça devrait aller mieux.

— Parfait ! Dans ce cas, peut-être que demain vous pourrez me couper un pied.

— Je suis certain que cela ne sera pas nécessaire... Kylie n'est-elle pas resplendissante dans cette lumière ? Je vous en prie, asseyez-vous.

Je prends place à table. Nos regards se croisent. Improbable atmosphère. Façon *tea-party* chez les psychopathes.

— Dirai-je le bénédicité ? propose Dargon.

Je ne l'aurais pas cru pieux à ce point. Je hausse les épaules.

— Dites ce que vous vous voulez.

Il joint ses mains, me lance un regard où plane une menace à peine voilée et entonne :

— Seigneur, puisses-tu nous aider à vivre chaque jour comme si c'était le dernier... – Il tourne la tête vers Kylie. Un éclair ouvertement lubrique passe dans ses yeux gris. – ...et nous rappeler constamment que la beauté existe afin qu'elle soit consommée par l'impudent et savourée par le puissant.

Étrange prière. Je me garde bien de dire amen. En revanche, ce dont je ne peux m'empêcher, c'est de regarder Kylie. Avec le couchant dans son dos et la lumière du lustre tombant sur sa chevelure blonde à la manière d'une tiare étincelante, elle est en effet resplendissante.

Elle sent que je l'observe, sourit et tourne légèrement sa tête comme pour m'offrir le meilleur angle.

Femi sert le vin et apporte un premier plat qui, à première vue, consiste en lamelles de poisson cru.

— Thon rouge sur lit de pamplemousse rose, annonce l'immense majordome.

— Le thon rouge n'est-il pas une espèce menacée ? dis-je en me remémorant le sermon environnemental de Gisco.

Dargon hausse les épaules.

— De toute façon, pour celui-là, il est trop tard, ajoute-t-il en dévorant une grosse bouchée de chair fraîche. Mmh ! Menacé, mais délicieux.

Comme je meurs de faim, et que rien ne pourra ramener à la vie ce pauvre animal, j'imite mon hôte. Le délicat parfum du poisson cru, rehaussé par l'amertume du pamplemousse, explose à mes papilles.

Dargon opine du chef, approbateur.

— Vous êtes disposé à enfreindre vos propres règles. J'aime ça. Votre chambre est-elle confortable ?

— Ça va.

— J'imagine que vous avez trouvé quelque chose d'intéressant à lire ?

— Une centaine de livres sur le même homme, ça me semble un peu redondant.

— Pas si l'homme en question est suffisamment intéressant, répond Dargon. Hannibal est un modèle pour moi.

— Parce que vous êtes aussi sadique l'un que l'autre ?

— N'accordez pas de crédit à la propagande que les Romains ont organisée pour salir l'image d'Hannibal. Quant à moi, ne me jugez pas trop vite. Nous nous connaissons à peine.

— Désolé, mais, comme vous l'avez certainement remarqué, lors de notre première entrevue, ce matin, je me trouvais du mauvais côté du couteau.

— Vous devez comprendre que vous ne m'avez pas laissé le choix, argue Dargon. La discipline est essentielle sur un bateau. L'équipage avait été témoin de votre acte de sabotage, je n'avais, par conséquent, d'autre choix que de vous châtier. Ce sont des hommes frustes. Ils réclamaient du sang. Je n'ai fait que répondre aux exigences de la situation. Mais, en ce qui me concerne, l'incident est clos.

— En ce qui VOUS concerne, ne puis-je m'empêcher de répéter doucement.

Femi réapparaît avec le plat principal.

— Panaché de légine australe et langouste à la truffe noire.

— Légine de Patagonie... Dans quelques décennies, l'espèce sera totalement éteinte.

— Comment pouvez-vous savoir ce qui va se passer dans quelques décennies ? demande Kylie.

Bonne question – à laquelle Dargon se charge de répondre.

— Ma chère, les pauvres d'esprit qui n'étudient pas l'avenir sont condamnés à répéter leurs erreurs. Et, d'après ce que j'entends, je présume que notre invité est un spécialiste en herbe des projections. Bien entendu, c'est un champ d'étude risqué, où il faut accorder une attention toute particulière au choix de ses professeurs.

Je ne suis pas sûr de comprendre le sens de son propos. Aussi, je me rabats sur mon assiette et goûte un morceau de légine. La chair en est si délicate qu'elle fond dans la bouche.

— Je suis désolé que votre chien ne puisse assister au dîner, mais j'ai établi des règles strictes qui s'opposent formellement à la présence d'oiseaux et autres animaux à table. Même si, à l'évidence, votre chien n'a rien d'un animal ordinaire, n'est-ce pas ?

— Votre perroquet non plus, fais-je remarquer.

Mais Dargon ne se laisse pas divertir.

— Ne changez pas de sujet. Nous parlions de votre chien. Où l'avez-vous eu, au fait ?

— À New York, dis-je, volontairement évasif, en prenant une nouvelle bouchée de ce délicieux poisson.

Le regard gris et inquisiteur ne semble plus s'intéresser qu'à moi. Méfie-toi, Jack... il a quelque chose derrière la tête.

— Est-ce vous qui l'avez trouvé, ou l'inverse ? demande Dargon d'une voix insistante.

J'esquisse un mouvement de recul et fais mine de quitter la table.

— Est-ce un dîner ou un interrogatoire ? Dans la première éventualité, je ne suis pas disposé à répondre à vos questions. Dans la seconde, vous feriez bien d'appeler en renfort trois ou quatre de vos gorilles avant de me cuisiner. De toute façon vous connaissez la méthode, car elle vous correspond, lâche et vicieuse.

Kylie laisse tomber sa fourchette sur le rebord de son assiette.

— Ouh ! Personne ne parle à Dargon sur ce ton, dit-elle, son regard oscillant entre lui et moi. Allez-vous vous battre, messieurs ? Appartiendrai-je au vainqueur ?

Dargon baisse les yeux sur le couteau à ma main.

— Pour votre information – car je ne voudrais pas qu'il y ait de malentendu entre nous –, dit-il d'une voix calme et posée, voilà des années que je pratique les arts martiaux. Une expérience qui me permet aujourd'hui d'en maîtriser toutes les subtilités. Aussi, s'il vous venait l'idée stupide de me provoquer, sachez que vous ne tiendriez pas vingt secondes.

— C’est sûrement pour ça que vous avez eu recours à cinq marins pour m’immobiliser ce matin.

Je ne le quitte pas des yeux. Prêt à esquiver et à répliquer à la moindre alerte. Mais il ne bouge pas d’un pouce.

— Pour répondre à votre question : ceci est un dîner et je vous considère comme mon hôte. Peut-être que, dans mon empressement à vous connaître, j’ai pu me montrer un peu trop direct et brutal. Je propose donc que nous nous concentrions plutôt sur nos assiettes. Nous reparlerons de notre affaire au terme de notre périple.

Je repose mon couteau sur la table.

— Quel périple ?

— Nous allons sur mon île, répond Dargon. Nous devrions y être demain matin. Je suis certain que vous allez adorer. L’endroit est magnifique. N’est-ce pas, Kylie ?

— Un vrai paradis, confirme-t-elle. Vous ne voudrez plus jamais repartir.

— De quelle affaire pouvons-nous possiblement discuter tous les deux ?

— De pêche bien sûr, rétorque Dargon. Voyez-vous, Jack, j’ai l’intention de m’offrir vos services.

— Pourquoi ça ?

— Voilà bien longtemps que j’attends de rencontrer un partenaire digne de ce nom. Nous pourrions faire de grandes choses ensemble.

— Et comment pourrai-je jamais vous faire confiance puisque je vous méprise ?

Il se penche en avant. Toujours ces yeux qui me clouent sur place !

— Pauvre petit à l’esprit embrouillé. Élevé par des étrangers dans un environnement qui n’était pas le sien. La réponse à ta question risque de te causer un choc. Car, vois-tu Jack, tu as plus de choses en commun avec moi qu'avec tous ceux que tu as pu croiser jusqu'ici.

J'en tremble. De terreur. De fascination. Car je pressens que la force de ces mots n'est pas due au hasard – ni à l'emploi subi du tutoiement –, mais bien au ton sur lequel ils ont été prononcés. Ils sont vrais !

Dargon tend le bras, pose une main sur mon poignet et serre doucement. Une étrange connexion s'établit entre nous.

— Nous sommes cousins, Jack, murmure-t-il. Je suis le premier membre de la famille que tu rencontres. Maintenant, va te coucher. Et fais de beaux rêves... cousin.

61.

360 **Nuit mouvementée**. Le voilier tangue au rythme de la houle nocturne. Ma main me lance.

Je gobe les pilules bleues que m'a données Femi et sombre dans un sommeil agité. Rêves fiévreux où résonnent les mots de Dargon. « Nous sommes cousins, Jack. » Le contact de sa main. Le feu qui sort de sa bouche. Le couteau avec lequel il me tranche le doigt.

Réveillé avant l'aube. Une douche et je m'habille. Je découvre alors que ma porte n'est pas verrouillée, ou plutôt qu'on l'a ouverte durant la nuit.

Or, sur ce voilier, rien n'est jamais dû à une coïncidence. Il s'agit donc d'une invitation.

Je grimpe l'escalier qui mène au pont.

Dargon et Kylie sont debout à la proue du bateau. Ils se tiennent par la main. Les premières lueurs de l'aube embrasent le ciel à l'est. Dans la faible lumière, une masse verte se dessine lentement devant nous.

Une île !

Petite. Mystérieuse. Couverte de forêts. Des crêtes rocheuses à l'aspect menaçant.

Dargon me fait signe d'approcher.

— As-tu bien dormi ?

— Non. Des mauvais rêves... où vous occupiez une place centrale.

— Bah, ça te passera. D'autant que nous voilà arrivés dans mon petit paradis. Et la bonne nouvelle, c'est que j'en suis l'unique propriétaire. Ici, il n'y a donc pas d'autres règles ou d'autres lois que celles que je fixe. On peut faire tout ce qu'on veut.

— Dans les limites fixées par le maître de céans...

— Cela va de soi, conclut-il d'un ton débonnaire, avant de tourner les talons pour s'occuper de je ne sais quoi.

— Relax ! Dargon est cool, m'assure Kylie, vêtue d'un micro-short en jean coupé dans un vieux pantalon et d'un débardeur en cuir ultraserré, qui font de son corps un paysage plus accidenté que l'île vers laquelle nous nous dirigeons.

— Tu le connais mieux que moi.

— Tu parles ! Je ne le connais pas du tout, tu veux dire. On est ensemble que depuis peu, mais il est à la coule sur pas mal de sujets.

— Une bonne chose ?

— Je pense bien, réplique-t-elle avec ce sourire si redoutablement sexy qui la caractérise. Je me languis de mieux te connaître, Jack. Et, sur cette île, nous aurons tout loisir de faire plus ample connaissance, et qui sait...

Avant que j'aie eu l'occasion de répondre, Dargon est de retour.

— Tout est prêt pour notre arrivée, dit-il. Comme c'est bon de rentrer à la maison.

Nous pénétrons dans la rade. Des femmes et des hommes nous attendent sur le quai. Toutes et tous portent le même

« uniforme » : bermuda kaki et T-shirt blanc. Chacun fait preuve d'un zèle quasi obséquieux à l'égard du patron.

Le bateau est amarré à quai. Je me présente sur la passerelle. C'est drôle, mais je me dis aussitôt qu'il ne sera sûrement pas aussi aisé de faire le chemin inverse.

Je mets pied à terre. Excitation de fouler le sol d'une île pour la première fois, doublée d'une autre sensation, diffuse, mais vive, instantanée. Ne me demandez pas comment, mais je sais qu'elle est là, quelque part sur cette île volcanique. Mu ! Quelle que soit sa nature, et où qu'elle soit cachée, je sens sa vibration, son pouls. Régulier comme le battement d'un cœur, enfoui dans les profondeurs géologiques de cette île et palpitant néanmoins avec insistance, telle une inépuisable source de vie.

Gisco est lui aussi conduit à terre. En laisse.

Elle est ici !

Qui ça ? Mais... Au fait,... Comment vas-tu ? Pour ma part j'ai particulièrement apprécié cet interlude gastronomique dans l'océan de nos galères alimentaires. Je ne sais pas qui cuisinait les cheeseburgers sur ce bateau, mais ce qui est sûr c'est que il, ou elle, savait y faire. Bon, c'est pas tout ça. Où est-ce qu'on est ? Qu'est-ce que tu disais déjà ?

On est sur l'île de Dargon.

Et la raison de notre visite ?

Je l'ignore, espèce de morfal. Tout ce que je sais, c'est que Mu est ici. Je peux la sentir.

Tu es sûr ? demande le chien en tournant la tête en tous sens. *Où ça ?*

Je ne sais pas. Mais l'île n'est pas grande, on devrait facilement la trouver.

On apporte à Dargon son perroquet, qui s'installe aussitôt sur l'épaule musculeuse de son maître.

— Le clébard a besoin d'un bain ! hurle-t-il en jetant un regard mauvais à Gisco de son œil jaune.

Et toi d'être plumé.

— Plonge-le dans l'acide. Ébouillante-le dans l'huile, poursuit l'oiseau.

Ouh, toi ! Je te ferais volontiers revenir en curry dans une sauteuse pleine de gingembre et de tomates.

Le chien montre les dents. Le perroquet donne des coups de bec dans le vide. Durant un instant, on pourrait croire que le cabot et le volatile vont s'étriper ici même, sur le quai.

— Suffit Apollo, coupe Dargon. En voilà des façons de traiter nos invités. Ah ! les navettes.

Un convoi de Jeep ralentit et s'arrête à notre hauteur. Quelques minutes plus tard, après avoir parcouru une piste escarpée poussiéreuse, nous nous présentons devant un portail monumental. Placardé sur le fer forgé, un écusson frappé d'un symbole familier : un serpent dévorant une grue. Le motif est parfaitement réalisé. On pourrait presque entendre l'agonie de la grue.

Au sommet du portail, une lettre en métal argenté. Le « D » aux enluminures que j'ai vu sur le carnet du capitaine du *Lizabetta*, avec les même volutes calligraphiques évoquant les ailes d'un dragon.

Ton père ne t'aurait pas mis en garde contre les monstres cracheurs de feu ? ironise Gisco.

Si, en effet. Les lourdes portes s'ouvrent doucement.

Eh bien on dirait qu'on va droit dans l'antre de la chimère.

Et on ne peut rien y faire, fais-je remarquer tandis que les Jeep redémarrent. Tu penses vraiment que mon père voulait me dire de faire attention à Dargon ?

Je n'en suis pas encore tout à fait certain, nuance Gisco.

Mais notre hôte me fait étonnamment penser à certaines aberrations du futur. L'Armée des ténèbres a tout fait pour améliorer ses aptitudes et gagner ainsi un avantage.

Je sais. Eko m'a raconté. Ils ont créé des cyborgs.

Exact, mais ils ont également tenté toutes sortes de manipulations génétiques abracadabrantes. Si, dans la mythologie grecque, une chimère est une créature à tête de lion, à corps de chèvre et à queue de serpent, en génétique, c'est juste un organisme issu de plusieurs ADN sources.

Tu veux dire que Dargon n'est peut-être pas humain ?

Plus qu'humain.

— Bienvenu dans mon humble demeure, lance Dargon avec un geste théâtral tandis que les grilles se referment derrière nous.

La villa s'offre à notre regard. Intégrée à la montagne, elle consiste en un élégant agrégat de volumes aux façades d'un blanc immaculé, étincelant sous le soleil matinal. Totalement fondues dans la roche, les différentes parties du bâtiment s'échelonnent naturellement le long de la pente. Une cascade de piscines d'eau turquoise, de luxuriants jardins où fleurissent les plantes tropicales et de terrasses où bouillonne l'eau de fontaines dévale ainsi la pente jusqu'à une crique de sable à l'arrondi de carte postale.

— N'est-ce pas délicieux ? s'extasie Kylie.

— Ouais, dis-je dans un grognement blasé, comme si j'avais déjà vu des dizaines de villas de milliardaires perdues sur des îles privées auparavant.

— Femi va te conduire à ta chambre, où tu pourras te rafraîchir, déclare Dargon. Après quoi je te ferai faire le tour du propriétaire. On a à parler affaires. Et le temps nous manque. – La menace voilée qui plane en permanence dans ces yeux gris est presque palpable. – En outre, j'ai ici quelques compagnons que je voudrais te présenter.

62.

Gisco, toujours en laisse, est conduit au chenil, tandis que Femi escorte Jack dans l'aile réservée aux cobayes du seigneur des lieux.

Piaule pas vilaine. Spacieuse, lumineuse, attenante à une salle de bains en marbre. Vue magnifique sur l'océan depuis chacune des fenêtres.

— Je reviendrai dans une heure pour vous conduire à Dargon, déclare poliment Femi. D'ici là, avez-vous besoin de quelque chose en particulier ?

— Une assurance vie.

Impénétrable, Femi n'esquisse pas le moindre sourire.

Je profite de la douche « balnéothérapique », puis enfile le short et le T-shirt qu'on a laissés à mon intention. Ils me vont parfaitement.

J'étudie un instant mon reflet dans la grande glace. Difficile de croire que c'est le même garçon qui, un mois plus tôt, à Hadley-sur-Hudson, ne se préoccupait que de football.

Et pourtant c'est bien lui qui me sourit dans la glace – le même mec charpenté aux cheveux couleur paille et au regard bleu perçant. Sourire *à l'américaine*. Un mètre quatre-vingt-sept. Passe-temps favoris ? Les filles, les bagnoles et le foot.

Même gars. Même morphologie et presque le même visage. Juste une pointe de sérieux en plus dans le regard, résultat des épreuves rencontrées et des peines endurées, ainsi qu'une résolution plus grande dans le menton, certainement héritée de son nouveau statut de saint Sauveur.

Mais à part ça, c'est le même. Le même, mais différent. Jack et pas Jack.

Qui suis-je aujourd'hui ? Je ne saurais le dire. Dargon en connaît peut-être davantage sur mon compte que je n'en sais moi-même. Les compagnons auxquels il prévoit de me présenter sont-ils ceux qui ont arraché le bras du capitaine du *Lizabetta* ?

Trois coups frappés à la porte. Oh oh, ça me rappelle quelque chose, ça. Comme si je n'avais pas déjà assez de problèmes comme ça.

J'ouvre et tombe sur Kylie, vêtue de tout l'attirail d'un modèle Aubade en passe de me faire la démonstration d'une leçon dont j'ignore encore le numéro.

— Je peux entrer ? C'est ici la fête ?

— Tu t'es trompée de porte. Il n'y a que moi ici, dis-je pendant qu'elle pénètre à l'intérieur et ferme la porte derrière elle. C'est marrant ce que tu portes... pas.

— J'appelle ça un thong sarong, réplique-t-elle avec un sourire à faire fondre le plus épais des igloos.

Je rêve ou elle me chauffe ? Thong sarong... Ça doit être ça !

— Pourquoi ? Ma tenue te gêne ?

— Ça ne laisse guère de place à l'imagination.

— Dans ce cas c'est que tu en manques, roucoule-t-elle. De mon côté, je peux sans peine imaginer un tas de choses que nous ne nous sommes pas encore montrées.

Elle m'étudie de la tête aux pieds, comme on regarde un morceau de viande à l'étal d'un boucher.

— Tu n'oublies pas quelqu'un ?

— Qui ça ? répond-elle.

— Dargon.

Elle hausse les épaules, s'approche encore.

— Pourquoi parler de lui maintenant ?

— Ça me semble à propos. Depuis combien de temps êtes-vous ensemble ?

— Pas longtemps. On s'est rencontré en Espagne. En boîte. – Tout en papotant, elle balaie nerveusement la pièce du regard. Que cherche-t-elle ? Une caméra ? Un micro ? Si elle se soucie tant que ça d'être surveillée, pourquoi m'aguiche-t-elle ainsi ? – Il m'a invitée sur son voilier. Une invitation difficile à décliner.

— Ensuite, j'imagine qu'il t'a invitée sur son île et qu'une fois encore, la proposition a été difficile à refuser ?

— Ben... j'étais curieuse, admet Kylie avec un gloussement. Je n'avais jamais rencontré un type qui possédait une île.

— Et maintenant tu fais partie des meubles, alors je ferais sûrement mieux de ne pas dépasser la limite.

Kylie secoue la tête, faisant onduler sa cascade de cheveux blonds.

— Erreur, Jack. Je ne suis la propriété de personne. Je suis une fille indépendante. – Et comme pour donner un peu plus de poids à ce qu'elle avance, elle esquisse quelques pas de danse. Lascive et ondoyante, elle me tient sous son emprise. – *I'm free !* fredonne-t-elle. *Free as the wind. Bright as the rainbow. Light as the air.*

Collée à moi, elle s'arrête de danser et, haletante, me murmure à l'oreille les grandes lignes de sa biographie :

— Élevée au soleil du sud de la Californie, là où les jolies blondes font la loi. Je m'éclate où je veux, avec qui je veux et quand je veux. Je te montre ?

— Je doute que Dargon...

— Toi, il faut vraiment te convaincre, ronronne-t-elle.

Sur la pointe des pieds, elle me passe les bras autour du cou et m'agrippe les cheveux, gentiment, mais fermement, comme on fait à un chiot qui a besoin d'être dressé.

Elle m'attire à elle, m'embrasse sur la bouche.

Le baiser s'éternise une bonne minute. Je voudrais me dégager, mais je n'arrive pas à en trouver la force.

Ses lèvres sont douces et charnues. Sa langue chaude et humide. L'embrasser revient à être avalé par un aspirateur à paillardises. Jamais personne ne m'a embrassé comme ça.

Quelque chose de mouillé. Une larme a coulé sur sa joue.

Pourquoi la miss des plages pleure-t-elle ? J'embrasse aussi mal que ça ?

— Qu'est-ce qui ne va pas ?

— Je pensais qu'on aurait plus de temps, susurre-t-elle.

— Du temps pour quoi ?

— Fais très attention à toi, Jack. C'est pour aujourd'hui.

— De quoi parles-tu ?

Avant que j'aie eu le temps de le savoir, un éclat de voix dans l'entrée nous oblige à nous séparer précipitamment.

Dargon fait irruption dans la pièce. Visage fermé.

— Je vois qu'on prend ses aises !

— On ne vous a jamais appris à frapper avant d'entrer ?

— Chez moi, c'est moi qui fais les règles. On y va ? Kylie, je te demanderai de bien vouloir nous laisser seuls. Vu les circonstances, tu nous distrairais.

Elle a eu le temps de reprendre ses esprits. Les larmes sont sèches. Sa respiration calme. Elle est redevenue l'étourdissant feu follet des bars de plage, dont elle s'est fait une spécialité.

— Parfait, répond-elle en écarquillant les yeux d'un air niais. Moi, je vais aller au bord de la piscine. Il est presque midi... c'est l'heure du Daiquiri !

Elle quitte la pièce à la façon d'un mannequin défilant sur un podium. À la porte, elle se plante devant Dargon.

Ils se dévisagent en silence. De la rancune ? De l'excitation ? Un peu des deux ?

Elle le gratifie du même long et langoureux baiser qu'elle vient de me donner.

Enfin. Pas exactement. Car celui-là est encore plus long. Et plus torride.

Finalement, elle se retire, légèrement haletante, et se tourne vers moi.

— Jack a raison. Tu devrais apprendre à frapper aux portes.

Puis elle tourne les talons et disparaît.

Dargon la regarde s'éloigner un court instant puis se tourne vers moi, un sourire amusé au coin des lèvres.

— Incroyable ce qu'on peut dénicher dans une boîte barcelonaise.

— Surtout quand on possède une luxueuse goélette et une île privée.

— Au fond, je crois qu'elle m'apprécie. Viens. On a une journée chargée... Alors on va aller vite. J'espère que tu n'as rien contre un peu de tout-terrain ?

63.

Lancés à toute allure sur une piste de terre, juchés sur un monstre d'engin. Un hybride entre une voiture et une moto qui doit, au bas mot, peser ses huit cents kilos. Moteur brutal. Pneus énormes. Une mécanique à l'exact opposé de l'antique bécane avec son side-car improvisé que les motards sauvages m'ont vendue.

On parle là d'une machine infernale posée sur quatre roues, avec une gueule à faire peur, un bruit guerrier et une puissance décoiffante. Pas besoin de route avec une machine pareille ! On a l'impression de pouvoir franchir n'importe quoi.

Dargon roule à côté de moi. Je porte un casque. Des gants. Un pantalon rembourré. Lui, un simple short et une chemise, crinière au vent. Stupide. Que de la flambe !

Le vent nous fouette le visage. On mange notre quota de sable et de poussière. Le soleil se reflète sur le sable. La route serpente à flanc de montagne.

Dargon lâche le guidon et me fait un signe du bras droit. Il pointe du doigt le bas d'une pente vertigineuse. Il veut quoi au juste ? Me montrer quelque chose ? Me lancer un défi ? Suggérer un suicide ?

Il quitte brutalement le chemin. Je respire un grand coup et lui emboîte le pas.

Boum-ba-da-boum. Je manque plusieurs fois de voler par-dessus le guidon du quad. Je rétrograde, bascule mon poids sur l'arrière. Souple sur les bras, Jack ! Sans quoi c'est la gamelle assurée. Pas d'alternative. Si je tourne un tant soit peu, l'engin va partir en tonneau.

Je n'ai pas d'autre choix que de m'enquiller la descente tout schuss.

Le quad rebondit sur les rochers, s'enfonce dans les plaques de sable. Rien ne semble devoir le ralentir. Je prends de la vitesse. Soudain, devant moi, le vide.

L'énorme engin décolle du sol. J'ai l'impression de chevaucher un ptérodactyle de métal. Le temps est comme suspendu. Je suis sûr que je vais y passer. Je sens une présence à mon côté. Des mains fantomatiques se posent sur le guidon. Des mains de vieillard, mais des mains fermes. Je ne suis plus seul sur la selle. Quelqu'un me guide. La voix éraillée de mon père.

— Tu y es presque, Jack. Tu es à deux doigts.

— À deux doigts de quoi ? De la mort ? Aide-moi à me tirer de là.

— Fais attention, murmure-t-il dans un souffle à peine perceptible. Les Snarks. Trouve les Snarks, mais fais attention...

Et il disparaît. Le tout n'a pas dû durer plus d'une fraction de seconde. Je suis toujours en l'air sur le quad dont je n'ai miraculeusement pas perdu le contrôle. Merci p'pa.

Une baie adossée à la falaise apparaît au pied de la pente.

Impossible de deviner sa présence du haut de la colline. Un mouillage discret et retiré. Des chalutiers sont à quai. Il doit y en avoir au moins une douzaine, tous de la taille du *Lizabetta*. Sur les docks, un étrange bâtiment arrondi, dont le dôme est en verre teinté, scintille au soleil.

Maison de retraite pour nains ? Mini-laboratoire clandestin ? Garçonnière high-tech ? Ou refuge de Snarks ? Ça demande confirmation.

À condition, bien sûr, que j'arrive jusque-là. On peut pas planer éternellement avec six cents kilos de métal sous soi.

Atterrissage brutal. Les grosses roues rondouillardes rebondissent une première fois, puis labourent le sol de gravier, dérapent, creusent un sillon. Le moteur rugit comme une bête blessée tandis que les pneus tentent vainement de retrouver de l'adhérence.

Je me débats avec le guidon qui cogne violemment entre mes mains. L'engin part sur le côté, menace de se renverser. J'évite la chute d'extrême justesse.

Dargon m'observe. Il paraît à la fois surpris et satisfait que j'y sois arrivé. Nous poursuivons la descente côte à côte, l'un et l'autre bien décidés à arriver en bas le premier.

On se tient toujours quand nous déboulons devant le dôme de verre. Arrêt en dérapage. Je retire mon casque. Transpirant. Terrorisé. Extasié. Vidé.

— Tu conduis bien, concède Dargon. Tu as fait beaucoup de tout-terrain ?

— C'est la première fois.

— Tu plaisantes ?

— Je ne plaisante qu'avec les amis.

— Dans ce cas, tu peux être fier de toi. Des pilotes chevronnés sont morts en tentant ce que tu viens de faire.

— J'ai du mal à me réjouir de la mort d'autres personnes.
— Viens, dit-il en descendant de son engin. Et essaie de te défaire cinq minutes de cette sale attitude. Je veux te montrer les secrets de mon business.

64.

Tandis que nous marchons vers l'étincelant petit building aux murs de verre, je ressens plus fortement les palpitations de Mu. Plus proches.

Mu est-elle vivante ? Une force ? Une intelligence ? Saitelle que je vais venir ? Quoi qu'il en soit, je me sens personnellement lié à elle.

Aucune porte visible.

— Ouverture, ordonne Dargon en se plaçant sous l'œil d'une caméra quasi insoupçonnable qui lui répond par un flash de lumière. Scanner de l'iris associé à un logiciel de reconnaissance vocale. Plus infaillible qu'une empreinte digitale.

— Vu que nous nous trouvons sur votre île, je n'aurais pas pensé que la sécurité puisse poser un problème.

— La sécurité est toujours un problème.

Les parois de verre coulissent dans un chuintement.

Nous pénétrons à l'intérieur. Pas d'agent de sécurité en uniforme derrière son comptoir pour nous accueillir. Et pas davantage de Mu que de mystérieux Snarks.

Bizarre. Où ai-je déjà entendu ce nom ?

Absolument rien sous le dôme de verre. Une pièce vide.

— Approche, ordonne Dargon en allant se placer au centre.

Je le suis.

— Descente.

Nous nous enfonçons dans le sol. La plate-forme glisse en biais dans les entrailles du bâtiment. Le puits est creusé à même la roche. La lumière baisse.

La plate-forme ralentit sa course et s'arrête. Noir complet.

— Lumières.

Les plafonniers lui répondent par une pluie de lumière blanche. Nous nous engageons dans un long couloir.

— Où sont vos collaborateurs ?

— Règle numéro un pour garder ses secrets en affaires, réplique Dargon, dégraisser au maximum. Moins il y a de gens au courant et moins il y a de fuites.

Nous atteignons bientôt une imposante double porte.

— Ouverture.

L'ordre de Dargon est analysé, après quoi, une série de pennes et de verrous se mettent en branle. Les portes pivotent lentement sur leurs gonds. Je retiens mon souffle.

L'endroit me fait immédiatement penser aux postes de commandement qu'on voit dans les films de guerre, avec un aréopage de généraux galonnés se pressant autour d'une gigantesque carte d'Europe sur laquelle une escouade de sous-officiers fait bouger des maquettes de bateaux, de blindés ou de fantassins.

Mais aucun général ici. Seulement une demi-douzaine de jeunes gens des deux sexes, habillés de manière décontractée, qui ne dépareraient pas à la cafétéria du MIT ou de Cal

Tech. De fait, on dirait vraiment une bande d'étudiants bûcheurs tâchant de résoudre ensemble un problème ardu.

Ils ne poussent pas de modèles réduits de tanks sur une carte d'Europe, mais pianotent sur des claviers d'ordinateur pour contrôler les itinéraires de dizaines de chalutiers, matérialisés chacun par une petite icône sur un « écran » géant couvrant toutes les mers du monde.

Le terme « écran » n'est pas vraiment adéquat. En effet, il s'agit plutôt de la fine fleur du matériel de projection en 3D – beau et fonctionnel –, où les fosses sous-marines et les autres spécificités du relief, telles que les failles ou les monts, sont simulées avec une étonnante précision par holographie.

Je m'approche et suis des yeux la dorsale atlantique, en direction de l'Afrique. Je repère bien vite la chaîne des Açores, au nord de laquelle, minuscule et isolée, une île émet par intermittence une immanquable lumière bleue.

J'en déduis qu'il s'agit de l'endroit où nous nous trouvons : l'île de Dargon. D'ailleurs, un groupe d'icônes brille juste à côté, sans doute la flottille de chalutiers que j'ai vue amarrée sur la longue jetée barrant la baie.

Une série de lignes concentriques rouges encerclent les Açores. Des lignes similaires sont visibles dans tous les océans du globe, clignotantes comme une chaîne infinie de signaux d'alarme. La plupart sont près des côtes, mais certaines clignotent au beau milieu de l'océan.

— Le rouge pour signaler les récifs ?

Dargon acquiesce d'un hochement de tête approbateur.

— Tu as sous les yeux la modélisation la plus fine qui soit de tous les récifs de la planète.

— Basée sur les informations que vous avez soudoyées, ou volées, aux organisations de recherche ?

Quelques-uns des jeunes techniciens tournent la tête vers moi, choqués. Je suppose que personne ne contredit Dargon dans le saint des saints de son organisation.

— Mes informations proviennent de sources multiples, répond-il en haussant les épaules. Tu as vu la moitié de ma flotte, là-dehors. On la rééquipe de nouveaux filets pratiquement incassables. Je possède quarante chalutiers. Chacun gréé pour draguer les récifs coralliens les plus profonds. Cela représente plus du tiers de la flotte mondiale, et je gagne sans cesse de nouvelles parts de marché. La demande progresse à un rythme exponentiel. Dans ce contexte général de forte croissance, les dix prochaines années sont très prometteuses.

— Jusqu'à ce que vous ayez épuisé les ressources.

Une fois encore, plusieurs paires d'yeux ronds se tournent furtivement dans ma direction, avant de reprendre le travail comme si de rien n'était. Se sentent-ils coupables ? Ou les paie-t-il suffisamment pour anéantir jusqu'à leurs scrupules ?

— Une fois que nous aurons épuisé les récifs du large, il restera encore des milliers de kilomètres de côte à exploiter, commente Dargon, sans même éprouver le besoin de baisser la voix. Les poissons exotiques qui s'y trouvent représentent des milliards de dollars. En tout cas, largement assez pour occuper ma flotte dix ans de plus. Au moins...

— Ce qui revient simplement à reculer l'échéance, fais-je remarquer. Car celle-ci est inéluctable. Quel intérêt de détruire une ressource qui ne pourra jamais être remplacée ? – Je balaie du regard les jeunes scientifiques au travail. – Et comment pouvez-vous vivre avec ça, vous autres ? Ça ne vous empêche pas de dormir la nuit ? Et tant que j'y suis, est-ce que quelqu'un parmi vous peut m'expliquer ce qu'est un Snark ?

— N'est-ce pas un des animaux imaginaires d'*Alice au pays des merveilles* ? demande une jolie jeune femme en détournant un instant les yeux de son ordinateur.

— Merci, dis-je.

Oui, en effet. Ça me revient maintenant. Pas *Alice*, mais *La Chasse aux Snarks*, de Lewis Carroll. Un chef-d'œuvre de la poésie fantastique. Mais pas d'un grand secours pour Jack Danielson.

— Tu ne trouveras guère de bonnes âmes disposées à soutenir ton discours ici, affirme Dargon avec assurance, en m'entraînant hors de la grande salle de commande.

Les portes se verrouillent automatiquement derrière nous. Dargon me reconduit à la plate-forme élévatrice.

— Au fond, ton problème vient de ton dogmatisme, Jack. Essaie de voir les choses sous un autre angle. Prends de la hauteur. « Monter. »

La plate-forme se met aussitôt en branle dans un bruit feutré, nous amenant de l'ombre à la lumière. Le dôme de verre apparaît bientôt au-dessus de nous. Nous sortons.

— Si vous tuez tous les poissons et épuisez la totalité des ressources halieutiques, vous sciez la branche sur laquelle vous êtes assis, comment espérez-vous ne pas tomber avec ça ?

— Tu as été endoctriné, Jack, répond-il avec un sourire. Es-tu prêt à ouvrir ton esprit ?

— À quoi ?

— À une vision différente. Disons... plus proche du solipsisme.

— Je ne sais pas ce que cela veut dire.

— Dans ce cas, laisse-moi élargir ton horizon, dit Dargon en m'entraînant à l'extérieur, où un soleil de plomb nous accueille.

Le choc thermique passé, il me conduit vers la longue jetée où sont amarrés les chalutiers.

— Tu es un dur, Jack. C'est ce que j'aime en toi. Tu réfléchis par toi-même. Tu te fais ta propre opinion.

Bizarre, mais j'ai l'intime conviction que ma dureté ne va pas tarder à être mise à l'épreuve de la plus radicale des manières.

Nous cheminons sur le ponton, dépassant de monstrueux chalutiers amarrés les uns à côté des autres. La moitié de la flotte de Dargon. Et une part significative de la flotte mondiale. Tout au bout de la jetée se trouve un bateau particulièrement étrange. Il doit mesurer une douzaine de mètres de long sur seulement trois de large et possède un petit cockpit en partie arrière. Moteurs énormes. On dirait un jet flottant.

Dargon s'approche de l'engin et s'apprête à monter à bord.

— Où va-t-on ?

— Comme tu m'as paru très intéressé par tout ce qui touche à la vie sous-marine, je voulais te montrer mon joyau.

— Qui est ?

— Mon récif. Un des plus beaux du monde ! C'est là que je garde mes petits protégés.

65.

Étrange équipée. Jack et Dargon debout dans le poste de pilotage capitonné, à l'arrière de cet engin surpuissant avec, pour seul paysage, une longue et fine carène. Rien dans le cockpit sinon une bonbonne jaune vif solidement attachée dans un coin. Une réserve d'essence ? Un canot pneumatique pour le cas où nous aurions un accident ?

— On appelle ça un cigare, déclare Dargon tandis que nous nous éloignons lentement du port, dans le bruit rassurant d'un petit moteur d'appoint. Une Formule 1 des mers. On n'en fabrique pratiquement plus aujourd'hui.

— Pourquoi ?

— Ils se retournent trop facilement. Et puis, les carènes sont fragiles, beaucoup de gens ont fait exploser leur bateau sur une vague mal négociée. Alors on a décrété que c'était trop dangereux. Mais, encore une fois, tout est question de point de vue. Et il se trouve que ma vision du monde est bien plus étroite que la tienne, Jack.

À ces mots, il porte une main à son front, tire sur sa paupière, et son œil gauche tombe, ne laissant qu'un amas de peau dans l'orbite désertée.

Dégoûté par ce spectacle écœurant, je me dis aussi qu'il n'aurait pas dû me montrer ça. Car c'est une faiblesse, un talon d'Achille. Si jamais je dois me battre contre ce type, je sais dorénavant de quel côté il faut attaquer.

— Mais, j'ai vu bouger votre pupille.

— Une impression, une vision d'optique, répond Dargon en secouant la tête. C'est une prothèse, mais, dans un sens, elle me permet de voir mieux. – Il remet en place l'œil de verre. – Un autre point commun avec mon modèle. Hannibal a perdu un œil en traversant les marais sur un éléphant. J'ai perdu le mien lors d'un voyage encore plus étonnant.

— Un voyage dans le temps, n'est-ce pas ?

Il ne nie pas, se contentant d'accélérer pour nous faire quitter la baie. Je l'observe barrer le bateau avec assurance, voire suffisance, et soudain, tout s'éclaire. Depuis le début, c'est lui qui est aux commandes. Il a entièrement planifié notre voyage. Depuis le voilier, en passant par le quad, et maintenant le cigare. Il sait où nous allons et pourquoi, alors que moi j'ignore tout.

— Vous venez du futur, hein ? Pourquoi êtes-vous revenu mille ans en arrière pour diriger une flotte de pêche ? Qui vous a envoyé ? Et qu'attendez-vous de moi ?

Moue amusée. Cheveux bruns flottant au vent.

— Ce n'est pas moi qui ai monté cette compagnie de pêche hauturière. Je me suis contenté de la reprendre quand son fondateur nous a brutalement quittés. Je te promets de répondre bien vite à toutes tes questions. Mais nous parlions d'Hannibal. Tu aimes les énigmes, Jack.

— Merci, j'ai eu ma dose.

— Celle-là est une des plus grandes énigmes de l'histoire militaire. Depuis sa plus tendre enfance, Hannibal a été élevé par son père, Hamilcar, avec une seule idée en tête : conquérir Rome. En 221 avant notre ère, l'occasion s'est présentée. Carthage a déclaré la guerre à l'empire, Hannibal a franchi les Alpes et est entré en Italie. Là, il a défait les colonnes romaines les unes après les autres, pourtant, il n'a jamais assiégé Rome. Il a passé les quinze années suivantes à sillonner la péninsule italienne sans jamais perdre une bataille, pourtant, à aucun moment, il n'a tenté d'entrer dans Rome, la ville qu'il avait toujours voulu détruire.

— Pourquoi ?

— Les historiens se déchirent sur la question. Il y a des centaines de théories et d'hypothèses. Les Carthaginois n'étaient pas experts de la guerre de position. Ils étaient

inaptes à soutenir un siège. Hannibal aurait voulu attendre ses frères. Mais il a été trahi par les marchands carthaginois, qui ne voulaient pas dépenser d'argent pour renforcer les troupes et constituer ainsi l'armée qui aurait pu prendre Rome. Mais aucune de ces théories ne tient. Pourquoi le chef militaire le plus brillant de tous les temps a tourné en rond dans le pays pendant quinze ans ? S'il ne pouvait pas prendre Rome, quelle qu'en soit la raison, pourquoi n'est-il pas passé à un plan B ?

— Vous savez pourquoi ?

— J'ai ma petite idée, confesse Dargon en démarrant les moteurs du cigare.

Le rugissement le plus sauvage de l'histoire de la marine à moteur monte de l'arrière du bateau. La Formule 1 des mers se rue vers le large.

— TU AIMES ? hurle Dargon.

— NON ! dis-je sans détour, en me cramponnant comme je peux et en faisant mes dernières prières.

Il éclate de rire et lance le second moteur. Rugissement encore plus puissant. Le tonnerre dans une boîte de conserve. L'avant se lève. Nous prenons de la vitesse. Vent violent. Je tombe contre le rembourrage du cockpit et me cogne à la bonbonne jaune.

— TU AIMES ?

— VOUS VOULEZ NOUS TUER ?

— BAH ! FAUT BIEN MOURIR UN JOUR, hurle-t-il en retour avant de démarrer le troisième moteur.

Oublie le tonnerre. Trop atone. Le bruit est au-delà du supportable. Pire qu'assourdissant.

Cette fois on décolle littéralement au-dessus des flots. La seule partie du bateau qui touche encore l'eau est la rangée d'hélices. Propulsés par la formidable puissance des moteurs, on vole entre ciel et mer. Les embruns se transforment en piques d'acier, le vent en battoir. La coque du bateau vibre atrocement, craque, gronde, supplie.

On va mourir. C'est sûr. Il m'a amené ici pour me tuer sur cet engin infernal. Je ne sais pas pourquoi il s'est donné tant de mal pour mettre en scène le final, mais, dans quelques secondes, tout sera terminé...

Et puis soudain, le calme après le tumulte. Dargon a éteint les moteurs. Le bateau, emporté par sa cinétique, glisse sur l'eau dans un parfait silence. Je reprends doucement mon souffle.

— Ça t'a plu ? demande Dargon.

— J'ai cru que vous vouliez nous tuer.

— Ça m'a tenté, admet-il. Mais j'ai pensé que ce serait trop banal. Tu es prêt ?

— Prêt à quoi ?

— Une baignade, répond-il avant de plonger élégamment par-dessus bord.

Ma première pensée est de redémarrer les moteurs et de me sauver le plus loin possible. Mais rien ne peut être aussi dangereux que ce cigare, pas même ce qui se trouve sur ce récif.

Tout du moins, je l'espère. Je plonge à sa suite.

66.

Double surprise.

D'abord Mu. Elle est là. Toute proche. Et sans que je sache vraiment comment cela est possible, elle sait que je suis dans les environs. Je sens son énergie battre plus fort, m'attirer à elle. Enfin. Tu es venu. Ta quête s'achève. Tu m'as trouvée.

Deuxième surprise : la fraîcheur de l'eau. Je m'attendais à une température tropicale, or il n'en est rien. Le temps a beau être dégagé et le soleil brûlant, on est toujours dans l'Atlantique.

Eau claire comme du cristal. Moins de quinze mètres de fond. J'ai le pressentiment qu'on va plonger.

J'envisage un instant d'avaler une des boules rouges du collier d'Eko. Mais Dargon m'observe. Je décide d'essayer sans. Mieux vaut éviter de montrer le moindre signe de faiblesse à un type dans son genre. S'il peut y arriver, alors moi aussi. À partir de maintenant, c'est à un contre un.

On fait du surplace à la surface de l'eau, à un mètre l'un de l'autre.

— Prêt à nager au milieu des requins ? demande-t-il.

Ce que j'entends ne me remplit pas d'enthousiasme.

— C'est une métaphore, n'est-ce pas ?

— Suis-moi, tu verras par toi-même, répond-il avant de disparaître sous la surface.

Je gonfle mes poumons et l'imite.

En fait de récif, il s'agit davantage d'un fond volcanique, émaillé de cheminées, de grottes et d'aiguilles façonnées par la lave.

Ça grouille de poissons. Et pas des petits. Des mérous qui doivent peser dans les quatre-vingts kilos nagent nonchalamment entre deux eaux, comme des remorqueurs en attente d'une nouvelle mission. Un dauphin et un thon, profilés comme des voitures de sport et possédés par les démons de la vitesse, traversent notre champ de vision en un éclair. Difficile de dire qui va gagner.

Comme je pouvais m'y attendre, Dargon est bon nageur. Il me lance un sourire et plonge plus profondément.

J'entends mes tympans craqueler sous l'effet de la pression, mais il est hors de question que j'abandonne.

Je n'aurais jamais atteint l'épave des cayes sans l'aide d'Eko et j'ai eu besoin d'une boule d'oxygène pour explorer la dorsale, mais, ici, je peux voir le fond. Ça change beaucoup de choses. Je rassemble donc mon courage et m'engage dans le sillage de Dargon.

Une tortue de mer aussi grosse qu'une table de ping-pong passe en pagayant. Dargon s'amuse à faire un tour sur son dos. Exactement comme Eko. Assez perturbant de voir cet Attila de la pêche hauturière, ce pilleur de fonds marins, jouer avec le vieux géant des mers.

L'image de la tortue blessée, sur le *Lizabetta*, et l'horrible bruit de sa carapace fracturée, me reviennent un instant en mémoire. Je me souviens de la douleur dans ses yeux au moment où je l'ai lâchée. Si seulement celle-là savait qui elle a sur le dos.

Soudain, une masse gigantesque nous barre le soleil. Plus grande que l'ombre du cigare. Plus longue, plus large.

Je lève la tête. Mon premier cétacé !

Je ne suis pas expert en la matière, mais je suis presque certain qu'il s'agit d'un cachalot. Tête carrée. Fine mâchoire pendante, peau ridée, marron presque noire, avec des lignes plus claires et des cicatrices.

Comment un animal si massif peut-il nager avec autant d'élégance ?

J'essaie de lui envoyer un message sur toutes les fréquences. « Salut, baleine. Lussa Moby. Regarde, je suis en train de nager avec le diable en personne. Reste dans le coin, je pourrais avoir besoin de ton aide. Ah, au fait, où est Mu ? »

Le gros cachalot ne me regarde même pas et s'éloigne majestueusement. Eko, elle, y serait arrivée. Gisco aussi. Dommage que je ne sois pas abonné à ce service.

Je commence à manquer d'air. Encore vingt secondes max. Je devrais définitivement prendre le chemin de la surface.

Mais au lieu de ça, je suis Dargon vers le fond. Mon indécrottable esprit de compétition. Toujours comme ça que je m'attire des ennuis.

Une énorme raie manta plane en rase-mottes sur le fond. La plus grosse langouste que j'ai jamais vue émerge d'une infractuosité rocheuse pour me menacer de ses pinces.

Mu m'appelle. Si proche. Viens, Jack. Je suis là. Viens, qu'on en finisse. J'ai l'impression que je pourrais presque la toucher.

Est-elle dans ce trou d'où est sortie la langouste, ou dans cette grotte de lave dont on distingue l'ouverture là-bas ?

Je la dénicherai à la prochaine plongée. Mes poumons me brûlent. Je suis à bout. Remonter.

C'est précisément à cet instant que je la sens. Oh oh. Une présence maligne, qui nage dans les environs. Je me souviens de la décharge d'électricité maléfique que j'avais ressentie quand le requin bulldog nous avait attaqués, Eko et moi, dans les cayes. Et là, c'est beaucoup plus puissant.

Je ne sais pas encore de quoi il s'agit. Tout ce que je ressens, c'est une puissante magnitude prédatrice, juste au-dessus de moi. Et je manque d'air. Je n'ai d'autre choix que de remonter. Droit sur elle.

Dargon me suit. Il sait pertinemment ce qui se trouve là-haut, aussi reste-t-il délibérément en arrière.

Je ne peux plus attendre. Dans quelques instants, ma bouche va s'ouvrir toute seule pour respirer. Même pas le temps de détacher une boule du collier d'Eko pour l'avaler.

Je monte droit vers l'ombre allongée du bateau. La vibration meurtrière s'amplifie. L'océan tout entier vibre de cet écho diabolique.

Cachée dans celle du bateau, une sombre silhouette se met à bouger.

Je reconnais l'animal avant même de pouvoir distinguer son impressionnante mâchoire.

Ce n'est pas contre les Snarks que mon père voulait me mettre en garde, mais contre les sharks[1] !

Clairement détaché sur le fond turquoise. Je le vois pour la première fois.

Un grand blanc !

---

1. Requins.

67.

Presque six mètres de long. Deux tonnes de pur prédateur. Il me repère et vire dans ma direction.

Pourquoi les appelle-t-on les grands blancs ? Ils sont gris pâle. Avec des yeux minuscules et perçants.

Il me regarde approcher, se demandant quel goût cet étrange bipède peut avoir ou, s'il en a déjà mangé, par quel membre il conviendrait de commencer les agapes.

Il ouvre sa gueule. On dirait la devanture d'un coutelier particulièrement bien achalandé. Rangs après rangs de rasoirs d'ivoire.

Je me trouve à trois mètres de lui. Les poumons prêts à exploser, je ne peux ni redescendre, ni essayer de le contourner. Il est juste sous le bateau. Il faut que je passe à côté de lui, devant lui, à travers lui.

Pas d'arme sinon mes mains nues. Un éclair bleu ! La montre !

Je me souviens d'Eko bataillant avec le requin bulldog, dans les cayes. Son pendentif accroché à son collier s'était mis à scintiller comme une boule de night-club. Et, durant un instant, ça avait aveuglé l'animal.

Un instant. C'est tout ce dont j'ai besoin. Vas-y bébé. Brille de tous tes feux.

Rien ne se passe.

Je suis si proche du grand blanc que je peux distinguer quelle rangée de dents triangulaires va me happer en premier et lesquelles vont me broyer plus tard.

Sa mâchoire s'ouvre de manière démesurée. Je peux presque sentir le contact de ses dents. Alors voilà comment tout se termine...

SSSZZZIIIP ! Boule à facettes façon supernova. Des éclairs aveuglants jaillissent de ma montre, droit dans l'œil du requin. Grand blanc semble abasourdi et confus. Je rassemble mes forces et jette tout ce que j'ai dans un battement désespéré vers le haut.

L'énorme mâchoire se referme haineusement, manquant son but. Il redonne aussitôt un autre coup de dent rageur... qui passe à quelques centimètres de mon pied droit. Mauvaise nouvelle. Le requin a recouvré la vue.

Bonne nouvelle, mes mains sont agrippées à la coque du bateau. Le requin s'élance pour me dévorer. Je me hisse hors de l'eau et saute à l'intérieur.

L'aileron dorsal fait quelques ronds dépités dans l'eau, puis les dents de la mer s'éloignent à la recherche d'une proie moins clinquante.

Deux mains apparaissent sur l'autre bord. Dargon s'extrait de l'eau et monte dans le cockpit.

— Bien joué, Jack. Bravo.

— Comment se fait-il qu'il ne vous ait pas attaqué ? dis-je, encore sous le choc. Laissez-moi deviner. Ce sont des mangeurs d'hommes, pas de reptiles ?

— Des grignoteurs, plaisante Dargon. Des adeptes du snacking.

Sa respiration a déjà repris un rythme normal. Incroyable capacité de récupération ! Une forme olympique !

— Le capitaine du chalutier sur lequel tu te trouvais en a eu une bonne illustration. Il s'est mal conduit, aussi ai-je dû le désarmer, si j'ose dire. C'est seulement lorsqu'ils sentent l'odeur du sang que les grands blancs deviennent vraiment agressifs.

— Il m'a paru bien assez méchant comme ça. Il a essayé de me mordre deux fois.

— Il voulait jouer. Nous nagions vers le haut, et les requins blancs dévorent presque exclusivement leurs proies en partant du fond. Mais il y a pensé. Tu as vu comme il s'est caché à l'ombre du bateau ? Ils sont incroyablement rusés. S'il avait été d'humeur, il aurait sans problème pu nous avoir tous les deux. Au fait, je suis un homme, pas un reptile, et ma chair est aussi tendre que celle d'un autre. D'autres questions ?

Il étend les jambes, s'allonge sur le coussin du cockpit, les yeux mi-clos. S'il est vraiment disposé à répondre à mes questions et à dire la vérité, alors c'est un mauvais présage pour moi, car cela doit sous-entendre que nous sommes arrivés au terme du voyage.

Pour autant, je ne peux résister à l'envie de lui demander :

— Comment faites-vous pour cracher du feu ?

— Un vieux truc de saltimbanque. Le plus périlleux de tous les tours de cracheur de feu. On appelle ça une soufflette. Il suffit de cracher doucement une fine quantité d'essence et de l'enflammer. Ça fait toujours son petit effet sur les marins, qui sont plus superstitieux que de vieilles bigotes. Allez, que veux-tu savoir d'autre ?

— Pourquoi m'avez-vous fait nager parmi les requins ?

Vous n'êtes pas suicidaire, donc il doit bien y avoir une raison ?

— Euh... Pour être honnête, je ne dédaigne pas taquiner les limites de temps à autre, concède Dargon. Mais, effectivement, il y a une autre raison. Je voulais que tu saches à quel point nous sommes proches de Mu. – Il a prononcé le mot avec la même crainte révérencielle que Gisco. – Je voulais que tu sentes sa présence.

— Vous connaissez Mu ? Vous savez ce que c'est ?

— Je n'en sais guère plus que tout le monde. C'est-à-dire pas grand-chose. Tout ce que je sais c'est que tu es relié à elle. Les prophéties sont formelles.

— Donc vous êtes bien du futur ?

— Nous sommes cousins, Jack. Éloignés, certes, mais du même temps. On nous a chacun envoyés au loin, mais, finalement, nos routes se croisent. Nos quêtes respectives convergent vers ce moment précis, dans cette crique ensoleillée, où deux hommes forts se retrouvent.

J'hésite un court instant, puis décide de poser la question à un million de dollars :

— Je sais pourquoi on m'a envoyé mille ans en arrière, mais vous quelle est votre mission ?

Dargon se redresse sur son siège, le corps baigné de soleil, les traits sérieux et graves.

— L'exact inverse de la tienne. Trouver Mu et la détruire, répond-il en me fixant droit dans les yeux avant d'ajouter, d'une voix douce et claire, articulant distinctement chaque mot ; et j'étais supposé te tuer à la première opportunité.

— Ce ne sont pas les occasions qui vous ont manqué, fais-je remarquer, non sans insolence. Sur le chalutier, à bord du voilier, sur l'île... Qu'est-ce que vous attendez ?

— J'ai assassiné l'homme qui dirigeait la compagnie affrétant les chalutiers et je lui ai succédé il y a moins de deux ans. Dès lors, j'ai fouillé jusqu'au dernier recoin de cette maudite île. Je sais que Mu est là, quelque part. C'est obligatoire... Mais je ne la trouve pas, dit-il avec un soupir déçu.

Il tourne la tête vers l'île montagneuse qui émerge des flots. Je suis son regard, parcours des yeux le plus haut sommet, puis reviens à lui.

— C'est pour ça que je ne t'ai pas tué, Jack. J'ai besoin de toi pour trouver Mu. J'ai pensé qu'on pourrait passer un marché.

68.

— Et quels pourraient en être les termes ? Je n'ai rien à gagner dans cette affaire. Si je trouve Mu, il ne vous restera plus qu'à la détruire et à me tuer ensuite.

Dargon opine du chef, comme si ce que je venais de dire tombait vraiment sous le sens.

— En effet, c'est ce qu'exigerait ma mission. Mais les choses ne sont pas si simples.

— Ah non ?

— Je ne t'ai pas exposé ma théorie sur Hannibal, répond-il avec un sourire énigmatique. Hannibal Barca, fils d'Hamilcar. Il a été élevé en Espagne. Sais-tu ce que l'armée de son père faisait en Espagne ?

— Non.

— En gros, tout ce qui lui passait par la tête, déclare-t-il avec un petit rire. Mettant à sac village après village avec une armée de mercenaires. C'est à ça qu'Hannibal a été élevé. Aux pillages. Aux feux de camp des mercenaires. Et puis son heure est venue et il a franchi les Alpes, mais il a apparemment jugé qu'il ne pourrait pas prendre Rome.

Alors, il a passé quinze ans à tourner en rond dans la campagne italienne. Qu'est-ce qu'il attendait ? Quel était son plan ?

— Selon vous ?

— Es-tu déjà allé en Italie, Jack ?

— Non.

— Superbe ! Beau maintenant, et certainement encore davantage à l'époque. Des vignobles et des villas. De bons vins, une nourriture délicieuse, des femmes magnifiques. Les spécialistes de l'histoire militaire échafaudent des théories sans fin à propos de ses motivations, mais parfois, l'explication la plus simple est aussi la meilleure. Hannibal était un maraudeur né. Il ne connaissait que cette vie-là. À la tête de sa féroce armée de mercenaires, il a simplement pris tellement de bon temps qu'il n'a pas voulu partir.

Je rumine ce que je viens d'entendre, essayant de comprendre où Dargon veut vraiment en venir.

— Cela suppose donc qu'il a trahi ceux qui l'avaient envoyé, et qui comptaient sur lui ?

— Et après ? tonne Dargon d'un ton colérique, sûrement pas étranger au fait qu'il s'identifie au héros. Que devait-il à ces lâches marchands carthaginois ? Que devait-il à son monomaniaque de père, qui lui avait volé son enfance, l'avait forgé à la dure, comme une vulgaire pièce de métal qu'on martèle pour lui faire prendre la forme qu'on veut ? Non ! Il ne leur devait *rien* !

Joignant le geste à la parole, il tape du poing sur la coque du bateau, assez violemment pour fendiller la carlingue en fibre de verre renforcée.

Il a cogné de la main droite. Rappelle-toi ça, Jack. Et débrouille-toi pour ne jamais te retrouver dans la mire de ses poings car il cogne plus fort que n'importe qui d'autre.

Dans la seconde qui suit, il recouvre son calme. Quand il reprend la parole, sa voix est chargée d'émotion.

— Hannibal a eu le courage et l'intelligence de penser à son propre intérêt, Jack. Il a très vite compris ce qui les rendait heureux, lui et ses hommes, et il a coupé le cordon de pseudo-loyauté et d'obéissance le liant à de lointains maîtres qui se moquaient de lui comme d'une guigne. Il a choisi. Et son choix a été de mordre la vie à pleines dents, de se rassasier aux tables les plus fines, de boire aux tonneaux les plus nobles. Les gens disent qu'il a échoué. Mais, selon ses critères à lui, il a parfaitement réussi.

Il marque une pause, se lève, apparemment embarrassé de m'avoir ainsi exposé une part importante de son intimité. Il s'approche de la bonbonne jaune, passe doucement la main dessus, puis se tourne subitement vers moi.

— Tu comprends, Jack ?

— En effet, ça commence à s'éclaircir. L'accomplissement de votre mission n'est plus la première de vos priorités, c'est ça ?

— Toi et moi, Jack. Nous sommes tous deux unis par le même engagement. Mon père était un monstre. Le tien ne vaut guère mieux. Ce sont les deux faces de la même statue, le revers et l'avers d'une pièce représentant plusieurs siècles de haine et de fiel. De quel droit ont-ils tracé nos vies ? Si je te tue, que je trouve Mu et que je retourne dans le futur, ce sera seulement pour poursuivre la guerre menée par mon père et exterminer le peuple de Dann. Et après ? Régner sur des cendres ? Devenir le souverain d'un royaume stérile ? Être le roi des ténèbres ? Pas franchement marrant...

— En tout cas, pas autant que ce que vous vivez en ce moment...

— Toi tu ne t'en souviens pas, mais moi j'ai vu le futur. Une immense décharge inculte, brûlée par le soleil, peuplée de fanatiques qui s'entredéchirent depuis si longtemps et se haïssent à tel point qu'ils seraient prêts à faire n'importe quoi pour l'emporter. Penses-tu sincèrement devoir quelque loyauté que ce soit à des gens pareils ? Dont je te rappelle qu'ils ne t'ont pas non plus tellement bien traité...

— Non, en effet, dis-je en repensant à mon enfance, marquée du sceau du mensonge et de la duplicité.

— Alors oublie-les, Jack, et rejoins-moi. Trouve Mu et, au lieu de la détruire, je l'utiliserai. Nous l'utiliserons. Pour nous enrichir. C'est une arme, Jack. Une arme contre laquelle personne ne peut se dresser. Avec elle, nous serons invincibles. Je n'aurai plus à me cacher sur cette île minuscule, ou à jouer au chat et à la souris dans les eaux internationales pour, finalement, étendre mon influence pas à pas, marche après marche. Non, je veux faire des pas de géant. Trouve Mu pour moi et je déplacerai des montagnes ! Nous pouvons être rois, Jack ! Tenir entre nos mains plus de pouvoir que les pharaons ! Voilà ce que je te propose.

— Et qu'advient-il du futur dans cette optique ? Que devient mon père ? Le vôtre ?

— Laisse donc le futur poursuivre sa propre course et occupe-toi plutôt d'agir sur ce qui t'entoure, de construire ton propre bonheur. C'est ça le solipsisme. Montre-toi fort et adopte cette façon de penser. Je possède assez de langoustes et de caviar pour qu'on en mange pour le restant de nos jours. Ce qui arrivera ensuite, qui s'en soucie ? Quand on meurt, l'univers meurt également, ou, à tout le moins, la seule partie pour laquelle on a de l'intérêt. Rejoins-moi, Jack. Trouve Mu pour moi. Nous sommes au terme de notre voyage. Alors ? C'est oui ou c'est non ?

Je me lève et le dévisage. Il a touché un point sensible. Nous avons effectivement beaucoup de choses en commun. Nous avons tous deux vécu une vie... instable. Nous avons tous deux été utilisés, et vraisemblablement trahis par nos pères. Mais je n'ai aucune envie d'avoir le pouvoir des pharaons. Et je sais reconnaître un malfaisant quand j'en vois un. Je ne crois pas un seul instant qu'il pourrait se couler aussi facilement que ça dans les habits de l'associé loyal et sincère. Je me souviens de ce magnifique récif sur la dorsale atlantique, qu'il était sur le point d'anéantir. Merci, très peu pour moi.

— C'est non, dis-je dans un murmure. Jamais ! Pas plus aujourd'hui que demain. Allez-y. Tuez-moi. Et vous ne trouverez jamais Mu. Mon père enverra peut-être quelqu'un d'autre. J'ai cru comprendre que Mystère Kidah avait disparu. Peut-être a-t-il déjà localisé Mu et l'utilise-t-il à son avantage en ce moment même. Comment savoir ?

Dargon regarde par-dessus mon épaule. Son regard se perd à la surface des eaux bleues de la baie. Il paraît perdu dans ses pensées. Non, minute, raye ça. Ce n'est pas la baie qu'il regarde. C'est l'eau.

Je sens une odeur bizarre.

Et puis je la vois. Une immense nappe d'un liquide rouge qui s'épanche de la bonbonne jaune, formant un tapis vermillon à la surface de l'onde.

Liquide gras et nauséeux, à l'odeur douceâtre.

Du sang.

— Aurais-tu, par hasard, déjà entendu parler des ampoules de Lorenzini ? demande Dargon, avec un sourire vicieux.

69.

Le sang se répand à la surface de l'eau.

Dargon se tient debout, les jambes légèrement écartées, les bras décollés du corps. En garde. Pieds et poings prêts à cogner.

Le combat est inévitable, inéluctable. À en croire mon adversaire, je ne tiendrai pas vingt secondes et, si je me base sur la bosse qu'il a récemment faite dans la coque du bateau, je serais tenté de le croire.

Et puis, Gisco a sans doute vu juste. Dargon possède sûrement des gènes modifiés, faisant de lui un savant composite de tout ce qui se fait de plus mortel dans le règne animal. Comment puis-je combattre quelqu'un qui a les yeux et les réflexes d'un raptor, la musculature d'un taureau et la farouche rapidité d'un lion ?

Je me mets moi aussi en garde, prêt à bondir dans n'importe quelle direction au plus petit signe de danger.

— Non, dis-je entre mes dents. J'ignore ce que sont les boules de ziti. On dirait le nom d'un plat de pâtes.

— Les « ampoules de Lorenzini », me corrige-t-il. Elles

font partie des deux ou trois choses qu'il est bon de connaître à propos du requin. Certains estiment que, face à un grand blanc, la meilleure chose à faire est de s'immobiliser. Ce serait oublier qu'il possède, au niveau de la tête, de minuscules canaux remplis d'humeur, appelés ampoules de Lorenzini, qui lui permettent de détecter les plus infimes variations des champs magnétiques. Un battement de la paupière – ou la plus imperceptible des contractions musculaires –, et le grand blanc sait que tu es vivant et que tu essaies simplement de le tromper en faisant le mort. Ça les rend encore plus agressifs...

— Merci pour le cours de bio, mais en quoi est-ce si imp...

— À cause d'une autre caractéristique du grand blanc : son incroyable capacité à flairer l'odeur du sang. Il est capable de détecter la présence de quelques gouttes seulement à des kilomètres à la ronde. Or, je viens juste de déverser dans l'eau soixante litres de sang humain. Il y a au bas mot une douzaine de grands blancs par ici. Ils nagent à environ trente kilomètres/heure. Je te laisse faire le calcul.

— Ils sont en chemin.

— Mmh mmh, confirme Dargon avec un hochement de tête. C'est l'heure du déjeuner. Allez, au revoir, Jack.

Je sais d'où va venir le coup – la même droite qui a endommagé la coque du bateau tout à l'heure –, et pourtant, je suis encore trop lent. Je lève mon bras gauche pour parer, mais la loco défonce le butoir et va s'encastrer dans le quai de la gare.

Coup de massue sur la tête ! J'ai l'impression que ma boîte crânienne s'est enfoncée de plusieurs centimètres.

Je ne crois pas qu'il m'ait effectivement fracturé le crâne, en revanche, il m'a cogné si fort que j'ai rebondi sur le rembourrage capitonné du cockpit et que, sonné et chancelant, je suis revenu me loger dans ses bras d'un pas vacillant.

Tout ce que je sais, c'est qu'ensuite je me retrouve à un mètre cinquante du sol, à l'horizontale, suite à une prise combinant les finesses du jujitsu et l'efficacité du judo, une technique que nous avons définitivement omis de voir avec Eko. Le travail sur les articulations, dérivant du jujitsu, fait des merveilles. Je me retrouve totalement immobilisé et, qui plus est, souffrant le martyre.

Les dix secondes doivent être écoulées car, bientôt, le judo s'invite dans l'équation. Dargon me jette à plusieurs mètres du bateau, dans les eaux sanguinolentes de la baie.

— Adieu cousin, murmure-t-il en me lâchant.

Pendant que je vole dans les airs, j'entends démarrer les moteurs du cigare.

Je m'effondre dans l'eau rougeâtre. Le froid me revivifie. L'eau n'est plus claire du tout. Poissée par un épais brouillard cramoisi.

Je refais surface, secoue la tête pour reprendre mes esprits. Le cigare s'éloigne à vive allure. Dargon fait un dernier signe d'adieu de la main et crie quelque chose en latin : « *Frater, Ave atque Vale.* »

Je reconnais le vers. Ça veut dire : « Hauts les cœurs, frère. Et adieu. »

Au revoir, Formule 1 des mers. Bonjour, grand blanc.

Deux ailerons dorsaux filent à la surface. Ils sont encore à quelques centaines de mètres, mais approchent rapidement.

Réfléchis, Jack. Tu as moins d'une minute.

Tout ce que je peux penser, c'est que je vais être mangé.

Panique à bord.

Paralysé par la peur.

Je reprends le dessus. Cinquante secondes. Réfléchis, BORDEL ! Réfléchis !

Commençons par ce qui n'a aucune chance de marcher, genre essayer de fuir à la nage. Ils sont trop rapides et tu es bien trop loin du bord.

Essayer de faire le mort ne semble pas non plus une bonne idée. Une contraction involontaire d'un de tes muscles – inévitable –, et leurs ampoules de Lorenzini vont tinter comme des cloches de restaurant.

Ça nous laisse quoi ? Rien.

Euh... une minute ! Les requins blancs attaquent leurs proies par en dessous. Alors descends.

Je fourrage maladroitement dans le collier d'Eko. Pas le temps de faire ça proprement, j'en arrache deux d'un coup et les gobe. Je les sens se dissoudre dans mon estomac. Je plonge droit vers le fond.

À travers l'écran rougeâtre des volutes sanguinolentes, je distingue deux requins qui foncent droit sur moi, comme deux torpilles. S'il existe sur terre quelque chose de plus effrayant que l'image de deux requins blancs fonçant droit sur vous dans un nuage de sang, je ne sais pas ce que c'est.

Quinze secondes. Je suis sous eux maintenant. Ils ajustent leur trajectoire. Les poissons qui se trouvaient là prennent tous la poudre d'escampette. Une sorte de sixième sens leur intime l'ordre de se mettre à l'abri. Alerte ! Alerte ! Veuillez évacuer la zone !

Des bancs de maquereaux explosent en tous sens. Les murènes se terrent. Les mérous cherchent leur trou.

J'ai besoin d'aide. Mais plus personne n'est là. Et quand bien même il resterait quelques téméraires spécimens, je suis incapable de communiquer avec eux.

Pourtant, encore une fois, ma seule chance est de trouver de l'aide.

Bon, allez, il y a un début à tout.

Je rassemble mon énergie psychique, répétant tout ce que Gisco et Eko m'ont appris. Si je suis vraiment l'étincelle d'espoir, je devrais pouvoir faire ça. L'immense sentiment de détresse qui m'étreint se révèle un soutien inespéré. Je ressens un instant de pure énergie primale, comme si j'étais moi-même revenu à l'état sauvage.

Je laisse cet étrange sentiment prendre totalement possession de moi, puis le recrache à l'extérieur en une série désespérée de messages d'alerte sur toutes les fréquences de la bande passante.

— À L'AIDEEEEEE ! Au secours ! Étincelle d'espoir au cosmos : SOS ! Les requins arrivent ! Je suis votre seule chance ! La seule chance de l'océan ! Je suis votre sauveur ! Vous n'allez pas laisser votre sauveur se faire croquer ? Alors aidez-moi. Sauvez-moi ! Je vous en supplie !

Rien. Autant prier le Dieu Chien.

Les grands blancs ne sont plus qu'à dix mètres.

Qu'est-ce que Gisco ferait dans cette situation ? Quelle échappatoire trouverait ce génie de la pleutrerie ?

Facile. Il se cacherait. Il ramperait au fond d'un trou.

Mais il n'y a pas de trou. C'est l'océan ici. Avec de l'eau au-dessus. Et le fond en dessous.

Et dans le fond... des grottes volcaniques !

Requins en approche. Six mètres. Gueules ouvertes. Denture au clair.

Je plonge vers le fond. Une grotte, ou plutôt un petit goulet, dont l'entrée est barrée par un surplomb rocheux.

J'atteins l'abri juste avant que les machines à tuer ne fondent sur moi. Je me tortille à l'intérieur. J'espère qu'il n'y pas de murènes.

Les grands blancs patrouillent à l'entrée de la cavité. Ils me voient, me sentent. Leurs ampoules de Lorenzini doivent clignoter comme des arbres de Noël car pour ce qui est des contractions musculaires... Mais ils ne peuvent pas m'atteindre.

L'un d'eux tente de passer sa tête dans l'ouverture. Raté. Trop étroit pour ce mastodonte.

L'autre décide d'attaquer le surplomb rocheux à coups de dents. Oh oh ! Pas bon ! S'ils réussissent à faire sauter le plafond, ils n'auront plus qu'à me dévorer comme une vulgaire croquette à la nage.

J'entends la roche craquer sous leurs dents. Le surplomb se fissure. Dans cinq secondes, ils auront décapsulé mon abri. Quatre, trois, deux, un...

BOM. Un violent impact vient soudainement déloger le grand blanc.

Un magnifique dauphin aux lignes pures et à la peau luisante. L'ogre lui jette un regard mauvais.

BOM. BOM. Deux autres dauphins attaquent l'autre.

Grands blancs momentanément distraits.

Je sors la tête de mon trou et repère l'entrée béante d'une profonde grotte, à sept ou huit mètres de l'endroit où je me trouve. Aucune chance de l'atteindre sous la menace des requins.

Au-dessus de moi, le combat fait rage. L'effet de surprise passé, les grands blancs ont repris les choses en main. Contre-attaques éclairs contre les dauphins. Les caïds du quartier réaffirment leur autorité contestée.

Les dauphins sont vite débordés. Pas dans la bonne catégorie. Les requins sont trop gros, trop forts, trop vicieux.

Merci quand même les gars. Au moins vous avez essayé. Très courageux de votre part. Je vais tenter de me montrer à la hauteur quand ce sera mon tour...

Qui ne saurait tarder... car ils sont en train de mâchouiller le dernier rempart de roche derrière lequel je suis tapi... Ils me jaugent du coin de l'œil...

Une ombre énorme vient assombrir la zone. Un cachalot ! Sorti de nulle part. Il plonge et, d'un coup de mâchoire, arrache un morceau du flanc du grand blanc !

Les requins ne s'enfuient pas, ne reculent pas. Au contraire, ils se lancent directement à l'attaque de Moby Dick. Choc des titans en eaux troubles. Requins, cachalots, dauphins. Entrelacs de dents, d'ailerons et de nageoires.

C'est la foire d'empoigne par quinze mètres de fond.

Je décide d'en profiter pour me glisser hors de mon abri et pour filer aussi vite que je peux vers la grotte. J'avance des quatre fers, nageant, rampant sur le fond, m'aidant de toutes les prises que je peux trouver.

J'ai six mètres à faire. Cinq.

Un grand blanc avise son déjeuner qui se fait la belle. Il fonce sur moi. C'est la course. Je suis horriblement lent. Il va m'avoir.

L'ouverture béante de la grotte est juste devant moi.

Je jette toutes mes forces dans un dernier saut. Je bondis dans la grotte.

Trop tard. Le requin m'a happé. Tête la première.

Je suis blessé. Décapité. Mourant. Mort. La mort est noire comme l'encre. D'un noir plus absolument noir que tout ce que j'ai vu dans ma vie.

Et froid avec ça. Et atrocement douloureux.

Mais... Une minute ! Comment pourrait-il y avoir de la

douleur dans la mort ? Un vertige, une vive douleur ? En fait, je me suis simplement cogné le crâne en entrant dans la grotte.

Le requin ne m'a pas eu. J'ai réussi ! Cette froide noirceur n'est pas la mort, mais l'atmosphère insondable qui règne à l'intérieur de la grotte sous-marine.

70.

Inimaginables ténèbres. Un noir oppressant, à couper le souffle. L'impression d'être pétrifié dans un bout de charbon.

Et puis on gèle là-dedans. Qui a fermé la porte du frigo ? Silence total.

Il me faut un brin de lumière sinon je vais faire une crise d'hystérie ! Ma montre. Je l'allume par télépathie. Elle illumine la grotte et me réchauffe.

Le goulet descend en vrille dans les entrailles de la terre. On dirait une déviation pour l'enfer. J'hésite.

Toujours eu peur des cavernes. Et celle-là me semble particulièrement flippante. Une grotte, c'est déjà effrayant, mais alors, une grotte sous-marine... Pourtant, je n'ai guère d'autre choix.

Ce serait stupide de retourner d'où je viens, avec les grands blancs en sentinelle dans les parages.

Alors je nage vers le fond de la caverne. Le goulet plonge à pic. Je progresse, en rampant autant qu'en nageant, dans une succession de tunnels qui communiquent les uns avec les autres. Certains sont trop étroits pour que j'y pénètre. La roche est froide, stérile, dentelée, blessante.

Ça donne où ? Aucune idée. Je suis définitivement perdu. Mais Mu n'est pas loin. Elle m'appelle. M'attire.

Je me sers de ses signaux comme d'une boussole. Chaque fois qu'un choix se présente, je choisis la direction de cette mystérieuse pulsation qui, régulièrement, scande mon nom : « Jack ».

Peut-être suis-je effectivement destiné à la trouver. Mais après ? Est-ce que je saurai comment m'en servir ? Un homme seul peut-il réellement enrayer la destruction annoncée des océans ?

Si quelqu'un avait trouvé l'épée du roi Arthur, cela lui aurait-il permis de conjurer le sort ? Le fait de trouver le Saint-Graal aurait-il pu ouvrir un âge d'or et de lumières ? Ne pourrait-on penser, à l'inverse, que les quêtes ne valent que par leur absence d'objet ? Qu'elles ne servent qu'à incarner le fol espoir des hommes qui, cherchant de toute leur âme un objet irréel, en appellent ainsi à une puissance divine, qui les dépasse ?

« Viens Jack. Viens Jack. »

Je suis exténué, éreinté, moulu. Mais je ne suis pas arrivé jusque-là pour abandonner et me laisser mourir au fond d'un vulgaire tunnel.

Soudain, l'eau se met à bouger, à tourbillonner !

Je me retrouve emporté avant même d'avoir compris ce qui se passe. Piégé dans la chasse d'eau d'une cuvette sans fond. Je me cogne contre les parois de roche. Les coups pleuvent.

J'utilise mes jambes et mes bras pour me protéger des pierres coupantes qui saillent le long de ce tunnel infernal. Je dégringole dans un puits insondable, encore et encore.

Je parviens enfin à me rattraper à un promontoire et à sortir du courant. Je me glisse dans une galerie. À quelle profondeur suis-je ? Qui savait que la Terre comportait un système de plomberie volcanique ?

Mu est plus présente. « Viens, Jack. Dépêche-toi. »

J'y vais. À la nage. Mais plus à pic. Le tunnel ne descend plus. Aurais-je atteint la mezzanine de l'enfer ?

Plus aucune vie alentour. Ni crabes, ni araignées, ni poissons de roche à la blancheur fantomatique et à la morphologie étonnante.

Le goulet se met à monter.

L'eau baisse. Aux hanches, aux genoux.

Bientôt, je marche plus que je ne nage. Genoux couronnés, jambes couvertes d'ecchymoses et percluses de crampes. Je suis au bout du rouleau.

Les minutes se changent en heures. Les heures en ce qui semble bien être des jours. Jusqu'où ce dédale de galeries peut-il bien aller ? Est-ce que je me dirige vers l'île de Dargon ou vers le large ?

Le tunnel s'arrête. Nulle part où aller. C'est fini.

Je lève la tête. L'ouverture d'un puits, qui monte droit au-dessus de moi. Mais ni échelle ni corde.

Je colle mon dos à la paroi, les pieds et les mains calés sur le côté opposé, et j'entame, comme je peux, c'est-à-dire en ondoyant comme un serpent, en rampant comme un cafard, l'ascension du puits.

Ne regarde pas en dessous Jack. Un faux mouvement et tu t'écrases. Fractures multiples. Une mort lente dans une cheminée oubliée, où personne ne m'entendra crier, supplier, sangloter.

J'ai mal aux bras à force de grimper. J'ai l'impression de gravir mon propre cercueil.

Ne suis-je pas déjà mort ?

Mes pensées se perdent dans la roche silencieuse. Un point blanc apparaît soudain sur la paroi. Je le fixe des yeux.

Il grossit, prend des formes étranges...

La figure de la mort qui a hanté mes cauchemars et mes visions tout au long de ma quête. Ce sosie de Dargon, en plus vieux, qui me regarde impassiblement.

Non, erreur, c'est le visage douloureux de mon père embastillé, avec ses longues boucles de cheveux blancs – un visage qui s'est projeté à travers les siècles pour me parler, me mettre en garde.

Bizarre que je n'aie jamais remarqué à quel point les deux se ressemblaient. Comment disait Dargon ? Deux ennemis mortels, indissociablement liés.

Je cligne des yeux. L'image n'est plus qu'une tache blanche sur la roche sombre. Rien de plus. Je lève la tête. Le bord du puits n'est plus très loin. Je tends le bras, agrippe le rebord et me hisse hors de mon cercueil. Puis je m'allonge sur le sol et reste un moment immobile, hors d'haleine, à l'agonie, les muscles tétanisés.

Finalement, je me redresse.

La chambre est vaste. Je peux me tenir debout.

Le clapotis des gouttes tombant du plafond résonne en écho sous la voûte.

Des choses poussent sur la roche. Des plantes ? Non, des minéraux.

Des stalactites pendent au-dessus de ma tête comme autant de dagues prêtes à me transpercer. Sur le sol, leurs pendants évoquent les silhouettes d'âmes damnées émergeant du Styx.

Un cœur qui bat : Mu. « Viens Jack. Viens Jack. »

Les parois de la caverne semblent palpiter à chaque pulsation.

La lumière de ma montre faiblit. Non ! Attends ! Encore un peu !

Encore une pâle lueur. Puis plus rien. L'obscurité la plus complète.

Non, pas complète. Loin devant moi scintille une radiance argentée. Elle crépite, clignote, à la manière d'une étoile souterraine.

J'avance vers la lumière, dont l'intensité augmente à mesure que j'approche.

Je sais ce que c'est. Impossible qu'il en soit autrement.

Mu !

Juste là. Si proche que sa lumière guide mes pas.

J'avance à tâtons, chancelant, et finis par atteindre le gros rocher qui sépare la chambre dans laquelle je me trouve de la suivante, à la manière d'une lourde porte noire, qui me sépare de ma destinée.

Je m'immobilise. J'hésite un long instant.

Puis je prends une profonde inspiration, et pénètre à l'intérieur.

71.

Une salle du trône. Voilà ma première impression. Une pièce d'apparat, lourdement ouvragée, où le roi préside, dans toute sa régalienne solennité.

Comprenez-moi bien, il n'y a aucun roi ici, pas plus d'ailleurs que de courtisans flagorneurs ou de reine arrogante. De fait, il n'y a absolument personne, sinon un bouffon sanguinolent, à l'esprit embrouillé, qui peine à tenir sur ses jambes : Jack Danielson.

Le décor est somptueux. De fines couches de calcaire, émaillées d'incrustations rouille, scintillent sur les parois à la manière de luxueuses draperies. Des flocons de gypse blanc recouvrent le sol. Les cristaux multicolores des murs de la chambre s'illuminent au rythme de régulières pulsations de lumière blanche qui émanent... d'un trône !

Je m'avance dans la pièce. Non, ce n'est pas un trône, mais une sorte de socle phosphorescent, évoquant un dais, une estrade. Se pourrait-il qu'il s'agisse d'un énorme diamant ? Non, impossible.

« Viens, Jack. Viens... » La voix m'appelle. À chaque pas, le sentiment de retrouver un vieil ami s'intensifie.

J'ai des fourmillements dans tout le corps. Chacune de mes cellules est traversée par une sorte de courant électrique. Je suis à la fois terrifié et exalté. Je continue d'avancer. Moïse approchant du buisson ardent, sur la pointe des pieds. Voilà la raison pour laquelle mes parents m'ont renvoyé mille ans en arrière. Voilà l'aboutissement de toute mon éducation, de ce pour quoi j'ai été élevé.

Je la vois. Distinctement. Enchâssée dans le dais de cristal lumineux. Une forme de cœur. D'un blanc immaculé, vif-argent. À chaque battement, sa forme change légèrement. Cardioïde. Sphérique. En croissant. Absidiale.

Et il n'y a pas que ça.

En effet, le plus fou est qu'elle semble animée d'une conscience. Je jure que je peux la sentir. Elle est vivante, quoique je ne comprenne pas à quel règne elle appartient.

De puissantes émotions bouillonnent sous sa surface. Elle est en colère. Non, pas en colère, blessée. Elle a été grièvement atteinte.

Je me tiens juste au-dessus d'elle. J'avance le bras et, d'un doigt tremblant, effleure la roche qui constitue le dais.

Tandis que je me penche vers Mu, je la sens se hisser vers moi depuis l'impénétrable cristal luminescent dans lequel elle est encastrée. Soudain, je suis baigné d'une lumière argentée, de la tête aux pieds. Une cascade de lumière, qui me pénètre. Un souvenir précis...

Un jour d'été. P.J. et moi étions allés pique-niquer. Une de nos premières sorties en duo.

Nous avions roulé le long de l'Hudson et nous étions arrêtés près d'un petit tertre couvert d'herbe grasse. Puis nous avions étalé une couverture et nous nous étions assis l'un à côté de l'autre avant de nous embrasser passionnément.

Au contact de Mu, je me retrouve transposé là. Mon Dieu, j'y suis ! Sur la couverture ! Je peux sentir les lèvres de P.J., la douceur mielleuse de son haleine. Le bruit de la rivière, qui coule près de nous.

Ensuite, nous avions mangé – nous étions embrassés encore –, et P.J. s'était endormie dans mes bras.

Somnolent moi-même, je suis couché sur le côté. Je regarde ses paupières closes. Chacune de ses respirations fait gonfler sa poitrine. Le chaud soleil d'été roussit l'herbe de la berge.

C'est à cet instant que j'avais réalisé pour la première fois que j'aimais P.J. Un sentiment d'amour sincère, que je n'avais jamais éprouvé jusque-là. Oui, c'est là que j'avais

compris pour la première fois que l'amour existait, ailleurs que dans les poèmes et dans les films. Oui, cette chose était bien réelle, et je pouvais moi-même l'éprouver ! Le moment le plus spirituel de ma vie, celui au cours duquel je m'étais senti le plus proche de comprendre le sens des mots « vie », « Dieu », et « mort ». Et, en même temps, le moment le plus évident qui soit. Un rêve éveillé, nimbé de soleil estival, du bruit entêtant des crickets, de l'odeur douceâtre de la glaise séchant sur les berges de la rivière, du chant monotone du vent dans les roseaux.

P.J. s'était réveillée et avait surpris une larme dans mes yeux.

— Qu'est-ce qui ne va pas ?

— Rien. – Les larmes coulent toujours sur mes joues. – Ça doit être les allergies.

Elle paraît comprendre ce qui m'étreint. Tendrement, elle me serre dans ses bras et nous contemplons ensemble le glorieux paysage bucolique.

Ça s'arrête là. Une épiphanie, un point de rupture à partir duquel je n'ai plus jamais vu le monde comme avant. Une chose inexplicable s'est produite ce jour-là, à ce moment-là.

La main posée sur le dais scintillant, dans cette salle du trône minérale, les larmes coulent à nouveau sur mes joues.

Je ne sais toujours pas exactement ce qu'est Mu, en revanche, je sais ce qu'elle n'est pas : ni un objet provenant d'une autre planète, ni la création d'un magicien.

Non, Mu fait partie de nous. Mu appartient à la Terre. Elle possède la profondeur de la vie. Elle est la joie de notre amour. La douleur de notre culpabilité. Elle possède un pouvoir. Un fantastique pouvoir. Voire le pouvoir de sauver les océans et de changer l'avenir. Et elle m'a attendu.

Mais que faire maintenant ? Comment utiliser cette force ?
Comment la prendre en main ? Même si j'avais une perforeuse au diamant, il me faudrait probablement des heures pour la desceller.

Je ferme les yeux. Fais le vide dans mon esprit. Me concentre sur le rythme de ma respiration, qui s'accélère encore et encore.

Non, pas ma respiration.

Un bruit de pas !

Je fais volte-face.

Dargon, vêtu d'une élégante tunique noire, son perroquet perché sur l'épaule. Dans sa main droite, il tient un pistolet, d'une taille impressionnante.

— Merci d'avoir trouvé Mu pour moi, déclare Dargon, dont les cheveux sont totalement secs et la tunique impeccablement propre.

Une chose est sûre : il n'a pas parcouru les tunnels à la nage, encore moins crapahuté dans un puits à la verticale.

— Comment avez-vous pu me suivre jusqu'ici ?

Ses yeux gris semblent palpiter à la lumière argentée de Mu.

— C'est toujours la même chose avec toi, Jack. Des questions, encore des questions. Pourquoi crois-tu que je t'ai coupé le petit doigt ?

— Pour me punir d'avoir saboté votre chalutier.

— Non. Pour créer une opportunité. Il y a une puce dans l'attelle que Femi a posée sur ton pansement. Vois-tu, je savais que tu étais destiné à trouver Mu. Alors je t'ai amené aussi près que possible en bateau puis je t'ai laissé me montrer le chemin. J'ai suivi ton signal dans les galeries sous-marines que j'ai moi-même ratissées pendant deux ans. Et nous y voilà. Tu l'as trouvée. Il est temps pour moi d'achever ma mission.

Il lève son étonnant pistolet et tourne une molette. L'arme bourdonne en se rechargeant. Elle me rappelle celle que mon père avait lorsqu'il a vaillamment protégé ma fuite. Une sorte de pistolet laser ou à rayonnement d'énergie. Mais celui de mon père était relativement petit. En comparaison, celui-ci ressemble à un mortier.

— Détruis-la, hurle le perroquet. Détruis Mu. Tue Jack. Vas-y, tire. Fais tout péter.

— Patience, Apollo. Nous en avons fait du chemin pour en arriver là. Encore quelques secondes de charge et nous serons prêts.

Instinctivement, je ressens le besoin de protéger Mu et viens me placer entre Dargon et le dais.

— Pourquoi voulez-vous la détruire ? Je pensais que vous vouliez l'utiliser à votre profit ! Pour devenir l'Hannibal des temps modernes.

— Tu n'as pas gobé cette histoire avant, pourquoi le ferais-tu maintenant ? Non, Jack. Ma place est dans le futur. Car, à la différence de toi, moi je sais qui je suis.

Le pistolet est rechargé. Son doigt se referme sur la gâchette. Je suis en plein dans sa ligne de mire. Je vais me faire transpercer par le laser. Je plonge derrière le dais.

Un puissant flash lumineux, accompagné d'une forte chaleur, illumine la chambre. Le socle fait rempart. Après tout, peut-être qu'il s'agit vraiment d'un énorme diamant ! La plus dure de toutes les matières connues. Quoi qu'il en soit, ça repousse et réfléchit le rayon du méga flingue de Dargon, qui est momentanément aveuglé par le retour du rayon. Il se frotte les yeux, furieux de voir ses plans retardés.

— Prends-la, Jack. Prends-la pour moi, grogne-t-il. Tu l'as trouvée. Toi seul peux la libérer. Prends-la et je te laisse la vie sauve. Tu as ma parole. Sinon, tu vas mourir dans d'atroces souffrances.

Soudain, une silhouette se matérialise derrière moi. Une femme. Qui entre et sort de l'ombre en silence.

Trop occupé à essayer de me coincer dans un coin, Dargon ne la voit pas. Il fait les cent pas autour du dais en clignant des paupières.

Mais moi je la vois. Elle pose un doigt sur ses lèvres, me demandant de garder le silence.

Ses cheveux blonds irradient dans la lumière vif-argent.

Elle porte un thong sarong.

Kylie.

Dargon fait brutalement demi-tour. Pris par surprise, je me retrouve sous la menace de son arme.

— C'est ta dernière chance..., bougonne-t-il en levant doucement son pistolet, un sourire sadique aux coins des lèvres.

Kylie bondit en avant, plane dans les airs et, d'un coup de pied, désarme Dargon. Le pistolet tombe bruyamment sur le sol de la grotte.

Le choc a délogé le perroquet de son perchoir. Il jure en battant des ailes.

Sans regarder qui est derrière lui, Dargon plonge pour récupérer l'arme. Mais Kylie le précède et, d'un coup de pied, éloigne le pistolet qui glisse sur le sol bosselé en tournoyant avant de disparaître dans une profonde crevasse.

Alors seulement, Dargon se retourne pour identifier son agresseur.

Il s'avère qu'il est tombé dans une embuscade orchestrée par sa propre créature. Je n'ai jamais vu Dargon exprimer la surprise, pourtant, durant une seconde, il paraît parfaitement incrédule. Choqué. Atterré. Puis furieux.

— Qu'est-ce que tu fais ici, espèce d'imbécile ?

— L'imbécile n'est pas forcément celui qu'on croit, répond Kylie d'une voix forte et assurée, dont les échos me sont étrangement familiers.

73.

— **Tu n'as pas conscience de l'erreur** que tu viens de faire, grommelle Dargon en avançant sur Kylie. Je vais t'arracher ta petite tête de donzelle et ensuite j'étriperai ton nouveau petit copain à mains nues, ce qui, vu ses aptitudes au combat, ne devrait pas me poser trop de problèmes.

— Tue-la, hurle le perroquet. Casse-lui le bras.

Dargon s'arrête. Le perroquet cesse de beugler. Car Kylie se transforme.

Sa chevelure blonde se fait plus foncée. La morphologie de son visage évolue. Eko ! Un sabre de samouraï en main, qu'elle pointe d'une main ferme sur la gorge de Dargon. Sa voix ne laisse planer aucun doute. C'est bien elle.

— Jack, ton heure est venue. Tu es l'étincelle d'espoir !

Apparemment, Dargon la connaît. Et il ne semble guère enthousiasmé par son apparition.

— Roulé par la Grande Traînée de Dann...

— Je t'ai trouvé, roulé dans la farine et maintenant je vais te tuer si tu fais un pas de plus.

— Ça, ça m'étonnerait... Apollo !

Le perfide volatile est passé derrière elle, et a discrètement pris de la hauteur, contre le mur de la grotte. Au signal de son maître, il saute, opère un demi-tour dans les airs et attaque Eko à la face.

Profitant de la diversion opérée par son lieutenant à plumes, Dargon arrache le katana des mains de son adversaire, dont le visage a disparu sous les battements d'ailes colorées du perroquet.

Il se penche pour ramasser l'arme, mais une masse marron s'abat sur lui en grognant et lui fait perdre son équilibre.

Gisco ! La charge des Walkyries version canine.

Durant une minute, la grotte résonne de cris et de fureur. Le chien essaie de dévorer l'oiseau, qui se défend par une

série de coups de bec visant les yeux et la truffe. Eko tournoie dans les airs comme un derviche et cogne Dargon des deux pieds. Celui-ci répond par un coup de poing si puissant qu'il passe à travers une stalactite.

Et puis tout s'arrête. Subitement. Car un grondement de tonnerre retentit dans l'espace confiné.

Mu ! Elle en a assez. Je la sens qui essaie d'entrer en contact avec moi à travers la roche. Une onde de choc traverse la pierre. Des morceaux de minerai tombent des murs. Une fine poussière s'élève du sol.

Mu n'est plus cette chaude présence argentée. Sa lumière est maintenant rougeoyante. Le rouge de la colère, le rouge de la vengeance. Elle veut agir, mais pour ça elle a besoin de mon aide.

— Vas-y, Jack, exhorte Eko. C'est le moment. C'est pour cet instant que ton père t'a envoyé mille ans en arrière !

— NON ! hurle Dargon d'une voix désespérée. Ne l'écoute pas Jack. Elle te manipule. Les Danniens sont une secte apocalyptique. Ils prônent le suicide collectif. Ils ne veulent pas sauver le monde de demain, ils veulent l'anéantir. Ils ont perdu la guerre, alors ils préfèrent tout détruire !

— N'écoute pas ses mensonges, recommande vivement Eko. Chaque seconde compte. Exécute la mission qui t'incombe. Tu es né pour ça !

Mais ce que dit Dargon est sensé.

— C'est vrai, vous avez perdu, dis-je à Eko. Gisco me l'a dit.

Elle semble embarrassée, cherche les bons mots pour me répondre. Dargon en profite pour reprendre la main.

— Oui, ils ont perdu ! C'est pourquoi ils t'ont renvoyé dans le passé pour une mission suicide. Si tu te sers de Mu pour sauver les océans, tu vas dramatiquement affecter le cours des choses. Dans mille ans, tout sera différent – et pas seulement les coraux et la faune marine, mais aussi les gens. Ton père et ta mère ne naîtront jamais. Si tu fais ce qu'ils te demandent et que tu modifies le présent, tes parents n'existeront pas dans l'avenir. Et donc, toi, leur fils, tu cesseras également d'exister. Quelques minutes après ce que tu vas faire, tout le monde dans cette pièce disparaîtra à jamais. Tu t'apprêtes à te suicider, Jack. À tuer tes parents et à faire disparaître le monde d'où tu viens.

Il ment ! Ne réfléchis pas. Fais-le !

Tu m'as dit toi-même que mon destin serait pire que celui d'Œdipe, fais-je remarquer à Gisco. Et, effectivement, assassiner mes parents, ça colle. Ce qu'il dit est tout à fait logique. Si je modifie radicalement le présent, je modifie aussi l'avenir. Et comment puis-je ne pas être ?

Parce que le continuum espace-temps ne fonctionne pas de cette manière. Ce n'est pas comme dans une rivière, où, si tu bouges une pierre en amont, tu changes tous les courants en aval.

— C'est exact, Jack, confirme Eko. Cet homme est un dangereux menteur. Dangereux car intelligent. Il utilise un schéma simpliste et dépassé pour t'induire en erreur. On n'a pas le temps de tout t'expliquer maintenant. Mais ton père est un homme sage et avisé. S'il t'a envoyé ici, ce n'est pas pour détruire, mais bien pour préserver. Maintenant, à toi de prendre ton destin en main et d'accomplir ta destinée !

Je suis confus. Soûlé par le poids de ces arguments contradictoires qui font écho à mes plus grandes peurs et à mon sentiment général d'insécurité. J'ignore qui je suis vraiment. J'ignore tout de ceux qui m'ont envoyé ici.

La dispute se poursuit. Les mots et les concepts tourbillonnent dans ma tête, dans un galimatias inintelligible.

Qui a tort ? Qui a raison ? Eko et Gisco semblent incarner le bien, Dargon le mal. Dans mes visions, mon père me paraissait sage, celui de Dargon hante mes pires cauchemars.

Je me souviens du récif sur lequel j'ai plongé. Un jardin d'Éden sous-marin, peuplé d'éponges aux formes étranges, de coraux luxuriants et de dizaines de créatures magnifiques.

Dargon était prêt à le saccager.

Je commence à deviner ce qui me reste à faire.

74.

Je fais un pas en avant. Mes idées s'éclaircissent dans l'instant. La lueur argentée semble palpiter à l'intérieur de moi. Je me penche, avance le bras. C'est comme si je touchais une part de moi-même. Cette fois, ma main ne s'arrête pas à la surface du dais. Cette matière incroyablement dure – qui a repoussé le rayon du pistolet – n'oppose pas plus de résistance que l'eau d'un ruisseau de montagne. Ma main plonge. Entre en contact avec la douce chaleur de Mu, que je tiens au creux de ma paume.

Je retire ma main, Mu vient avec elle. Mu est libérée. J'ai réussi ! Ne me demandez pas comment.

Je tiens Mu au-dessus de ma tête.

Subitement, une sensation de brûlure. Je crie.

J'essaie de me débarrasser de la boule de feu. Impossible. Je suis paralysé, pétrifié. Ma main est incandescente. Et pas seulement ma main. Mon bras, mon épaule, mon corps tout entier s'illuminent comme un brasier fantastique. Des flammèches rougeoyantes courent à la surface de mon épiderme.

Est-ce moi qui ai fait ça, ou Mu m'a-t-elle embrasé ?

Ni l'un ni l'autre. C'est une connexion. Une fusion. Quelque chose en moi l'a libérée, établissant un lien avec cette force primale. Un lien spirituel, plus intime et plus profond qu'une relation intracellulaire ou même chromosomique. Cela n'a rien à voir avec la science. C'est de la magie, que dis-je, de la métamagie.

L'accomplissement de ma destinée ! Mystère Kidah l'a prophétisé, mon père l'a su et a décidé de sacrifier mon enfance pour que cela soit possible, le couple qui a endossé le rôle de mes parents a passé des années à me choyer, à m'aimer et à me mentir dans l'espoir de m'y amener et, maintenant, cet instant fatidique est arrivé !

La douleur dépasse celles de la naissance et de la mort. Ce sont les images qui s'imposent à moi. La vie et la mort. La création et la destruction. Le miel et les cendres. Je suis Mu.

Des éclairs lacèrent de mornes mers stériles. Un organisme unicellulaire se scinde en deux et ondule lentement. Le tout premier d'une longue lignée de lombrics part à la conquête du monde. Un minuscule protovertébré marin émerge d'un œuf. Un serpent muni d'appendices en forme d'ailes saute hors de l'eau et plane un instant au-dessus, glorieusement. C'est la première fois qu'un être vivant réalise cette prouesse. Dans un marais, un dinosaure pourchasse un mammifère, une sorte de rongeur, qui pousse des cris apeurés. Le prédateur fond sur sa proie et la dévore. Des Néandertaliens attaquent un mammouth laineux avec leurs lances. Un homme – presque moderne – cogne deux pierres l'une contre l'autre, attise une braise minuscule, fait du feu.

Le feu ! Encore. Des prairies en flammes. Des poêles à charbon qui rougeoient dans la pénombre ! Un nuage en forme de champignon qui s'élève au-dessus d'une ville dévastée par les flammes surnaturelles d'une bombe atomique ! Une bourrasque de gaz incendiaire balayant un marais, précédée par la fuite éperdue de tous les animaux qui s'y trouvaient. La terreur dans les yeux des créatures qui comprennent qu'il n'y aura pas d'issue. Des mères poussant désespérément leurs enfants devant elles. Des avions larguant du napalm sur la jungle. Du pétrole s'échappant de la coque fracturée d'un pétrolier. Une marée noire souille la mer puis s'enflamme. L'eau elle-même est en feu. Les oiseaux et les poissons terrifiés s'enfuient avec la même détresse que les animaux terrestres.

Mu ! La blessure a été sans nul doute infligée par la main de l'Homme. Mu ! N'est-ce pas la Terre elle-même qui tente de se défendre ? D'inverser des siècles d'abominations et de souillures humaines ?

Vénérer la Terre est la forme la plus ancienne de dévotion. Les dieux de la Terre des peintures rupestres ou des sculptures anciennes sont toujours bestiaux et terrifiants, comme des cauchemars d'enfants.

Maintenant ces images passent devant mes yeux, accompagnés de noms terribles, murmurés depuis le lointain.

« Gaïa, Anath, Huemac, Aruru, Chantico ». Des divinités cornues, avec des corps de lion et des têtes de serpent, des dieux à tête de bouc, aux yeux rouge sang, un dieu aztèque hérissé d'épines de cactus et qui tient un serpent rouge à la main.

« Dagda, Jord, Phan Ku, Geb ». Un dieu égyptien à la peau verte, avec un énorme phallus dressé entre les jambes, se tourne vers moi, ouvre la bouche, et vomit un nuage de gaz rouge qui fait trembler la roche de la salle du trône.

« Pele, Tekkeitsertok, Kali ». La sombre déesse indienne

de la Terre mère ondule de ses quatre bras, faisant cliqueter son collier de crâne.

Mu regorge de vie maintenant. Totalement libre. De créer ou de détruire. Je sens sa rage plonger dans le sous-sol volcanique de l'île, sous la croûte terrestre, jusqu'au magma...

Un bruit sidérant monte des entrailles de la terre. Dix fois plus puissant que le grondement de tonnerre qui a retenti plus tôt. Ni un grondement, ni une détonation. Plutôt une corde cosmique, tendue à l'extrême, et qui, subitement, cède, laissant entendre que plus rien ne sera jamais plus comme avant.

La grotte tangue violemment d'un côté puis de l'autre. D'énormes blocs de roche s'entrechoquent, se craquellent, se

déchaussent. Je suis projeté au sol, cul par-dessus tête, toujours soudé à Mu, qui, soudain, s'élève dans les airs, vire brutalement. Mon corps en drapeau à sa suite.

Les murs s'écroulent. Épais nuage de poussière. Des rochers tombent. Des fissures s'ouvrent, à travers lesquelles on sent monter l'odeur du magma en fusion.

— Viens, dit une voix. Tu crois que tu vas y arriver seul ?

Je lève la tête. Recouvre la vue. Eko.

— Toute l'île va s'effondrer. Tu peux marcher ? Il faut qu'on parte d'ici.

Si je me base sur mes connaissances en vulcanologie, elle a parfaitement raison, poteau. À côté de ce qui va se passer ici, le Krakatoa ressemblera à une poêlée de pop-corn.

Gisco se tient à côté d'elle, pattes écartées pour garder son équilibre tandis que la grotte tremble en tous sens.

Un autre attribut des chimères de la cosmogonie grecque, intéressant à mentionner présentement, est qu'elles annonçaient de grandes catastrophes naturelles, et plus particuliè-

rement des irruptions volcaniques. En d'autres termes, nous ne disposons que de quelques minutes pour quitter cet endroit.

Je me relève péniblement. Gisco et Eko m'aident comme ils peuvent.

La terre tremble si violemment que nous devons nous appuyer les uns sur les autres pour marcher.

Ils me conduisent dehors, jusqu'à l'entrée d'un tunnel. Je m'arrête une seconde et jette un œil derrière moi.

Dargon est cloué au sol de la grotte, écrasé par un énorme bloc de roche qui s'est détaché de la paroi. Son perroquet affolé volette autour de lui en essayant de lui porter un secours dérisoire.

Nos regards se croisent. Il me fusille des yeux, où brille une haine absolue. Si on pouvait tuer d'un regard, nul doute que je serais mort.

Mais tel n'est pas le cas. Je fais un pas de plus vers le tunnel. Il sera aux premières loges quand la lave incandescente envahira la grotte.

Je lève un bras. Quatre mots de latin me viennent à la bouche : » *Frater, Ave atque Vale.* » Hauts les cœurs, frère, et adieu.

Puis je m'engouffre dans le tunnel et déguerpis à toutes jambes.

75.

L'île de Dargon danse la gigue. Saute, tangue, vacille. Il ne doit pas faire bon dans la villa de la colline, pas plus que voguer en bateau sur les eaux habituellement tranquilles de la baie. Pourtant, aucune de ces épreuves ne vaut celle qui consiste à se trouver au cœur de l'estomac dérangé du colosse, alors qu'il se prépare à régurgiter une apocalyptique quantité de nourriture.

La meilleure chose à faire dans ce genre de situation ? Fuir !

Nous courons comme des dératés, la peur au ventre. Ou, pour être plus précis, nous rampons, parfois à quatre pattes. Ne me demandez pas où nous sommes, tout ce que je sais c'est que nous montons presque à la verticale, dans des galeries souterraines semées d'embûches.

Mu nous éclaire la voie. Son énergie dépensée, sa colère passée, son intensité lumineuse a beaucoup diminué. Je la tiens fermement.

Eko ouvre la route. Je la suis de près tandis que Gisco, soufflant et toussant, ferme la marche.

Je ne voudrais pas jouer les geignards, mais la spéléologie extrême n'est pas le fort des gros chiens. La nage, oui. Le saut, certainement. D'ailleurs, il n'est guère d'activité sportive, mis à part l'échelle de pompier, dans laquelle je ne serais pas médaillé... dans un bon jour...

Moins de jactance et plus d'allure, Haut Canin de Dann, le réprimande télépathiquement Eko.

Précisément. En dépit des surprenantes habilités anatomiques des représentants de la race canine, qui couvrent des domaines plus variés que je ne pourrais en citer pour l'heure, je suis incapable de grimper plus vite. Il faut que je ralentisse. Je vous suggérerais volontiers de me laisser derrière, mais je sais que vous refuseriez, aussi je propose que nous fassions tous une petite halte.

Je connais suffisamment ce quadrupède laineux pour savoir que la perspective d'être abandonné le fera courir plus vite.

Je crois qu'il a raison, dis-je mentalement à Eko. On devrait le laisser en arrière. On n'a pas le choix.

Pas d'alternative, confirme Eko, qui a immédiatement compris où je voulais en venir. *C'était un chien magnifique en son temps. Tu aurais dû le voir au moment de sa gloire. Mais il est trop vieux maintenant. Trop lent. Le pauvre. Il va se retrouver bien seul, en attendant que la Terre ne l'avale.*

Vous plaisantez, n'est-ce pas ? Vous n'abandonneriez pas votre cher Gisco ? Le loyal Gisco, le gentil Gisco qui en sait davantage sur les évacuations des grottes volcaniques qu'une étincelle d'espoir qui a été découpée et hachée comme un hamburger ou une Haute Prêtresse de Dann qui a fricoté avec l'ennemi.

Fricoté avec l'ennemi ? répète Eko d'un ton outragé.

Comment oses-tu, grosse truffe ? Tu sais très bien que c'était la seule position me permettant d'aider Jack, le moment venu...

Et susceptible avec ça ! Sois tranquille, je suis sûr que tu as effectivement utilisé des positions avantageuses...

Qu'est-ce que c'est censé vouloir dire ?

J'essaie de m'interposer. Du calme, vous deux. Gisco, si, effectivement, tu possèdes la moindre idée concernant ce qu'il convient de faire pour évacuer rapidement cet endroit, je pense que ce serait le moment de...

Le goulet tremble si violemment que nous sommes tous projetés à terre. Je me protège la tête avec les bras tandis qu'une grêle de cailloux s'abat sur nous. La secousse passée, il s'avère que nous sommes tous indemnes. Mais c'est pas passé loin. La prochaine a toutes les chances de se révéler fatale.

Imperturbable, Gisco rumine toujours sa rancœur.

Vous vouliez m'abandonner, hein ?

Je lui réponds aussitôt – en époussetant les graviers et la poussière que j'ai dans les cheveux et les yeux – que s'il connaît une issue hors de cette fosse volcanique, ce dont je doute, bien qu'il faille reconnaître d'étonnantes facultés de dissimulation à un chien pleutre qui a démontré son talent à de maintes occasions, alors je suis tout disposé à l'écouter et que le moment me paraît même particulièrement opportun.

Froissé, Gisco se relève.

Eh bien ce n'est pas une manière très polie de me demander de partager un secret séculaire de tradition canine. Vous ne trouvez pas ?

Pour toute réponse, un grondement sourd monte des entrailles tremblantes de la terre. Nous allons être ensevelis d'ici quelques secondes.

Je t'en prie, Haut Canin de Dann, le supplie Eko.

Ah je vois ! Haut Canin a remplacé grosse truffe maintenant ?

C'était un terme affectueux, explique-t-elle avant d'ajouter, du fond du cœur : *S'il te plaît, Gisco*.

Allez, boule de poils au grand cœur, dis-je du même ton suppliant. Sauve-nous si tu peux. On t'aime tous les deux.

Demandé comme ça, c'est difficile de résister. Avez-vous remarqué que la poussière bouge ?

Nous nous dévisageons Eko et moi. Le tunnel dans lequel nous sommes est effectivement rempli de poussière. Et le nuage semble bien se déplacer lentement.

Mieux. L'air circule.

Eko le remarque également. On se regarde, puis on baisse les yeux vers le chien. Explique !

Eh bien, voyez-vous, les grottes respirent, déclare-t-il par télépathie, comme s'il nous livrait là une pépite de sagesse, fruit de siècles d'études assidues.

On n'a pas beaucoup de temps, fais-je remarquer. Un peu moins de mystère serait grandement apprécié. Pourquoi les grottes respirent-elles ?

À cause des variations de pression atmosphérique. Mais ce n'est pas tant le pourquoi que le comment qui devrait t'intéresser. La croûte du manteau n'étant pas étanche, comme tu peux aisément l'imaginer, sachant que la vitesse de déplacement des gaz augmente près des entrées d'air, si la poussière bouge si vite c'est donc que nous sommes proches...

D'une sortie ! termine Eko, enthousiaste.

J'ai déjà pris les devants et suivi le nuage...

Dans une étroite galerie qui serpente dans la roche en se

rétrécissant à chaque nouveau virage. Soudain, j'aperçois une lumière devant moi. Le bout du tunnel, au sens littéral. La galerie s'élargit, nous courons tous trois côte à côte, au sprint, avant d'émerger...

À l'éclatante lumière du jour. Nous sommes sur une falaise. D'un côté, un vide vertigineux au-dessus des eaux miroitantes de l'Atlantique, de l'autre, le cratère du volcan. Je jette un œil au fond du gouffre, où un torrent de lave rougeoyante, annonciateur d'une explosion imminente, s'épanche de la terre en moussant et en bouillonnant.

Il va faire irruption sur nous.

— On est coincés, dis-je tristement à Eko. Cette île sera notre tombeau. Jamais on ne s'en sortira. Tout ce qu'on a gagné en grimpant ici, c'est trois places aux premières loges. Au moment de l'irruption, on sera rôtis vivant.

76.

Eko fouille les plis de son judogi et en sort trois hauts qui me disent quelque chose.

Épais comme des gilets de sauvetage, préformés, à la manière de combinaisons de plongée matelassées, qui scintillent doucement, comme s'ils étaient faits d'une fibre phosphorescente.

— Mettez ça, ordonne-t-elle. Vous aurez ajouté de vous-même : en vitesse !

Les gilets antigravitationnels avec lesquels on a volé dans les cayes ! J'enfile le mien en un clin d'œil, puis aide Gisco à passer ses grosses pattes dans le sien. Un dernier réglage... Une voix retentit dans mon dos.

— Tous les vols en partance ont été annulés.

Dargon. À moins de cinq mètres. Suant sang et eau – au sens propre –, et défiguré par une énorme plaie à la face. Pour autant, fermement campé sur ses deux jambes, le gros pistolet laser dans la main droite, pointé droit sur moi.

— J'aurais dû te tuer la première fois que j'en ai eu l'occasion, à bord du chalutier. Je vais me rattraper ici et maintenant.

Je vois la scène se dérouler au ralenti. Le doigt de Dargon qui presse la détente ; un rayon mortel qui jaillit de la bouche du canon. Aucune esquive possible, trop tard pour sortir de la ligne de mire, je vais être vaporisé. C'est fini.

Une forme bondit devant moi et encaisse la décharge qui m'était destinée. Un cri.

Eko ! Elle m'a sauvé la vie. Mais à quel prix ?

Un grognement guttural. Gisco plante profondément ses dents dans le poignet droit de Dargon.

Le pistolet tombe au sol, avant de glisser du parapet sur lequel nous nous trouvons et de s'abîmer au fond du cratère.

Je m'agenouille auprès d'Eko, qui lève les yeux vers moi, grimace. Elle parvient à esquisser un sourire. Elle est gravement touchée. Je la sens mourante.

— Je crois que j'aurais préféré être dévorée par un requin bulldog, dit-elle dans un filet de voix agonisant.

Dargon s'est débarrassé de Gisco.

Le chien et le volatile se battent bec et crocs.

— Je n'ai pas besoin d'arme pour éliminer quelqu'un comme toi. De fait, ce sera encore plus jouissif à mains nues.

Je me redresse, lui fais face. Il vient de porter un coup mortel à la plus belle femme que j'ai eu l'occasion de croiser dans ma vie et celle qui a donné sa vie pour moi. Autant dire que j'ai la rage. Durant un instant, j'en oublie la science du combat de mon adversaire, l'éruption volcanique sous nos pieds... Je veux juste lui écraser mon poing sur la figure.

Pourtant il est le premier à réagir. Un de ses fameux directs du droit. D'une rapidité foudroyante. Je pare en levant le bras gauche, mais la puissance du coup m'envoie bouler à terre, sonné.

Tout tourne autour de moi.

Non, erreur, ce n'est pas mon cerveau embrumé qui fait que tout tourne, c'est l'île elle-même qui sursaute et tremble. Explosion de lave au fond du cratère. Je me mets à genoux.

Dargon revient à la charge. D'un bond. Une envolée d'une telle amplitude qu'il paraît voler. Ça me rappelle les assauts d'Eko, dans la grange, flottant dans les airs dans son habit de ninja.

En appui jambe droite, Dargon décoche un coup de la gauche qui m'atteint au menton. Une attaque plus prompte et plus précise que tout ce que j'ai vu jusqu'alors. Plusieurs de mes dents sautent. Je tombe en arrière.

Je me rattrape à une saillie rocheuse, sur la lèvre du cratère. Un lac de lave mijote sous moi.

Dargon s'avance pour la mise à mort. Léger, bondissant.
Le prochain sera le bon. Il va mettre un terme à ce combat à sens unique.

Il faudrait que je frappe le premier, mais il est trop rapide, trop technique. Il lit tous mes coups, bloque toutes mes attaques.

Je revois fugitivement Eko, dans la grange et la façon dont, finalement, j'étais parvenu à riposter : en anticipant son atterrissage, en préparant mon assaut alors qu'elle était encore dans les airs.

Dargon bondit vers le rocher sur lequel il a jeté son dévolu. Un dernier appui, et il va me finir, porter l'estocade.

Sans un regard pour mon bourreau, je roule sur le côté, et entreprends une parade, aussi basique qu'inattendue : faire sauter le bloc de roche à coups de pied.

Il est encore en vol quand il comprend ce que je suis en train de faire. Une vocifération. Un éclair de terreur dans ses yeux.

Le sol vient de se dérober sous ses pieds. Contrairement aux fois précédentes, la réception laisse à désirer. On est loin des gracieux mouvements de gazelle. Au contraire, il dégringole lamentablement le long de la paroi, dérapant dans le gravier, tournoyant en écartant les jambes de manière grotesque, dans le vain espoir de freiner sa chute...

Un hélicoptère en perdition. Étonnamment, il parvient à ralentir. Il doit avoir les doigts de pied aussi pointus que des piolets car il les a plantés dans le gravier, et est ainsi parvenu à s'arrêter. Il commence même à remonter...

Toujours ramassé sur mon rocher, dans l'angle mort de son œil de verre, je ne bouge pas. Mais il m'a senti. Il lève la main.

Trop tard. Je n'ai qu'à le pousser un peu à la poitrine pour le déséquilibrer. J'avance la main droite, qui tient toujours Mu, et le pousse. Au contact de Dargon, la sphère lance de violents éclairs.

Il me regarde, incrédule, bat des bras pour se rattraper, et finit par basculer.

Dans un ultime hurlement désespéré, il s'abîme au fond du cratère. J'ai bien conscience que je devrais me porter au secours d'Eko et de Gisco, pourtant je suis incapable de détourner les yeux. Je le suis du regard jusqu'à ce qu'il disparaisse dans le lac de lave en fusion.

Adieu, cousin. Tu ne m'as pas laissé le choix.

Un affreux cri de perroquet me ramène à la réalité. Je me retourne. Gisco vient d'arracher la tête d'Apollo d'un coup de dents. L'oiseau décapité fait quelques ronds désordonnés en courant à toutes jambes avant de trébucher par-dessus le parapet et de prendre le même chemin que son maître. Quelques battements d'ailes, et puis plus rien.

Gisco et moi nous précipitons vers Eko.

77.

— **Laissez-moi, murmure Eko.**

— Jamais. Allons. Décollons ensemble et volons loin de cet épicentre... avant qu'il ne s'évapore.

— Pas pour moi. Regarde mon gilet !

Je baisse les yeux, le tir de Dargon a transpercé son harnais antigravitationnel. Il est en lambeaux. Problème : deux adultes, un chien, et deux gilets de vol en état de marche.

— Allez-y, répète-t-elle. Sauvez votre peau.

Je la serre dans mes bras.

— Non, Jack. Oublie. Tu ne pourrais jamais voler avec cette surcharge.

— Je suis l'étincelle d'espoir. Et je possède des pouvoirs mentaux que tu ne soupçonnes pas. Maintenant, tiens-toi tranquille.

Il a raison, confirme Gisco. *Arrête un peu de parler.*

— On ne montera jamais.

— Non-sens.

Et de fait, nous volons. À cinq mètres du sol, certes, mais nous voguons hors de cet enfer... par la voie des airs. Prenant lentement de l'altitude, fendant l'air épais en direction de l'Atlantique.

Timing impeccable. Car déjà, un sourd grognement monte des profondeurs intestinales de la terre. Encore et encore. Interminable.

Des nuages de gaz et de vapeur d'eau pétillent au-dessus de la lèvre du volcan dans un feu d'artifice orange et rouge.

Fissa, s'emballe Gisco. *Le bouchon va sauter.*

Le grognement enfle encore, jusqu'à devenir un rugissement ne laissant guère de doute quant à l'imminence de l'éruption.

Tout ce qui, dans l'île, peut s'élever dans les airs décolle en même temps. Les oiseaux quittent précipitamment leur arbre, pépient un instant au-dessus de son sommet, puis foncent droit vers l'océan. Les chauves-souris abandonnent leurs grottes. Chiens, chèvres, et même cochons, se jettent à la mer et nagent droit vers le large pendant que les rats se précipitent des falaises.

J'avise la flotte de chalutiers en pleines manœuvres de largage des amarres. Mais les imposants bateaux sont pour la plupart en cale sèche dans les docks, ce qui n'empêche pas les hommes, devenus hystériques, de les prendre d'assaut.

Je suis en vitesse de pointe, fais-je savoir à Gisco en étreignant solidement Eko. Pars devant. On te rattrapera.

— Tous les deux, vous devez y aller, supplie Eko. Lâche-moi dans l'océan, Jack. De toute manière, je vais mourir.

Elle se débat pour échapper à mon étreinte.

— Tu ne vas nulle part, dis-je en serrant plus fort.

Je reste avec vous, annonce nonchalamment Gisco. *On devrait disposer d'assez de temps pour nous mettre à l'abri. Considérant mon érudition hors pair en ce qui concerne la vulcanologie, ce petit-là ne devrait pas exploser avant une bonne demi-heure.*

Son énoncé télépathique n'est pas terminé que l'île tout entière jaillit des eaux à la rencontre du ciel ensoleillé. Un spectacle fascinant. Que j'espère ne jamais revoir. De longs doigts incandescents émergent des profondeurs et s'élèvent vers les nuages, comme s'ils voulaient déchirer le rideau d'azur.

J'avais toujours imaginé qu'une éruption se déroulait rapidement, à un instant « t », comme une bombe dont on déclenche la mise à feu, alors que ce que j'ai sous les yeux est un baril de poudre qui explose encore et encore, à un rythme régulier, sans discontinuer.

L'extrémité de la dorsale atlantique a décidé de redessiner le paysage. Des rivières de lave serpentent vers la fraîcheur de l'océan en sifflant et en pétaradant.

Des sifflements météoriques résonnent quand d'énormes blocs de pierre jaillissent de la bouche du volcan, qui les crache dans les cieux comme une constellation de comètes tout juste écloses. Une seule suffirait à nous éliminer tous les trois, mais jusqu'ici notre chance tient bon.

Les bombes s'abattent sur les chalutiers du port. Touchés les uns après les autres, ils s'écroulent sur le flanc, voilés, éventrés, broyés.

Le dôme vitré de la cellule de veille corallienne disparaît en un souffle, rayé de la carte par un geyser de magma émergeant des profondeurs. Adieu la salle des cartes et ses informations concernant les fonds, volées à je ne sais quelle organisation gouvernementale.

Nous sommes très haut maintenant. Au-dessus du nuage de poussière qui surplombe les vestiges de l'île de Dargon, dont il ne reste pratiquement plus rien, la terre émergée n'étant plus qu'un amas de lave et d'eau, bientôt recouvert d'une grosse couche de cendres.

Par bonheur, nous ne sommes pas sous cette ordalie – depuis le temps, tu connais le proverbe –, mais bien au firmament, dans l'éclat solaire. Ascension miraculeuse. Sonnez trompettes : la porte des champs Élysées nous est promise, me dis-je en contemplant l'infinie étendue des nuages vaporeux s'étirant sur l'horizon.

Au creux de ma main, je sens que Mu a changé. Je baisse les yeux, elle est devenue bleu-vert, de la même couleur que l'océan en dessous de nous. Elle est douce et tiède. Je sais ce qu'elle veut.

Je la tiens prisonnière encore un instant, et je la laisse tomber. Elle s'abîme vers les flots comme une larme de turquoise. J'ai envie de croire que j'aperçois le minuscule éclat blanc qu'elle forme en heurtant la surface de l'eau. Baleines et dauphins se rassemblent autour du point d'impact.

— Étrange, soupire Eko.

— Quoi donc ?

— Mourir.

— Tu ne vas pas mourir. Arrête ça !

— Tous les présages de Mystère Kidah sont avérés, murmure-t-elle d'une voix cassée. Sauf celui qui nous concerne. Dommage...

— Qu'a-t-il dit sur nous ?

— Pourquoi crois-tu que j'ai été si dure avec toi dans cette grange ? demande-t-elle en levant vers moi ses yeux dolents, dans l'éclipse d'un nuage, que nous transperçons à une vitesse éclair.

— Tu m'apprenais à me défendre. Tu disposais de peu de temps. Tu devais le faire... Je ne t'en veux pas.

— J'avais une autre raison, confesse Eko. Kidah le Mystérieux a dit que si tu trouvais Mu, un jour nous serions mariés. Qu'on vieillirait ensemble, et que notre descendance serait aussi nombreuse que les étoiles dans le ciel. Tu vois... En fait, je domestiquais un futur mari. À l'évidence, même Mystère Kidah peut parfois se tromper...

— Non ! Il ne s'est pas trompé !

Elle frissonne. Ses yeux adorables mi-clos.

— Au revoir, Jack. J'emporte avec moi les moments que nous avons eus ensemble.

— Tu ne peux pas mourir. Tu es la seule qui me comprenne. La clé de mon passé... et celle de mon avenir.

Elle trouve la force de relever la tête et de poser un doux baiser sur mes lèvres.

— Adieu.

— Non ! Tu ne peux pas... *Bats-toi Eko ! Reste avec moi !*

Je sens pourtant que je suis en train de la perdre. Elle cesse de peser entre mes bras. Non, attendez. Ce n'est pas qu'elle meurt, ou qu'elle s'échappe de mon étreinte.

Elle émet une lumière vacillante, incertaine !

Eko la ressent aussi. Elle s'accroche à moi. Bredouille mon nom d'une voix terrorisée. La pression de ses doigts sur mes bras s'atténue. Je la sens encore un instant sur ma peau, puis, plus rien. Elle s'est volatilisée. Comme on éteint une ampoule. Pouf !

Gisco !

J'ai vu.

Dargon avait raison ! Nous allons nous autodétruire !

Non, Jack. On aurait disparu avec elle si tel devait être le cas. Or on est toujours là. Elle seule est partie.

Où ça ?

Je l'ignore, poteau, répond le fidèle cabot volant, des larmes perlant à sa truffe. *Elle va me manquer ! On a traversé les siècles ensemble. Je suis anéanti par ce qui vient de se produire, cassé. Et de fait, je sens que je me désagrège.*

Je jette un œil de côté, Gisco est en train de s'émietter dans les airs.

Non ! Pas toi ! Tu es tout ce qui me reste. Je ne sais ni où aller ni quoi faire. Ne pars pas ! Je t'en supplie !

Ne t'inquiète pas, Jack. Car s'il y a bien une chose sur laquelle tu peux compter, c'est qu'au grand jamais je ne te quitterai, jure le sac à puces volant avant de disparaître dans le néant.

Partis. Tous les deux. Comme des flammes de bougie dans la brise.

L'île de Dargon n'existe plus non plus, réduite à un tas de cendres fumantes, loin sous moi.

Le soleil illumine les cieux. Les nuages sont cotonneux et riants. Ce pourrait encore être un aller simple pour le paradis.

Mais j'ai aussi le sentiment d'avoir sauvé les océans, changé le cours des choses et, ce faisant, l'avenir. J'ai accompli le grand dessein que mon père m'avait tracé, rempli l'impossible mission qu'il m'avait confiée.

Et pourtant, je ne me sens pas bien.

Non, pas bien du tout. Vide. Et terriblement seul. Car j'ai perdu mes compagnons, les seuls qui auraient pu m'aider à comprendre. Mes dernières références. Mon seul lien avec la maison.

Aussi les vents qui, pour l'heure, me poussent en direction du nord, vers l'Europe, peuvent-ils me porter où ils veulent, je n'en ai cure.

La Trilogie du Gardien
se poursuit :

Livre 2. *Zêta, le souffle du Ciel* (novembre 2008)

Livre 3. *Phi, la clé du Temps* (novembre 2009)